# INTELIGÊNCIA ARTIFICIAL

## UMA ABORDAGEM DE APRENDIZADO DE MÁQUINA

O GEN | Grupo Editorial Nacional – maior plataforma editorial brasileira no segmento científico, técnico e profissional – publica conteúdos nas áreas de ciências exatas, humanas, jurídicas, da saúde e sociais aplicadas, além de prover serviços direcionados à educação continuada e à preparação para concursos.

As editoras que integram o GEN, das mais respeitadas no mercado editorial, construíram catálogos inigualáveis, com obras decisivas para a formação acadêmica e o aperfeiçoamento de várias gerações de profissionais e estudantes, tendo se tornado sinônimo de qualidade e seriedade.

A missão do GEN e dos núcleos de conteúdo que o compõem é prover a melhor informação científica e distribuí-la de maneira flexível e conveniente, a preços justos, gerando benefícios e servindo a autores, docentes, livreiros, funcionários, colaboradores e acionistas.

Nosso comportamento ético incondicional e nossa responsabilidade social e ambiental são reforçados pela natureza educacional de nossa atividade e dão sustentabilidade ao crescimento contínuo e à rentabilidade do grupo.

# INTELIGÊNCIA ARTIFICIAL

## UMA ABORDAGEM DE APRENDIZADO DE MÁQUINA

3ª EDIÇÃO


**KATTI FACELI**
Professora Associada da Universidade Federal de São Carlos (UFSCar)

**ANA CAROLINA LORENA**
Professora Titular do Instituto Tecnológico de Aeronáutica (ITA)

**JOÃO GAMA**
Professor Catedrático da Universidade do Porto (Portugal)

**TIAGO AGOSTINHO DE ALMEIDA**
Professor Associado da Universidade Federal de São Carlos (UFSCar)

**ANDRÉ CARLOS PONCE DE LEON FERREIRA DE CARVALHO**
Professor Titular da Universidade de São Paulo (USP)



gen | LTC

- Data do fechamento do livro: 28/07/2025





- **Atendimento ao cliente: (11) 5080-0751 | faleconosco@grupogen.com.br**




  *Uma editora integrante do GEN | Grupo Editorial Nacional*
  Travessa do Ouvidor, 11
  Rio de Janeiro – RJ – 20040-040
  www.grupogen.com.br





- Capa: Leônidas Leite

- Imagem de capa: Katti Faceli

- Editoração eletrônica: Editora Pi

- Ficha catalográfica

**CIP-BRASIL. CATALOGAÇÃO NA PUBLICAÇÃO**
**SINDICATO NACIONAL DOS EDITORES DE LIVROS, RJ**

I48
3. ed.

Inteligência artificial : uma abordagem de aprendizado de máquina / Katti Faceli ... [et al.]. - 3. ed. - Rio de Janeiro : LTC, 2025.

Inclui bibliografia e índice
ISBN 978-85-216-3920-6

1. Inteligência artificial. 2. Aprendizado do computador. I. Faceli, Katti.

CDD: 006.3
25-97951.0 CDU: 004.8

Meri Gleice Rodrigues de Souza - Bibliotecária - CRB-7/6439

# SOBRE OS AUTORES

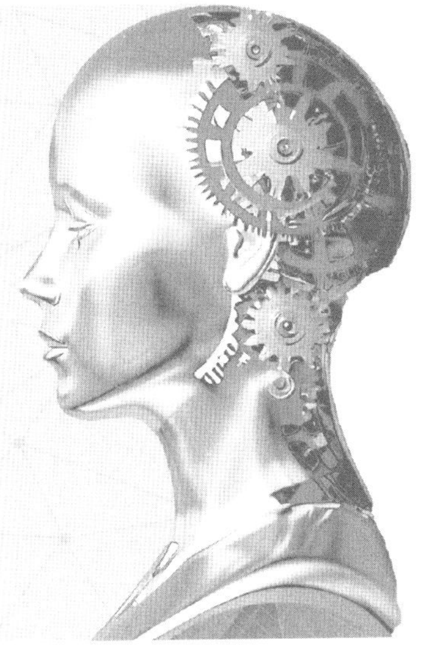

**Katti Faceli** é Professora Associada da Universidade Federal de São Carlos (UFSCar), *campus* de Sorocaba. Possui Bacharelado em Ciências da Computação pela Universidade de São Paulo (USP) (1998), mestrado (2001) e doutorado (2006) em Ciências da Computação e Matemática Computacional pela USP e pós-doutorado em Ciência da Computação pela Universidade de São Paulo, *campus* de São Carlos (USP São Carlos) (2008). Em 2016 atuou como pesquisadora visitante na Manchester Business School, University of Manchester, no Reino Unido. Tem experiência na área de Ciência da Computação, com ênfase em Inteligência Artificial, atuando principalmente nos seguintes temas: aprendizado de máquina, análise de agrupamento, visualização e sistemas híbridos inteligentes. Possui vários trabalhos publicados em periódicos e conferências nacionais e internacionais nesses temas.

**Ana Carolina Lorena** é Professora Titular da Divisão de Ciência da Computação (IEC) do Instituto Tecnológico de Aeronáutica (ITA). Possui Bacharelado em Ciências da Computação pelo Instituto de Ciências Matemáticas e de Computação (ICMC), da Universidade de São Paulo, *campus* de São Carlos (USP São Carlos), concluída em 2001. Possui doutorado e pós-doutorado em Ciências da Computação e Matemática Computacional também pelo ICMC-USP São Carlos, concluídos em 2006 e 2007. Foi docente nas Universidades Federais do ABC (UFABC) e de São Paulo (UNIFESP). Tem experiência em Ciência da Computação, atuando principalmente na área de Inteligência Artificial, nos seguintes temas: mineração e ciência de dados, aprendizado de máquina.

**João Gama** é Professor Emérito da Universidade do Porto, em Portugal, onde obteve o seu doutoramento em Ciência da Computação em 2000. Lecionou Informática e Ciência de Dados na Faculdade de Economia, onde desempenhou as funções de Diretor do Mestrado em Análise de Dados. É *fellow* da European Association for Artificial Intelligence (EurAI), do Institute of Electrical and Electronics Engineers (IEEE) e da Associação de IA da Ásia-Pacífico. É membro da direção do Laboratório de Inteligência Artificial e Apoio à Decisão (LIAAD), grupo pertencente ao INESC Tec. As suas principais contribuições científicas são na área da aprendizagem a partir de fluxos de dados, onde possui uma extensa lista de publicações. É editor-chefe do *International Journal of Data Science and Analytics*, publicado pela Springer.

**Tiago Agostinho de Almeida** é Professor Associado do Departamento de Computação e coordenador do Laboratório de Sistemas Inteligentes e Ciência de Dados (LaSID) da Universidade Federal de São Carlos (UFSCar). Possui doutorado em Engenharia Elétrica com ênfase em Inteligência Artificial pela Universidade Estadual de Campinas (Unicamp), orienta pesquisadores de mestrado e doutorado e coordena projetos de pesquisa nas áreas de Ciência de Dados, Aprendizado de Máquina e Processamento de Língua Natural. É revisor de dezenas de periódicos especializados e assessor *ad hoc* de instituições de fomento na área de sistemas inteligentes. Possui mais de 100 artigos científicos publicados em periódicos e congressos, dentre os quais diversos foram premiados pela comunidade científica nacional e internacional.

**André Carlos Ponce de Leon Ferreira de Carvalho** é Professor Titular e atual Diretor do Instituto de Ciências Matemáticas e de Computação da Universidade de São Paulo (ICMC-USP). Possui graduação e mestrado em Ciência da Computação pela Universidade Federal de Pernambuco (UFPE) (1987) e PhD em Electronics pela University of Kent (1994), no Reino Unido. Foi Associate Professor na University of Guelph, no Canadá, Pesquisador

Visitante na Universidade do Porto (2005-2006) e no The Alan Turing Institute (2019), e Professor Visitante na University of Kent (2010-2011). Atua na área de aprendizado de máquina, principalmente em ciência de dados e em mineração de dados, com a orientação de vários mestrados e doutorados, e a supervisão de vários pós-doutorados. Possui várias publicações em diversos periódicos e conferências nacionais e internacionais, além de ter organizado conferências e números especiais de periódicos no tema Inteligência Artificial. Foi vice-presidente, por dois mandatos, da Sociedade Brasileira de Computação (SBC). Coordena o Centro de Pesquisa Aplicada em Inteligência Artificial Recriando Ambientes (CPA IARA), apoiado pelo Comitê Gestor da Internet no Brasil (CGI.br), pela Fundação de Amparo à Pesquisa do Estado de São Paulo (FAPESP), pelo Ministério da Ciência, Tecnologia e Inovação (MCTI) e várias empresas. Coordena o Comitê Técnico de Inteligência Artificial da Federação Internacional para Processamento de Informação (IFIP) e foi um dos autores (com colegas de outros 29 países, da União Europeia e da Organização das Nações Unidas - ONU), de um estudo sobre a segurança da IA. Seus principais interesses de pesquisa são inteligência artificial, aprendizado de máquina e ciência de dados.

# PREFÁCIO

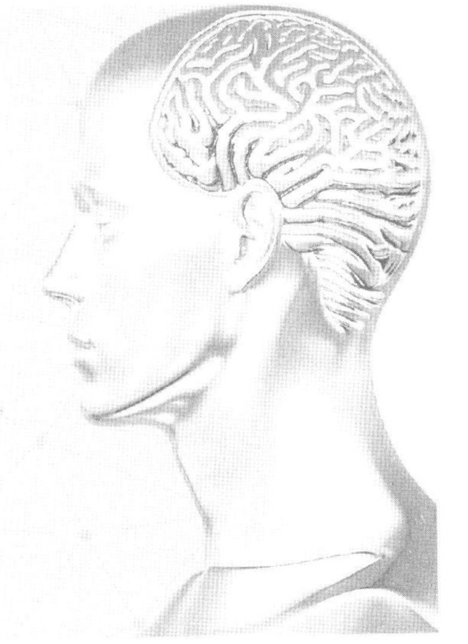

Este livro trata do tema Inteligência Artificial com o foco em Aprendizado de Máquina (AM) e pode ser utilizado como livro-texto ou material de apoio em cursos de graduação e de pós-graduação nos temas Inteligência Artificial, Aprendizado de Máquina, Ciência de Dados, Mineração de Dados, Análise de Dados e Sistemas Inteligentes. Esta é a terceira edição do livro, que em sua primeira edição foi o primeiro colocado na área de Tecnologia e Informática do 54º Prêmio Jabuti, a maior premiação literária do país. Os conteúdos apresentados foram, então, revistos, corrigidos e atualizados, quando pertinente.

Esperamos que este livro, ao mesmo tempo que introduza o leitor aos principais aspectos de AM e a temas de pesquisa recentes, sirva de alicerce para a realização de pesquisas que levem ao crescimento e fortalecimento da área. Esperamos, ainda, que o livro estimule o leitor a utilizar as várias técnicas nele abordadas na solução de problemas reais.

O livro foi concebido em largura: foca grande parte dos temas clássicos de aprendizado automático, desde o aprendizado supervisionado ao aprendizado não supervisionado, os métodos simbólicos, probabilísticos e subsimbólicos. Embora existam outros livros de Inteligência Artificial no mercado, as obras em língua portuguesa em geral oferecem a abordagem de tópicos mais tradicionais sobre o tema, como lógica, algoritmos de busca e representação de conhecimento. Livros nacionais que abordam assuntos relacionados com o Aprendizado de Máquina se dedicam a tópicos específicos, como Redes Neurais e Algoritmos Genéticos.

Nesta terceira edição, são apresentados os aspectos básicos da área de AM e uma série de exercícios de apoio para o ensino desses conceitos. Além disso, há um conjunto de capítulos que evidencia aplicações reais com dados não estruturados, trazendo características particulares desses dados e aplicações e também das formas de tratamento importantes para o melhor uso dos dados. O livro conta, ainda, com um material suplementar contendo *notebooks* em Python para ilustrar os conceitos abordados nos capítulos de fundamentos de maneira prática.

# AGRADECIMENTOS

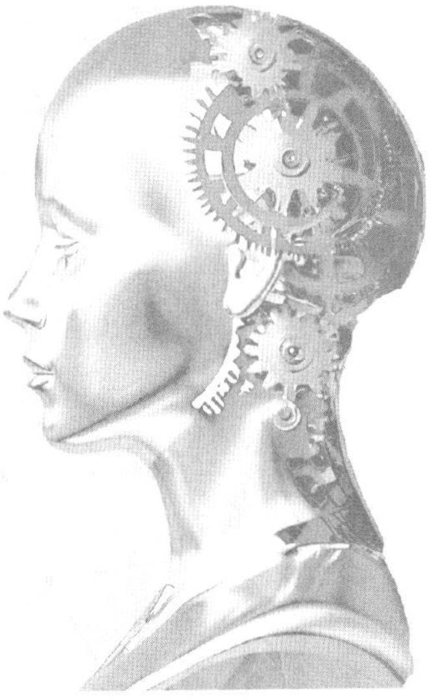

Inicialmente, gostaríamos de agradecer às nossas famílias: João, Simoni, Amanda e Roberto; Dimas, Amanda e Gabriel; Julia, Rita e Luis; Ana Carolina, Eloah, Jurandy e Sônia; Valéria, Beatriz, Gabriela e Mariana, pelo amor, incentivo, paciência e compreensão pelas horas de convivência que tivemos que abdicar para a escrita deste livro.

Gostaríamos também de agradecer aos amigos e colegas pelo apoio e incentivo à escrita desta obra. Em especial, somos gratos à professora Tiemi C. Sakata, pela leitura e valioso auxílio com as correções de todo o texto; a Bruno Feres de Souza e a João Mendes Moreira pela leitura e valiosos comentários; e aos colaboradores Renato M. Silva e Pedro R. Pires pela preparação cuidadosa dos *notebooks*, disponibilizados como material de apoio. Também gostaríamos de agradecer aos nossos ex-alunos e atuais alunos de graduação e pós-graduação pela ajuda em partes deste livro. Em especial (em ordem alfabética), a André Rossi, Carlos Ferreira, Cláudia Milaré, Cláudio Capoli, Faimison Rodrigues Porto, Márcia Oliveira, Ricardo Cerri e Wesley Angelino de Souza pelas revisões realizadas. Somos gratos, ainda, às sugestões enviadas pelos leitores.

Finalmente, agradecemos às nossas universidades, Instituto Tecnológico de Aeronáutica, Universidade Federal de São Carlos, Universidade de São Paulo e Universidade do Porto, e às agências de fomento à pesquisa do Brasil e de Portugal, CAPES, CNPq, FAPESP, FCT e FINEP pelo apoio recebido para a preparação de material didático e realização das pesquisas que deram origem a este livro. Em especial, agradecemos o financiamento ao projeto FCT-CAPES (224/09).

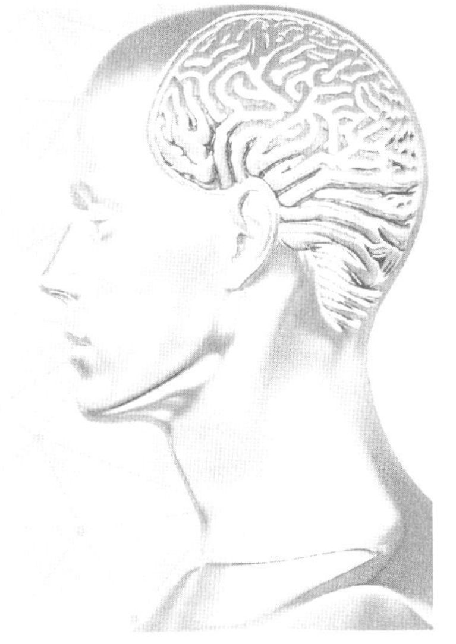

# MATERIAL SUPLEMENTAR

Este livro conta com o seguinte material suplementar:

- *Notebooks*: Implementação comentada das principais técnicas, em linguagem de programação Python, usando ambiente Jupyter Notebook (.ipynb), além de bases de dados, em formatos apropriados a cada caso.[*]

O acesso ao material suplementar é gratuito. O material está disponível no QR Code a seguir:

uqr.to/22htg

*O acesso ao material suplementar online fica disponível até seis meses após a edição do livro ser retirada do mercado.*

Caso haja alguma mudança no sistema ou dificuldade de acesso, entre em contato conosco (gendigital@grupogen.com.br).

[*] Este material foi elaborado e revisado pelos colaboradores Renato Moraes Silva e Pedro Reis Pires.

# SUMÁRIO

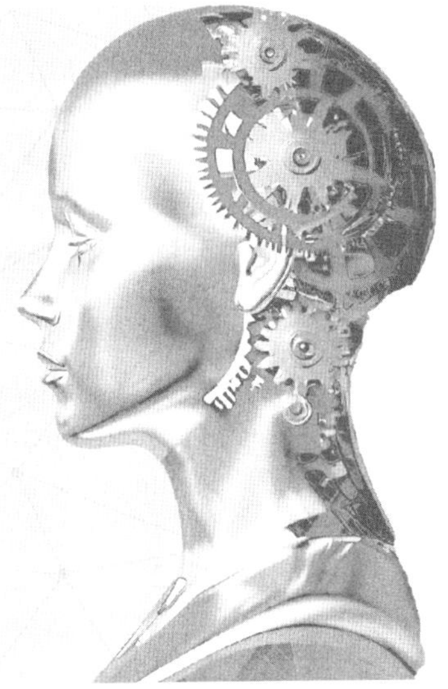

# ABREVIATURAS

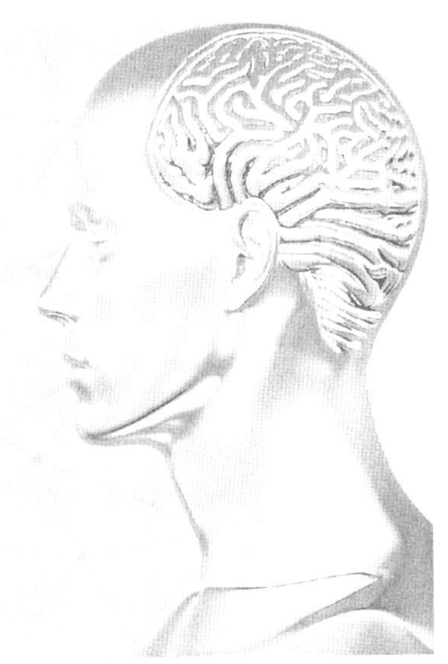

$AGs$: Algoritmos Genéticos
$CNN$: *Convolutional Neural Network*
$CR$: *Corrected Rand*
$CSPA$: *Cluster-based Similarity Partitioning Algorithm*
$DBSCAN$: Algoritmo *Density-Based Spatial Clustering of Applications with Noise*
$DL$: *Deep Learning*
$DN$: *Deep Network*
$EAs$: Algoritmos Evolutivos
$EM$: Algoritmo *Expectation Maximization*
$ES$: *Ensemble* de Strehl e Ghosh
$GAN$: *Generative Adversarial Network*
$HBGF$: *Hybrid Bipartite Graph Formulation*
$HGPA$: *HiperGraph-Partitioning Algorithm*
$KM$: Algoritmo $K$-Médias
$LLM$: *Large Language Model*
$LM$: Algoritmo hierárquico com Ligação Média
$LS$: Algoritmo hierárquico com Ligação Simples
$LSTM$: *Long Short-Term Memory*
$MCLA$: *Meta-CLustering Algorithm*
$MK$: Todas as soluções do MOCK
$MKR$: Soluções recomendadas do MOCK
$MLP$: *Multi-layer Perceptron*
$MOCK$: *Multi-Objective Clustering with automatic $K$-determination*
$MOCLE$: *Multi-Objective Clustering Ensemble*
$MSH$: Configuração do MOCLE semissupervisionada e com recombinação HBGF
$MSM$: Configuração do MOCLE semissupervisionada e com recombinação MCLA
$MST$: *Minimum Spanning Tree*
$NSGA$: *Non-dominated Sorting Genetic Algorithm*
$NSGA-II$: *Non-dominated Sorting Genetic Algorithm II*
$OPTICS$: Algoritmo *Ordering Points To Identify the Clustering Structure*
$ORF$: *Open Reading Frame*
$PESA$: *Pareto Envelope Selection Algorithm*
$PESA-II$: *Pareto Envelope Selection Algorithm II*
$PLN$: Processamento de Linguagem Natural
$ReLu$: *Rectified Linear Unit activation function*
$RNN$: *Recurrent Neural Network*

| | |
|---|---|
| $SLM$: | *Short Language Model* |
| $SN$: | *Shallow Network* |
| $SNN$: | Algoritmo *Shared Nearest Neighbor* |
| $SOM$: | Algoritmo *Self-Organizing Maps* |
| $SPEA$: | *Strength Pareto Evolutionary Algorithm* |
| $SPEA2$: | *Strength Pareto Evolutionary Algorithm 2* |

# NOTAÇÃO

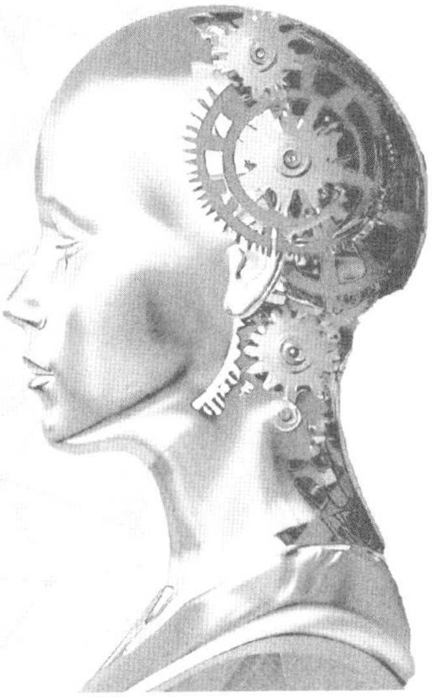

$n$: Número de objetos de um conjunto de dados
$d$: Número de dimensões (atributos) dos objetos de um conjunto de dados
$\mathbf{X}$: Conjunto de dados
$\mathbf{x}_i$: $i$-ésimo objeto do conjunto de dados $\mathbf{X}$
$\mathbf{x}$: Vetor de atributos de um objeto qualquer
$\mathbf{x}^j$: $j$-ésima coluna de atributos do conjunto de dados $\mathbf{X}$
$y_i$: Valor do atributo-alvo do objeto $\mathbf{x}_i$
${\mathbf{x}_i}^{(k)}$: $i$-ésimo objeto do *cluster* $\mathbf{C}_k$
$x_i^j$ ou $x_{ij}$: Valor do $j$-ésimo atributo do $i$-ésimo objeto do conjunto de dados $\mathbf{X}$
$\bar{x}_i$: Média dos atributos do $i$-ésimo objeto do conjunto de dados $\mathbf{X}$
$\bar{x}^j$: Média dos valores da $j$-ésima coluna de atributos do conjunto de dados $\mathbf{X}$
$D$: Conjunto de observações de pares $(\mathbf{x}_i, y_i)$
$d(\mathbf{x}_i, \mathbf{x}_j)$: Distância entre os objetos $\mathbf{x}_i$ e $\mathbf{x}_j$
$s(\mathbf{x}_i, \mathbf{x}_j)$: Similaridade entre os objetos $\mathbf{x}_i$ e $\mathbf{x}_j$
$\mathbf{S}_{n\times n}$: Matriz de similaridade/dissimilaridade entre pares de objetos
$s_{ij}$: Similaridade/dissimilaridade entre os objetos $\mathbf{x}_i$ e $\mathbf{x}_j$ na matriz $\mathbf{S}$
$|\mathbf{A}|$: Número de elementos do conjunto $\mathbf{A}$
$\pi^i$: $i$-ésima partição
${\mathbf{C}_k}^i$: $k$-ésimo *cluster* da $i$-ésima partição
$\mathbf{C}_k$: Conjunto de objetos da classe $c_k$ ou $k$-ésimo *cluster* de uma partição qualquer
$\bar{\mathbf{x}}^{(k)}$: Centroide do *cluster* $\mathbf{C}_k$
$k$: Número de classes ou *clusters*
$k^i$: Número de *clusters* da $i$-ésima partição $(\pi^i)$
$\hat{f}(\mathbf{x}_i)$: Hipótese aplicada ao objeto $\mathbf{x}_i$
$f(\mathbf{x}_i)$: Função objetivo aplicada ao objeto $\mathbf{x}_i$
$\mathbf{M}_c$: Matriz de confusão
$Y$: Domínio da variável aleatória $y$

# 1 | INTRODUÇÃO

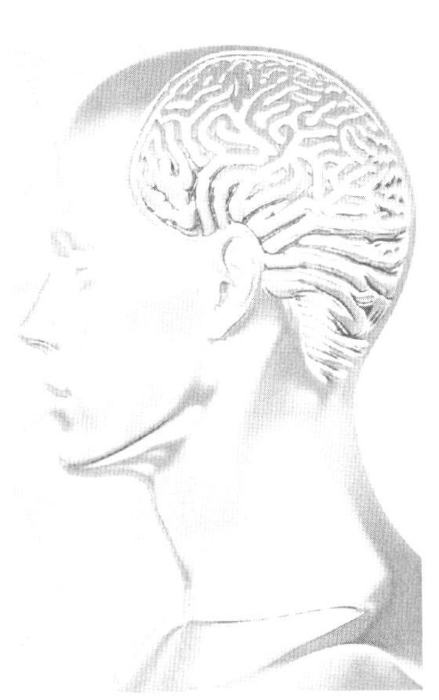

Há algumas décadas, soluções computacionais eram desenvolvidas predominantemente por meio da codificação manual de regras e procedimentos que especificavam, passo a passo, as ações necessárias para resolver um problema. Apesar de eficaz em certos contextos, essa abordagem mostrou-se limitada para lidar com problemas que os seres humanos resolvem intuitivamente, como:

- Reconhecimento facial e de voz. Por exemplo, um humano consegue identificar rostos independentemente de expressões faciais, uso de acessórios, ou mudanças como um novo corte de cabelo. Da mesma forma, reconhece vozes em conversas telefônicas, mesmo quando alteradas por variações emocionais ou condições físicas.
- Combinação de conhecimentos prévios e uso prático desses conhecimentos. Um médico, por exemplo, diagnostica pacientes com base em sintomas, resultados de exames e experiências adquiridas ao longo de sua formação e prática profissional.

Em 1956, John McCarthy e Marvin Minsky organizaram a famosa escola de verão no Dartmouth College, em Hanover, New Hampshire, nos Estados Unidos, onde o termo *Inteligência Artificial* (IA) foi cunhado e definido como "a ciência e engenharia de criar máquinas inteligentes". Esse evento histórico reuniu um grupo com os principais pesquisadores da época por oito semanas, marcando o início formal de uma área de estudo que, desde então, evoluiu de forma notável. Surgiram subáreas diversas, como Aprendizado de Máquina (AM), Computação Natural, Lógica *Fuzzy*, Processamento de Linguagem Natural, Sistemas Multiagentes, Raciocínio Probabilístico, Robótica e Visão Computacional.

Desde os anos 1970, a aplicação da IA em problemas do mundo real tem se expandido de modo significativo. Inicialmente, os esforços concentraram-se no desenvolvimento de Sistemas Especialistas ou Sistemas Baseados em Conhecimento, que codificavam o conhecimento de especialistas em forma de regras lógicas. No entanto, a aquisição desse conhecimento era frequentemente limitada por fatores como subjetividade, dificuldades de extração de informações e, em alguns casos, resistência por parte dos especialistas.

A recente proliferação de dispositivos capazes de coletar, armazenar e processar grandes volumes de dados transformou o cenário. Nesse contexto, o Aprendizado de Máquina emergiu como uma das subáreas mais proeminentes da IA. Em particular, algoritmos para treinar Redes Neurais Artificiais (RNAs) profundas atingiram desempenho de ponta em diversas aplicações complexas, como visão computacional, processamento de linguagem natural e jogos.

O Aprendizado de Máquina investiga técnicas que permitem a aquisição automática de conhecimento a partir de dados, possibilitando o suporte à tomada de decisão em novos cenários. Modelos de IA, derivados de algoritmos de AM, são representações matemáticas capazes de capturar padrões nos dados. Por sua vez, sistemas de IA integram esses modelos com outros componentes para formar soluções completas.

A IA pode ser classificada como estreita ou geral, dependendo de seu escopo. IA estreita é projetada para tarefas específicas, enquanto a IA geral visa uma competência ampla e adaptável em múltiplos domínios. Um conceito relacionado, Inteligência Artificial de Propósito Geral (GPAI, do inglês, *General Purpose Artificial Intelligence*), refere-se a modelos capazes de realizar uma variedade de tarefas, muitas vezes em diferentes formatos de dados, como texto, áudio e imagens. Esses modelos, também conhecidos como *foundation models*, trouxeram a IA generativa para o centro das atenções, gerando textos, códigos e outros conteúdos interativos.

Com esses avanços, o uso de IA e AM cresceu exponencialmente em empresas, órgãos públicos e organizações sem fins lucrativos. Governos empregam IA para classificar processos judiciais e facilitar o acesso à legislação. Empresas utilizam IA em estratégias de negócio, assistentes virtuais e otimização de processos. Exemplos bem-sucedidos incluem filtros de *spam*, sistemas de recomendação, diagnósticos médicos baseados em dados clínicos e comportamentos inteligentes em personagens de jogos.

Este livro apresenta os fundamentos teóricos e práticos do Aprendizado de Máquina, capacitando o leitor a compreender os princípios subjacentes aos algoritmos e a utilizá-los de forma eficaz. O restante deste capítulo está organizado da seguinte forma: a Seção 1.1 discute os diferentes formatos de dados; a Seção 1.2 descreve as principais tarefas de aprendizado; a Seção 1.3 aborda conceitos básicos, como a relação entre as características dos dados e a qualidade dos modelos; a Seção 1.4 introduz o conceito de viés indutivo; e, por fim, a Seção 1.5 apresenta a estrutura geral do livro.

## 1.1 Dados

O processo de aprendizado em AM tem uma forte dependência do conjunto dos dados utilizados como fonte de experiência. Os dados podem vir de diferentes fontes e serem gerados por diferentes processos, em geral de forma automática. A *grosso modo*, os dados podem ser estruturados ou não estruturados, mas há uma gama grande de características importantes de serem consideradas para seu uso correto em AM e para a potencialização dos resultados que podem ser obtidos. Essas características são detalhadas e discutidas no Capítulo 2. Essa distinção entre dados estruturados e não estruturados é importante no contexto de AM, pois a grande maioria das técnicas e abordagens trata de dados estruturados, muitas vezes sendo necessárias conversões quando os dados não têm essa estrutura. Assim, neste livro, dá-se enfoque ao uso de AM com dados estruturados, sendo apenas a Parte IV, dedicada a introduzir aspectos importantes em aplicações de alguns tipos de dados não estruturados.

Um conjunto de dados estruturados é aquele em que os dados são apresentados em uma estrutura tabular, como uma tabela ou uma matriz. Nessa tabela, cada coluna corresponde a um atributo (campo, característica ou variável), que representa uma característica ou propriedade dos objetos do conjunto e cada linha representa um objeto com os valores específicos para cada atributo. Por isso, essa tabela é conhecida como tabela atributo-valor. Cada linha da matriz, com os valores dos atributos, corresponde a um vetor de entrada. Dados representados dessa forma são chamados estruturados porque cada objeto apresenta a mesma estrutura. Os objetos também costumam ser chamados de exemplos, padrões, instâncias, observações ou registros.

Para ilustrar, a Tabela 1.1 representa um conjunto de dados simplificado, muito utilizado em AM, referente a dados de pacientes de um hospital. O conjunto tem atributos que correspondem a características do paciente [como *Nome*, *Idade*, *Sexo*, *Peso* e estado de origem (*Est.*)], atributos associados a questões de saúde [como características de manchas na pele (*Manchas*), temperatura (*Temp.*), número de internações (*#Int.*) e *Diagnóstico*, que indica o diagnóstico do paciente] e também um identificador (*Id.*), que simplesmente identifica unicamente cada paciente no conjunto.

Atributos como o *Id.* são identificadores, sendo únicos para cada exemplo e não agregam informações relevantes para as tarefas de aprendizado, sendo geralmente removidos em etapas de preparação dos dados, sob pena de introduzir viés ou reduzir a capacidade do modelo de generalizar, caso sejam usados incorretamente. O atributo nome, neste contexto do hospital, também não agrega informações para o aprendizado, mas em outros contextos, como em análise de redes sociais ou categorização de textos, poderia ter relevância.

O atributo *Diagnóstico* indica se o paciente está ou não doente, conceito que pode ser alvo do aprendizado, para a produção de um sistema que seja capaz de predizer se um novo paciente está ou não doente com base nos demais atributos. Esses atributos são denominados atributos-alvo, atributos meta ou ainda atributos de saída.

Os demais atributos são características que descrevem as propriedades ou aspectos relevantes dos objetos, contribuindo para o aprendizado, sendo denominados atributos preditivos.

Tabela 1.1 Conjunto de dados `hospital` com seus atributos

| Id. | Nome | Idade | Sexo | Peso | Manchas | Temp. | # Int. | Est. | Diagnóstico |
|---|---|---|---|---|---|---|---|---|---|
| 4201 | João | 28 | M | 79 | Concentradas | 38,0 | 2 | SP | Doente |
| 3217 | Maria | 18 | F | 67 | Inexistentes | 39,5 | 4 | MG | Doente |
| 4039 | Luiz | 49 | M | 92 | Espalhadas | 38,0 | 2 | RS | Saudável |
| 1920 | José | 18 | M | 43 | Inexistentes | 38,5 | 8 | MG | Doente |
| 4340 | Cláudia | 21 | F | 52 | Uniformes | 37,6 | 1 | PE | Saudável |
| 2301 | Ana | 22 | F | 72 | Inexistentes | 38,0 | 3 | RJ | Doente |
| 1322 | Marta | 19 | F | 87 | Espalhadas | 39,0 | 6 | AM | Doente |
| 3027 | Paulo | 34 | M | 67 | Uniformes | 38,4 | 2 | GO | Saudável |

No caso dos conjuntos de dados não estruturados, eles podem representar, por exemplo, dados percebidos pelos sentidos, como imagens e sons, capturados por sensores ou ainda representar relações entre entidades, como as interações e relacionamentos nas redes sociais. Exemplos de dados não estruturados incluem imagens, sons, textos, vídeos, séries temporais e sequências biológicas.

Enquanto algoritmos normalmente possuem mais facilidade para lidar com dados estruturados, seres vivos lidam melhor com dados não estruturados. É importante observar que a quantidade de dados não estruturados armazenados ou fluindo nos sistemas e aplicações computacionais é significativamente maior do que a de dados estruturados.

Devido à dificuldade de algoritmos de AM tradicionais lidarem com dados não estruturados, eles frequentemente precisam ser representados ou convertidos em um formato que permita seu uso. Duas abordagens comuns para criar representações numéricas de dados não estruturados são:

- Representação direta: cada objeto é representado por números que correspondem aos valores "brutos" de seus elementos constituintes. Por exemplo, uma imagem pode ser representada por uma matriz com os valores de intensidade dos *pixels* e um texto pode ser representado por uma matriz de frequência de palavras que ocorrem no texto.
- Extração de características: cada objeto é representado por um conjunto de propriedades relevantes definidas com base em conhecimento do domínio. Por exemplo, uma imagem de um rosto pode ser representada por medidas como a distância entre os olhos ou o tamanho da boca e um texto pode incluir o número de palavras e frequência de termos específicos.

Nas duas abordagens, o objeto apresentado ao algoritmo de AM é representado por uma matriz de valores numéricos. Contudo, modelos de AM atuais são capazes de receber os dados não estruturados mais diretamente, com poucas modificações. Com frequência, esses algoritmos extraem automaticamente uma representação estruturada a partir dos dados não estruturados como parte do seu treinamento. É o caso de redes neurais profundas para análise de imagens, que em suas primeiras camadas extraem descritores gerais das imagens.

## 1.2 Tarefas de Aprendizado

Algoritmos de AM têm sido amplamente utilizados em diversas tarefas, sendo as mais clássicas divididas em **Preditivas** e **Descritivas**. A Figura 1.1 ilustra hierarquicamente essas categorias clássicas de aprendizado e as tarefas associadas.

Em tarefas preditivas, como o nome diz, o objetivo é induzir um modelo que possa ser empregado para **predizer** o valor de um atributo-alvo, a partir dos valores dos atributos preditivos, para um objeto novo, que não tenha sido empregado na produção do modelo (ou treinamento). O aprendizado nesse tipo de tarefa é denominado aprendizado indutivo, que consiste em generalizar padrões ou regras, que representem o conceito a ser aprendido, a partir de exemplos ou observações específicas. Esses padrões ou regras podem ser representados de diversas maneiras, como

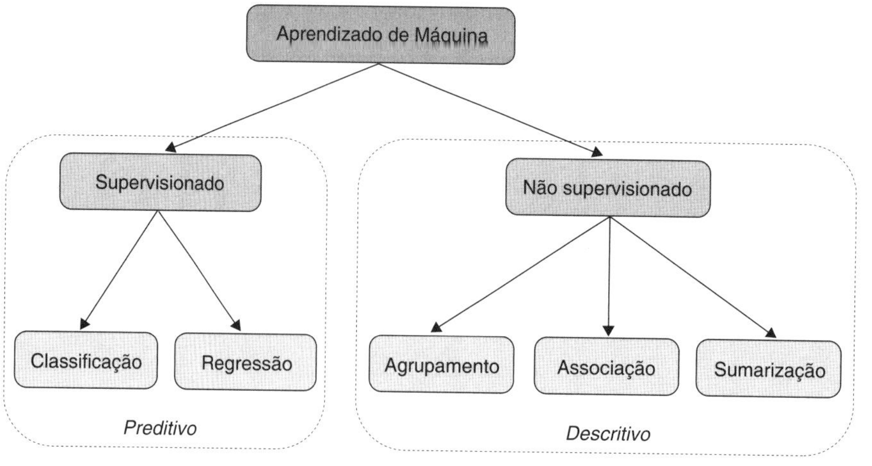


**Figura 1.1** Hierarquia clássica de aprendizado.

funções matemáticas, regras se/então, matrizes de pesos etc., dependendo do algoritmo de aprendizado, sendo denominados modelos ou hipóteses. Uma vez um modelo produzido, ele pode ser utilizado na predição em novos objetos. Por exemplo, com base no conjunto `hospital` (Tabela 1.1), pode-se produzir um modelo para, a partir dos sintomas, predizer o estado de saúde de um novo paciente. Esse tipo de aprendizado faz parte do paradigma de aprendizado supervisionado. O termo supervisionado vem da simulação da presença de um "supervisor externo", que conhece, por exemplo, o verdadeiro diagnóstico do paciente. Essa informação é usada para guiar o processo de aprendizado na extração de um modelo com boa capacidade preditiva (de generalização).

Em muitos casos, os dados apresentam apenas um atributo-alvo. Entretanto, existem ainda tarefas preditivas com mais de um atributo-alvo, como é o caso da classificação multirrótulo (de Carvalho e Freitas, 2009).

Já nas tarefas descritivas, em vez de predizer um valor, o objetivo dos algoritmos de AM é extrair padrões a partir dos valores dos atributos do conjunto de dados. Em geral, são tarefas com o objetivo exploratório, de descrever os dados, para descobrir padrões ou características nos dados que possam ser empregadas posteriormente. Assim, como o nome diz, descrevem os dados. Como não faz uso do conhecimento do "supervisor externo", esse tipo de tarefa se enquadra no paradigma de aprendizado não supervisionado. Uma das principais tarefas descritivas, agrupamento de dados, procura grupos de objetos similares entre si no conjunto de dados. Outra tarefa descritiva é encontrar regras de associação, que associam valores de um subconjunto de atributos preditivos a valores de outro subconjunto.

As tarefas preditivas se distinguem pelo tipo do valor do atributo-alvo: discreto, no caso de tarefas de classificação; e contínuo, no caso de tarefas de regressão. As tarefas descritivas são genericamente divididas em: agrupamento, que dividem os dados em grupos de acordo com sua similaridade; sumarização, que buscam uma descrição simples e compacta para um conjunto de dados; e associação, que procuram padrões frequentes de associações entre os atributos de um conjunto de dados. Com exceção da sumarização, as demais tarefas serão abordadas neste livro.

Deve ser observado que, apesar dessa divisão de modelos em preditivos e descritivos, um modelo preditivo pode gerar uma descrição de um conjunto de dados, e uma descrição produzida por um algoritmo não supervisionado pode ser usada para produzir um modelo preditivo, após ser validada.

Algumas tarefas de aprendizado não se enquadram na hierarquia clássica apresentada na Figura 1.1, como é o caso do aprendizado semissupervisionado (Zhu e Goldberg, 2009), o aprendizado ativo (Settles, 2012), o aprendizado por reforço (Sutton e Barto, 1998) e a IA Generativa (Foster, 2023). A seguir, essas tarefas são brevemente descritas, mas ressalta-se que essa lista não é extensiva e não se propõem estabelecer quaisquer relações entre elas, visto inclusive que várias delas podem integrar diferentes tipos de aprendizado.

Uma tarefa de aprendizado semissupervisionado pode ser uma tarefa de agrupamento semissupervisionado ou de classificação/regressão semissupervisionada. Agrupamento semissupervisionado é usado quando os dados não são rotulados, mas são conhecidas algumas restrições sobre os dados, como pares de objetos que devem estar no mesmo grupo ou em grupos diferentes. A classificação semissupervisionada é utilizada em tarefas de classificação em que apenas parte dos exemplos de treinamento possui um rótulo de classe. Raciocínio semelhante é utilizado para a regressão semissupervisionada. Isso acontece porque rotular exemplos pode ter um custo elevado, ser uma tarefa difícil ou necessitar de dispositivos especiais.

O aprendizado semissupervisionado procura aumentar o número de objetos rotulados. O modelo induzido com os dados rotulados disponíveis é utilizado para rotular dados não rotulados. Para isso, o objeto não rotulado deve ter sua classe predita com boa confiança. Esses dados podem então ser adicionados ao conjunto de treinamento e o processo se repete até que os dados que satisfaçam uma dada condição sejam rotulados. Assim, esse tipo de aprendizado utiliza de forma passiva tanto os dados rotulados quanto os não rotulados para induzir um modelo preditivo. Como todos os dados não rotulados são utilizados e recebem um rótulo, podem ser dados redundantes, que pouco contribuem para a extração de um bom modelo preditivo.

Esse problema é minimizado pelo uso de aprendizado ativo. Uma estratégia de aprendizado ativo seleciona iterativamente os dados a serem rotulados e o rótulo a ser atribuído a cada um deles, que pode incluir a consulta a um oráculo. Assim, apenas os dados que apresentam uma característica ausente nos dados rotulados, com possibilidade de melhorar a qualidade do modelo induzido, são selecionados. Os dados que não forem selecionados são descartados. Outra vantagem em relação ao aprendizado semissupervisionado é a possibilidade de utilização de algoritmos de AM previamente existentes, enquanto no primeiro caso, normalmente algoritmos específicos são usados.

No aprendizado por reforço, bastante distinto das tarefas anteriores, um agente aprende a tomar decisões por meio de interações com o ambiente. Para isso, usa um sistema de recompensas ou penalidades, reforçando ou recompensando uma ação considerada positiva e punindo uma ação considerada negativa. O objetivo do agente (e do sistema de aprendizado) é maximizar a recompensa total. Um exemplo de tarefa de reforço é a de ensinar um robô a encontrar a melhor trajetória entre dois pontos. Algoritmos de AM utilizados nessa tarefa, em geral, punem a passagem por trechos que aumentem o percurso e recompensam a passagem por trechos menores.

Finalmente, a IA generativa também envolve tarefas importantes em AM. O objetivo das abordagens generativas é criar novos dados ou conteúdos, como texto, imagens, áudio, ou vídeos, que se assemelham aos dados nos quais foram treinados. Esses modelos aprendem a capturar padrões e estruturas subjacentes nos dados e utilizam esse conhecimento para gerar exemplos inéditos, mas coerentes. Os modelos generativos são construídos estimando a função de densidade de probabilidade dos dados, a partir do que podem-se gerar novos dados do domínio. E podem fazer isso seguindo uma abordagem supervisionada ou não supervisionada, ou combinações delas e de outras abordagens de aprendizado.

## 1.3 Aprendizado de Máquina e Indução de Modelos

No aprendizado preditivo, dispositivos computacionais são programados para aprender a partir de experiências passadas. Para tal, frequentemente empregam um princípio de inferência denominado indução, que permite extrair conclusões genéricas a partir de um conjunto particular de instâncias.

Para ilustrar a relação entre AM e indução de modelos, considere novamente o conjunto de dados `hospital`, ilustrado na Tabela 1.1. Suponha que um algoritmo de AM é aplicado aos dados para aprender um modelo (por exemplo, uma regra) capaz de diagnosticar pacientes de acordo com os valores de seus atributos de entrada. Esse modelo deve ser capaz de diagnosticar corretamente novos pacientes. Assim, a regra também deve ser válida para outros objetos do mesmo domínio ou problema, que não fazem parte do conjunto de treinamento. A essa propriedade de um modelo continuar a ser válido para novos objetos dá-se o nome capacidade de generalização. Essa capacidade é necessária para que o modelo seja válido para novos dados.

Quando um modelo apresenta baixa capacidade de generalização, a regra está superajustada aos dados usados no aprendizado (*overfitting*). Isso significa que o modelo memorizou ou se especializou nos dados de treinamento. Na situação inversa, quando o modelo possui baixa capacidade preditiva para os dados de treinamento, pode ter ocorrido um subajuste (*underfitting*). Subajuste geralmente ocorre quando os dados de treinamento disponíveis são pouco representativos ou quando o modelo usado é muito simples e não captura os padrões existentes nos dados

(Monard e Baranauskas, 2003). Na Seção 8.1, esses conceitos são ilustrados e aprofundados, sendo apresentadas considerações e motivações sobre a indução de modelos com boa capacidade de generalização.

## 1.4 Viés Indutivo

Durante o processo de aprendizado, um algoritmo de AM procura por um modelo, no espaço de possíveis modelos, capaz de representar a relação entre os atributos preditivos e o atributo-alvo.

Cada algoritmo representa os possíveis modelos que pode encontrar usando um formato ou linguagem próprios. Por exemplo, redes neurais artificiais representam um modelo por um conjunto de valores reais, associados aos pesos das conexões da rede. Árvores de decisão utilizam uma estrutura de árvore em que cada nó interno é representado por uma pergunta referente ao valor de um atributo e cada nó externo está associado a uma classe. A linguagem ou representação usada define a preferência ou viés (*bias*) de representação do algoritmo, restringindo os modelos que ele pode encontrar. A Figura 1.2 ilustra o viés de representação utilizado por técnicas de indução de árvores de decisão, redes neurais artificiais e regras de decisão.

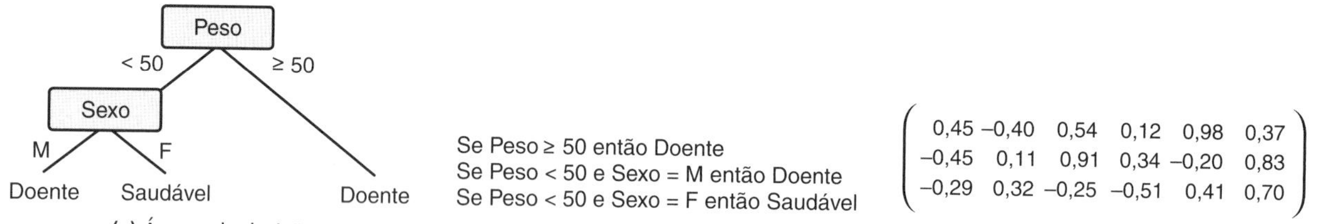


**(a)** Árvore de decisão **(b)** Conjunto de regras **(c)** Redes neurais

**Figura 1.2** Diferentes vieses de representação.

A forma como um algoritmo procura pelo melhor modelo, espaço de possíveis modelos, define um outro viés, o viés de busca. Por exemplo, o algoritmo ID3, que é utilizado para indução de árvores de decisão, tem como viés de busca sua preferência por árvores de decisão com poucos nós, como será visto no Capítulo 6.

Assim, cada algoritmo de AM possui dois vieses, um viés de representação e um viés de busca. O viés é necessário para restringir os modelos a serem avaliados no espaço de busca. Sem viés não haveria aprendizado/generalização. Os modelos seriam especializados para os dados de treinamento. Embora, à primeira vista, o viés pareça uma limitação dos algoritmos de AM, segundo Mitchell (1997), sem viés um algoritmo de AM não consegue generalizar o conhecimento adquirido durante o processo de treinamento.

## 1.5 Estrutura do Livro

Este livro tem por objetivo apresentar os principais conceitos e algoritmos de AM e mostrar como AM pode ser aplicado para resolver problemas. De forma a agrupar os temas abordados de uma maneira uniforme, os capítulos do livro foram organizados nos seguintes grandes temas ou módulos:

- **Preparação de dados**: engloba tópicos associados ao uso de dados em pesquisas e aplicações de AM, incluindo caracterização de dados, descrição de dados, análise estatística de dados, visualização de dados, transformação de dados, qualidade de dados e redução de dimensionalidade.
- **Métodos preditivos**: aborda temas relacionados com o aprendizado supervisionado. Após definir seus conceitos gerais, descreve os principais algoritmos de aprendizado preditivo, combinação de modelos em comitês, como realizar experimentos de aprendizado preditivo e como avaliar desempenho preditivo.
- **Métodos descritivos**: similar ao módulo anterior, mas para aprendizado não supervisionado. Aborda conceitos básicos necessários para entender seu funcionamento, e como os algoritmos podem ser avaliados e combinados. Descreve como planejar e avaliar experimentos descritivos.

- **Aplicações**: ilustra exemplos de aplicações reais, com dados não estruturados, apresentando características particulares dos dados e aplicações e também das formas de tratamento desses dados.

Esses tópicos foram cuidadosamente escolhidos para que os leitores tenham uma dosagem equilibrada em abrangência e profundidade dos temas básicos e avançados em AM.

## 1.6 Exercícios

**Exercício 1.1** Discuta as semelhanças e diferenças entre aprendizado supervisionado e não supervisionado.

**Resposta** Alguns itens que podem ser discutidos: tipo de *feedback* sobre os rótulos ou categorias dos dados, tipos de problemas tratados (classificação, regressão *vs.* agrupamento, associação), classes *vs.* grupos etc.

**Exercício 1.2** Descreva uma situação em que um algoritmo preditivo pode ser usado em uma tarefa descritiva e uma situação em que um algoritmo descritivo pode ser usado em uma tarefa preditiva.

**Resposta** Preditivo em tarefa descritiva: usar uma árvore de decisão para modelar um problema de classificação e então interpretar os padrões extraídos dos dados a partir da análise da árvore obtida; descritivo em preditivo: realizar um agrupamento dos dados e, validando os grupos obtidos e dando uma interpretação a eles, usá-los para classificar novos exemplos (p. ex., pelo grupo mais próximo).

**Exercício 1.3** Pesquise sobre as principais formas de inferência (indução, dedução, abdução) e apresente suas características.

**Resposta** Sugere-se consultar referências sobre métodos de inferência lógica.

**Exercício 1.4** Caracterize cada uma das tarefas a seguir como preditivas ou descritivas:

a. Diagnóstico de pacientes a partir de seus sintomas;
b. Segmentação mercado, buscando perfis de clientes de acordo com suas características;
c. Identificação de produtos vendidos frequentemente juntos;
d. Reconhecimento de pessoas por suas faces;
e. Previsão de cotação de moedas.

**Respostas**

a. Diagnóstico de pacientes a partir de seus sintomas: preditiva;
b. Segmentação mercado: descritiva;
c. Identificação de produtos vendidos frequentemente juntos: descritiva;
d. Reconhecimento de pessoas por suas faces: preditiva;
e. Previsão de cotação de moedas: preditiva.

**Exercício 1.5** Segundo Mitchell (1997), um programa aprende a partir de um conjunto de experiência $E$, em relação a uma classe de tarefas $T$, com medida de desempenho $P$, se seu desempenho em $T$, medido por $P$, melhora com $E$. A partir dessa definição, apresente quais são os conjuntos $T$, $P$ e $E$ nos seguintes casos:

a. Jogar damas;
b. Filtrar mensagens de *spam*;

c. Reconhecer escrita manual de dígitos;

d. Dirigir um carro (carro autônomo);

e. Decidir a que clientes fornecer crédito;

f. Diagnosticar pacientes a partir de seus sintomas.

**Respostas**

a. $T$: jogar damas; $E$: jogar contra si mesmo; $P$: porcentagem de jogos vencidos.

b. $T$: filtrar mensagens de *spam*; $E$: conjuntos de exemplos de mensagens categorizadas como *spam* e legítimas (ou *feedback* de usuário quanto a essa classificação); $P$: porcentagem de *e-mails* corretamente classificados, com ênfase em minimizar o erro de classificar um *e-mail* legítimo como *spam*.

c. $T$: reconhecer escrita manual de dígitos; $E$: conjuntos de dados de dígitos manuscritos, como o do USPS (*United States Post Service*); $P$: porcentagem de dígitos corretamente identificados.

d. $T$: dirigir um carro (carro autônomo); $E$: registro de direção de uma pessoa (que ações tomou dirigindo); $P$: distância média até ocorrer um erro.

e. $T$: decidir a que clientes fornecer crédito; $E$: base de dados bancária com dados de inadimplência; $P$: porcentagem de clientes não inadimplentes a que fornece crédito.

f. $T$: diagnosticar pacientes a partir de seus sintomas; $E$: conjunto de prontuários médicos; $P$: porcentagem de pacientes corretamente diagnosticados (pode ser dada uma ênfase a não cometer o erro de diagnosticar um paciente doente como saudável).

# PARTE I

# DADOS

# INTRODUÇÃO

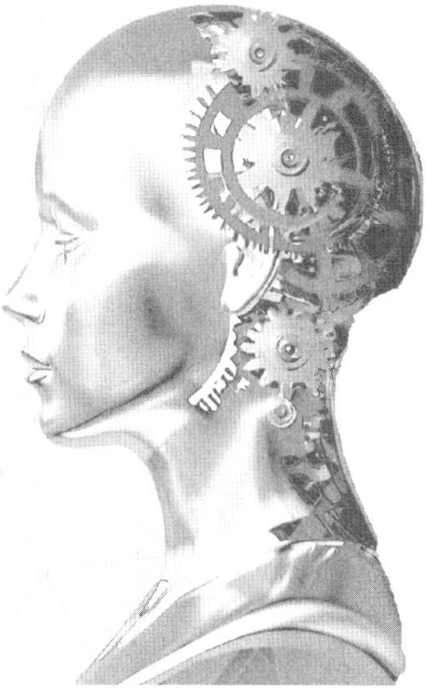

A cada dia, uma enorme quantidade de dados é gerada por atividades como transações financeiras, monitoramento ambiental, obtenção de dados clínicos e genéticos, captura de imagens, navegação na internet e uso de redes sociais. Esses dados assumirão vários formatos diferentes, incluindo séries temporais, *itemsets*, transações, grafos (redes sociais, por exemplo), textos, páginas web, imagens, vídeos e áudios. Com o aumento crescente da quantidade de dados gerada, tem aumentado muito a distância entre a quantidade de dados existente e a porção desses dados que é analisada e compreendida.

Conjuntos de dados são formados por objetos que podem representar um objeto físico, como uma cadeira, ou uma noção abstrata, como os sintomas apresentados por um paciente que se dirige a um hospital. Tais objetos também são comumente referidos como padrões, instâncias, objetos, registros, observações ou exemplos. Em geral, cada objeto é descrito por um conjunto de atributos preditivos (também chamados de atributos de entrada, de vetores de variáveis e de vetores de características). Cada objeto corresponde a uma ocorrência dos dados. Cada atributo está associado a uma propriedade do objeto.

A Figura I.1 ilustra um exemplo de espaço de objetos. Nesse espaço, a posição de cada objeto é definida pelos valores de dois atributos de entrada, nesse caso, os resultados de dois exames clínicos. O atributo de saída é representado pelo formato do objeto na figura: círculo para pacientes doentes e triângulo para pacientes saudáveis.

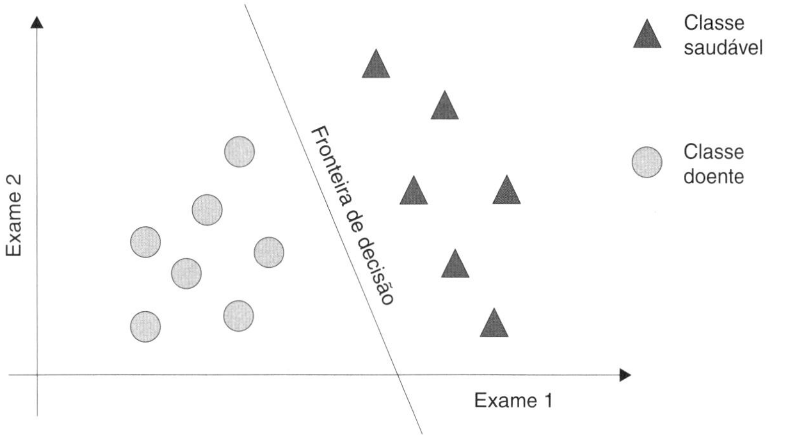


**Figura I.1** Espaço de objetos.

Apesar do crescente número de bases de dados disponíveis, na maioria das vezes não é possível aplicar algoritmos de AM diretamente sobre esses dados. Técnicas de pré-processamento são frequentemente utilizadas para corrigir problemas nos dados e para tornar os conjuntos de dados mais adequados para o uso de algoritmos de AM. Para ajudar a entender os dados e identificar as tarefas de pré-processamento adequadas e mesmo para garantir a qualidade e facilidade de interpretação dos resultados obtidos, é importante se fazer uma caracterização dos dados e também uma exploração inicial com estatísticas descritivas básicas e/ou técnicas básicas de visualização.

No Capítulo 2 são detalhados os elementos referentes à caracterização dos dados e também estatísticas descritivas e visualizações básicas.

No que concerne ao pré-processamento, uma gama diferente de tarefas pode ser útil e/ou necessária. As técnicas voltadas ao pré-processamento podem ser agrupadas nos seguintes tipos de tarefas:

- Integração de dados;
- Eliminação manual de atributos;
- Amostragem de dados;
- Balanceamento de dados;
- Limpeza de dados;
- Redução de dimensionalidade;
- Transformação de dados.

Essas tarefas estão associadas a um processo chamado Mineração de Dados (MD) (Witten *et al.*, 2016), que busca extrair conhecimento novo, útil e relevante de um conjunto de dados. Mais recentemente, essas tarefas têm sido associadas à área de Ciência de Dados (CD) (Provost e Fawcett, 2013). Assim como a Ciência da Computação, CD é um guarda-chuva, cujo formato muda continuamente, para várias subáreas, metodologias e técnicas. À primeira vista, MD e CD são semelhantes, mas enquanto MD foca no processo, CD foca nos dados em si. Em particular, foca no impacto e relevância dos dados, e na manipulação de dados de diferentes tipos. Para isso, engloba conhecimentos das áreas de Computação, Estatística e Matemática. Uma prova do crescimento e fortalecimento da CD é o grande número de cursos de graduação e de pós-graduação que estão sendo criados em vários países nessa área.

Não existe uma ordem exclusiva para a aplicação das técnicas de pré-processamento listadas anteriormente, sendo que muitas vezes o pré-processamento precisa ser refeito e/ou alterado ao longo de todo o processo que engloba uso de AM. O processo inteiro de uso de AM, que engloba pré-processamento, modelagem e pós-processamento, tem sido chamado de AM de ponta a ponta. No Capítulo 3 são apresentadas discussões mais detalhadas sobre pré-processamento de dados.

Boa parte das empresas, órgãos do governo e outras organizações possui seus dados armazenados em mais de uma base ou conjunto de dados. Assim, os dados podem vir de mais de uma fonte ou tabela atributo-valor. Quando dados presentes em diferentes conjuntos precisam ser utilizados por um algoritmo de AM, esses conjuntos devem ser integrados de forma a constituir um único conjunto ou tabela. Essa integração pode levar a inconsistências e redundâncias.

Algoritmos de AM também podem ter dificuldades para lidar com uma quantidade muito grande de dados. Essa grande quantidade pode estar relacionada com o número de objetos, de atributos ou ambos. Problemas como redundância e inconsistência muitas vezes estão relacionados com uma grande quantidade de dados. Técnicas de amostragem e de seleção de atributos têm sido empregadas nessas situações.

Em dados reais, a distribuição dos objetos entre as classes pode não ser uniforme. Assim, algumas classes podem ter um número de objetos muito superior a outras, formando um conjunto de dados desbalanceado. Muitos algoritmos de AM têm dificuldade para induzir um bom modelo a partir de conjuntos desbalanceados.

Boa parte dos conjuntos de dados reais apresenta ainda problemas como presença de ruído e dados incompletos e/ou inconsistentes. Os dados podem estar incompletos por causa da ausência de valores. Os dados podem ser inconsistentes em razão de erros na sua geração, captação ou entrada. Grande parte dos algoritmos de AM tem seu desempenho afetado pela presença desses problemas. Para lidar com eles, diversas técnicas para limpeza de dados têm sido propostas e investigadas na literatura de AM.

Finalmente, vários algoritmos de AM têm também dificuldades em utilizar os dados no seu formato original. Para tratar desse problema, são realizadas transformações nos dados originais antes que eles sejam utilizados pelo algoritmo. Um exemplo simples de transformação é a conversão de valores simbólicos em valores numéricos e vice-versa. Um exemplo mais complexo é a transformação de vídeos para valores numéricos.

# 2 | ANÁLISE

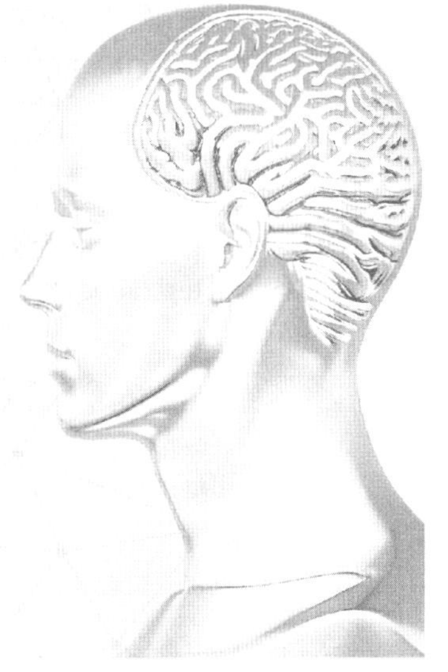

As interações humanas por meio dos inúmeros sistemas computacionais disponíveis atualmente produzem, coletam e armazenam dados continuamente. Essa produção de dados é, em muitos casos, inerente ao funcionamento de sistemas digitais, como a internet, as redes sociais e os bancos de dados corporativos. Nesses ambientes, a organização e o armazenamento de informações são requisitos essenciais para a sua operação. Em outros contextos, dados produzidos precisam ser armazenados a título de documentação ou para referência futura como em casos de processos jurídicos, documentos diversos, registro científico e mesmo arquivos pessoais. Por fim, existe a produção deliberada de dados para fins de análise e estudo, como no monitoramento climático. Compreender a origem e as características dos dados empregados em AM é fundamental para garantir a qualidade, a confiabilidade e a aplicabilidade dos modelos gerados e/ou do conhecimento extraído. Essa garantia vem de fatores como: estabelecer e garantir a relevância dos dados; evitar a introdução ou minimizar os efeitos de vieses devido aos dados; garantir a escolha das técnicas para preparação e dos algoritmos de aprendizado adequados aos dados.

Na Seção 2.1 será apresentada uma caracterização geral dos dados que podem ser empregados em AM, ressaltando alguns elementos-chave a serem considerados para garantir as escolhas corretas das técnicas e procedimentos conforme essas características gerais. Considerando que a maioria das abordagens de aprendizado de máquina utiliza dados estruturados como entrada, será feito um detalhamento das características desses dados na Seção 2.2, incluindo um detalhamento de como os atributos de um conjunto de dados podem ser caracterizados pelo seu tipo e escala, valores que podem assumir etc. Na Seção 2.3, são apresentadas várias medidas, assim como gráficos, que permitem descrever conjuntos de dados, tanto univariados quanto multivariados, com base em fórmulas estatísticas simples e/ou técnicas de visualização.

## 2.1 Caracterização de Dados

Para facilitar a compreensão, os dados podem ser categorizados de diversas formas dependendo da dimensão considerada. É importante entender essas categorizações para realizar as escolhas mais adequadas das abordagens para coleta e preparação dos dados, bem como para a escolha dos algoritmos de AM mais adequados. Algumas das principais categorizações são:

- Quanto à estrutura: refere-se à forma como são organizados e armazenados, podendo ser classificados em dados estruturados, não estruturados e semiestruturados.
- Quanto ao tempo ou frequência: refere-se à regularidade e/ou velocidade com que os dados são produzidos, podendo ser considerados estáticos, dinâmicos e em tempo real (*streaming*).
- Quanto à dependência: refere-se à presença ou não de relações de ordem ou dependência entre as observações e/ou nas características das próprias observações. Um caso particular de dependência envolve os dados sequenciais, em que a sequência ou ordem dos dados tem significado e é importante para o aprendizado.
- Quanto ao volume: refere-se à quantidade de dados produzidos/disponíveis.

A seguir são detalhadas essas categorizações e as principais implicações para o aprendizado. Em seguida, na Seção 2.1.2, são resumidos alguns tipos de dados frequentemente empregados em aplicações com AM, mencionando suas caracterizações e elementos importantes de serem considerados.

### 2.1.1 Categorizações

As diferentes categorizações dos dados listadas anteriormente são detalhadas a seguir.

#### Quanto à estrutura

Dados estruturados têm um modelo de dados com formato e estrutura muito bem definidos, com todos os objetos apresentando uma estrutura idêntica, com atributos que são fixos e armazenados sempre da mesma maneira. Por exemplo, todos os pacientes no sistema do hospital têm registrado o nome como uma *string* com um tamanho máximo, uma data e hora de internação, armazenadas em formatos específicos e idênticos para todos os pacientes, e assim por diante. Os dados armazenados em bancos de dados relacionais, planilhas, arquivos csv, são todos estruturados.

No caso dos dados não estruturados, não existe um modelo de dados ou uma organização predefinidos e rígidos. Textos, imagens, áudios, vídeos e relacionamentos nas redes sociais são alguns exemplos de dados não estruturados. Textos, por exemplo, são compostos por palavras combinadas em ordens diversas formando frases, parágrafos etc., tendo formato e tamanho bastante variáveis, não tendo uma estrutura rígida. O tipo de vocabulário, estilo do texto etc. também podem variar bastante.

Já no caso dos dados semiestruturados, os dados não seguem a estrutura de tabelas dos modelos de dados das bases relacionais, mas contêm algum elemento que dá uma estrutura parcial aos dados, tais como *tags* e metadados. É o caso de documentos XML, arquivos JSON e *logs* de sistemas, por exemplo. Imagens e páginas HTML com metadados, por exemplo, também podem ser consideradas semiestruturadas.

A grande maioria dos algoritmos de AM utiliza como entrada dados estruturados. Para o uso desses algoritmos com dados não estruturados e semiestruturados, podem-se extrair as características relevantes, produzindo um conjunto de dados com a estrutura necessária. Isso pode ser feito manualmente, por pesquisadores e engenheiros/cientistas de dados com a aplicação de técnicas clássicas de extração de características, com descritores e métodos específicos dependendo do domínio. No Capítulo 3 são apresentadas algumas técnicas gerais e na Parte IV, abordagens específicas para alguns tipos de dados selecionados. Além dessa forma "manual", algoritmos de aprendizado profundo (DL, do inglês, *Deep Learning*), como discutido no Capítulo 7, tais como as redes convolucionais, as redes recorrentes e as redes de transformadores, já embutem camadas que realizam transformações anteriormente aplicadas como pré-processamento (inclusive extração de características), simplificando o processo e reduzindo a necessidade de o usuário realizar algumas etapas complexas. Além disso, em alguns domínios específicos, existem redes profundas com o propósito direto de extração de características.

#### Quanto ao tempo/frequência

Dados estáticos são aqueles que são coletados uma única vez ou em intervalos muito espaçados e não se alteram ao longo do tempo. É o caso de dados de sequências biológicas como os genomas, que são fixos para cada indivíduo, os censos populacionais, históricos de vendas e relatórios financeiros anuais, dados de expressão gênica periodicamente coletados para monitorar mudanças nas atividades gênicas, como em células cancerígenas ou em resposta a tratamentos.

Já os dados dinâmicos são aqueles que mudam com frequência e requerem atualizações regulares. Dados dinâmicos podem ser coletados/produzidos em intervalos fixos com grande frequência ou serem produzidos de forma contínua, em tempo real ou quase real (chamados de *streaming*, ou ainda dados em fluxo contínuo). Dados de uma base de transações atualizada periodicamente, por exemplo, são dados dinâmicos que não são em fluxo contínuo. Já sensores de monitoramento de saúde que coletam e transmitem dados de batimentos cardíacos ou glicose a cada segundo, sensores IoT, dados de redes sociais, dados de transações ou *logs* de sistema, transmissões de vídeo, dados de sensores em carros autônomos são exemplos dados de *streaming*. Nos exemplos no restante desta seção, o termo dinâmico será usado para dados dinâmicos que não são em fluxo contínuo e *streaming* para dados dinâmicos coletados/processados continuamente.

Com dados estáticos, os algoritmos trabalham com a suposição de que os objetos são gerados aleatoriamente de acordo com uma distribuição estacionária. Nesse contexto, pode-se fazer aprendizado em lote (*batch*), em que todos os objetos já estão disponíveis em memória e são processados de uma única vez para a construção do modelo. Essa é a forma mais tradicional de aprendizado e a maioria dos algoritmos e abordagens de preparação dos dados e validação dos modelos se adéqua a essa forma de aprendizado, mas requer adaptações quando os dados não são estáticos. Quando os dados são dinâmicos, modelos incrementais, por exemplo, podem ser mais adequados.

No caso dos *streams* de dados, eles são gerados continuamente e processados imediatamente para análise e tomada de decisão em tempo real. A velocidade de geração é muito alta e os dados precisam ser analisados e armazenados rapidamente, muitas vezes sendo armazenados apenas de forma temporária.

Principalmente no caso de *streaming*, mas também em dados com alta frequência de atualização, o pressuposto de que os exemplos são gerados aleatoriamente de acordo com uma distribuição estacionária não se verifica, sendo necessários mecanismos diferentes nos algoritmos para lidar com esses dados, descartando informações e conceitos desatualizados, por exemplo. Para esses dados, modelos adaptativos e de aprendizado *online* são importantes. Também há várias implicações em termos de pré-processamento. Mais detalhes serão abordados no Capítulo 16.

### Quanto à dependência

Dados independentes (ou i.i.d., Independentes e Identicamente Distribuídos): em estatística, essa expressão indica que as observações são independentes umas das outras e seguem a mesma distribuição de probabilidade. Isso é uma suposição fundamental em muitos modelos estatísticos e de aprendizado de máquina. Cada observação não depende da ordem ou do contexto das demais para ser compreendida. Por exemplo, em um banco de dados de clientes, cada linha representa um cliente com suas características, mas as características de um cliente não dependem daquelas de outro cliente.

Por outro lado, uma grande variedade de dados apresenta uma ou mais formas de dependência. Essas dependências podem ser de ordem, temporais, espaciais, de contexto ou outros tipos de relação entre os objetos ou características dos objetos. Dados que têm uma dependência de ordem e/ou temporal são denominados dados de sequência, como as séries temporais (objetos representam elementos coletados em uma ordem específica de instantes de tempo), os textos (ordem das palavras importa), os áudios (ordem das amostras importa) e as sequências biológicas (objetos têm uma dependência posicional dos caracteres que compõem a sequência). Dados como imagens têm uma dependência espacial, com a localização dos *pixels* na imagem sendo relevante para o aprendizado. Já outros tipos mais gerais de relação, como relações contextuais e estruturais, aparecem em dados naturalmente representados como grafos, por exemplo.

Em alguns casos, os objetos são independentes, mas as informações internas a cada objeto são dependentes. Por exemplo, em um conjunto de vídeos de notícias usado para organizar as notícias por assunto, os vídeos são independentes entre si. Mas cada vídeo tem uma sequência de imagens e um áudio associado que tem uma dependência temporal, além da dependência espacial entre os *pixels* de cada imagem.

Cada forma de dependência tem características próprias que influenciam a análise e a modelagem e devem ser consideradas em todas as etapas do aprendizado.

A grande maioria dos algoritmos de AM se baseia no pressuposto de que os objetos de um conjunto de dados são independentes. Compreender essa característica é importante, pois dados sequenciais ou com outras dependências têm características próprias que exigem modelos adequados para capturar essas dependências. Em algumas aplicações, pode ser adequado extrair características que "removam" a dependência. Em outras, a dependência é essencial para a tarefa e, nesses casos, é preciso escolher abordagens adequadas para cada etapa do aprendizado. Por exemplo, as Redes Neurais Recorrentes (RNNs, do inglês, *Recurrent Neural Networks*), LSTMs (do inglês, *Long Short-Term*

*Memory*), GRUs (do inglês, *Gated Recurrent Unit*) e as redes *transformers* são exemplos de arquiteturas projetadas para aprender padrões em sequências e são amplamente usadas em tarefas que envolvem dados sequenciais.

#### Quanto ao Volume

O volume dos dados indica a quantidade de dados gerados e que deve ser processada. O volume tem grande impacto no dimensionamento de infraestrutura e escolha de ferramentas para armazenagem e processamento, bem como das etapas de pré-processamento e dos algoritmos de aprendizado a serem empregados. É importante destacar que aqui está sendo discutida apenas a questão do volume dos dados, e não todo o conjunto de características que usualmente são consideradas para classificar os dados em *small data* ou *big data*, que, além do volume, leva em consideração a variedade de tipos dos dados, a velocidade com que se tornam disponíveis, entre outros fatores.

Dados com pequenos volumes podem ser armazenados e processados em sistemas computacionais comuns, geralmente estruturados e acessíveis em tabelas de bancos de dados tradicionais ou planilhas. Dados com volumes maiores excedem a capacidade de processamento de sistemas convencionais, precisando de processamento distribuído e tecnologias especializadas (como *Hadoop* e *Spark*) para serem manipulados. Algoritmos de aprendizado apropriados, cujo processamento seja paralelizável ou naturalmente paralelo, são necessários. Há ainda dados extremamente volumosos e mesmo aqueles produzidos em fluxo contínuo (sem volume predefinido) que requerem soluções de processamento quase em tempo real para garantir que o volume seja gerenciável.

### 2.1.2 Alguns tipos específicos

Aqui são brevemente apresentados alguns dos principais tipos de dados encontrados em aplicações de AM. Alguns dos tipos a seguir são bastante específicos, como textos, sequências biológicas e imagens. Outros são categorias mais gerais, em que vários cenários específicos se enquadram, como grafos, séries temporais e dados dinâmicos. Os capítulos da Parte IV detalham mais sobre características e aplicações com dados dinâmicos, grafos, imagens e textos.

**Áudios** são representações de sinais sonoros como voz humana, música ou mesmo sinais biomédicos como batimentos cardíacos. São dados de sequência com a dependência temporal como fator fundamental para aplicações como reconhecimento de palavras em uma conversa ou mudança no padrão dos batimentos cardíacos para identificação de problemas. São considerados dados não estruturados (ou semiestruturados quando incluem metadados), podendo ser estáticos, como em aplicações de classificação de gêneros musicais ou reconhecimento de fala, dinâmicos, como em gravações de chamadas de atendimento ao cliente, monitoramento periódico de sons ambientais, e mesmo em *streaming*, como no uso de assistentes virtuais ou monitoramento acústico em tempo real para análise de ruídos em áreas urbanas e identificação de alarmes ou sons incomuns, como disparos ou acidentes.

**Dados multimodais** ou mistos envolvem o uso simultâneo de vários tipos de dados. Por exemplo, uso simultâneo de textos, imagens e vídeo para análise de emoções combinando expressões faciais, tom de voz e transcrições ou de sequências biológicas, imagens e dados históricos de pacientes, para identificação de patologias. Essa integração de diferentes tipos de dados traz uma série de desafios para o aprendizado e também requer arquiteturas adequadas para o aprendizado (Barua *et al.*, 2023; Krones *et al.*, 2025).

**Grafos** são estruturas matemáticas que representam conjunto de objetos e relações ou interações entre esses objetos. Os objetos são representados por nós e as relações por arestas que conectam pares de nós, ambos podendo conter outros tipos de informações agregadas, o que permite modelar informações complexas. Grafos são altamente flexíveis, na maioria das vezes representando dados não estruturados, como textos e sequências biológicas e mesmo dados heterogêneos, combinando múltiplos tipos de representações em uma única estrutura. Grafos podem ou não depender da sequência em que os nós e arestas são processados, dependendo da aplicação. Em muitos casos, como redes sociais, a sequência não é essencial, pois as relações podem ser analisadas independentemente da ordem dos nós. Em outros casos, como grafos de sequência de proteínas ou genes, a sequência dos nós pode ser crítica para capturar a ordem e as dependências entre elementos. Também dependendo da aplicação os grafos podem ser estáticos, como no caso de mapas de rotas rodoviárias, dinâmicos como em redes de interações de usuários em uma rede social ou em *streaming*, como sensores IoT em redes de transporte.

**Imagens** digitais comumente usadas em AM são representações de cenas visuais em duas dimensões, como matrizes de *pixels*, em que cada *pixel* possui uma ou mais informações de cor ou intensidade. Dentre os tipos de imagens frequentemente empregados em AM estão fotografias tiradas com câmeras digitais ou celulares, imagens médicas provenientes de tomografias, ressonâncias magnéticas, raios X e imagens de satélite, por exemplo. Imagens são consideradas dados não estruturados e, dependendo do contexto, pode-se ter um conjunto de dados estático ou dinâmico, com ou sem dependência temporal/espacial. Por exemplo, em tarefas de monitoramento por satélites, a relação entre os *pixels* adjacentes pode ser usada para detectar anomalias, como desmatamento, erosão ou expansão urbana, já que esses fenômenos se manifestam como mudanças em regiões contíguas. Dados estáticos podem ser utilizados para produzir um modelo para predição nesse contexto. Já imagens de uma mesma área ao longo dos meses ou anos podem ser empregadas para revelar mudanças ambientais, como a variação sazonal da vegetação, o recuo de geleiras ou o desmatamento. Nesse caso, é necessária a atualização mais constante dos dados, sendo portanto dinâmicos, e também que seja considerada a dependência temporal das imagens, os dados sendo portanto sequenciais.

**Sequências biológicas** são sequências de caracteres que representam a estrutura primária de macromoléculas biológicas de DNA, RNA ou proteínas. Cada tipo de macromolécula tem um alfabeto específico cuja ordem é fundamental para as características, propriedades e funcionalidades dessas moléculas. Dependendo do tipo de molécula e da aplicação, pode-se lidar com sequências tão pequenas quanto poucas dezenas de nucleotídeos, como nos miRNAs até bilhões de nucleotídeos quando se analisam genomas inteiros. Na maioria dos casos, essas sequências são dados estáticos, coletados, organizados e disponibilizados para análises posteriores em bancos como o GenBank e o UniProt. Quando em formatos brutos (somente texto com a sequência de nucleotídeos ou aminoácidos) sem organização adicional são consideradas não estruturadas.

**Séries temporais** são dados sequenciais em que as informações têm uma dependência temporal, ou seja, são organizados e coletados em intervalos de tempo, em que cada objeto corresponde a um ponto específico no tempo. Dependendo do intervalo e da forma com que são coletadas e analisadas, podem ser estáticas, por exemplo, na análise de dados históricos, com registros previamente armazenados e sem atualizações; dinâmicas, coletadas em intervalos regulares, como em dados financeiros como preço de ações ou taxas de câmbio, que são coletados a cada minuto, hora ou dia; e em *streaming*, como dados capturados de tráfego de redes de computadores, como pacotes de entrada e saída por segundo em um servidor, que são continuamente analisados para detecção de anomalias ou otimização.

**Textos** são sequências organizadas de caracteres e palavras, em que a ordem desses elementos e o contexto determinam o significado das palavras e do próprio texto. Os textos podem ser organizados/armazenados de forma não estruturada, como os arquivos de texto simples, documentos de *Word* ou PDFs, por exemplo, ou de forma semiestruturada, como as páginas web, armazenadas em arquivos HTML, ou arquivos de *log*, por exemplo. Em relação ao tempo/frequência de produção, podem ser estáticos, como em documentos históricos, ou dinâmicos, como relatórios mensais ou *posts* e comentários em redes sociais. Estes últimos, dependendo da aplicação, podem ser coletados/analisados em tempo real para obter *insights* imediatos, especialmente em contextos de monitoramento ou reação a eventos em curso. Mais detalhes sobre AM em textos são apresentados no Capítulo 19.

**Vídeos** são sequências de imagens (quadros) organizadas em uma dimensão temporal, frequentemente acompanhadas de áudio sincronizado. Cada quadro é uma imagem digital, enquanto a taxa de quadros por segundo (FPS, do inglês, *Frames per Second*) determina a fluidez do movimento percebido. São dados não estruturados por natureza, mas podem ter metadados associados, o que os torna semiestruturados. A dependência temporal em um vídeo, relacionando quadros consecutivos, é essencial para tarefas como detecção de movimentos, enquanto a dependência espacial entre *pixels* dentro de um quadro é usada para identificar objetos ou cenas específicas. Também dependendo da coleta e aplicação, podem ser considerados estáticos, dinâmicos e em *streaming*.

As abordagens de *Deep Learning* (DL) trouxeram grande simplificação na preparação dos dados, quando comparadas a métodos tradicionais, principalmente no que se refere à extração de características. Mas mesmo essas abordagens mais robustas frente ao pré-processamento requerem uma atenção cuidadosa na preparação e pré-processamento dos dados. Por exemplo, nas redes neurais convolucionais (CNNs, do inglês, *Convolutional Neural Networks*), as camadas convolucionais podem extrair automaticamente características, como bordas e texturas, eliminando a necessidade de técnicas manuais de extração de características, mas precisam de etapas de normalização e redimensionamento das imagens, por exemplo. Já as Redes Neurais Recorrentes (RNNs, do inglês, *Recurrent Neural Networks*) e as redes *Transformers* podem capturar automaticamente a sequência e dependência temporal nos dados, o que diminui a necessidade de certos pré-processamentos complexos que buscavam capturar essas relações. Mesmo nessas arquiteturas mais robustas, a compreensão das propriedades e a escolha e aplicação das formas adequadas de pré-processamento são fundamentais. Vários aspectos importantes de pré-processamento são discutidos no Capítulo 3 e capítulos específicos das aplicações na Parte IV.

## 2.2 Caracterização de Dados Estruturados

Formalmente, um conjunto de dados estruturado pode ser representado por uma matriz de objetos $\mathbf{X}_{n\times d}$, em que $n$ é o número de objetos e $d$ é o número de atributos de entrada de cada objeto. O valor de $d$ define a dimensionalidade dos objetos ou do espaço de objetos (também chamado de espaço de entradas ou espaço de atributos). Cada elemento dessa matriz, $x_i^j$ ou $x_{ij}$, contém o valor da $j$-ésima característica para o $i$-ésimo objeto. Para atributos numéricos, os $d$ atributos também podem ser vistos como um conjunto de eixos ortogonais e os objetos, como pontos no espaço de objetos de dimensão $d$.

Para ilustrar os conceitos abordados neste capítulo, será considerado o conjunto de dados `hospital`, já apresentado no Capítulo 1, Tabela 1.1. Este conjunto, $\mathbf{X}_{8\times 9}$, com 9 atributos, tem dimensionalidade $d = 9$ e, com 8 pacientes, tamanho $n = 8$. O primeiro objeto pode ser descrito como $\mathbf{x}_i = \{4201, \textit{João}, 28, M, 79, \textit{Concentradas}, 38, 0, 2, \textit{SP}, \textit{Doente}\}$; sendo um exemplo de vetor de entrada que pode ser usado para o aprendizado.

Quando os valores do atributo-alvo identificam categorias ou classes às quais os objetos pertencem, ele é denominado classe e assume valores discretos. Tem-se, nesse caso, uma tarefa de classificação. Quando a tarefa de classificação tem apenas 2 classes, ela é uma tarefa de classificação binária. Se as classes tiverem diferentes números de objetos, a classe com o maior número é denominada classe majoritária, e a com menos, minoritária. Se, por outro lado, o atributo-alvo contém valores numéricos contínuos, tem-se um problema de regressão (Mitchell, 1997). Um caso especial de regressão é a previsão de valores em séries temporais, quando valores apresentam uma relação de periodicidade. Tanto em problemas de classificação quanto de regressão, os demais atributos são denominados atributos preditivos, pois podem ser utilizados para prever o valor do atributo-alvo.

Os valores que um atributo pode assumir podem ser definidos de diferentes formas. Neste livro, são definidos por dois aspectos: tipo e escala. O tipo de um atributo diz respeito ao grau de quantização nos dados, e a escala indica a significância relativa dos valores. Conhecer o tipo/escala dos atributos auxilia a identificar a forma adequada de preparar os dados e, posteriormente, de modelá-los.

As definições a seguir são utilizadas para classificar os valores que atributos podem assumir no que diz respeito a esses dois aspectos (Jain e Dubes, 1988; Barbara, 2000; Yang *et al.*, 2005). Contudo, é importante notar que alguns atributos não seguem necessariamente essa classificação, tais como textos e imagens,[1] que podem ser considerados não estruturados.

### 2.2.1 Tipo

O tipo define se o atributo representa quantidades, sendo então denominado quantitativo ou numérico, ou qualidades, quando é chamado de qualitativo, simbólico ou categórico, pois os valores podem ser associados a catego-

[1] Embora cada *pixel* de uma imagem possa ser considerado um atributo quantitativo.

rias. Exemplos de conjuntos de valores qualitativos são {pequeno, médio, grande} e {matemática, física, química}. Apesar de alguns atributos qualitativos poderem ter seus valores ordenados, operações aritméticas não podem ser aplicadas aos seus valores. Os atributos quantitativos são numéricos, como no conjunto de valores $\{23, 45, 12\}$. Os valores de um atributo quantitativo podem tanto ser ordenados quanto utilizados em operações aritméticas. Valores quantitativos podem ser ainda contínuos ou discretos.

Atributos contínuos podem assumir um número infinito de valores. Em geral, esses atributos são resultados de medidas. Frequentemente, esses valores são representados por números reais. O número infinito não ocorre quando computadores digitais são utilizados, pois a precisão para valores reais ou ponto flutuante adotada pelo computador utilizado define um limite. Exemplos de atributos contínuos são aqueles que representam peso, tamanho e distância.

Atributos discretos contêm um número finito ou infinito contável de valores. Um caso especial dos atributos discretos são os atributos binários (ou booleanos), que apresentam apenas dois valores, como 0/1, sim/não, ausência/presença e verdadeiro/falso.

Por exemplo, os atributos presentes no conjunto de dados da Tabela 1.1 têm a classificação de tipo apresentada na Tabela 2.1.

**Tabela 2.1** Tipo dos atributos do conjunto `hospital`

| Atributo | Classificação |
|---|---|
| Id. | Qualitativo |
| Nome | Qualitativo |
| Idade | Quantitativo discreto |
| Sexo | Qualitativo |
| Peso | Quantitativo contínuo |
| Manchas | Qualitativo |
| Temp. | Quantitativo contínuo |
| #Int. | Quantitativo discreto |
| Est. | Qualitativo |
| Diagnóstico | Qualitativo |

É importante observar que uma medida quantitativa possui, além do valor numérico, uma unidade, por exemplo, metro. No processo de extração de conhecimento, se um atributo altura tem valor 100, o valor em si não diz se a altura é medida em centímetros, metros ou jardas, e essa informação pode ser importante na avaliação do conhecimento adquirido.

Os atributos quantitativos ou numéricos podem assumir valores binários, inteiros ou reais. Por outro lado, atributos qualitativos são, geralmente, representados por um número finito de símbolos ou nomes. Entretanto, algumas vezes, atributos categóricos são representados por números, mas nesse caso não faz sentido a utilização de operadores aritméticos sobre os seus valores. Por exemplo, qual seria o sentido de calcular a média dos valores de um atributo categórico representando o número de identificação de um paciente?

## 2.2.2 Escala

A escala define as operações que podem ser realizadas sobre os valores do atributo. Em relação à escala, os atributos podem ser classificados como nominais, ordinais, intervalares e racionais. Os dois primeiros são do tipo qualitativo e os dois últimos são quantitativos. Essas quatro escalas são definidas em detalhes a seguir.

Na escala nominal, os valores são apenas nomes diferentes, carregando a menor quantidade de informação possível. Não existe uma relação de ordem entre seus valores. Assim, as operações mais utilizadas para manipulação de seus valores são as de igualdade e desigualdade de valores. Por exemplo, se o atributo representa continentes do planeta, é possível apenas ver se dois valores são iguais ou diferentes (a menos que se queira ordenar os continentes por ordem alfabética, mas nesse caso o atributo seria do tipo ordinal). São exemplos de atributos com escala nominal:

nome do paciente, RG, CPF, número da conta no banco, CEP, cores (com as categorias verde, amarelo, branco etc.), sexo (com as categorias feminino e masculino).

Os valores em uma escala ordinal refletem também uma ordem das categorias representadas. Dessa forma, além dos operadores anteriores, operadores como $<$, $>$, $\leq$, $\geq$ podem ser utilizados. Por exemplo, quando um atributo possui como valores pequeno, médio e grande, além de os valores serem categóricos, é possível definir se um valor é igual, maior ou menor que outro. Exemplos de atributos com escala ordinal são: hierarquia militar e avaliações qualitativas de temperatura, como frio, morno e quente.

Na escala intervalar, os atributos são representados por números que variam dentro de um intervalo. Assim, é possível definir tanto a ordem quanto a diferença em magnitude entre dois valores. A diferença em magnitude indica a distância que separa dois valores no intervalo de possíveis valores. O valor zero não tem o mesmo significado que o zero utilizado em operações aritméticas. Por exemplo, seja a escala de temperatura dada em graus Celsius. Se o serviço de previsão do tempo em dias de verão para uma dada cidade informa que a temperatura vai variar entre 26 e 34 graus e em dias de inverno, para a mesma cidade, informa que vai variar entre 13 e 21 graus, tem-se que a temperatura dessa cidade apresenta uma variação de 8 graus entre a mínima e a máxima, não importa se a estação do ano é verão ou inverno. Entretanto, 90 graus Celsius é diferente de 90 graus Fahrenheit, apesar de ambos os valores se referirem ao atributo temperatura, do mesmo modo que não é possível afirmar que no inverno a cidade é duas vezes menos quente que no verão, pois não faz sentido, para esse atributo, utilizar como informação a razão entre dois valores. Isso ocorre porque o ponto em que esse atributo assume o valor 0, chamado de ponto zero ou origem da escala, é definido de forma arbitrária. Isso é uma característica dos atributos intervalares. Esse problema seria eliminado se fosse utilizada a escala de temperatura Kelvin, cujo valor do ponto zero é o ponto zero verdadeiro (Pyle, 1999). Outros exemplos são a duração de um evento em minutos e datas em um calendário.

Atributos com escala racional são os que carregam mais informações. Os números têm um significado absoluto, ou seja, existe um zero absoluto junto com uma unidade de medida, de forma que a razão tenha significado. Por exemplo, considerando o número de vezes que uma pessoa foi ao hospital, o ponto zero está associado a não ter ocorrido nenhuma visita. Se um paciente teve duas internações e outro teve oito internações, é correto dizer que o segundo paciente esteve internado quatro vezes mais que o primeiro. Ou seja, faz sentido, para esses atributos, utilizar a razão entre dois valores. Outros exemplos de atributos com escala de razão são tamanho, distância e valores financeiros, como salário e saldo em conta-corrente.

Com base na descrição anterior, os atributos do conjunto de dados da Tabela 1.1 podem ser classificados como indicado na Tabela 2.2.

**Tabela 2.2** Escala dos atributos do conjunto `hospital`

| Atributo | Classificação |
|---|---|
| Id. | Nominal |
| Nome | Nominal |
| Idade | Racional |
| Sexo | Nominal |
| Peso | Racional |
| Manchas | Nominal |
| Temp. | Intervalar |
| #Int. | Racional |
| Est. | Nominal |
| Diagnóstico | Nominal |

Recentemente, tipos mais complexos de atributos foram adotados, como os atributos hierárquicos, cujos valores representam uma hierarquia de valores, os atributos heterogêneos, cujos valores podem assumir mais de um tipo, e os atributos não estruturados.

## 2.3 Exploração de Dados

Uma grande quantidade de informações úteis pode ser extraída de um conjunto de dados por meio de sua análise ou exploração. Informações obtidas na exploração podem ajudar, por exemplo, na seleção da técnica mais apropriada para pré-processamento dos dados e para aprendizado. Uma das formas mais simples de explorar um conjunto de dados é a extração de medidas de uma área da estatística denominada estatística descritiva. A estatística descritiva resume de forma quantitativa as principais características de um conjunto de dados. Muitas dessas medidas são calculadas rapidamente. Por exemplo, no conjunto de dados de pacientes, duas medidas estatísticas podem ser facilmente calculadas: a idade média dos pacientes e a porcentagem de pacientes do sexo masculino.

As medidas da estatística descritiva assumem que os dados são gerados por um processo estatístico. Como o processo pode ser caracterizado por vários parâmetros, as medidas podem ser vistas como estimativas dos parâmetros estatísticos da distribuição que gerou os dados. Por exemplo, os dados podem ter sido gerados por uma distribuição normal com média 0 e variância 1. Essas medidas permitem capturar informações como:

- Frequência;
- Localização ou tendência central (por exemplo, a média);
- Dispersão ou espalhamento (por exemplo, o desvio-padrão);
- Distribuição ou formato.

A medida de frequência é a mais simples. Ela mede a proporção de vezes que um atributo assume um dado valor em um determinado conjunto de dados. Ela pode ser aplicada a valores tanto quantitativos quanto qualitativos, e é muito utilizada nestes últimos. Um exemplo de seu uso seria: *em um conjunto de dados médicos, 40% dos pacientes têm febre.*

As outras medidas diferem para os casos em que os dados apresentam apenas um atributo (dados univariados) ou mais de um atributo (dados multivariados). Elas são geralmente aplicadas a dados numéricos. Apesar de a maioria dos conjuntos de dados utilizados em AM apresentar mais de um atributo, análises realizadas em cada atributo podem oferecer informações valiosas sobre os dados.

A seguir, serão apresentadas as principais medidas de localização, dispersão e distribuição para dados uni e multivariados.

### 2.3.1 Dados Univariados

Para os dados univariados, supor que um objeto $x_i$ possua apenas um atributo. Um conjunto com $n$ objetos pode ser então representado por $\mathbf{x}^j = \{x_1, x_2, ..., x_n\}$ (por exemplo, uma coluna ou atributo do conjunto de dados), em que cada $x_i$ é representado por um valor.

#### Medidas de Localidade

As medidas de localidade definem pontos de referência nos dados e variam para dados quantitativos e qualitativos. Para dados simbólicos, utiliza-se geralmente a moda, que é o valor encontrado com maior frequência para um atributo. Por exemplo, a moda do atributo manchas na Tabela 1.1 é o valor *Inexistentes*, que aparece em três dos oito pacientes.

Para atributos numéricos, medidas muito utilizadas são média, mediana e percentil. Supor o conjunto de $n$ valores numéricos: $\mathbf{x}^j = \{x_1, x_2, ..., x_n\}$. O valor médio desse conjunto pode ser facilmente calculado pela Equação 2.1.

$$\bar{x}^j = \frac{1}{n}\sum_{i=1}^{n} x_i \tag{2.1}$$

Um problema da média é a sua sensibilidade à presença de *outliers*, que são valores muito diferentes dos demais valores observados para o mesmo atributo (ver detalhes no Capítulo 3). Média é um bom indicador do meio de um conjunto de valores apenas se os valores estão distribuídos simetricamente. Um valor muito mais alto ou muito mais baixo que os demais valores do conjunto pode gerar um valor distorcido para a média, que poderia mudar radicalmente se for retirado o *outlier*. Esse problema é minimizado com o uso da mediana, que é menos sensível a *outliers*. Para usar a mediana, o primeiro passo é ordenar de forma crescente o conjunto de valores. Ordenados os valores, a Equação 2.2 pode ser utilizada para o cálculo da mediana.

$$\text{mediana}(\mathbf{x}^j) = \begin{cases} \frac{1}{2}(x_r + x_{r+1}) & \text{se } n \text{ for par } (n = 2r) \\ x_{r+1} & \text{se } n \text{ for ímpar } (n = 2r + 1) \end{cases} \tag{2.2}$$

Assim, se o número de valores, $n$, é impar, a mediana é igual ao valor do meio do conjunto ordenado. Caso contrário, se for par, é dada pela média dos dois valores do meio. Por exemplo, seja o conjunto de valores $\{17, 4, 8, 21, 4\}$. A ordenação desse conjunto gera a sequência de valores $(4, 4, 8, 17, 21)$. Observe que valores repetidos são mantidos na sequência. Como o número de valores é ímpar, 5, a mediana é dada pelo terceiro valor; assim, a mediana $= 8$. Se o conjunto de valores fosse formado pelos elementos, $\{17, 4, 8, 21, 4, 15, 13, 9\}$, como o número de elementos, 8, é par, a mediana é dada pela média entre o quarto e o quinto valores da sequência ordenada $(4, 4, 8, 9, 13, 15, 17, 21)$. Nesse caso, mediana $= (9 + 13)/2 = 11$. O uso da mediana torna mais fácil observar se a distribuição é oblíqua (assimétrica) ou se existem *outliers*.

Existem ainda variações da média e da mediana, como, por exemplo, a média truncada, que minimiza os problemas da média por meio do descarte dos exemplos nos extremos da sequência ordenada dos valores. Para isso, é necessário definir a porcentagem dos exemplos a serem eliminados em cada extremidade.

Outras medidas muito utilizadas são os quartis e os percentis. Assim como a mediana, essas medidas são utilizadas após os valores serem ordenados. Enquanto a mediana divide os dados ao meio, essas outras medidas utilizam pontos de divisão diferentes. Os quartis dividem os valores ordenados em quartos. Assim, o 1º quartil de uma sequência, $Q_1$, é o valor que tem 25% dos demais valores abaixo dele. Esse também é o valor do 25º percentil, $P_{25\%}$. O 2º quartil ($Q_2$) é a mediana, que é igual ao 50º percentil, $P_{50\%}$. Por fim, o 3º quartil ($Q_3$) corresponde ao valor que tem 75% dos demais valores abaixo dele (ou $P_{75\%}$).

Seja $p$ um valor entre 0 e 100. O $p$º percentil, $P_p$, é um valor $x_i$ do conjunto de valores tal que $p$% dos valores observados são menores que $x_i$. Assim, o 40º percentil, $P_{40\%}$, de um conjunto de valores é o valor para o qual 40% dos demais valores são menores ou iguais a ele. Para calcular o $p$º percentil, basta seguir os passos do Algoritmo 2.1.

**Algoritmo 2.1** Algoritmo para cálculo do percentil

**Entrada:** Um conjunto de $n$ valores e o percentil $p$ — valor real entre 0,0 (equivale a 0%) e 1,0 (equivale a 100%) — a ser retornado
**Saída:** Valor do percentil
Ordenar os $n$ valores em ordem crescente
Calcular o produto $np$
**se** *$np$ não for um número inteiro* **então**
    Arredondar para o próximo inteiro
    Retornar o valor dessa posição na sequência
**fim**
**senão**
    Considerar $np = k$
    Retornar a média entre os valores nas posições $k$ e $k + 1$
**fim**

Uma forma simples de visualizar a distribuição dos dados é utilizar técnicas de visualização, como, por exemplo, *boxplots*, histogramas e *scatter plots*, que serão vistas mais adiante neste capítulo. Para algumas das medidas e gráficos a serem vistos, será utilizado o conjunto de dados `iris` (Fisher, 1936). O conjunto de dados `iris` é um dos mais populares em AM. Ele contém 150 objetos, cada um formado por quatro atributos de entrada (tamanho da sépala, largura da sépala, tamanho da pétala e largura da pétala), que assumem valores quantitativos contínuos, e um atributo-alvo com três valores nominais ou classes, que representam as espécies íris setosa, íris versicolor e íris virgínica.

A Figura 2.1 mostra duas variações do gráfico *boxplot* para o atributo largura da sépala, do conjunto de dados `iris`. O *boxplot*, também chamado diagrama de Box e Whisker, apresenta um resumo dos valores para o 1º, 2º (mediana) e 3º quartis, além dos limites inferior e superior.

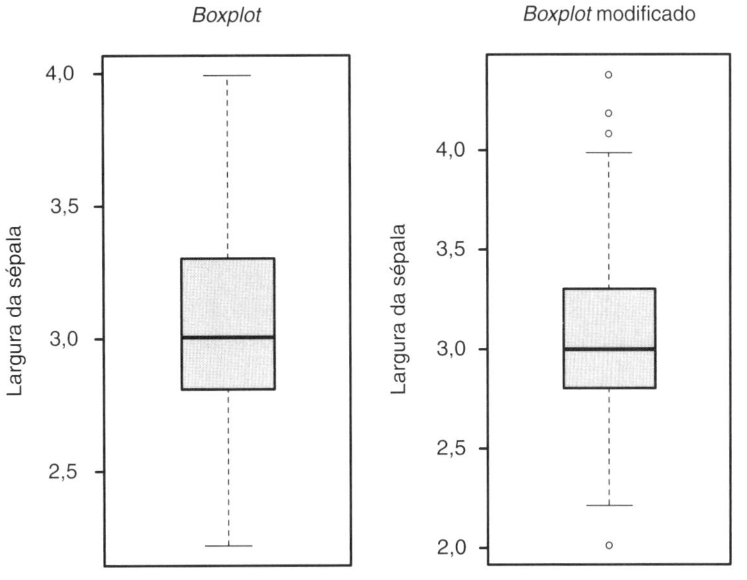


**Figura 2.1** *Boxplots* para o atributo largura da sépala do conjunto de dados `iris`.

Do lado esquerdo da figura é apresentado o gráfico *boxplot* original. Nele, a linha horizontal mais baixa e a linha horizontal mais alta indicam, respectivamente, os valores mínimo e máximo presentes nos dados. Os lados inferior e superior do retângulo representam o 1º quartil e o 3º quartil, respectivamente. A linha no interior do retângulo é o 2º quartil, ou mediana. O limite superior (inferior) da linha tracejada vai até o maior (menor) valor do conjunto de dados.

O gráfico da direita ilustra uma variação do gráfico *boxplot*, conhecido como *boxplot* modificado. Nesse gráfico, o limite superior (inferior) da linha tracejada vai até o maior (menor) valor apenas se esse valor não for muito distante do 3º (1º) quartil (no máximo $1{,}5 \times$ intervalo entre quartis). Os valores acima do limite superior e abaixo do limite inferior são considerados *outliers*. Nesse gráfico, quatro valores *outliers* são representados por círculos, três maiores que 3º quartil + 1,5 × (3º quartil − 1º quartil) e um menor que 1º quartil − 1,5 × (3º quartil − 1º quartil).

### Medidas de Espalhamento

As medidas de espalhamento medem a dispersão ou espalhamento de um conjunto de valores. Assim, elas permitem observar se os valores estão amplamente espalhados ou relativamente concentrados em torno de um valor, por exemplo, a média. As medidas de espalhamento mais comuns são:

- Intervalo;
- Variância;
- Desvio-padrão.

O intervalo é a medida mais simples e mostra espalhamento máximo entre os valores de um conjunto. Assim, sejam $\mathbf{x}^j = \{x_1, x_2, ..., x_n\}$ os valores do atributo para $n$ objetos. O intervalo desse conjunto é medido pela Equação 2.3.

$$\text{intervalo}(\mathbf{x}^j) = \max_{i=1,...,n}(x_i) - \min_{i=1,...,n}(x_i) \tag{2.3}$$

Se a maioria dos valores for próxima de um ponto, com um pequeno número de valores extremos, o intervalo não será uma boa medida do espalhamento dos valores.

A medida mais utilizada para avaliar o espalhamento de valores é a variância, que é dada pela Equação 2.4.

$$\text{variância}(\mathbf{x}^j) = \frac{1}{n-1}\sum_{i=1}^{n}(x_i - \bar{x}^j)^2 \tag{2.4}$$

Nessa equação, $\bar{x}^j$ é a média dos valores de $\mathbf{x}^j$. O uso do denominador $n - 1$, chamado correção de Bessel, dá uma melhor estimativa da variância verdadeira do que o uso de $n$. Outra medida de espalhamento, o desvio-padrão, é dada pela raiz quadrada da variância.

Assim como a média, o valor da variância pode ser distorcido pela presença de *outliers*, pois a variância calcula a diferença entre cada valor e a média. Outras estimativas mais robustas de espalhamento frequentemente utilizadas são:

- Desvio médio absoluto (AAD, do inglês, *absolute average deviation*), ilustrado pela Equação 2.5.
- Desvio mediano absoluto (MAD, do inglês, *median absolute deviation*), ilustrado pela Equação 2.6.
- Intervalo interquartil (IQR, do inglês, *interquartil range*), ilustrado pela Equação 2.7.

$$AAD(\mathbf{x}^j) = \frac{1}{n}\sum_{i=1}^{n}\left|x_i - \bar{x}^j\right| \tag{2.5}$$

$$MAD(\mathbf{x}^j) = \text{mediana}\left(\left\{\left|x_1 - \bar{x}^j\right|, ..., \left|x_n - \bar{x}^j\right|\right\}\right) \tag{2.6}$$

$$IQR(\mathbf{x}^j) = P_{75\%} - P_{25\%} = Q_3 - Q_1 \tag{2.7}$$

### Medidas de Distribuição

As medidas que são definidas em torno da média de um conjunto de valores, como as medidas média e desvio-padrão, são em sua maioria instanciações de uma medida denominada momento, que é definida pela Equação 2.8.

$$\text{momento}_k(\mathbf{x}^j) = \frac{\sum_{i=1}^{n}(x_i - \bar{x}^j)^k}{(n-1)} \tag{2.8}$$

Para cada valor do parâmetro $k$, uma medida diferente de momento é definida. Assim:

- quando $k = 1$, tem-se o valor $0$, que é o primeiro momento em torno da origem ou primeiro momento central;
- quando $k = 2$, tem-se a variância, que é o segundo momento central;
- quando $k = 3$, tem-se a obliquidade, que é o terceiro momento central;
- quando $k = 4$, tem-se a curtose, que é o quarto momento central.

Conforme já visto, os dois primeiros momentos, o valor $0$ e o desvio-padrão, são medidas de localidade e espalhamento, respectivamente. O terceiro e quarto momentos, obliquidade e curtose, são medidas de distribuição, por mostrarem como os valores estão distribuídos.

Outra forma simples de visualizar a distribuição dos dados é representá-los em um histograma. Um histograma divide os valores de um conjunto de dados em cestas. Para cada cesta, é desenhada uma barra cuja altura é proporcional ao número de elementos na cesta. Para valores categóricos, cada valor é uma cesta e o gráfico é chamado diagrama de frequências. Para valores numéricos, os valores são divididos em intervalos contíguos, geralmente, do mesmo tamanho, e cada intervalo é uma cesta. O formato do histograma depende do número de cestas utilizadas. Na Figura 2.2, é mostrado um histograma com a distribuição de valores para cada atributo do conjunto de dados `iris`.

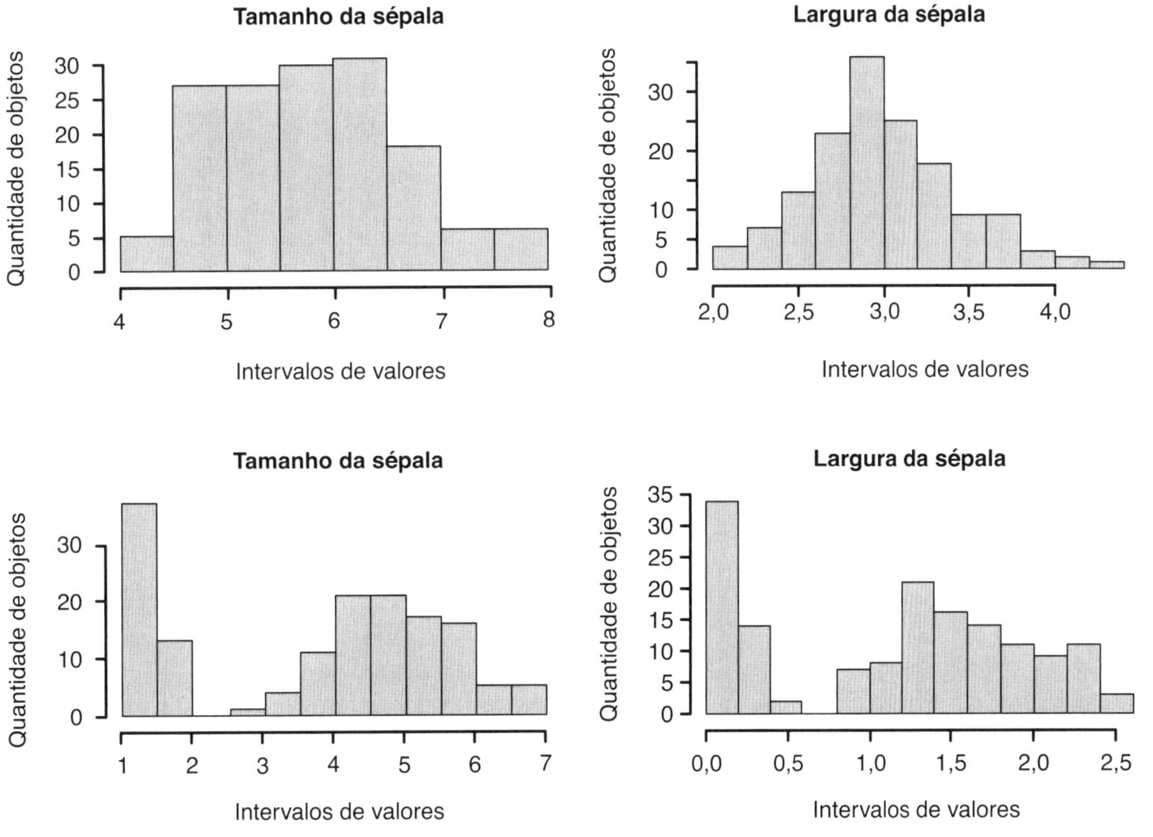


**Figura 2.2** Histograma para a distribuição de valores dos atributos de entrada do conjunto `iris`.

O terceiro momento, obliquidade (em inglês, *skewness*), mede a simetria da distribuição dos dados em torno da média. Em uma distribuição simétrica, se os valores forem distribuídos em intervalos do mesmo tamanho, um histograma com a quantidade de valores em cada intervalo tem a mesma aparência à direita e à esquerda do ponto central. A Equação 2.9 ilustra o cálculo da obliquidade, que utiliza $k = 3$ e divide o valor calculado pelo desvio-padrão elevado ao cubo, $s^3$, para tornar a medida independente de escala.

$$\text{obliquidade}(\mathbf{x}^j) = \frac{\text{momento}_3(\mathbf{x}^j)}{s^3} = \frac{\sum_{i=1}^{n}(x_i - \bar{x}^j)^3}{(n-1)s^3} \tag{2.9}$$

A distribuição dos valores em um conjunto de dados está associada ao valor da obliquidade da seguinte forma:

- obliquidade $= 0$ (simétrica): a distribuição é aproximadamente simétrica (ocorre para uma distribuição normal);
- obliquidade $> 0$ (positiva): a distribuição concentra-se mais no lado esquerdo;
- obliquidade $< 0$ (negativa): a distribuição concentra-se mais no lado direito.

A Figura 2.3 ilustra esses três tipos de distribuição medidos pela obliquidade.

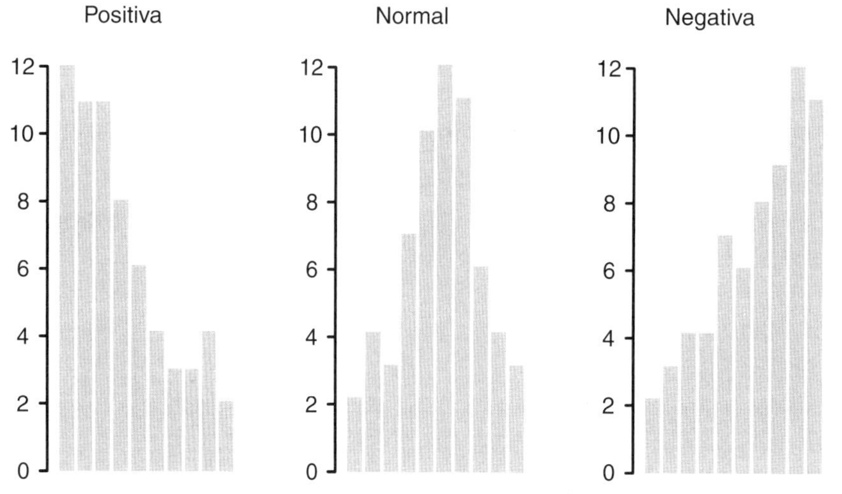


**Figura 2.3** Distribuição dos valores de obliquidade.

O quarto momento calcula a curtose (em inglês, *kurtosis*), que é uma medida de dispersão que captura o achatamento da função de distribuição. A medida de curtose, calculada pela Equação 2.10, verifica se os dados apresentam um pico ou são achatados em relação a uma distribuição normal. Como na Equação 2.9, para tornar a medida independente de escala, o quarto momento é dividido pelo desvio-padrão elevado à quarta potência, $s^4$.

$$\text{curtose}(\mathbf{x}^j) = \frac{\text{momento}_4(\mathbf{x}^j)}{s^4} = \frac{\sum_{i=1}^{n}(x_i - \bar{x}^j)^4}{(n-1)s^4} \tag{2.10}$$

Como para uma distribuição normal com média $0$ e variância $1$ o valor da curtose é igual a $3$, é feita uma correção na sua fórmula para que a distribuição normal padrão tenha curtose igual a $0$. Para isso, geralmente é utilizada a Equação 2.11.

$$\text{curtose}(\mathbf{x}^j) = \frac{\text{momento}_4(\mathbf{x}^j)}{s^4} - 3 = \frac{\sum_{i=1}^{n}(x_i - \bar{x}^j)^4}{(n-1)s^4} - 3 \tag{2.11}$$

Assim como na medida de obliquidade, a seguinte relação, ilustrada pela Figura 2.4, é observada entre o valor da curtose e a distribuição dos valores em um conjunto de dados:

- curtose $= 0$ (normal): o histograma de distribuição dos dados apresenta o mesmo achatamento que uma distribuição normal;
- curtose $> 0$ (positiva): o histograma de distribuição dos dados apresenta uma distribuição mais alta e concentrada que a distribuição normal;
- curtose $< 0$ (negativa): o histograma de distribuição dos dados apresenta uma distribuição mais achatada que a distribuição normal.

Um outro gráfico muito utilizado para ilustrar a distribuição de um conjunto de valores é o gráfico de pizza. Nesse gráfico, cada valor ocupa uma fatia cuja área é proporcional ao número de vezes em que o valor aparece no conjunto de dados. Esse gráfico é indicado para valores qualitativos. A Figura 2.5 mostra a distribuição dos valores do atributo *Manchas* do conjunto de dados `hospital` utilizando um gráfico de pizza. Se um atributo quantitativo for utilizado, os valores podem, assim como no histograma, ser agrupados em cestas.

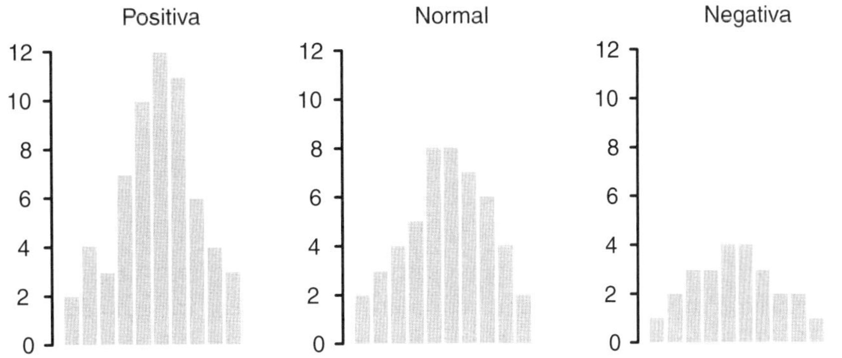


**Figura 2.4** Distribuição dos valores de curtose.

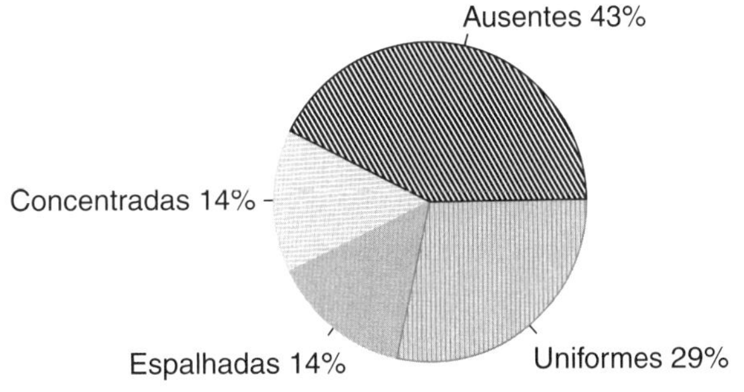


**Figura 2.5** Gráfico de pizza para a distribuição de valores do atributo *Manchas*.

### 2.3.2 Dados Multivariados

Dados multivariados são aqueles que possuem mais de um atributo de entrada. O conjunto de dados `iris` é um conjunto multivariado. Nesses casos, as medidas de localidade podem ser obtidas calculando a medida de localidade de cada atributo separadamente. Por exemplo, a média para um conjunto de objetos com $d$ atributos pode ser calculada pela Equação 2.12.

$$\bar{\mathbf{x}} = (\bar{x}^1, ..., \bar{x}^d) \tag{2.12}$$

As medidas de espalhamento também podem ser calculadas para cada atributo independentemente dos demais utilizando qualquer medida de espalhamento.

Conforme visto na seção anterior para o conjunto de dados `iris`, cada atributo pode ainda ter suas características graficamente exploradas quando os atributos são tomados individualmente.

Dados multivariados permitem ainda análises da relação entre dois ou mais atributos. Por exemplo, para atributos quantitativos, o espalhamento de um conjunto de dados é mais bem capturado por uma matriz de covariância, em que cada elemento é a covariância entre dois atributos. Cada elemento $cov_{ij}$ de uma matriz de covariância **Cov** mede a covariância entre os atributos $\mathbf{x}^i$ e $\mathbf{x}^j$, que é dada pela Equação 2.13.

$$\text{covariância}(\mathbf{x}^i, \mathbf{x}^j) = \frac{1}{n-1}\sum_{k=1}^{n}(x_k^i - \bar{x}^i)(x_k^j - \bar{x}^j) \tag{2.13}$$

Nessa equação, $\bar{x}^i$ representa o valor médio do $i$-ésimo atributo e $x_k^i$, o valor do $i$-ésimo atributo para o $k$-ésimo objeto. É importante observar que covariância$(\mathbf{x}^i, \mathbf{x}^i) =$ variância$(\mathbf{x}^i)$. Assim, a matriz de covariância tem em sua diagonal as variâncias dos atributos.

A covariância entre dois atributos mede o grau com que os atributos variam juntos. Seu valor depende da magnitude dos atributos. Um valor próximo de 0 indica que os atributos não têm um relacionamento linear. Um valor positivo indica que os atributos são diretamente relacionados. Quando o valor de um dos atributos aumenta, o do outro também aumenta. O contrário ocorre se a covariância for negativa.

A medida de covariância é afetada pela escala de variação de valores dos atributos avaliados. Assim, dois atributos com variação de valores elevada (por exemplo, na escala dos milhares) podem apresentar um valor de covariância maior que dois atributos mais semelhantes entre si, mas de menor variação de valores (por exemplo, na escala entre 0 e 1). Por isso, não é possível avaliar o relacionamento entre dois atributos observando apenas a covariância entre eles. A medida de correlação elimina esse problema retirando a influência da variação dos valores. Como resultado, ela apresenta uma indicação mais clara da força da relação linear entre dois atributos. Por isso, a correlação é mais utilizada para explorar dados multivariados que a covariância. A matriz de correlação apresenta a correlação entre cada possível par de atributos de um conjunto de dados. Cada elemento da matriz de correlação tem seu valor definido pela Equação 2.14.

$$\text{correlação}(\mathbf{x}^i, \mathbf{x}^j) = \frac{\text{covariância}(\mathbf{x}^i, \mathbf{x}^j)}{s_i s_j} \tag{2.14}$$

Nessa equação, $\mathbf{x}^i$ é o $i$-ésimo atributo e $s_i$ é o desvio-padrão dos valores desse atributo. Vale notar que correlação $(\mathbf{x}^i, \mathbf{x}^i) = 1$. Dessa forma, os elementos da diagonal têm valor 1. Os demais elementos têm um valor entre $-1$ (correlação negativa máxima) e $+1$ (correlação positiva máxima).

Assim como na medida de covariância, quando dois atributos apresentam uma correlação positiva, o aumento do valor de um deles é geralmente acompanhado por um aumento no valor do outro. Da mesma forma, quando dois atributos têm uma correlação negativa, a redução no valor de um deles é geralmente acompanhada do aumento do valor do outro.

A análise dos dados multivariados também pode ser facilitada pelo uso de recursos de visualização. Assim como histogramas, gráficos de pizza e *boxplots* são utilizados para visualizar dados univariados, outros diagramas têm sido adotados para visualizar dados multivariados, particularmente a relação entre os diferentes atributos. Entre esses diagramas, um dos mais utilizados é o *scatter plot*, que ilustra a correlação linear entre dois atributos.

Em um *scatter plot*, a cada objeto, considerando apenas dois de seus atributos, é associado uma posição ou ponto em um plano bidimensional. Os valores dos atributos, que podem ser números inteiros ou reais, definem as coordenadas desse ponto. Na Figura 2.6, um *scatter plot* mostra a correlação entre dois atributos do conjunto de dados `iris`: tamanho da sépala e largura da sépala.

No *scatter plot* do canto superior direito dessa figura, cada ponto representa a *Largura da sépala* (eixo horizontal) e o *Tamanho da sépala* (eixo vertical) de um dos 150 objetos do conjunto de dados `iris`. No *scatter plot* do canto inferior esquerdo ocorre o contrário, cada ponto representa o *Tamanho da sépala* (eixo horizontal) e a *Largura da sépala* (eixo vertical) de um objeto.

Gráficos de *scatter plot* para diferentes combinações de atributos podem ser exibidos em matrizes de *scatter plot*. Embora *scatter plots* com duas dimensões sejam mais comuns, eles também podem ser utilizados para visualizar a relação entre três atributos, definindo *scatter plots* tridimensionais. Os atributos adicionais podem ser exibidos utilizando tamanho, formato e cor nos marcadores que representam os objetos.

Quando as classes dos objetos são disponibilizadas, o *scatter plot* pode ser usado para investigar o grau com que dois atributos separam as classes, se for possível separar a maioria dos objetos de uma das classes com uma reta.

Um *heatmap* é outra forma de visualização que representa a relação entre os exemplos e as classes, associando um eixo para cada um. Para cada eixo ele constrói uma imagem gráfica referente ao agrupamento hierárquico (dendrograma) dos elementos do eixo, utilizando como entrada os elementos do outro eixo, como pode ser visto na Figura 2.7. Para facilitar a visualização, em vez do nome completo de cada atributo, foram utilizadas apenas suas iniciais. Assim, TS significa *Tamanho da Sépala*, por exemplo.

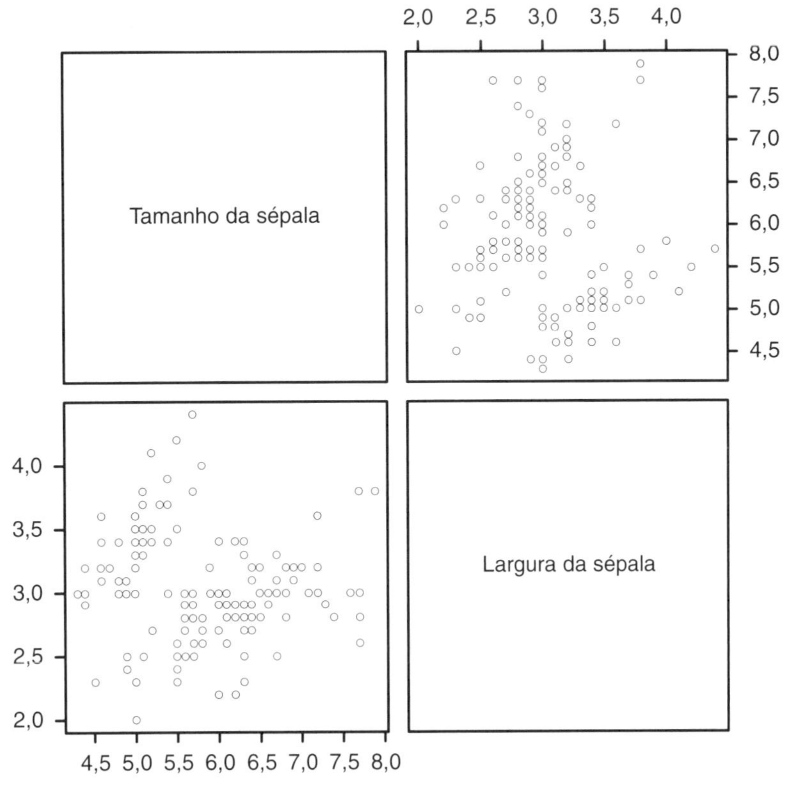


**Figura 2.6** Matriz de *scatter plot* para dois atributos do conjunto de dados `iris`.

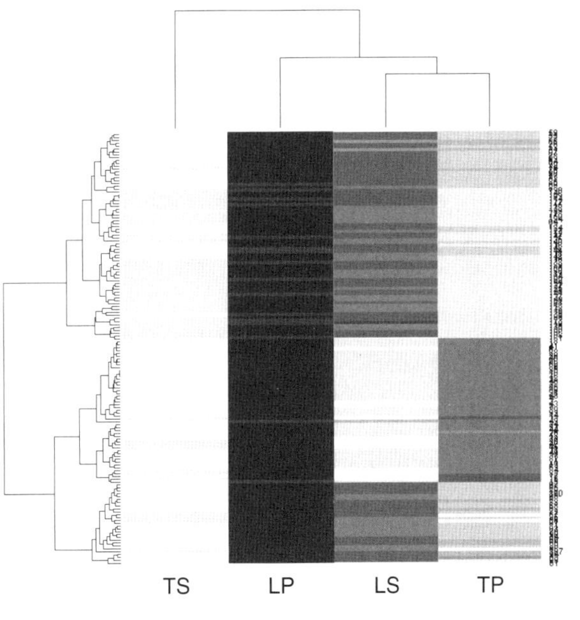


**Figura 2.7** *Heatmap* para atributos de entrada do conjunto de dados `iris`.

Nessa imagem, cada linha representa um objeto do conjunto de dados `iris` e cada coluna, um dos atributos desse conjunto. Elementos semelhantes são agrupados juntos, apresentando cores ou tonalidades semelhantes. No topo da imagem é apresentado um dendrograma dos quatro atributos do conjunto `iris` e no lado esquerdo um dendrograma para os 150 objetos. Como os elementos em cada eixo são agrupados na imagem, de acordo com sua semelhança, *heatmaps* permitem ver tendências nos valores. Em bioinformática, os *heatmaps* são muito utilizados para análise de dados de expressão gênica. Nesse caso, são agrupados os genes de acordo com a similaridade de seus níveis de expressão em um dos eixos, e, no outro eixo, os níveis de expressão, de acordo com os genes que possuem valores similares para eles.

## 2.4 Considerações Finais

Antes de aplicar algoritmos de AM a um conjunto de dados, é importante que os dados sejam analisados. Essa análise, que pode ser realizada por técnicas estatísticas e de visualização, permite uma melhor compreensão da distribuição dos dados e pode dar suporte à escolha de formas de abordar o problema.

Neste capítulo, foram apresentados conceitos considerados importantes para analisar os principais aspectos de um conjunto de dados. Após uma caracterização dos tipos de dados encontrados na maioria das aplicações de AM, foram apresentadas medidas estatísticas comumente utilizadas para exploração de dados univariados e multivariados. Por fim, algumas técnicas de visualização foram descritas para dados com uma ou mais varáveis: *boxplots*, histogramas, *scatter plots*, gráficos de pizza e *heatmaps*.

## 2.5 Exercícios

**Exercício 2.1** Definir o tipo e escala dos seguintes atributos:

a. Renda mensal;
b. Número de palavras de um texto;
c. Número de matrícula;
d. Data de nascimento;
e. Código postal;
f. Posição em uma corrida.

**Respostas**

a. Renda mensal: quantitativo racional;
b. Número de palavras de um texto: quantitativo racional;
c. Número de matrícula: qualitativo nominal;
d. Data de nascimento: quantitativo intervalar;
e. Código postal: qualitativo nominal;
f. Posição em uma corrida: qualitativo ordinal.

**Exercício 2.2** Qual a diferença entre as medidas média, mediana e moda? Quando cada uma deve ser utilizada?

**Resposta** Média e mediana: definições nas Equações 2.1 e 2.2 do capítulo. Moda: valor mais frequente, adequada para atributos qualitativos; Mediana: menos sensível a valores extremos; Média: representa bem a tendência de localização central dos dados, caso a distribuição deles seja simétrica.

**Exercício 2.3** Dado o conjunto de valores $\{32, 17, 31, 12, 8, 98, 23, 21, 5, 6, 75, 2, 51\}$, calcular a média, a mediana e a média truncada (eliminando dois valores de cada extremo).

**Resposta** Média $= 29,31$; Mediana $= 21$; Média truncada $= 25,25$.

**Exercício 2.4** Considere o conjunto de dados `hospital` apresentado no capítulo, que é reproduzido na Tabela 2.3.

a. Calcule, para cada coluna desse conjunto de dados, as estatísticas univariadas pertinentes dentre frequência, moda, média, mediana, desvio-padrão, $Q_1$, $Q_3$, obliquidade e curtose.

b. Calcule estatísticas multivariadas de covariância e correlação para os atributos quantitativos presentes. Interprete os valores obtidos.

c. Trace *boxplots* dos atributos pertinentes e identifique a presença ou não de *outliers*.

d. Plote histogramas dos atributos e interprete sua distribuição, considerando as classes.

**Tabela 2.3** Conjunto de dados `hospital`

| Id. | Nome | Idade | Sexo | Peso | Manchas | Temp. | # Int. | Est. | Diagnóstico |
|---|---|---|---|---|---|---|---|---|---|
| 4201 | João | 28 | M | 79 | Concentradas | 38,0 | 2 | SP | Doente |
| 3217 | Maria | 18 | F | 67 | Inexistentes | 39,5 | 4 | MG | Doente |
| 4039 | Luiz | 49 | M | 92 | Espalhadas | 38,0 | 2 | RS | Saudável |
| 1920 | José | 18 | M | 43 | Inexistentes | 38,5 | 8 | MG | Doente |
| 4340 | Cláudia | 21 | F | 52 | Uniformes | 37,6 | 1 | PE | Saudável |
| 2301 | Ana | 22 | F | 72 | Inexistentes | 38,0 | 3 | RJ | Doente |
| 1322 | Marta | 19 | F | 87 | Espalhadas | 39,0 | 6 | AM | Doente |
| 3027 | Paulo | 34 | M | 67 | Uniformes | 38,4 | 2 | GO | Saudável |

**Resposta** Sugere-se usar ferramentas como R, Excel ou similares para realizar essas análises. Os *notebooks* em Python, como os disponibilizados por meio de QR Code como Material Suplementar, contêm exemplos dessas análises e também podem ser utilizados. Alguns valores de referência que podem ser encontrados são:

a. Alguns valores:

- Idade: média de 26,1; mediana de 21,5; primeiro quartil de 18,8; terceiro quartil de 29,5; desvio-padrão de 10,8; obliquidade de 1,3; curtose de 3,5.
- Sexo: moda tanto M quanto F (empate), frequência de 50% para cada um dos valores.
- Peso: média de 69,9; mediana de 69,5; primeiro quartil de 63,3; terceiro quartil de 81,0; desvio-padrão de 16,6; obliquidade de −0,3; curtose de 2,1.
- Manchas: moda Inexistentes; frequência de 12,5% Concentradas, 37,5% Inexistentes, 25% Espalhadas e 25% Uniformes.
- Temperatura: média de 38,4; mediana de 38,2; primeiro quartil de 38,0; terceiro quartil de 38,6; desvio-padrão de 0,6; obliquidade de 0,7; curtose de 2,4.
- ♯ Internações: média de 3,5; mediana de 2,5; primeiro quartil de 2,0; terceiro quartil de 4,5; desvio-padrão de 2,4; obliquidade de 0,9; curtose de 2,5.
- Estado: moda MG; Frequência de 25% MG e 12,5% para cada um dos outros estados.
- Diagnóstico: moda Doente; Frequência de 62,5% Doente e 37,5% Saudável.

b. A Tabela 2.4 apresenta a covariância e a Tabela 2.5, a correlação.

**Tabela 2.4** Matriz de covariância do Exercício 2.4

| | Idade | Peso | Temp. | ♯ Int. |
|---|---|---|---|---|
| **Idade** | 116,4 | 100,4 | −2,6 | −13,2 |
| **Peso** | 100,4 | 275,6 | 0,8 | −11,2 |
| **Temp.** | −2,6 | 0,8 | 0,4 | 0,8 |
| **♯ Int.** | −13,2 | −11,2 | 0,8 | 5,7 |

**Tabela 2.5** Matriz de correlação do Exercício 2.4

| | Idade | Peso | Temp. | ♯ Int. |
|---|---|---|---|---|
| **Idade** | 1,0 | 0,6 | −0,4 | −0,5 |
| **Peso** | 0,6 | 1,0 | 0,1 | −0,3 |
| **Temp.** | −0,4 | 0,1 | 1,0 | 0,6 |
| **♯ Int.** | −0,5 | −0,3 | 0,6 | 1,0 |

# 3 | PRÉ-PROCESSAMENTO

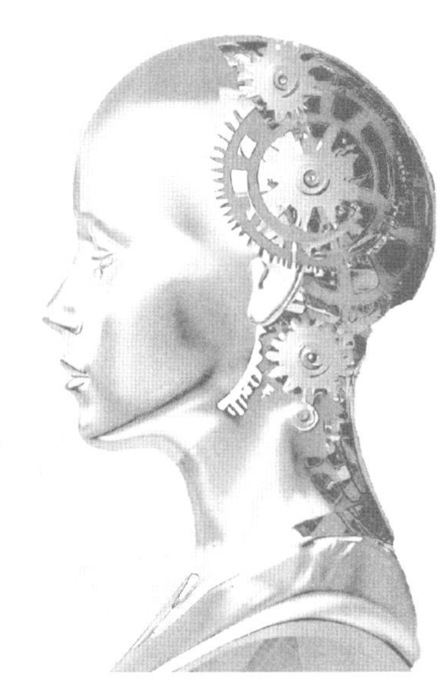

Apesar de algoritmos de AM serem frequentemente adotados para extrair conhecimento de conjuntos de dados, seu desempenho é geralmente afetado pelo estado dos dados. Conjuntos de dados podem apresentar diferentes características, dimensões ou formatos. Por exemplo, conforme visto no capítulo anterior, os valores dos atributos de um conjunto de dados podem ser quantitativos ou qualitativos. Podem ainda estar limpos ou conter ruídos e imperfeições, com valores incorretos, inconsistentes, duplicados ou ausentes; os atributos podem ser independentes ou relacionados; os conjuntos de dados podem apresentar poucos ou muitos objetos, que, por sua vez, podem ter um número pequeno ou elevado de atributos.

Técnicas de pré-processamento de dados são frequentemente utilizadas para melhorar a qualidade dos dados por meio da eliminação ou minimização dos problemas citados. Essa melhora pode facilitar o uso de técnicas de AM, levar à construção de modelos mais fiéis à distribuição real dos dados, reduzindo sua complexidade computacional, tornar mais fáceis e rápidos o ajuste de parâmetros do modelo e seu posterior uso. Isso pode, adicionalmente, facilitar a interpretação dos padrões extraídos pelo modelo.

Técnicas de pré-processamento de dados são úteis não apenas porque podem minimizar ou eliminar problemas existentes em um conjunto de dados, mas também porque podem tornar os dados mais adequados para sua utilização por um determinado algoritmo de AM. Por exemplo, alguns algoritmos de AM trabalham apenas com valores numéricos.

Neste capítulo serão apresentadas algumas operações de pré-processamento que podem ser realizadas nos conjuntos de dados antes da sua utilização por algoritmos de AM. Essas operações englobam uso de técnicas de amostragem, tratamentos para dados desbalanceados, modificações para adequação dos tipos de atributo, limpeza dos dados, integração de dados, transformações dos dados e redução de dimensionalidade. É importante observar que não existe uma ordem fixa para a aplicação das diferentes técnicas de pré-processamento. Pode, por exemplo, ser necessário utilizar novamente uma técnica já empregada sobre uma versão anterior do conjunto de dados.

Para isso, este capítulo está organizado de acordo com as diferentes tarefas de pré-processamento. Na Seção 3.1 é discutida a agregação de dados de diferentes fontes. Na Seção 3.2 ilustra-se como atributos claramente irrelevantes podem ser identificados e extraídos do conjunto de dados. A seleção de um subconjunto dos dados originais por meio de amostragem de dados é abordada em seguida, na Seção 3.3. A Seção 3.4 trata do tema de conjuntos de dados desbalanceados. Técnicas para a limpeza de conjuntos de dados são abordadas na Seção 3.5. Na Seção 3.6 são descritas operações para transformação do tipo dos valores de um atributo. Problemas causados quando o número de atributos preditivos é elevado e formas de reduzir a quantidade desses atributos são vistos na Seção 3.7.

## 3.1 Integração

Conforme mencionado anteriormente, quando dados a serem utilizados em uma aplicação de AM são oriundos de diferentes fontes, estando organizados em diferentes conjuntos de dados, esses conjuntos devem ser integrados antes do início do uso da técnica de AM. Nesse caso, é possível que cada conjunto de dados represente diferentes atributos de um mesmo grupo de objetos. Assim, na integração, é necessário identificar quais são os objetos que estão presentes nos diferentes conjuntos a serem combinados. Esse problema é conhecido como problema de identificação de entidade. Essa identificação é realizada por meio da busca por atributos comuns nos conjuntos a serem combinados. Como exemplo, conjuntos de dados médicos podem ter um atributo que identifica o paciente. Assim, os objetos dos diferentes conjuntos que possuem o mesmo valor para o atributo que identifica o paciente são combinados em um único objeto do conjunto integrado. É fácil ver que o(s) atributo(s) utilizado(s) para combinação deve(m) ter um valor único para cada objeto.

Alguns aspectos podem dificultar a integração. Por exemplo, atributos correspondentes podem ter nomes diferentes em bases de dados distintas. Além disso, os dados a serem integrados podem ter sido atualizados em momentos diferentes. Para minimizar esses problemas, é comum o uso de metadados em bases de dados. Os metadados são dados sobre dados que, ao descrever as suas principais características, podem ser utilizados para evitar erros no processo de integração. O processo de integração origina um depósito ou repositório de dados (*data warehouse*), que funciona como uma base de dados centralizada. *Data lakes* também podem ser uma alternativa para o armazenamento de grandes volumes de dados de diferentes tipos e formatos.

Com ou sem integração, é cada vez mais frequente o uso de técnicas de AM em grandes conjuntos de dados, que muitas vezes crescem com o tempo. Embora um conjunto de dados seja considerado grande se tem um número elevado de objetos, conjuntos que não possuem muitos objetos, mas em que cada objeto possui um grande número de atributos, também podem ser considerados grandes.

A existência de um conjunto de dados grande, tanto em termos de número de objetos como de atributos, não implica que um algoritmo de AM deva utilizar todo ele. Muitas vezes é mais eficiente usar apenas parte do conjunto original. No que diz respeito ao número de atributos, um número elevado pode comprometer o desempenho dos algoritmos de aprendizado, por diversos fatores, dentre os quais os relacionados com a maldição da dimensionalidade (questão abordada no Capítulo 4). Técnicas para lidar com um grande número de atributos serão abordadas na Seção 3.7. Além disso, a relevância dos atributos para o problema que está sendo tratado também é essencial para a qualidade dos resultados. A eliminação manual desses atributos, abordada na Seção 3.2, além de garantir a qualidade dos dados a serem utilizados, também ajuda a reduzir a dimensionalidade. Com relação à quantidade de objetos, problemas podem ocorrer por causa de saturação de memória e aumento do tempo computacional necessário para ajustar os parâmetros do modelo. Para minimizar esses problemas, podem ser utilizadas técnicas de amostragem, que serão apresentadas na Seção 3.3.

## 3.2 Eliminação Manual de Atributos

Observando novamente a Tabela 1.1, para o conjunto de dados `hospital`, pode ser facilmente percebido que nem todos os atributos do conjunto original são necessários para o diagnóstico clínico de um paciente. Não faz sentido, por exemplo, usar os valores dos atributos *Nome* e *Id.* (identificação do paciente) para o diagnóstico. Por exemplo, nas tarefas preditivas, quando um atributo claramente não contribui para a estimativa do valor do atributo-alvo, ele é considerado irrelevante.

O conjunto de atributos que formarão o conjunto de dados a ser analisado é geralmente definido de acordo com a experiência de especialistas no domínio dos dados. Os especialistas podem decidir, por exemplo, que atributos associados à identificação do paciente, ao nome do paciente e ao estado de origem do paciente não são relevantes para seu diagnóstico clínico. A Tabela 3.1 mostra o conjunto de dados `hospital` da Tabela 1.1 sem esses três atributos considerados irrelevantes.

Existem outras situações em que um atributo irrelevante pode ser facilmente detectado. Por exemplo, um atributo que possui o mesmo valor para todos os objetos não contém informação que ajude a distinguir os objetos. Assim, ele pode ser considerado irrelevante. Um atributo não precisa ter exatamente o mesmo valor para todos os objetos para ser irrelevante. Técnicas de seleção de atributos, tema que será abordado mais adiante, podem ser utilizadas para eliminar atributos irrelevantes.

Tabela 3.1 Conjunto de dados sem atributos considerados irrelevantes

| Idade | Sexo | Peso | Manchas | Temp. | # Int. | Diagnóstico |
|---|---|---|---|---|---|---|
| 28 | M | 79 | Concentradas | 38,0 | 2 | Doente |
| 18 | F | 67 | Inexistentes | 39,5 | 4 | Doente |
| 49 | M | 92 | Espalhadas | 38,0 | 2 | Saudável |
| 18 | M | 43 | Inexistentes | 38,5 | 8 | Doente |
| 21 | F | 52 | Uniformes | 37,6 | 1 | Saudável |
| 22 | F | 72 | Inexistentes | 38,0 | 3 | Doente |
| 19 | F | 87 | Espalhadas | 39,0 | 6 | Doente |
| 34 | M | 67 | Uniformes | 38,4 | 2 | Saudável |

## 3.3 Amostragem

Algoritmos de AM podem ter dificuldades em lidar com um número grande de objetos. Esse problema é fácil de ser observado em algoritmos de AM baseados em instâncias, como $k$-vizinhos mais próximos [$k$-NN, do inglês, *$k$-nearest neighbours* (Fix, 1951)], que podem apresentar problemas de saturação de memória quando um conjunto de dados tem um grande número de exemplos.

Associado ao número de objetos em um conjunto de dados, existe um balanço entre eficiência computacional e acurácia (taxa de predições corretas). Quanto mais dados são utilizados, maior tende a ser a acurácia do modelo e menor a eficiência computacional do processo indutivo, pois um número muito grande de objetos pode tornar o tempo de processamento muito longo. Para se obter um bom compromisso entre eficiência e acurácia, geralmente trabalha-se com uma amostra ou subconjunto dos dados. Muitas vezes, o uso de uma amostra leva ao mesmo desempenho obtido com o uso do conjunto completo, porém com um custo computacional muito menor.

Deve ser observado que uma amostra pequena pode não representar bem o problema que se deseja modelar. A amostra deve ser representativa do conjunto de dados original. Se as amostras não forem representativas, diferentes amostras de uma mesma população podem gerar modelos diferentes. Isso porque características importantes do problema ou distribuição que gerou os dados podem não estar presentes. Por outro lado, se a amostra for muito grande, são reduzidas as vantagens de utilizar amostragem. Assim, deve novamente ser buscado um compromisso entre a eficiência e a acurácia.

O ideal é que a amostra não seja grande, mas que seus dados obedeçam à mesma distribuição estatística que gerou o conjunto de dados original. Com isso, seria capaz de fornecer uma estimativa da informação contida na população original, permitindo tirar conclusões de um todo a partir de uma parte. Por exemplo, a média dos valores para cada atributo dos dados originais deve ser semelhante à média observada nos valores desses atributos na amostra gerada. Embora não seja possível garantir que isso aconteça, existem técnicas de amostragem estatística que aumentam as chances de isso ocorrer.

Existem basicamente três abordagens para amostragem:

- Amostragem aleatória simples;
- Amostragem estratificada;
- Amostragem progressiva.

A amostragem aleatória simples possui duas variações: amostragem simples sem reposição de exemplos, em que exemplos são extraídos do conjunto original para a amostra a ser utilizada e cada exemplo pode ser selecionado apenas uma vez; e amostragem simples com reposição, quando uma cópia dos exemplos selecionados é mantida no conjunto de dados original. A amostragem com reposição é mais fácil de analisar, pois a probabilidade de escolher qualquer objeto se mantém constante. No entanto, as duas formas são semelhantes quando o tamanho da amostra é bem menor que o tamanho do conjunto original.

A amostragem estratificada é usada quando as classes apresentam propriedades diferentes, por exemplo, números de objetos bastante diferentes. Em problemas de classificação, um cuidado que deve ser tomado na amostragem diz respeito à distribuição dos dados nas diferentes classes. A existência de classes com uma quantidade significativamente maior de exemplos que as demais pode levar à indução de classificadores tendenciosos para as classes majoritárias. Nesse caso, o conjunto de dados é dito desbalanceado. Esse problema será retomado na Seção 3.4. Por outro lado, pode ser que algumas classes sejam mais difíceis de classificar que outras e isso possa ser minimizado no processo de amostragem. Essa abordagem também possui variações. A mais simples delas é manter o mesmo número de objetos para cada classe. Outra opção é manter o número de objetos em cada classe proporcional ao número de objetos da classe no conjunto original.

A terceira alternativa, a amostragem progressiva, começa com uma amostra pequena e aumenta progressivamente o tamanho da amostra extraída, enquanto a acurácia preditiva continuar a melhorar. Como resultado, é possível definir a menor quantidade de dados necessária, reduzindo ou eliminando a perda de acurácia. O tamanho pode ser confirmado com outras amostras de tamanho semelhante. Essa abordagem geralmente fornece uma boa estimativa para o tamanho da amostra.

O especialista no domínio pode decidir também que um subconjunto dos objetos deve ser utilizado para suas análises. Por exemplo, em uma análise de pacientes de um hospital, podem ser utilizados apenas os objetos correspondentes a pacientes do sexo feminino, se as análises se referem a doenças exclusivas desse sexo.

Por fim, existe uma literatura vasta em métodos para automatizar a seleção de instâncias mais representativas segundo algum critério (Brighton e Mellish, 2002; Liu e Motoda, 2013). Normalmente, esses métodos são usados para diminuir o conjunto de dados para o seu posterior processamento por técnicas de AM baseadas em instâncias, como as discutidas no Capítulo 4. É possível tanto selecionar subconjuntos de exemplos mais representativos quanto gerar novos exemplos a partir dos disponíveis e que permitam uma redução no volume do conjunto de dados.

## 3.4 Dados Desbalanceados

O problema de dados desbalanceados é típico da área de classificação de dados, embora também seja abordado em regressão (Avelino *et al.*, 2024). Considerando um problema de classificação, em vários conjuntos de dados reais, existe um desequilíbrio significativo no número de exemplos que representam as diferentes classes. Isso é comum em aplicações em que dados de um subconjunto das classes aparecem com uma frequência maior que os dados das demais classes. Usando o exemplo do conjunto de dados de pacientes de um hospital, supor que 80% dos pacientes que vão a esse hospital estão com uma dada doença. O conjunto de dados apresentará então 20% de seus objetos relacionados com pacientes saudáveis e 80% associados a pacientes com a doença. A classe com pacientes doentes seria então a classe majoritária e a de pacientes saudáveis, a classe minoritária. Outro exemplo seria um conjunto de dados de clientes de um banco, em que cada cliente é rotulado como tendo ou não ficado com o saldo da sua conta negativo nos últimos 90 dias. Se a porcentagem de clientes que ficou com saldo negativo nesse período for de 5%, a classe majoritária terá 95% dos dados.

Para ser aceitável, a acurácia preditiva de um classificador para um conjunto de dados desbalanceados deve ser maior que a acurácia obtida atribuindo todo novo objeto à classe majoritária. Vários algoritmos de AM têm seu desempenho prejudicado na presença de dados desbalanceados. Quando alimentados com dados desbalanceados, esses algoritmos tendem a favorecer a classificação de novos dados na classe majoritária. Normalmente, a taxa de erro na classe minoritária é elevada, no entanto esta é geralmente a classe de interesse. Se for possível gerar novos dados pelo mesmo processo que originou o conjunto atual, o conjunto de dados pode ser naturalmente balanceado. Na maioria das aplicações práticas, no entanto, isso não é possível. Nesses casos, técnicas que procuram balancear artificialmente o conjunto de dados podem ser utilizadas para lidar com o problema de desbalanceamento (Rezvani e Wang, 2023). As principais técnicas relatadas na literatura seguem uma dessas alternativas:

- Redefinir o tamanho do conjunto de dados;
- Utilizar diferentes custos de classificação para as diferentes classes;

- Ajustar o limiar que o classificador usa para definir a classificação em cada classe;
- Induzir um modelo para uma classe.

No primeiro caso, podem ocorrer tanto o acréscimo de objetos à classe minoritária (sobreamostragem) como a eliminação de objetos da classe majoritária (subamostragem). Para o acréscimo de novos objetos, existe o risco de os objetos acrescentados representarem situações que nunca ocorrerão, induzindo um modelo inadequado para os dados. Além disso, pode ocorrer um problema conhecido como *overfitting*, em que o modelo é superajustado aos dados de treinamento. Quando dados são eliminados da classe majoritária, é possível que dados de grande importância para a indução do modelo correto sejam perdidos. Isso pode levar ao problema de *underfitting*, em que o modelo induzido não se ajusta aos dados de treinamento. Os conceitos de *overfitting* e *underfitting* serão explicados mais adiante no livro. A técnica de sobreamostragem mais popular é a *Synthetic Minority Over-sampling Technique* (SMOTE) (Chawla *et al.*, 2002), que cria novas instâncias interpolando entre exemplos existentes da classe minoritária, como apresentado no Algoritmo 3.1.

**Algoritmo 3.1** Algoritmo SMOTE

**Input:** Conjunto de dados $\mathbf{D} = \{(\mathbf{x}_i, y_i), i = 1, \ldots, n\}$, onde $y_i \in \{0, 1\}$ e $y_i = 1$ é a classe minoritária.
**Output:** Conjunto de dados aumentado $\mathbf{D}'$ com amostras sintéticas.
**for** *cada ponto* $\mathbf{x}_i$ *na classe minoritária* ($y_i = 1$) **do**
    Encontre os $k$ vizinhos mais próximos $N_k(\mathbf{x}_i)$ de $\mathbf{x}_i$ na classe minoritária;
    **for** $j = 1$ **to** *número desejado de amostras sintéticas* **do**
        Escolha aleatoriamente um vizinho $\mathbf{x}_j \in N_k(\mathbf{x}_i)$;
        Calcule o vetor de diferença $\Delta = \mathbf{x}_j - \mathbf{x}_i$;
        Gere uma amostra sintética $\mathbf{x}_{\text{sint}} = \mathbf{x}_i + \lambda\Delta$, onde $\lambda \in [0, 1]$ é um fator de interpolação aleatório;
        Adicione a amostra sintética $\mathbf{x}_{\text{sint}}$ ao conjunto de dados $\mathbf{D}'$;
    **end**
**end**
**return** *Conjunto de dados aumentado* $\mathbf{D}'$;

A utilização de custos de classificação diferentes para as classes majoritária e minoritária tem como dificuldade a definição desses custos. Por exemplo, se o número de exemplos da classe majoritária for o dobro do número de exemplos da classe minoritária, um erro de classificação para um exemplo da classe minoritária pode equivaler à ocorrência de dois erros de classificação para um exemplo da classe majoritária. Entretanto, a definição dos diferentes custos geralmente não é tão direta. Outro problema dessa abordagem é a dificuldade de incorporar a consideração de diferentes custos em alguns algoritmos de AM. Além disso, essa abordagem pode apresentar um baixo desempenho quando boa parte dos objetos da classe majoritária apresenta um elevado grau de semelhança. A existência de um grande número de objetos semelhantes na classe majoritária pode aproximar sua distribuição de exemplos relevantes para o treinamento da distribuição presente na classe minoritária, fazendo com que custos diferentes tenham como efeito privilegiar a classificação na classe minoritária.

A terceira abordagem assemelha-se à anterior no sentido de dar preferência a uma classe de interesse. Diversas técnicas de classificação atribuem um objeto a uma determinada classe com base em um limiar. Quando a saída é maior que este limiar, uma classe é predita; quando é menor, a predição é em outra classe. Normalmente esse limiar é equilibrado para as classes envolvidas (por exemplo, 0,5 para um problema com duas classes em que os valores de saída do classificador estão entre 0 e 1). É possível ajustar este limiar para que a predição em uma classe seja obtida de uma maneira mais ou menos restritiva (Esposito *et al.*, 2021).

O último caso inclui as técnicas de classificação com apenas uma classe, em que a classe minoritária ou a classe majoritária (ou ambas as classes) são aprendidas separadamente. Nesse caso, pode ser utilizado algoritmo de classificação para uma classe apenas (Manevitz *et al.*, 2001). Esses algoritmos são treinados utilizando apenas exemplos da classe positiva. A classe positiva pode ser, por exemplo, a classe minoritária.

## 3.5 Limpeza

Conjuntos de dados podem também apresentar dificuldades relacionadas com a qualidade dos dados. Exemplos mais frequentes dessas dificuldades são dados ruidosos (que possuem erros ou valores que são diferentes do esperado), inconsistentes (que não combinam ou contradizem valores de outros atributos do mesmo objeto), redundantes (quando dois ou mais objetos têm os mesmos valores para todos os atributos ou dois ou mais atributos têm os mesmos valores para todos os objetos) ou incompletos (com ausência de valores para alguns dos atributos em parte dos dados).

Essas deficiências nos dados podem ser causadas por problemas nos equipamentos que realizam a coleta, a transmissão e o armazenamento dos dados ou problemas no preenchimento ou na entrada dos dados por seres humanos.

Algumas técnicas de AM conseguem lidar bem com algumas dessas imperfeições nos dados. Já outras têm dificuldades ou não conseguem lidar com dados que apresentem algumas dessas deficiências. O algoritmo de agrupamento de dados $k$-médias, por exemplo, não apresenta um bom desempenho para dados ruidosos.

Mesmo se a técnica for robusta o suficiente para lidar com tais imperfeições, elas podem reduzir a qualidade das análises realizadas. A presença dessas deficiências em um conjunto de dados pode resultar em estatísticas e análises incorretas. Portanto, todas as técnicas se beneficiam de uma melhora na qualidade dos dados. Cada um desses problemas será detalhado a seguir, sendo também apresentadas algumas formas de tratá-los. Em muitos dos casos, é aconselhável a consulta ao especialista nos dados para se utilizar a solução mais adequada.

### 3.5.1 Dados Incompletos

Como já mencionado, um dos problemas que pode ser encontrado em conjuntos de dados é a ausência de valores para alguns atributos de alguns objetos. Na Tabela 3.2 é ilustrado um exemplo de um conjunto de dados em que três dos objetos possuem três, dois e um atributos com valores ausentes, respectivamente. Na tabela, os atributos com valores ausentes estão destacados pelo valor "—".

**Tabela 3.2** Conjunto de dados com atributos com valores ausentes

| Idade | Sexo | Peso | Manchas | Temp. | # Int. | Diagnóstico |
|---|---|---|---|---|---|---|
| — | M | 79 | — | 38,0 | — | Doente |
| 18 | F | 67 | Inexistentes | 39,5 | 4 | Doente |
| 49 | M | 92 | Espalhadas | 38,0 | 2 | Saudável |
| 18 | — | 43 | Inexistentes | 38,5 | 8 | Doente |
| 21 | F | 52 | Uniformes | 37,6 | 1 | Saudável |
| 22 | F | 72 | Inexistentes | 38,0 | 3 | Doente |
| — | F | 87 | Espalhadas | 39,0 | 6 | Doente |
| 34 | M | 67 | Uniformes | 38,4 | 2 | Saudável |

Essa ausência de valores em alguns dos atributos da Tabela 3.2 pode ter diferentes causas, entre elas:

- O atributo não foi considerado importante quando os primeiros dados foram coletados. Supor, por exemplo, que um dos atributos seja o *e-mail* do paciente, que não era comum na década de 1990.

- Desconhecimento do valor do atributo por ocasião do preenchimento dos valores do objeto. Uma possível situação seria não saber o tipo sanguíneo de um paciente quando foi feito o seu cadastro.
- Distração na hora do preenchimento.
- Falta de necessidade ou obrigação de apresentar um valor para atributo(s) para alguns objetos. Se houver um atributo renda, por exemplo, alguns pacientes podem não querer preenchê-lo.
- Inexistência de um valor para o atributo em alguns objetos. Poderia ocorrer se um dos atributos especificar o número de partos e o paciente em questão for do sexo masculino.
- Problema com equipamento ou processo utilizado para coleta, transmissão e armazenamento de dados.

Algumas técnicas de AM podem gerar erro de execução quando um ou mais atributos do conjunto de treinamento não apresentam valor. Várias alternativas têm sido propostas para lidar com esses atributos. As alternativas mais utilizadas são:

- Eliminar os objetos com valores ausentes. Essa alternativa é geralmente empregada quando um dos atributos com valores ausentes em um objeto é o que indica a sua classe. Essa alternativa não é indicada quando poucos atributos do objeto possuem valores ausentes, quando o número de atributos com valores ausentes varia muito entre os objetos com esse problema ou quando o número de objetos que restarem for pequeno.
- Definir e preencher manualmente valores para os atributos com valores ausentes. Essa alternativa não é factível quando o número de objetos ou atributos com valores ausentes for muito grande.
- Utilizar algum método ou heurística para automaticamente definir valores para atributos com valores ausentes. Essa é a alternativa mais utilizada. Diferentes abordagens podem ser seguidas para tal, como será discutido em seguida.
- Empregar algoritmos de AM que lidam internamente com valores ausentes. Esse é o caso, por exemplo, de alguns algoritmos indutores de árvores de decisão (Seção 6.1).

A definição automática de valores para completar os valores ausentes tem seguido três abordagens diferentes na literatura:

- Estabelecer para o atributo um novo valor que indique que o atributo possuía um valor desconhecido. Esse valor pode ser comum a todos os atributos ou um valor diferente para cada atributo. O problema dessa alternativa é que o algoritmo indutor pode assumir que o valor desconhecido representa um conceito importante.
- Utilizar a média, moda (no caso de valor qualitativo) ou mediana dos valores conhecidos para esse atributo. Essa medida pode ser calculada utilizando todos os objetos ou apenas os objetos da mesma classe do objeto com o atributo a ser preenchido. Uma outra variação dessa abordagem utiliza o valor mais frequente nos $k$ objetos mais semelhantes daquele com o valor ausente a ser estimado. Se os objetos tiverem uma relação temporal, a medida pode ser calculada utilizando os objetos associados ao instante imediatamente anterior e posterior ao objeto modificado.
- Empregar um indutor para estimar o valor do atributo. Para isso, o valor a ser definido seria o atributo-alvo e os demais atributos seriam os atributos de entrada. A vantagem desse método é justamente a utilização de informação presente nos demais atributos para inferir o valor do atributo ausente. Essa abordagem é a mais popular. Em geral, resulta na utilização do valor empregado em objetos semelhantes.

Se os atributos com valores ausentes forem substituídos pelo valor da média (valores quantitativos) ou da moda (valores qualitativos) dos valores de cada um desses atributos, a Tabela 3.2 seria substituída pela Tabela 3.3. A imputação de valores ausentes pela média pode levar a inconsistências, como, por exemplo, um paciente de 2 anos de idade com peso igual a 60 quilos.

**Tabela 3.3** Conjunto de dados com substituição dos valores ausentes

| Idade | Sexo | Peso | Manchas | Temp. | # Int. | Diagnóstico |
|---|---|---|---|---|---|---|
| **27** | M | 79 | **Inexistentes** | 38,0 | **4** | Doente |
| 18 | F | 67 | Inexistentes | 39,5 | 4 | Doente |
| 49 | M | 92 | Espalhadas | 38,0 | 2 | Saudável |
| 18 | **F** | 43 | Inexistentes | 38,5 | 8 | Doente |
| 21 | F | 52 | Uniformes | 37,6 | 1 | Saudável |
| 22 | F | 72 | Inexistentes | 38,0 | 3 | Doente |
| **27** | F | 87 | Espalhadas | 39,0 | 6 | Doente |
| 34 | M | 67 | Uniformes | 38,4 | 2 | Saudável |

## 3.5.2 Dados Inconsistentes

Dados inconsistentes são aqueles que possuem valores conflitantes em seus atributos. Essa inconsistência pode se dar entre valores de atributos de entrada (por exemplo, valor 120 para o atributo *Peso* e o valor 3 para o atributo *Idade*) ou entre todos os valores dos atributos de entrada e o valor do atributo de saída (por exemplo, dois pacientes com os mesmos valores para os atributos de entrada e diagnósticos diferentes, um saudável e o outro doente). Dados inconsistentes são muitas vezes produzidos no processo de integração de dados. Por exemplo, diferentes conjuntos de dados podem usar escalas diferentes para uma mesma medida (metros e centímetros) ou codificar de forma diferente para um atributo relacionado com o tamanho.

Inconsistências podem ser identificadas quando relações conhecidas entre os atributos são violadas. Por exemplo, quando é sabido que os valores de um atributo variam de forma inversamente proporcional em relação aos valores de um outro atributo. Como dados inconsistentes podem ser resultado do processo de integração de dados de fontes ou tabelas diferentes ou da presença de ruídos nos dados, também é possível detectar inconsistências por meio do uso de técnicas de identificação de ruídos.

Na Tabela 3.4 é ilustrado um exemplo de conjunto de dados com inconsistência. Essa inconsistência pode ser percebida nos dois objetos destacados, que apresentam valores de entrada iguais para valores de saída diferentes.

**Tabela 3.4** Conjunto de dados com objetos inconsistentes

| Idade | Sexo | Peso | Manchas | Temp. | # Int. | Diagnóstico |
|---|---|---|---|---|---|---|
| 28 | M | 79 | Concentradas | 38,0 | 2 | Doente |
| 18 | F | 67 | Inexistentes | 39,5 | 4 | Doente |
| 49 | M | 92 | Espalhadas | 38,0 | 2 | Saudável |
| 18 | M | 43 | Inexistentes | 38,5 | 8 | Doente |
| 21 | F | 52 | Uniformes | 37,6 | 1 | Saudável |
| 22 | F | 72 | Inexistentes | 38,0 | 3 | **Doente** |
| 19 | F | 87 | Espalhadas | 39,0 | 6 | Doente |
| 22 | F | 72 | Inexistentes | 38,0 | 3 | **Saudável** |

Existem formas de prevenir a ocorrência de inconsistências. Algoritmos simples podem verificar automaticamente se relacionamentos existentes entre atributos são violados. Quando o conjunto de dados não é muito grande, dados inconsistentes podem ser removidos manualmente.

## 3.5.3 Dados Redundantes

Um conjunto de dados pode possuir tanto objetos como atributos redundantes. Um objeto é redundante quando ele é muito semelhante a um outro objeto do mesmo conjunto de dados, ou seja, seus atributos possuem valores muito semelhantes aos atributos de pelo menos um outro objeto. No caso extremo, possui o mesmo valor para cada um dos atributos. Um atributo é redundante quando seu valor para todos os objetos pode ser deduzido a partir do valor de um ou mais atributos. No caso extremo, possui o mesmo valor que um outro atributo para cada um dos objetos do conjunto de dados. Problemas na coleta, na entrada, no armazenamento, na integração ou na transmissão de dados podem gerar objetos ou atributos redundantes. Também pode haver um desconhecimento das relações entre os atributos, que pode levar à introdução de redundâncias em um conjunto de dados.

Para ilustrar a presença de objetos redundantes, observar a Tabela 3.5, que apresenta redundância entre dois objetos. Nessa tabela, o segundo e o quarto pacientes têm os mesmos valores para todos os atributos, e por isso são considerados objetos redundantes, conforme destacado.

**Tabela 3.5** Conjunto de dados com objetos redundantes

| Idade | Sexo | Peso | Manchas | Temp. | # Int. | Diagnóstico |
|---|---|---|---|---|---|---|
| 28 | M | 79 | Concentradas | 38,0 | 2 | Doente |
| 18 | F | 67 | Inexistentes | 39,5 | 4 | Doente |
| 49 | M | 92 | Espalhadas | 38,0 | 2 | Saudável |
| 18 | F | 67 | Inexistentes | 39,5 | 4 | Doente |
| 18 | M | 43 | Inexistentes | 38,5 | 8 | Doente |
| 21 | F | 52 | Uniformes | 37,6 | 1 | Saudável |
| 22 | F | 72 | Inexistentes | 38,0 | 3 | Doente |
| 19 | F | 87 | Espalhadas | 39,0 | 6 | Doente |
| 34 | M | 67 | Uniformes | 38,4 | 2 | Saudável |

Objetos redundantes em um conjunto de dados participam mais de uma vez do processo de ajuste de parâmetros de um modelo, contribuindo assim mais que os outros objetos para a definição do modelo final. Isso pode dar ao modelo a falsa impressão de que esse perfil de objeto é mais importante que os demais. Como resultado, o tempo necessário para a indução de um modelo pode aumentar. Por isso, geralmente é desejável a eliminação de redundâncias, que pode ser feita em dois passos:

- Identificação de objetos redundantes;
- Eliminação das redundâncias encontradas.

A eliminação da redundância pode ocorrer pela eliminação dos objetos semelhantes a um dado objeto ou pela combinação dos valores dos atributos dos objetos semelhantes. Essa eliminação de redundância geralmente é feita no final do processo de limpeza.

Se a redundância não for eliminada, o algoritmo de AM utilizado pode atribuir ao objeto repetido uma importância maior que aos demais objetos. Por exemplo, um objeto $A$ com duas cópias adicionais em um conjunto de dados é considerado pelo algoritmo de indução três vezes mais importante que um objeto $B$ que não possui cópias. Se o objeto $A$ "puxar" a fronteira de decisão para o lado esquerdo e o objeto $B$ para o lado direito, o movimento da fronteira para o lado esquerdo será três vezes maior que para o lado direito. Deve ser observado que algumas técnicas de AM, como *boosting*, utilizam esse artifício para duplicar a quantidade de exemplos difíceis de ser classificados.

Conforme dito no início da seção, não apenas objetos, mas atributos também podem apresentar redundância. Um atributo é considerado redundante se seu valor puder ser estimado a partir de pelo menos um dos demais atributos. Isso ocorre quando dois ou mais atributos têm a mesma informação preditiva. No caso extremo, dois atributos podem compartilhar o mesmo valor entre si para cada um dos objetos de um conjunto de dados. Um exemplo simples de redundância de atributos é a presença de um atributo *Idade* e de um atributo *Data de nascimento* em um conjunto de dados, pois é fácil definir o valor do atributo *Idade* usando o valor do atributo *Data de nascimento*. Outro exemplo com mais de dois atributos seria ter um atributo *Quantidade de vendas*, um atributo *Valor por venda* e um atributo *Venda total*. Nesse caso, o valor do atributo *Venda total* pode ser facilmente definido a partir do valor dos dois outros atributos. Um atributo redundante pode supervalorizar um dado aspecto dos dados, por estar presente mais de uma vez, ou tornar mais lento o processo de indução, por causa do maior número de atributos a serem analisados pelo algoritmo de AM. Assim, o desempenho de um algoritmo de AM geralmente melhora com a eliminação de atributos redundantes. Muitas vezes a redundância entre atributos não é tão clara. Atributos redundantes são geralmente eliminados por técnicas de seleção de atributos, como será visto mais adiante.

A redundância de um atributo está relacionada com a sua correlação com um ou mais atributos do conjunto de dados. Dois ou mais atributos estão correlacionados quando apresentam um perfil de variação semelhante para os diferentes objetos. Quanto mais correlacionados os atributos, maior o grau de redundância. Se a correlação ocorrer entre um atributo de entrada e um atributo rótulo, esse atributo de entrada terá uma grande influência na predição do valor do atributo rótulo.

Na Tabela 3.6 é ilustrado um conjunto de dados em que um dos atributos é claramente redundante. Essa tabela adiciona à Tabela 1.1 o atributo número de visitas (*#Vis.*), que indica quantas vezes um dado paciente esteve no hospital. O atributo redundante, *#Vis.*, está destacado em negrito. Nesses casos, para remover a redundância, basta manter um dos atributos e eliminar o outro.

**Tabela 3.6** Conjunto de dados com atributos redundantes

| Idade | Sexo | Peso | Manchas | Temp. | # Int. | # Vis. | Diagnóstico |
|---|---|---|---|---|---|---|---|
| 28 | M | 79 | Concentradas | 38,0 | 2 | **2** | Doente |
| 18 | F | 67 | Inexistentes | 39,5 | 4 | **4** | Doente |
| 49 | M | 92 | Espalhadas | 38,0 | 2 | **2** | Saudável |
| 18 | M | 43 | Inexistentes | 38,5 | 8 | **8** | Doente |
| 21 | F | 52 | Uniformes | 37,6 | 1 | **1** | Saudável |
| 22 | F | 72 | Inexistentes | 38,0 | 3 | **3** | Doente |
| 19 | F | 87 | Espalhadas | 39,0 | 6 | **6** | Doente |
| 34 | M | 67 | Uniformes | 38,4 | 2 | **2** | Saudável |

### 3.5.4 Dados com Ruídos

Dados com ruídos são dados que contêm objetos que, aparentemente, não pertencem à distribuição que gerou os dados analisados. Ruído pode ser definido como uma variância ou erro aleatório no valor gerado ou medido para um atributo (Han e Kamber, 2000). Dados inconsistentes podem ser resultado da presença de ruídos.

Várias podem ser as causas da presença de ruídos, os quais foram discutidos anteriormente na Seção 3.5. Dados com ruídos podem levar a um superajuste do modelo utilizado, pois o algoritmo que induz o modelo pode se ater às especificidades relacionadas com os ruídos, em vez da distribuição verdadeira que gerou os dados. Por outro lado, a eliminação de dados ruidosos pode levar à perda de informação importante. A eliminação desses dados pode fazer com que algumas regiões do espaço de atributos não sejam consideradas no processo de indução de hipóteses.

É importante observar que não é possível ter certeza de que um valor é ou não resultado da presença de ruído, mas apenas ter uma indicação ou indício de que um dado valor para um atributo pode ter sido gerado com ruído. Um indicador da possível presença de ruído é a existência de *outliers*, que são valores que estão além dos limites aceitáveis ou são muito diferentes dos demais valores observados para o mesmo atributo, representando, por exemplo, exceções raramente vistas. Na Tabela 3.7, o valor do atributo *peso* do segundo objeto é um *outlier*.

Em uma das definições de *outliers* globalmente aceitas, Hawkins (1980) afirma que um *outlier* é um objeto que se desvia significativamente dos outros objetos, como se fosse gerado por um mecanismo diferente. *Outliers* são também conhecidos como valores aberrantes, valores anormais ou valores extremos. *Outliers* são pontos que devem ser identificados e eventualmente removidos nas análises posteriores. Detecção de anomalias, de avarias, fraudes, intrusão etc. são tarefas que usualmente recorrem à identificação de *outliers*.

Dependendo da natureza do *outlier*, Aggarwal (2013) classificou-os como:

- *Outliers* pontuais: o tipo mais simples de *outlier* é uma observação que se afasta das outras observações. Pode ser um erro de medição ou um comportamento ou característica anormal do objeto. Por exemplo, uma grande quantidade de água consumida em um mês em uma casa pode sugerir um tubo quebrado ou outro problema na infraestrutura.

**Tabela 3.7** Conjunto de dados com *outlier*

| Idade | Sexo | Peso | Manchas | Temp. | # Int. | Diagnóstico |
|---|---|---|---|---|---|---|
| 28 | M | 79 | Concentradas | 38,0 | 2 | Doente |
| 18 | F | **300** | Inexistentes | 39,5 | 4 | Doente |
| 49 | M | 92 | Espalhadas | 38,0 | 2 | Saudável |
| 18 | M | 43 | Inexistentes | 38,5 | 8 | Doente |
| 21 | F | 52 | Uniformes | 37,6 | 1 | Saudável |
| 22 | F | 72 | Inexistentes | 38,0 | 3 | Doente |
| 19 | F | 87 | Espalhadas | 39,0 | 6 | Doente |
| 34 | M | 67 | Uniformes | 38,4 | 2 | Saudável |

- *Outliers* contextuais: por vezes, os valores anormais não são óbvios devido ao contexto em que aparecem. Por exemplo, se observarmos um uso muito baixo da eletricidade em uma casa familiar em janeiro, não pensamos nisso como um *outlier*: além de ser um consumo menor normal no verão, a casa provavelmente estava vazia por algumas semanas, enquanto a família viajava de férias. Mas se acontecesse em junho, consideraríamos uma observação anormal.

- *Outliers* coletivos: *outliers* podem ser uma sequência de valores. Por exemplo, vamos considerar a distância de viagem diária de uma pessoa e assumimos que esse indivíduo viaja mais tempo nos dias úteis do que nos fins de semana. Se, durante sete dias consecutivos, essa pessoa percorrer distâncias curtas e depois retornar à distância usual, podemos assumir que, por algum motivo, essa pessoa não foi trabalhar nessa semana. Portanto, os valores de distância não foram considerados *outliers*, pois eram normais nos fins de semana, mas o fato de aparecerem por sete observações consecutivas é considerado anormal.

Existem diversas técnicas de pré-processamento que podem ser aplicadas na detecção e remoção de ruídos e *outliers*. Em Estatística, esse problema é comumente solucionado por meio de técnicas baseadas em distribuição, em que os ruídos são identificados como observações que diferem de uma distribuição utilizada na modelagem dos dados (Barnett e Lewis, 1994). O maior problema dessa abordagem está em assumir que a distribuição dos dados é conhecida *a priori*, o que não reflete a verdade em grande parte das aplicações práticas.

Diversas outras técnicas podem ser utilizadas para reduzir o ruído em um atributo, que pode ser em um atributo de entrada, mas também no atributo meta. De forma resumida, elas podem ser reunidas em quatro grupos:

- Técnicas de encestamento: essas técnicas suavizam o valor de um atributo da seguinte forma. Primeiro, os valores encontrados para esse atributo em todos os objetos são ordenados. Em seguida, esses valores são divididos em faixas ou cestas, cada uma com o mesmo número de valores. Os valores em uma mesma cesta são substituídos, por exemplo, pela média ou mediana dos valores presentes na cesta. Alternativas podem ser utilizadas para a substituição dos valores.

- Técnicas baseadas em agrupamento dos dados: essas técnicas podem ser utilizadas tanto para os objetos como para os atributos. No caso dos atributos, os valores dos atributos são agrupados por uma técnica de agrupamento (Capítulo 13). Valores de atributos que não formarem um grupo com outros valores são considerados ruídos ou *outliers*. O mesmo é dito de objetos que forem colocados em um grupo no qual os demais objetos pertencem a uma outra classe.

- Técnicas baseadas em distância: a presença de ruído em um ou mais atributos de um objeto frequentemente faz com que esse objeto se distancie dos demais objetos de sua classe. As técnicas baseadas em distância verificam a que classe pertencem os objetos mais próximos de cada objeto **x**. Se esses objetos mais próximos pertencem a uma outra classe, são boas as chances de o objeto **x** apresentar ruído, embora possa também ser *borderline* (próximo à fronteira de separação das classes). De qualquer forma, *borderlines* podem ser considerados relativamente inseguros, uma vez que mesmo uma pequena quantidade de ruídos pode movê-los para o lado incorreto da fronteira.

- Técnicas baseadas em regressão ou classificação: as técnicas baseadas em regressão utilizam uma função de regressão para, dado um valor com ruído, estimar seu valor verdadeiro. Se o valor a ser estimado for qualitativo, uma técnica de classificação pode ser utilizada. Também existem abordagens que consideram que instâncias para as quais um classificador ou uma combinação deles tem baixa confiança na previsão são potenciais ruídos.

Um dos métodos utilizados para detectar *outliers* de maneira univariada é o método *boxplot*, introduzido por Tukey (1977). Com base no primeiro quartil ($Q1$), no terceiro quartil ($Q3$) e no intervalo interquartil ($IQR = Q3 - Q1$) dos dados, determina-se que o intervalo $[Q1 - 1{,}5 * IQR, Q3 + 1{,}5 * IQR]$ contém 99,3% dos dados. Portanto, pontos fora desse intervalo são considerados valores *outliers* moderados, e pontos fora do intervalo $[Q1 - 3 * IQR, Q3 + 3 * IQR]$ são considerados *outliers* extremos.

Em relação aos *outliers* multivariados, um dos métodos mais populares para a detecção não supervisionada é a abordagem baseada na densidade conhecida por *Local Outlier Factor* (LOF) (Breunig *et al.*, 2000; Aggarwal, 2013). LOF é uma quantificação do grau de *outlier* dos pontos. O LOF baseia-se no conceito de densidade local, onde a localidade é dada por $k$ vizinhos mais próximos, cuja distância é usada para estimar a densidade. Ao comparar a densidade local de um objeto com as densidades locais de seus vizinhos, podem-se identificar regiões de densidade similar. Portanto, *outliers* são pontos incluídos em regiões com uma densidade local substancialmente inferior à da sua vizinhança. A densidade é calculada como o inverso da distância média do ponto aos $k$ vizinhos mais próximos:

$$densidade(\mathbf{x}_i, k) = \left( \frac{\sum_{\mathbf{x}_j \in N(\mathbf{x}_i, k)} distância(\mathbf{x}_i, \mathbf{x}_j)}{|N(\mathbf{x}_i, k)|} \right)^{-1} \tag{3.1}$$

O Algoritmo 3.2 apresenta a versão básica do algoritmo LOF.

**Algoritmo 3.2** *Local Outlier Factor* – LOF

**Entrada:** Um conjunto de dados: $\mathbf{D} = \{\mathbf{x}_i, i = 1, \ldots, n\}$
Número de vizinhos a considerar: $k$

**para cada** $\mathbf{x}_i \in \mathbf{D}$ **faça**
  Determina $N(\mathbf{x}_i, k)$, os $k$ vizinhos de $\mathbf{x}$;
  Determina $densidade(\mathbf{x}_i, k)$: a densidade de $\mathbf{x}_i$ (Equação 3.1) usando a vizinhança $N(\mathbf{x}_i, k)$.
**fim**
**para cada** $\mathbf{x}_i \in \mathbf{D}$ **faça**
  Calcula o *outlier* $score(\mathbf{x}_i, k) = \dfrac{densidade(\mathbf{x}_i, k)}{\sum_{\mathbf{x}_j \in N(\mathbf{x}_i, k)} (densidade(\mathbf{x}_j, k)/|N(\mathbf{x}_i, k)|)}$
**fim**

É importante salientar que as técnicas de AM normalmente têm algum mecanismo interno para lidar com ruídos e *outliers* e, assim, também evitar um superajuste aos dados de treinamento. E existem ainda desenvolvimentos para embutir mais tolerância e robustez às técnicas de AM perante esse tipo de dados, como apresentado em Frénay e Verleysen (2013).

## 3.6 Transformação

Várias técnicas de AM estão limitadas à manipulação de valores de determinados tipos, por exemplo, apenas valores quantitativos ou apenas valores qualitativos. Adicionalmente, algumas técnicas têm seu desempenho influenciado pelo intervalo de variação dos valores numéricos. Esta seção divide as diferentes técnicas para abordar esse problema em três partes. A primeira parte descreve técnicas que podem ser utilizadas para converter valores qualitativos em valores quantitativos. A depender se os valores simbólicos são nominais ou ordinais, diferentes técnicas podem ser empregadas. A segunda parte mostra técnicas para converter valores quantitativos em valores qualitativos. Finalmente, a terceira mostra casos em que a conversão não altera o tipo do atributo, notadamente relacionados com atributos com valores numéricos, ou seja, transformações que podem envolver, por exemplo, mudança de escala ou de intervalo de valores.

### 3.6.1 Conversão Simbólico-Numérico

Técnicas como redes neurais artificiais e *support vector machines* e vários algoritmos de agrupamento lidam apenas com dados numéricos. Assim, quando o conjunto de dados utilizado por essas técnicas apresenta atributos simbólicos, os valores desses atributos devem ser convertidos para valores numéricos.

Quando o atributo é do tipo nominal e assume apenas dois valores, se os valores denotam a presença ou ausência de uma característica ou se apresentam uma relação de ordem, um dígito binário é suficiente. No primeiro caso, o valor 0 indica a ausência e o valor 1, a presença da característica. No segundo caso, o menor valor ordinal assume o valor 0 e o outro assume o valor 1.

Para um atributo simbólico com mais de dois valores, a técnica utilizada na conversão depende de o atributo ser nominal ou ordinal. Se não houver uma relação de ordem entre os valores do atributo, a inexistência de uma relação de ordem deve continuar para os valores numéricos gerados. Ou seja, a diferença entre quaisquer dois valores numéricos deve ser a mesma. Uma forma de conseguir isso é codificar cada valor nominal por uma sequência de $c$ bits, em que $c$ é igual ao número de possíveis valores ou categorias.

Na codificação $1-de-c$, também denominada canônica, *one-hot encoding* ou topológica, cada sequência possui apenas um bit com o valor 1 e os demais com o valor 0. A diferença entre as sequências é definida pela posição que o valor 1 ocupa nelas. Para definir a diferença entre dois valores, pode ser utilizada a distância de Hamming. A distância de Hamming entre duas sequências binárias com mesmo número de elementos é igual ao número de posições em que as sequências apresentam valores diferentes. É fácil verificar que a distância de Hamming entre qualquer par de valores é igual a 2 (apenas duas posições do *string* binário têm valores diferentes).

Nessa codificação, cada posição da sequência binária corresponde a um possível valor do atributo nominal. Por exemplo, se a sequência binária possui 4 bits, o primeiro bit corresponde ao primeiro valor, o segundo bit ao segundo valor e assim por diante. Como apenas um dos bits pode assumir o valor 1, o bit que assumir esse valor sinaliza a presença do valor nominal correspondente àquele bit. A moda do valor de um atributo para o conjunto de objetos é definida pela posição (bit) da sequência que apresenta o maior número de valores iguais a 1. Isso indica que o valor correspondente àquela posição é o que aparece com maior frequência no conjunto de dados.

Na Tabela 3.8 é ilustrada a codificação $1 - de - c$ para um conjunto de seis valores nominais, em que cada valor representa uma cor.

**Tabela 3.8** Codificação $1 - de - c$

| Atributo nominal | Código $1 - de - c$ |
|---|---|
| Azul | 100000 |
| Amarelo | 010000 |
| Verde | 001000 |
| Preto | 000100 |
| Marrom | 000010 |
| Branco | 000001 |

Dependendo do número de valores nominais, a sequência binária para representar cada valor pode ficar muito longa. Imagine que você queira codificar os nomes de países com a codificação $1 - de - c$. Como existem 193 países (incluindo o Vaticano), seria necessário utilizar vetores com 193 elementos.

Uma alternativa é a representação dos possíveis valores nominais por um conjunto de pseudoatributos. Os valores dos pseudoatributos podem ser do tipo binário, inteiro ou real. Para o exemplo anterior, a Tabela 3.9 mostra como é possível transformar um conjunto de 193 atributos, um para cada país, em um conjunto de cinco pseudoatributos, que podem ser utilizados para identificar cada um dos países [os valores entre parênteses denotam se o valor é do tipo binário (b) ou real (r), respectivamente]. O primeiro desses cinco pseudoatributos é o atributo *continente*, um atributo nominal que pode assumir um dentre sete possíveis valores. Os outros quatro pseudoatributos, Produto Interno Bruto (*PIB*), *População*, temperatura média anual (*TMA*) e *Área* podem assumir um valor inteiro cada. Assim como para o atributo original, uma combinação de valores para os cinco pseudoatributos representa um único país.

**Tabela 3.9** Pseudoatributos e seus possíveis valores

| Pseudoatributo | #Valores |
|---|---|
| Continente | 7 (b) |
| PIB | 1 (r) |
| População | 1 (r) |
| TMA | 1 (r) |
| Área | 1 (r) |

Quando existe uma relação de ordem, o atributo é do tipo ordinal, e a codificação deve preservar essa relação. Para isso, deve ser utilizada uma codificação em que a ordem dos valores esteja clara. Quando o valor numérico é um número inteiro ou real, essa transformação é simples e direta: basta ordenar os valores categóricos ordinais e codificar cada valor de acordo com sua posição na ordem, como ilustrado no exemplo da Tabela 3.10.

**Tabela 3.10** Conversão de valor ordinal para inteiro

| Valor ordinal | Valor inteiro |
|---|---|
| Primeiro | 0 |
| Segundo | 1 |
| Terceiro | 2 |
| Quarto | 3 |
| Quinto | 4 |
| Sexto | 5 |

Nessa tabela, a distância entre os valores varia de acordo com a proximidade deles, ao contrário do que ocorreu com a codificação ilustrada na Tabela 3.8.

Se for necessário converter valores ordinais em valores binários, pode ser utilizado o código de Gray ou o código termômetro. O código de Gray é constantemente utilizado para correções de erro em comunicações digitais. No código termômetro, o aumento dos valores se assemelha ao aumento de temperatura em um termômetro analógico. Esses dois códigos são ilustrados na Tabela 3.11.

**Tabela 3.11** Conversão de valor ordinal para binário

| Valor ordinal | Código de Gray | Código termômetro |
|---|---|---|
| Primeiro | 000 | 00000 |
| Segundo | 001 | 00001 |
| Terceiro | 011 | 00011 |
| Quarto | 010 | 00111 |
| Quinto | 110 | 01111 |
| Sexto | 100 | 11111 |

Pode ser visto nessa tabela que, nos dois casos, dois valores próximos diferem por apenas um bit (possuem distância de Hamming igual a 1). A tabela também mostra que o código termômetro, em que um valor 1 é acrescentado à medida que se avança na escala de valores, utiliza sequências binárias maiores (mais bits) que o código de Gray.

### 3.6.2 Conversão Numérico-Simbólico

Algumas técnicas de AM foram desenvolvidas para trabalhar com valores qualitativos. Isso ocorre com uma parcela dos algoritmos de classificação e de associação. Alguns desses algoritmos que também podem lidar com dados quantitativos têm seu desempenho reduzido quando o fazem. Se o atributo quantitativo for do tipo discreto e binário, com apenas dois valores, a conversão é trivial. Basta associar um nome a cada valor. Se o atributo original for formado por sequências binárias sem uma relação de ordem entre si, cada sequência pode ser substituída por um nome ou categoria.

Nos demais casos, métodos de discretização permitem transformar atributos quantitativos em qualitativos. Para isso, eles transformam valores numéricos em intervalos ou categorias. A escolha do método de discretização depende do problema de aprendizado. Métodos de discretização podem ser utilizados de forma isolada ou composta, quando mais de um método é utilizado. Existe um grande número de métodos, que podem ser classificados de acordo com diferentes critérios (Yang *et al.*, 2005).

Quando um atributo quantitativo é discretizado, o conjunto de possíveis valores é dividido em intervalos, e cada intervalo de valores quantitativos é convertido em um valor qualitativo. Em alguns métodos, o usuário pode influenciar a definição dos intervalos, definindo valores para parâmetros como número máximo de intervalos. Esses métodos são denominados paramétricos. Os métodos não paramétricos definem os intervalos utilizando apenas as informações presentes nos valores do atributo.

Os métodos de discretização podem ainda ser supervisionados ou não supervisionados. No primeiro caso, é utilizada a informação sobre a classe dos exemplos. As técnicas supervisionadas geralmente levam a melhores resultados, uma vez que a definição dos intervalos sem conhecimento das classes pode levar à sua mistura. Uma abordagem supervisionada simples seria escolher pontos de corte que maximizam a pureza dos intervalos. Isso pode ser feito utilizando o conceito de entropia, descrito no Capítulo 6. Deve ser observado que discretizar cada atributo separadamente em geral leva a resultados subótimos.

A definição de como mapear valores dos atributos quantitativos para valores qualitativos e do tamanho dos intervalos ou a quantidade de valores nos intervalos fica geralmente a cargo do método de discretização. Algumas das estratégias utilizadas pelos diferentes métodos são apresentadas a seguir:

- Larguras iguais: dividem o intervalo original de valores em subintervalos com a mesma largura. O desempenho dessa estratégia pode ser afetado pela presença de *outliers*.
- Frequências iguais: atribuem o mesmo número de objetos a cada subintervalo. Essa estratégia pode gerar intervalos de tamanhos muito diferentes.
- Uso de um algoritmo de agrupamento de dados (Capítulo 13).
- Inspeção visual.

### 3.6.3 Transformação de Atributos Numéricos

Algumas vezes, o valor numérico de um atributo precisa ser transformado em outro valor numérico. Isso geralmente ocorre quando os limites inferior e superior de valores dos atributos são muito diferentes, o que leva a uma grande variação de valores, ou ainda quando vários atributos estão em escalas diferentes. Essa transformação é geralmente realizada para evitar que um atributo predomine sobre outro. No entanto, pode haver situações em que essa variação deve ser preservada por ser importante para a indução de um bom modelo.

Quando necessário, a operação de transformação é aplicada aos valores de um dado atributo de todos os objetos. Por exemplo, supor que, dado um atributo com valores inteiros, para a indução de um bom modelo apenas a magnitude dos valores seja importante, não o sinal. Uma transformação necessária seria então converter os valores desse atributo para seu valor absoluto.

Outra transformação muito utilizada é a normalização de dados. A normalização de dados é recomendável quando os limites de valores de atributos distintos são muito diferentes, para evitar que um atributo predomine sobre outro (a menos que isso seja importante). Quando recomendada, ela é aplicada a cada atributo individualmente e pode ocorrer de duas formas:

- Por amplitude;
- Por distribuição.

A normalização por amplitude pode ser por reescala ou padronização. A primeira define uma nova escala de valores, limites mínimo e máximo, para todos os atributos. A segunda define um valor central e um valor de espalhamento comuns para todos os atributos.

Na normalização por reescala, também chamada normalização min-max, são inicialmente definidos os valores mínimo (min) e máximo (max) para os novos valores de cada atributo. Depois, as operações a seguir são realizadas para cada atributo. Primeiro, o menor valor do atributo (menor) é subtraído de cada valor. Cada valor resultante é em seguida dividido pela diferença entre o maior e o menor valores originais do atributo, (maior − menor). Cada novo valor é depois multiplicado pela diferença entre os valores limites da nova escala, max − min. No final, o valor min é somado a cada valor produzido. Essas operações são ilustradas pela Equação 3.2. Para que os limites superior e inferior sejam 1 e 0, respectivamente, basta fazer max $= 1$ e min $= 0$.

$$v_{Novo} = \text{min} + \frac{v_{Atual} - \text{menor}}{\text{maior} - \text{menor}}(\text{max} - \text{min}) \tag{3.2}$$

Para a normalização por padronização, a cada valor do atributo a ser normalizado é adicionada ou subtraída uma medida de localização e o valor resultante é em seguida multiplicado ou dividido por uma medida de escala. Com isso, diferentes atributos podem ter limites inferiores e superiores distintos, mas terão os mesmos valores para as medidas de escala e espalhamento. Se as medidas de localização e de escala forem a média ($\mu$) e a variância ($\sigma$), respectivamente, os valores de um atributo são convertidos para um novo conjunto de valores com média 0 e variância 1, que é obtido se for utilizada a Equação 3.3 nos valores originais dos atributos.

$$v_{Novo} = \frac{v_{Atual} - \mu}{\sigma} \tag{3.3}$$

Geralmente, é preferível padronizar a reescalar, pois a padronização lida melhor com *outliers*. É possível durante a operação de normalização fazer com que os atributos mais importantes possuam limites maiores. Para isso, basta fazer com que a padronização gere um maior intervalo (por exemplo, o limite máximo de um atributo importante pode ser o dobro do limite máximo utilizado para os demais atributos) ou que a medida de reescala gere uma maior variância para um atributo importante (por exemplo, esse atributo pode ter uma variância que é o dobro da variância dos demais atributos, o que faz com que sua faixa de valores seja o dobro da faixa utilizada pelos demais atributos).

A normalização por distribuição muda a escala de valores de um atributo. Um exemplo dessa normalização é a aplicação da função para ordenar os valores do atributo a ser normalizado e a substituição de cada valor pela posição que ele ocupa no *ranking* (por exemplo, a aplicação dessa normalização aos valores 1, 5, 9 e 3 gera, respectivamente, os valores 1, 3, 4 e 2). Se todos os valores originais forem distintos, o resultado é uma distribuição uniforme.

Um outro tipo de transformação para atributos de um mesmo tipo é a tradução, em que o valor de um atributo de um dado tipo é traduzido para um valor do mesmo tipo, mais facilmente manipulável. Por exemplo, a conversão de um atributo com data de nascimento para idade, de graus Celsius para Fahrenheit ou de localização dada por um aparelho de GPS para código postal.

## 3.7 Redução de Dimensionalidade

Muitos problemas que podem ser tratados por técnicas de AM apresentam um número elevado de atributos. Um exemplo de grupo de problemas em que o número de atributos é muito grande são as aplicações de reconhecimento de imagens. Se cada *pixel* (um *pixel* é a unidade básica de uma imagem) da imagem for considerado um atributo, cada imagem ou instância de uma imagem com 1024 por 1024 *pixels* teria mais de um milhão de atributos. Outro exemplo são os dados de expressão gênica, que geralmente apresentam algumas dezenas de objetos, cada um com milhares de atributos, quando se está trabalhando com as amostras como objetos e os genes como atributos.

Algumas das dificuldades do número muito grande de atributos em algoritmos de AM são provenientes do problema da maldição da dimensionalidade.

Em muitos algoritmos de AM, para que dados com um número elevado de atributos possam ser utilizados, a quantidade de atributos precisa ser reduzida. A redução do número de atributos pode ainda melhorar o desempenho do modelo induzido, reduzir seu custo computacional e tornar os resultados obtidos mais compreensíveis.

Diferentes técnicas originárias de áreas de pesquisa como Reconhecimento de Padrões, Estatística e Teoria da Informação podem ser utilizadas para a redução do número de atributos. Essas técnicas podem ser divididas em duas grandes abordagens:

- Agregação;
- Seleção de Atributos.

Enquanto as técnicas de agregação substituem os atributos originais por novos atributos formados pela combinação de grupos de atributos, as técnicas de seleção mantêm uma parte dos atributos originais e descartam os demais atributos.

### 3.7.1 Agregação

As principais técnicas utilizadas para reduzir as dimensões por agregação combinam os atributos originais por meio de funções lineares ou não lineares. Uma das técnicas mais conhecidas é a de Análise de Componentes Principais (PCA, do inglês, *Principal Component Analysis*) (Pearson, 1901). A técnica PCA descorrelaciona estatisticamente os exemplos, reduzindo a dimensionalidade do conjunto de dados original pela eliminação de redundâncias.

As técnicas de agregação, ao combinar os atributos, levam à perda dos valores originais. Em várias aplicações, por exemplo, nas áreas de biologia, finanças, medicina e monitoramento ambiental, geralmente é importante preservar os valores dos atributos para que os resultados obtidos possam ser interpretados, associando os resultados produzidos por uma técnica estatística ou de AM aos valores dos atributos. Por isso, nessas áreas, é mais frequente a redução do número de atributos pelo uso de técnicas de seleção de atributos.

### 3.7.2 Seleção de Atributos

Conforme visto anteriormente, alguns atributos são claramente redundantes ou irrelevantes, podendo ser manualmente eliminados. No entanto, na prática, vários atributos passíveis de eliminação não são facilmente identificados, o que torna pouco eficiente o uso apenas de técnicas visuais. Dentre as razões para essa dificuldade, podem ser citados:

- Número muito grande de exemplos;
- Número muito grande de atributos;
- Relações complexas entre atributos, cuja descoberta é difícil.

Para lidar com esses casos, diversas técnicas automáticas têm sido propostas na literatura para a seleção de atributos. Essas técnicas, em geral, procuram por um subconjunto ótimo de atributos de acordo com um dado critério. As técnicas propostas podem ser classificadas de diferentes formas.

Uma delas diz respeito à avaliação do conjunto de atributos selecionados. Nesse caso, as técnicas existentes podem estar integradas a um algoritmo de indução ou ser independentes do algoritmo. Essas relações são ilustradas na Figura 3.1. Para avaliar a qualidade ou desempenho de um subconjunto de atributos, três abordagens são então utilizadas:

- Embutida;
- Baseada em filtro;
- Baseada em *wrapper*.

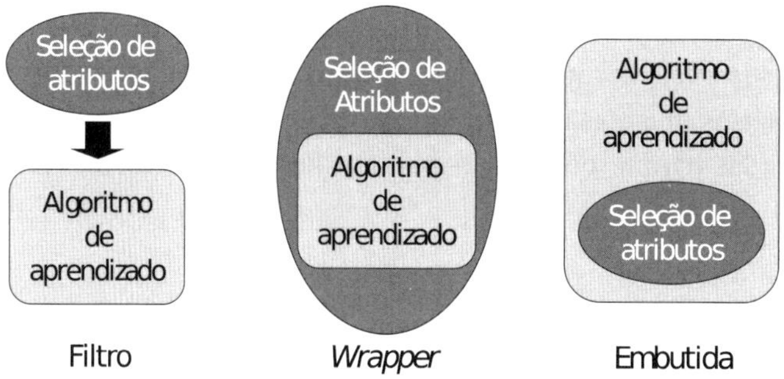


**Figura 3.1** Tipos de seleção de atributos de acordo com interação com algoritmo de AM.

Na abordagem baseada em filtro, em uma etapa de pré-processamento, um subconjunto dos atributos originais é filtrado de acordo com algum critério, sem levar em consideração o algoritmo de aprendizado que utilizará esse subconjunto. Por exemplo, um filtro poderia considerar a correlação entre os atributos, e selecionar apenas um dos atributos, dados vários altamente correlacionados.

A independência dos filtros em relação ao algoritmo de AM pode ser vantajosa, se houver a necessidade de os atributos selecionados serem empregados com diversos algoritmos de AM. Porém, como a seleção e a indução são processos separados, o viés de um não interage com o viés de outro, o que pode levar à construção de indutores com desempenho aquém do desejado. Além disso, os filtros podem ser bastante rápidos, sendo capazes de lidar eficientemente com uma grande quantidade de dados, uma vez que as heurísticas utilizadas para filtragem são de baixo custo computacional.

A abordagem baseada em *wrapper* utiliza algum algoritmo de aprendizado como uma caixa-preta para a seleção. Geralmente é utilizada junto com uma técnica de amostragem. Para cada possível subconjunto de atributos, o algoritmo é consultado e o subconjunto que apresentar a melhor combinação entre redução da taxa de erro e redução do número de atributos é, em geral, selecionado.

Técnicas baseadas em *wrapper* representam uma alternativa simples e poderosa para selecionar atributos. Elas são algumas vezes criticadas por serem técnicas de força bruta, com um custo computacional elevado. Mas isso não é sempre verdade, estratégias de busca eficientes têm sido utilizadas por algumas dessas técnicas. Por incorporar o viés do classificador, as técnicas baseadas em *wrapper* em geral conseguem obter um conjunto de atributos que leva a um melhor desempenho posterior do modelo.

Por fim, na abordagem embutida, a seleção do subconjunto é embutida ou integrada no próprio algoritmo de aprendizado. As árvores de decisão (Seção 6.1), por exemplo, realizam esse tipo de seleção interna de atributos.

Em geral, as técnicas embutidas fazem melhor uso dos dados disponíveis do que as técnicas baseadas em *wrapper*. Além disso, por não precisar retreinar um algoritmo de AM para cada novo conjunto de atributos, as técnicas embutidas, em geral, são mais rápidas (Guyon e Elisseeff, 2003). Porém, nem toda técnica de AM realiza uma seleção de atributos embutida diretamente.

Outra forma de classificação está relacionada com a seleção dos atributos ser feita de forma individual ou coletiva. No primeiro caso, os atributos são ordenados de acordo com a sua relevância para discriminar os objetos das diferentes classes. A segunda alternativa seleciona um subconjunto dos atributos originais que melhor separe os exemplos das diferentes classes, os quais são avaliados em conjunto.

Finalmente, algumas técnicas de seleção de atributos utilizam a informação sobre a classe, sendo denominadas dependentes da classe, e outras, por não utilizar essa informação, são denominadas independentes da classe.

A seleção de atributos tanto por ordenação quanto por seleção de subconjunto, e utilizando ou não informação sobre a classe, pode ser feita com as abordagens filtro e *wrapper*. A abordagem embutida trabalha com seleção de subconjuntos. A seguir, as técnicas de ordenação e seleção por subconjunto são discutidas em mais detalhes. A escolha da melhor abordagem para seleção de atributos depende das propriedades a serem medidas (Dopazo *et al.*, 2001).

### 3.7.3 Técnicas de Ordenação

Ordenação de atributos pode ser vista como uma forma simples de seleção, em que os atributos são ordenados de acordo com sua relevância para um dado critério (por exemplo, classificação dos objetos nas diferentes classes). Frequentemente, essa ordenação é realizada de maneira univariada, ou seja, cada atributo é avaliado independentemente dos demais. Em problemas de classificação, os atributos no topo da ordenação são selecionados para utilização pelo classificador.

As técnicas de ordenação (ou *ranking*), em geral, usam algum critério como medida de importância dos atributos. Algumas dessas medidas avaliam similaridade (medidas de correlação), e outras avaliam a diferença (medidas de distância) entre vetores. As medidas podem ou não considerar a informação sobre a classe.

As medidas podem ainda ser divididas em paramétricas e não paramétricas. As medidas paramétricas fazem suposições sobre a distribuição estatística das medidas dentro de cada grupo ou classe. As medidas não paramétricas não fazem essa suposição e são mais robustas (Ben-Dor *et al.*, 1999).

As medidas não paramétricas geralmente especificam uma hipótese em termos de distribuições populacionais, em vez de parâmetros como média e desvio-padrão. Essas medidas conseguem detectar diferenças entre populações quase tão bem quanto as medidas paramétricas quando suposições como normalidade precisam ser satisfeitas. Quando essas suposições não são satisfeitas, medidas não paramétricas podem ser, e frequentemente são, mais poderosas que as paramétricas para detectar diferenças entre populações.

Deve ser observado que, no caso da ordenação dependente de classe, o primeiro atributo é aquele que melhor discrimina os objetos das diferentes classes, o segundo é o segundo melhor atributo para essa discriminação e assim por diante. Na seleção do subconjunto, os atributos que fazem parte do subconjunto selecionado não necessariamente estariam no topo da lista se uma técnica de ordenação fosse utilizada. O que importa nesse caso é como os atributos selecionados atuam de forma coletiva, em conjunto. Isso ocorre, por exemplo, porque dois atributos situados próximos na lista ordenada podem estar correlacionados. Logo, a ordenação não é capaz de detectar redundâncias entre os atributos.

### 3.7.4 Técnicas de Seleção de Subconjunto

A seleção de um subconjunto de atributos é um processo computacionalmente mais custoso que a ordenação dos atributos. Essa desvantagem aumenta com o crescimento do número de atributos. A seleção de subconjuntos de atributos pode se tornar intratável quando o número de atributos é muito grande. Uma alternativa geralmente utilizada é primeiro ordenar os $d$ atributos originais com uma técnica de ordenação para em seguida selecionar um subconjunto a partir dos $d_{reduzido}$ atributos melhor classificados na ordenação.

A seleção de um subconjunto de atributos pode ser vista como um problema de busca. Cada ponto no espaço de busca pode ser considerado um possível subconjunto de atributos. Por essa ótica, um método de seleção deve definir (Blum e Langley, 1997):

- Qual(is) será(ão) o(s) ponto(s) de partida ou a direção em que a busca será realizada;
- Que estratégia de busca será adotada;
- Qual critério será empregado para avaliação dos subconjuntos gerados;
- Qual será o critério de parada.

Os critérios de avaliação já foram discutidos anteriormente, que são as abordagens filtro, *wrapper* ou embutida. A seguir serão discutidos os outros três aspectos.

Com relação ao ponto de partida e direção da busca, quatro diferentes alternativas podem ser adotadas:

- Geração para trás (*backward generation*), que começa com todos os atributos e remove um por vez.
- Geração para a frente (*forward generation*), que começa sem nenhum atributo e inclui um atributo por vez.
- Geração bidirecional (*bidirectional generation*), em que a busca pode começar em qualquer ponto, e atributos podem ser adicionados e removidos.
- Geração aleatória (*random generation*), quando o ponto de partida da busca e atributos a serem removidos ou adicionados são decididos aleatoriamente.

Na Figura 3.2 é ilustrado um espaço de busca para um problema com quatro atributos e como os sentidos de busca *forward*, *backward* e bidirecional atuam. Cada quadrado representa um atributo e, caso ele esteja preenchido, significa que o atributo correspondente foi selecionado.

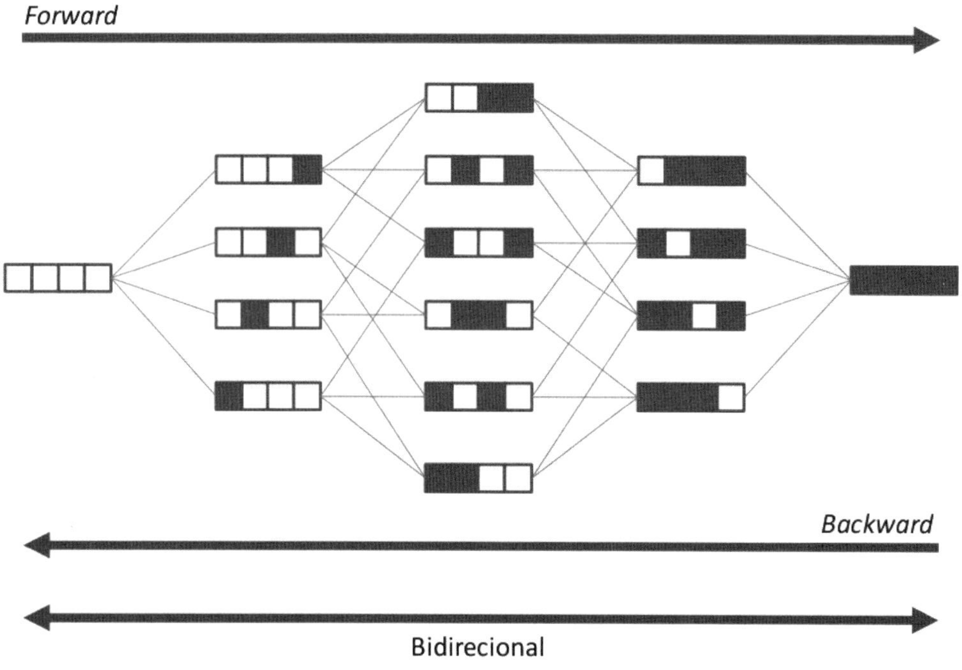


**Figura 3.2** Percorrendo um espaço de busca com quatro atributos.

Com relação à estratégia de busca a ser adotada, as principais abordagens são:

- Busca completa (exponencial ou exaustiva), que avalia todos os possíveis subconjuntos.
- Busca heurística (sequencial), que utiliza regras e métodos para conduzir a busca e que não garante que uma solução ótima seja encontrada.
- Busca não determinística, que está relacionada com a geração estocástica. Nesse caso, embora uma boa solução possa ser encontrada antes do final da busca, não é possível garantir que será encontrada a melhor solução possível.

Finalmente, com relação ao final da busca, pode ser conduzida uma busca exaustiva, em que ela é encerrada quando todos os subconjuntos forem testados, ou pode ser adotado um critério de parada, que define quando terminar a busca pelo melhor subconjunto de atributos. Esse critério pode ser, por exemplo, um número máximo de alternativas testadas, um número de atributos a serem selecionados sem degradação do desempenho do classificador ou o tempo de processamento.

É importante observar que técnicas de seleção de atributos podem ser utilizadas também em problemas de outra natureza, como problemas de agrupamento de dados, por exemplo. Entretanto, neste caso não é possível utilizar uma informação de classe para guiar o processo de seleção, por se tratar de um problema de natureza não supervisionada.

## 3.8 Considerações Finais

O processo de aprendizado de algoritmos de AM pode ser facilitado e o desempenho desses algoritmos melhorado se técnicas de pré-processamento forem previamente aplicadas ao conjunto de dados. Isso ocorre porque essas técnicas podem eliminar ou reduzir problemas presentes nos dados.

Neste capítulo foram apresentadas diversas técnicas utilizadas para pré-processamento de dados. Começando com a eliminação manual de atributos que se mostrarem claramente desnecessários para o uso dos dados por algoritmos de AM, discutiu-se a integração de dados provenientes de diferentes fontes, a utilização de técnicas de amostragem para selecionar subconjuntos representativos de dados, como lidar com dados desbalanceados e como operações de limpeza de dados podem tratar de dados incompletos, inconsistentes, redundantes e com ruídos. Em seguida, foram apresentadas alternativas para transformação de dados, de modo a facilitar seu uso por diferentes algoritmos de AM, como a conversão de dados de um tipo para outro e a normalização de dados numéricos. Por fim, foi observada a importância da redução de dimensionalidade dos dados, principalmente quando o número de atributos é muito elevado.

Os problemas mencionados são muito frequentes em conjuntos de dados reais, e o tratamento deles em geral leva a um melhor desempenho do algoritmo de AM utilizado. Por isso, a etapa de pré-processamento é de grande importância em aplicações reais de AM.

## 3.9 Exercícios

Para responder aos exercícios a seguir, utilize o conjunto de dados da Tabela 3.12, que registra, para vários dias, se uma pessoa foi ou não jogar golfe de acordo com as condições climáticas vigentes.

**Tabela 3.12** Exemplo de conjunto de dados: `play`

| Dia | Tempo | Temperatura | Umidade | Vento | Joga |
|---|---|---|---|---|---|
| D1 | Chuvoso | 71 | 91 | Sim | Não |
| D2 | Ensolarado | 69 | 70 | Não | Sim |
| D3 | Ensolarado | 80 | 90 | Sim | Não |
| D4 | Nublado | 83 | 86 | Não | Sim |
| D5 | Chuvoso | 70 | 96 | Não | Sim |
| D6 | Chuvoso | 65 | 70 | Sim | Não |
| D7 | Nublado | 64 | 65 | Sim | Sim |
| D8 | Nublado | 72 | 90 | Sim | Sim |
| D9 | Ensolarado | 75 | 70 | Sim | Sim |
| D10 | Chuvoso | 68 | 80 | Não | Sim |
| D11 | Nublado | 81 | 75 | Não | Sim |
| D12 | Ensolarado | 85 | 85 | Não | Não |
| D13 | Ensolarado | 72 | 95 | Não | Não |
| D14 | Chuvoso | 75 | 80 | Não | Sim |

**Exercício 3.1** Qual é o tipo e a escala de cada atributo de acordo com o apresentado no Capítulo 2?

**Resposta** Dia: qualitativo nominal; Temperatura: quantitativo intervalar; Umidade: quantitativo racional; Vento: qualitativo nominal; Joga: qualitativo nominal.

**Exercício 3.2** Qual é a distribuição de exemplos por classe (considere que a coluna Joga é a classe)? Qual é a classe majoritária? E a minoritária?

**Resposta** A classe `Sim` tem 64% dos exemplos e a classe `Não` tem os 36% restantes. Portanto, a classe `Sim` é a majoritária e a `Não` é a minoritária.

**Exercício 3.3** A partir da regra de que *outliers* têm valores menores do que $1{,}5 * IQR - Q1$ e maiores que $1{,}5 * IQR + Q$, identifique se os atributos quantitativos presentes têm *outliers* e quais são eles.

**Resposta** Não há *outliers* nos atributos quantitativos segundo a regra sugerida.

**Exercício 3.4** Considere que um novo exemplo será colocado no conjunto de dados, em que a umidade é de 85, há vento e a pessoa joga. Os atributos tempo e temperatura são desconhecidos. Estime os valores desconhecidos para esse novo exemplo, usando alguma estratégia de preenchimento. Justifique sua resposta.

**Resposta** A resposta dependerá da estratégia adotada no preenchimento dos valores ausentes. O valor do atributo Tempo, por exemplo, pode ser preenchido com a moda dos demais valores do conjunto e o atributo Temperatura pode ser preenchido com a média.

**Exercício 3.5** Discretize os atributos de temperatura e umidade. Temperatura deverá ter três valores: quente, média e fria. Umidade deverá ter os valores: alta e normal. Justifique como sua discretização foi feita e apresente o resultado.

**Resposta** Devem-se escolher alguns limiares para discretizar os valores. Os resultados podem diferir de acordo com os limiares adotados.

**Exercício 3.6** Usando a tabela com valores qualitativos (após a discretização pedida no exercício anterior), avalie a qualidade dos atributos usando a medida de ganho de informação (ver seu cálculo no Capítulo 6). Como fica o ranqueamento dos atributos?

**Resposta** A resposta dependerá da discretização adotada no execício anterior. A partir dela, basta aplicar a Equação 6.5 a cada atributo. Atributos mais relevantes trarão maior ganho de informação.

# PARTE II

# MODELOS PREDITIVOS

# INTRODUÇÃO

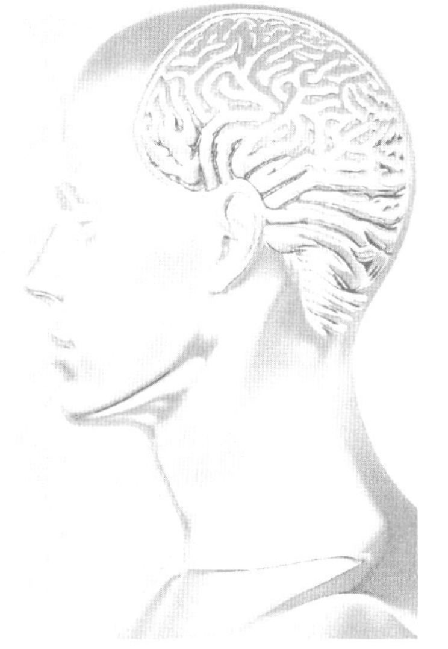

Um algoritmo de AM preditivo é uma função que, dado um conjunto de exemplos rotulados, constrói um estimador. O rótulo ou etiqueta toma valores em um domínio conhecido. Se esse domínio for um conjunto de valores nominais, tem-se um problema de classificação, também conhecido como aprendizado de conceitos, e o estimador gerado é um classificador. Se o domínio for um conjunto infinito e ordenado de valores, tem-se um problema de regressão, que induz um regressor. Um classificador (ou regressor), por sua vez, também é uma função, que, dado um exemplo não rotulado, atribui esse exemplo a uma das possíveis classes (ou a um valor real) (Dietterich, 1998).

Uma definição formal seria, dado um conjunto de observações de pares $\mathbf{D} = \{(\mathbf{x}_i, f(\mathbf{x}_i)), i = 1, \ldots, n\}$, em que $f$ representa uma função desconhecida, um algoritmo de AM preditivo aprende uma aproximação $\hat{f}$ da função desconhecida $f$. Essa função aproximada, $\hat{f}$, permite estimar o valor de $f$ para novas observações de $\mathbf{x}$.

De acordo com a natureza de $f$, é comum distinguir duas possíveis situações:

- Classificação: $y_i = f(\mathbf{x}_i) \in \{c_1, \ldots, c_m\}$, ou seja, $f(\mathbf{x}_i)$ assume valores em um conjunto discreto, não ordenado;

- Regressão: $y_i = f(\mathbf{x}_i) \in \Re$, ou seja, $f(\mathbf{x}_i)$ assume valores em um conjunto infinito e ordenado de valores.

A Figura II.1(a) ilustra um cenário com duas classes cujos exemplos possuem apenas dois atributos de entrada, que são os resultados de dois exames. A meta é encontrar uma fronteira de decisão que separe os exemplos de uma classe dos exemplos da outra. Se os exemplos de uma classe forem linearmente separáveis dos exemplos da outra classe, como os exemplos possuem dois atributos, a fronteira de decisão pode ser uma reta. Se os exemplos não forem linearmente separáveis, uma combinação de retas ou outra função não linear é necessária. Se os exemplos possuem mais de dois atributos de entrada, em vez de retas, são utilizados hiperplanos de separação.

Diferentes algoritmos de AM podem encontrar diferentes fronteiras de decisão. Além disso, diferenças no conjunto de treinamento, variações na ordem de apresentação dos exemplos durante o treinamento e processos internos estocásticos podem fazer com que um mesmo algoritmo de AM encontre fronteiras diferentes a cada novo treinamento.

A Figura II.1(b) ilustra um caso de regressão em que a meta é aprender uma função que relacione um ano à vazão de água de um dado rio nesse ano. Nesse caso é utilizado apenas um atributo de entrada. A ligação dos pontos formados pelos valores ano e vazão gera uma curva. Espera-se que essa curva se aproxime da curva verdadeira da função que, dado o valor do ano, retorna o valor correto da vazão. Se mais de um atributo de entrada for utilizado, a regressão vai definir superfícies com mais que duas dimensões.

Nas Tabelas II.1 e II.2 são apresentados exemplos de dois conjuntos de dados. O primeiro conjunto (Tabela II.1) mostra exemplos de dados para um problema de classificação, o problema de classificação de dados `iris`, abordado no Capítulo 2. Nele, o atributo-alvo, que aparece na última coluna, assume valores discretos e não ordenados. O segundo conjunto, apresentado na Tabela II.2, se refere a um problema de regressão. O atributo-alvo, que aparece na última coluna, assume valores contínuos e ordenados.

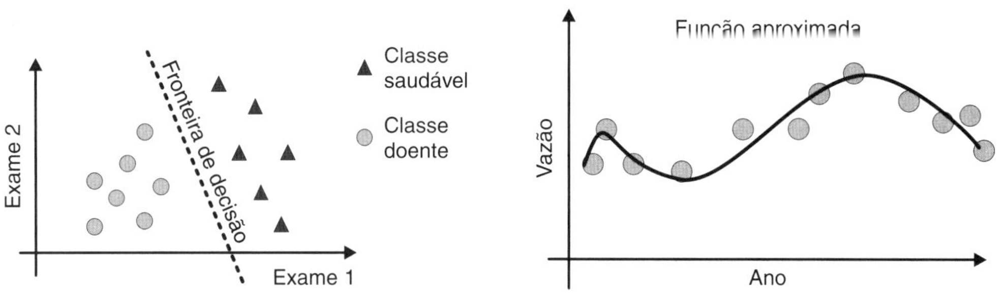


(a) Classificação (b) Regressão

**Figura II.1** Gráfico ilustrativo das tarefas.

**Tabela II.1** Exemplo de conjunto de dados para problema de classificação

| Tamanho (P) | Largura (P) | Tamanho (S) | Largura (S) | Espécie |
|---|---|---|---|---|
| 5,1 | 3,5 | 1,4 | 0,2 | Setosa |
| 4,9 | 3,0 | 1,4 | 0,2 | Setosa |
| 7,0 | 3,2 | 4,7 | 1,4 | Versicolor |
| 6,4 | 3,2 | 4,5 | 1,5 | Versicolor |
| 6,3 | 3,3 | 6,0 | 2,5 | Virgínica |
| 5,8 | 2,7 | 5,1 | 1,9 | Virgínica |

**Tabela II.2** Exemplo de conjunto de dados para problema de regressão

| Fertilidade | Agricultura | Educação | Renda | Mortalidade |
|---|---|---|---|---|
| 80,2 | 17,0 | 12 | 9,9 | 22,2 |
| 83,1 | 45,1 | 9 | 84,8 | 22,2 |
| 92,5 | 39,7 | 5 | 93,4 | 20,2 |
| 85,8 | 36,5 | 7 | 33,7 | 20,3 |
| 76,9 | 43,5 | 15 | 5,2 | 20,6 |

Em ambos os conjuntos, cada linha corresponde a um objeto ou observação. A última coluna apresenta o valor da função $f$ para essa observação, que corresponde ao atributo-alvo. Essa coluna é também designada por variável dependente ou objetivo. No caso particular de problemas de classificação, ela é designada *classe*. As colunas restantes são designadas por atributos de entrada, atributos preditivos ou variáveis independentes. Os atributos serão utilizados como entrada do algoritmo na realização da predição.

O primeiro conjunto de dados, denominado `iris`, é bastante empregado para ilustrar o uso de técnicas de AM na solução de problemas de classificação. Nele, a partir de algumas características de flores de uma planta denominada íris, no caso tamanhos e larguras das suas pétalas e sépalas, é possível separá-las em uma dentre três classes, que designam diferentes espécies dessa planta: setosa, versicolor e virgínica. Um dos motivos para esse conjunto de dados ser largamente empregado na prática está no fato de se conhecer de antemão que uma das classes, setosa, encontra-se bem separada das duas outras. No caso das classes versicolor e virgínica, por sua vez, a separação existe, mas não é tão evidente e de fato há vários objetos dessas classes próximos entre si.

O segundo conjunto de dados na figura é denominado `swiss`. Para esse conjunto, deseja-se relacionar estatísticas de uma população, tais como nível de educação, taxa de fertilidade, entre outras, à previsão da sua taxa de mortalidade. Em ambos os casos, o objetivo do aprendizado preditivo é aprender uma função $\hat{f}(\mathbf{x})$ que mapeia as variáveis independentes, os atributos de entrada, na variável objetivo, o atributo-alvo.

A função $\hat{f}$ pode assumir diferentes formas. Por exemplo, combinações lineares ou não lineares dos atributos de entrada, funções por ramos, expressões lógicas etc., que são estudadas nos capítulos seguintes. É importante notar que $\hat{f}$ é uma aproximação de uma função desconhecida $f$, ou seja, podem existir **x** para os quais $\hat{f}(\mathbf{x}) \neq f(\mathbf{x})$. A estimativa da qualidade de um modelo preditivo é dada pelo custo associado às previsões do modelo. Dependendo do tipo de problema, classificação ou regressão, diferentes funções de custo são utilizadas. No caso de problemas de classificação, é usual utilizar a função de custo $0 - 1$: o custo de uma previsão incorreta ($\hat{f}(\mathbf{x}) \neq f(\mathbf{x})$) é 1, e o custo de uma previsão correta ($\hat{f}(\mathbf{x}) = f(\mathbf{x})$) é 0. Em problemas de regressão, é usual utilizar o erro quadrático médio. As funções de custo e as metodologias para estimá-las são estudadas no Capítulo 10.

Considere, para simplificar, um problema de classificação com duas classes. Assuma que é conhecida a função densidade de probabilidade (pdf, do inglês, *probability density function*) para cada classe. A Figura II.2 mostra as duas pdfs (uma para cada classe) em um problema definido por um único atributo de entrada. O melhor classificador possível divide o domínio da variável no ponto de interseção das duas pdfs, ou seja, classifica um objeto na classe com maior função densidade de probabilidade. A área sombreada representa o erro cometido por esse classificador. É intuitivo que esse classificador tem erro mínimo: movendo em qualquer direção na superfície de decisão, o erro sempre cresce. O erro desse classificador é conhecido como *erro de Bayes ótimo* e é um mínimo teórico da capacidade de generalização de qualquer classificador. No Capítulo 10 são indicadas metodologias para estimar a qualidade de $\hat{f}$, ou seja, quão aproximado é $\hat{f}$ de $f$.

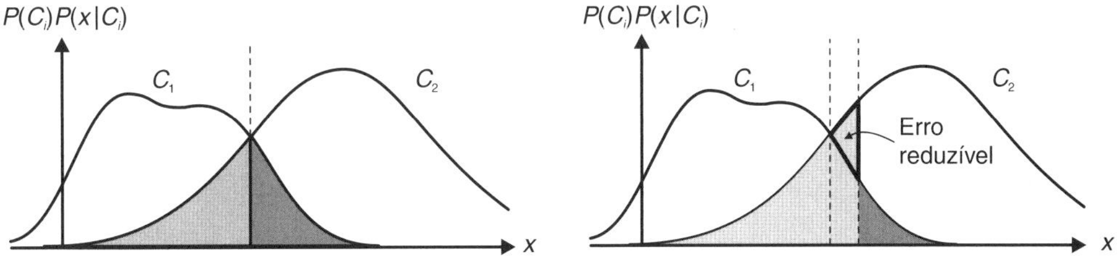


**Figura II.2** A figura da esquerda representa a superfície de decisão ótima. A área cinzenta corresponde à probabilidade de erro ao decidir por $C_1$ quando a classe correta é $C_2$; a área cinza-escura é o erro oposto. Se movemos a superfície de decisão, como se vê na figura da direita, o erro sempre aumenta.

Na literatura de AM é usual distinguir *modelos generativos* de *modelos discriminativos*. Modelos preditivos discriminativos são aqueles que aprendem uma fronteira de decisão. Modelos generativos, por outro lado, aprendem um modelo para cada classe.

Para entender a diferença, suponha um modelo de classificação. Modelos generativos aprendem uma função densidade de probabilidade conjunta, $P(\mathbf{x}_i, y_i)$, em que $\mathbf{x}_i$ é um vetor de atributos preditivos e $y_i$ é a sua classe. Para predizer a classe $y_j$ de um novo objeto $\mathbf{x}_j$, basta aplicar o teorema de Bayes para calcular a probabilidade *a posteriori* $P(y_j|\mathbf{x}_j)$. Para o mesmo exemplo, modelos discriminativos aprendem uma função *a posteriori* $P(y_j|\mathbf{x}_j)$ ou uma função que mapeia $\mathbf{x}_j$ a $y_j$ (Ng e Jordan, 2001). Os algoritmos de AM que geram modelos generativos incluem o *naive* Bayes (Duda *et al.*, 2001), redes bayesianas (Pearl, 1988) e modelos ocultos de Markov (Rabiner, 1990). Exemplos de algoritmos de AM que induzem modelos discriminativos são algoritmos de indução de árvores de decisão (Quinlan, 1993), Redes Neurais Artificiais (Mitchell, 1997) e $k$-vizinhos mais próximos (Aha *et al.*, 1991).

Nos capítulos seguintes serão descritos os principais métodos preditivos de AM. Para isso, eles são organizados em métodos baseados em distâncias, métodos probabilísticos, métodos simbólicos, métodos conexionistas e métodos baseados em maximização de margens. Em um capítulo seguinte, serão apresentadas formas de combinar métodos de classificação para geração de modelos preditivos múltiplos. Finalmente, serão discutidas formas de planejar experimentos preditivos e de analisar os resultados obtidos.

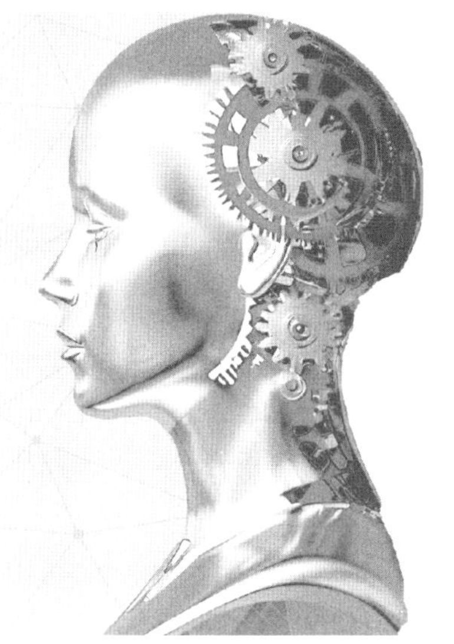

# 4 MÉTODOS BASEADOS EM DISTÂNCIAS

Neste capítulo serão apresentadas técnicas de AM que consideram a proximidade entre os dados na realização de predições. A hipótese base é que dados similares tendem a estar concentrados em uma mesma região no espaço de entrada. De maneira alternativa, dados que não são similares estarão distantes entre si.

A título ilustrativo, na Figura 4.1 é apresentada a projeção em duas dimensões do conjunto de dados `iris`. Os objetos da mesma classe estão representados por uma mesma cor. É fácil observar visualmente a existência de áreas densas com objetos pertencentes à mesma classe, evidenciando que a distância entre os objetos está relacionada com a definição de suas classes.

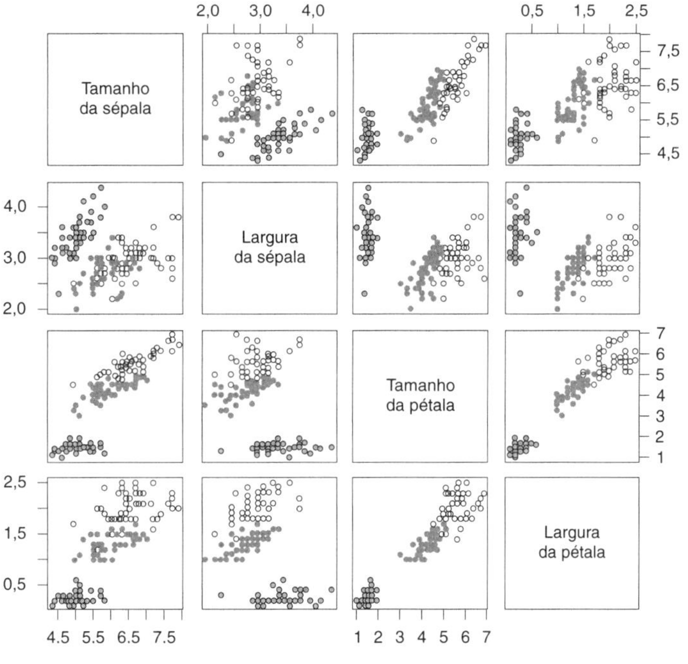


**Figura 4.1** Projeção sobre o plano definido por dois atributos dos objetos do conjunto de dados `iris`.

Um método baseado em distância utilizado com frequência é o algoritmo dos vizinhos mais próximos. Esse algoritmo é o mais simples de todos os algoritmos de Aprendizado de Máquina. A intuição por trás do algoritmo é:

*Objetos relacionados com o mesmo conceito são semelhantes entre si.*

O algoritmo dos vizinhos mais próximos classifica um novo objeto com base nos exemplos do conjunto de treinamento que são próximos a ele. É um algoritmo preguiçoso (*lazy*), porque não aprende um modelo compacto para os dados, apenas memoriza os objetos de treinamento. Uma vantagem desse algoritmo é que ele pode ser utilizado tanto em problemas de classificação como em problemas de regressão de maneira direta, sem necessidade de alterações significativas. Para algumas técnicas, como as Máquinas de Vetores de Suporte, essa generalização envolve grandes alterações no algoritmo de aprendizado, conforme será discutido no Capítulo 8.

Na Seção 4.1 apresentamos a descrição do funcionamento do algoritmo dos vizinhos mais próximos utilizando o caso mais simples, apenas um vizinho. A Seção 4.2 apresenta o algoritmo $k$-NN, que é analisado na Seção 4.3. Variações recentemente desenvolvidas para o algoritmo $k$-NN são objeto da Seção 4.4. A Seção 4.5 apresenta uma metodologia de AM que utiliza distância para recuperar a solução de problemas passados que sejam similares ao problema que se deseja resolver, conhecida como raciocínio baseado em casos.

## 4.1 Algoritmo 1-Vizinho Mais Próximo

O algoritmo dos vizinhos mais próximos tem variações definidas pelo número de vizinhos considerados. Dessas variações, a mais simples é o algoritmo 1-vizinho mais próximo (1-NN, do inglês, *1-Nearest Neighbour*).

Nesse algoritmo, cada objeto representa um ponto em um espaço definido pelos atributos, denominado espaço de entrada, como ilustrado no Capítulo 1. Definindo uma métrica nesse espaço, é possível calcular as distâncias entre cada dois pontos. A métrica mais usual para isso é a distância euclidiana, dada pela Equação 4.1, em que $\mathbf{x}_i$ e $\mathbf{x}_j$ são dois objetos representados por vetores no espaço $\Re^d$, e $x_i^l$ e $x_j^l$ são elementos desses vetores, que correspondem aos valores da coordenada $l$ (atributos). As propriedades da distância euclidiana, bem como outras medidas de distância ou similaridade, serão detalhadas no Capítulo 12.

$$d(\mathbf{x}_i, \mathbf{x}_j) = \sqrt{\sum_{l=1}^{d} (x_i^l - x_j^l)^2} \tag{4.1}$$

Como dito anteriormente, o algoritmo 1-NN está ilustrado no Algoritmo 4.1. Na fase de treinamento, o algoritmo memoriza os **exemplos rotulados** do conjunto de treinamento. Para classificar um exemplo não rotulado, ou seja, cuja classe não é conhecida, é calculada a distância entre o vetor de valores de atributos e cada exemplo rotulado em memória. O rótulo da classe associado ao exemplo de treinamento mais próximo do exemplo de teste é utilizado para classificar o novo exemplo.

**Algoritmo 4.1** Versão básica do algoritmo 1-vizinho mais próximo

**Entrada:** Um conjunto de treinamento: $\mathbf{D} = \{(\mathbf{x}_i, y_i), i = 1, \ldots, n\}$
Um objeto de teste a ser classificado: $t = \{\mathbf{x}_t, y_t = ?\}$
A função de distância entre objetos: $d(\mathbf{x}_a, \mathbf{x}_b)$
**Saída:** $y_t$: Classe atribuída ao exemplo $t$
$d_{min} \leftarrow +\infty$
**para cada** $i \in 1, \ldots, n$ **faça**
    **se** $d(\mathbf{x}_i, \mathbf{x}_t) < d_{min}$ **então**
        $d_{min} \leftarrow d(\mathbf{x}_i, \mathbf{x}_t)$
        $idx \leftarrow i$
    **fim**
**fim**
$y_t = y_{idx}$
**Retorna:** $y_t$

A Figura 4.2 apresenta um exemplo ilustrativo de aplicação do algoritmo 1-NN em um problema de duas classes. Nesse exemplo, considera-se um conjunto de dados cujos objetos são indivíduos que podem ser classificados em saudáveis ou doentes, e o espaço de entrada é definido por dois atributos que representam o resultado de dois exames. O ponto representado por **"?"** é o ponto de teste, ou seja, o indivíduo a ser classificado. Todos os outros pontos são objetos em que a classe é conhecida: saudável, representada por um triângulo, ou doente, representada por um círculo. No espaço definido pelos atributos, e usando a distância euclidiana, o objeto de treinamento mais próximo do objeto de teste pertence à classe doente, que é então atribuída ao objeto de teste.

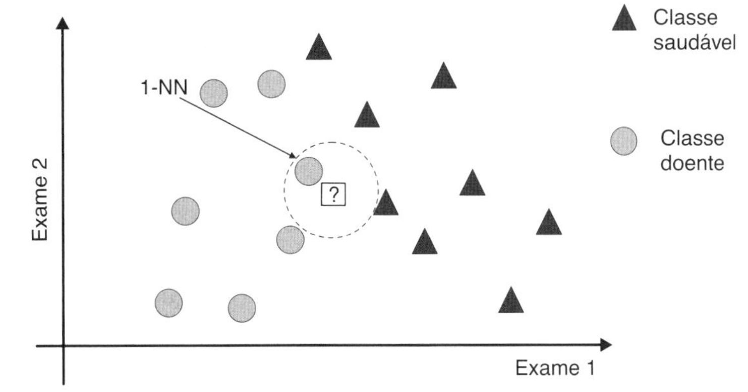


**Figura 4.2** Exemplo ilustrativo do algoritmo 1-NN.

## 4.1.1 Superfícies de Decisão

Apesar da sua simplicidade, as superfícies de decisão desenhadas pelo algoritmo 1-NN são muito complexas: são poliedros convexos com centro em cada objeto do conjunto de treinamento. Todos os pontos no interior de um poliedro pertencem à classe do objeto do conjunto de treinamento que define o centro desse poliedro. O conjunto desses poliedros é designado *diagrama de Voronoi*. A Figura 4.3 mostra a construção de um exemplo de diagrama de Voronoi.

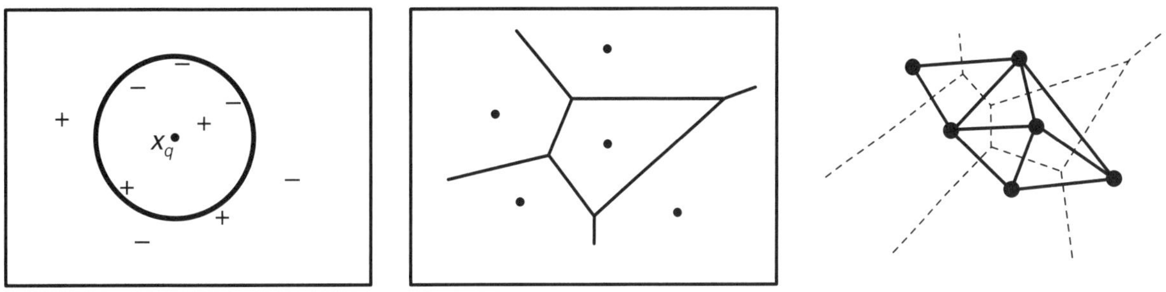


**Figura 4.3** Superfície de decisão: diagrama de Voronoi.

Para entender a construção do diagrama de Voronoi, seja **D** um conjunto de treinamento. A célula de Voronoi em torno de um ponto $\mathbf{x} \in \mathbf{D}$ é definida como o conjunto de pontos cuja distância a **x** é menor que a distância a qualquer outro ponto de **D**. A superfície de decisão desenhada pelo algoritmo 1-NN é um conjunto de poliedros convexos contendo cada um dos objetos de treinamento.

## 4.1.2 Distâncias

Métodos baseados em distância, como o algoritmo dos vizinhos mais próximos, têm seu desempenho afetado pela medida ou função de distância utilizada. Um problema da medida de distância apresentada na Equação 4.1 está em pressupor que os dados correspondem a pontos no espaço $d$-dimensional ($\Re^d$), ou seja, que seus atributos são numéricos (contínuos). Contudo, diversos problemas possuem dados com atributos qualitativos. Neste caso, os atributos qualitativos devem ser primeiramente convertidos em valores quantitativos (ver Seção 3.6) ou uma medida de distância heterogênea pode ser empregada, sem necessidade de conversão prévia de valores (Wilson e Martinez, 1997). Outro aspecto que deve ser observado no cálculo da distância entre objetos é a escala utilizada para os valores dos atributos. Por exemplo, qual o efeito na função distância da representação de um atributo em $cm$ ou $km$? As medidas de distância são afetadas pela escala dos atributos. Para minimizar esse efeito, os atributos são usualmente normalizados, como também discutido na Seção 3.6.

## 4.2 Algoritmo *k*-NN

Uma extensão imediata ao algoritmo 1-NN é considerar, em vez de um vizinho mais próximo, os $k$ objetos do conjunto de treinamento mais próximos do ponto de teste $\mathbf{x}_t$, em que $k$ é um parâmetro do algoritmo. Quando o valor de $k$ é maior que 1, para cada ponto de teste, são obtidos $k$ vizinhos. Cada vizinho vota em uma classe. As previsões dos diferentes vizinhos são agregadas de modo a classificar o ponto de teste. Essa agregação é efetuada de forma diferente em problemas de classificação e de regressão.

Em problemas de classificação, em que a classe toma valores em um conjunto discreto, cada vizinho vota em uma classe. O objeto de teste é classificado na classe mais votada. Formalmente, esse processo é equivalente a: $\hat{f}(\mathbf{x}_t) \leftarrow \text{moda}(f(\mathbf{x}_1), f(\mathbf{x}_2), \ldots, f(\mathbf{x}_k))$, o que é justificado porque *a constante que minimiza a função de custo 0-1 é a moda.*

Em problemas de regressão, podem ser utilizadas duas estratégias, dependendo da função de custo usada. Se a função de custo for minimizar o erro quadrático, a média dos valores obtidos para cada um dos $k$ vizinhos deve ser utilizada, o que pode ser formalmente definido como: $\hat{f}(\mathbf{x}_t) \leftarrow \text{média}(f(\mathbf{x}_1), f(\mathbf{x}_2), \ldots, f(\mathbf{x}_k))$. Se a função de custo a ser minimizada for o desvio absoluto, em vez da média, deve ser utilizada a mediana. Nesse caso, a função passa a ser: $\hat{f}(\mathbf{x}_t) \leftarrow \text{mediana}(f(\mathbf{x}_1), f(\mathbf{x}_2), \ldots, f(\mathbf{x}_k))$. A justificativa para esses procedimentos é porque a média é a constante que minimiza o erro quadrático, enquanto a constante que minimiza o desvio absoluto é a mediana.

A seguir será apresentado um exemplo ilustrativo simples do uso do algoritmo dos vizinhos mais próximos para diferentes valores de $k$. Considere o problema da Figura 4.4 (trata-se do mesmo conjunto de dados apresentado anteriormente na Figura 4.2). Para $k = 3$, o objeto de teste (interrogação) seria classificado como pertencendo à classe "doente", enquanto para $k = 5$ o objeto de teste seria classificado como pertencendo à classe "saudável".

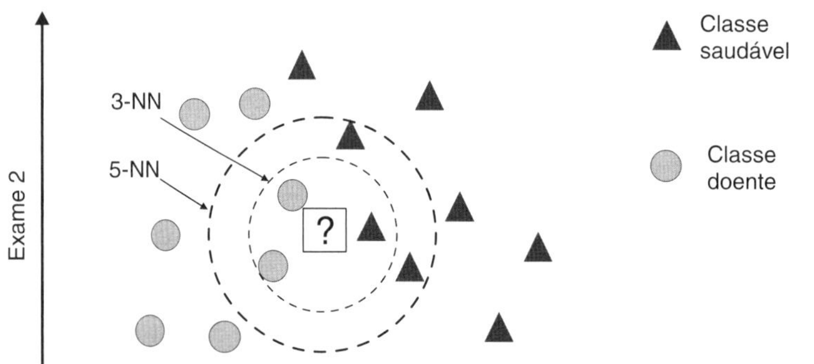


**Figura 4.4** Impacto do valor de $k$ no algoritmo $k$-NN.

A escolha do valor de $k$ mais apropriado para um problema de decisão específico pode não ser trivial. O valor de $k$ é definido pelo usuário. Frequentemente, o valor de $k$ é pequeno e ímpar: $k = 3, 5, \ldots$ Em problemas de classificação com duas classes, não é usual utilizar $k = 2$ ou valores pares, para evitar empates.

Duas estratégias referidas na literatura consistem em:

- Estimar $k$ por validação cruzada (ver Capítulo 10);
- Associar um peso à contribuição de cada vizinho.

Neste último caso, a contribuição de cada um dos $k$ vizinhos é ponderada de forma inversamente proporcional à distância ao ponto de teste. Assim, é possível utilizar $k = n$ (todos os objetos de treinamento).

- Em problemas de classificação:
  - Moda ponderada: $y_t = \arg\max_{c \in Y} \sum_{i=1}^{k} w_i I(c, y_i)$, com $w_i = \frac{1}{d(\mathbf{x}_t, \mathbf{x}_i)}$ e $I(a, b)$, é uma função que retorna 1 se e somente se $a = b$, e retorna 0 caso contrário;
- Em problemas de regressão:
  - Média ponderada: $y_t = \frac{\sum_{i=1}^{k} w_i y_i}{\sum w_i}$ com $w_i = \frac{1}{d(\mathbf{x}_t, \mathbf{x}_i)}$

Em que $y_i$ é o rótulo do exemplo $\mathbf{x}_i$, $w_i$ é o peso associado ao exemplo $\mathbf{x}_i$ e $c$ é a classe com maior moda ponderada.

## 4.3 Análise do Algoritmo

Nesta seção serão analisados os principais aspectos do algoritmo $k$-NN, salientando seus aspectos positivos e negativos.

### 4.3.1 Aspectos Positivos

O algoritmo $k$-NN representa um dos paradigmas mais conhecidos do aprendizado indutivo: *objetos com características semelhantes pertencem ao mesmo grupo*. O $k$-NN é um algoritmo baseado em memória, ou um algoritmo preguiçoso, porque toda a computação é adiada até a fase de classificação, já que o processo de aprendizado consiste apenas em memorizar os objetos.

- O algoritmo de treinamento é simples (armazenar objetos apenas).
- O $k$-NN constrói aproximações locais da função objetivo, diferentes para cada novo dado a ser classificado. Essa característica pode ser vantajosa quando a função objetivo é muito complexa, mas ainda pode ser descrita por uma coleção de aproximações locais de menor complexidade (Mitchell, 1997).
- Ele é aplicável mesmo em problemas complexos.
- O algoritmo é naturalmente incremental: quando novos exemplos de treinamento estão disponíveis, basta armazená-los na memória.

Um dos aspectos mais relevantes desse algoritmo está relacionado com o seu comportamento no limite. Se forem considerados:

- $e$: erro do classificador Bayes ótimo;
- $e_{1nn}(\mathbf{D})$: erro do 1-NN;
- $e_{knn}(\mathbf{D})$: erro do $k$-NN.

Os seguintes teoremas foram provados:

- $lim_{n \to \infty} e_{1nn}(\mathbf{D}) \leqslant 2 \times e$;
- $lim_{n \to \infty, k \to} e_{knn}(\mathbf{D}) = e$.

Ou seja, para um número infinito de objetos, o erro do 1-NN é majorado pelo dobro do erro do Bayes ótimo, e o erro do $k$-NN tende para o erro do Bayes ótimo.

### 4.3.2 Aspectos Negativos

Também por ser um algoritmo *lazy*, o algoritmo dos vizinhos mais próximos não obtém uma representação compacta dos objetos. De fato, não se tem um modelo explícito a partir dos dados. A fase de treinamento requer pouco esforço computacional. No entanto, classificar um objeto de teste requer calcular a distância desse objeto a todos os objetos de treinamento. Assim, a predição pode ser custosa, e para um conjunto grande de objetos de treinamento esse processo pode ser demorado. Como todos os algoritmos baseados em distâncias, ele é afetado pela presença de atributos redundantes e de atributos irrelevantes.

Outro problema do $k$-NN está relacionado com a dimensionalidade dos exemplos. O espaço definido pelos atributos de um problema cresce exponencialmente com o número de atributos, ou seja, o número de atributos define o número de dimensões do espaço. O ponto que está mais perto de outro pode estar muito distante em problemas de alta dimensionalidade. Para ilustrar as dificuldades levantadas pela dimensionalidade de um problema, considere 100 pontos com distribuição uniforme:

- Em um quadrado cujo lado mede 1 unidade
- Em um cubo cujo lado mede 1 unidade
- ...

Calculando a distância média entre dois pontos, obtemos:

| Núm. dimensões | Distância média |
|---|---|
| 2 | 0,494 |
| 3 | 0,647 |
| 4 | 0,772 |
| 5 | 0,875 |
| ... | |
| 10 | 1,280 |

O que se observa é um aumento da distância média entre dois pontos quaisquer. Ou seja, a densidade diminui e o conjunto de dados fica esparso, rarefeito. Para 10 dimensões, a distância média é maior que o tamanho do lado do hipercubo! Quando a dimensão aumenta linearmente, para manter a mesma densidade de pontos, é necessário aumentar de forma exponencial o número de pontos. Beyer *et al.* (1999) mostram que, sob um amplo conjunto de condições (muito mais amplo do que dimensões independentes e identicamente distribuídas), com o aumento da dimensionalidade, a distância ao vizinho mais próximo aproxima-se da distância ao vizinho mais afastado. A dimensionalidade de um problema pode afetar de forma negativa o desempenho dos algoritmos baseados em distâncias. Uma das formas para reduzir o impacto da dimensionalidade de um problema consiste em selecionar um subconjunto de atributos relevantes para o problema tratado. No Capítulo 3 são apresentados vários algoritmos para redução dimensional.

## 4.4 Desenvolvimentos

Uma grande parte dos trabalhos de pesquisa relacionados com o algoritmo $k$-NN investiga a redução do espaço do problema. Já foi salientado que o $k$-NN é um algoritmo lento no processo de classificação de exemplos de teste. Uma das possibilidades para minimizar esse inconveniente consiste em obter um subconjunto de exemplos representativos. Por exemplo, eliminando objetos redundantes, ou eliminando objetos em que todos os vizinhos são da mesma classe. Outra possibilidade consiste em eliminar objetos com ruído, por exemplo, eliminando objetos em que todos os vizinhos são de outra classe.

Aha *et al.* (1991) apresentaram vários algoritmos para selecionar os objetos mais relevantes, designados por protótipos, para o problema de aprendizado, de forma a reter em memória apenas esses objetos. As versões do algoritmo Edit $k$-NN para eliminação sequencial, Algoritmo 4.2, e inserção sequencial, Algoritmo 4.3, são dois exemplos de algoritmos que armazenam apenas protótipos. No primeiro caso (Algoritmo 4.2), o algoritmo começa com todos os objetos e vai descartando os objetos que são corretamente classificados pelo conjunto de protótipos atual. No segundo (Algoritmo 4.3), o conjunto de protótipos é inicialmente vazio. Os objetos que são incorretamente classificados pelo conjunto de protótipos são acrescentados a esse conjunto.

**Algoritmo 4.2** Algoritmo para *Edit* $k$-NN: eliminação sequencial

**Entrada:** Um conjunto de treinamento $\mathbf{D} = \{(\mathbf{x}_i, y_i), i = 1, \ldots, n\}$<br>
**Saída:** Um conjunto de treinamento $\mathbf{D}' = \{(\mathbf{x}_i, y_i), i = 1, \ldots, m; m < n\}$<br>
**para cada** *exemplo* $(\mathbf{x}_i, y_i) \in \mathbf{D}$ **faça**<br>
    **se** $(\mathbf{x}_i, y_i)$ *é corretamente classificado por* $\mathbf{D}\backslash\{(\mathbf{x}_i, y_i)\}$ **então**<br>
        **/* Remove** $(\mathbf{x}_i, y_i)$ **de D */** ;<br>
        $\mathbf{D} \leftarrow \mathbf{D}\backslash\{(\mathbf{x}_i, y_i)\}$ ;<br>
    **fim**<br>
**fim**<br>
$\mathbf{D}' \leftarrow \mathbf{D}$;<br>
**Retorna:** $\mathbf{D}'$;

**Algoritmo 4.3** Algoritmo para *Edit* $k$-NN: inserção sequencial

**Entrada:** Um conjunto de treinamento $D = \{(\mathbf{x}_i, y_i), i = 1, \ldots, n\}$<br>
**Saída:** Um conjunto de treinamento $D' = \{(\mathbf{x}_i, y_i), i = 1, \ldots, m; m < n\}$<br>
$D' \leftarrow \{\}$ ;<br>
**para cada** *exemplo* $(\mathbf{x}_i, y_i) \in D$ **faça**<br>
    **se** $(\mathbf{x}_i, y_i)$ *é incorretamente classificado por* $\mathbf{D}'$ **então**<br>
        **/* Acrescenta** $(\mathbf{x}_i, y_i)$ **a D' /*** ;<br>
        $\mathbf{D}' \leftarrow \mathbf{D}' \cup \{(\mathbf{x}_i, y_i)\}$ ;<br>
    **fim**<br>
**fim**<br>
**Retorna:** $\mathbf{D}'$ ;

A busca linear realizada pelo algoritmo $k$-NN é ineficiente para grandes conjuntos de dados. Estruturas de indexação mais sofisticadas podem permitir uma busca mais eficiente, acelerando a classificação de novos objetos. Uma alternativa para isso é utilização de árvores de busca binária multidimensionais (*kd-trees*, do inglês, $k$*-dimensional trees*) (Bentley, 1975) como estrutura de dados.

Uma *kd-tree* particiona um espaço de busca $k$-dimensional utilizando os $k$ eixos do sistema de coordenadas. Ela faz isso definindo, recursivamente, o particionamento do espaço dos dados em subespaços disjuntos. No contexto de AM, cada dimensão representa um atributo preditor.

Seja um conjunto de dados formado por $n$ objetos. Uma *kd-tree* representando esse conjunto possui $n$ nós, um para cada objeto. A cada nó é associado um atributo discriminador, que é um inteiro entre 0 e $k-1$. Todos os nós em um mesmo nível na árvore possuem o mesmo discriminador. O atributo discriminador indica que atributo está sendo utilizado pelo nó para particionar os objetos.

A Figura 4.5 ilustra uma 2d-*tree* representando um conjunto formado por quatro objetos, $\mathbf{x}_1$, $\mathbf{x}_2$, $\mathbf{x}_3$ e $\mathbf{x}_4$. O nó raiz da árvore armazena o objeto $\mathbf{x}_1$. Como o atributo discriminador associado ao nó raiz atual é o atributo 0, o nó raiz da subárvore esquerda do nó raiz atual armazena o objeto com valor para o atributo 0 menor que o valor do atributo 0 do nó raiz, que maximiza a separação entre os objetos que satisfazem essa restrição. Nesse caso, foi selecionado o objeto $\mathbf{x}_2$. Princípio semelhante é utilizado para escolher o objeto que será a raiz da subárvore à direita do nó raiz atual. Esse procedimento é seguido de forma recursiva até que cada objeto seja representado por um nó da árvore. A árvore final vai facilitar a busca de objetos no espaço $k$-dimensional.

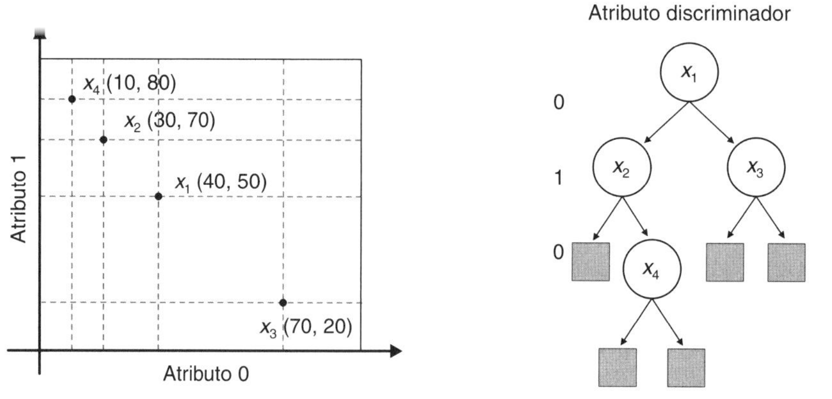


**(a)** Particionamento do espaço dos dados

**(b)** Estrutura da *kd-tree* resultante

**Figura 4.5** Os pontos mostrados em (a) identificam objetos armazenados como nós internos na *kd-tree* e são utilizados para particionar o espaço de busca.

## 4.5 Raciocínio Baseado em Casos

Raciocínio baseado em casos (RBC) é uma metodologia de AM para a resolução de problemas fundamentada na utilização de experiências passadas. Assim, um sistema de RBC procura resolver um novo problema apresentado por meio da recuperação de problemas similares previamente solucionados de uma memória ou base de casos (BC) e adaptação da solução utilizada no problema recuperado para resolver o novo problema.

RBC difere de outros paradigmas de AM nos seguintes aspectos (Aamodt e Plaza, 1994):

- Enquanto outros paradigmas utilizam conhecimento geral do domínio ou constroem relações entre problemas e soluções, RBC é capaz de utilizar conhecimento específico de problemas vistos anteriormente;
- RBC possibilita de forma natural o aprendizado incremental, pela atualização da BC sempre que um novo problema é resolvido, tornando o novo conhecimento disponível para futuro uso.

### 4.5.1 Representação de Casos

O desempenho de um sistema de RBC depende da estrutura e conteúdo de sua base de casos. Para a construção de uma base de casos, é necessário decidir o que armazenar em um caso, encontrar uma estrutura apropriada para descrever o conteúdo dos casos e definir como os casos devem ser organizados e indexados, para possibilitar a recuperação rápida e a reutilização eficaz de soluções anteriores.

Um caso pode representar diferentes tipos de conhecimento e assumir distintas formas de representação. Uma forma simples de representar casos é por meio de um conjunto de pares atributo-valor. Esse conjunto é dividido em dois subconjuntos. O primeiro possui os atributos que descrevem o problema e o segundo, os atributos relacionados com a sua solução.

A Figura 4.6 ilustra um exemplo de BC e de um novo caso. Nessa figura, a base de casos armazena casos relacionados com o problema de escolha de pacotes de viagens. Cada caso tem a descrição de um problema que ocorreu no passado, a descrição dos requisitos de um cliente para um pacote, e a solução utilizada para resolver o problema, com a sugestão de local a ser visitado, meio de transporte para o local, acomodação e opção para refeições. O novo caso descreve um conjunto de requisitos para um novo pacote de viagem. Utilizando essa descrição, um sistema de RBC recupera o caso mais semelhante e o adapta de forma a sugerir uma solução para esse novo problema. É importante observar que sistemas de RBC podem recuperar e adaptar um ou mais casos.

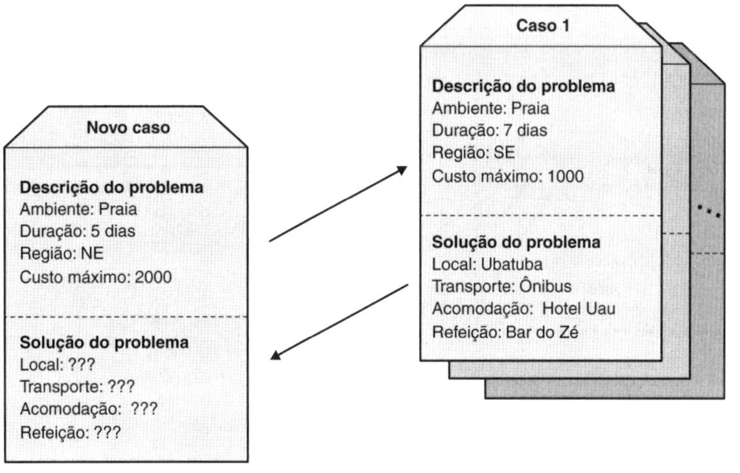


**Figura 4.6** Exemplo de um novo caso e de uma BC.

Um aspecto importante em um sistema de RBC é a forma utilizada para a indexação de casos. No processo de indexação, os casos armazenados recebem índices, que são utilizados para futuras comparações e recuperações de casos (Aamodt e Plaza, 1994). A definição dos índices leva em conta os aspectos dos casos considerados relevantes para a recuperação de casos similares da BC. Em geral, os índices são um subconjunto dos atributos utilizados para a descrição dos problemas. Os índices precisam ser genéricos o suficiente para facilitar a identificação de casos similares, mas não tão genéricos para evitar a recuperação de casos que tenham pouca relação com o novo caso.

A forma como os casos são armazenados na base de casos influencia a facilidade de sua recuperação. Dois modelos de memória são geralmente utilizados: *memória plana* e *estrutura hierárquica* (Malek e Amy, 1994). Na primeira, todos os casos são armazenados em um mesmo nível. Na segunda, os casos são estruturados em forma de árvore.

## 4.5.2 Ciclo de Raciocínio Baseado em Casos

Um modelo frequentemente utilizado para descrever as etapas de um sistema RBC é o ciclo de RBC proposto por Aamodt e Plaza (1994), ilustrado na Figura 4.7. Esse ciclo compreende quatro etapas principais:

1. **Recuperação**: recuperação do caso armazenado na BC mais similar ao novo problema apresentado.
2. **Reutilização**: adaptação da parte de solução do caso recuperado. A solução do problema recuperado é geralmente utilizada como ponto de partida para propor uma solução para o novo problema. Essa etapa também é denominada *adaptação de casos*.
3. **Revisão**: a solução adaptada é revisada pelo usuário para validar sua relevância para resolver o novo problema.
4. **Retenção**: caso, após a etapa de revisão, a solução adaptada seja considerada relevante, o novo problema, junto com essa solução, pode ser armazenado na BC.

A sequência de etapas no ciclo de RBC pode ser resumida da seguinte forma: a descrição de um novo problema define um novo caso. Esse novo caso é utilizado para a recuperação de um caso entre aqueles armazenados na coleção de casos previamente vistos (BC). A solução utilizada para resolver o caso recuperado é adaptada de forma a prover uma possível solução para o problema inicial. A solução proposta é avaliada em um processo de revisão, que pode ocorrer pela sua aplicação no mundo real, por meio de uma simulação, pela avaliação do usuário ou pelo uso do conhecimento da própria BC. Caso a nova solução seja considerada válida, ela, junto com a descrição do problema associado, pode ser armazenada na BC. Com isso, ela pode ser utilizada no futuro para resolver novos casos (Aamodt e Plaza, 1994).

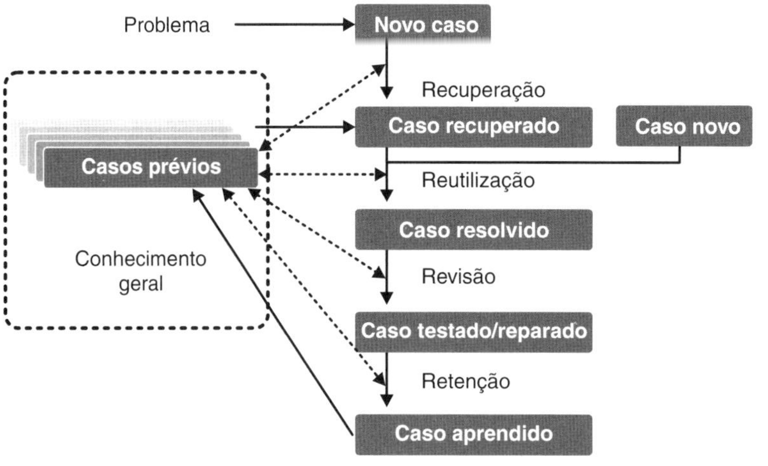


**Figura 4.7** Ciclo de raciocínio baseado em casos (Aamodt e Plaza, 1994).

## 4.6 Considerações Finais

Este capítulo descreveu técnicas de AM com base no cálculo de distância entre objetos. Para isso, foram apresentadas variações do algoritmo dos $k$ vizinhos mais próximos e a metodologia de RBC.

O algoritmo $k$-NN é um dos principais algoritmos utilizados pela comunidade de AM, por ser simples e apresentar uma boa acurácia preditiva em vários conjuntos de dados. O desempenho desse algoritmo sofre grande influência do valor de $k$ e da medida de distância utilizada. Existem trabalhos que propõem técnicas para ajuste automático do valor de $k$. Algumas variações desse algoritmo foram apresentadas neste capítulo.

RBC pode amenizar alguns problemas encontrados em outros paradigmas de AM, mas não é a resposta para todos os problemas identificados em AM. Existem situações em que RBC não pode ser aplicado para a resolução de problemas, situações em que RBC não constitui a solução mais adequada e situações em que RBC deve ser aplicado em conjunto com outras técnicas.

De acordo com Main *et al.* (2001), Malek (2001), Falkman (2002), Jarmulak *et al.* (2001), Wiratunga *et al.* (2002), Plaza e Arcos (2002) e Prentzas e Hatzilygeroudis (2002), as atividades de pesquisa em RBC estão focadas em problemas como adaptação de casos, utilização de métricas de adaptabilidade durante a recuperação dos casos, sistemas híbridos que combinam RBC com outras técnicas de AM, manutenção da eficiência do sistema durante seu uso e manutenção do conhecimento armazenado na BC.

## 4.7 Exercícios

**Exercício 4.1** Pesquise três medidas de proximidade que podem ser usadas no algoritmo *k*-vizinhos mais próximos. Discorra sobre suas características e propriedades.

**Resposta** Algumas medidas: distância euclidiana, distância Manhattan e distância supremum. As características delas são discutidas no Capítulo 12.

**Exercício 4.2** Considerando o conjunto de dados da Tabela 4.1 a seguir, responda:

a. Codifique os atributos qualitativos para quantitativos.

b. Normalize os valores dos atributos TSH e TT4 entre 0 e 1.

c. Usando a distância euclidiana (Equação 4.1), classifique o paciente com os seguintes atributos: $(F; N; 7,0; 150,0; S)$, para $k = 1$, $k = 3$ e $k = 5$. Obs.: lembre-se da necessidade de normalizar alguns dos atributos do novo paciente.

**Tabela 4.1** Exemplo de conjunto de dados: `tireoide`

| Id | sexo | cirurgia? | TSH | TT4 | TI | Diagnóstico |
|---|---|---|---|---|---|---|
| P1 | F | N | 6,8 | 156,2 | N | Neg |
| P2 | F | N | 7,3 | 152,9 | S | Neg |
| P3 | M | S | 8,8 | 148,4 | N | HipoPrim |
| P4 | F | N | 6,9 | 132,7 | N | HipoComp |
| P5 | M | N | 5,4 | 150,9 | N | Neg |

**Respostas**

a. Os atributos com dois valores podem ser codificados como 0 e 1.

b. Use a Equação 3.2 nessa normalização.

c. Lembre-se de normalizar os valores dos atributos quantitativos usando os mesmos fatores de normalização extraídos no item anterior. Também codifique os atributos qualitativos em quantitativos segundo a mesma regra adotada no item a. Em seguida, calcule a distância Euclidiana desses novos pacientes para os do conjunto de treinamento (normalizado e com valores numéricos) e verifique a classe de seus vizinhos mais próximos.

**Exercício 4.3** Detalhe as etapas do ciclo do RBC.

**Resposta** Veja na Seção 4.5.2.

**Exercício 4.4** Conforme mencionado na Seção 4.6, existem situações em que RBC não pode ser aplicado para a resolução de problemas, situações em que RBC não constitui a solução mais adequada e situações em que RBC deve ser aplicado em conjunto com outras técnicas. Pesquise exemplos dessas situações na literatura.

**Resposta** Exemplos dependem de estudo e pesquisa na literatura.

# 5 MÉTODOS PROBABILÍSTICOS

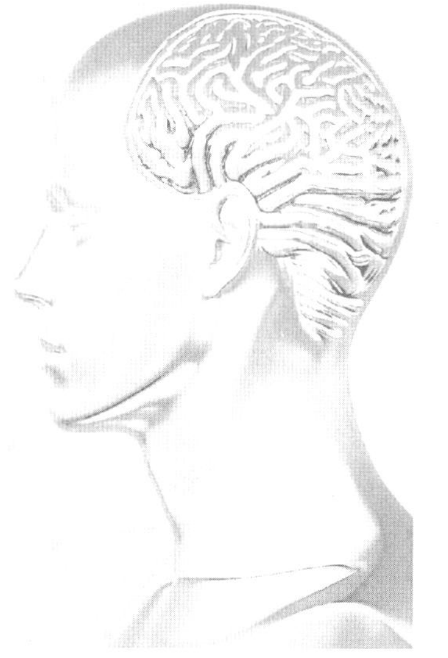

Outra forma de lidar com tarefas preditivas em AM, principalmente quando as informações disponíveis são incompletas ou imprecisas, é por meio do uso de algoritmos baseados no teorema de Bayes, os métodos probabilísticos bayesianos. Os métodos probabilísticos bayesianos assumem que a probabilidade de um evento $A$, que pode ser uma classe (por exemplo, um doente apresentar determinada doença), dado um evento $B$, que pode ser o conjunto de valores dos atributos de entrada (por exemplo, ter resultado positivo em um exame), não depende apenas da relação entre $A$ e $B$, mas também da probabilidade de observar $A$ independentemente de observar $B$ (Mitchell, 1997).

A probabilidade de ocorrência do evento $B$ pode ser estimada pela observação da frequência com que esse evento ocorre. De forma semelhante, é possível estimar a probabilidade de que um evento $B$ ocorra, para cada classe ou evento $A$, $P(B|A)$. Mas como determinar a probabilidade de ocorrência de um evento $A$, quando for observado um evento $B$, $P(A|B)$? No domínio de AM, essa questão pode ser traduzida em qual a probabilidade de classificar em uma determinada classe (um valor de $A$), dados os valores dos atributos (registrados em $B$)? O teorema de Bayes mostra como calcular $P(A|B)$. O teorema de Bayes fornece uma maneira de calcular a probabilidade de um evento ou objeto pertencer a uma classe $P(A|B)$ utilizando a probabilidade *a priori* da classe, $P(A)$, a probabilidade de observar vários objetos com os mesmos valores de atributos que pertencem à classe, $P(B|A)$, e a probabilidade de ocorrência desses objetos, $P(B)$.

Os possíveis valores do exame ou experimento, valores do conjunto de atributos de entrada, definem o espaço de resultados ou espaço amostral ($\Omega$). A probabilidade $P$ de um evento $E$ (por exemplo, pacientes cujo resultado em um exame foi positivo) é designada por $P(E)$, que satisfaz os axiomas de Kolmogorof (Pestana e Velosa, 2002):

- $P(E) \geq 0$;
- Se $\Omega$ é o espaço de eventos, então $P(\Omega) = 1$;
- Se $A$ e $B$ são eventos disjuntos, então $P(A \cup B) = P(A) + P(B)$.

A partir desses axiomas e definições, é possível derivar a *lei da probabilidade total*, que afirma que se $B_1$, $B_2$, ..., $B_n$ formam uma partição em $\Omega$, então, para qualquer evento A, tem-se que:

$$P(A) = \sum_{i=1}^{n} P(A|B_i) \times P(B_i)$$

É possível também derivar a *lei da probabilidade condicional*:

$$P(A|B) = \frac{P(A \cap B)}{P(B)}$$

Esses teoremas permitem deduzir o teorema de Bayes, tendo em conta que:

$$\begin{aligned} P(A \cap B) &= P(B \cap A) \\ P(A|B)P(B) &= P(A \cap B) = P(B|A)P(A) \\ P(A|B) &= \frac{P(B|A)P(A)}{P(B)} \end{aligned}$$

em que

$$\overbrace{P(A|B)}^{posteriori} = \underbrace{P(B|A)}_{\text{verossimilhança}} \overbrace{P(A)}^{priori} / \underbrace{P(B)}_{\text{evidência}}$$

Na próxima seção, é feita uma introdução ao aprendizado bayesiano, representação de informação usando modelos probabilísticos gráficos, e à utilização do teorema de Bayes em inferência. A Seção 5.2 descreve um dos classificadores bayesianos mais populares: o *naive* Bayes. Por último, na Seção 5.3, são apresentadas brevemente redes bayesianas para classificação.

## 5.1 Aprendizado Bayesiano

Para exemplificar como métodos probabilísticos podem ser utilizados em AM, considere o seguinte cenário: "a probabilidade de observar alguém com uma dada doença é de 8%. Existe um teste para o diagnóstico dessa doença, cujo resultado possui um grau de incerteza. É sabido que em 75% dos casos em que o resultado do teste foi positivo a doença foi confirmada e que em 96% em que o resultado do teste foi negativo o paciente não tinha a doença".

Como é possível representar essa informação? A doença pode ser vista como uma variável aleatória $A$ com dois possíveis valores: presente e ausente. O resultado do teste $B$ também tem dois possíveis valores alternativos: positivo ou negativo. É fácil observar que o valor da *Doença* influencia o valor do *Teste*, mas o oposto não é verdade. É possível representar essa informação sob a forma de um grafo.

A Figura 5.1 apresenta um grafo para esse problema. Nesse grafo, os nós representam variáveis ou atributos e as arestas direcionadas representam a influência entre variáveis. A informação gráfica é qualitativa, pois a direção da aresta nos diz que o valor da variável *Doença* influencia o valor da variável *Teste*. Também temos uma informação quantitativa: a probabilidade *a priori* de observar a doença:

$$P(\textit{Doença} = \text{presente}) = 0,08 \;\text{ e }\; P(\textit{Doença} = \text{ausente}) = 0,92$$

A partir de experiências passadas da utilização do teste, é possível inferir as probabilidades condicionais para a variável *Teste*:

$$\begin{aligned} P(\textit{Teste} = \text{positivo}|\textit{Doença} = \text{presente}) = 0,75 \\ P(\textit{Teste} = \text{negativo}|\textit{Doença} = \text{ausente}) = 0,96 \end{aligned}$$

Nessas probabilidades condicionais, a probabilidade $P(\textit{Teste} = \text{positivo})$ representa a probabilidade de que o resultado de um exame ou teste seja positivo. O oposto vale para a probabilidade $P(\textit{Teste} = \text{negativo})$. Os valores das probabilidades *a priori* e das probabilidades condicionais para esse exemplo são apresentados nos nós do modelo gráfico ilustrado na Figura 5.1. O modelo probabilístico gráfico é constituído pelo modelo qualitativo – um grafo cujos nós representam variáveis – e pelo modelo quantitativo – tabelas com a distribuição das variáveis. A probabilidade de verdadeiros positivos (o *Teste* deu positivo quando a *Doença* está presente) é de 75% (taxa denominada *sensibilidade*) e a probabilidade de verdadeiros negativos (o *Teste* deu negativo quando a *Doença* está ausente) é de 96% (taxa denominada *especificidade*).

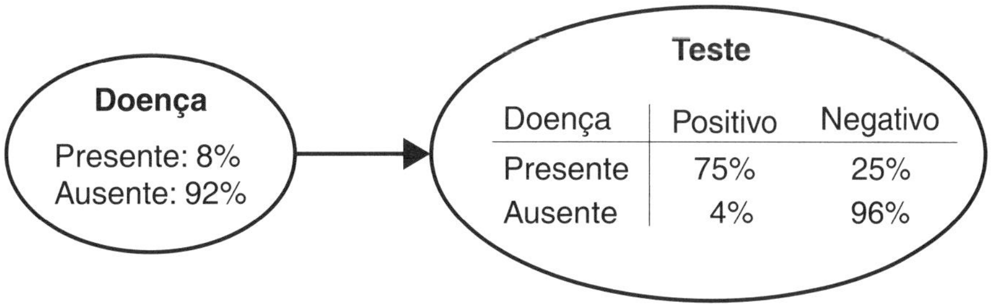


**Figura 5.1** Modelo probabilístico gráfico para representar a informação no problema médico. A figura mostra o modelo qualitativo e o modelo quantitativo.

Qual é o poder preditivo do *Teste* com respeito à *Doença*? É possível calcular as probabilidades *a priori* para a variável *Teste*. Levando em conta que $P(A) = P(A|B) \times P(B)$, obtemos:

$$\begin{aligned} P(\textit{Teste} = \text{positivo}) &= P(\textit{Teste} = \text{positivo}|\textit{Doença} = \text{presente}) \times P(\textit{Doença} = \text{presente}) + \\ &\quad + P(\textit{Teste} = \text{positivo}|\textit{Doença} = \text{ausente}) \times P(\textit{Doença} = \text{ausente}) \\ &= 0,75 \times 0,08 + 0,04 \times 0,92 = 0,0968 \end{aligned}$$

e

$$\begin{aligned} P(\textit{Teste} = \text{negativo}) &= P(\textit{Teste} = \text{negativo}|\textit{Doença} = \text{presente}) \times P(\textit{Doença} = \text{presente}) + \\ &\quad + P(\textit{Teste} = \text{negativo}|\textit{Doença} = \text{ausente}) \times P(\textit{Doença} = \text{ausente}) \\ &= 0,25 \times 0,08 + 0,96 \times 0,92 = 0,9032 \end{aligned}$$

Considere agora que, para um dado paciente, o resultado do *Teste* foi positivo. Podemos concluir que o paciente está doente?

No aprendizado bayesiano, o valor de uma variável aleatória tem uma probabilidade associada. A questão que devemos colocar é: qual é a probabilidade $P(\textit{Doença} = \text{presente}|\textit{Teste} = \text{positivo})$?

O teorema de Bayes é usado para calcular a probabilidade *a posteriori* de um evento, dadas sua probabilidade *a priori* e a verossimilhança do novo dado. Nesse exemplo, precisamos inverter a probabilidade $P(\textit{Teste} = \text{positivo}|\textit{Doença} = \text{presente})$.

A literatura de reconhecimento de padrões (Duda *et al.*, 2001) e aprendizado de máquina (Mitchell, 1997) apresenta diversas propostas para lidar com o problema de aprendizado em um cenário probabilístico. Suponha que $P(y_i|\mathbf{x})$ denota a probabilidade de um exemplo **x** pertencer à classe $y_i$. A função de custo zero-um, que representa custo de associar **x** à classe incorreta, é minimizada se e somente se **x** é associado à classe $y_k$ para a qual $P(y_k|\mathbf{x})$ é máxima (Duda *et al.*, 2001). Esse método é designado por estimativa MAP (do inglês, *Maximum A Posteriori*). Formalmente, a classe que deve ser associada ao exemplo **x** é dada pela expressão:

$$y_{MAP} = \arg\max_i P(y_i|\mathbf{x}) \tag{5.1}$$

na qual arg max retorna a classe $y_i$ com maior probabilidade de estar associada a **x**, que é aquela que possui o valor máximo para $P(y_i|\mathbf{x})$.

Qualquer função que calcula as probabilidades condicionadas $P(y_i|\mathbf{x})$ é referida como uma *função discriminante*, por separar exemplos de classes diferentes. Dado um exemplo **x**, o teorema de Bayes provê um método para calcular $P(y_i|\mathbf{x})$:

$$P(y_i|\mathbf{x}) = \frac{P(y_i)P(\mathbf{x}|y_i)}{P(\mathbf{x})} \tag{5.2}$$

O denominador, $P(\mathbf{x})$, pode ser ignorado, uma vez que é o mesmo para todas as classes, não afetando os valores relativos de suas probabilidades. Assumindo que as probabilidades *a priori* das hipóteses $y_i$ são iguais, a Equação 5.2 pode ser simplificada considerando apenas o termo $P(\mathbf{x}|y_i)$ para calcular a hipótese mais provável. $P(Dados|\text{hipótese})$ é designado por verossimilhança, e a hipótese que maximiza $P(Dados|\text{hipótese})$ é designada por máxima verossimilhança, que pode ser expressa por:

$$h_{MV} = \arg\max_i \; P(\mathbf{x}|y_i) \tag{5.3}$$

No exemplo anterior, teríamos:

$$\begin{aligned} P(\textit{Doença} = \text{presente}|\textit{Teste} = \text{positivo}) &= P(\textit{Doença} = \text{presente}) \times P(\textit{Teste} = \text{positivo}|\textit{Doença} = \text{presente}) \\ &= 0,08 \times 0,75 = 0,06 \end{aligned}$$

e

$$\begin{aligned} P(\textit{Doença} = \text{ausente}|\textit{Teste} = \text{positivo}) &= P(\textit{Doença} = \text{ausente}) \times P(\textit{Teste} = \text{positivo}|\textit{Doença} = \text{ausente}) \\ &= 0,92 \times 0,04 = 0,0368 \end{aligned}$$

Usando a regra MAP, como $0,06 > 0,0368$, o paciente pode ser considerado doente. É possível ainda normalizar as estimativas de probabilidade *a posteriori* obtidas,[1] uma vez que a soma de $P(\textit{Doença} = \text{presente}|\textit{Teste} = \text{positivo})$ e $P(\textit{Doença} = \text{ausente}|\textit{Teste} = \text{positivo})$ deve ser 1. Neste caso, o paciente que tem um resultado de exame positivo tem uma probabilidade de 0,62 de estar doente e uma probabilidade de 0,38 de estar saudável.

Embora o método MAP seja ótimo, sua aplicabilidade é reduzida em razão do grande número de exemplos necessários para calcular, de forma viável, $P(\mathbf{x}|y_i)$ para um número maior de atributos (por exemplo, considerando o resultado de múltiplos exames para o diagnóstico). Para superar esse problema, várias hipóteses são usualmente propostas. Dependendo das hipóteses propostas, diferentes funções discriminantes são obtidas, levando a diferentes classificadores. A seguir, será estudado um tipo de função discriminante que leva ao classificador *naive* Bayes.

## 5.2 Classificador *Naive* Bayes

Assumindo que os valores dos atributos de um exemplo são independentes entre si dada a classe, $P(\mathbf{x}|y_i)$ pode ser decomposto no produto $P(x^1|y_i) \times \ldots \times P(x^d|y_i)$, em que $x^j$ é o $j$-ésimo atributo do exemplo **x**. Com isso, a probabilidade de um exemplo pertencer à classe $y_i$ é proporcional à expressão:

$$P(y_i|\mathbf{x}) \propto P(y_i) \prod_{j=1}^{d} P(x^j|y_i) \tag{5.4}$$

O classificador obtido pelo uso da função discriminante dada pela Equação 5.4 e pela regra de decisão ilustrada na Equação 5.1 é conhecido como classificador *naive* Bayes. O termo *naive* (ingênuo) vem da hipótese de que os valores dos atributos de um exemplo são independentes de sua classe.

A fórmula do *naive* Bayes pode ser expressa em uma forma aditiva. Aplicando logaritmos à Equação 5.4, obtém-se:

$$\log(P(y_i|\mathbf{x})) \propto \log(P(y_i)) + \sum_j \log(P(x^j|y_i)) \tag{5.5}$$

[1] Dividindo cada um dos valores pela soma deles.

Para o caso particular de duas classes, a Equação 5.4 pode ser reescrita como:

$$\log \frac{P(y_1|\mathbf{x})}{P(y_2|\mathbf{x})} \propto \log \frac{P(y_1)}{P(y_2)} + \sum_j \log \frac{P(x^j|y_1)}{P(x^j|y_2)} \tag{5.6}$$

Nessa nova formulação, o sinal de cada termo indica a contribuição de cada atributo para cada classe. Se o quociente $P(x^j|y_1)/P(x^j|y_2)$ é maior que 1, o logaritmo é positivo e o atributo contribui para a predição da classe $y_1$. No caso de ser menos que 1 (logaritmo negativo), a contribuição é para a classe $y_2$.

A superfície de decisão de um classificador *naive* Bayes em um problema de duas classes definido por atributos booleanos é um hiperplano, ou seja, neste caso a superfície de decisão traçada é linear.

### 5.2.1 Detalhes de Implementação

Todas as probabilidades necessárias para a obtenção do classificador *naive* Bayes são computadas a partir dos dados de treinamento. Para calcular a probabilidade *a priori* de observar a classe $y_i$, $P(y_i)$, é necessário manter um contador para cada classe. Para calcular a probabilidade condicional de observar um valor de um atributo dado que o exemplo pertence a uma classe, é necessário distinguir entre atributos qualitativos e atributos quantitativos.

No caso de atributos qualitativos, o conjunto de possíveis valores é um conjunto enumerável. Para calcular a probabilidade condicional, basta manter um contador para cada valor de atributo por classe. No caso de atributos contínuos, quando o número de possíveis valores é infinito, há duas possibilidades. A primeira é assumir uma distribuição particular para os valores do atributo, e geralmente é assumida a distribuição normal. A segunda alternativa é discretizar o atributo em uma fase de pré-processamento. Alguns trabalhos apontam que a primeira possibilidade produz piores resultados que a última (Dougherty *et al.*, 1995; Domingos e Pazzani, 1997).

Vários métodos para discretização aparecem na literatura. Uma boa discussão sobre discretização é apresentada em Dougherty *et al.* (1995). Domingos e Pazzani (1997) propõem que o número de intervalos seja fixado em $k = \min(10, \text{número de valores diferentes})$ intervalos do mesmo tamanho. Uma vez que o atributo foi discretizado, um contador para cada classe e para cada intervalo pode ser utilizado para calcular a probabilidade condicional $P(Atributo_j|Classe_i)$.

### 5.2.2 Um Exemplo Ilustrativo

Este exemplo utiliza um conjunto de dados para o problema `balance` (Dua e Graff, 2017), que é apresentado na Figura 5.2. Esse conjunto de dados foi gerado para modelar resultados de experimentos psicológicos. Nesse problema, cada exemplo é classificado em uma de três posições de uma balança: a balança está inclinada para a direita, para a esquerda ou sem inclinação para um dos lados (equilibrada ou balanceada). Os atributos são o peso do lado esquerdo, a dimensão do braço esquerdo, o peso do lado direito e a dimensão do braço direito. A forma correta para encontrar a classe é o maior valor entre: $Distância_{Esq} \times Peso_{Esq}$ e $Distância_{Dir} \times Peso_{Dir}$. Se esses valores são iguais, o estado da balança, sua classe, é equilibrado.

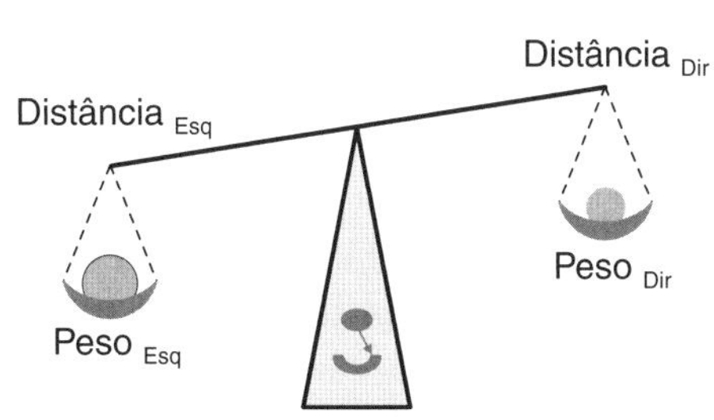


**Figura 5.2** Problema do equilíbrio da balança.

Na versão do repositório UCI (Dua e Graff, 2017) para esse conjunto de dados, o domínio de todos os atributos é o conjunto $\{1, 2, 3, 4, 5\}$. O conjunto contém $625$ exemplos, distribuídos da seguinte forma: em $49$ exemplos a balança está equilibrada, em $288$ exemplos a balança está inclinada para a esquerda e nos $288$ exemplos restantes a balança está inclinada para a direita.

Para calcular as probabilidades *a priori*, $P(Classe_i)$, é necessário contar o número de exemplos para cada classe. Os resultados são apresentados na Tabela 5.1.

**Tabela 5.1** Contagem de valores e probabilidade *a priori* para as classes

| | Equilibrada | Esquerda | Direita |
|---|---|---|---|
| Contagem | 49 | 288 | 288 |
| $P(Classe)$ | 0,078 | 0,461 | 0,461 |

Para calcular a probabilidade condicional de observar um valor específico de atributo dada a classe, $P(Atributo_j|Classe_i)$, é necessário descobrir o tipo do atributo. Nesse problema, todos os atributos são numéricos, pois dizem respeito a distâncias e pesos. Pode-se assumir que seu domínio é um conjunto de $\Re$. Sem mais nenhuma informação, a hipótese mais razoável é que eles são normalmente distribuídos. Considerando essa hipótese, para estimar as probabilidades condicionais, é preciso calcular a média e o desvio-padrão dos valores dos atributos para cada classe.

Como alternativa, pode-se discretizar os atributos. Nesse problema, aplicando a regra $k = \min(10,$ número de valores diferentes$)$, são obtidos cinco intervalos. A Tabela 5.2 apresenta a distribuição de valores para cada atributo em cada classe.

**Tabela 5.2** Tabelas de distribuição dos valores dos atributos por classe

| | Distribuição normal | | Discretização | | | | |
|---|---|---|---|---|---|---|---|
| ***Peso***$_{Esq}$ | Média | Desvio-padrão | V1 | V2 | V3 | V4 | V5 |
| Equilibrado | 2,938 | 1,42 | 10 | 11 | 9 | 10 | 9 |
| Esquerda | 3,611 | 1,23 | 17 | 43 | 63 | 77 | 88 |
| Direita | 2,399 | 1,33 | 98 | 71 | 53 | 38 | 28 |
| ***Distância***$_{Esq}$ | Média | Desvio-padrão | V1 | V2 | V3 | V4 | V5 |
| Equilibrado | 2,938 | 1,42 | 10 | 11 | 9 | 10 | 9 |
| Esquerda | 3,611 | 1,22 | 17 | 43 | 63 | 77 | 88 |
| Direita | 2,399 | 1,33 | 98 | 71 | 53 | 38 | 28 |
| ***Peso***$_{Dir}$ | Média | Desvio-padrão | V1 | V2 | V3 | V4 | V5 |
| Equilibrado | 2,938 | 1,42 | 10 | 11 | 9 | 10 | 9 |
| Esquerda | 2,399 | 1,33 | 98 | 71 | 53 | 38 | 28 |
| Direita | 3,611 | 1,22 | 17 | 43 | 63 | 77 | 88 |
| ***Distância***$_{Dir}$ | Média | Desvio-padrão | V1 | V2 | V3 | V4 | V5 |
| Equilibrado | 2,938 | 1,42 | 10 | 11 | 9 | 10 | 9 |
| Esquerda | 2,399 | 1,33 | 98 | 71 | 53 | 38 | 28 |
| Direita | 3,611 | 1,22 | 17 | 43 | 63 | 77 | 88 |

A Figura 5.3 ilustra graficamente a Tabela 5.2. Na primeira linha são apresentadas as distribuições discretizadas para os atributos $Peso_{Esq}$ e $Peso_{Dir}$, assim como a *Classe*. Podemos observar que para a classe **equilibrado** todas as contagens são similares. Para os atributos $Peso_{Esq}$ e $Distância_{Esq}$, a contagem aumenta para a classe esquerda e diminui para a classe direita. Para os atributos $Peso_{Dir}$ e $Distância_{Dir}$, a contagem aumenta para a classe direita e diminui para a classe esquerda. A segunda linha mostra, para os mesmos atributos, a função densidade de probabilidade por classe, assumindo uma distribuição normal.

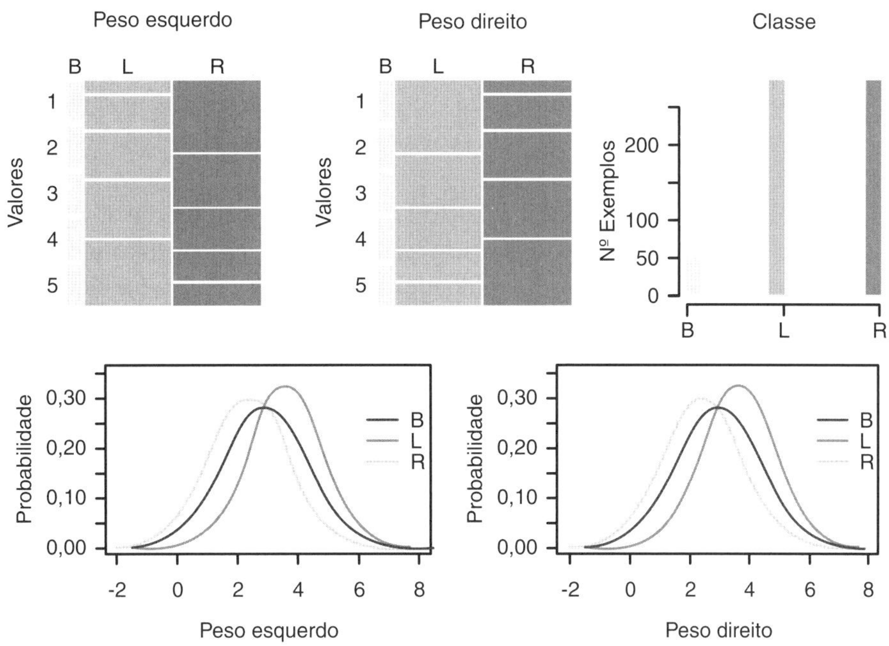


**Figura 5.3** *Naive* Bayes para o problema da balança.

Chegando um novo exemplo **x** com os valores $Peso_{Esq} = 3$, $Distância_{Esq} = 2$, $Peso_{Dir} = 1$ e $Distância_{Dir} = 3$, sabemos que a balança neste caso está para a esquerda (pois $3 \times 2 > 1 \times 3$), mas o que o *Naive* Bayes (NB) nos diz? Devemos computar os valores de $P(Classe|\mathbf{x})$, para cada classe (ou seja, para $Classe =$ Esquerda, $Classe =$ Direita e $Classe =$ Equilibrado) e retornar a classe para a qual o maior valor de probabilidade *a posteriori* é obtido. Usando os valores de atributos discretizados, é possível obter $P(Classe = \text{Esquerda}|\mathbf{x}) = 0{,}71$, $P(Classe = \text{Direita}|\mathbf{x}) = 0{,}20$ e $P(Classe = \text{Equilibrada}|\mathbf{x}) = 0{,}09$. Assim, a classe esquerda é predita. O cálculo para o caso de $P(Classe = \text{Esquerda}|\mathbf{x})$ é apresentado a seguir. Os demais cálculos envolvidos são deixados como exercício ao leitor no final do capítulo. Para obter $P(Classe = \text{Esquerda})$, é necessário usar a Equação 5.5:

$$
\begin{aligned}
\log P(Classe = \text{Esquerda}|\mathbf{x}) = \log P(Classe = \text{Esquerda}) &+ \log P(Peso_{Esq} = 3|Classe = \text{Esquerda}) + \\
&+ \log P(Distância_{Esq} = 2|Classe = \text{Esquerda}) + \\
&+ \log P(Peso_{Dir} = 1|Classe = \text{Esquerda}) + \\
&+ \log P(Distância_{Dir} = 3|Classe = \text{Esquerda}) \\
= \log(0,461) + \log\left(\frac{63}{288}\right) + \log\left(\frac{43}{288}\right) &+ \log\left(\frac{98}{288}\right) + \log\left(\frac{53}{288}\right) = -3{,}03
\end{aligned}
$$

Os valores das probabilidades *a priori* e as verossimilhanças usadas foram obtidos das Tabelas 5.1 e 5.2. Como foi usado o logaritmo na base 10 nos cálculos, é necessário elevar o valor obtido à décima potência. Após realizar o mesmo para as outras classes, foi ainda feita a normalização de que as somas das probabilidades resultantes deveria ser 1.

### 5.2.3 Análise do Algoritmo

#### Aspectos Positivos

Todas as probabilidades exigidas pela Equação 5.4 podem ser calculadas a partir do conjunto de treinamento em uma única passagem. O processo de construir o modelo é bastante eficiente. Outro aspecto interessante do algoritmo é que ele é fácil de implementar de uma forma incremental.

Domingos e Pazzani (1997) mostram que o *naive* Bayes tem um bom desempenho em uma grande variedade de domínios, incluindo muitos em que há claras dependências entre os atributos. Os autores argumentam que, em problemas de classificação e para a função de custo $0 - 1$, um exemplo é corretamente classificado desde que a ordenação das classes dada pelas estimativas das probabilidades *a posteriori* esteja correta, independentemente de essas estimativas serem (ou não) realistas.

Kononenko (1991) sugere que esse classificador é robusto à presença de ruídos e atributos irrelevantes. Eles também notaram que as teorias aprendidas são fáceis de compreender pelos especialistas do domínio. Essa observação deve-se ao fato de que o *naive* Bayes resume a variabilidade do conjunto de dados em tabelas de contingência, e assume que estas são suficientes para distinguir entre as classes.

O desempenho do *naive* Bayes não decresce na presença de atributos irrelevantes. Suponha um problema de duas classes, em que o $i$-ésimo atributo é irrelevante: $P(\mathbf{x}_i|y_1) = P(\mathbf{x}_i|y_2)$. A partir da fórmula do classificador *naive* Bayes:

$$P(y_k|\mathbf{x}_1, \ldots, \mathbf{x}_i, \ldots, \mathbf{x}_d) \propto P(y_k)P(\mathbf{x}_i|y_k)\prod_{l=1}^{i-1} P(\mathbf{x}_l|y_k) \prod_{l=i+1}^{d} P(\mathbf{x}_l|y_k) \quad (5.7)$$

$$P(y_k|\mathbf{x}_1, \ldots, \mathbf{x}_i, \ldots, \mathbf{x}_d) \propto P(y_k|\mathbf{x}_1, \ldots, \mathbf{x}_{i-1}, \mathbf{x}_{i+1}, \ldots, \mathbf{x}_d) \quad (5.8)$$

Isso porque o atributo contribuirá igualmente na previsão das duas classes e os outros atributos é que determinarão a classificação final.

### Aspectos Negativos

O impacto das variáveis redundantes deve ser levado em consideração no desempenho do NB. Assuma que o $(i - 1)$-ésimo e o $i$-ésimo atributos são redundantes, ou seja, para todas as classes $y$, $P(\mathbf{x}_{i-1}|y) = P(\mathbf{x}_i|y)$.

$$P(y_k|\mathbf{x}_1, ..., \mathbf{x}_{i-1}, \mathbf{x}_i, \ldots, \mathbf{x}_d) \propto P(y_k)P(\mathbf{x}_{i-1}|y_k)P(\mathbf{x}_i|y_k)\prod_{l=1}^{i-2} P(\mathbf{x}_l|y_k) \prod_{l=i+1}^{d} P(\mathbf{x}_l|y_k) \quad (5.9)$$

$$P(y_k|\mathbf{x}_1, ..., \mathbf{x}_{i-1}, \mathbf{x}_i, \ldots, \mathbf{x}_d) \propto P(y_k)P(\mathbf{x}_i|y_k)^2\prod_{l=1}^{i-2} P(\mathbf{x}_l|y_k) \prod_{l=i+1}^{d} P(\mathbf{x}_l|y_k) \quad (5.10)$$

Ou seja, o atributo redundante terá um peso maior nas decisões do modelo. Isso ocorre porque o NB desconsidera a relação entre os atributos, tratando-os como independentes.

O tratamento de atributos com valores contínuos também não é direto, sendo necessário ou discretizá-los previamente, ou assumir uma distribuição de probabilidade para cada um deles. Normalmente a distribuição gaussiana é adotada como referência, porém os valores dos atributos não necessariamente seguem uma distribuição desse tipo.

Frequentemente, os valores de probabilidade obtidos pelo NB não são realistas. Contudo, eles fornecem um bom ranqueamento, de maneira que a regra por máximo *a posteriori* pode ser aplicada com sucesso.

## 5.2.4 Desenvolvimentos

Várias técnicas foram desenvolvidas para melhorar o desempenho do classificador *naive* Bayes. Algumas dessas técnicas aplicam diferentes classificadores *naive* Bayes para diferentes regiões do espaço de entrada. Por exemplo, Langley (1993) apresentou um algoritmo *naive* Bayes que, recursivamente, constrói uma hierarquia das descrições dos conceitos probabilísticos. Kohavi (1996) apresentou uma árvore de *naive* Bayes. É um algoritmo híbrido que gera uma árvore de decisão univariada regular, cujas folhas contêm um classificador *naive* Bayes. O classificador associado a cada nó folha é construído a partir de exemplos que levam a esse nó. A proposta retém a interpretabilidade do *naive* Bayes e das árvores de decisão, resultando em um classificador que frequentemente supera ambos os constituintes, especialmente em grandes conjuntos de dados.

Outras técnicas constroem novos atributos que refletem interdependências entre atributos originais. Por exemplo, Kononenko (1991) apresentou um classificador semi-*naive* Bayes. O classificador procura combinar pares de atributos, fazendo um atributo produto-cruzado, baseado em testes estatísticos para independência. A avaliação experimental foi não conclusiva. Em outro exemplo, Pazzani (1996) apresentou um classificador bayesiano construtivo. Para isso, emprega um modelo encapsulado (John *et al.*, 1994) para encontrar os melhores atributos do produto cartesiano a partir de atributos nominais existentes. O classificador também considera a eliminação de atributos existentes. Notou-se com isso uma melhora no classificador *naive* Bayes.

Técnicas que abordam o problema da presença de atributos contínuos estão também presentes na literatura. John (1997) apresentou o *Bayes Flexível*, que utiliza, para atributos contínuos, uma estimativa de densidade de funções *kernel* (em vez de uma única hipótese gaussiana), mas retém a hipótese de independência. Para cada atributo contínuo, a densidade estimada é obtida pela expressão $P(\mathbf{x}_t|y_i) = \frac{1}{n}\sum_i N(\mathbf{x}_t, \mathbf{x}_i, \sigma_c)$, em que $n$ representa o número de exemplos de treino da classe $y_i$, e $\sigma_c$ representa o tamanho de banda do *kernel*. Dessa forma, $P(\mathbf{x}_t|y_i)$ é obtido agregando sobre todos os exemplos de treino da classe $y_i$.

A avaliação experimental em conjuntos de dados do repositório UCI mostra que o Bayes flexível alcança, em muitos domínios, acurácias preditivas significantemente maiores que o *naive* Bayes. Gama (2000) apresentou um algoritmo *Linear Bayes* que utiliza uma distribuição normal multivariada para cada classe para calcular a verossimilhança $P(x^i, \ldots, x^j|y_i)$, em que $x^i, \ldots, x^j$ representa o conjunto de atributos contínuos. Essa estratégia mostrou-se melhor do que o *naive* Bayes usando discretização ou uma distribuição gaussiana univariada.

## 5.3 Redes Bayesianas para Classificação

Já foi mencionada a incapacidade do classificador *naive* Bayes para lidar com interdependências entre atributos. Vale lembrar que duas variáveis aleatórias (atributos) $X, Y$ são *independentes* quando $P(X, Y) = P(X) \times P(Y)$, ou seja, conhecer o valor de uma não traz informação sobre o valor da outra variável, o que implica $P(X|Y) = P(X)$. Esta seção tem como tema central a *independência condicional*: casos em que existe uma relação estatística entre duas variáveis quando uma terceira variável é conhecida. Formalmente, $X$ é condicionalmente independente de $Y$ dado $Z$ se $P(X|Y, Z) = P(X|Z)$.

Os modelos gráficos probabilísticos, ou redes bayesianas (Pearl, 1988), utilizam o conceito de *independência condicional* entre variáveis para obter um equilíbrio entre o número de parâmetros a calcular e a representação de dependências entre as variáveis. Esses modelos representam a distribuição de probabilidade conjunta de um grupo de variáveis aleatórias em um domínio específico.

Formalmente, seja $\mathbf{x} = \{x^1, x^2, \ldots, x^d\}$ um conjunto de variáveis aleatórias para um dado domínio. Uma rede bayesiana (RB) sobre $\mathbf{x}$ é uma tupla $(S, \mathbf{\Theta}_S)$ em que o primeiro componente, a *estrutura da rede* $S$, é um grafo acíclico direcionado (DAG, do inglês, *Directed Acyclic Graph*) cujos *nós* representam as variáveis aleatórias e as *arestas* representam dependências diretas entre variáveis. Um arco entre dois nós denota *influência* ou *correlação*. O conjunto de variáveis aleatórias (nós do DAG) que influenciam uma variável $x^i$ é usualmente designado por **Pais** de $x^i$. A segunda componente $\mathbf{\Theta}_S$ é o conjunto de *tabelas de probabilidade condicional.*

Assumindo que as variáveis são discretas, cada $P(x^i|\mathbf{Pai}_i) \in \mathbf{\Theta}_S$ representa a *tabela de probabilidade condicional* (TBC) sobre os valores de $x^i$ dados os valores do seu pai $\mathbf{Pai}_i$. Além disso, o DAG $S$ satisfaz à condição de Markov: *cada nó é independente de todos os seus não descendentes dados os seus pais em* $S$. Isso permite que a distribuição de probabilidade conjunta sobre $\mathbf{x}$ seja representada na forma fatorada: $P(x^1, x^2, \ldots, x^d) = \prod_{i=1}^{d} P(x^i \mid \mathbf{Pai}_i)$. A Figura 5.4 apresenta um exemplo de uma rede bayesiana. É apresentado o modelo qualitativo – um grafo cujos nós representam variáveis – e o modelo quantitativo – tabelas com a distribuição de probabilidades da variável *Salário* dadas as variáveis que a influenciam. A fatoração conjunto para as variáveis do modelo é:

$$P(Classe)P(Edu|Classe)P(\textit{Salário}|Edu, Classe)P(\textit{Área}|\textit{Salário}, Classe).$$

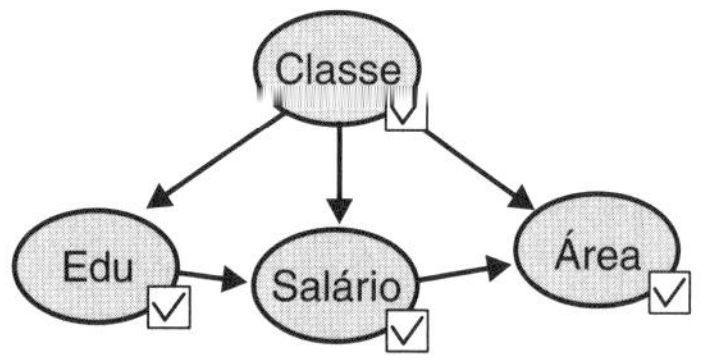


| | Classe | Não | | Sim | |
|---|---|---|---|---|---|
| | Edu | Não | Sim | Não | Sim |
| Salário | Baixo | 0,6 | 0,4 | 0,33 | 0,66 |
| | Alto | 0,4 | 0,4 | 0,66 | 0,33 |

**Figura 5.4** A figura mostra o modelo qualitativo – um grafo cujos nós representam variáveis – e o modelo quantitativo para a variável *Salário* – tabelas com a distribuição de probabilidades dos valores da variável *Salário* dado o valor das variáveis que a influenciam.

Uma rede bayesiana pode ser utilizada para classificação de uma forma relativamente simples. Uma das variáveis é selecionada como atributo-alvo, e todas as outras variáveis são atributos de entrada. O conjunto de variáveis que influenciam o atributo-alvo é designado por *Markov Blanquet*: é constituído pelas variáveis pais da variável-alvo, pelos filhos da variável-alvo e pelos pais dos filhos da variável-alvo. Assim, uma rede RB pode ser utilizada como um classificador que, dado um exemplo $\mathbf{x}$, fornece a distribuição de probabilidade *a posteriori* $P(y \mid \mathbf{x})$ do nó classe $y \in Y$. É possível calcular a probabilidade *a posteriori* $P(y \mid \mathbf{x}, S)$ para cada classe $y \in Y$ marginalizando a distribuição de probabilidade conjunta $P(y, \mathbf{x} \mid S)$ e então retornar a classe $\hat{y}$ que a maximiza:

$$\hat{y} = h_{\mathcal{CRB}}(\mathbf{x}) = \arg \max_{j=1...k} P(y_j, \mathbf{x} \mid S) \tag{5.11}$$

Dado um conjunto de treinamento, o problema de aprendizado consiste, portanto, em selecionar o classificador baseado em RB (CRB), isto é, a hipótese $h_C = (S, \mathbf{\Theta}_S)$ que produz a classificação com maior acurácia para dados não conhecidos.

Esse problema pode ser resolvido inicialmente pela escolha de um modelo de classe adequado que define o espaço de possíveis estruturas RB. Em seguida, dentro desse modelo de classe, uma *estrutura* é selecionada. Finalmente, os parâmetros são estimados a partir dos dados.

O problema de escolher a estrutura mais apropriada para um determinado problema está relacionado com a *seleção de modelos*, uma área da inferência estatística que estuda a seleção, dentre um conjunto de modelos concorrentes, daquele que "melhor se ajusta", em algum sentido, aos dados disponíveis. Considere as propostas *baseadas em pontuação* para a seleção do modelo, em que a noção de "melhor se ajusta" é definida via uma *função de pontuação* que mede a qualidade de cada hipótese candidata. Propostas baseadas em pontuação podem ser descritas como um *problema de busca*, em que cada estado no espaço de busca identifica um possível DAG. O método de busca utiliza o valor retornado pela pontuação para ajudar a guiar a busca.

O problema da seleção de uma função de pontuação apropriada para aprendizado de CRBs tem recebido muita atenção (Domingos e Pazzani, 1997; Friedman *et al.*, 1997; Kontkanen *et al.*, 1999). Quando uma RB é induzida para classificação, o objetivo principal é construir um classificador com elevada acurácia preditiva. Por isso, foi sugerido que estratégias de busca para aprendizado de CRBs deveriam selecionar entre modelos utilizando pontuações especializadas para classificação (*pontuações supervisionadas*); caso contrário, a busca poderia resultar em uma escolha subótima (Kontkanen *et al.*, 1999). Desse modo, uma pontuação baseada na distribuição da probabilidade conjunta não necessariamente será ótima em problemas de classificação.

Outro aspecto que pode também influenciar o desempenho dos CRBs induzidos é a seleção de um *modelo de classe* apropriado, que define o espaço de busca e, consequentemente, a complexidade dos CRBs induzidos. A seleção do modelo procura um equilíbrio *viés-variância* a fim de selecionar um modelo com a complexidade apropriada que é automaticamente regularizado pela função de pontuação (Hastie *et al.*, 2001). Podemos obter um desempenho desejado dos CRBs induzidos se, a cada momento, tentarmos selecionar o modelo de classe apropriado, com a complexidade adequada, para os dados de treinamento disponíveis.

Classificadores bayesianos com $k$-dependências (Sahami, 1996)($k$-CBDs) representam um enquadramento unificado para todas aquelas classes de CRBs que contêm a estrutura de Bayes simples. Um $k$-CBD, além disso, permite que cada atributo tenha no máximo $k$ nós atributos como pais.

Como ilustrado na Figura 5.5, é possível variar o valor de $k$ e obter classificadores bayesianos de complexidade crescente, que se movam gradualmente ao longo do espectro de dependências entre atributos. O *naive* Bayes é um 0-CBD e encontra-se no extremo mais restritivo, porque não permite dependências entre atributos. Um classificador TAN (Friedman *et al.*, 1997) é um 1-CBD (ele permite no máximo um atributo como pai de outro atributo). O BAN (Friedman *et al.*, 1997; Cheng e Greiner, 1999), mostrado na Figura 5.5, é um 2-CBD (ele tem um máximo de duas dependências entre atributos). No extremo mais geral está o classificador $(n-1)$-CBD, que assume que todos os atributos interagem entre si. A fatoração da probabilidade conjunta $P(Classe, x^1, x^2, x^3, x^4)$ das cinco variáveis, codificada pelos modelos apresentados na Figura 5.5, é apresentada a seguir:

- *Naive* Bayes: $P(Classe)P(x^1|Classe)P(x^2|Classe)P(x^3|Classe)P(x^4|Classe)$
- TAN: $P(Classe)P(x^1|Classe)P(x^2|x^1, Classe)P(x^3|x^2, Classe)P(x^4|x^3, Classe)$
- BAN: $P(Classe)P(x^1|Classe)P(x^2|x^1, Classe)P(x^3|x^1, x^2, Classe)P(x^4|x^3, Classe)$

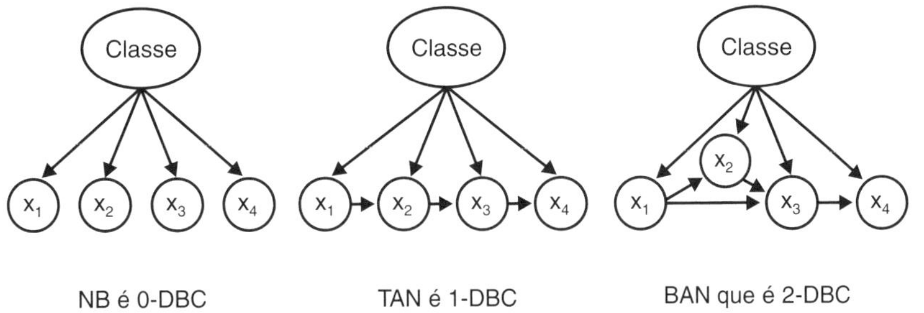


**Figura 5.5** Exemplos de classificadores bayesianos com $k$-dependências.

Sahami (1996) propôs um algoritmo para indução de $k$-CBDs que usa o conceito de entropia condicional. Em Castillo (2006) e Castillo e Gama (2005), é proposto um algoritmo de aprendizado subida de encosta (*hill-climbing*). É um algoritmo simples, incremental e de fácil implementação computacional. O algoritmo, cujo pseudocódigo é apresentado no Algoritmo 5.1, se inicia com a estrutura do *naive* Bayes. Iterativamente, ele adiciona arestas entre dois atributos que resultam em melhorias máximas na pontuação até que não haja mais melhoras para aquela pontuação ou até que não seja possível adicionar uma nova aresta. A função de avaliação de modelos é a taxa de erro no conjunto de treinamento. Alternativamente, pode ser usada a taxa de erro em um conjunto de validação.

Resultados obtidos em experimentos apresentados em Sahami (1996) e relacionados com os estudos usando $k$-CBDs (Blanco *et al.*, 2005; Castillo e Gama, 2005; Webb *et al.*, 2005) mostram que *modelagem de dependências de atributos* pode melhorar os resultados da classificação de Bayes simples. Conhecendo como o desempenho de classificação muda com o aumento do valor de $k$, podemos obter uma noção de nível de dependência entre atributos para cada domínio particular. Um resultado interessante foi apresentado em Castillo (2006) e Castillo e Gama (2005), onde é estudada a relação entre o número de exemplos de treino e o valor de $k$. Nesse trabalho, são apresentados resultados experimentais que mostram que, para valores crescentes do número de exemplos de treinamento, o melhor desempenho é obtido crescendo o valor de $k$.

## 5.4 Regressão Logística

Regressão logística é uma técnica estatística utilizada para modelar a probabilidade de uma variável dependente binária (isto é, uma variável com dois possíveis resultados, como 0 e 1, verdadeiro e falso, sucesso e falha). Ao contrário da regressão linear, que é usada para prever valores contínuos, a regressão logística é usada para prever uma probabilidade que, por sua vez, pode ser transformada em uma classificação binária.

**Algoritmo 5.1** O algoritmo subida de encosta para aprendizado $k$-CBDs

**Entrada:** Um conjunto de treinamento $\mathbf{D} = \{(\mathbf{x}_i, y_i), i = 1, \ldots, n\}$
$k$: número de dependências admissíveis.
**Saída:** Um $k$-CBD com baixo valor de $\texttt{Erro}(S, \mathbf{D})$
/* $S$ é o espaço de possíveis DAGs restritos por $k$ */ ;
Inicialize $S$ com a estrutura Bayes simples;
continuar $\leftarrow$ Verdadeiro ;
**enquanto** *continuar* **faça**
  Calcular $\texttt{Erro}(S, \mathbf{D})$;
  /* Seja $(x', x'')$ a aresta que minimiza a função de avaliação.*/ ;
  $(x', x'') = \arg\min \texttt{Erro}(S \bigcup (x_i, x_j), \mathbf{D}) \wedge$
  $\wedge |\mathbf{pai}(x_i) \setminus y| < k \wedge |\mathbf{pai}(x_j) \setminus y| < k$ **se** *Existe a aresta* $(x', x'')$
  $\wedge\, \texttt{Erro}(S \bigcup (x', x''), \mathbf{D}) < \texttt{Erro}(S, \mathbf{D})$ **então**
    Adicionar a aresta $(x', x'')$ em $S$ ;
  **fim**
  **senão**
    continuar $\leftarrow$ Falso ;
  **fim**
**fim**
Estimar os parâmetros $\Theta_S$ dado $S$ a partir dos dados $\mathbf{D}$ ;
**Retorna:** $k$-CBD=$(S, \Theta_S)$;

A regressão logística utiliza a função logística ou sigmoide para transformar a saída linear da regressão em uma probabilidade. A função sigmoide é definida como:

$$\sigma(z) = \frac{1}{1 + e^{-z}} \tag{5.12}$$

sendo $z$ uma combinação linear das variáveis independentes (*predictors*):

$$z = \beta_0 + \beta_1 \times x_1 + \beta_2 \times x_2 + \ldots + \beta_n \times x_n$$

em que $\beta_0$ é o *intercept* e $\beta_1, \beta_2, \beta_n$ são os coeficientes das variáveis independentes.

A saída da função sigmoide é a probabilidade $p$ da classe ser 1 (ou "sucesso") e é dada pela expressão:

$$p = \sigma(z) = \frac{1}{1 + e^{-(\beta_0 + \beta_1 \times x_1 + \beta_2 \times x_2 + \ldots + \beta_n \times x_n)}}$$

Os coeficientes $\beta$ são geralmente estimados usando o método de máxima verossimilhança (*Maximum Likelihood Estimation* – MLE). A ideia é encontrar os valores dos coeficientes que maximizam a probabilidade de observar os dados que temos.

A função de verossimilhança $L(\beta)$ para a regressão logística é dada por:

$$L(\beta) = \prod_{1=1}^{m} p_i^{y_i} (1 - p_i)^{1 - y_i}$$

sendo $m$ o número de observações; $y_i$ a variável dependente para a $i$-ésima observação (0 ou 1) e $p_i$ a probabilidade prevista para a $i$-ésima observação.

Normalmente, é usada a função de verossimilhança logarítmica (*log-likelihood*) para simplificação computacional:

$$\sum_{i=1}^{m}[y_i log(p_i) + (1 - y_i) log(1 - p_i)]$$

Essa função é maximizada para encontrar os valores ótimos dos coeficientes $\beta$. Mais detalhes sobre a regressão logística podem ser obtidos em Hosmer e Lemeshow (2000).

## 5.5 Considerações Finais

Os modelos gráficos probabilísticos representam a distribuição de probabilidade conjunta de um conjunto de variáveis aleatórias. É possível obter classificadores bayesianos de complexidade crescente, que consideram diferentes graus de dependências entre atributos. O *naive* Bayes é o mais restritivo, porque não permite dependências entre atributos. No extremo mais geral, temos classificadores que assumem que todos os atributos interagem entre si. Entre os dois extremos, temos modelos de granularidade crescente. Os modelos gráficos probabilísticos são usados para diferentes tarefas de aprendizado, desde *previsão*, em que se pretende obter o resultado mais provável para os dados de entrada, até o *diagnóstico*, em que se pretende obter as causas mais prováveis para os efeitos observados.

## 5.6 Exercícios

**Exercício 5.1** Qual a diferença entre modelos generativos e modelos discriminativos? O modelo do *naive* Bayes em que categoria se enquadra?

**Resposta** Um modelo discriminativo modela diretamente a $P(Y|x)$. Os modelos generativos calculam $P(Y|X)$ para cada classe, e selecionam a classe que maximiza essa probabilidade.

**Exercício 5.2** Como estimamos a probabilidade *a priori* utilizada no teorema de Bayes?

**Resposta** Calculam-se as probabilidades associadas a cada classe com base na frequência delas no conjunto de dados.

**Exercício 5.3** Qual é a principal deficiência do *naive* Bayes? Por quê?

**Resposta** Pressupor que os atributos de entrada (preditivos) são independentes entre si.

**Exercício 5.4** Considere o problema do exemplo ilustrativo apresentado neste capítulo, de nome `balance`. Usando os valores das Tabelas 5.1 e 5.2 para obter os valores de probabilidade envolvidos, responda aos exercícios a seguir:

a. Classifique o exemplo $\mathbf{x}_1 = (3, 2, 1, 3)$ pressupondo os valores discretizados para os atributos.
b. Repita o exercício do item anterior, considerando que os atributos seguem uma distribuição gaussiana.
c. Classifique o exemplo $\mathbf{x}_2 = (1, 2, 2, 3)$ pressupondo os valores discretizados para os atributos.
d. Repita o exercício do item anterior, considerando que os atributos seguem uma distribuição gaussiana.
e. Discuta os resultados obtidos anteriormente, comparando os diferentes métodos para tratar os atributos contínuos e a qualidade das previsões obtidas.

**Resposta** Devem ser usadas as Equações 5.3 e 5.5. Ver o exemplo na Seção 5.2.2. Dados os valores, pode-se inferir que as classes preditas devem ser: esquerda nos itens (a) e (b); direita nos itens (c) e (d).

**Exercício 5.5** Desenhe uma rede bayesiana cuja fatoração da probabilidade condicional é dada pela expressão: P(A | B,C,E) P(B | C) P(C) P(D) P(E|D)

**Resposta**

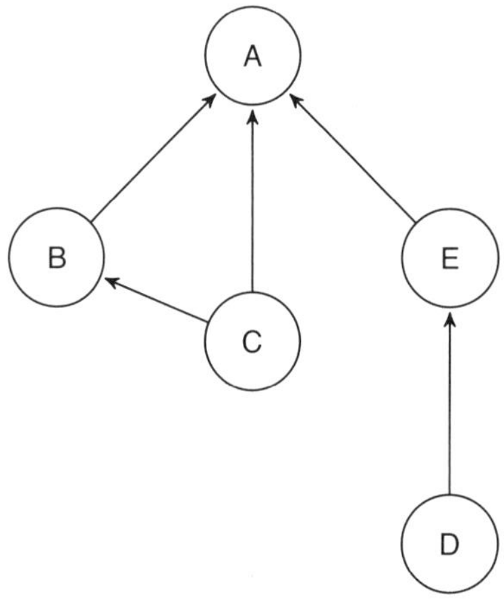


**Exercício 5.6** Qual a fatoração da probabilidade conjunta da rede bayesiana da figura a seguir?

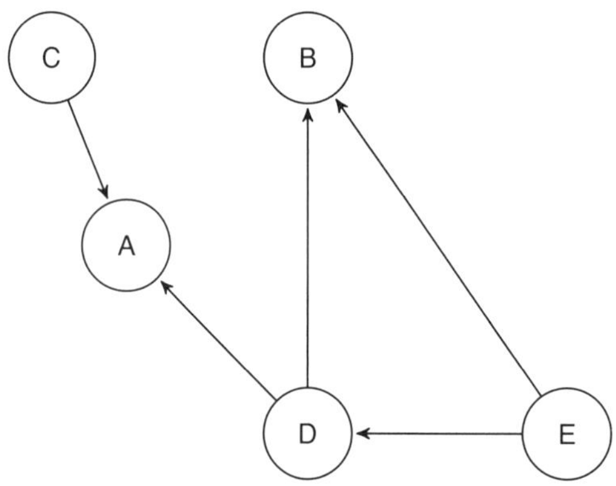


**Resposta** P(C) P(A|C, D) P(B|D,E) P(D|E) P(E)

**Exercício 5.7** Usando a variação do conjunto de dados `play` da Tabela 5.3, em que os atributos quantitativos foram discretizados em valores qualitativos, obtenha um modelo probabilístico usando NB.

**Tabela 5.3** Conjunto de dados `play` com atributos qualitativos

| Dia | Tempo | Temperatura | Umidade | Vento | Joga |
|---|---|---|---|---|---|
| D1 | Ensolarado | Quente | Alta | Fraco | Não |
| D2 | Ensolarado | Quente | Alta | Forte | Não |
| D3 | Nublado | Quente | Alta | Fraco | Sim |
| D4 | Chuvoso | Média | Alta | Fraco | Sim |
| D5 | Chuvoso | Fria | Normal | Fraco | Sim |
| D6 | Chuvoso | Fria | Normal | Forte | Não |
| D7 | Nublado | Fria | Normal | Forte | Sim |
| D8 | Ensolarado | Média | Alta | Fraco | Não |
| D9 | Ensolarado | Fria | Normal | Fraco | Sim |
| D10 | Chuvoso | Média | Normal | Fraco | Sim |
| D11 | Ensolarado | Média | Normal | Forte | Sim |
| D12 | Nublado | Média | Alta | Forte | Sim |
| D13 | Nublado | Quente | Normal | Fraco | Sim |
| D14 | Chuvoso | Média | Alta | Forte | Não |

**Resposta** Gerar as tabelas de frequência de classes e de valores de atributos por classe.

**Exercício 5.8** Com base no modelo obtido no exercício anterior, qual será a decisão para um novo dia com as seguintes características: chuvoso, quente, alta, forte? Explique sua resposta.

**Resposta** Devem ser usadas as Equações 5.3 e 5.5.

**Exercício 5.9** Qual a característica de um classificador bayesiano TAN que o diferencia de um modelo *naive* Bayes?

**Resposta** O modelo TAN considera interações entre atributos, enquanto o *naive* Bayes assume que os atributos são independentes dada a classe. Nos modelos TAN cada atributo pode interagir, no máximo, com mais 1 atributo.

**Exercício 5.10** Qual a característica de um classificador bayesiano BAN que o diferencia de um modelo *naive* Bayes?

**Resposta** O modelo BAN considera interações entre atributos, enquanto o *naive* Bayes assume que os atributos são independentes dada a classe. Nos modelos BAN cada atributo pode interagir, no máximo, com mais 2 atributos.

# 6 MÉTODOS SIMBÓLICOS

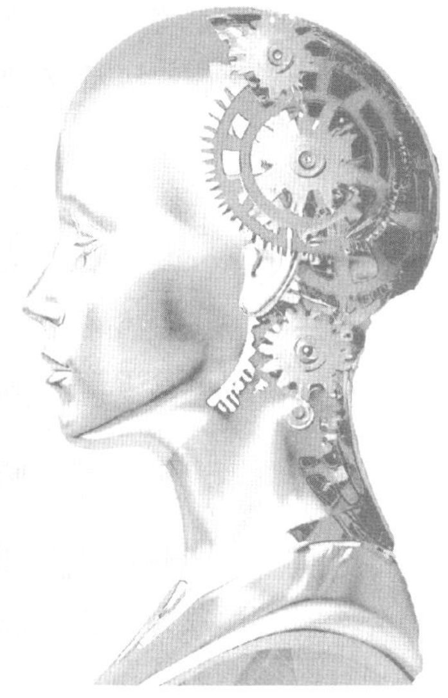

A representação de conhecimento extraído dos dados pode ser feita com estruturas simbólicas, que possibilitam uma interpretação mais direta por seres humanos. É o caso das árvores de decisão, que organizam o conhecimento extraído em uma hierarquia de decisões, que são refinadas sucessivamente até a obtenção da classificação final. A vantagem principal desse tipo de método é uma compreensibilidade maior do processo decisório em um problema de classificação ou regressão, estando mais alinhado aos princípios de que os modelos de AM devem também ser "explicáveis" (*Explainable Machine Learning*) para garantir maior transparência em sua operação.

Contudo, muitas vezes a acurácia preditiva alcançada por modelos simbólicos individuais fica aquém daquela obtida por modelos considerados "caixa-preta". A combinação de múltiplos modelos simbólicos, com estratégias como as apresentadas no Capítulo 9, obtém desempenho preditivo competitivo ou superior ao de muitas outras técnicas, mas perde-se a capacidade de interpretação do modelo obtido. Dessa forma, o usuário deve levar em consideração os seus objetivos na decisão da abordagem a ser adotada na resolução de seu problema.

Os modelos que estudamos neste capítulo são os baseados em árvores (árvores de decisão e regressão, das Seções 6.1 a 6.4) e os modelos baseados em regras (Seção 6.5).

## 6.1 Árvores de Decisão e Regressão

Uma árvore de decisão usa a estratégia dividir para conquistar de modo a resolver um problema de decisão. Um problema complexo é dividido em problemas mais simples, aos quais recursivamente é aplicada a mesma estratégia. As soluções dos subproblemas podem ser combinadas, na forma de uma árvore, para produzir uma solução do problema complexo. A força dessa proposta vem da capacidade de dividir o espaço de instâncias em subespaços e cada subespaço é ajustado usando diferentes modelos. Essa é a ideia básica por trás de algoritmos baseados em árvores de decisão, tais como: ID3 (do inglês, *Iterative Dichotomiser 3*) (Quinlan, 1979), ASSISTANT (Cestnik *et al.*, 1987), CART (do inglês, *Classification And Regression Tree*) (Breiman *et al.*, 1984) e C4.5 (Quinlan, 1993). Diversos pacotes estatísticos – $S_{plus}$, *Statistica*, *SPSS* (Mattison, 1998), *R* (Ihaka e Gentleman, 1996), *Microsoft SQL Server* (Seidman, 2001) e *scikit-learn* em Python (Pedregosa *et al.*, 2011) – incorporaram funções que implementam árvores de decisão para problemas de classificação e regressão. Os modelos em árvore são designados *árvores de decisão* no caso de problemas de classificação e *árvores de regressão* nos problemas de regressão. Quer em árvores de decisão quer em árvores de regressão, a interpretação dos modelos, assim como os algoritmos de indução das árvores, são muito semelhantes, assim iremos usar o termo *árvores de decisão* de uma forma genérica, explicitando quando necessário.

Formalmente, uma árvore de decisão é um grafo direcionado acíclico em que cada nó ou é um *nó de divisão*, com dois ou mais sucessores, ou um *nó folha*:

- Um *nó folha* é rotulado com uma *função*. Usualmente, são considerados apenas os valores da variável-alvo nos exemplos que chegam a um nó folha. No caso mais simples, a função é a constante que minimiza a função de custo. Em problemas de classificação, e assumindo a função de custo 0-1, essa constante é a *moda*.

Em problemas de regressão, a constante que minimiza a função de custo do *erro do médio quadrático* é a *média*, enquanto para a função de custo do *desvio absoluto* é a *mediana*.

- Um *nó de divisão* contém um *teste condicional* baseado nos valores do atributo. Na proposta padrão, os testes são univariados: as condições envolvem um único atributo e valores no domínio desse atributo. Exemplos de teste condicional são:

  - Idade > 18;
  - Profissão $\in$ {professor, estudante};
  - $0{,}3 + 0{,}2 \times \mathbf{x}^1 - 0{,}5 \times \mathbf{x}^2 \leq 0$.

A Figura 6.1 representa uma árvore de decisão e a divisão correspondente no espaço definido pelos atributos $\mathbf{x}^1$ e $\mathbf{x}^2$. Cada nó da árvore corresponde a uma região nesse espaço. As regiões definidas pelas folhas da árvore são mutuamente excludentes, e a reunião dessas regiões cobre todo o espaço definido pelos atributos. A interseção das regiões abrangidas por quaisquer duas folhas é vazia. A união de todas as regiões (todas as folhas) é $U$. Uma árvore de decisão abrange todo o espaço de instâncias. Esse fato implica que uma árvore de decisão pode fazer predições para qualquer exemplo de entrada.

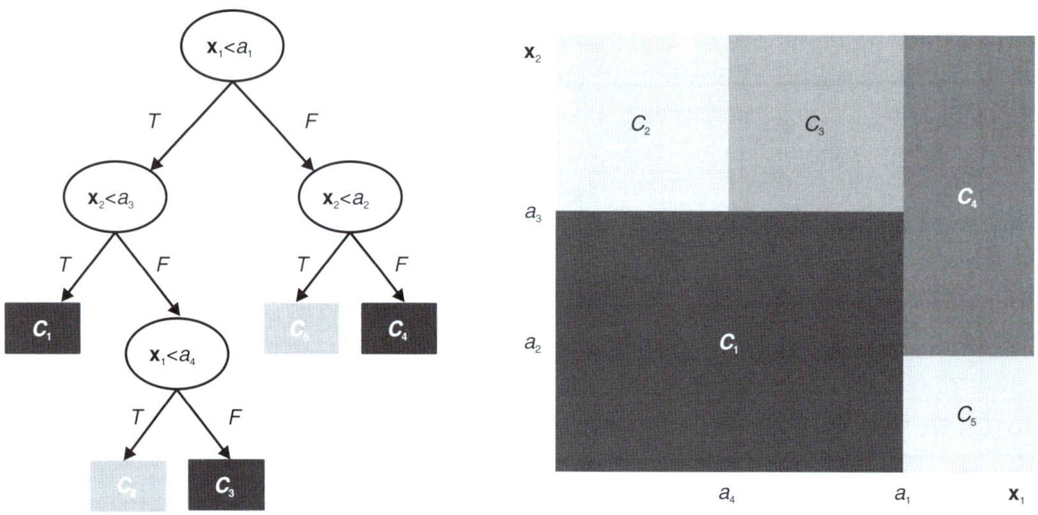


**Figura 6.1** Uma árvore de decisão e as regiões de decisão no espaço de objetos.

O espaço de hipóteses das árvores de decisão enquadra-se dentro do formalismo Forma Normal Disjuntiva (FND). Classificadores gerados por esses sistemas codificam uma FND para cada classe. Para cada FND, as condições ao longo de um ramo (um percurso entre a raiz e uma folha) são conjunções de condições e os ramos individuais são disjunções. Assim, cada ramo forma uma regra com uma parte condicional e uma conclusão. A parte condicional é uma conjunção de condições. Condições são testes que envolvem um atributo particular, operador (por exemplo $=$, $\geq$ etc.) e um valor do domínio do atributo. Esses tipos de testes correspondem, no espaço de entrada, a um hiperplano que é ortogonal aos eixos do atributo testado e paralelo a todos os outros eixos. As regiões produzidas por esses classificadores são todas hiper-retângulos, o que pode ser visualizado na Figura 6.1.

## 6.2 Indução de Árvores de Decisão e Regressão

O algoritmo que constrói uma árvore de decisão a partir de dados é muito simples. Os passos principais do algoritmo são descritos no Algoritmo 6.1. A entrada para a função **GeraÁrvore** é um conjunto de dados **D**. No passo 3, o algoritmo avalia o critério de parada. Se mais divisões do conjunto de dados são necessárias, é escolhido o atributo que maximiza alguma medida de impureza (passo 5). No passo 7, a função **GeraÁrvore** é recursivamente aplicada a cada partição do conjunto de dados **D**.

**Algoritmo 6.1** Algoritmo para construção de uma árvore de decisão

**Entrada:** Um conjunto de treinamento $\mathbf{D} = \{(\mathbf{x}_i, y_i), i = 1, \ldots, n\}$
**Saída:** Árvore de Decisão
1 **/* Função GeraÁrvore**($\mathbf{D}$) */;
2 **se** *critério de parada* ($\mathbf{D}$) = *Verdadeiro* **então**
3     **Retorna:** um nó folha rotulado com a constante que minimiza a função custo;
4 **fim**
5 Escolha o atributo que maximiza o critério de divisão em $\mathbf{D}$;
6 **para cada** *partição dos exemplos* $\mathbf{D}_i$ *baseada nos valores do atributo escolhido* **faça**
7     Induz uma subárvore *Árvore*$_i$ = *GeraÁrvore*($\mathbf{D}_i$);
8 **fim**
9 **Retorna:** *Árvore* contendo um nó de decisão baseado no atributo escolhido, e descendentes *Árvore*$_i$;

É conhecido que o problema da construção de uma árvore de decisão minimal (em termos do número de nós), condizente com um conjunto de dados, é um problema *NP completo* (Rivest, 1987). Usualmente, os algoritmos exploram heurísticas que localmente executam uma pesquisa olha para a frente um passo. Uma vez que uma decisão é tomada, ela nunca é reconsiderada. Essa pesquisa de subida de encosta (*hill-climbing*) sem *backtracking* é suscetível aos riscos usuais de convergência a uma solução ótima localmente que não é ótima globalmente. Por outro lado, essa estratégia permite construir árvores de decisão em tempo *linear* no número de exemplos.

Nas próximas subseções, iremos descrever brevemente os aspectos mais importantes de um algoritmo. Focamos nos dois sistemas mais bem-sucedidos e representativos de árvore de decisão: CART e C4.5.

## 6.2.1 Regras de Divisão para Classificação

Uma regra de divisão é guiada por uma medida de "*goodness of split*", que indica quão bem um certo atributo discrimina as classes. Ela é usada para selecionar o atributo que maximiza essa medida (ver passo 5 do Algoritmo 6.1). Uma regra de divisão, tipicamente, funciona como uma heurística olha para a frente um passo. Para cada teste possível, o sistema hipoteticamente considera os subconjuntos dos dados obtidos. O sistema escolhe o teste que maximiza (ou minimiza) algumas funções heurísticas sobre os subconjuntos.

Considere um nó $t$, em que a probabilidade de observar um exemplo da classe $c_i$ é $p_i$. A probabilidade de observar exemplos de cada classe é dada por $p_1, p_2, ..., p_k$, tal que $\sum p_i = 1$. A impureza do nó $t$ é uma função sobre a proporção das classes daquele nó: $i(t) = \phi(p_1, p_2, ..., p_k)$. Suponha um teste de divisão $S$ que divide os exemplos de treinamento em dois subconjuntos $L$ e $R$. A redução na impureza dos testes pode ser medida como:

$$\delta(S) = \phi(p_1, p_2, ..., p_k) - P_L \times \phi(p_{1L}, p_{2L}, ..., p_{kL}) - P_R \times \phi(p_{1R}, p_{2R}, ..., p_{kR}) \tag{6.1}$$

em que $P_L$ e $P_R$ representam a probabilidade de que um exemplo de $t$ vá para o subconjunto $L$ e $R$, respectivamente. As características gerais de qualquer função de impureza são:

1. Simetria;
2. Ter um máximo quando $p_1 = p_2 = ... = p_k$;
3. Ter um mínimo se $\exists i : p_i = 1$, ou seja, todos os exemplos são de uma classe, o que implica todas as outras $p_j = 0$.

Uma proposta natural é rotular cada subconjunto da divisão por sua classe mais frequente e escolher a divisão que tem menores erros. Há diversos problemas com essa proposta [ver, por exemplo, Breiman *et al.* (1984)]. Um deles é que $\phi(p_1 + p_2) \geq \phi(p_1) + \phi(p_2)$.

Diversos métodos foram descritos na literatura. A maioria deles concorda nos pontos extremos, isto é, que uma divisão que mantém a proporção de classes em todo o subconjunto não tem utilidade, e uma divisão na qual cada subconjunto contém somente exemplos de uma classe tem utilidade máxima. Casos intermediários podem ser classificados diferentemente pelas diversas medidas.

Martin (1997) agrupa as medidas nas seguintes categorias das chamadas *funções de mérito*:

1. Medidas de diferença entre a distribuição no nó pai (antes da divisão) e a distribuição nos subconjuntos obtidos por alguma função baseada nas proporções de classe (tal como a entropia). Essas medidas enfatizam a *pureza* dos subconjuntos. CART chama essas medidas de funções de *impureza*.
2. Medidas da diferença entre os subconjuntos divididos com base em alguma função sobre as proporções de classe (em geral, a distância ou um ângulo). Essas medidas enfatizam a *disparidade* dos subconjuntos.
3. Medidas estatísticas de independência (normalmente, um teste $\chi^2$) entre as proporções de classe e os subconjuntos divididos. Essas medidas enfatizam o peso da evidência, a *confiança* das predições da classe baseadas no relacionamento do subconjunto.

O resto desta seção explica as regras de divisão baseadas no *Ganho de Informação*, usado no C4.5, e no índice Gini, usado no algoritmo CART.

**Ganho de Informação.** O conceito fundamental nessa proposta é o conceito de *entropia*. Entropia mede a aleatoriedade de uma variável aleatória. Suponha uma variável aleatória discreta $A$ cujo domínio é $\{a_1, a_2, ..., a_v\}$. Suponha que a probabilidade de observar cada valor é $p_1, p_2, ..., p_v$. A entropia de $A$ é dada por:

$$H(A) = -\sum_i p_i \times \log_2 p_i \tag{6.2}$$

A entropia é medida em bits usando logaritmos[1] na base 2. Algumas propriedades da função entropia de uma variável aleatória que pode aceitar $v$ valores distintos são:

1. $H(A) \in [0, \log_2(v)]$;
2. $H(A)$ tem um máximo igual a $\log_2(v)$ se $p_i = p_j, \forall i \neq j$;
3. $H(A)$ tem um mínimo igual a 0 se $\exists i \colon p_i = 1$.

Suponha uma variável aleatória booleana $A$. A função entropia, $H(A)$, é $-p \times \log_2(p) - (1-p) \times \log_2(1-p)$, em que $p$ é a probabilidade de observar $A = 0$ e $1 - p$ é a probabilidade de observar $A = 1$. A Figura 6.2 mostra o gráfico da entropia para esse caso.

No contexto de uma árvore de decisão, a entropia é usada para medir a aleatoriedade (dificuldade para predizer) do atributo-alvo. A cada nó de decisão, o atributo que mais reduz a aleatoriedade da variável-alvo será escolhido para dividir os dados. Dado um conjunto de exemplos classificados, qual atributo selecionar como teste de divisão? Os valores de um atributo definem partições no conjunto de exemplos. Para cada atributo, o *ganho de informação* mede a redução na entropia nas partições obtidas de acordo com os valores do atributo. Informalmente, o ganho de informação é dado pela diferença entre a entropia do conjunto de exemplos e a soma ponderada da entropia das partições. A construção da árvore de decisão é guiada pelo objetivo de reduzir a entropia, isto é, a aleatoriedade (dificuldade para predizer) da variável-alvo.

Considerando uma árvore de decisão uma fonte de informação que envia uma mensagem a respeito da classificação de um objeto e que $p$ e $q$ denotam o número de objetos de duas classes diferentes, o conteúdo da informação da mensagem esperado é:

$$H(p,q) = -\frac{p}{p+q}\log\left(\frac{p}{p+q}\right) - \frac{q}{p+q}\log\left(\frac{q}{p+q}\right) \tag{6.3}$$

---

[1] É assumido que $0 \times \log_2(0) = 0$.

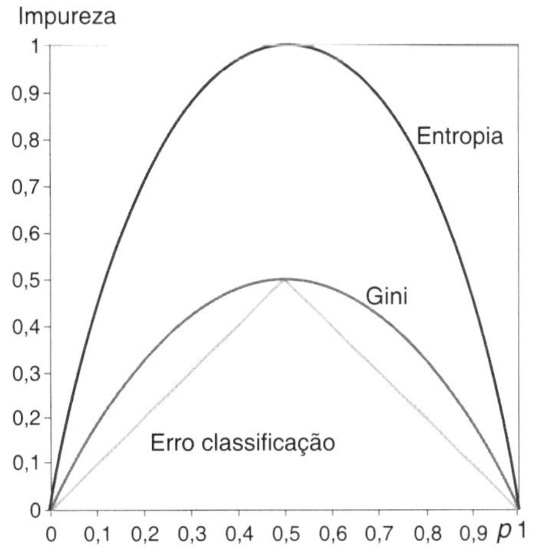


**Figura 6.2** Gráfico da entropia, índice Gini e da taxa de erro de uma variável booleana aleatória $A$.

em que a probabilidade de cada possível mensagem é computada a partir do conjunto de treinamento. Se o atributo $A$ é selecionado, e assumindo que o domínio de $A$ tem $v$ diferentes valores, a árvore resultante tem um conteúdo de informação esperado de:

$$E(A, p, q) = \sum_{i=1}^{v} \frac{p_i + q_i}{p + q} H(p_i, q_i) \tag{6.4}$$

em que $p_i$ e $q_i$ são o número de objetos de cada classe na subárvore associada à partição $i$ baseada nos valores do atributo $A$. O ganho de informação (IG, do inglês, *Information Gain*) alcançado é

$$IG(A, p, q) = H(p, q) - E(A, p, q) \tag{6.5}$$

A heurística correspondente seleciona o atributo que resulta no máximo ganho de informação para aquele passo.

Muitas vezes um teste em um atributo nominal irá dividir os dados em tantos subconjuntos quantos os valores do atributo, embora divisões binárias baseadas na relação de pertinência a um subconjunto ($att_i \in \{V_j, ..., V_k\}$ e ($att_i \notin \{V_j, ..., V_k\}$) também sejam possíveis.

**Exemplo Ilustrativo.** Suponha o conjunto de treinamento apresentado na Tabela 6.1. O problema de decisão é decidir quando alguém joga ou não algum esporte dadas as condições do tempo. O problema é definido por quatro atributos de entrada: *Tempo*, *Temperatura*, *Umidade* e *Vento*. O conjunto de treinamento contém 14 exemplos que descrevem observações do comportamento do indivíduo (coluna *Joga*), dadas as condições do tempo. A primeira variável (atributo), *Tempo*, é qualitativa. O domínio dessa variável é o conjunto: {Chuvoso, Ensolarado, Nublado}. As variáveis *Temperatura* e *Umidade* são quantitativas. Seu domínio é um subconjunto de $\Re$. A variável *Vento* é booleana. O domínio da variável-alvo, a variável que queremos predizer, que é qualitativa, é o conjunto: {Não, Sim}.

Qual atributo melhor discrimina as classes? Nos exemplos, há cinco observações em que a variável-alvo recebe o valor *Não* e nove exemplos em que o valor *Sim* foi observado. A entropia da classe para o conjunto de exemplos inicial (total) é:

$$p(Joga = \text{Sim}) = \frac{9}{14}$$

$$p(Joga = \text{Não}) = \frac{5}{14}$$

$$H(Joga) = -\frac{9}{14} * \log_2\left(\frac{9}{14}\right) - \frac{5}{14} * \log_2\left(\frac{5}{14}\right) = 0{,}940 \text{ bit}$$

**Tabela 6.1** Exemplo de conjunto de dados `play`

| Tempo | Temperatura | Umidade | Vento | Joga |
|---|---|---|---|---|
| Chuvoso | 71 | 91 | Sim | Não |
| Ensolarado | 69 | 70 | Não | Sim |
| Ensolarado | 80 | 90 | Sim | Não |
| Nublado | 83 | 86 | Não | Sim |
| Chuvoso | 70 | 96 | Não | Sim |
| Chuvoso | 65 | 70 | Sim | Não |
| Nublado | 64 | 65 | Sim | Sim |
| Nublado | 72 | 90 | Sim | Sim |
| Ensolarado | 75 | 70 | Sim | Sim |
| Chuvoso | 68 | 80 | Não | Sim |
| Nublado | 81 | 75 | Não | Sim |
| Ensolarado | 85 | 85 | Não | Não |
| Ensolarado | 72 | 95 | Não | Não |
| Chuvoso | 75 | 80 | Não | Sim |

**Cálculo do Ganho de Informação para um Atributo Qualitativo.** Considere o atributo *Tempo*. Dividindo o conjunto de treinamento pelos valores desse atributo, obteremos três partições. Para calcular a informação das partições, devemos estimar (a partir do conjunto de treinamento) as probabilidades de observar uma classe dado cada valor do atributo. A Tabela 6.2 resume as contagens necessárias. A partir dessa tabela, obtemos a entropia de cada partição e o ganho da divisão:

$$p(Jogar = \text{Sim}|Tempo = \text{Ensolarado}) = \frac{2}{5}$$

$$p(Jogar = \text{Não}|Tempo = \text{Ensolarado}) = \frac{3}{5}$$

$$H(Jogar|Tempo = \text{Ensolarado}) = -\frac{2}{5} * \log_2\left(\frac{2}{5}\right) - \frac{3}{5} * \log_2\left(\frac{3}{5}\right) = 0{,}971 \text{ bit}$$

Similarmente, para as outras partições:

$$H(Jogar|Tempo = \text{Nublado}) = 0{,}0 \text{ bit}$$

$$H(Jogar|Tempo = \text{Chuvoso}) = 0{,}971 \text{ bit}$$

A entropia ponderada para o atributo *Tempo* é:

$$E(Tempo) = \frac{5}{14} * 0{,}971 + \frac{4}{14} * 0 + \frac{5}{14} * 0{,}971 = 0{,}693 \text{ bit}$$

O ganho de informação obtido pela divisão do conjunto de exemplos usando os valores do atributo *Tempo* é:

$$IG(Tempo) = 0{,}940 - 0{,}693 = 0{,}247 \text{ bit}$$

O que esse resultado significa? Antes de dividir os exemplos, conhecendo o valor do atributo *Tempo*, necessitamos de menos bits para codificar o valor do atributo-alvo.

**Cálculo do Ganho da Informação para um Atributo Quantitativo.** O domínio de um atributo contínuo é um subconjunto do $\Re$. Ele contém um número infinito de valores. A estratégia usada no caso de atributos qualitativos não é aplicada a atributos contínuos. A estratégia usual pesquisa por uma partição binária do conjunto de treinamento na seguinte forma:

**Tabela 6.2** Distribuição dos valores da classe pelos valores do atributo *Tempo*

| | Ensolarado | Nublado | Chuvoso |
|---|---|---|---|
| Sim | 2 | 4 | 3 |
| Não | 3 | 0 | 2 |

- Conjunto dos exemplos em que o $atributo \leq valor$.
- Conjunto dos exemplos em que o $atributo > valor$.

Considere o teste $Temperatura = 70{,}5$. Esse teste dividirá os exemplos em duas partições: exemplos em que $Temperatura \leq 70{,}5$ e exemplos em que $Temperatura > 70{,}5$. A Figura 6.3 mostra a distribuição das classes em cada partição.

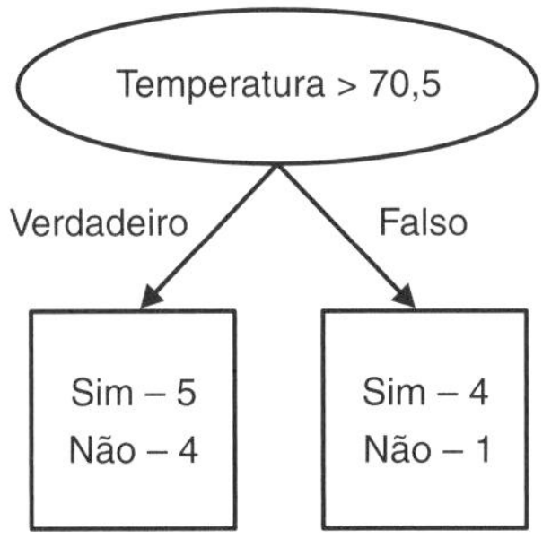


**Figura 6.3** Partições usando o teste $Temperatura > 70{,}5$.

Como medir o ganho de informação para essa partição? A partir de cada partição, estimamos as probabilidades condicionais:

$$p(Joga = \text{Sim}|Temperatura \leq 70{,}5) = \tfrac{4}{5}$$
$$p(Joga = \text{Não}|Temperatura \leq 70{,}5) = \tfrac{1}{5}$$
$$p(Joga = \text{Sim}|Temperatura > 70{,}5) = \tfrac{5}{9}$$
$$p(Joga = \text{Não}|Temperatura < 70{,}5) = \tfrac{4}{9}$$

A informação das partições é:

$$H(Joga|Temperatura \leq 70{,}5) = -\frac{4}{5} * \log_2\left(\frac{4}{5}\right) - \frac{1}{5} * \log_2\left(\frac{1}{5}\right) = 0{,}721 \text{ bit}$$
$$H(Joga|Temperatura > 70{,}5) = -\frac{5}{9} * \log_2\left(\frac{5}{9}\right) - \frac{4}{9} * \log_2\left(\frac{4}{9}\right) = 0{,}991 \text{ bit}$$
$$E(Temperatura) = \frac{5}{14} * 0{,}721 + \frac{9}{14} * 0{,}991 = 0{,}895 \text{ bit}$$
$$IG(Temperatura) = 0{,}940 - 0{,}895 = 0{,}045 \text{ bit}$$

Um teste em um atributo contínuo dividirá os dados em dois subconjuntos: $atributo > valor$ e $atributo \leq valor$. Para obter o ponto de corte, os valores do atributo contínuo são primeiro ordenados. O ponto médio entre dois valores consecutivos é um possível ponto de corte e é avaliado pela função mérito. O possível ponto de corte que maximiza a função mérito é escolhido. Note-se que não é necessário testar todos os possíveis pontos de corte. Fayyad e Irani (1992) mostraram que, entre todos os possíveis pontos de corte, aqueles que maximizam qualquer função de mérito convexa dividem exemplos de classes diferentes.

O primeiro candidato para o ponto de corte é $64, 5$, e o último candidato a ponto de corte é $84$. Considerando o ponto de corte $70{,}5$, a Figura 6.3 mostra as distribuições de classe em cada partição.

**Índice Gini.** Breiman *et al.* (1984) propuseram a função Gini para medir a impureza, definida como:

$$i(t) = 1 - \sum_i p_i^2 \tag{6.6}$$

em que $p_i$ é a probabilidade para cada classe. Quando um atributo é examinado, a impureza média ponderada dos nós descendentes implícitos é subtraída de $i(t)$ e o atributo que resulta na maior diminuição da impureza é selecionado.

Mingers (1989b) desenvolve uma comparação empírica entre diversos critérios de divisão. Ele conclui:

> "*Os resultados mostram que a escolha da medida afeta o tamanho da árvore, mas não sua precisão, que permanece a mesma ainda quando atributos são selecionados aleatoriamente.*"

Mais tarde, diversos estudos (Buntine e Niblett, 1992; Esposito *et al.*, 1997) questionaram o desenvolvimento da metodologia usada por Mingers (1989b). Nos estudos citados, a conclusão é que a divisão aleatória conduz a um erro aumentado. No entanto, não há um critério de divisão que seja sistematicamente o melhor de todos.

### 6.2.2 Regras de Divisão para Regressão

Em problemas de regressão, a função de custo a minimizar é, usualmente, o erro quadrático. Como já referimos, a média é a constante que minimiza o erro quadrático. Por esse motivo, a constante associada às folhas de uma árvore de regressão é a média dos valores do atributo-alvo dos exemplos de treinamento que caem na folha. A construção de uma árvore de regressão é em tudo semelhante à construção de uma árvore de decisão, tendo em conta a função de custo referida.

Para estimar o mérito de uma partição obtida por um teste no valor de uma variável, Breiman *et al.* (1984) propuseram a métrica SDR (do inglês, *Standard Deviation Reduction*). Assuma um conjunto de exemplos **D**, com $n$ exemplos. A variância da variável alvo, **y**, é dada pela expressão:

$$sd(\mathbf{D}, \mathbf{y}) = \sqrt{\frac{1}{n}\sum_{i=1}^{n}(y_i - \bar{y})^2} \tag{6.7}$$

Consideremos um teste hipotético $h_A$ sobre o atributo $A$, por exemplo $A \leq a_1$. Os exemplos do conjunto **D** serão divididos em dois subconjuntos, $\mathbf{D}_L$ e $\mathbf{D}_R$, com tamanhos $n_L$ e $n_R$, tais que $n = n_L + n_R$. A variância de **y**, a variável-alvo, em cada subconjunto $\mathbf{D}_L$ e $\mathbf{D}_R$, é sempre menor ou igual à variância de **y** antes da divisão. Podemos estimar a redução em variância obtida pela aplicação do teste $h_A$:

$$SDR(h_A) = sd(\mathbf{D}, \mathbf{y}) - \frac{n_L}{n} \times sd(\mathbf{D}_L, \mathbf{y}) - \frac{n_R}{n} \times sd(\mathbf{D}_R, \mathbf{y}) \tag{6.8}$$

Para cada atributo, e para cada possível teste no valor do atributo, é calculada a redução da variância associada a esse teste. O teste que provoca maior redução em variância é escolhido como teste para o nó.

### 6.2.3 Valores Desconhecidos

Quando se usa uma árvore como classificador, o exemplo a ser classificado passa pela árvore. A cada nó, um teste baseado nos valores dos atributos é executado. Se o valor de atributo testado não é conhecido (frequentemente, em dados reais, alguns valores de atributos são desconhecidos ou indeterminados), o procedimento pode não determinar o percurso a seguir. Uma vez que uma árvore de decisão constitui uma hierarquia de testes, o *problema do valor desconhecido* tem relevância especial nesse tipo de classificadores.

Várias soluções foram propostas na literatura. Quinlan (1986) examinou algumas delas. As mais comuns são:

- Uma estratégia simples consiste em trocar o valor não conhecido pelo valor mais comum para o atributo encontrado no conjunto de treinamento, também discutida na Capítulo 3.
- Outra estratégia consiste em considerar o valor desconhecido como outro valor possível do atributo (Kohavi *et al.*, 1997). Quando se constrói a árvore, cada nó de decisão pode conter um ramo para o caso em que o atributo testado leva a um valor desconhecido.
- O C4.5 (Quinlan, 1993) usa uma estratégia mais complexa. Associa-se uma probabilidade a cada um dos possíveis valores do atributo. As probabilidades são estimadas com base nas frequências observadas dos valores para o atributo nos exemplos do nó corrente. Esses valores fracionários são usados para calcular o *ganho de informação* desse atributo. Quando se classifica um exemplo de teste, C4.5 passa o exemplo por todos os ramos em que o valor do atributo desconhecido foi detectado. Cada ramo produz como saída um voto para a classe. A saída final é calculada como a classe majoritária de todas as saídas dos ramos.
- CART (Breiman *et al.*, 1984) usa uma estratégia mais sofisticada conhecida como *divisão substituta*. Em vez de armazenar, para cada nó, somente o atributo que minimiza a função de impureza, CART armazena os atributos que produzem uma divisão similar, ordenados pelo critério de impureza. Quando se realiza a classificação de um exemplo, se nesse exemplo o valor do atributo testado no nó da árvore é desconhecido, o CART irá procurar, na lista ordenada de atributos alternativos, o primeiro atributo cujo valor é conhecido no exemplo.

## 6.3 Estratégias de Poda

Poda é considerada a parte mais importante do processo de construção da árvore, pelo menos em domínios com ruídos. Dados ruidosos levantam dois problemas. O primeiro é que as árvores induzidas classificam novos objetos em um modo não confiável. Estatísticas calculadas nos nós mais profundos de uma árvore têm baixos níveis de importância em função do pequeno número de exemplos que chegam nesses nós. Nós mais profundos refletem mais o conjunto de treinamento (superajuste) e aumentam o erro em razão da variância do classificador. O segundo é que a árvore induzida tende a ser grande e, portanto, difícil para compreender. Podar uma árvore, que é trocar nós profundos por folhas, ajuda a minimizar esses problemas.

Podar uma árvore de decisão quase certamente irá causar a classificação incorreta de alguns exemplos do conjunto de treinamento. A vantagem da poda torna-se aparente quando se classificam novos exemplos não usados no processo de construção da árvore. Podar, em geral, leva a erros de generalização menores. Métodos de poda podem ser divididos em dois grupos principais. Primeiro, métodos que param a construção da árvore quando algum critério é satisfeito, referenciados como *pré-poda*, e segundo, métodos que constroem uma árvore completa e a podam posteriormente, referenciados como *pós-poda*. Todos os métodos mantêm um *ponto de equilíbrio* entre o tamanho da árvore e uma estimativa da taxa de erro (ver Capítulo 10). Tal como as estimativas de erro, podemos diferenciar entre métodos que estimam o erro a partir do *conjunto de treinamento*, geralmente conhecido como *erro de ressubstituição*, e métodos que usam um *conjunto de poda* ou validação separado, não usado na construção da árvore, para estimar a taxa de erro.

### 6.3.1 Pré-poda

Pré-poda conta com regras de parada que previnem a construção daqueles ramos que não parecem melhorar a precisão preditiva da árvore. A pré-poda tem a vantagem de que o tempo não é perdido construindo uma estrutura que não é usada na árvore final. No Algoritmo 6.1, a condição de parada é testada no passo 2. Esposito *et al.* (1997) apresentam diversas regras de parada comumente usadas:

1. Todas as observações alcançando um nó pertencem à mesma classe.
2. Todas as observações alcançando um nó têm o mesmo vetor de características (mas não necessariamente pertencem à mesma classe).

3. O número de observações no nó é menor que certo limiar.
4. O mérito atribuído a todos os possíveis testes que particionam o conjunto de observações no nó é muito baixo.

As regras 1 e 2 são universalmente aceitas. As outras regras foram criticadas porque os testes do limiar muitas vezes terminam o procedimento de divisão prematuramente. Pode ser que todos os atributos pareçam individualmente sem sentido, mas algumas combinações deles podem ser altamente discriminantes (Esposito *et al.*, 1993). Breiman *et al.* (1984) também apontam que tais regras de parada não são fáceis de se obter diretamente: limiares muito altos podem terminar a divisão antes que seus benefícios se tornem evidentes, enquanto limiares muito baixos resultam em árvores grandes e com erro de generalização pobre.

Por essa razão, não exploraremos mais a pré-poda, embora na literatura se encontrem mais critérios de terminação, usando formas de parada não triviais.

### 6.3.2 Pós-poda

Esse é o método mais comum de poda de árvores de decisão. Ele foi exaustivamente descrito na literatura (Breiman *et al.*, 1984; Quinlan, 1993). Uma árvore completa, superajustada aos dados de treinamento, é gerada e podada posteriormente. Quinlan (1988) aponta que "Construir e podar uma árvore é mais lento, mas mais confiável". A decisão-chave na pós-poda é podar ou não uma subárvore. Um dos métodos mais simples é baseado em duas medidas (Bratko, 1984): o *erro estático* e o *erro de backed-up*. O *erro estático* é o número de classificações incorretas considerando que todos os exemplos que chegam nesse nó são classificados usando a classe majoritária da distribuição de classes desse nó. O *erro de backed-up* é a soma das classificações incorretas de todas as subárvores do nó corrente. Se o *erro de backed-up* é maior ou igual ao *erro estático*, então o nó é trocado por uma folha com a classe majoritária do nó.

A poda *custo de complexidade* foi apresentada por Breiman *et al.* (1984) e é um dos métodos mais utilizados. Inicialmente, é gerada uma árvore completa. Com base nessa árvore, é gerada uma sequência de árvores cada vez menores, sendo escolhida uma das subárvores. É baseada em dois parâmetros: a taxa de erro $R(T)$ e o tamanho da árvore, $|T|$, medido em termos das folhas. A medida de *custo-complexidade* para a árvore é:

$$R_\alpha(T) = R(T) + \alpha|T| \tag{6.9}$$

em que $\alpha$ é um parâmetro que pesa a importância relativa do tamanho da árvore em relação à taxa de erro. Para cada valor de $\alpha$, o objetivo é encontrar a subárvore $|T_\alpha| \leq |T|$ que minimiza $R_\alpha(T)$. Se $\alpha$ é pequeno, a penalidade por ter um grande número de nós terminais é menor e $T_\alpha$ será grande. Quando $\alpha$ aumenta, a subárvore minimizada terá poucos nós terminais. Ainda que $\alpha$ execute por meio de valores contínuos, o número de subárvores de $T$ é finito. Então, o processo de poda produz uma sequência finita de subárvores aninhadas $T_1, T_2, T_3, \ldots$ com nós terminais progressivamente menores. A árvore podada selecionada é aquela que minimiza $R_\alpha(T)$ na sequência de subárvores. O livro CART (Breiman *et al.*, 1984) apresenta um algoritmo eficiente para implementar esse processo de poda.

A poda pessimista (Quinlan, 1993) estima, para cada subárvore, um erro aparente, baseado na proporção dos exemplos de treinamento classificados incorretamente nas folhas. Ela usa o mesmo conjunto de treinamento para gerar e podar a árvore. A taxa de erro estimada no conjunto de treinamento é uma estimativa *otimista* e não provê o melhor critério para escolher a melhor árvore. Por essa razão, Quinlan introduz a continuidade da correção baseada na distribuição binomial dos erros. Uma subárvore é podada e substituída por uma folha quando a taxa de erro para a subárvore não é significantemente menor que o erro da folha. Como uma poda pessimista usa uma estratégia de cima para baixo (*top-down*) e não requer um conjunto de poda separado, sua principal vantagem é a velocidade. A poda pessimista é o método usado no C4.5 (Quinlan, 1988). Ela usa a informação do conjunto de treinamento para construir e simplificar a árvore usando uma estratégia transversal pós-ordem de baixo para cima (*bottom-up*).

Considere um nó gerado a partir de $n$ exemplos de treinamento. Assumindo a classe majoritária como representando esse nó, os exemplos que não são da classe majoritária seriam incorretamente classificados. Seja $e$ o número de erros na amostra de $n$ exemplos. Assuma que a probabilidade verdadeira de erro é $q$ e que os $n$ exemplos são gerados por um processo Bernoulli com parâmetro $q$. Não conseguimos calcular $q$, mas conseguimos obter um intervalo de confiança $[L_c, U_c]$ que, para um nível de confiança $c$, contém $q$.

Dado um nível de confiança $c$, encontramos os limites $z$, tais que: $P[X \geq z] = c$. Considerando o conjunto dos exemplos abrangidos por uma folha como uma amostra estatística, é possível estimar um intervalo de confiança $[L_c, U_c]$ relativo à probabilidade de classificação incorreta da folha. O limite superior do intervalo de confiança, $U_c$, é de particular interesse para a análise do pior caso. Partindo do pressuposto de que os erros no conjunto de treinamento seguem uma distribuição binomial com probabilidade $q$ em $n$ experimentos, é possível calcular o valor de $U_c$:

$$P\left[\frac{e-q}{\sqrt{q(1-q)/n}} > z\right] = c$$

para um nível de confiança $c$ fornecido pelo usuário, e em que $z$ é o número de desvios-padrão correspondentes ao nível de confiança $c$. Para um nível de confiança de 25%, $z$ é um valor tabelado e igual a $0{,}69$. O limite superior desse intervalo de confiança é dado pela expressão:

$$U_c = \frac{e + \frac{z^2}{2n} + z\sqrt{\frac{e}{n} - \frac{e^2}{n} + \frac{z^2}{(4n)}}}{1 + z^2/n} \tag{6.10}$$

Tendo encontrado o limite superior, as estimativas de erro para as folhas e subárvores são calculadas assumindo que serão usadas para classificar um conjunto de casos não conhecidos do mesmo tamanho que o conjunto de treinamento. Assim, a taxa de erro predita para uma folha será $\#exemplos \times U_c$. A soma das taxas de erro preditas para todas as folhas em um ramo é considerada uma estimativa da taxa de erro do próprio ramo. Dessa forma, comparando a taxa de erro predita para dado nó, como se ele fosse trocado por uma folha, com a subárvore da raiz até esse nó, podemos decidir se é conveniente podar ou manter o nó. Além disso, comparando com o erro de predição do sub-ramo da raiz até os filhos desse nó, podemos decidir por inserir o sub-ramo.

Há duas suposições fortes subjacentes a esse método de poda. É difícil aceitar que os exemplos do conjunto de treinamento abrangidos por um nó representam uma amostra estatística, uma vez que a árvore foi construída para ajustar a esses dados da melhor forma possível. De acordo com Esposito *et al.* (1997), a suposição de que erros em um exemplo têm uma distribuição *binomial* é mais questionável.

Mingers (1989a) desenvolve uma comparação empírica de cinco métodos de poda para indução de uma árvore de decisão. Ele conclui que "*os resultados mostram que dois métodos - complexidade do custo e erro reduzido - têm bom desempenho*". O autor também mostra que não há interação significante entre o método usado para gerar uma árvore e métodos de poda. Esposito *et al.* (1993) declaram e justificam que a metodologia experimental usada por Mingers é injusta. Tal como as regras de divisão, a poda é um domínio em que nenhuma proposta existente é a melhor para todos os casos. A poda é um enviesamento em direção à simplicidade. Se o domínio do problema admite soluções simples, então a poda é uma opção eficiente (Schaffer, 1993).

## 6.4 Análise do Algoritmo

Nesta seção são discutidos os aspectos positivos e negativos dos modelos de árvores.

### 6.4.1 Aspectos Positivos

Árvores de decisão têm inúmeras vantagens. Elas são um dos algoritmos mais comumente usados, quer em aplicações do mundo real quer no meio acadêmico. Alguns dos pontos mais positivos referenciados na literatura são:

1. *Flexibilidade*
   Árvores de decisão não assumem nenhuma distribuição para os dados. Elas são métodos não paramétricos. O espaço de objetos é dividido em subespaços e cada subespaço é ajustado com diferentes modelos. Uma árvore de decisão fornece uma cobertura exaustiva do espaço de instâncias. Havendo exemplos suficientes, pode aproximar o *erro de Bayes* de qualquer função.

2. *Robustez*
   Árvores univariáveis são invariantes a transformações (estritamente) monótonas de variáveis de entrada. Por exemplo, usar $\mathbf{x}_j$, $\log \mathbf{x}_j$, ou $e^{\mathbf{x}_j}$ como a $j$-ésima variável de entrada produz árvores com a mesma estrutura. Como uma consequência dessa invariância, a sensibilidade a distribuições com grande cauda e *outliers* é também reduzida (Friedman, 1999).

3. *Seleção de atributos*
   O processo de construção de uma árvore de decisão seleciona os atributos a usar no modelo de decisão. Essa seleção de atributos produz modelos que tendem a ser bastante robustos contra a adição de atributos irrelevantes e redundantes.

4. *Interpretabilidade*
   Decisões complexas e globais podem ser aproximadas por uma série de decisões mais simples e locais. Todas as decisões são baseadas nos valores dos atributos usados para descrever o problema. Ambos os aspectos contribuem para a popularidade das árvores de decisão.

5. *Eficiência*
   O algoritmo para aprendizado de árvore de decisão é um algoritmo guloso que é construído de cima para baixo (*top-down*), usando uma estratégia dividir para conquistar sem *backtracking*. Sua *complexidade de tempo* é linear com o número de exemplos.

## 6.4.2 Aspectos Negativos

Apesar das vantagens já mencionadas, alguns problemas conhecidos referenciados na literatura de AM incluem:

1. *Replicação*
   O termo refere-se à duplicação de uma sequência de testes em diferentes ramos de uma árvore de decisão, levando a uma representação não concisa, que também tende a ter baixa acurácia preditiva (ver Capítulo 10). Por exemplo, para representar o conceito $(A \wedge B) \vee (C \wedge D)$, um dos subconceitos ($A \wedge B$ ou $C \wedge D$) tem de ser duplicado. Suponha que a árvore escolha para raiz um teste no atributo $A$, então o conceito $(C \wedge D)$ tem de aparecer nas subárvores descendentes. Pagallo e Haussler (1990) argumentam que a *replicação* é inerente à representação da árvore de decisão.

2. *Valores ausentes*
   Uma árvore de decisão é uma hierarquia de testes. Se o valor de um atributo é desconhecido, isso causa problemas em decidir que ramo seguir. Algoritmos devem empregar mecanismos especiais para abordar falta de valores. Friedman *et al.* (1996) sustentam que "*cerca de metade do código no CART e 80% dos esforços de programação foram desenvolvidos para falta de valores!*".

3. *Atributos contínuos*
   O gargalo do algoritmo é a presença de atributos *contínuos*. Nesse caso, uma operação de *ordenação* é solicitada para cada atributo *contínuo* de cada nó de decisão. Alguns autores estimam que a operação de ordenação consuma 70% do tempo necessário para induzir uma árvore de decisão em grandes conjuntos de dados com muitos atributos contínuos (Catlett, 1991). Em face dessa observação, alguns pesquisadores (Catlett, 1991; Fayyad e Irani, 1993) examinaram a possibilidade de discretização de atributos contínuos.

4. *Instabilidade*
   Pequenas variações no conjunto de treinamento podem produzir grandes variações na árvore final (Breiman *et al.*, 1984; Breiman, 1996b; Kohavi e Kunz, 1997). A cada nó, o critério de mérito de divisão classifica os atributos, e o melhor atributo é escolhido para dividir os dados. Se dois ou mais atributos são classificados similarmente, pequenas variações da classificação dos dados podem alterar a classificação. Todas as subárvores abaixo desse nó mudam. A estratégia da partição recursiva implica que a cada divisão feita, o dado é dividido com base no atributo de teste. Depois de algumas divisões, há usualmente muito poucos dados nos quais a decisão se baseia. Há uma forte tendência a inferências feitas próximo das folhas serem menos confiáveis que aquelas feitas próximas da raiz.

## 6.5 Regras de Decisão

Uma regra de decisão é uma implicação da forma: **se** $A$ **então** $B$. A parte condicional $A$ é uma conjunção de condições. Cada condição é definida por uma relação entre um atributo e os valores do domínio. A relação pode ser $=$, $<$, $>$,$\leq$, $\geq$ ou $\in$. Por exemplo, pode assumir a forma de: $Atributo_i = \text{valor}_i$, $Atributo_i \leq \text{valor}_i$, $Atributo_i \in$ **Conjunto** etc., em que $\text{valor}_i$ pertence ao domínio do atributo. Um exemplo de regra de decisão é: $Tempo = \text{Ensolarado} \wedge Umidade \leq 75 \Rightarrow Jogar = \text{Sim}$. Tal como nas árvores de decisão, o conjunto de regras é disjunto (FND).

$$regra_1 \text{ ou } regra_2 \text{ ou} \ldots \text{ ou } regra_n$$

Regras de decisão e árvores de decisão são bastante similares em suas formas de representação para expressar generalizações dos exemplos. Ambas definem superfícies de decisão similares. As superfícies de decisão definidas pelas regras de decisão correspondem a hiper-retângulos no espaço definido pelos atributos. Dois exemplos de superfícies de decisão esboçados por conjuntos de regras são apresentados na Figura 6.4.

**(a)** Generalização menos geral

**(b)** Generalização de especificação máxima

**Figura 6.4** Dois exemplos da superfície de decisão desenhados por um conjunto de regras.

### 6.5.1 Por que Regras de Decisão?

Como as árvores de decisão cobrem todo o espaço de instâncias, a vantagem é que qualquer exemplo é classificado por uma árvore de decisão. Entretanto, cada teste em um nó tem um contexto definido por testes anteriores, definidos nos nós no caminho, que podem ser problemáticos se levarmos em conta a interpretabilidade. Por outro lado, as regras são modulares, ou seja, podem ser interpretadas isoladamente.

Cada regra cobre uma região específica do espaço de instâncias. A união de todas as regras pode ser menor que o Universo. As características das representações das regras são ilustradas na Figura 6.4. Em comparação com as árvores, as regras de decisão:

- removem condições em uma regra sem remover outra regra;
- perdem a distinção entre testes perto da raiz e perto das folhas.

Um exemplo claro das desvantagens da hierarquia de testes imposta por uma árvore de decisão é conhecido como *fragmentação do conceito*. Deixamos como exercício ao leitor obter uma árvore de decisão para representar o conceito: $(A \wedge B) \vee (C \wedge D)$. Como se pode verificar facilmente, qualquer árvore de decisão duplica um dos conceitos, $(A \wedge B)$ ou $(C \wedge D)$.

Holte (1993) propôs um algoritmo, OneR (do inglês, *One Rule*), que gera regras baseadas em um único atributo. Seu trabalho experimental revela que as regras muito simples, como as geradas pelo OneR, são competitivas com métodos muito mais sofisticados.

O OneR induz uma árvore de decisão de um nível, ou seja, regras que testam um único atributo. O algoritmo básico consiste em, para cada atributo, considerar uma regra para cada valor desse atributo. Avaliando os exemplos de treinamento, cada uma dessas regras prevê a classe majoritária dos exemplos para os quais o atributo toma esse valor. Ou seja, cada atributo define um conjunto de regras, uma regra para cada valor desse atributo. Para cada atributo, é calculada a taxa de erro, e o atributo com menor taxa de erro é escolhido.

### 6.5.2 De Árvores de Decisão às Regras de Decisão

Árvores de decisão extensas são de difícil compreensão, porque o teste de decisão em cada nó aparece em um contexto específico, definido pelo resultado de todos os testes nos nós antecedentes. O trabalho desenvolvido por Rivest (1987) apresenta as *listas de decisão*, uma nova representação para a generalização de exemplos que estende as árvores de decisão. A grande vantagem dessa representação é a modularidade do modelo de decisão e, consequentemente, a sua interpretabilidade: cada regra é independente das outras regras, e pode ser interpretada isoladamente das outras regras. Como consequência, a representação utilizando regras de decisão permite eliminar um teste em uma regra, mas reter o teste em outra regra. Além disso, como a conjunção de condições é comutativa, a distinção entre testes perto da raiz e testes perto das folhas desaparece.

**Indução de Listas de Regras de Decisão.** Existem vários algoritmos para indução de regras de decisão (Rivest, 1987; Clark e Niblett, 1989; Cohen, 1995; Domingos, 1996; Weiss e Indurkhya, 1998). Nesta seção, referimos os algoritmos que geram regras de decisão a partir de árvores de decisão, tal como é feito em Quinlan (1993).

Qualquer árvore de decisão pode ser facilmente reescrita em um conjunto de regras de decisão. Cada regra corresponde a um percurso desde a raiz da árvore até uma folha. Existem tantas regras quantas folhas da árvore de decisão. Esse processo gera um conjunto de regras com a mesma complexidade da árvore de decisão. Contudo, alguns antecedentes em regras consideradas individualmente podem conter condições irrelevantes. `C4.5rules` (Quinlan, 1993, 1995) usa um processo de otimização para simplificar o conjunto de regras, removendo condições irrelevantes.

O processo de otimização consiste em duas fases. Primeiro, cada regra é generalizada pela eliminação de condições que não contribuem para discriminar as classes. É utilizada uma procura gulosa, em que a cada passo a regra é avaliada removendo uma das condições. A condição que produz um aumento menor da estimativa pessimista da taxa de erro é eliminada. Para obter a estimativa pessimista da taxa de erro, é utilizado um processo semelhante ao mecanismo de poda usado pelo C4.5. Após a generalização individual das regras, são removidas regras idênticas e as regras sem parte condicional. Em uma segunda fase, as regras são agrupadas pela classe que preveem. Para cada classe, o conjunto de regras é simplificado, eliminando as regras que não contribuem para a taxa de acerto do conjunto. O estudo experimental apresentado em Quinlan (1993) mostra que as regras de decisão são mais simples e com menor taxa de erro do que a árvore de decisão a partir da qual foram geradas.

Frank e Witten (1998) apresentam um método para gerar regras por transformação de árvores de decisão que não necessita recorrer a um processo de otimização global. A ideia base consiste em crescer uma árvore em largura, em vez de crescer a árvore em profundidade. Quando uma folha é encontrada, a regra de decisão correspondente a essa folha é extraída. Os exemplos cobertos pela folha são removidos, e iterativamente são geradas mais regras com os exemplos não cobertos pelas regras anteriores.

### 6.5.3 Algoritmo da Cobertura

Nesta seção, estudamos um dos algoritmos mais divulgados para aprender regras de decisão a partir de exemplos. O algoritmo da cobertura define o processo de aprendizado como um processo de procura: dados um conjunto de exemplos classificados e uma linguagem para representar generalizações dos exemplos, o algoritmo procede, para cada classe, a uma procura heurística. Tipicamente, o algoritmo procura regras da forma: **se** $Atributo_i =$ valor$_j$ **e** $Atributo_l =$ valor$_k \ldots$ **então** $Classe_z$. A procura pode proceder a partir da regra mais geral, ou seja, uma regra sem parte condicional, para regras mais específicas, acrescentando condições; ou a partir de regras muito específicas (por exemplo, um exemplo com restrições em todos os atributos) para regras mais gerais, eliminando restrições. O processo de procura é guiado por uma função de avaliação das hipóteses. Essa função estima a qualidade das regras que são geradas durante o processo. Uma possível função de avaliação é a taxa de erro, com os problemas que já referimos (Breiman *et al.*, 1984). Outra função de avaliação é a informação mútua ou entropia condicional (Clark e Niblett, 1989).

#### Ideia Básica

Dado um conjunto de exemplos de classes diferentes, o *algoritmo da cobertura* consiste em aprender uma regra para uma das classes, removendo o conjunto de exemplos cobertos pela regra (ou o conjunto de exemplos positivos), e repetir o processo. O processo termina quando só há exemplos de uma única classe. O algoritmo da cobertura é apresentado no Algoritmo 6.2.

**Algoritmo 6.2** Algoritmo da cobertura: construção de um conjunto de regras

**Entrada:** Um conjunto de treinamento $\mathbf{D} = \{(\mathbf{x}_i, y_i), i = 1, \ldots, n\}$<br>
**Saída:** Um conjunto de regras: **Regras**<br>
**Regras** $\leftarrow$ {};<br>
Seja $\mathbf{Y}$ o conjunto das classes em $\mathbf{D}$;<br>
**para cada** $y_i \in \mathbf{Y}$ **faça**<br>
    **repita**<br>
        *Regra* = Aprende_Uma_Regra($\mathbf{D}$,$y_i$);<br>
        **Regras** $\leftarrow$ **Regras** $\cup\{$ *Regra* $\}$;<br>
        $\mathbf{D} \leftarrow$ Remove exemplos cobertos pela *Regra* em $\mathbf{D}$;<br>
    **até** *não haver exemplos de* $y_i$;<br>
**fim**<br>
**Retorna: Regras**;

Encontrar uma regra é um problema de procura. Duas estratégias básicas de procura têm sido usadas. A primeira inicia a busca da regra mais geral, $\{\} \rightarrow Classe$, e aplica operadores de especificação, acrescentando condições à parte condicional da regra. É uma busca *top-down* e é orientada pelo modelo. O algoritmo para encontrar uma regra é apresentado no Algoritmo 6.3. É usado em sistemas como CN2 (Clark e Niblett, 1989). A segunda proposta começa pela regra mais específica (é escolhido um dos exemplos aleatoriamente, o que implica restrições em todos os atributos) e aplica operadores de generalização, removendo restrições. Essa proposta é *bottom-up* e orientada pelos dados. O algoritmo para encontrar uma regra é apresentado no Algoritmo 6.4. É usado, por exemplo, no algoritmo AQ (Michalski *et al.*, 1986; Wnek e Michalski, 1994). A Figura 6.5 apresenta uma ilustração comparativa do funcionamento dos dois algoritmos.

**Algoritmo 6.3** Algoritmo *top down* para encontrar uma regra

**Entrada:** Um conjunto de treinamento $\mathbf{D} = \{(\mathbf{x}_i, y_i), i = 1, \ldots, n\}$
$y$: classe da regra
**Saída:** $Regra$: Uma regra de classificação
Seja $Avs$ o conjunto de $atributo\_valores$ em $\mathbf{D}$;
$Regra \leftarrow \{\}$;
$v \leftarrow Avalia(Regra, \mathbf{D}, y)$;
$melhor \leftarrow v$;
$continua \leftarrow$ Verdadeiro;
**enquanto** $continua$ **faça**
    $continua \leftarrow$ Falso;
    **para cada** $av_i \in Avs$ **faça**
        $val \leftarrow Avalia(Regra \cup av_i, \mathbf{D}, y)$;
        **se** $val < melhor$ **então**
            $melhor \leftarrow val$;
            $Cond \leftarrow av_i$;
            $continua \leftarrow$ Verdadeiro;
        **fim**
    **fim**
    **se** $continua$ **então**
        $Regra \leftarrow Regra \cup Cond$;
    **fim**
**fim**
**Retorna:** $Regra$;

**Algoritmo 6.4** Algoritmo *bottom-up* para encontrar uma regra

**Entrada:** Um conjunto de treinamento $\mathbf{D} = \{(\mathbf{x}_i, y_i), i = 1, \ldots, n\}$
$y$: classe da regra
**Saída:** $Regra$: Uma Regra de classificação
Escolhe, aleatoriamente, um exemplo da classe $y$ em $\mathbf{D}$;
Seja $Regra$ o conjunto de $atributo\_valor$ desse exemplo;
$v \leftarrow Avalia(Regra, \mathbf{D}, y)$;
$melhor \leftarrow v$;
$continua \leftarrow$ Verdadeiro;
**enquanto** $continua$ **faça**
    $continua \leftarrow$ Falso;
    **para cada** $av_i \in Regra$ **faça**
        $val \leftarrow Avalia(Regra \backslash av_i, \mathbf{D}, y)$;
        **se** $val < melhor$ **então**
            $melhor \leftarrow val$;
            $Cond \leftarrow av_i$;
            $continua \leftarrow$ Verdadeiro;
        **fim**
    **fim**
    **se** $continua$ **então**
        $Regra \leftarrow Regra \backslash Cond$;
    **fim**
**fim**
**Retorna:** $Regra$;

O algoritmo de procura pode ser implementado quer por um algoritmo de subida em colina (*hill-climbing*), quer por um algoritmo de *beam-search*. Esta última alternativa requer mais recursos computacionais, mas tem revelado melhor desempenho em termos de taxa de acerto.

A qualidade de uma regra pode ser medida tendo em conta:

- **ncover**: número de exemplos cobertos pela regra;
- **ncorreto**: número de exemplos cobertos pela regra corretamente classificados por ela;
- **cobertura**: definida como $\frac{ncover}{n}$;
- **taxa de acerto**: definida como $\frac{ncorreto}{ncover}$.

Quando se acrescenta uma condição a uma regra, a regra torna-se mais específica e **ncover** diminui. Por outro lado, quando se remove uma condição, a regra fica mais geral e **ncover** aumenta. Qualquer função cujo valor aumente com a cobertura e taxa de acerto pode ser utilizada. Por exemplo, o sistema AQ (Wnek e Michalski, 1994) usa a seguinte função de avaliação: $AQ = \frac{ncorreto+1}{ncover+k}$, em que $k$ é o número de classes.

Um dos sistemas de indução de regras de decisão mais populares é o sistema CN2, desenvolvido por Clark e Niblett (1989). Ele usa o algoritmo da cobertura, e a indução de uma regra utiliza o processo *top-down* descrito nesta seção. A função de avaliação de hipóteses usa o conceito de entropia.

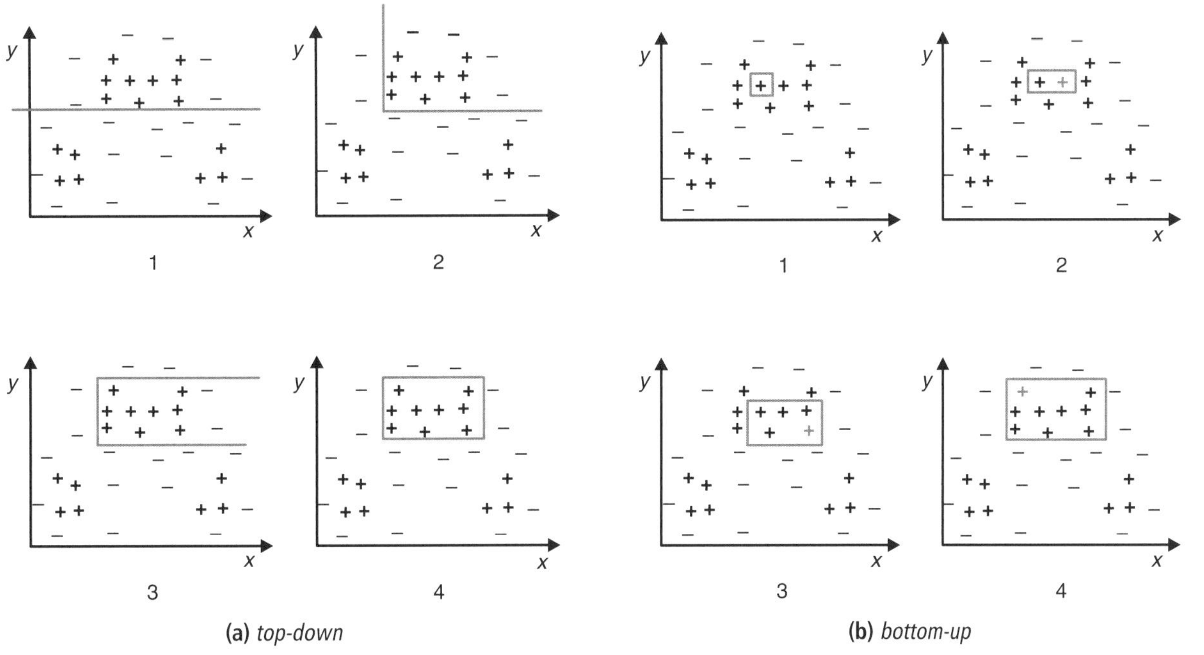


**Figura 6.5** Exemplo ilustrativo do funcionamento do algoritmo para induzir uma regra.

**Exemplo Ilustrativo.** Considere novamente o conjunto de exemplos da Tabela 6.1, em que o objetivo é encontrar uma regra para *Joga* = Sim. Neste exemplo ilustrativo vamos usar como função de avaliação de hipóteses a taxa de erro. Obviamente, queremos minimizar essa função.

A procura começa com a regra mais geral $\{\} \rightarrow$ Sim. A regra não tem restrições, ou seja, tudo é da classe Sim. A taxa de erro é de $\frac{5}{14}$. Introduzindo uma restrição, o conjunto de hipóteses é:

- Atributo *Tempo*
  - *Tempo* = Ensolarado $\rightarrow$ Sim; $(\frac{3}{5})$
  - *Tempo* = Nublado $\rightarrow$ Sim; $(\frac{0}{4})$
  - *Tempo* = Chuvoso $\rightarrow$ Sim; $(\frac{2}{5})$

- Atributo *Temperatura*
  - *Temperatura* = Quente $\rightarrow$ Sim; ($\frac{3}{4}$)
  - *Temperatura* = Fresco $\rightarrow$ Sim; ($\frac{1}{6}$)
  - *Temperatura* = Frio $\rightarrow$ Sim; ($\frac{1}{4}$)
- Atributo *Umidade*
  - *Umidade* = Alta $\rightarrow$ Sim; ($\frac{3}{7}$)
  - *Umidade* = Normal $\rightarrow$ Sim; ($\frac{2}{7}$)
- Atributo *Vento*
  - *Vento* = Sim $\rightarrow$ Sim; ($\frac{3}{6}$)
  - *Vento* = Não $\rightarrow$ Sim; ($\frac{2}{8}$)

Como foi encontrada uma regra com taxa de erro $0$, *Tempo* $=$ Nublado $\rightarrow$ Sim, o processo de encontrar uma regra termina. O algoritmo da cobertura remove os exemplos cobertos pela regra[2] e retorna o processo de encontrar uma nova regra a partir do subconjunto de exemplos.

No sistema AQ (Michalski *et al.*, 1986; Wnek e Michalski, 1994), que segue uma estratégia *bottom-up*, a procura é efetuada do mais específico para o geral (Algoritmo 6.4). Para construir uma regra para uma classe, o ponto de partida é um exemplo dessa classe. O operador de generalização remove condições da regra atual. No caso do sistema AQ, a função de avaliação é:

$$AQ = (ncorreto + 1)/(ncover + k), \tag{6.11}$$

ou seja, usa a correção de Laplace para a taxa de acerto. Um exemplo ilustrativo da aplicação desse algoritmo é apresentado na Figura 6.6.

## Aplicando Regras

A aplicação de um conjunto de regras para classificar um exemplo de teste consiste em verificar qual a regra cuja parte condicional é verificada e decidir de acordo com a conclusão da regra. No entanto, quando da classificação de um exemplo de teste, podemos ter as situações: *i)* nenhuma regra dispara; *ii)* apenas uma regra dispara; ou *iii)* mais que uma regra dispara. O primeiro caso pode ser evitado, acrescentando uma regra sem parte condicional e cuja conclusão seja, por exemplo, a classe majoritária. Se mais que uma regra dispara, podemos ter situações de conflito. As soluções mais usuais para esses casos consistem em ordenar as regras por prevalência, ou qualquer critério de mérito.

Há uma diferença fundamental entre os dois algoritmos descritos anteriormente no que se refere ao seu uso na classificação de exemplos de teste. Enquanto o método *top-down* gera regras ordenadas pela ordem em que são induzidas, o método *bottom-up* gera um conjunto não ordenado de regras. Na aplicação do conjunto de regras a exemplos não classificados, há duas estratégias básicas. No caso de conjuntos ordenados de regras, cada exemplo é classificado pela primeira regra cuja parte condicional é satisfeita. Neste contexto, é frequente adicionar uma regra *default* sem parte condicional, que se aplica quando nenhuma das regras dispara. Como vimos, o algoritmo da cobertura termina quando existem apenas exemplos de uma classe. A regra *default* tem como conclusão essa classe. No caso de conjuntos de regras não ordenadas, todas as regras cuja parte condicional é verificada são utilizadas para classificar o exemplo, tipicamente por votação ponderada pela qualidade da regra.

[2] Em algumas variantes, são removidos apenas os exemplos corretamente classificados pela regra.

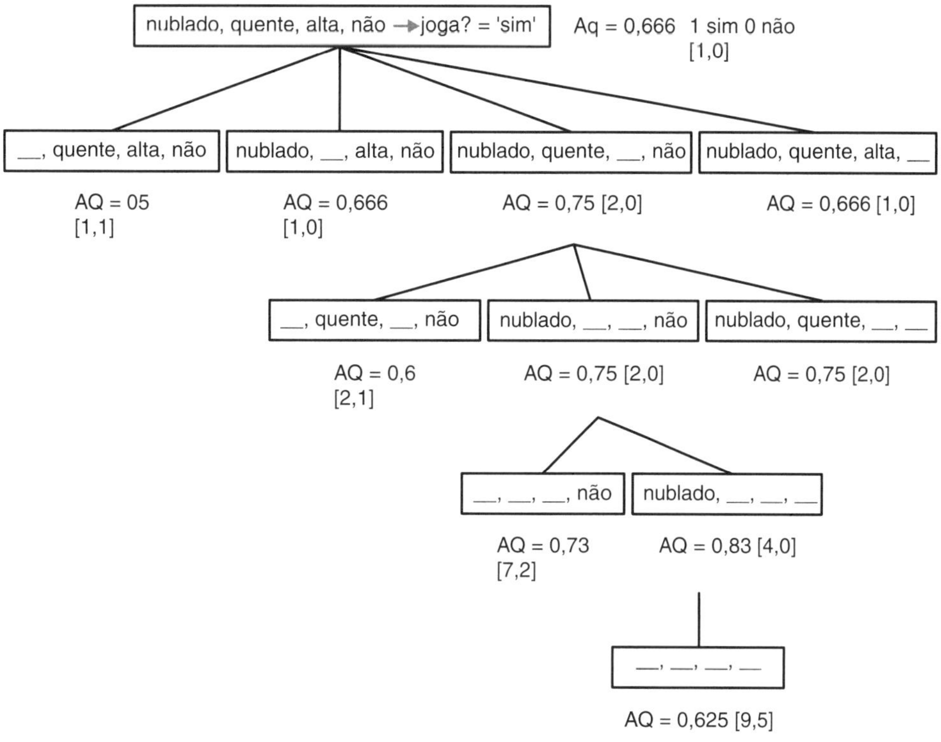


**Figura 6.6** Exemplo do processo *bottom-up* de construção de uma regra.

## 6.6 Outros Modelos para Árvores de Previsão

A seguir, são apresentados outros modelos não convencionais de árvores para classificação/regressão.

### 6.6.1 Árvores de Modelos

Árvores de regressão muitas vezes geram um grande número de nós, dificultando a interpretação dos dados. Apesar disso, o seu desempenho em muitos problemas costuma ser melhor do que uma simples equação de regressão. No livro de referência de Breiman *et al.* (1984), os autores escrevem:

> "*Na regressão, o uso de divisões baseadas em combinações lineares não tem o apelo que tem em classificação. (...) Uma alternativa promissora para a melhoria da precisão é crescer uma árvore pequena com apenas alguns dos nós mais significativos. Em seguida, fazer regressão linear múltipla em cada um dos nós terminais.*"

Uma *árvore de modelos* (do inglês, *model tree*) (Quinlan, 1992; Wang e Witten, 1997; Frank *et al.*, 1998) é uma árvore que combina árvore de regressão com equações de regressão. Esse tipo de árvore funciona da mesma maneira que uma árvore de regressão, porém os nós folha contêm expressões lineares em vez de valores agregados (médias ou medianas). A estrutura da árvore divide o espaço dos atributos em subespaços, e os exemplos em cada um dos subespaços são aproximados por uma função linear. A *model tree* é menor e mais compreensível que uma árvore de regressão e, mesmo assim, apresenta um erro médio menor na predição.

O M5 (Quinlan, 1992) é um indutor para *model tree*. Posteriormente, foi desenvolvido o sistema Cubist (Quinlan, 1998), uma ferramenta para geração de modelos preditivos baseados em regras. O algoritmo do `Cubist` usa o algoritmo do M5 para gerar uma árvore que é posteriormente transformada em regras. O modelo do Cubist consiste em uma coleção de regras não ordenadas da forma: **se** condições **então** modelo_linear. A regra indica que, se um caso satisfaz todas as condições, o modelo linear é apropriado para prever o valor do atributo objetivo. Se duas ou mais regras são aplicadas para um caso, calcula-se uma média dos valores definidos pelos respectivos modelos lineares para se chegar a uma previsão final. O Cubist utiliza um método não muito comum para a combinação. Inicialmente, são encontrados os cinco casos mais similares (5-vizinhos mais próximos) do exemplo de teste. Posteriormente, é calculada a média utilizando esses valores. Finalmente, o Cubist ajusta esses valores usando o modelo baseado em regras. Os modelos gerados pelo Cubist geralmente fornecem resultados melhores que os produzidos por técnicas como regressão linear multivariada, ao mesmo tempo que são mais fáceis de entender do que as redes neurais, por exemplo.

Por exemplo, no problema *Machine-Cpu* disponível no repositório da UCI (Dheeru e Karra Taniskidou, 2017), o problema consiste em estimar o desempenho de processadores. O modelo gerado pelo Cubist é:

```
IF MMAX <= 14000 THEN
ERP = 0,55 * CACH + 1,14 * CHMIN + 0,114 CHMAX + 3,15
```

em que o `ERP`, desempenho relativo estimado, é a variável objetivo, e os atributos de entrada são: `MMAX`, a memória RAM, `CACH`, a memória cache em kbytes, `CHMIN`, o número mínimo de canais, `CHMAX`, o número máximo de canais.

### 6.6.2 Árvores de Opção

Os modelos usuais de árvores de decisão incorporam um único teste em cada nó, e cada exemplo segue um único caminho, correspondendo ao resultado do teste, até que uma folha seja alcançada e uma predição é então realizada. *Árvores de opção* foram introduzidas por Buntine (1990) como generalização das árvores de decisão. Árvores de opção podem incluir *nós de opção*, que trocam o usual teste no valor de um atributo por um conjunto de testes, cada um dos quais sobre o valor de um atributo. Um nó de opção é como um nó *ou* em árvores *e-ou*. Na construção da árvore, em vez de selecionar o *melhor* atributo, são selecionados todos os atributos promissores, aqueles com maior valor do ganho de informação. Para cada atributo selecionado, uma árvore de decisão é construída. É de salientar que uma árvore de opção pode ter três tipos de nós: nós com somente um atributo teste – *nós de decisão*; nós com disjunções dos atributos de teste – *nós de opção*; e nós folhas.

A classificação de um exemplo **x** usando uma árvore de opção é um processo recursivo:

- Para um nó folha, devolva o rótulo da classe predito pela folha.
- Para um nó de decisão, o exemplo segue o único nó filho.
- Para um nó de opção, o exemplo segue todas as subárvores ligadas ao atributo teste. As previsões do teste disjuntivo são agregadas por um esquema de votação.

Kohavi e Kunz (1997) mostram que a redução de erro verificada nessas árvores é resultante da redução na componente da variância (ver Seção 10.5). Afirmam ainda que é possível alcançar uma redução significativa das taxas de erro (em comparação com árvores regulares) usando *árvores de opção* restritas a dois níveis de nós de opção a partir do topo. Em comparação com o *bagging*, descrito no Capítulo 9, uma *árvore de opção* é determinística e não se baseia em técnicas de amostragem como as expostas no Capítulo 10. As árvores de opção usam todos os dados disponíveis para construir a árvore. A principal desvantagem das *árvores de opção* é que elas requerem muito mais memória e espaço em disco do que árvores normais.

## 6.7 Considerações Finais

Os modelos de decisão estudados neste capítulo, árvores e regras de decisão, estão entre os mais utilizados em aprendizado de máquina. Atualmente, existem algoritmos eficientes para indução de árvores de decisão ou conjuntos de regras e de aplicação eficiente, com um desempenho equivalente ao de outros modelos (como redes neurais e SVM), mas com maior grau de interpretabilidade. No entanto, as regras de decisão são de alguma forma mais expressivas e flexíveis para representar conhecimento.

A combinação de múltiplos modelos de árvores em comitês (*ensembles*) também tem se mostrado competitiva e é uma abordagem frequentemente empregada para aumentar o desempenho preditivo desses modelos. Modelos como Florestas Aleatórias (*Random Forests*) e *XGBoost* são exemplos neste sentido. No Capítulo 9 são apresentadas algumas das estratégias para combinação de múltiplos modelos preditivos que podem ser usadas.

## 6.8 Exercícios

**Exercício 6.1** Obtenha uma árvore de decisão para representar os seguintes conceitos, em que $A$, $B$, $C$ e $D$ são variáveis booleanas:

a. $A \wedge B$;

b. O ou exclusivo de $A$ e $B$.

### Respostas

a. $A \wedge B$

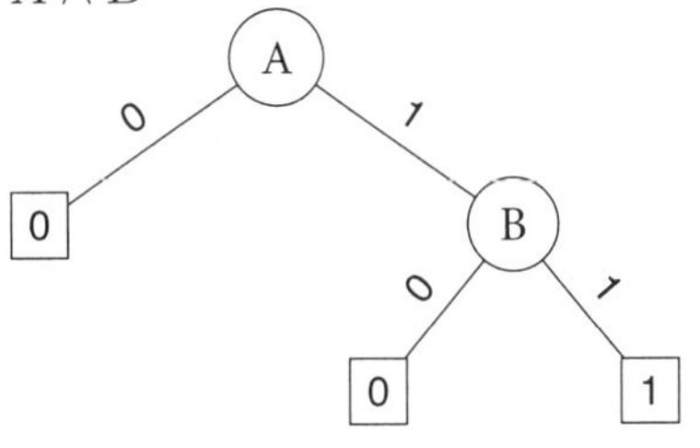


b. $A \oplus B$

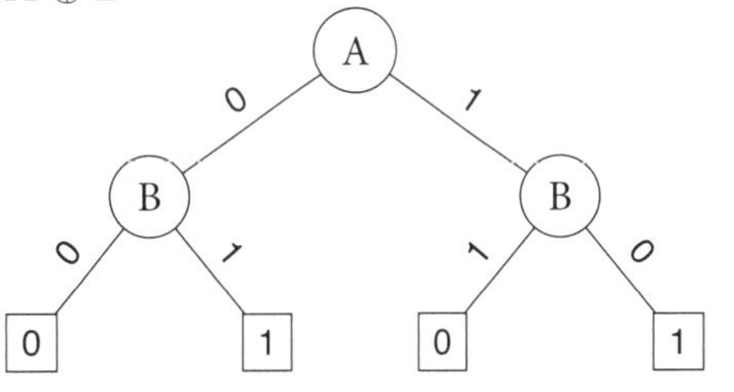


**Exercício 6.2** Considere o seguinte conjunto de dados (Tabela 6.3) e responda às questões:

a. Classifique os atributos de acordo com o seu tipo e escala.

b. Calcule o ganho de informação em separar os clientes entre potenciais recebedores de crédito e potenciais não recebedores com base em cada um dos atributos qualitativos anteriores (a menos da identificação).

c. Calcule o ganho de informação para a mesma tarefa anterior, considerando o atributo renda. Use a seguinte heurística para determinar os pontos de corte a serem considerados: ordene-os de maneira crescente; em seguida, verifique para quais valores consecutivos há uma mudança de classe (de sim para não ou vice-versa); os pontos de corte devem ser dados pela média dos valores consecutivos segundo a regra anterior.

d. Construa a árvore de decisão completa para o conjunto de dados considerado, usando o critério de ganho de informação com entropia.

**Tabela 6.3** Exemplo de conjunto de dados: `crédito`

| ID | Emprego | Estado | Renda | Crédito |
|---|---|---|---|---|
| 1 | Sim | Solteiro | 9500 | Sim |
| 2 | Não | Casado | 8000 | Não |
| 3 | Não | Solteiro | 7000 | Não |
| 4 | Sim | Casado | 12000 | Sim |
| 5 | Não | Divorciado | 9000 | Sim |
| 6 | Não | Casado | 6000 | Não |
| 7 | Não | Divorciado | 4000 | Não |
| 8 | Não | Solteiro | 8500 | Sim |
| 9 | Não | Casado | 7500 | Não |
| 10 | Não | Divorciado | 8000 | Não |

### Respostas

a. ID: qualitativo nominal; Emprego: qualitativo nominal; Estado: qualitativo nominal; Renda: quantitativo racional; Crédito: qualitativo nominal.

b. Use a Equação 6.5 e tome como base o exemplo do capítulo para atributos qualitativos.

c. Use a Equação 6.5 e tome como base o exemplo do capítulo para atributos quantitativos.

d. Usando os ganhos de informação calculados anteriormente, é possível determinar a raiz da árvore. Em seguida, aplique o mesmo raciocínio iterativamente aos ramos da árvore para obter os novos nós (de decisão ou folhas) – ou seja, aplique o Algoritmo 6.1.

**Exercício 6.3** Considere que em determinado nó $t$ chegaram 29 exemplos positivos e 35 exemplos negativos. Usando um atributo $A_1$ para separar as duas classes, são formados dois subconjuntos: um para $A_1 = A_{11}$, com 21 exemplos positivos e 5 exemplos negativos; e outro para $A_1 = A_{12}$, com 8 exemplos positivos e 30 exemplos negativos. Por outro lado, usando um atributo $A_2$ nesta separação, obtêm-se os subconjuntos: $A_2 = A_{21}$ com 18 exemplos positivos e 33 exemplos negativos; e $A_2 = A_{22}$ com 11 exemplos positivos e 2 exemplos negativos. Com base nessas informações, responda:

a. Usando o critério de ganho de informação com entropia, qual é o melhor atributo para dividir os dados em $t$?

b. Repita o exercício anterior usando o índice Gini no lugar da entropia.

### Respostas

a. O atributo $A_1$ é melhor, use a Equação 6.5 para mostrar.

b. O atributo $A_1$ é melhor, altere a equação do item anterior para usar o índice Gini (Equação 6.6) no lugar da entropia.

**Exercício 6.4** Defina a melhor divisão para os conjuntos apresentados nas Tabelas 6.4(a) a 6.4(d). Eles consideram cenários de divisão binária e divisão múltipla para um mesmo atributo, de tipo de carro. Qual é a melhor estratégia de divisão para elementos das classes C1 e C2 entre as tabeladas, usando o ganho de informação com entropia?

**Tabela 6.4** Estratégias de divisão

**(a)** Divisão múltipla

| Classe | {Familiar} | {Esporte} | {Luxo} |
|---|---|---|---|
| C1 | 1 | 2 | 1 |
| C2 | 4 | 1 | 1 |

**(b)** Divisão binária 1

| Classe | {Luxo} | {Familiar, Esporte} |
|---|---|---|
| C1 | 1 | 3 |
| C2 | 1 | 5 |

**(c)** Divisão binária 2

| Classe | {Familiar} | {Esporte, Luxo} |
|---|---|---|
| C1 | 1 | 3 |
| C2 | 4 | 2 |

**(d)** Divisão binária 3

| Classe | {Esporte} | {Familiar, Luxo} |
|---|---|---|
| C1 | 2 | 2 |
| C2 | 1 | 5 |

**Resposta** Em todos os casos, usar a Equação 6.5 nos cálculos e comparar os valores obtidos. Deve-se escolher a divisão que leve a um valor maior de ganho de informação.

**Exercício 6.5** Calcule a medida de impureza Gini para os dados com as seguintes distribuições de exemplos por classe C1 e C2:

a. C1 tem 0 exemplo e C2 tem 6 exemplos;
b. C1 tem 2 exemplos e C2 tem 4 exemplos;
c. C1 tem 3 exemplos e C2 tem 3 exemplos;
d. C1 tem 1 exemplo e C2 tem 5 exemplos.

**Resposta** Utilize a Equação 6.6.

**Exercício 6.6** Repita o exercício anterior usando a medida de entropia. Compare os resultados obtidos aos anteriores.

**Resposta** Utilize agora a Equação 6.2.

**Exercício 6.7** Considere a variação do conjunto de dados `play` da Tabela 6.5, em que os atributos quantitativos foram discretizados em valores qualitativos.

**Tabela 6.5** Conjunto de dados `play` com atributos qualitativos

| Dia | Tempo | Temperatura | Umidade | Vento | Joga |
|---|---|---|---|---|---|
| D1 | Ensolarado | Quente | Alta | Fraco | Não |
| D2 | Ensolarado | Quente | Alta | Forte | Não |
| D3 | Nublado | Quente | Alta | Fraco | Sim |
| D4 | Chuvoso | Média | Alta | Fraco | Sim |
| D5 | Chuvoso | Fria | Normal | Fraco | Sim |
| D6 | Chuvoso | Fria | Normal | Forte | Não |
| D7 | Nublado | Fria | Normal | Forte | Sim |
| D8 | Ensolarado | Média | Alta | Fraco | Não |
| D9 | Ensolarado | Fria | Normal | Fraco | Sim |
| D10 | Chuvoso | Média | Normal | Fraco | Sim |
| D11 | Ensolarado | Média | Normal | Forte | Sim |
| D12 | Nublado | Média | Alta | Forte | Sim |
| D13 | Nublado | Quente | Normal | Fraco | Sim |
| D14 | Chuvoso | Média | Alta | Forte | Não |

a. Obtenha a árvore de decisão com o critério de ganho de informação por entropia.
b. Com base na árvore obtida, qual será a decisão para um novo dia com as seguintes características: chuvoso, quente, alta, forte? Explique sua resposta.

**Respostas**

a. Aplicar o Algoritmo 6.1 com o ganho de informação (Equação 6.5) para gerar a árvore.
b. Consulte a árvore com base nos valores dos atributos. Iniciando pela raiz, um teste de atributo é feito e um ramo de resultado deve ser seguido, no qual um novo teste é feito ou uma previsão é obtida.

**Exercício 6.8** Verifique como funcionam os algoritmos CART e C4.5 segundo os seguintes critérios: medida de impureza usada, método de poda empregado, como se lida com valores ausentes.

**Resposta** Sugere-se a pesquisa das referências Quinlan (1993) e Breiman *et al.* (1984).

**Exercício 6.9** Usando o conjunto de dados do Exercício 6.2, calcule cobertura e acurácia da regra: **se** tem emprego **e** salário > 6000 **então** recebe crédito.

**Resposta** Cobertura: 2, acurácia: 100%.

**Exercício 6.10** Usando o conjunto de dados do Exercício 6.7, encontre um conjunto de regras para Joga = Sim, usando uma medida de taxa de erro e uma estratégia *top-down*.

**Resposta** Ver o Exemplo Ilustrativo na página 105.

# 7 MÉTODOS CONEXIONISTAS

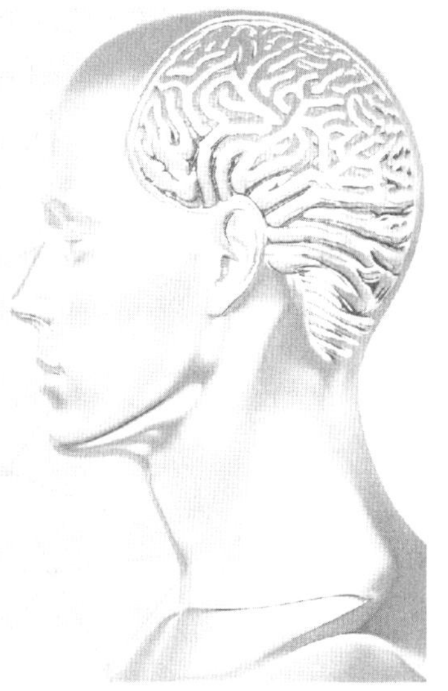

Na busca por simular o processo de aprendizado, um modelo natural que inspirou diversas pesquisas é o do cérebro. O cérebro é formado por células relativamente simples, neurônios, que trocam informações por meio de sinapses. A grande quantidade de neurônios, cada um conectado a vários outros, permitindo que muitos atuem em paralelo, é responsável pelo funcionamento do cérebro. A busca por um sistema computacional cuja capacidade de processamento se aproximasse da do cérebro humano motivou o desenvolvimento dos métodos conexionistas de AM, as Redes Neurais Artificiais (RNAs) (Braga *et al.*, 2007; Haykin, 1999a).

Assim como nas redes neurais biológicas, as RNAs são compostas de unidades de processamento simples, que implementam funções matemáticas que simulam funções desempenhadas por neurônios. Essas unidades podem se conectar a várias outras por conexões que simulam as sinapses, permitindo que as RNAs possam resolver vários problemas complexos.

Neste capítulo, são descritos os principais fundamentos das RNAs. Os conceitos mais importantes das RNAs e sua ligação com conceitos biológicos são introduzidos na Seção 7.1. Na Seção 7.2, são descritas duas arquiteturas básicas de RNAs, as redes Perceptron e Adaline. A generalização das redes Perceptron com múltiplas camadas é apresentada na Seção 7.3. Os principais conceitos e arquiteturas das redes neurais profundas são apresentados nas Seções 7.4 a 7.8. Finalmente, a Seção 7.9 discute vantagens e desvantagens das RNAs.

## 7.1 Redes Neurais Artificiais

Na busca pela construção de máquinas inteligentes, ou com comportamento inteligente, um modelo que ocorre naturalmente é o do cérebro humano. Em nosso cotidiano, realizamos diversas tarefas que requerem atenção a diferentes eventos ao mesmo tempo e o processamento de informações variadas, de forma a tomarmos ações adequadas. Tarefas consideradas simples, como pegar um objeto ou mesmo caminhar, envolvem diversas habilidades, tais como memória, aprendizado e coordenação física. A complexidade de tais ações, simples para a maioria das pessoas, é evidenciada pela dificuldade encontrada em ensinar robôs a realizá-las. A realização aparentemente simples de tarefas como essas e muitas outras é possível graças à nossa complexa estrutura biológica, principalmente o nosso cérebro.

A partir dessas motivações, o desenvolvimento das RNAs tomou como inspiração a estrutura e o funcionamento do sistema nervoso, com o objetivo de simular a capacidade de aprendizado do cérebro humano na aquisição de conhecimento.

A procura por modelos computacionais ou matemáticos do sistema nervoso teve início na mesma época em que foram desenvolvidos os primeiros computadores eletrônicos, na década de 1940. Os estudos pioneiros na área foram realizados por McCulloch e Pitts (1943). Em 1943, eles propuseram um modelo matemático de neurônio artificial, a unidade lógica com limiar (LTU, do inglês, *Logic Threshold Unit*), que podia executar funções lógicas simples. McCulloch e Pitts mostraram que a combinação de vários neurônios artificiais em sistemas neurais tem um elevado poder computacional, pois pode implementar qualquer função obtida pela combinação de funções lógicas. Entretanto, redes de LTUs não possuíam capacidade de aprendizado.

Outras contribuições iniciais importantes se devem a Hebb (1949), com estudos sobre aprendizado, Rosenblatt (1958), com as redes Perceptrons, além de vários outros. Na década de 1970, houve um resfriamento das pesquisas em RNAs, principalmente com a publicação do livro de Minsky e Papert (1969), no qual os autores apontaram a limitação da rede Perceptron a problemas linearmente separáveis. Na década de 1980, o aumento da capacidade de processamento, as pesquisas em processamento paralelo e, principalmente, a proposta de novas arquiteturas de RNAs com maior capacidade de representação e de algoritmos de aprendizado mais sofisticados levaram ao ressurgimento da área. Atualmente, as RNAs figuram entre os modelos mais eficientes e utilizados para a solução de vários problemas. Elas são empregadas em diversas aplicações e têm sido alvo de grande foco de pesquisa e investimento.

Os trabalhos iniciais em RNAs tinham por objetivo compreender o cérebro e utilizar o conhecimento obtido para desenvolver sistemas de aprendizado biologicamente plausíveis. Dessa forma, as RNAs são baseadas em modelos abstratos de como pensamos que o cérebro (e os neurônios) funciona. Como muitos conceitos em RNAs foram inspirados em estudos sobre o sistema nervoso biológico, a próxima seção descreve brevemente os seus principais aspectos.

### 7.1.1 Sistema Nervoso

O sistema nervoso, do qual faz parte o cérebro, é um conjunto complexo de células que determinam o funcionamento e o comportamento dos seres vivos. Ele está presente em todos os seres vivos vertebrados e na maioria dos invertebrados. A unidade fundamental do sistema nervoso é a célula nervosa, o neurônio, que se distingue das outras células por apresentar excitabilidade, que lhe permite responder a estímulos externos e internos. Isso possibilita a transmissão de impulsos nervosos a outros neurônios e a células musculares e glandulares.

O principal bloco de construção do cérebro é o neurônio. Os principais componentes de um neurônio são: dendritos, corpo celular e axônio. Um esquema de neurônio simplificado pode ser visualizado na Figura 7.1. Diferentes tipos de neurônios podem assumir diferentes estruturas. Por estar fora do escopo deste livro, essas variações não serão discutidas.

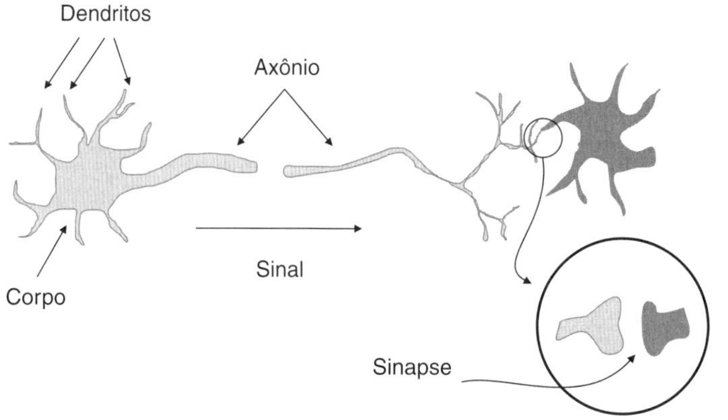


**Figura 7.1** Neurônio biológico simplificado.

Os dendritos são prolongamentos dos neurônios especializados na recepção de estímulos nervosos provenientes de outros neurônios ou do ambiente. Esses estímulos são então transmitidos para o corpo celular ou soma. O soma coleta as informações recebidas dos dendritos, as combina e processa. De acordo com a intensidade e frequência dos estímulos recebidos, o corpo celular gera um novo impulso, que é enviado para o axônio. O axônio é um prolongamento dos neurônios, responsável pela condução dos impulsos elétricos produzidos no corpo celular até outro local mais distante (usualmente, até outros neurônios). Alguns axônios de um adulto humano podem chegar a medir mais de um metro de comprimento. Na ilustração da Figura 7.1, o sinal no neurônio flui da esquerda para a direita, ou seja, dos dendritos para o corpo celular e em seguida para o axônio. O contato entre a terminação de um axônio e o dendrito de outro neurônio é denominado sinapse. As sinapses são, portanto, as unidades que medeiam as interações entre os neurônios (Minsky e Papert, 1969), e podem ser excitatórias ou inibitórias.

O cérebro humano possui um grande número de neurônios, da ordem de 10 a 500 bilhões. De acordo com estimativas, eles encontram-se organizados em aproximadamente 1.000 módulos principais, cada um com 500 redes neurais. Além disso, cada neurônio pode estar conectado a centenas ou até mesmo milhares de outros neurônios. Essas redes biológicas trabalham de forma massivamente paralela, provendo uma grande rapidez de processamento. Essa característica é evidenciada pelo fato de que, apesar de os neurônios biológicos possuírem um tempo de processamento da ordem de $10^{-3}$ segundos, o cérebro é capaz de realizar diversas tarefas (como reconhecimento de padrões, percepção e controle motor) várias vezes mais rapidamente que o computador digital mais rápido existente na atualidade.

## 7.1.2 Componentes Básicos das RNAs

As RNAs são sistemas computacionais distribuídos compostos de unidades de processamento simples, densamente interconectadas. Essas unidades, conhecidas como neurônios artificiais, computam funções matemáticas. As unidades são dispostas em uma ou mais camadas e interligadas por um grande número de conexões, geralmente unidirecionais. Na maioria das arquiteturas, essas conexões, que simulam as sinapses biológicas, possuem pesos associados, que ponderam a entrada recebida por cada neurônio da rede. Os pesos podem assumir valores positivos ou negativos, dependendo de o comportamento da conexão ser excitatório ou inibitório, respectivamente. Os pesos têm seus valores ajustados em um processo de aprendizado e codificam o conhecimento adquirido pela rede (Braga *et al.*, 2007).

Uma RNA é portanto caracterizada por dois aspectos básicos: arquitetura e aprendizado. Enquanto a arquitetura está relacionada com o tipo, com o número de unidades de processamento e com a forma como os neurônios estão conectados, o aprendizado diz respeito às regras utilizadas para ajustar os pesos da rede e à informação que é utilizada por essas regras.

### Arquitetura

O neurônio é a unidade de processamento fundamental de uma RNA. Na Figura 7.2 é apresentado um modelo simplificado de neurônio artificial (Haykin, 1999a). As unidades de processamento desempenham um papel muito simples. Cada terminal de entrada do neurônio, simulando os dendritos, recebe um valor. Os valores recebidos são ponderados e combinados por uma função matemática $f$, equivalendo ao processamento realizado pelo soma. A saída da função é a resposta do neurônio para a entrada. Várias funções diferentes podem ser utilizadas. Para apresentar as funções, vamos primeiro supor um objeto $\mathbf{x}$ com $d$ atributos representado na forma de vetor como $\mathbf{x} = [x^1, x^2, ..., x^d]$ e um neurônio com $d$ terminais de entrada cujos pesos são $w^1, w^2, ..., w^d$, que podem ser representados na forma vetorial como $\mathbf{w} = [w^1, w^2, ..., w^d]$. A entrada total recebida pelo neurônio, $u$, pode ser calculada pela Equação 7.1:

$$u = \sum_{j=1}^{d} x^j w^j \tag{7.1}$$

Conforme já mencionado, os neurônios podem apresentar conexões de entrada negativas ($w^j < 0$) ou positivas ($w^j > 0$). Um valor de peso igual a zero equivale à ausência da conexão associada.

A saída de um neurônio é definida por meio da aplicação de uma função de ativação à entrada total, conforme ilustrado na Figura 7.3. Várias funções de ativação têm sido propostas na literatura. A Figura 7.4 mostra o formato de seis dessas funções: linear, limiar, sigmoidal, tangente hiperbólica, gaussiana e linear retificada (ReLU). O uso da função linear identidade [Figura 7.4(a)] implica retornar como saída o valor de $u$. Na função limiar [Figura 7.4(b)], empregada no modelo de neurônio artificial de McCulloch e Pitts (1943), o valor do limiar define quando o resultado da função limiar será igual a 1 ou 0 (alternativamente, pode-se empregar o valor $-1$). Quando a soma das entradas

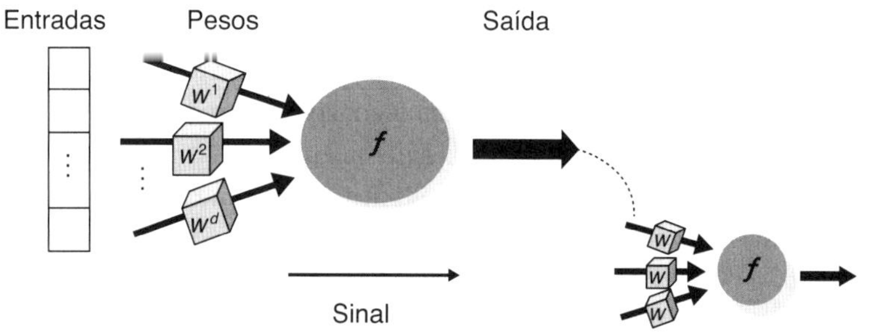


**Figura 7.2** Neurônio artificial.

recebidas ultrapassa o limiar estabelecido, o neurônio torna-se ativo (saída $+1$). Quanto maior o valor do limiar, maior tem de ser o valor da entrada total para que o valor de saída do neurônio seja igual a 1. A função sigmoidal [Figura 7.4(c)] representa uma aproximação contínua e diferenciável da função limiar. A sua saída é um valor no intervalo aberto $(0, 1)$, podendo apresentar diferentes inclinações. A função tangente hiperbólica [Figura 7.4(d)] é uma variação da função sigmoidal que utiliza o intervalo aberto $(-1, +1)$ para o valor de saída. Outra função utilizada com frequência, também contínua e diferenciável, é a função gaussiana [Figura 7.4(e)]. Mais recentemente, com a popularização das redes profundas, passou a ser cada vez mais utilizada a função linear retificada, também conhecida como ReLU (do inglês, *Rectified Linear Unit*) [Figura 7.4(f)]. Essa função retorna 0 se recebe um valor negativo ou o próprio valor, no caso contrário. Junto com suas variações, ela tem apresentado bons resultados em várias aplicações.

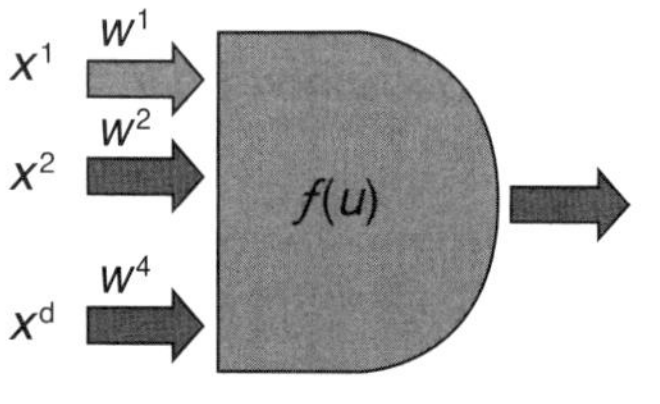


**Figura 7.3** Entrada total em um neurônio artificial.

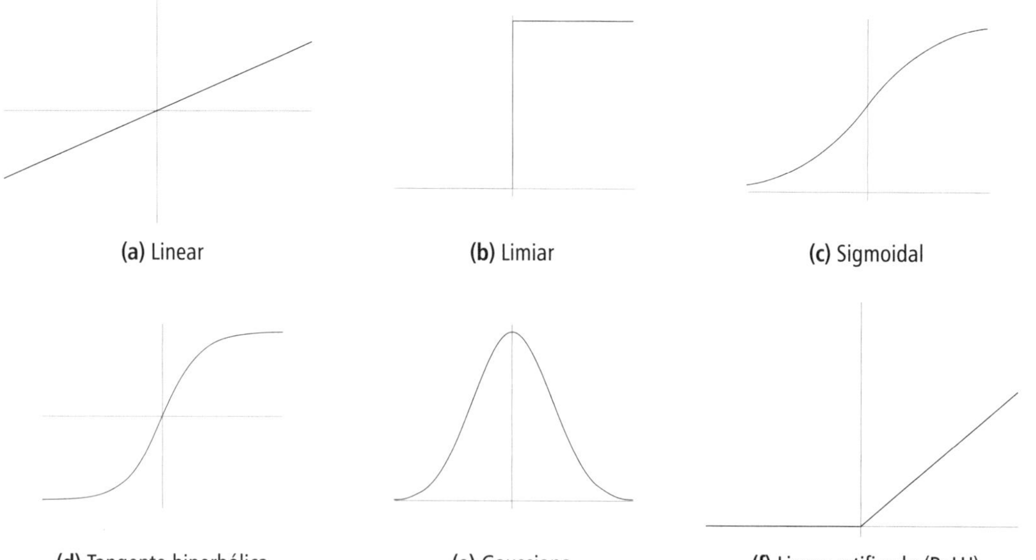

**(a)** Linear **(b)** Limiar **(c)** Sigmoidal

**(d)** Tangente hiperbólica **(e)** Gaussiana **(f)** Linear retificada (ReLU)

**Figura 7.4** Exemplos de funções de ativação.

Em uma RNA, os neurônios podem estar dispostos em uma ou mais camadas. Quando duas ou mais camadas são utilizadas, um neurônio pode receber em seus terminais de entrada valores de saída de neurônios da camada anterior e/ou enviar seu valor de saída para terminais de entrada de neurônios da camada seguinte. A Figura 7.5 ilustra um exemplo de RNA com três camadas. Essa rede recebe como entrada valores de dois atributos e gera dois valores em sua saída.

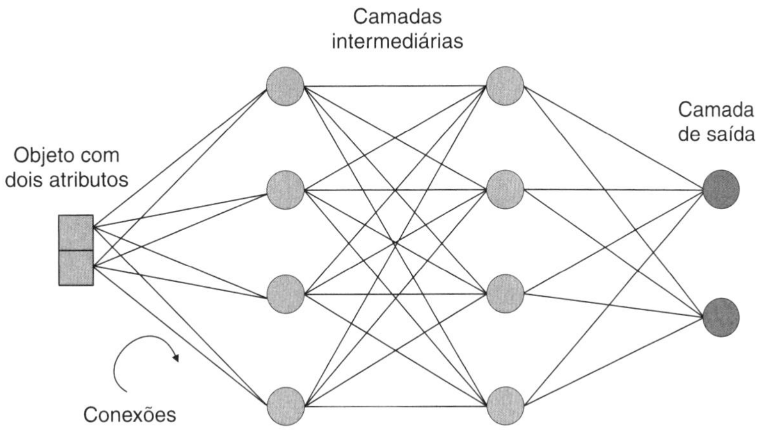


**Figura 7.5** Exemplo de RNA multicamadas típica.

Uma rede com mais de uma camada de neurônios recebe o nome de rede multicamadas. A camada de neurônios que gera os valores de saída é chamada de camada de saída. As demais camadas são denominadas camadas intermediárias, escondidas ou ocultas.

Em uma rede multicamadas, as conexões entre os neurônios podem apresentar diferentes padrões. De acordo com esses padrões, a rede pode ser classificada em:

- Completamente conectada: quando os neurônios da rede estão conectados a todos os neurônios da camada anterior e/ou seguinte.
- Parcialmente conectada: quando os neurônios estão conectados a apenas alguns dos neurônios da camada anterior e/ou seguinte.
- Localmente conectada: são redes parcialmente conectadas, em que os neurônios conectados a um neurônio se encontram em uma região bem definida.

Esses três padrões de conectividade são ilustrados na Figura 7.6.

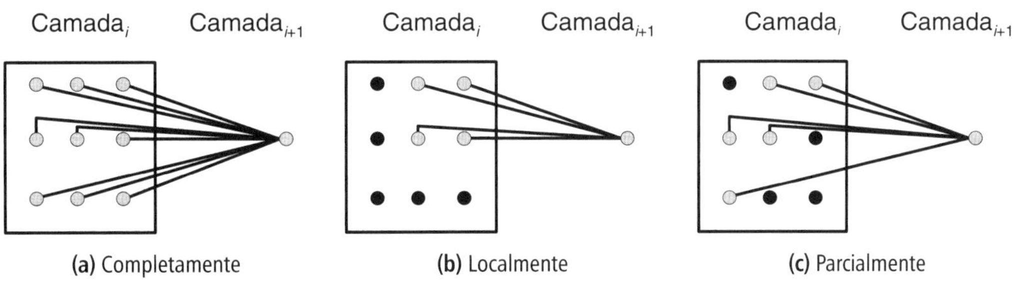


**Figura 7.6** Diferentes padrões de conexão em uma RNA multicamadas.

Além do grau de conectividade, as RNAs podem apresentar ou não conexões de retroalimentação, ou *feedback*. A informação em uma rede neural geralmente flui da camada de entrada da rede para os neurônios da camada de saída. Para redes multicamadas, esse fluxo ocorre camada a camada. As conexões de retroalimentação permitem que um neurônio receba em seus terminais de entrada a saída de um neurônio da mesma camada ou de uma camada posterior. O neurônio pode inclusive receber sua própria saída em um de seus terminais de entrada. As redes com retropropagação, conhecidas como redes recorrentes, são indicadas para aplicações em que é necessário processar informações sequenciais e na simulação de sistemas dinâmicos. Exemplos de aplicações desses tipos incluem o processamento de língua natural e o controle de braços robóticos. Redes sem conexões de retropropagação, que são mais comumente utilizadas na prática, são denominadas RNAs *feedforward*. A Figura 7.7 ilustra exemplos dessas duas redes, uma recorrente e uma *feedforward*.

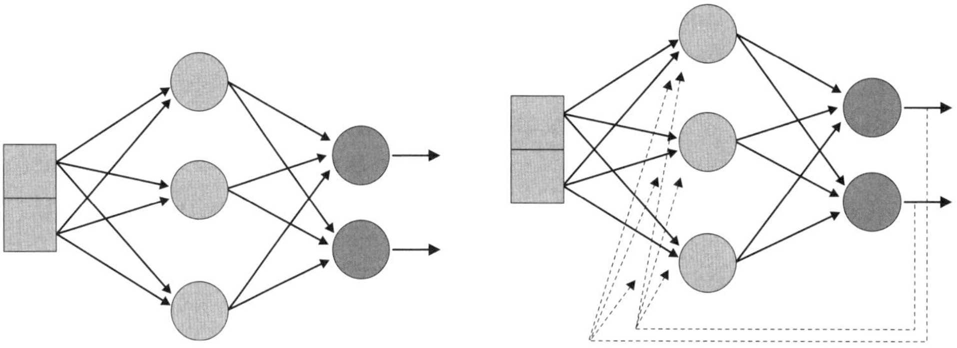

(a) Rede *feedforward* (b) Rede recorrente

**Figura 7.7** Redes neurais *feedforward* e recorrente.

O número de camadas, o número de neurônios em cada camada, o grau de conectividade e a presença ou não de conexões de retropropagação definem a topologia de uma RNA.

## Aprendizado

Vários algoritmos têm sido propostos na literatura para o ajuste dos parâmetros de uma RNA. Por ajuste de parâmetros entende-se principalmente a definição dos valores dos pesos associados às conexões da rede que fazem com que o modelo obtenha melhor desempenho, geralmente medido pela acurácia preditiva. Esses algoritmos, referenciados como algoritmos de treinamento, são formados por um conjunto de regras bem definidas que especificam quando e como deve ser alterado o valor de cada peso. Diversos estudos propuseram algoritmos de treinamento para RNAs seguindo os paradigmas de aprendizado supervisionado, não supervisionado e por reforço. Esses algoritmos podem ser divididos em quatro grupos:

1. Correção de erro: geralmente utilizados em aprendizado supervisionado, procuram ajustar os pesos da RNA de forma a reduzir os erros cometidos pela rede.
2. Hebbiano: frequentemente usados em aprendizado não supervisionado, são baseados na regra de Hebb, que diz que, se dois neurônios estão simultaneamente ativos, a conexão entre eles deve ser reforçada.
3. Competitivo: utilizados em aprendizado não supervisionado, promovem uma competição entre neurônios para definir qual ou quais devem ter seus pesos ajustados. Os neurônios que vencem a competição, em geral, são os que respondem mais fortemente ao objeto apresentado aos seus terminais de entrada.
4. Termodinâmico (*Boltzmann*): algoritmos estocásticos baseados em princípios observados na metalurgia.

Nas últimas décadas, foi desenvolvido um grande número de arquiteturas de RNAs e algoritmos de treinamento para aperfeiçoá-las. A seguir, são apresentadas algumas das arquiteturas existentes mais tradicionais e os algoritmos de treinamento mais utilizados para elas. O foco da apresentação é em modelos e algoritmos do paradigma de aprendizado supervisionado.

## 7.2 Redes Perceptron e Adaline

A primeira RNA a ser implementada foi a rede Perceptron, desenvolvida por Rosenblatt (1958). Essa rede, que utiliza o modelo de McCulloch-Pitts como neurônio, introduziu o processo de treinamento de RNAs. Embora essa rede seja simples, apresentando apenas uma camada de neurônios, ela obteve uma boa acurácia preditiva em diversos problemas de classificação. Conforme ilustrado na Figura 7.8, a rede Perceptron possuía uma máscara ou retina para receber os objetos de entrada, que eram pré-processados e então apresentados à rede, que possui apenas um neurônio.

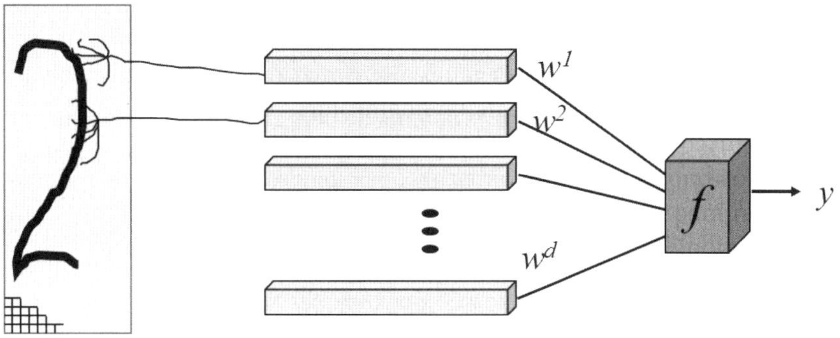


**Figura 7.8** Rede Perceptron (adaptada de Minsky e Papert, 1969).

A rede Perceptron é treinada por um algoritmo supervisionado de correção de erro e usa a função de ativação do tipo limiar. Durante o seu treinamento, para um objeto $\mathbf{x}_i$, os pesos são ajustados de acordo com a Equação 7.2:

$$w^j(t+1) = w^j(t) + \eta x_i^j (y_i - \hat{f}(\mathbf{x}_i)) \tag{7.2}$$

em que $w^j(t)$ é o peso da $j$-ésima conexão de entrada no instante de tempo $t$, $\eta$ é uma taxa de aprendizado, $x_i^j$ é o valor do $j$-ésimo atributo do vetor de entrada $\mathbf{x}_i$, $\hat{f}(\mathbf{x}_i)$ é a saída produzida pela rede no instante de tempo $t$ e $y_i$ é a saída desejada para a rede (o rótulo de $\mathbf{x}_i$). O valor da taxa de aprendizado define a magnitude do ajuste feito no valor de cada peso. Valores altos fazem com que as variações sejam grandes, enquanto taxas pequenas implicam poucas variações nos pesos. Essa magnitude define a velocidade de convergência da rede e é um parâmetro estipulado pelo usuário. O algoritmo de treinamento utilizado para a rede Perceptron é descrito pelo Algoritmo 7.1.

**Algoritmo 7.1** Algoritmo de treinamento da rede Perceptron

**Entrada:** Um conjunto de $n$ objetos de treinamento $\mathbf{D} = \{(\mathbf{x}_i, y_i), i = 1, \ldots, n\}$, taxa de aprendizado $\eta$, limiar $\epsilon$, máximo de iterações
**Saída:** Rede Perceptron com valores dos pesos ajustados

```
Inicializar pesos da rede com valores baixos (próximos de zero)
repita
    para cada objeto xᵢ do conjunto de treinamento faça
        Calcular valor da saída produzida pelo neurônio, f̂(xᵢ);
        Calcular erro = yᵢ − f̂(xᵢ);
        se erro > 0 então
            Ajustar pesos do neurônio utilizando a Equação 7.2;
        fim
    fim
até erro = 0 ou erro < ε ou número iterações > máximo;
```

Alguns anos após propor a rede Perceptron, Rosenblatt provou o teorema de convergência da rede, que diz que, *se é possível classificar um conjunto de entradas linearmente, uma rede Perceptron fará a classificação.*

Outra RNA com apenas uma camada que surgiu na mesma época da rede Perceptron é a rede Adaline (formada pelas primeiras sílabas de *Adaptive Linear*) (Widrow e Hoff, 1960). As principais diferenças entre as duas redes é que a rede Adaline utiliza uma função de ativação linear e, assim, leva a magnitude do erro em consideração na hora de ajustar os pesos da rede. Para isso, a rede Adaline utiliza uma regra de ajuste denominada Regra Delta, proposta por Widrow e Hoff (1960), cujo nome vem do uso da diferença entre os valores da saída desejada e da saída produzida. A equação utilizada para o ajuste dos pesos é similar à Equação 7.2 utilizada pela rede Perceptron. A diferença está na forma como o valor da saída produzida, $\hat{f}(\mathbf{x}_i)$, é definido, sendo contínuo no caso das redes Adaline. Com isso, essas redes são comumente utilizadas em problemas supervisionados de regressão. Em problemas de classificação, as saídas dos neurônios devem ser discretizadas. As redes Perceptron, por outro lado, foram propostas para solucionar problemas de classificação.

Uma limitação das redes de uma camada, como as redes Perceptron e Adaline, é que elas conseguem gerar somente funções de decisão lineares. Vamos supor que os objetos do conjunto de dados possuam apenas dois atributos de entrada. Os objetos de duas classes, com dois atributos cada, são linearmente separáveis se após plotar cada objeto em um espaço bidimensional, utilizando o valor de cada atributo para definir a posição do objeto, existe uma reta que separa os objetos de uma classe dos objetos da outra classe. Um exemplo de dados com dois atributos que são linearmente separáveis pode ser visto na Figura 7.9. Se, em vez de dois, os objetos apresentarem $d$ atributos, o espaço de soluções será $d$-dimensional. Os objetos de duas classes serão linearmente separáveis se houver um hiperplano que separe os dados das duas classes.

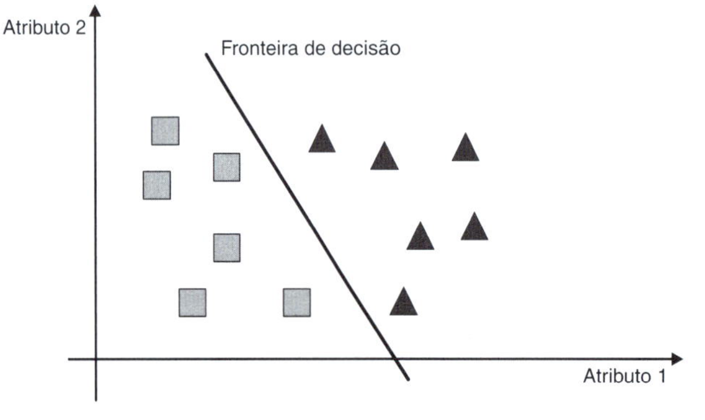


**Figura 7.9** Objetos linearmente separáveis.

## 7.3 Perceptron Multicamadas

Para resolver problemas não linearmente separáveis utilizando RNAs, a alternativa mais utilizada é adicionar uma ou mais camadas intermediárias. Segundo Cybenko (1989), uma rede com uma camada intermediária pode implementar qualquer função contínua. A utilização de duas camadas intermediárias permite a aproximação de qualquer função, desde que sejam utilizados neurônios suficientes.

As redes do tipo Perceptron multicamadas (MLP, do inglês, *multilayer Perceptron*) apresentam uma ou mais camadas intermediárias de neurônios e uma camada de saída. A arquitetura mais comum para uma rede MLP é a completamente conectada, de forma que os neurônios de uma camada $l$ estão conectados a todos os neurônios da camada $l + 1$. Caso a camada $l$ seja a primeira camada intermediária, cada um de seus neurônios estará conectado a todos os atributos de entrada $x^j, j = 1 \ldots, d$, para um objeto de entrada **x**. A Figura 7.5 ilustra uma típica rede MLP.

Redes multicamadas utilizam nas camadas intermediárias funções de ativação não lineares, como a função sigmoidal. Pode-se facilmente mostrar, utilizando conceitos de operações com matrizes, que uma rede multicamadas com funções de ativação lineares nos neurônios das camadas intermediárias é equivalente a uma rede de uma só camada.

Em uma MLP, cada neurônio realiza uma função específica. A função implementada por um neurônio de uma dada camada é uma combinação das funções realizadas pelos neurônios da camada anterior que estão conectados a ele. À medida que o processamento avança de uma camada intermediária para a camada seguinte, o processamento realizado (e a função correspondente) se torna mais complexo. Na primeira camada, cada neurônio aprende uma função que define um hiperplano, o qual divide o espaço de entrada em duas partes. Cada neurônio da camada seguinte combina um grupo de hiperplanos definidos pelos neurônios da camada anterior, formando regiões convexas. Os neurônios da camada seguinte combinam um subconjunto das regiões convexas em regiões de formato arbitrário. A Figura 7.10 exemplifica o papel de cada neurônio para a definição das fronteiras de decisão que permitirão à rede classificar novos exemplos. É a combinação das funções desempenhadas por cada neurônio da rede que define a função associada à RNA como um todo.

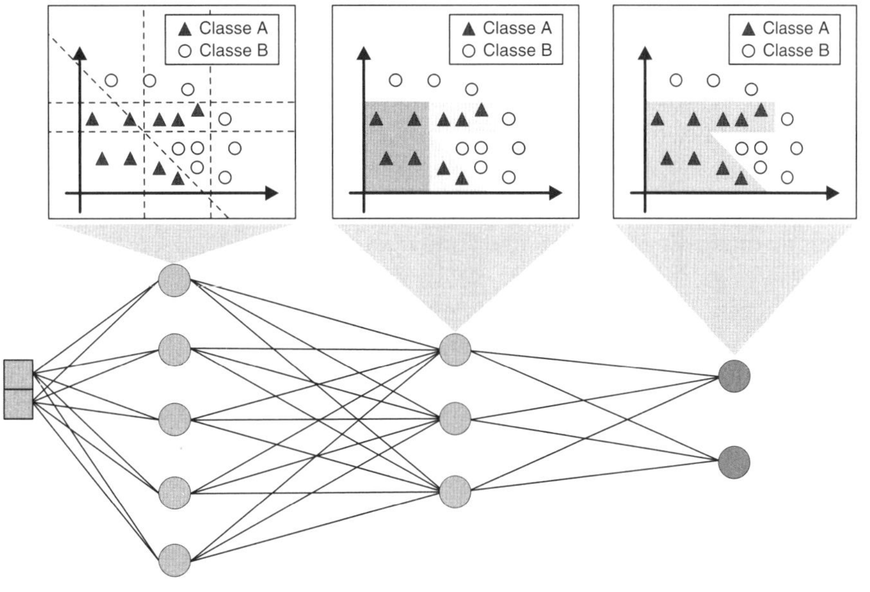


**Figura 7.10** Papel desempenhado pelos neurônios das diferentes camadas da rede MLP.

Cada neurônio da camada de saída está associado a uma das classes presentes no conjunto de dados. Assim, os valores gerados pelos neurônios de saída para um determinado objeto de entrada podem ser representados por um vetor $\mathbf{y} = [y^1, y^2, ..., y^k]^t$, em que $k$ é o número de neurônios da camada de saída (e o número de classes do problema). Para o treinamento da rede, o vetor de respostas desejadas para cada objeto de entrada tem o valor 1 na posição associada à classe do objeto e 0 nas demais posições.[1] O erro cometido pela rede para a classificação de um objeto é então definido pela comparação entre o vetor de saída dos neurônios da camada de saída e o vetor de valores desejados para essas saídas. A rede classifica corretamente um objeto quando o valor de saída mais elevado produzido pela rede é aquele gerado pelo neurônio de saída que corresponde à classe correta do objeto. Um erro de classificação ocorre quando o neurônio de uma outra classe é o que produz o valor de saída mais elevado. Quando nenhum neurônio produz um valor elevado ou o valor elevado é produzido por mais de um neurônio, a rede não tem condições de prever a classe do objeto. Deve-se observar que o uso das MLPs também pode ser diretamente estendido a problemas de regressão, mas nesse caso não se tem a discretização imposta pela escolha do neurônio com maior saída na predição.

## 7.3.1 Algoritmo *Back-propagation*

Um obstáculo que havia para utilizar redes multicamadas era a ausência de um algoritmo para o treinamento dessas redes, o que foi transposto com a proposta de um algoritmo baseado em gradiente descendente denominado

[1] Codificação canônica do atributo qualitativo classe.

*back-propagation* (Rumelhart *et al.*, 1986). Para que esse algoritmo seja utilizado, a função de ativação precisa ser contínua, diferenciável e, de preferência, não decrescente. A função de ativação do tipo sigmoidal, por exemplo, obedece a esses requisitos.

## Processo de Treinamento

O algoritmo *back-propagation* é baseado na regra delta utilizada na rede Adaline, e também é conhecido como regra delta generalizada. Ele é constituído da iteração de duas fases, uma fase para a frente (*forward*) e uma fase para trás (*backward*). Na fase *forward*, cada objeto de entrada é apresentado à rede. O objeto é primeiramente recebido por cada um dos neurônios da primeira camada intermediária, quando é ponderado pelo peso associado a suas conexões de entrada correspondentes. Cada neurônio nessa camada aplica a função de ativação a sua entrada total e produz um valor de saída, que é utilizado como valor de entrada pelos neurônios da camada seguinte. Esse processo continua até que os neurônios da camada de saída produzam cada um seu valor de saída, que é então comparado ao valor desejado para a saída desse neurônio. A diferença entre os valores de saída produzidos e desejados para cada neurônio da camada de saída indica o erro cometido pela rede para o objeto apresentado.

O valor do erro de cada neurônio da camada de saída é então utilizado na fase *backward* para ajustar seus pesos de entrada. O ajuste prossegue da camada de saída até a primeira camada intermediária. A Equação 7.3 ilustra como é feito o ajuste dos pesos de uma rede MLP pelo algoritmo *back-propagation*.

$$w^{jl}(t+1) = w^{jl}(t) + \eta x^j \delta^l \tag{7.3}$$

Nessa equação, $w^{jl}$ representa o peso entre um neurônio $l$ e o $j$-ésimo atributo de entrada ou a saída do $j$-ésimo neurônio da camada anterior, $\delta^l$ indica o erro associado ao $l$-ésimo neurônio e $x^j$ indica a entrada recebida por esse neurônio (o $j$-ésimo atributo de entrada ou a saída do $j$-ésimo neurônio da camada anterior).

Como os valores dos erros são conhecidos apenas para os neurônios da camada de saída, o erro para os neurônios das camadas intermediárias precisa ser estimado. O algoritmo *back-propagation* propõe uma maneira de estimar o erro dos neurônios das camadas intermediárias utilizando os erros observados nos neurônios da camada posterior. O erro de um neurônio de dada camada intermediária é estimado como a soma dos erros dos neurônios da camada seguinte, cujos terminais de entrada estão conectados a ele, ponderados pelo valor do peso associado a essas conexões. Assim, a forma de calcular o erro depende da camada em que se encontra o neurônio, como mostra a Equação 7.4.

$$\delta^l = \begin{cases} f'e^l, & \text{se } n^l \in c^{sai} \\ f' \sum w^{lk}\delta^{lk}, & \text{se } n^l \in c^{int} \end{cases} \tag{7.4}$$

Na Equação 7.4, $n^l$ é o $l$-ésimo neurônio, $k$ é o índice do neurônio na camada seguinte à qual a saída de um neurônio está conectada, $c^{sai}$ representa a camada de saída, $c^{int}$ representa uma camada intermediária, $f'$ é a derivada parcial da função de ativação do neurônio e $e^l$ é o erro quadrático cometido pelo neurônio de saída quando sua resposta é comparada à desejada, que é definido pela Equação 7.5.

$$e^l = \frac{1}{2}\sum_{q=1}^{k}(y^q - \hat{f}^q)^2 \tag{7.5}$$

A derivada parcial define o ajuste dos pesos, utilizando o gradiente descendente da função de ativação. Essa derivada mede a contribuição de cada peso no erro da rede para a classificação de dado objeto **x**. Se essa derivada para certo peso é positiva, o peso está provocando um aumento da diferença entre a saída da rede e a saída desejada. Assim, sua magnitude deve ser reduzida para baixar o erro. Se a derivada é negativa, o peso está contribuindo para que a saída produzida pela rede seja mais próxima da desejada. Dessa forma, seu valor deve ser aumentado. O Algoritmo 7.2 ilustra os principais passos do algoritmo *back-propagation*. Nesse algoritmo, denomina-se por ciclo a apresentação de todos os objetos do conjunto de treinamento.

**Algoritmo 7.2** Algoritmo de treinamento *back-propagation*

**Entrada:** Um conjunto de $n$ objetos de treinamento $\mathbf{D} = \{(\mathbf{x}_i, y_i), i = 1, \ldots, n\}$, taxa de aprendizado $\eta$, limiar $\epsilon$, máximo de iterações
**Saída:** Rede MLP com valores dos pesos ajustados

Inicializar pesos da rede com valores aleatórios próximos de zero<br>
Inicializar $erro_{total} = 0$<br>
**repita**<br>
    **para cada** *objeto* $\mathbf{x}_i$ *do conjunto de treinamento* **faça**<br>
        **para cada** *camada l da rede, a partir da primeira camada intermediária* **faça**<br>
            **para cada** *neurônio* $n^{jl}$ *da camada atual* **faça**<br>
                Calcular valor da saída produzida pelo neurônio, $\hat{f}$;<br>
            **fim**<br>
        **fim**<br>
        Calcular $erro_{parcial} = y_i - \hat{f}$;<br>
        **para cada** *camada l da rede, a partir da camada de saída* **faça**<br>
            **para cada** *neurônio* $n^{jl}$ *da camada atual* **faça**<br>
                Ajustar pesos do neurônio utilizando Equação 7.3;<br>
            **fim**<br>
        **fim**<br>
        Calcular $erro_{total} = erro_{total} + erro_{parcial}$;<br>
    **fim**<br>
**até** $erro_{total} < \epsilon$ **ou** *número iterações > máximo*;

No Algoritmo 7.2, $\epsilon$ representa um valor muito pequeno, o menor valor de erro aceito pelo algoritmo para finalizar o processo de treinamento.

## Ajuste de Parâmetros

O valor da taxa de aprendizado $\eta$ exerce forte influência no tempo necessário à convergência da rede. Se a taxa de aprendizado for muito pequena, muitos ciclos podem ser necessários para induzir um bom modelo. Por outro lado, a escolha de uma taxa elevada pode provocar oscilações que dificultam a convergência. Uma possível medida para amenizar esse problema é a introdução do termo *momentum* $\alpha$, que quantifica o grau de importância da variação de peso do ciclo anterior ao ciclo atual. É isso que faz o algoritmo *back-propagation* com termo *momentum* (Rumelhart e McClelland, 1986). Nesse algoritmo, o ajuste dos pesos da rede utiliza a Equação 7.6, tornando o aprendizado mais estável e acelerando a convergência em regiões planas da função de erro.

$$w^{jl}(t+1) = w^{jl}(t) + \eta x^j \delta^l + \alpha(w^{jl}(t) - w^{jl}(t-1)) \tag{7.6}$$

Nessa equação, $x^j$ indica o valor do $j$-ésimo atributo do objeto **x** ou a saída do $j$-ésimo neurônio da camada anterior.

## Variações

A versão padrão do algoritmo *back-propagation* no Algoritmo 7.2 ajusta os pesos de uma RNA para cada objeto ou exemplo apresentado individualmente. Existe uma variação denominada modo *batch*, em que os pesos de cada conexão são ajustados uma única vez para cada ciclo. Todos os exemplos do conjunto de treinamento ou parte deles são apresentados à rede, que tem seu erro médio calculado. O erro médio é utilizado para o ajuste dos pesos.

Outras variações populares do algoritmo *back-propagation* são: Quickprop (Fahlman, 1988), Newton (Battiti, 1991) *momentum* de segunda ordem (Pearlmutter, 1992), Rprop (Riedmiller e Braun, 1994) e Levenberg-Marquardt (Hagan e Menhaj, 1994).

### Critério de Parada

Os ciclos de apresentação dos dados de treinamento e eventuais ajustes de pesos no *back-propagation* são iterados até que seja atingido um critério de parada. Diferentes critérios de parada podem ser utilizados, como, por exemplo, um número máximo de ciclos ou uma taxa máxima de erro. Para reduzir a ocorrência de *overfitting*, parte do conjunto de treinamento é usualmente separada, formando um conjunto de validação. Os dados do conjunto de validação são apresentados à rede a cada $n_v$ ciclos, a fim de avaliar a taxa de erro da rede para dados que não fazem parte do conjunto de treinamento. Se as taxas de erro para os dados de treinamento e de validação forem plotadas em um gráfico, será observado que no início do treinamento as duas taxas tendem a cair. Em dado momento, a taxa de erro de validação pode começar a subir. Isso é um indício de que a rede parou de aprender e está se tornando superajustada aos dados de treinamento, ou seja, está ocorrendo *overfitting*. Nesse ponto, o treinamento da rede deve ser finalizado. Esse processo de encerrar o treinamento da rede quando a taxa de erro para o conjunto de validação começa a subir é conhecido como validação cruzada com *early stop*.

### Convergência do Algoritmo

A superfície de erro minimizada no *back-propagation* apresenta regiões de mínimos locais e de mínimo global para problemas complexos. O objetivo do treinamento é atingir o mínimo global. Entretanto, é possível que o treinamento com *back-propagation* fique preso a uma região de mínimo local, fazendo com que a rede possua baixa acurácia preditiva. Diferentemente das redes Perceptron, não existe teorema de convergência para algoritmos de aprendizado para o treinamento de redes multicamadas. A depender da distribuição estatística dos objetos, a rede pode convergir para um mínimo local ou demorar muito para encontrar uma solução adequada.

Um ponto negativo do algoritmo *back-propagation* é sua lentidão na convergência para um bom conjunto de pesos e a sua queda de desempenho quando utilizado em grandes conjuntos de dados e problemas complexos. Mesmo para problemas simples, pode ser necessário apresentar o conjunto de treinamento centenas ou milhares de vezes, o que frequentemente limita seu uso ao treinamento de pequenas redes, com no máximo poucos milhares de pesos. Embora alguns problemas práticos possam ser tratados com redes desse tamanho, há problemas reais que demandam redes maiores e mais complexas.

## 7.3.2 Projeto da Arquitetura de uma RNA

O número adequado de neurônios na camada intermediária de uma RNA depende de vários fatores, como:

- número de exemplos de treinamento;
- quantidade de ruído presente nos exemplos;
- complexidade da função a ser aprendida;
- distribuição estatística dos dados de treinamento.

O primeiro passo para que as RNAs possam induzir um modelo para o conjunto de dados é a definição de sua arquitetura, que engloba a escolha das funções de ativação e da topologia da rede. Conforme explicado anteriormente, a topologia diz respeito ao número de camadas e ao número de neurônios e, para redes multicamadas, qual o padrão de conexões e se existem conexões de retropropagação. A escolha da arquitetura mais promissora para um conjunto de dados não é tarefa simples. Ela é geralmente realizada por um processo de tentativa e erro, quando diferentes configurações são avaliadas antes de se escolher uma delas. Nesse processo de busca, cada arquitetura investigada é treinada e avaliada de acordo com sua acurácia preditiva para o conjunto de dados de treinamento. Geralmente, a arquitetura é definida por um processo de busca, que pode ser realizada por diferentes abordagens. A seguir, são apresentadas as mais utilizadas:

- Empírica: consiste na realização de uma busca cega no espaço de possíveis arquiteturas. Assim, diversas arquiteturas são testadas e comparadas até que se encontre uma RNA cuja acurácia preditiva seja adequada.

Embora seja a abordagem mais utilizada, a busca cega normalmente apresenta um custo elevado de tempo e esforço. Algumas heurísticas são utilizadas na tentativa de acelerar o tempo de busca por uma RNA apropriada. Por exemplo, explorar apenas RNAs de uma camada intermediária, pois estas já costumam oferecer uma capacidade expressiva.

- Meta-heurística: essa abordagem gera um conjunto de variações de RNAs e combina as características das que apresentam melhores resultados, gerando assim um novo conjunto de RNAs. Essa técnica envolve o uso de meta-heurísticas, geralmente Algoritmos Genéticos (Holland, 1975), para realizar uma busca global por RNAs eficientes. Como um grande número de RNAs diferentes precisa ser treinado, essa abordagem possui um custo computacional elevado.
- Poda (ou *Pruning*): nessa abordagem, uma RNA com grande número de neurônios é treinada até que se alcance a precisão desejada. Um algoritmo de poda é utilizado durante ou após o treinamento para remover conexões ou neurônios redundantes ou irrelevantes das camadas intermediárias da rede. Espera-se como resultado melhorar a capacidade de generalização da rede (Karnin, 1990). No fim do processo, uma rede mais compacta é em geral obtida.
- Construtiva: a abordagem construtiva gradualmente insere novos neurônios e conexões em uma RNA inicialmente sem neurônios intermediários, procurando melhorar seu desempenho diante do problema em questão.

Alternativamente, pode-se utilizar uma rede superdimensionada e evitar o *overfitting* (que ocorreria por causa da superespecialização que está associada a redes muito maiores que o necessário) utilizando validação cruzada ou controlando a norma dos pesos, para que os pesos não assumam valores positivos ou negativos muito elevados.

## 7.4 Redes Profundas e Aprendizado Profundo

A grande quantidade de dados disponíveis e gerados de maneira crescente, associada ao desenvolvimento de processadores mais rápidos, como as unidades de processamento gráfico (GPUs, do inglês, *Graphics Processing Units*), minimizaram o problema de superajustes para RNAs com muitas camadas. Mais importante, permitiram que as redes profundas (DNs, do inglês, *Deep Networks*) treinadas por algoritmos de aprendizado profundo (DL, do inglês, *Deep Learning*) apresentassem um desempenho preditivo significativamente superior ao obtido por outros algoritmos de AM, principalmente em processamento de imagens, processamento de voz e processamento de língua natural (Goodfellow *et al.*, 2016). Por isso, várias empresas estão apostando no uso de DN em diversas aplicações.

Inicialmente, é importante caracterizar o que é uma DN. Uma RNA MLP é denominada DN se possui pelo menos duas camadas intermediárias (Figura 7.11). Do contrário, é chamada de rede rasa (SN, do inglês, *Shallow Network*) (Figura 7.12).

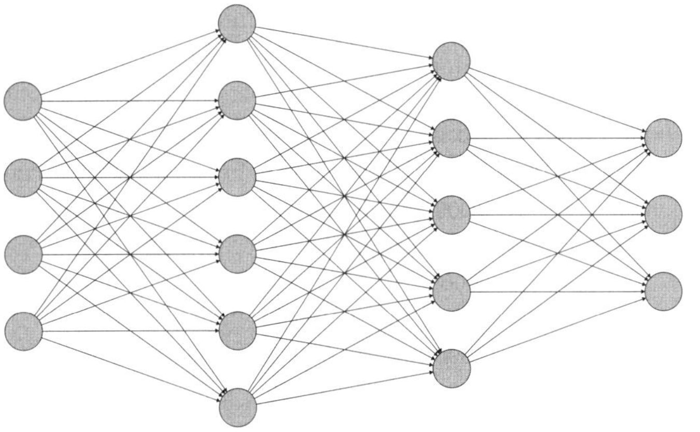

**Figura 7.11** Exemplo de uma RNA MLP profunda com duas camadas ocultas.

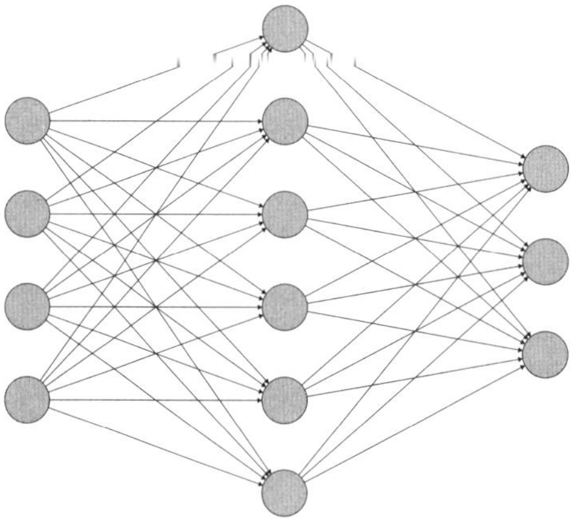

**Figura 7.12** Exemplo de uma RNA MLP rasa.

É importante observar que arquiteturas de DNs e algoritmos de DL já existem há várias décadas. Em aplicações clássicas, as RNAs *Cognitron* (Fukushima, 1975) e *Neocognitron* (Fukushima, 1988), que simulavam o córtex visual, foram usadas com sucesso para o reconhecimento de imagens de caracteres. Na mesma época, Ralph Linsker propôs uma RNA que simulava características presentes no córtex visual (Linsker, 1988).

O desempenho de algoritmos de AM depende de quão bem os objetos do conjunto de treinamento representam o problema a ser tratado. Em várias aplicações, como classificação de imagens, em vez de usar o objeto original, no caso as imagens, são extraídas características de cada imagem que possam representar bem as informações nela presentes. Quanto melhor as características representarem a imagem original, maior a chance de a imagem, representada pelas características, ser corretamente classificada. Por isso, o estudo e desenvolvimento de extratores de características, chamado de engenharia de atributos, é uma importante área de pesquisa.

A extração de características relevantes geralmente requer conhecimento do domínio da aplicação de onde vêm os dados, o que pode ser difícil e ter um custo elevado. Uma das principais vantagens das DNs é que elas podem aprender a extrair características relevantes a partir dos dados. Assim, elas conseguem extrair características gerais para determinado domínio de aplicação, por exemplo, imagens. Existem, inclusive, DNs voltadas exclusivamente para extração de características, como, por exemplo:

- *Word2Vec* (Mikolov *et al.*, 2013), para extrair vetores de características numéricas de palavras;
- *Doc2Vec* (Mikolov *et al.*, 2013), para extrair vetores de características numéricas de documentos de textos;
- *DNA2Vec* (Ng, 2017), para extrair vetores de características numéricas de sequências de DNA;
- *Item2Vec* (Barkan e Koenigstein, 2016), para extrair vetores de características numéricas de itens em sistemas de recomendação.

Uma das principais contribuições do DL com o pré-treinamento é a extração automática de características relevantes por algoritmos de aprendizado de uso geral (Lecun *et al.*, 2015). Por isso, o pré-treinamento tem sido frequentemente usado para extrair características de tarefas complexas de classificação, quando a extração de características por um especialista em domínio não levaria necessariamente a atributos que poderiam apoiar a indução de classificadores eficientes.

As DNs são geralmente compostas por dois módulos. O primeiro engloba as primeiras camadas e os pesos em geral são predefinidos usando aprendizado não supervisionado. As camadas no primeiro estágio são treinadas para extrair características relevantes dos dados originais. Para o segundo estágio, que inclui as camadas seguintes, é geralmente utilizada uma rede completamente conectada treinada com um algoritmo de aprendizado supervisionado, como, por exemplo, o algoritmo *back-propagation*.

As primeiras camadas da rede extraem características simples dos dados brutos. Camadas sucessivas usam as características extraídas pelas camadas anteriores para extrair características mais sofisticadas e complexas. Assim, o pré-treinamento cria níveis de representação cada vez mais complexos. Cada nível de representação pode ser visto como módulo ou camada que executa um processamento simples e não linear. Cada módulo transforma a representação extraída pelo módulo anterior.

A popularidade atual das técnicas de DL resultou na proposta de várias arquiteturas e algoritmos de aprendizado. Uma abordagem simples para DL é treinar redes MLPs com várias camadas usando o algoritmo *back-propagation*. Até recentemente, as funções de ativação mais utilizadas para o treinamento de RNAs eram a tangente sigmoide ou hiperbólica [Figura 7.4(d)]. Para melhorar o desempenho do aprendizado quando várias camadas são usadas, a função de ativação ReLU [Figura 7.4(f)] é comumente empregada.

O uso da função ReLU acelera a atualização dos pesos da rede, pois seu gradiente pode ser calculado muito mais rapidamente do que o de outras funções de ativação não linear frequentemente usadas. Assim, a ReLU acelera o aprendizado, o que é importante para DNs com muitas camadas. Além disso, a ReLU tem forte motivação biológica e fundamentação matemática. Uma das críticas à função ReLU é que, ao retornar o valor 0 para uma entrada negativa, não leva em conta quão distante o valor está de 0. Diversas variações da função ReLU foram propostas para considerar a distância e, com isso, melhorar o treinamento de DNs.

Existem várias abordagens populares para DL (Goodfellow *et al.*, 2016). A seguir, são brevemente apresentadas as principais arquiteturas e abordagens de DNs que se tornaram fundamentais tanto na pesquisa quanto nas aplicações.

## 7.5 Redes Neurais Convolucionais

Uma das abordagens mais populares de DNs pré-treinadas são as redes neurais convolucionais (CNNs, do inglês, *Convolutional Neural Networks*), também conhecidas como *ConvNets*. Grande parte da fama conquistada por DL se deve ao excelente desempenho no reconhecimento de imagens. As CNNs imitam o processamento de imagens realizado pelo cérebro, onde, a partir de características muito simples, linhas e curvas, são extraídos padrões de crescente complexidade.

### 7.5.1 Arquitetura

Uma CNN é composta por diferentes tipos de camadas organizadas em dois estágios de processamento (LeCun *et al.*, 2015; Goodfellow *et al.*, 2016). O primeiro estágio possui uma sequência de pares de camadas: uma camada convolucional, que extrai mapas de características da entrada usando filtros; seguida por uma camada de *pool*, que mantém apenas as informações mais relevantes dos mapas de características (Figura 7.13). Como resultado, a representação dos dados de entrada se torna sucessivamente mais abstrata. Quanto mais camadas são usadas, mais complexas são as representações extraídas. O segundo estágio é geralmente uma rede MLP convencional. Assim, as características extraídas pela camada de estágio inicial podem ser usadas como atributos preditivos pela rede MLP.

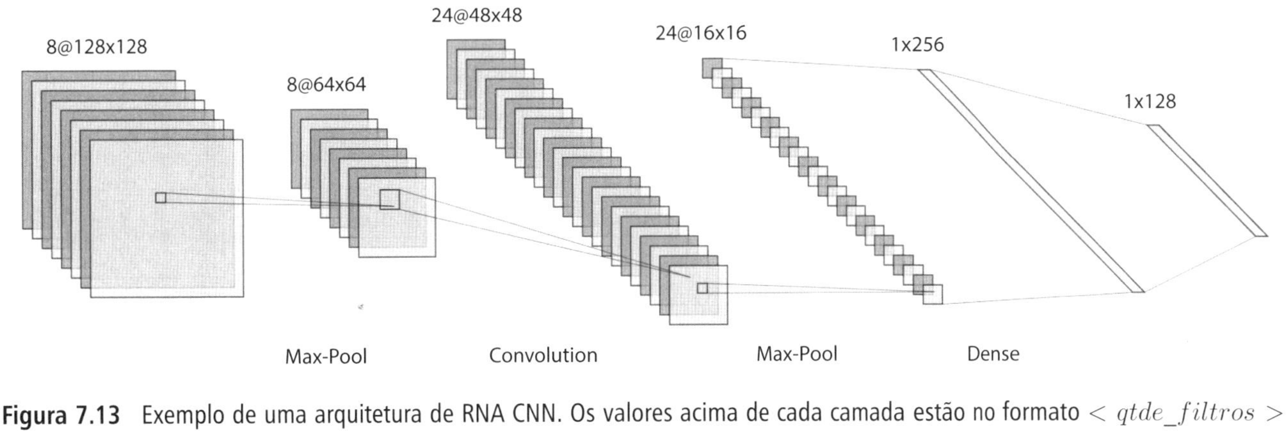


**Figura 7.13** Exemplo de uma arquitetura de RNA CNN. Os valores acima de cada camada estão no formato $< qtde\_filtros >$ $@ < dim_1 > \times < dim_2 >$.

### 7.5.2 Aplicações

Devido à sua eficácia em lidar com dados não estruturados, as CNNs são amplamente utilizadas em muitas áreas. A seguir, são listadas algumas das principais aplicações.

- **Reconhecimento de imagens:** uma das aplicações mais conhecidas das CNNs. Modelos como AlexNet (Krizhevsky *et al.*, 2012), VGGNet (Simonyan e Zisserman, 2015) e ResNet (He *et al.*, 2015) revolucionaram competições de visão computacional, como o *ImageNet Challenge*,[2] superando modelos tradicionais e redes neurais totalmente conectadas. Eles são usados para classificar imagens em categorias e para identificar objetos em uma imagem.
- **Detecção de objetos:** o modelo não apenas classifica uma imagem, mas também identifica a posição de objetos dentro da imagem. Algoritmos como YOLO (*You Only Look Once*) (Redmon *et al.*, 2016) e Faster R-CNN (Ren *et al.*, 2015) são exemplos de CNNs voltadas para essa tarefa, sendo comumente usados em sistemas de vigilância, carros autônomos e em *smartphones* para detecção de rostos.
- **Segmentação de imagens:** cada *pixel* de uma imagem é classificado em uma categoria específica. Isso é especialmente útil em áreas como medicina, em que modelos são usados para segmentar tecidos ou identificar tumores em imagens de ressonância magnética. Algoritmos como U-Net (Ronneberger *et al.*, 2015) são projetados especificamente para esse tipo de tarefa.
- **Processamento de áudio:** em tarefas como reconhecimento de fala e análise de sinais, o áudio é frequentemente convertido em um espectrograma (uma representação visual da intensidade de frequência ao longo do tempo), permitindo que a CNN aplique convoluções da mesma forma que faria com imagens.

### 7.5.3 Vantagens e Limitações

As principais vantagens das redes convolucionais podem ser resumidas em:

- **Eficiência na extração de características**: as CNNs são extremamente eficazes na extração de padrões locais em imagens e outros dados não estruturados. Elas podem identificar bordas, texturas e formas de maneira hierárquica, o que as torna adequadas para visão computacional.
- **Redução de parâmetros**: a operação de convolução permite o compartilhamento de pesos, reduzindo significativamente o número de parâmetros comparado a uma rede neural tradicional, o que diminui a complexidade e o risco de sobreajuste.
- **Aprendizado hierárquico**: a estrutura das CNNs permite que camadas mais profundas aprendam características mais complexas e abstratas a partir de características básicas aprendidas em camadas iniciais.

Por sua vez, as principais limitações conhecidas são:

- **Alto custo computacional**: embora as CNNs sejam eficientes na extração de características, o treinamento de grandes modelos pode ser computacionalmente custoso, especialmente para dados de alta resolução e grandes volumes de dados. O uso de GPUs é frequentemente necessário para acelerar o treinamento.
- **Sensibilidade a dados de entrada**: CNNs podem ser sensíveis a pequenas mudanças nos dados de entrada, como rotações ou mudanças na escala de uma imagem. Estratégias como o aumento de dados (*data augmentation*) são frequentemente usadas para lidar com essas variações.

[2] ImageNet Large Scale Visual Recognition Challenge (ILSVRC). Disponível em: `https://www.image-net.org/challenges/LSVRC/`. Acesso em: 30 abr. 2025.

## 7.6 Redes Neurais Recorrentes

As Redes Neurais Recorrentes (RNNs, do inglês, *Recurrent Neural Networks*) são uma classe especial de redes neurais projetadas para lidar com dados sequenciais, em que a ordem das entradas é extremamente importante. Elas são particularmente úteis quando o contexto anterior pode influenciar as previsões futuras, como no caso de texto, áudio ou séries temporais.

### 7.6.1 Arquitetura

Diferentemente das redes neurais *feedforward*, em que os dados fluem em uma única direção, as RNNs têm conexões cíclicas que permitem que informações do passado sejam "lembradas" e possam influenciar o processamento atual (LeCun *et al.*, 2015; Goodfellow *et al.*, 2016).

A principal característica que diferencia a arquitetura das RNNs de outras redes é a presença de uma unidade de "memória" (*memory unit*). Essa memória é implementada por meio de um estado oculto (*hidden state*) que armazena informações de etapas anteriores. De maneira simplista, cada vez que uma nova entrada é processada, a RNN atualiza seu estado oculto com base na entrada atual e no estado oculto anterior. Isso permite que a rede mantenha uma espécie de "memória" ao longo de uma sequência. Uma arquitetura típica de uma RNN é composta pelas seguintes camadas:

- **Camada de entrada:** recebe uma sequência de dados (por exemplo, um texto, uma sequência de notas musicais ou uma série temporal de preços de ações);
- **Camada oculta:** contém as unidades recorrentes, que atualizam seu estado com base na entrada atual e no estado anterior. Isso cria uma conexão cíclica na rede, permitindo que informações anteriores fluam recorrentemente;
- **Camada de saída:** produz a saída desejada para cada ponto da sequência ou para a sequência como um todo.

A recorrência de uma RNN pode ser representada simplesmente por (Figura 7.14):

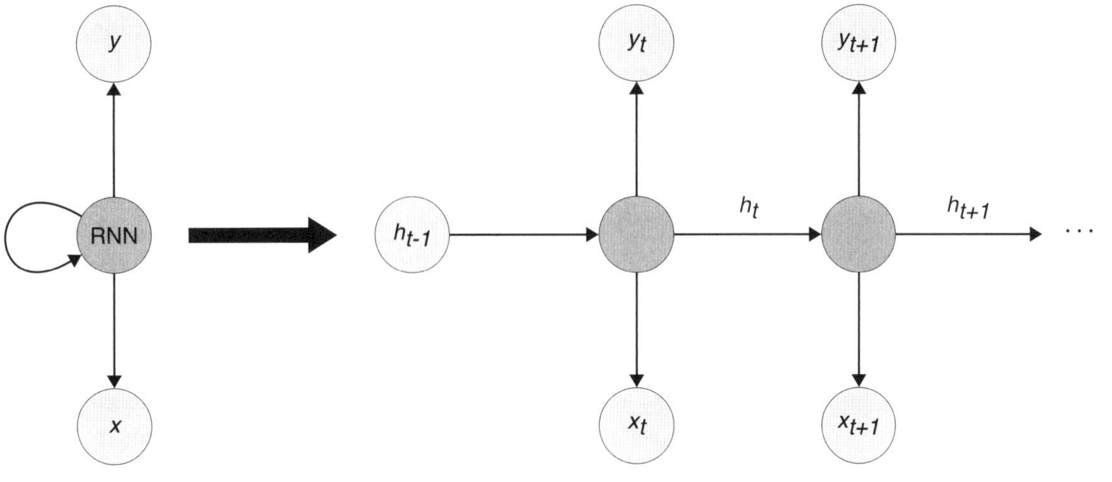


**Figura 7.14** Exemplo de uma arquitetura de RNA RNN.

$$\mathbf{h}_t = f(W_{xh}\mathbf{x}_t + W_{hh}\mathbf{h}_{t-1} + b_h)$$

Já a saída da rede no tempo $t$ pode ser computada por:

$$\mathbf{y}_t = f(W_{yh}\mathbf{h}_t + b_y)$$

em que:

- $\mathbf{h}_t$ é o estado oculto no tempo $t$;
- $\mathbf{x}_t$ é a entrada no tempo $t$;
- $\mathbf{y}_t$ é a saída no tempo $t$;
- $W_{xh}$, $W_{hh}$ e $W_{yh}$ são os pesos que conectam a entrada, o estado oculto anterior à camada atual e a saída;
- $b_h$ e $b_y$ são os *bias*;
- $f$ é a função de ativação, que pode ser uma tangente hiperbólica (*tanh*) ou ReLU, por exemplo.

### 7.6.2 Vantagens e Limitações

As RNNs são eficientes para trabalhar com dados sequenciais. Elas são capazes de capturar as dependências temporais e de processar dados de comprimento variável, o que as torna flexíveis para uma ampla gama de problemas, tais como processamento de linguagem natural, reconhecimento de fala, geração de texto, previsão de séries temporais e geração de música. Contudo, as RNNs tradicionais costumam enfrentar problemas quando lidam com dependências de longo prazo, ou seja, quando o modelo precisa "lembrar" de algo distante na sequência. Isso ocorre devido ao problema do gradiente desaparecido (*gradient vanishing*), em que os gradientes usados para atualizar os pesos da rede tornam-se muito pequenos, dificultando o aprendizado de relações que ocorrem em tempos longos.

### 7.6.3 Variações

Para superar as limitações conhecidas das RNNs, variantes foram introduzidas, sendo que as mais conhecidas são:

- **LSTM (*Long Short-Term Memory*)** (Hochreiter e Schmidhuber, 1997): uma forma aprimorada de RNNs que incluem um mecanismo de "portas" (*gates*) que controlam o fluxo de informações através do tempo, permitindo que a rede "selecione" quais informações manter e quais descartar. Isso ajuda a mitigar o problema de gradiente desaparecido e melhora a capacidade da rede de aprender dependências de longo prazo; e
- **GRU (*Gated Recurrent Unit*)** (Cho *et al.*, 2014): também usam portas, mas têm uma arquitetura mais simples e menos parâmetros. Elas oferecem desempenho comparável em muitas tarefas e costumam ser mais eficientes em termos de memória.

## 7.7 Transformadores

As redes neurais de transformadores, ou simplesmente transformadores (do inglês, *transformers*) revolucionaram o campo do processamento de linguagem natural e de outras tarefas envolvendo dados sequenciais, oferecendo uma abordagem altamente paralelizável e eficaz para lidar com dependências de longo alcance em sequências. Introduzidos por Vaswani *et al.* (2017), os transformadores se destacam por utilizar mecanismos de *atenção* em vez de conexões recorrentes (como nas RNNs) para processar dados sequenciais.

### 7.7.1 Arquitetura

A arquitetura de um transformador se baseia em um conceito-chave: a "atenção". O mecanismo de atenção permite que o modelo foque em diferentes partes da sequência de entrada simultaneamente, de forma mais eficiente que as RNNs ou LSTMs, que processam a sequência passo a passo. A arquitetura padrão de um transformador é composta por duas partes principais: o codificador (do inglês, *encoder*) e o decodificador (do inglês, *decoder*).

### Codificador (*Encoder*)

O codificador recebe uma sequência de entrada e a transforma em uma representação interna. Ele é composto por várias camadas, cada uma contendo dois componentes principais:

- **Camada de autoatenção**: essa camada aplica o mecanismo de atenção em cada posição da sequência, permitindo que cada unidade (ou *token*) "preste atenção" em todas os outras unidades (*tokens*) da sequência. Isso resolve o problema de capturar dependências de longo prazo e permite que o modelo entenda a relação entre unidades distantes (palavras em uma frase, por exemplo).
- **Camada de *feedforward***: na sequência da camada de autoatenção, os resultados são computados por uma rede neural densa (*feedforward*) para aprender representações mais complexas. Cada unidade (ou *token*) é processada de forma independente nesta etapa, porém a camada de autoatenção já deve ter conectado as unidades umas às outras.

A saída do codificador é uma representação rica da sequência de entrada que preserva as relações entre as unidades processadas.

### Decodificador (*Decoder*)

O decodificador recebe as representações produzidas pelo codificador e gera a sequência de saída. Assim como o codificador, ele também é composto por várias camadas de atenção e *feedforward*. No entanto, o decodificador tem uma diferença crucial: a camada de atenção cruzada. Além da autoatenção (semelhante ao codificador), o decodificador contém uma camada que foca tanto na sequência de entrada quanto no que já foi gerado até aquele instante. Isso garante que a saída seja gerada com base no contexto de toda a sequência de entrada.

### Mecanismo de Atenção

O mecanismo de atenção é o coração de um transformador. Ele permite que o modelo foque nas partes mais relevantes da entrada para cada posição de saída. A forma mais comum é a atenção multicabeças (do inglês, *multi-head attention*), em que o modelo divide as operações de atenção em múltiplas "cabeças" que se concentram em diferentes aspectos da sequência.

Esse mecanismo permite que cada unidade (ou *token*) da sequência de saída "busque" informações em qualquer parte da sequência de entrada ou mesmo em partes anteriores da própria sequência de saída.

### *Embeddings* e *Positional Encoding*

Como um transformador não processa a entrada de forma sequencial, ele precisa de uma maneira de saber a ordem das unidades (ou *tokens*). Isso é feito com as codificações posicionais (do inglês, *Positional Encodings*), que são adicionadas aos *embeddings* para fornecer informações sobre a posição relativa de cada unidade na sequência. Essas codificações são frequentemente baseadas em funções senoidais e cossenoidais para introduzir variações que o modelo pode aprender facilmente.

## 7.7.2 Aplicações

Desde sua introdução, foi observado que os transformadores se tornaram a arquitetura dominante em uma ampla gama de tarefas, tais como:

- **Geração de texto e conteúdo criativo:** os transformadores ganharam notoriedade pela alta capacidade de geração de texto, como em *chatbots*, assistentes virtuais, ou na geração de histórias e diálogos. O modelo GPT, por exemplo, é amplamente usado em sistemas que produzem texto de forma coerente e criativa com base em um *prompt*;

- **Processamento de linguagem natural:** modelos como a rede de representações de codificador bidirecional a partir de transformadores (BERT, do inglês, *Bidirectional Encoder Representations from Transformers*) (Devlin *et al.*, 2019) e o Transformador generativo pré-treinado (GPT, do inglês, *Generative Pretrained Transformer*) (Radford e Narasimhan, 2018), ambos baseados na arquitetura de transformadores, alcançaram resultados de ponta em diversas tarefas, como: análise de sentimentos, tradução automática, resumo automático de texto e perguntas e respostas (Q&A, do inglês, *questions and answers*);
- **Visão computacional:** modelos como o *Vision Transformer* (ViT) (Dosovitskiy *et al.*, 2021) utilizam a atenção para processar imagens como se fossem sequências de *patches* de *pixels*. Isso demonstrou ser eficiente em tarefas como: classificação de imagens, detecção de objetos e segmentação de imagens;
- **Séries temporais e previsão:** embora RNNs e LSTMs sejam comumente usadas para séries temporais, os transformadores também têm apresentado resultados promissores, especialmente em tarefas que exigem modelagem de dependências de longo prazo em grandes volumes de dados, como previsões de demanda de produtos e movimentação do mercado financeiro.

### 7.7.3 Vantagens e Limitações

As principais vantagens dos transformadores podem ser resumidas em:

- **Paralelismo:** como os transformadores não processam sequências passo a passo, elas podem processar todas as unidades simultaneamente, o que permite o uso eficiente de GPUs e acelera significativamente o treinamento;
- **Modelagem de dependências de longo alcance:** o mecanismo de atenção permite que os transformadores capturem relações entre unidades distantes em uma sequência de maneira muito mais eficiente do que as RNNs ou LSTMs;
- **Flexibilidade:** os transformadores podem ser aplicados a dados sequenciais e não sequenciais (como imagens) com pequenas modificações.

Por sua vez, as principais limitações conhecidas podem ser resumidas em:

- **Custo computacional:** embora sejam altamente paralelizáveis, os transformadores demandam um grande poder computacional, especialmente para grandes modelos como o GPT e o BERT, o que pode ser proibitivo em ambientes com recursos limitados;
- **Tamanho do modelo:** modelos baseados em transformadores, especialmente aqueles que usam arquiteturas muito grandes, podem ser difíceis de implantar e exigir uma grande quantidade de memória e armazenamento.

## 7.8 Redes Adversárias Generativas

As redes adversárias generativas (GANs, do inglês, *Generative Adversarial Networks*), introduzidas por Goodfellow *et al.* (2014), tornaram-se uma abordagem inovadora e amplamente utilizada no campo da geração de dados. O objetivo principal das GANs é treinar um modelo que possa gerar dados realistas a partir de um conjunto de dados de treinamento, como gerar imagens que se assemelham a fotos reais ou sintetizar áudio que imite vozes humanas.

A principal característica das GANs é o uso de duas redes neurais competindo entre si: uma rede geradora e uma rede discriminadora. Essa estrutura adversária é o que confere às GANs sua capacidade de produzir dados de alta qualidade.

### 7.8.1 Arquitetura

A arquitetura de uma GAN é composta por dois componentes principais:

- **Gerador (*Generator*)**: tenta criar amostras de dados que se pareçam com os dados reais do conjunto de treinamento.
- **Discriminador (*Discriminator*)**: tenta distinguir entre amostras reais do conjunto de dados de treinamento e amostras sintéticas criadas pelo gerador.

Essas duas redes são treinadas simultaneamente em um jogo de soma zero. O gerador tenta "enganar" o discriminador, criando amostras que são cada vez mais realistas, enquanto o discriminador foca em melhorar sua capacidade de detectar amostras sintéticas. Esse processo competitivo conduz a uma melhoria contínua em ambos os modelos.

#### Treinamento

O treinamento de uma GAN envolve dois passos principais que se repetem iterativamente:

1. **Treinamento do Discriminador**: durante esta fase, o discriminador recebe tanto amostras reais (extraídas do conjunto de dados) quanto amostras sintéticas (criadas pelo gerador). Ele é treinado para classificar corretamente as amostras reais como "verdadeiras" e as amostras sintéticas como "falsas". O objetivo do discriminador é maximizar sua capacidade de discernir entre amostras verdadeiras e falsas.
2. **Treinamento do Gerador**: o gerador é treinado para produzir amostras que enganem o discriminador. Seu objetivo é minimizar a capacidade do discriminador de distinguir entre amostras reais e sintéticas. Para isso, ele gera amostras a partir de um ruído aleatório (geralmente uma distribuição gaussiana ou uniforme) e tenta melhorar a qualidade dessas amostras a cada iteração.

### 7.8.2 Aplicações

As GANs são aplicadas em diversas áreas devido à sua habilidade de gerar novos dados de alta qualidade. Algumas das principais aplicações incluem:

- **Geração de imagens:** uma das aplicações mais populares das GANs é a geração de imagens realistas. GANs podem criar imagens convincentes de rostos humanos, objetos, paisagens, entre outras. Projetos como StyleGAN[3] (Karras *et al.*, 2019) podem gerar imagens de rostos humanos que parecem incrivelmente realistas, mas que não pertencem a pessoas reais.
- **Transferência de estilo:** uma imagem ou vídeo é alterado para ter o estilo visual de outra imagem. Por exemplo, elas podem transformar uma fotografia em uma pintura no estilo de Van Gogh ou transformar um vídeo em um desenho animado. A CycleGAN[4] (Zhu *et al.*, 2017) é frequentemente utilizada para esse tipo de tarefa, pois permite a conversão de um estilo para outro sem a necessidade de pares de imagens correspondentes.
- **Aumento de dados:** GANs são usadas para gerar amostras adicionais de dados para melhorar o desempenho de modelos de aprendizado de máquina. Essa técnica é útil quando se tem um conjunto de dados pequeno e deseja-se aumentar o volume de dados, gerando novas amostras sintéticas que se assemelham aos dados originais.

---

[3] StyleGAN – *Official TensorFlow Implementation*. Disponível em: `https://github.com/NVlabs/stylegan`. Acesso em: 30 abr. 2025.

[4] *Unpaired Image-to-Image Translation using Cycle-Consistent Adversarial Networks*. Disponível em: `https://junyanz.github.io/CycleGAN/`. Acesso em: 30 abr. 2025.

- **Super-resolução de imagens:** uma imagem de baixa resolução é convertida em uma versão de alta resolução. Isso tem aplicações em fotografia, vídeo e até em medicina, em que imagens de alta qualidade são necessárias para diagnósticos mais precisos.
- **Geração de texto e voz:** modelos de GAN podem ser aplicados para criar novos textos baseados em um *corpus* de treinamento ou para gerar fala sintética que imita a voz humana com alta qualidade. Essas técnicas têm sido utilizadas em assistentes virtuais, *chatbots* e sistemas de dublagem.

### 7.8.3 Vantagens e Limitações

As principais vantagens conhecidas das GANs podem ser resumidas em:

- **Capacidade de gerar dados realistas**: GANs são altamente eficazes na geração de dados novos e realistas, como imagens, vídeos e sons.
- **Treinamento não supervisionado**: as GANs não precisam de dados rotulados para serem treinadas, o que permite a criação de grandes volumes de dados sintéticos sem a necessidade de anotação manual.

Por sua vez, as suas limitações mais conhecidas são:

- **Treinamento instável**: o treinamento pode ser instável, especialmente em relação ao equilíbrio entre o gerador e o discriminador. Se o discriminador se tornar muito eficiente rapidamente, o gerador não consegue aprender de forma eficaz, o que pode resultar em falhas no processo de geração de amostras.
- **Colapso de modo**: durante o treinamento, é comum que o gerador aprenda a produzir apenas um tipo limitado de amostras, ignorando outras variações possíveis dos dados de entrada. Esse problema, conhecido como colapso de modo, é uma das principais limitações das GANs tradicionais.

## 7.9 Análise Geral das Redes Neurais Artificiais

Mesmo com todo o progresso observado no desenvolvimento de RNAs, tanto em diversidade de arquiteturas e algoritmos de treinamento como em melhoras de precisão, a capacidade preditiva dessas redes, como das demais técnicas de AM, ainda está muito aquém da capacidade do cérebro humano. Essa diferença é ainda mais notável se for observado que o nosso cérebro ocupa um volume de 1.400 $cm^3$ e consome apenas 20 W de energia. Embora o tempo de processamento associado a um neurônio seja elevado, da ordem de milissegundos, cerca de 20 milhões de vezes mais lento que um processador de aproximadamente 2 GHz, essa lentidão é compensada pelo processamento paralelo de um grande número de neurônios densamente conectados a outros neurônios.

Deve-se salientar que as RNAs têm resultados estocásticos e dependem fortemente da ordem de apresentação dos objetos e dos pesos iniciais atribuídos a suas conexões. Dessa forma, é recomendável executá-las várias vezes para diferentes configurações dos dados e valores iniciais de pesos, obtendo uma média de desempenho. Além disso, as RNAs lidam apenas com atributos com valores numéricos. No caso de dados categóricos, uma codificação numérica deve ser realizada, como discutido no Capítulo 3. É recomendável, ainda, normalizar os atributos contínuos antes que eles sejam manipulados pelas RNAs.

Apesar desses fatores, os resultados atuais mais bem-sucedidos em AM têm sido obtidos com o uso dessas técnicas e o constante aumento no número de aplicações que incorporam RNAs confirma a sua importância para a resolução de problemas práticos. Os avanços tecnológicos, associados a grande quantidade de dados que têm sido gerados e disponibilizados na internet, favoreceram o crescimento da IA de propósito geral (GPAI, do inglês, *General-Purpose Artificial Intelligence*), e da geração de modelos fundamentais, que inclui os modelos de IA generativa. A IA generativa, como o nome sugere, gera novos dados, que podem ser não estruturados, em várias aplicações, como geração de imagens, de vídeos, de textos e trajetórias para robôs.

A enorme quantidade de textos disponíveis gratuitamente na internet permitiu a criação de modelos de IA generativa baseados em texto, modelos de linguagem muito grandes (LLMs, do inglês, *Large Language Models*), para processamento de linguagem natural para a compreensão e geração da linguagem humana.

Os modelos de IA Generativa (também conhecidos como GenAI) abriram uma grande avenida de oportunidades que podem trazer diversos benefícios para a economia, o ambiente e a sociedade. Porém, também apresentam limitações e riscos que devem ser enfrentados para que possam ser eliminados ou reduzidos, potencializando os benefícios.

### 7.9.1 Aspectos Positivos

As RNAs possuem várias características que levam à sua popularidade, como, por exemplo, generalização e tolerância a falhas e ruídos (Braga *et al.*, 2007; Haykin, 1999a). Essas características fazem com que as RNAs apresentem um bom desempenho (baixa taxa de erros) quando utilizadas em grande número de aplicações, destacando-se principalmente nas tarefas de percepção e controle, como visão computacional e robótica. Atualmente, os resultados estado da arte em áreas como processamento e geração de textos, imagens, vídeos e áudios foram obtidos por modelos de RNAs, em específico por redes neurais profundas.

### 7.9.2 Aspectos Negativos

Para várias aplicações reais, não apenas o desempenho obtido é importante, mas também a facilidade do usuário compreender como a rede chega a suas decisões. Uma das críticas mais frequentes ao uso de RNAs é a dificuldade de entender como e por que as RNAs tomam suas decisões. A principal dificuldade de entender os conceitos representados pelas RNAs está no fato de o conhecimento estar armazenado na forma de uma grande quantidade de parâmetros e esses parâmetros serem manipulados mediante complicadas fórmulas matemáticas. Devido a essa limitação, RNAs são comumente referenciadas como "caixas-pretas".

Em contraste com as RNAs, o conhecimento representado por algoritmos simbólicos de Inteligência Artificial, como as regras e árvores de decisão, é geralmente mais amigável e de mais fácil compreensão. Procurando unir o melhor dos dois mundos, vários pesquisadores estão se dedicando ao estudo de técnicas para extração de conhecimento das RNAs que traduzam o conhecimento adquirido pela rede para um formato tão amigável e compreensível quanto aquele gerado por técnicas simbólicas. Entre os vários algoritmos que têm sido propostos para a extração de conhecimento de RNAs, podem ser citados: EN (*Explanation Facility*) (Pau e Gotzche, 1992), KT (*Knowledgetron*) (Fu, 1994), LAP (*Language Processing*) (Hayward *et al.*, 1995), *M-of-N* (Towell e Shavlik, 1993), OLS (Tickle *et al.*, 1995), RULEX (*RULes Extraction*) (Andrews *et al.*, 1996), RuleNeg (Andrews *et al.*, 1995) e TREPAN (*TREes PArroting Networks*) (Craven e Shavlik, 1994). O conhecimento extraído de RNAs geralmente se dá por meio da geração de um conjunto de regras ou uma árvore de decisão. É importante ressaltar que a extração de conhecimento de uma RNA é uma tarefa que exige recursos e esforços adicionais. Por isso, se não for bem justificada, pode apresentar efeitos negativos.

Existem também métodos para explicar a influência das variáveis nas predições de um modelo de AM que podem ser empregados para procurar entender o processamento das RNAs (Das e Rad, 2020). Além disso, também há métodos baseados em verificar regiões que as redes focam nas entradas.

Outra dificuldade das RNAs é a escolha do melhor conjunto de parâmetros para a arquitetura da rede, que faz com que o projeto de redes seja algumas vezes definido como "magia negra" ("*black art*"). Essas dificuldades são geralmente agravadas quando se empregam RNAs com muitas camadas, que exigem também um grande volume de dados de treinamento para não haver risco de um superajuste (*overfitting*).

## 7.10 Considerações Finais

Este capítulo descreveu as redes neurais artificiais, que têm seu desenvolvimento inspirado nas redes neurais biológicas. Elas se valem da combinação de múltiplas unidades de processamento simples (neurônios) altamente conectadas, realizando uma composição de funções. Atualmente, para um grande número de tarefas bastante complexas, as RNAs têm obtido destaque, em especial redes de arquiteturas profundas.

## 7.11 Exercícios

**Exercício 7.1** Pesquise sobre as funções de ativação: RBF (*Radial Basis Function*), ReLU (*Rectified Linear Unity*) e Sigmoidal. Discuta suas diferenças e principais usos.

**Resposta** Sugere-se a consulta das bibliografias: de Pádua Braga *et al.* (2003) e Haykin (1999b).

**Exercício 7.2** Dada uma rede Perceptron com três terminais de entrada, utilizando pesos iniciais $w^1 = 0,4; w^2 = -0,6; w^3 = 0,6$ e limiar $= 0,5$, responda:

a. Ensinar a rede com os dados $(001, -1)$ e $(110, +1)$, usando uma taxa de aprendizado $\eta = 0,4$;
b. Usar a rede treinada para definir a classe dos exemplos: $111$, $000$, $100$ e $011$.

**Respostas**

a. Seguir o Algoritmo 7.1, usando as Equações 7.1 e 7.2.
b. Usar os valores de peso obtidos no item anterior para calcular a ativação do Perceptron para cada caso. Os exemplos 111 e 100 serão classificados na classe $+1$ e os exemplos 000 e 011 na classe $-1$.

**Exercício 7.3** Treinar uma rede neural Perceptron para simular as seguintes portas lógicas com duas entradas:

a. `AND`;
b. `OR`.

**Resposta** Sugere-se montar primeiramente a tabela-verdade dessas operações. As entradas da rede serão as duas entradas da tabela e a saída será o resultado da operação. Em seguida, seguir passos semelhantes ao item (a) do exercício anterior.

**Exercício 7.4** Pesquise uma rede neural MLP que seja capaz de resolver o problema do ou-exclusivo (`XOR`) de duas entradas. Mostre sua arquitetura, pesos e o processamento feito para cada uma das possíveis entradas deste problema.

**Resposta** Sugere-se pesquisar em: de Pádua Braga *et al.* (2003) e Haykin (1999b).

**Exercício 7.5** Por que a função de ativação Limiar não deve ser usada nas camadas intermediárias de uma rede MLP?

**Resposta** Porque ela não é diferenciável.

**Exercício 7.6** Por que redes MLPs com várias camadas não eram populares na década de 1990?

**Resposta** Porque, para treiná-las, seria necessário ter uma quantidade muito maior de exemplos e uma arquitetura que tornasse o processamento de dados bem mais rápido do que o que existia na época.

**Exercício 7.7** Por que só recentemente as DNs se tornaram populares?

**Resposta** Alguns itens que podem ser discutidos: maior capacidade de processamento dos computadores atuais, quantidade maior de dados disponíveis para treinamento, entre outros.

**Exercício 7.8** O que distingue uma rede neural rasa de uma rede neural profunda?

**Resposta** A quantidade de camadas intermediárias. Uma rede neural é considerada rasa *shallow* quando possui apenas uma camada intermediária. Por sua vez, redes profundas (DNs) possuem duas ou mais camadas intermediárias de neurônios.

**Exercício 7.9** O que é uma rede neural convolucional (CNN) e para qual aplicação ela é recomendada?

**Resposta** Uma CNN é uma rede neural composta por diferentes tipos de camadas organizadas em dois estágios de processamento. O primeiro estágio possui uma sequência de pares de camadas: uma camada convolucional e uma camada de *pool*. Quanto mais camadas são usadas, mais complexas são as representações extraídas. O segundo estágio é geralmente uma rede MLP convencional, sendo que as características extraídas pela camada de estágio inicial podem ser usadas como atributos preditivos pela rede MLP.

As CNNs são particularmente eficientes em aplicações de reconhecimento e segmentação de imagens e detecção de objetos.

**Exercício 7.10** O que é uma rede neural recorrente (RNN) e em quais aplicações ela se destaca?

**Resposta** As RNNs são uma classe de redes neurais projetadas para lidar com dados sequenciais, em que a ordem das entradas é importante. As RNNs têm conexões cíclicas que permitem que informações do passado sejam "lembradas" e possam influenciar o processamento atual. A principal característica das RNNs é a presença de uma unidade de "memória". Essa memória é implementada por meio de um estado oculto que armazena informações de etapas anteriores. Cada vez que uma nova entrada é processada, a RNN atualiza seu estado oculto com base na entrada atual e no estado oculto anterior. Isso permite que a rede mantenha uma espécie de "memória" ao longo de uma sequência.

As RNNs são particularmente úteis em aplicações em que o contexto anterior pode influenciar as previsões futuras, como no caso de texto, áudio ou séries temporais.

**Exercício 7.11** O que são transformadores e para quais aplicações eles são recomendados?

**Resposta** Uma rede de transformadores (ou simplesmente, transformadores) oferece uma abordagem altamente paralelizável e eficaz para lidar com dependências de longo alcance em sequências. A arquitetura de rede de transformadores se baseia no conceito-chave de "atenção". Esse mecanismo permite que o modelo foque em diferentes partes da sequência de entrada simultaneamente, de forma mais eficiente que as RNNs ou LSTMs, que processam a sequência passo a passo. A arquitetura de rede de transformadores é composta por duas partes principais: o codificador (*encoder*) e o decodificador (*decoder*).

Os transformadores são particularmente eficientes em aplicações que envolvem geração de texto e processamento de linguagem natural.

**Exercício 7.12** O que é uma rede adversária generativa (GAN) e em quais aplicações ela se destaca?

**Resposta** As redes adversárias generativas (GANs) são utilizadas na geração de dados. O objetivo principal das GANs é treinar um modelo que possa gerar dados realistas a partir de um conjunto de dados de treinamento. A principal característica das GANs é o uso de duas redes neurais competindo entre si: uma rede geradora e uma rede discriminadora. Essas duas redes são treinadas simultaneamente em um jogo de soma zero. O gerador tenta "enganar" o discriminador, criando amostras que são cada vez mais realistas, enquanto o discriminador foca em melhorar sua capacidade de detectar amostras sintéticas.

As GANs são particularmente eficientes em aplicações que envolvem aumento e geração de dados.

# 8 MÉTODOS DE MAXIMIZAÇÃO DE MARGENS

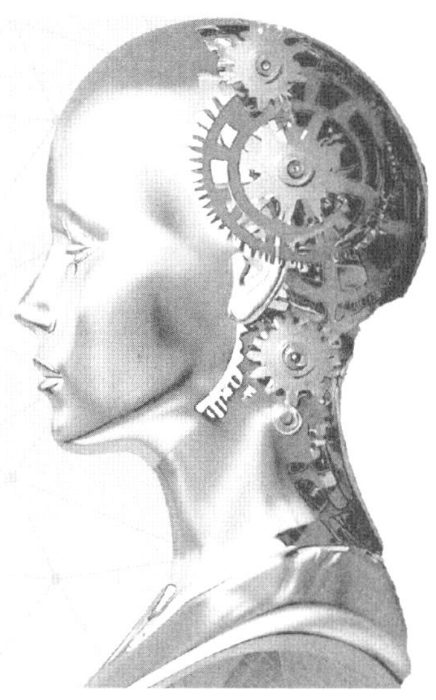

Existe um conjunto de técnicas que, implícita ou explicitamente, realiza um procedimento de maximização da margem de separação dos exemplos pertencentes a diferentes classes (*Large Margin Classifiers*) (Smola *et al.*, 2000). As margens correspondem a valores que determinam o grau em que os dados de diferentes classes encontram-se separados. O uso dessa estratégia provê bons desempenhos em termos de generalização, fato embasado pela Teoria de Aprendizado Estatístico (Vapnik, 1998). Essa teoria, desenvolvida por Vapnik (1995) a partir de estudos iniciados em Vapnik e Chervonenkis (1971), estabelece uma série de princípios que devem ser seguidos na obtenção de classificadores com boa capacidade de generalização.

As máquinas de vetores de suporte (SVMs, do inglês, *Support vector machines*)(Cristianini e Shawe-Taylor, 2000) estão entre as principais representantes de métodos de AM baseados em maximização de margens. Neste capítulo elas são apresentadas, assim como adaptações dessa técnica para problemas de regressão, a Regressão por Vetores de Suporte (SVR, do inglês, *Support vector regression*). Também foi demonstrado na literatura que o algoritmo de geração de comitês (combinações) de preditores denominado *Adaboost* realiza implicitamente um processo de maximização de margens (Schapire *et al.*, 1998). Esse método é brevemente apresentado no Capítulo 9.

A seguir, é apresentada uma introdução aos principais conceitos da teoria de aprendizado estatístico, na Seção 8.1, focando em aspectos a partir dos quais as SVMs são formuladas. Em seguida, são apresentadas formulações das SVMs para a solução de problemas de classificação (Seções 8.2 e 8.3). Uma adaptação de SVMs para problemas de regressão é discutida na Seção 8.4. Na Seção 8.5 é apresentada uma discussão das vantagens e desvantagens das SVMs.

## 8.1 Teoria de Aprendizado Estatístico

Sejam $h$ um classificador e $H$ o conjunto de todos os classificadores que determinado algoritmo de AM pode gerar. Esse algoritmo, durante o processo de aprendizado, utiliza um conjunto de treinamento $\mathbf{D}$, composto de $n$ pares $(\mathbf{x_i}, y_i)$, para gerar um classificador particular $\hat{h} \in H$.

A Teoria de Aprendizado Estatístico (TAE) estabelece condições matemáticas que auxiliam na escolha de um classificador particular $\hat{h}$ a partir de um conjunto de dados de treinamento. Essas condições levam em conta o desempenho do classificador no conjunto de treinamento e a sua complexidade, com o objetivo de obter um bom desempenho também para novos dados do mesmo domínio.

### 8.1.1 Considerações sobre a Escolha do Classificador

Na aplicação da TAE, assume-se inicialmente que os dados do domínio em que o aprendizado está ocorrendo são gerados de forma independente e identicamente distribuída (i.i.d.) de acordo com uma distribuição de probabilidade $P(\mathbf{x}, y)$ que descreve a relação entre os objetos e os seus rótulos (Burges, 1998). O erro (também denominado risco) esperado de um classificador $h$ para todos os dados desse domínio pode então ser quantificado pela Equação 8.1 (Müller *et al.*, 2001), medindo a capacidade de generalização de $h$. Na Equação 8.1, $c(h(\mathbf{x}), y)$ é uma função de custo relacionando a previsão $h(\mathbf{x})$ à saída desejada $y$, em que $y_i$ e $h(\mathbf{x}_i) \in \{-1, +1\}$. Um tipo de função de custo comumente empregada em problemas de classificação é a 0–1, definida pela Equação 8.2. Essa função retorna o valor 0 se **x** é classificado corretamente e 1 em caso contrário.

$$R(h) = \int c(h(\mathbf{x}), y) dP(\mathbf{x}, y) \tag{8.1}$$

$$c(h(\mathbf{x}), y) = \frac{1}{2} |y - h(\mathbf{x})| \tag{8.2}$$

Infelizmente, não é possível minimizar o risco esperado apresentado na Equação 8.1 diretamente, uma vez que em geral a distribuição de probabilidade $P(\mathbf{x}, y)$ é desconhecida. Tem-se unicamente a informação dos dados de treinamento, também amostrados de $P(\mathbf{x}, y)$. Normalmente utiliza-se o princípio da indução para inferir uma função $\hat{h}$ que minimize o erro sobre os dados de treinamento e espera-se que esse procedimento leve também a um menor erro sobre novos dados. Essa é a estratégia adotada pela maioria das técnicas de AM supervisionadas. O risco empírico de $h$, fornecido pela Equação 8.3, mede o desempenho do classificador nos dados de treinamento, por meio da taxa de classificações incorretas obtidas em **D**.

$$R_{emp}(h) = \frac{1}{n} \sum_{i=1}^{n} c(h(\mathbf{x}_i), y_i) \tag{8.3}$$

Esse processo de indução com base nos dados de treinamento conhecidos constitui o princípio de minimização do risco empírico (Smola e Schölkopf, 2002). Assintoticamente, com $n \to \infty$, é possível estabelecer condições para o algoritmo de aprendizado que garantam a obtenção de classificadores cujos valores de risco empírico convirjam para o risco esperado (Müller *et al.*, 2001). Para conjuntos de dados menores, porém, geralmente não é possível determinar esse tipo de garantia. Embora a minimização do risco empírico possa levar a um menor risco esperado, nem sempre isso ocorre. Considere, por exemplo, um classificador binário (para duas classes) que memoriza todos os objetos de treinamento e gera classificações aleatórias para outros exemplos, em um domínio, e que as duas classes são equiprováveis. Embora seu risco empírico seja nulo, seu risco esperado é 0,5.

A noção expressa nesses argumentos é a de que, ao permitir que $\hat{h}$ seja escolhida a partir de um conjunto de funções amplo $H$, é sempre possível encontrar uma $h$ com pequeno risco empírico. Porém, nesse caso os exemplos de treinamento podem se tornar pouco informativos para a tarefa de aprendizado, pois o classificador induzido pode se superajustar a eles. Deve-se então restringir a classe de funções da qual $\hat{h}$ é extraída. Existem diversas abordagens para tal. A TAE lida com essa questão considerando a complexidade (também referenciada por capacidade) da classe de funções que o algoritmo de aprendizado é capaz de induzir (Smola e Schölkopf, 2002). Nessa direção, a TAE provê diversos limites no risco esperado de uma função de classificação, os quais podem ser empregados na escolha do classificador. A seguir, são relacionados alguns dos principais limites sobre os quais as SVMs se baseiam.

### 8.1.2 Limites no Risco Esperado

Um limite importante fornecido pela TAE relaciona o risco esperado de uma função ao seu risco empírico e a um termo de capacidade. Esse limite, apresentado na Inequação 8.4, é garantido com probabilidade $1 - \theta$, em que $\theta \in [0, 1]$ (Burges, 1998).

$$R(h) \leqslant R_{emp}(h) + \sqrt{\frac{VC\left(\ln\left({}^{2n}\!/_{VC}\right) + 1\right) - \ln\left({}^{\theta}\!/_{4}\right)}{n}} \tag{8.4}$$

Nessa inequação, $VC$ denota a dimensão Vapnik-Chervonenkis (Vapnik, 1995) da classe de funções $H$ à qual $h$ pertence, $n$ representa a quantidade de exemplos no conjunto de treinamento **D** e a parcela de raiz na soma é referenciada como termo de capacidade. A dimensão VC mede a capacidade do conjunto de funções $H$ (Burges,

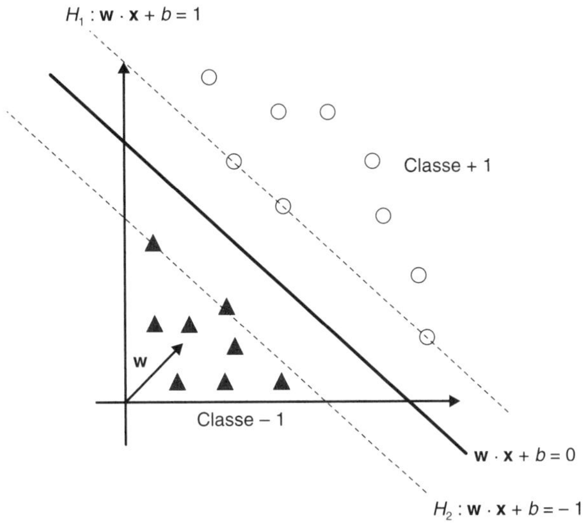


**Figura 8.1** Ilustração de hiperplanos canônicos e separador.

$$\underset{\mathbf{w},b}{\text{Minimizar}} \ \frac{1}{2} \|\mathbf{w}\|^2 \tag{8.13}$$

$$\text{Com as restrições: } y_i (\mathbf{w} \cdot \mathbf{x}_i + b) - 1 \geqslant 0, \ \ \forall i = 1, \ldots, n \tag{8.14}$$

As restrições são impostas de maneira a assegurar que não haja dados de treinamento entre as margens de separação das classes. Por esse motivo, a SVM obtida possui também a nomenclatura de SVM com margens rígidas.

O problema de otimização obtido é quadrático, e sua solução possui uma ampla e estabelecida teoria matemática. Como a função objetivo sendo minimizada é convexa e os pontos que satisfazem as restrições formam um conjunto convexo, esse problema possui um único mínimo global. Problemas desse tipo podem ser solucionados com a introdução de uma função lagrangiana, que engloba as restrições à função objetivo, associadas a parâmetros denominados multiplicadores de Lagrange $\alpha_i$ (Equação 8.15).

$$L(\mathbf{w}, b, \boldsymbol{\alpha}) = \frac{1}{2} \|\mathbf{w}\|^2 - \sum_{i=1}^{n} \alpha_i (y_i (\mathbf{w} \cdot \mathbf{x}_i + b) - 1) \tag{8.15}$$

A função lagrangiana deve ser minimizada, o que implica maximizar as variáveis $\alpha_i$, enquanto **w** e $b$ devem ser minimizados. Derivando $L$ em relação a $b$ e **w** e igualando o resultado a 0, obtêm-se as Equações 8.16 e 8.17.

$$\sum_{i=1}^{n} \alpha_i y_i = 0 \tag{8.16}$$

$$\mathbf{w} = \sum_{i=1}^{n} \alpha_i y_i \mathbf{x}_i \tag{8.17}$$

Substituindo as Equações 8.16 e 8.17 na Equação 8.15, obtém-se o seguinte problema de otimização:

$$\underset{\boldsymbol{\alpha}}{\text{Maximizar}} \ \sum_{i=1}^{n} \alpha_i - \frac{1}{2} \sum_{i,j=1}^{n} \alpha_i \alpha_j y_i y_j (\mathbf{x}_i \cdot \mathbf{x}_j) \tag{8.18}$$

$$\text{Com as restrições: } \begin{cases} \alpha_i \geqslant 0, \ \forall i = 1, \ldots, n \\ \sum_{i=1}^{n} \alpha_i y_i = 0 \end{cases} \tag{8.19}$$

Essa formulação é denominada forma dual, enquanto o problema original é referenciado como forma primal. A forma dual possui os atrativos de apresentar restrições mais simples e permitir a representação do problema de otimização em termos de produtos internos entre objetos, o que será útil na posterior não linearização das SVMs (Seção 8.3). É interessante observar também que o problema dual é formulado utilizando apenas os dados de treinamento e os seus rótulos.

Sejam $\boldsymbol{\alpha}^*$ a solução do problema dual e $\mathbf{w}^*$ e $b^*$ as soluções da forma primal. Obtido o valor de $\boldsymbol{\alpha}^*$, $\mathbf{w}^*$ pode ser determinado pela Equação 8.17. O parâmetro $b^*$ é definido por $\boldsymbol{\alpha}^*$ e por condições de Kühn-Tucker, provenientes da teoria de otimização com restrições e que devem ser satisfeitas no ponto ótimo. Elas afirmam que no ponto ótimo o produto entre as variáveis duais (de Lagrange) e as restrições deve ser nulo (Smola e Schölkopf, 1998). Para o problema dual formulado, tem-se:

$$\alpha_i^* \left( y_i \left( \mathbf{w}^* \cdot \mathbf{x}_i + b^* \right) - 1 \right) = 0, \ \forall i = 1, \ldots, n \tag{8.20}$$

Observa-se nessa equação que $\alpha_i^*$ pode ser diferente de 0 somente para os objetos que se encontram sobre os hiperplanos $H_1$ e $H_2$. Esses são os exemplos que se situam mais próximos ao hiperplano separador, exatamente sobre as margens. Para os outros casos, a condição apresentada na Equação 8.20 é obedecida apenas com $\alpha_i^* = 0$. Esses pontos não participam então do cálculo de $\mathbf{w}^*$ (Equação 8.17). Os exemplos que possuem $\alpha_i^* > 0$ são denominados vetores de suporte (SVs, do inglês, *support vectors*) e podem ser considerados os objetos mais informativos do conjunto de treinamento (Burges, 1998). O valor de $b^*$ é calculado a partir dos SVs e das condições representadas na Equação 8.20. Computa-se a média apresentada na Equação 8.21 sobre todos $\mathbf{x}_j$ tal que $\alpha_j^* > 0$, ou seja, todos os SVs. Nessa equação, $n_{\text{SV}}$ denota o número de SVs e SV representa o conjunto dos SVs.

$$b^* = \frac{1}{n_{\text{SV}}} \sum_{\mathbf{x}_j \in \text{SV}} \frac{1}{y_j} - \mathbf{w}^* \cdot \mathbf{x}_j = \frac{1}{n_{\text{SV}}} \sum_{\mathbf{x}_j \in \text{SV}} \left( \frac{1}{y_j} - \sum_{\mathbf{x}_i \in \text{SV}} \alpha_i^* y_i \mathbf{x}_i \cdot \mathbf{x}_j \right) \tag{8.21}$$

Como resultado final, tem-se o classificador $g(\mathbf{x})$ apresentado na Equação 8.22.

$$g\left(\mathbf{x}\right) = \text{sgn}\left(h\left(\mathbf{x}\right)\right) = \text{sgn}\left( \sum_{\mathbf{x}_i \in \text{SV}} y_i \alpha_i^* \mathbf{x}_i \cdot \mathbf{x} + b^* \right) \tag{8.22}$$

### 8.2.2 SVMs com Margens Suaves

Em situações reais, é difícil encontrar aplicações cujos dados sejam linearmente separáveis. Isso se deve a diversos fatores, entre eles a presença de ruídos e *outliers* nos objetos ou à própria natureza do problema, que pode ser não linear. As SVMs lineares apresentadas anteriormente podem ser estendidas para lidar com conjuntos de treinamento mais gerais. Para realizar essa tarefa, permite-se que alguns objetos possam violar a restrição da Equação 8.14. Isso é feito com a introdução de variáveis de folga $\xi_i$, para todo $i = 1, \ldots, n$. Essas variáveis relaxam as restrições impostas ao problema de otimização primal, que se tornam (Smola e Schölkopf, 2002):

$$y_i \left( \mathbf{w} \cdot \mathbf{x}_i + b \right) \geqslant 1 - \xi_i, \quad \xi_i \geqslant 0, \ \forall i = 1, \ldots, n \tag{8.23}$$

A aplicação desse procedimento suaviza as margens do classificador linear, permitindo que alguns objetos permaneçam entre os hiperplanos $H_1$ e $H_2$ e também a ocorrência de alguns erros de classificação. Por esse motivo, as SVMs obtidas nesse caso também podem ser referenciadas como SVMs com margens suaves.

Um erro no conjunto de treinamento é indicado por um valor de $\xi_i$ maior que 1. Logo, a soma dos $\xi_i$ representa um limite no número de erros de treinamento. Para levar em consideração esse termo, minimizando assim o erro sobre os dados de treinamento, a função objetivo da Equação 8.13 é reformulada como (Burges, 1998):

$$\underset{\mathbf{w},b,\boldsymbol{\xi}}{\text{Minimizar}} \quad \frac{1}{2}\|\mathbf{w}\|^2 + C\left(\sum_{i=1}^{n}\xi_i\right) \tag{8.24}$$

A constante $C$ é um termo de regularização que impõe um peso à minimização dos erros no conjunto de treinamento em relação à minimização da complexidade do modelo. A presença do termo $\sum_{i=1}^{n}\xi_i$ no problema de otimização também pode ser vista como uma minimização de erros marginais, pois um valor de $\xi_i \in (0, 1]$ indica um objeto entre as margens. Tem-se então uma formulação de acordo com os princípios da TAE discutidos na Seção 8.1.

Novamente o problema de otimização gerado é quadrático, com as restrições lineares apresentadas na Equação 8.23. Sua solução envolve passos matemáticos semelhantes aos apresentados anteriormente, com a introdução de uma função lagrangiana e tornando suas derivadas parciais nulas. Tem-se como resultado o seguinte problema dual:

$$\underset{\boldsymbol{\alpha}}{\text{Maximizar}} \quad \sum_{i=1}^{n}\alpha_i - \frac{1}{2}\sum_{i,j=1}^{n}\alpha_i\alpha_j y_i y_j\left(\mathbf{x}_i \cdot \mathbf{x}_j\right) \tag{8.25}$$

$$\text{Com as restrições:} \quad \begin{cases} 0 \leqslant \alpha_i \leqslant C, \quad \forall i = 1, \ldots, n \\ \sum_{i=1}^{n}\alpha_i y_i = 0 \end{cases} \tag{8.26}$$

Pode-se observar que essa formulação é igual à apresentada para as SVMs de margens rígidas, a não ser pela restrição nos $\alpha_i$, que agora são limitados pelo valor de $C$.

Seja $\boldsymbol{\alpha}^*$ a solução do problema dual, enquanto $\mathbf{w}^*$, $b^*$ e $\boldsymbol{\xi}^*$ denotam as soluções da forma primal. O vetor $\mathbf{w}^*$ continua sendo determinado pela Equação 8.17. As variáveis $\xi_i^*$ podem ser calculadas pela Equação 8.27 (Cristianini e Shawe-Taylor, 2000).

$$\xi_i^* = \max\left\{0, 1 - y_i\sum_{j=1}^{n}y_j\alpha_j^*\mathbf{x}_j \cdot \mathbf{x}_i + b^*\right\} \tag{8.27}$$

A variável $b^*$ provém novamente de $\boldsymbol{\alpha}^*$ e de condições de Kühn-Tucker, que nesse caso são:

$$\alpha_i^*\left(y_i\left(\mathbf{w}^* \cdot \mathbf{x}_i + b^*\right) - 1 + \xi_i^*\right) = 0 \tag{8.28}$$

$$\left(C - \alpha_i^*\right)\xi_i^* = 0 \tag{8.29}$$

Como nas SVMs de margens rígidas, os pontos $\mathbf{x}_i$ para os quais $\alpha_i^* > 0$ são denominados vetores de suporte (SVs), e são os objetos que participam da formação do hiperplano separador. Porém, nesse caso, podem-se distinguir tipos distintos de SVs. Se $\alpha_i^* < C$, pela Equação 8.29, $\xi_i^* = 0$ e então, da Equação 8.28, esses SVs encontram-se sobre as margens e também são denominados livres. Os SVs para os quais $\alpha_i^* = C$ podem representar três casos: erros, se $\xi_i^* > 1$; pontos corretamente classificados, porém entre as margens, se $0 < \xi_i^* \leqslant 1$; ou pontos sobre as margens, se $\xi_i^* = 0$. O último caso ocorre raramente, e os SVs anteriores são denominados limitados. Na Figura 8.2 são ilustrados os possíveis tipos de SVs. Pontos na cor cinza representam SVs livres. SVs limitados são ilustrados em preto. Pontos pretos com bordas extras correspondem a SVs limitados que são erros de treinamento. Todos os outros objetos, em branco, são corretamente classificados e encontram-se fora das margens, possuindo $\xi_i^* = 0$ e $\alpha_i^* = 0$.

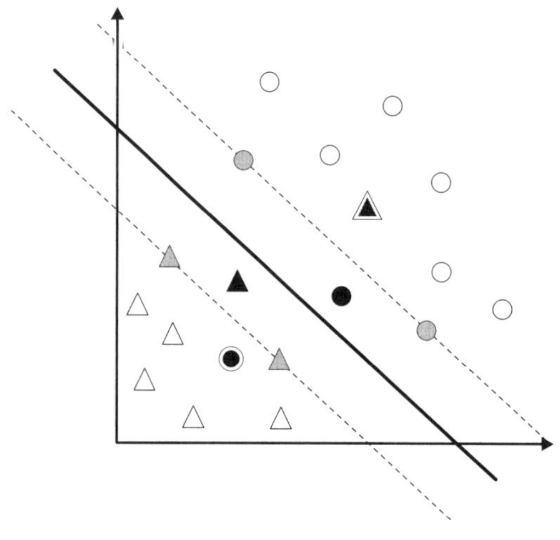

**Figura 8.2** Tipos de SVs: livres (cor cinza) e limitados (cor preta).

Para calcular $b^*$, computa-se a média da Equação 8.21 sobre todos SVs livres, ou seja, com $\alpha_i^* < C$.

Tem-se como resultado final a mesma função de classificação representada na Equação 8.22, porém, nesse caso, as variáveis $\alpha_i^*$ são determinadas pela solução da Equação 8.25.

## 8.3 SVMs Não Lineares

As SVMs lineares são eficazes na classificação de conjuntos de dados linearmente separáveis ou que possuam distribuição aproximadamente linear, e a versão de margens suaves tolera a presença de alguns ruídos e *outliers*. Porém, há muitos casos em que não é possível dividir satisfatoriamente os dados de treinamento por um hiperplano. Um exemplo é apresentado na Figura 8.3, em que o uso de uma fronteira curva seria mais adequado na separação das classes.

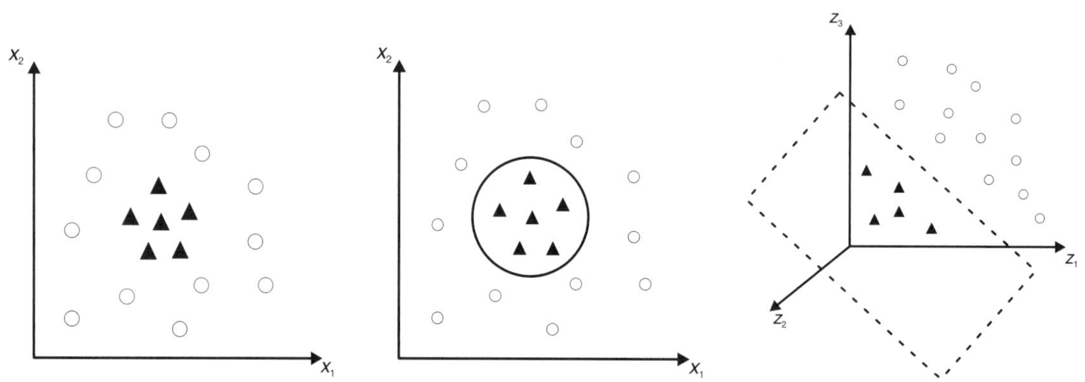


**(a)** Conjunto de dados **(b)** Fronteira para duas dimensões **(c)** Fronteira para três dimensões

**Figura 8.3** Exemplo de transformação realizada em conjunto de dados não linear para espaço de características.

As SVMs lidam com problemas não lineares mapeando o conjunto de treinamento de seu espaço original, referenciado como de entradas, para um novo espaço de maior dimensão, denominado espaço de características (*feature space*) (Hearst *et al.*, 1998). Seja $\mathbf{\Phi} : X \to \Im$ um mapeamento, em que $X$ é o espaço de entradas e $\Im$ denota o espaço de características. A escolha apropriada de $\mathbf{\Phi}$ faz com que o conjunto de treinamento mapeado em $\Im$ possa ser separado por uma SVM linear.

O uso desse procedimento é motivado pelo teorema de Cover (Haykin, 1999a). Dado um conjunto de dados não linear no espaço de entradas $X$, esse teorema afirma que $X$ pode ser transformado em um espaço de características $\Im$ no qual, com alta probabilidade, os objetos são linearmente separáveis. Para isso, duas condições devem ser satisfeitas. A primeira é que a transformação seja não linear, enquanto a segunda é que a dimensão do espaço de características seja suficientemente alta.

Para ilustrar esses conceitos, considere o conjunto de dados apresentado na Figura 8.3(a) (Müller *et al.*, 2001). Transformando os objetos de $\Re^2$ para $\Re^3$ com o mapeamento representado na Equação 8.30, o conjunto de dados não linear em $\Re^2$ torna-se linearmente separável em $\Re^3$ [Figura 8.3(c)]. É possível então encontrar um hiperplano capaz de separar esses objetos, descrito na Equação 8.31. Pode-se verificar que a função apresentada, embora linear em $\Re^3$ [Figura 8.3(c)], corresponde a uma fronteira não linear em $\Re^2$ [Figura 8.3(b)].

$$\mathbf{\Phi}(\mathbf{x}) = \Phi(x_1, x_2) = \left(x_1^2, \sqrt{2}x_1x_2, x_2^2\right) \tag{8.30}$$

$$h(\mathbf{x}) = \mathbf{w} \cdot \mathbf{\Phi}(\mathbf{x}) + b = w_1x_1^2 + w_2\sqrt{2}x_1x_2 + w_3x_2^2 + b = 0 \tag{8.31}$$

Logo, mapeiam-se inicialmente os objetos para um espaço de maior dimensão utilizando $\mathbf{\Phi}$ e aplica-se a SVM linear sobre esse espaço. Ela encontra o hiperplano com maior margem de separação, garantindo assim uma boa generalização. Utiliza-se a versão de SVM linear com margens suaves, que permite lidar com ruídos e *outliers* presentes nos dados. Para realizar o mapeamento, basta aplicar $\mathbf{\Phi}$ aos exemplos presentes no problema de otimização representado na Equação 8.25, conforme ilustrado a seguir:

$$\underset{\boldsymbol{\alpha}}{\text{Maximizar}} \quad \sum_{i=1}^{n} \alpha_i - \frac{1}{2}\sum_{i,j=1}^{n} \alpha_i\alpha_j y_i y_j \left(\mathbf{\Phi}(\mathbf{x}_i) \cdot \mathbf{\Phi}(\mathbf{x}_j)\right) \tag{8.32}$$

De forma semelhante, o classificador extraído se torna:

$$g(\mathbf{x}) = \text{sgn}(h(\mathbf{x})) = \text{sgn}\left(\sum_{\mathbf{x}_i \in \text{SV}} \alpha_i^* y_i \mathbf{\Phi}(\mathbf{x}_i) \cdot \mathbf{\Phi}(\mathbf{x}) + b^*\right) \tag{8.33}$$

em que $b^*$ é adaptado da Equação 8.21 também aplicando o mapeamento aos objetos:

$$b^* = \frac{1}{n_{\text{SV}:\alpha^* < C}} \sum_{\mathbf{x}_j \in \text{SV}\,:\,\alpha_j^* < C} \left(\frac{1}{y_j} - \sum_{\mathbf{x}_i \in \text{SV}} \alpha_i^* y_i \mathbf{\Phi}(\mathbf{x}_i) \cdot \mathbf{\Phi}(\mathbf{x}_j)\right) \tag{8.34}$$

Como $\Im$ pode ter dimensão muito alta (até mesmo infinita), a computação de $\mathbf{\Phi}$ pode ser extremamente custosa ou inviável. Porém, percebe-se, pelas Equações 8.32, 8.33 e 8.34, que a única informação necessária sobre o mapeamento é de como realizar o cálculo de produtos escalares entre os objetos no espaço de características. Isso é obtido com o uso de funções denominadas kernels.

Um kernel $K$ é uma função que recebe dois pontos $\mathbf{x}_i$ e $\mathbf{x}_j$ no espaço de entradas e calcula o produto escalar desses objetos no espaço de características (Herbrich, 2001). Tem-se então:

$$K(\mathbf{x}_i, \mathbf{x}_j) = \mathbf{\Phi}(\mathbf{x}_i) \cdot \mathbf{\Phi}(\mathbf{x}_j) \tag{8.35}$$

Para o mapeamento apresentado na Equação 8.30 e dois objetos $\mathbf{x}_i$ e $\mathbf{x}_j$ em $\Re^2$, por exemplo, o kernel é dado por:

$$K(\mathbf{x}_i, \mathbf{x}_j) = (\mathbf{x}_i \cdot \mathbf{x}_j)^2 \tag{8.36}$$

É comum empregar a função kernel sem conhecer o mapeamento $\mathbf{\Phi}$, que é gerado implicitamente. A utilidade dos kernels está, portanto, na simplicidade de seu cálculo e em sua capacidade de representar espaços abstratos.

Para garantir a convexidade do problema de otimização formulado na Equação 8.32 e também que o kernel represente mapeamentos nos quais seja possível o cálculo de produtos escalares conforme a Equação 8.35, utilizam-se funções kernel que seguem as condições estabelecidas pelo teorema de Mercer (Mercer, 1909). De forma simplificada, um kernel que satisfaz as condições de Mercer é caracterizado por dar origem a matrizes positivas semidefinidas **K**, em que cada elemento $K_{ij}$ é definido por $K_{ij} = K(\mathbf{x}_i, \mathbf{x}_j)$, para todo $i, j = 1, \ldots, n$ (Herbrich, 2001).

Alguns dos kernels mais utilizados na prática são os polinomiais, os de função base radial (*radial basis function* - RBF) e os sigmoidais, listados na Tabela 8.1. Cada um deles apresenta parâmetros que devem ser determinados pelo usuário, indicados também na tabela. O kernel sigmoidal, em particular, satisfaz as condições de Mercer apenas para alguns valores de $\delta$ e $\kappa$. O kernel polinomial com $d = 1$, $\delta = 1$ e $\kappa = 0$ também é denominado linear, e seu uso implica não realizar um mapeamento dos dados, ou seja, a obtenção de uma SVM linear.

**Tabela 8.1** Funções kernel mais comuns

| Tipo de kernel | Função $K(\mathbf{x}_i, \mathbf{x}_j)$ | Parâmetros |
|---|---|---|
| Polinomial | $(\delta(\mathbf{x}_i \cdot \mathbf{x}_j) + \kappa)^d$ | $\delta, \kappa$ e $d$ |
| RBF | $\exp\left(-\sigma \left\|\mathbf{x}_i - \mathbf{x}_j\right\|^2\right)$ | $\sigma$ |
| Sigmoidal | $\tanh(\delta(\mathbf{x}_i \cdot \mathbf{x}_j) + \kappa)$ | $\delta$ e $\kappa$ |

A obtenção de um classificador por meio do uso de SVMs envolve então a escolha de uma função kernel, além de parâmetros dessa função e do valor da constante de regularização $C$. A escolha do kernel e dos parâmetros considerados afeta o desempenho do classificador obtido, pois eles definem a fronteira de decisão induzida. Segundo observado em Hsu *et al.* (2003), uma boa escolha inicial é empregar o kernel RBF, uma vez que o kernel linear é apontado como um caso especial de função RBF (Keerthi e Lin, 2003) e o kernel sigmoidal pode ter comportamento semelhante ao RBF para certos parâmetros (Lin e Lin, 2003).

O Algoritmo 8.1 resume então a formulação final seguida pelas SVMs em seu treinamento.

**Algoritmo 8.1** Algoritmo de treinamento de SVM

**Entrada:** Um conjunto de $n$ objetos de treinamento $\mathbf{D} = \{(\mathbf{x}_i, y_i), i = 1, \ldots, n\}$, termo de regularização $C$, Kernel $K$ e seus hiperparâmetros

**Saída:** SVM treinada

1 Seja $\alpha^* = (\alpha_1^*, \ldots, \alpha_n^*)$ a solução de:

2 Maximizar: $\sum_{i=1}^{n} \alpha_i - \frac{1}{2} \sum_{i=1}^{n} \sum_{j=1}^{n} y_i y_j \alpha_i \alpha_j K(\mathbf{x_i}, \mathbf{x_j})$

3 Sob as restrições: $\begin{cases} \sum_{i=1}^{n} y_i \alpha_i = 0 \\ 0 \leq \alpha_i \leq C, \; i = 1, \; \ldots, \; n \end{cases}$

4 O classificador é dado por: $g(\mathbf{x}) = \text{sgn}(h(\mathbf{x})) = \text{sgn}\left(\sum_{\mathbf{x}_i \in \text{SV}} \alpha_i^* y_i K(\mathbf{x}_i, \mathbf{x}) + b^*\right)$

5 Em que: $b^* = \frac{1}{n_{\text{SV}:\alpha^* < C}} \sum_{\mathbf{x}_j \in \text{SV} : \alpha_j^* < C} \left(\frac{1}{y_j} - \sum_{\mathbf{x}_i \in \text{SV}} \alpha_i^* y_i K(\mathbf{x}_i, \mathbf{x}_j)\right)$

## 8.4 SVMs em Problemas de Regressão

Embora as descrições anteriores tenham sido focadas em problemas de classificação, as SVMs também podem ser aplicadas na solução de problemas de regressão e no agrupamento de dados (aprendizado não supervisionado). Contudo, o problema de otimização para o seu treinamento deve ser reformulado para lidar com as características e objetivos desses problemas. Nesta seção, o uso de SVMs em problemas de regressão é brevemente descrito, tomando como base o tutorial (Smola e Schölkopf, 1998).

O algoritmo $\varepsilon$-SVR (Vapnik, 1995) tem como objetivo encontrar uma função $h(\mathbf{x})$ que produza saídas contínuas para os dados de treinamento que desviem no máximo de $\varepsilon$ de seu rótulo desejado. Essa função deve também ser o mais uniforme e regular possível.

Seguindo a estrutura apresentada para o caso de classificação, consideremos primeiro o uso de funções lineares $h$ (Equação 8.8). Nesse caso, a regularidade se reflete em buscar uma função regular e suave, o que pode ser conseguido pela minimização da norma $\|\mathbf{w}\|$. Tem-se então o problema de otimização:

$$\underset{\mathbf{w},b}{\text{Minimizar}} \quad \frac{1}{2}\|\mathbf{w}\|^2 \tag{8.37}$$

$$\text{Com as restrições: } \begin{cases} y_i - \mathbf{w}\cdot\mathbf{x}_i - b \leqslant \varepsilon \\ \mathbf{w}\cdot\mathbf{x}_i + b - y_i \leqslant \varepsilon \end{cases} \tag{8.38}$$

Procura-se então a função linear que aproxime os pares $(\mathbf{x}_i, y_i)$ de treinamento com uma precisão de $\varepsilon$. Na Figura 8.4 é apresentada uma ilustração do procedimento realizado. Busca-se a função linear tal que os dados de treinamento fiquem dentro de uma região ao redor de $h$, representada em sombreado na figura.

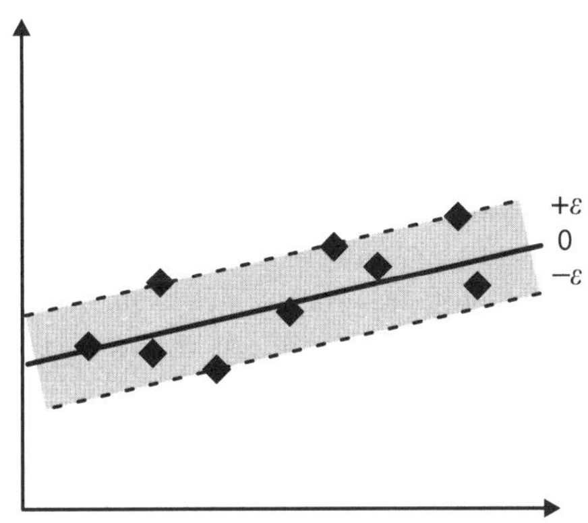


**Figura 8.4** Ilustração simplificada de procedimento realizado por SVR.

Analogamente ao caso das SVMs de margens suaves, esse problema pode ser relaxado com a introdução de variáveis de folga, permitindo assim lidar com ruídos e *outliers* nos objetos. As variáveis de folga permitem que alguns exemplos fiquem fora da região entre $-\varepsilon$ e $+\varepsilon$. Tem-se então:

$$\underset{\mathbf{w},b,\boldsymbol{\xi},\bar{\boldsymbol{\xi}}}{\text{Minimizar}} \quad \frac{1}{2}\|\mathbf{w}\|^2 + C\left(\sum_{i=1}^{n} \xi_i + \bar{\xi}_i\right) \tag{8.39}$$

$$\text{Com as restrições: } \begin{cases} y_i - \mathbf{w}\cdot\mathbf{x}_i - b \leqslant \varepsilon + \xi_i \\ \mathbf{w}\cdot\mathbf{x}_i + b - y_i \leqslant \varepsilon + \bar{\xi}_i \\ \xi_i, \bar{\xi}_i \geqslant 0 \end{cases} \tag{8.40}$$

Nas equações apresentadas, $\xi_i$ e $\bar{\xi}_i$ representam as variáveis de folga e $C$ é uma constante que impõe um *trade-off* entre a regularidade de $h$ e o quanto de desvios são tolerados. Como no caso das SVMs para classificação, monta-se o problema dual equivalente ao anterior pelo uso de uma lagrangiana, tornando nulo o resultado das derivações parciais e substituindo as expressões resultantes na equação lagrangiana inicial.

O problema dual obtido é descrito em termos de produtos internos entre os objetos. Pode-se então recorrer ao uso de kernels para realizar regressões não lineares. O uso do kernel implica o mapeamento dos objetos para um espaço de características, onde então a função linear mais regular e com baixo erro de treinamento é encontrada. O problema de otimização final solucionado é dado por:

$$\underset{\boldsymbol{\alpha},\bar{\boldsymbol{\alpha}}}{\text{Maximizar}} \quad -\frac{1}{2}\sum_{i,j=1}^{n}\left(\alpha_i-\bar{\alpha}_i\right)\left(\alpha_j-\bar{\alpha}_j\right)K\left(\mathbf{x}_i,\mathbf{x}_j\right)-\varepsilon\sum_{i=1}^{n}\left(\alpha_i+\bar{\alpha}_i\right)+\sum_{i=1}^{n}y_i\left(\alpha_i-\bar{\alpha}_i\right) \tag{8.41}$$

$$\text{Com as restrições:} \quad \begin{cases} \sum_{i=1}^{n}\left(\alpha_i-\bar{\alpha}_i\right)=0 \\ \alpha_i,\ \bar{\alpha}_i \in [0,C] \end{cases} \tag{8.42}$$

Nas equações apresentadas, $\alpha_i$ e $\bar{\alpha}_i$ representam as variáveis de Lagrange e $K$ é a função kernel, que deve satisfazer as condições de Mercer (os mesmos tipos de kernel da Tabela 8.1 podem ser empregados para SVR). As variáveis de Lagrange associadas a todos os exemplos que se encontram dentro da margem entre $-\varepsilon$ e $+\varepsilon$ são nulas. Os outros casos correspondem aos SVs.

## 8.5 Análise do Algoritmo

Observou-se, no decorrer deste capítulo, que o raciocínio empregado pelas SVMs na obtenção do classificador final leva a um problema de otimização dual em termos dos dados de treinamento. Porém, a forma de solução desse problema não foi apresentada. Existem diversos pacotes matemáticos capazes de solucionar problemas quadráticos com restrições. Contudo, eles geralmente não são adequados a aplicações de AM, que em geral se caracterizam pela necessidade de lidar com um grande volume de dados. Diversas técnicas e estratégias foram então propostas para adaptar a solução do problema de otimização das SVMs a aplicações de larga escala. Em geral, recorre-se a alguma estratégia decomposicional, em que subproblemas menores são otimizados a cada passo do algoritmo. Uma discussão mais detalhada a respeito dos métodos e algoritmos comumente empregados nesse processo pode ser encontrada em Cristianini e Shawe-Taylor (2000).

Assim como as RNAs, as SVMs lidam apenas com atributos com valores numéricos. No caso de dados qualitativos, uma codificação numérica deve ser realizada. Além disso, é recomendável normalizar os atributos contínuos para evitar o domínio de atributos em intervalos numéricos maiores sobre aqueles em intervalos menores.

Neste capítulo nos limitamos também a apresentar a formulação original das SVMs, a qual é capaz de lidar apenas com problemas de classificação binários. Existe uma série de técnicas que podem ser empregadas na generalização das SVMs para a solução de problemas multiclasse. Pode-se recorrer à decomposição do problema multiclasse em vários subproblemas binários ou reformular o algoritmo de treinamento das SVMs em versões multiclasse. Em geral, este último procedimento leva a algoritmos computacionalmente custosos (Hsu e Lin, 2002). Por esse motivo, a estratégia decomposicional é empregada mais frequentemente (Lorena *et al.*, 2008). Na Seção 9.5 é apresentada uma revisão de técnicas para a decomposição de problemas multiclasse em múltiplos subproblemas binários.

### 8.5.1 Aspectos Positivos

Com princípios embasados na teoria de aprendizado estatístico, as SVMs caracterizam-se por apresentar uma boa capacidade de generalização. Elas também são robustas diante de objetos de grande dimensão, sobre os quais outras técnicas de aprendizado comumente obtêm classificadores super ou subajustados. Outra característica atrativa é a convexidade do problema de otimização formulado em seu treinamento, que implica a existência de um único mínimo global. Essa é uma vantagem das SVMs sobre, por exemplo, as RNAs MLP, em que há mínimos locais na função objetivo minimizada. Além disso, o uso de funções kernel na não linearização das SVMs torna o algoritmo eficiente, pois permite a construção de simples hiperplanos em um espaço de alta dimensão de forma tratável do ponto de vista computacional (Burges, 1998).

O algoritmo de treinamento das SVMs também é determinístico e retorna os mesmos resultados independentemente da ordem de apresentação de um mesmo conjunto de treinamento.

### 8.5.2 Aspectos Negativos

Entre as principais limitações das SVMs encontram-se a sua sensibilidade a escolhas de valores de parâmetros e a dificuldade de interpretação do modelo gerado por essa técnica. Esses problemas foram tratados em alguns trabalhos, tais como Chapelle *et al.* (2002), Duan *et al.* (2003) e Fu *et al.* (2004).

Além disso, assim como as RNAs, as SVMs são consideradas "caixas-pretas", no sentido de que o conhecimento extraído dos objetos por elas se encontra codificado em equações de difícil interpretação, em contraste com os modelos gerados por técnicas simbólicas como as árvores de decisão.

## 8.6 Considerações Finais

Este capítulo apresentou as SVMs, técnica que busca encontrar uma fronteira de decisão que maximize a margem de separação entre as classes em um problema de classificação. Sua generalização para problemas de regressão também foi brevemente discutida. O processo de maximização de margens tem suporte da Teoria de Aprendizado Estatístico, que estabelece garantias de generalização de um modelo de AM. De fato, a popularidade das SVMs advém de seu forte embasamento matemático e estatístico (de Mello e Ponti, 2018).

De forma geral, as SVMs têm apresentado bom desempenho preditivo em diversas tarefas de classificação, destacando-se por sua robustez a dados de alta dimensionalidade.

## 8.7 Exercícios

**Exercício 8.1** Pesquise sobre a dimensão VC de hiperplanos em um espaço $d$-dimensional. No caso específico de $d = 2$, apresente um exemplo de quantos pontos podem ser particionados em duas classes por retas e como essas divisões podem ser feitas.

**Resposta** Dimensão VC de hiperplanos em espaço $d$-dimensional = $d + 1$.

**Exercício 8.2** Considere o exemplo apresentado na Figura 8.3. Mostre que o kernel polinomial de grau 2 apresentado na Equação 8.36 corresponde a realizar o produto interno de dois vetores mapeados segundo o mapeamento apresentado na Equação 8.30. Em seguida, analise e compare quantas operações matemáticas são necessárias para:

a. Aplicar o mapeamento a dois objetos e depois realizar o produto interno dos vetores mapeados;
b. Usar o kernel da Equação 8.36 sobre dois objetos de entrada para obter o mesmo resultado do produto interno dos vetores mapeados.

**Resposta** Devem ser aplicadas as equações correspondentes a dois pontos quaisquer. Em seguida, pode-se realizar a contagem das operações aritméticas necessárias em cada caso.

**Exercício 8.3** Pesquise sobre as possíveis generalizações de SVMs para problemas com múltiplas classes, por modificações do algoritmo de treinamento original ou por decomposições do problema multiclasses. Discuta vantagens e desvantagens de cada caso.

**Resposta** Recomenda-se a consulta ao artigo: Lorena *et al.* (2008).

# 9 MODELOS MÚLTIPLOS PREDITIVOS

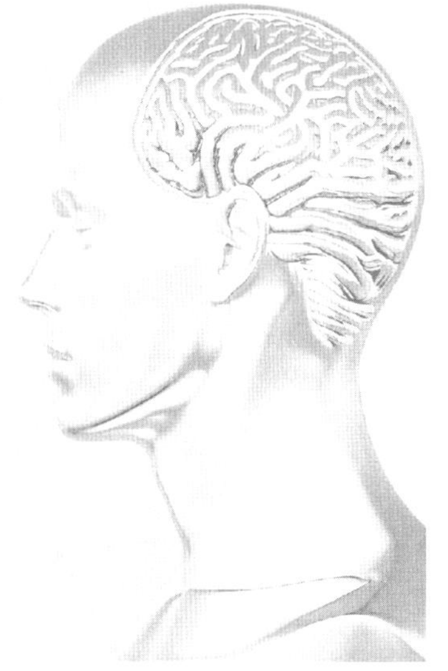

O termo *modelos múltiplos* (também denominados comitês ou *ensembles*) é utilizado para identificar um conjunto de preditores cujas decisões individuais são combinadas ou agregadas de alguma forma para predizer o rótulo de novos exemplos (Dietterich, 1997). Neste capítulo, iremos focar em problemas de classificação. No entanto, todas as técnicas apresentadas são válidas para problemas de regressão com alterações triviais relativas à função de custo utilizada.

Segundo Hoeting *et al.* (1999), a primeira referência a uma combinação de modelos na literatura estatística aparece em Barnard (1963), um trabalho que estuda os dados de passageiros de companhias aéreas. Entretanto, a maior parte dos trabalhos anteriores na área de combinação de modelos não está presente em revistas científicas de Estatística. O artigo original sobre previsões feito por Granger e Newbold (1976) estimulou, nos anos 1970, uma onda de artigos na literatura de Economia sobre combinação de previsões de diferentes modelos de previsão.

A ideia principal por trás de qualquer modelo múltiplo é baseada na observação de que diferentes algoritmos de aprendizado exploram:

- Diferentes linguagens de representação;
- Diferentes espaços de busca;
- Diferentes funções de avaliação de hipóteses.

Como é possível explorar essas diferenças? É possível desenvolver um conjunto de classificadores que, trabalhando juntos, obtenham um melhor desempenho do que cada classificador trabalhando individualmente? Essas são algumas questões que vamos abordar neste capítulo.

Na Seção 9.1 são discutidas algumas condições para a obtenção de boas combinações de modelos preditivos, ou seja, combinações que levem a desempenho conjunto melhor do que os dos classificadores base. Na Seção 9.2 são apresentadas estratégias comumente utilizadas para unir várias predições em uma única. Na Seção 9.3 apresentam-se as principais estratégias para combinar classificadores homogêneos, ou seja, produzidos por um mesmo algoritmo de aprendizado. Na Seção 9.4 são apresentadas estratégias de combinação de classificadores heterogêneos, produzidos por diferentes algoritmos de aprendizado. Na Seção 9.5 são apresentadas estratégias que decompõem um problema multiclasse em múltiplos subproblemas binários, cujas soluções são então combinadas.

## 9.1 Condições para Boas Combinações

Sabe-se que não existe um algoritmo que seja melhor para todos os problemas de decisão. Essa observação é baseada em resultados teóricos [o teorema *no-free lunch*, Wolpert e Macready (1997); Wolpert (2002)] e em resultados experimentais do projeto Statlog (Michie *et al.*, 1994). A primeira observação que pode ser feita quando se trabalha com modelos múltiplos é que combinar avaliadores idênticos é inútil. Assim, uma condição necessária para que a proposta de combinação de classificadores seja útil é que avaliadores individuais tenham um nível substancial de desacordo.

Hansen e Salamon (1990) introduziram a hipótese de que modelos múltiplos são mais úteis quando os modelos constituintes cometem erros independentes. Os autores provaram que, quando *i)* todos os modelos têm a mesma taxa de erro, *ii)* a taxa de erro é menor que 0,5,[1] *iii)* todos cometem erros completamente independentes, então o erro esperado do conjunto decresce linearmente com o número de modelos.

Considerando a tarefa de classificação, a Figura 9.1(a) mostra a evolução da taxa de erro obtida variando o número de classificadores no conjunto. Esse é um estudo de simulação, em um problema de duas classes equiprováveis, ou seja, a probabilidade de observar cada classe é 50%. Nesse estudo, consideram-se conjuntos de classificadores com tamanhos que variam entre 3 e 24.

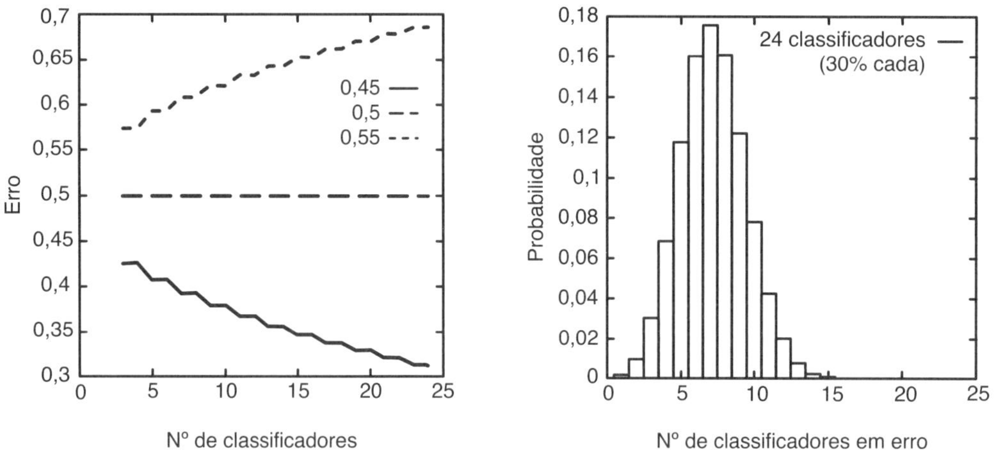


**(a)** Evolução da taxa de erro

**(b)** Probabilidade de erro

**Figura 9.1** (a) Evolução da taxa de erro variando o número de classificadores em um modelo múltiplo. (b) Probabilidade de que exatamente $i$ dos 24 classificadores cometerão um erro.

Todos os classificadores classificam os exemplos de teste. A classificação final do conjunto é obtida agregando os votos dos classificadores por votação uniforme, isto é, o voto de classificador tem peso 1. Ou seja, para cada exemplo, a classificação do conjunto é a classe mais votada pelos classificadores individuais. Todos os classificadores têm a mesma probabilidade de cometer um erro, mas os erros são independentes uns dos outros. Quando essa probabilidade é 45%, a taxa de erro do conjunto decresce linearmente. Quando a probabilidade é 55%, a taxa de erro cresce linearmente, e quando a probabilidade é igual a 50%, a taxa de erro do conjunto permanece constante. Se as taxas de erro de $nc$ classificadores são todas iguais a $p < 0,5$ e se os erros são independentes, então a probabilidade de a votação por maioria estar errada pode ser calculada como a área sob a curva da distribuição binomial para o caso em que mais de $\frac{nc}{2}$ classificadores estão errados (Dietterich, 1997). A Figura 9.1(b) mostra essa área para a simulação de 24 classificadores, cada um tendo um erro de 30%. A área abaixo da curva para mais de 12 classificadores é 0,02, que é bem menor que a taxa de erro de classificadores individuais (0,3).

Tumer e Ghosh (1995, 1996a,b) mostram como a taxa de erro obtida por um combinador de $nc$ classificadores está relacionada com a taxa de erro de um único classificador. Essa relação pode ser observada na Equação 9.1, em que $\rho$ denota a correlação entre erros de classificadores e $Erro_{Bayes}$ é a taxa de erro obtida usando a regra de Bayes, assumindo que todas as probabilidades condicionais são conhecidas. Se $\rho = 0$, o erro do conjunto decresce proporcionalmente ao número de classificadores. Quando $\rho = 1$, o erro do conjunto é igual ao erro de um único classificador.

$$Erro_{conjunto} = \frac{1 + \rho(nc - 1)}{nc} Erro + Erro_{Bayes} \quad (9.1)$$

Ainda que os pressupostos da análise teórica difiram das aplicações do mundo real, duas ideias principais que surgiram a partir desses estudos são:

[1] No caso de um problema de classificação com duas classes, em que ambas as classes são equiprováveis.

- Combinar modelos que cometam erros não correlacionados ou, de preferência, negativamente correlacionados;
- Cada modelo deve ter um desempenho melhor do que uma escolha aleatória.

Duas questões surgem quando se trabalha com *modelos múltiplos*. A primeira delas é: *como combinar as previsões de diferentes modelos?* A segunda questão é: *como gerar diferentes modelos?* Essas questões serão abordadas nas próximas seções.

## 9.2 Combinando Previsões de Classificadores

Suponha que, para determinado problema de aprendizado de classificação, temos disponível um conjunto de classificadores. Nesta seção, não importa como eles foram treinados. O conjunto de classificadores pode abranger pessoas, especialistas do domínio ou um modelo de decisão treinado por algoritmos de aprendizado. Denotamos o conjunto de classificadores como *classificadores de base*.

Suponha agora um exemplo teste. Cada classificador de base faz uma previsão para esse exemplo. Como podemos combinar as previsões? Quais são as vantagens de fazer essa combinação? Por que, como e quando devemos usar um esquema de combinação? A primeira observação relevante é que os classificadores a combinar têm de fazer previsões de forma independente, ou seja, fazer previsões não correlacionadas.

Diz-se que dois modelos cometem um *erro correlacionado* quando *ambos* classificam um exemplo da classe $y_a$ como pertencente à classe $y_b$, $y_a \neq y_b$. Ali e Pazzani (1996) apresentam uma definição precisa de erros correlacionados: dado um conjunto de classificadores $F = \{\hat{f}_1(\mathbf{x}), ..., \hat{f}_{nc}(\mathbf{x})\}$, $\hat{f}_i(\mathbf{x}) = y$ denota que o modelo $i$ classificou o exemplo **x** na classe $y$. $f(\mathbf{x})$ denota a verdadeira classe de **x**. A *correlação de erro* entre dois classificadores $i$ e $j$ é definida como a probabilidade que os modelos $\hat{f}_i$ e $\hat{f}_j$ têm de cometer o mesmo erro:

$$\phi_{ij} = p(\hat{f}_i(\mathbf{x}) = \hat{f}_j(\mathbf{x}), \hat{f}_i(\mathbf{x}) \neq f(\mathbf{x})). \quad (9.2)$$

O grau em que os erros em $F$ são correlacionados, $\phi_e(F)$, possui a seguinte definição:

$$\phi_e(F) = \frac{1}{nc(nc-1)} \sum_{i=1}^{nc} \sum_{j \neq i}^{nc} \phi_{ij} \quad (9.3)$$

em que $nc$ representa o número de modelos no conjunto. Essa definição de *correlação de erro* não satisfaz a propriedade de que a correlação entre um objeto e ele mesmo deve ser 1. Para ultrapassar essa dificuldade, definimos correlação de erro entre pares de classificadores como a probabilidade condicional de dois classificadores cometerem o mesmo erro dado que um deles comete um erro. Essa definição de *correlação de erro* reside no intervalo $[0, 1]$, e a correlação entre um classificador e ele mesmo é 1. A definição formal é:

$$\phi_{ij} = p(\hat{f}_i(\mathbf{x}) = \hat{f}_j(\mathbf{x}) | \hat{f}_i(\mathbf{x}) \neq f(\mathbf{x}) \vee \hat{f}_j(\mathbf{x}) \neq f(\mathbf{x})). \quad (9.4)$$

Levando em consideração que $\phi_{ij}$ é simétrico, a Equação 9.3 pode ser reescrita como:

$$\phi_e(F) = \frac{2}{nc(nc-1)} \sum_{i=1}^{nc} \sum_{j>i}^{nc} \phi_{ij} \quad (9.5)$$

Quando combinamos as predições dos classificadores, podemos diferenciar: **métodos de votação** *versus* **métodos de seriação**. A diferença está no tipo de saída do classificador individual. No primeiro método, o classificador de base produz um rótulo de classe. No segundo, a saída do classificador de base é probabilística, isto é, ela associa, para cada exemplo teste, uma probabilidade (ou um fator de confiança) para cada possível classe. Em outra dimensão distinguimos **métodos dinâmicos** *versus* **métodos estáticos**. O esquema de combinação leva em consideração o exemplo de teste. Enquanto métodos estáticos combinam a predição de todos os classificadores no conjunto, métodos dinâmicos selecionam os classificadores mais apropriados para o exemplo de teste. Para diferentes exemplos de teste, métodos dinâmicos podem usar diferentes conjuntos de classificadores para fazer a previsão final.

### 9.2.1 Métodos de Votação *versus* Métodos de Seriação

Na literatura de reconhecimento de padrões, os métodos discutidos nesta seção aparecem com o nome de *fusão de classificadores* (Kittler, 1998). Distinguimos entre classificadores cuja previsão é um rótulo para a classe e classificadores cuja previsão assume a forma de distribuição de probabilidades para todos os possíveis valores da classe.

#### Métodos de Votação

Votação é o método mais comumente usado para combinar classificadores. Como destacado por Ali e Pazzani (1996), essa estratégia é motivada pela teoria do aprendizado bayesiano, que determina que, a fim de maximizar a precisão da predição, em vez de usar apenas um único modelo de decisão, idealmente devem ser usados todos os modelos aceitáveis no espaço da hipótese. O voto de cada hipótese deve ser ponderado pela probabilidade posterior daquela hipótese, dado o conjunto de treinamento. Muitas variações dos métodos de votação podem ser encontradas na literatura de Aprendizado de Máquina. Uma delas é a *votação uniforme*, em que a opinião de todos os classificadores de base contribui igualmente para a classificação final. Outra variação comum é a *votação com peso*, em que cada classificador de base tem um peso associado, que pode mudar ao longo do tempo, reforçando assim a classificação atribuída a um *bom* classificador.[2]

#### Métodos de Seriação

Uma melhoria na votação uniforme é obtida quando cada classificador pode produzir uma estimativa da *probabilidade* de o exemplo pertencer a uma classe, em vez de produzir um único rótulo. Dado um exemplo de teste **x**, cada classificador probabilístico reporta a probabilidade de o exemplo pertencer a cada uma das classes: $p_1, \ldots, p_m$. Dado um conjunto de $m$ classificadores probabilísticos, as probabilidades de classe de todos os modelos podem ser combinadas, por exemplo, usando a fórmula: $\frac{1}{m}\sum_{i=1}^{m} p_i$. Esse método é conhecido na literatura como *soma da distribuição*. Kittler (1998) apresentou uma perspectiva teórica nesse problema. Ele examinou a sensibilidade de várias combinações de regras para estimar erros, e apresentou um enquadramento unificando algumas das regras mais usuais, como a *regra do produto*, a *regra da soma*, a *regra do mínimo*, a *regra do máximo* e a *regra da mediana*.

Kittler (1998) estudou várias estratégias para a fusão de $m$ classificadores probabilísticos em problemas com $k$ classes. Assumindo que representamos por $P_{ik}$ a probabilidade dada pelo classificador $i$ de o exemplo ser da classe $k$, então:

- Regra da soma: $S_k = \sum_{i=1}^{m} P_{ik}$
- Regra da média: $S_k = \sum_{i=1}^{m} P_{ik}/m$
- Regra da média geométrica: $S_j = \sqrt[m]{\prod_{i=1}^{m} P_{ik}}$
- Regra do produto: $S_k = \prod_{i=1}^{m} P_{ik}$
- Regra do máximo: $S_k = \max_i P_{ik}$
- Regra do mínimo: $S_k = \min_i P_{ik}$

Após a aplicação de uma das estratégias de fusão enumeradas, cada exemplo é classificado na classe que maximize $S_k$.

---

[2] Domingos (1997a) argumenta que o sucesso da proposta de modelos múltiplos deve-se, primeiramente, à redução da variação e não ao fato de ser uma melhor aproximação da teoria de aprendizado bayesiano.

A análise apresentada em Kittler (1998) conclui que a regra da soma é conservadora, mas largamente usada, enquanto a regra do produto é mais arriscada, mas pode produzir melhores resultados. Uma alternativa interessante consiste em tentar reduzir o conjunto de possíveis rótulos (classes) para cada exemplo de teste.

### 9.2.2 Métodos Dinâmicos *versus* Métodos Estáticos

A distribuição da taxa de erros sobre o espaço de atributos, geralmente, não é homogênea. Dependendo do classificador, a taxa de erro será mais concentrada em certas regiões do espaço de objetos do que em outras. Os métodos estáticos levam em consideração as previsões de todos os elementos do conjunto, enquanto os métodos dinâmicos levam em consideração o exemplo de teste e realizam uma *seleção do modelo* para classificar o dado exemplo de teste. A seguir serão detalhados dois métodos dinâmicos: MAI e SCANN.

#### *Model Applicability Induction* (MAI)

Ortega (1995) apresenta a proposta chamada *Model Applicability Induction* para combinar previsões de múltiplos modelos. A proposta consiste em caracterizar as situações em que cada modelo é capaz de fazer previsões corretas. Isso é feito a partir do aprendizado de um *metaclassificador* para cada modelo disponível da base. O objetivo desse metaclassificador é predizer onde o modelo de base classificará corretamente o exemplo de teste.

O algoritmo genérico para construir um *metaclassificador* é apresentado no Algoritmo 9.1. Nesse caso, usamos uma estratégia de avaliação deixar-um-de-fora. Como alternativa, por exemplo, no caso de grandes bancos de dados, pode ser usada validação cruzada (ver Capítulo 10). Nos dados de *Nível*$_1$, os exemplos positivos são os exemplos corretamente classificados pelo algoritmo de aprendizado de base $\phi$, e os exemplos negativos são os incorretamente classificados. Os dados de *Nível*$_1$ representam sempre um problema de duas classes. As regras de classificação geradas usando os dados *Nível*$_1$ caracterizam os exemplos que o classificador gerado com $\phi$ classificou corretamente.

**Algoritmo 9.1** *Model Applicability Induction*: algoritmo para gerar metaclassificadores

**Entrada:** Algoritmo de aprendizado de base $\phi$<br>
Algoritmo de aprendizado de nível meta $\Im$<br>
Um conjunto de treinamento $\mathbf{D} = \{(\mathbf{x}_i, y_i), i = 1, \ldots, n\}$<br>
**Saída:** Metamodelo para $\phi$ em $\mathbf{D}$<br>
**/* Gerar dados de *Nível*$_1$ */**<br>
Dados *Nível*$_1$ $\leftarrow \{\}$<br>
**para cada** *exemplo* $\mathbf{x}_i \in \mathbf{D}$ **faça**<br>
    $\hat{f} \leftarrow \phi(D - \{(\mathbf{x}_i, y_i)\})$<br>
    **se** $(y_i = \hat{f}(\mathbf{x}_i))$ **então**<br>
        Inserir $\{(\mathbf{x}_i, +)\}$ nos dados de *Nível*$_1$<br>
    **fim**<br>
    **senão**<br>
        Inserir $\{(\mathbf{x}_i, -)\}$ nos dados de *Nível*$_1$<br>
    **fim**<br>
**fim**<br>
Metamodelo $\leftarrow \Im($*Nível*$_1)$<br>
**Retorna:** (Metamodelo)

A Tabela 9.1 ilustra os conjuntos de dados de *Nível*$_0$ e *Nível*$_1$. A tabela mostra o conjunto de dados original e o conjunto de dados de *Nível*$_1$. Neste último conjunto de dados, a coluna **Erro** indica se o classificador de base classificou corretamente (ou não) o exemplo de treinamento. A Figura 9.2 apresenta as árvores de decisão aprendidas a partir dos dados de *Nível*$_0$ [Figura 9.2(a)] e *Nível*$_1$ [Figura 9.2(b)]. A árvore da Figura 9.2(b) caracteriza as regiões do espaço onde a árvore da Figura 9.2(a) classifica corretamente os exemplos.

**Tabela 9.1** Exemplo ilustrativo do MAI: tabela mostra o conjunto de dados original e o conjunto de dados de $Nível_1$

| V1 | V2 | V3 | V4 | V5 | Classe | V1 | V2 | V3 | V4 | V5 | Erro |
|---|---|---|---|---|---|---|---|---|---|---|---|
| t | a | c | t | a | membro | t | a | c | t | a | + |
| t | g | c | t | a | membro | t | g | c | t | a | – |
| g | t | a | c | t | não membro | g | t | a | c | t | + |
| a | a | t | t | g | membro | a | a | t | t | g | + |
| t | c | g | a | t | não membro | t | c | g | a | t | – |
| a | g | g | g | g | membro | a | g | g | g | g | + |
| Conjunto de dados original | | | | | | Conjunto de dados $Nível_1$ | | | | | |

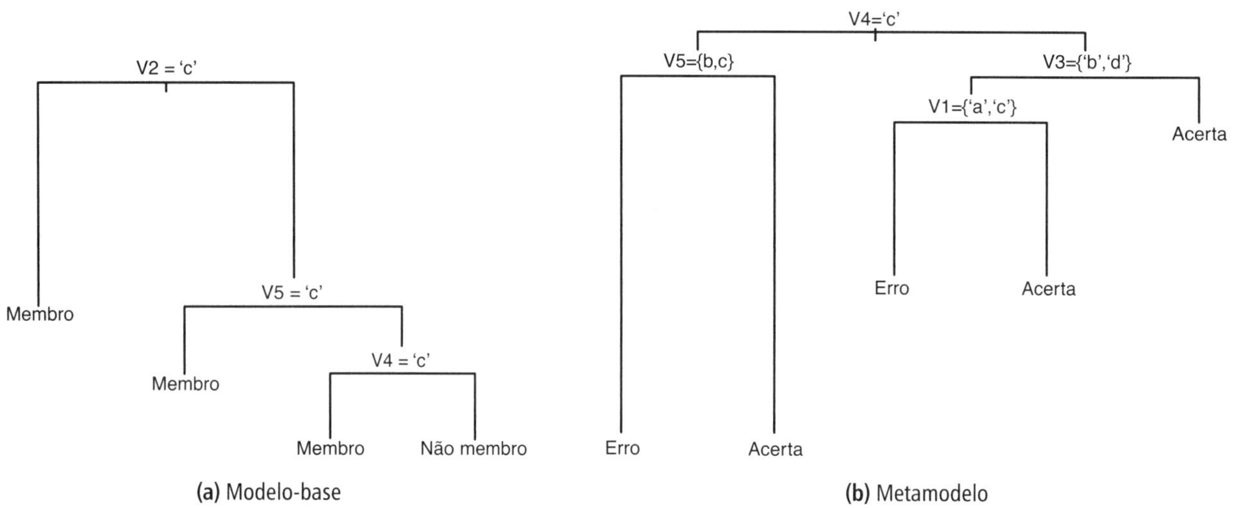


**Figura 9.2** Exemplo de uma árvore de decisão originada a partir dos dados originais 9.2(a) e um metaclassificador 9.2(b), também na forma de uma árvore de decisão, gerado a partir dos dados de $Nível_1$.

Para objetos novos, esses metaclassificadores são primeiramente consultados para selecionar o modelo de predição mais apropriado, e a predição do modelo selecionado é então devolvida.

Repare que os atributos dos dois problemas são os mesmos. Um aspecto interessante dessa arquitetura é que o modelo de metaclassificador é definido em termos dos atributos originais. Ele define as regiões do espaço de objetos onde os classificadores de base são mais (ou menos) propensos a erro.

Um estudo experimental do *Model Applicability Induction* foi apresentado em Seewald e Fürnkranz (2001). Nesse estudo, os autores usam o termo classificador *grading* para MAI. Os autores concluem:

> *"Essa proposta pode ser vista como uma generalização direta da seleção por validação cruzada, que sempre seleciona o classificador de base que corresponde ao metaconjunto de dados com a maior precisão padrão. Grading supera o desempenho de estratégias de votação e a seleção por validação cruzada."*

### Análise da Correspondência Seguida por um Vizinho Mais Próximo (SCANN)

Merz (1998) apresenta um método para combinar modelos para problemas de classificação e regressão. O método consiste em transformar a matriz de predições ($n \times m$), em que cada linha corresponde a um exemplo de treinamento e cada coluna corresponde a um modelo aprendido, em um novo espaço de objetos de menor dimensão. Essa transformação é feita usando técnicas de *Análise de Correspondência*. É usada a *decomposição singular de valor* (SVD, do inglês, *Single Value Decomposition*) para decompor a matriz de predições em um conjunto de *modelos básicos*, não correlacionados. A decomposição pode detectar modelos redundantes, e caracteriza as áreas do espaço de exemplos onde cada modelo é superior. A representação baseada em SVD ajuda a evitar os problemas associados a predições correlacionadas sem descartar nenhum modelo aprendido. A estratégia do vizinho mais próximo é então usada para classificar exemplos de teste nesse novo espaço de representação.

Outras propostas de métodos dinâmicos podem ser consultadas em Cruz *et al.* (2018).

## 9.3 Combinando Classificadores Homogêneos

Nesta seção são analisados métodos que combinam modelos gerados por um único algoritmo. *Diversidade* é um dos requisitos quando são usados modelos múltiplos. Várias estratégias foram propostas para geração de classificadores diferentes usando o mesmo algoritmo de aprendizado. A maioria delas manipula o conjunto de treinamento para gerar múltiplas hipóteses. O algoritmo de aprendizado é executado várias vezes, utilizando cada vez uma distribuição diferente de exemplos de treinamento. Essa técnica funciona especialmente bem para algoritmos de aprendizado *instáveis* – algoritmos cuja saída do classificador sofre grandes mudanças em resposta a pequenas mudanças nos dados do treinamento (por exemplo, ADs e RNAs). Os métodos para combinar classificadores homogêneos (produzidos por um mesmo algoritmo de AM) podem ser agrupados pela maneira como geram diversidade nos classificadores de base: por amostragem dos objetos, amostragem dos atributos, injeção de aleatoriedade e perturbação dos exemplos de teste. Métodos baseados em cada uma dessas estratégias são apresentados a seguir.

### 9.3.1 Métodos Baseados em Amostragem dos Exemplos de Treinamento

#### *Bootstrap Aggregating – Bagging*

Breiman (1996a) descreve a técnica chamada *Bootstrap Aggregating – bagging*, que produz replicações do conjunto de treinamento por amostragem com reposição. Cada réplica do conjunto de treinamento tem o mesmo tamanho que os dados originais. Alguns exemplos não aparecem na amostra, enquanto outros podem aparecer mais de uma vez. Tal conjunto de treinamento é chamado *bootstrap replicado* do conjunto de dados original, e a técnica é chamada *agregação bootstrap* (da qual o termo *bagging* é derivado). Para um conjunto de treinamento com $n$ exemplos, a probabilidade de um exemplo ser selecionado é $1 - \left(1 - \frac{1}{n}\right)^n$. Para um valor de $n$ grande, a probabilidade é cerca de $1 - \frac{1}{e}$, em que $e$ é a base de logaritmos naturais. Cada amostra contém, em média, 36,8% $\left(\frac{1}{e}\right)$ de exemplos duplicados. Para cada réplica do conjunto de treinamento um classificador é gerado. Todos os classificadores são usados para classificar cada exemplo no conjunto de teste, e a classificação final do exemplo é feita geralmente usando um esquema de voto uniforme. O Algoritmo 9.2 detalha o funcionamento da técnica *bagging*.

O funcionamento do *bagging* pode ser explicado intuitivamente. Considerando o voto majoritário de diferentes hipóteses, a variabilidade aleatória dos classificadores individuais é reduzida. As árvores de decisão são um algoritmo instável, exatamente o tipo de algoritmo para o qual podemos obter uma grande melhora com *bagging*. Quando se induz uma árvore de decisão, há pelo menos duas situações afetadas pelo *bagging*. A primeira delas é a escolha do atributo que divide cada nó. Se dois ou mais atributos avaliam de forma similar, com relação a uma dada função de avaliação, uma pequena mudança nos dados de treinamento pode mudar o atributo escolhido. Todas as árvores descendentes também serão mudadas. *Bagging* afeta também a escolha do *ponto de corte*, para atributos *contínuos*. C4.5 seleciona um valor no conjunto de valores que aparecem no conjunto de treinamento. Novamente, uma pequena mudança no conjunto de treinamento pode levar a um ponto de corte diferente. Agregar os classificadores por votação leva a uma superfície de decisão mais complexa. A Figura 9.3 ilustra essa última situação.

É importante considerar algumas questões quando se aplica *bagging*. A primeira delas é: quantas amostras são suficientes? A intuição de Breiman (1996a) é: *"mais replicações são necessárias com um aumento no número de classes"*. Breiman também nota que o *"bagging é quase um procedimento de sonho para a computação paralela"*, assumindo que os tempos de execução para um grande número de amostras não são tão relevantes. Em um experimento de simulação, variando o número de amostras, verificou-se que um número de exemplos moderado, 10, é geralmente suficiente.

**Algoritmo 9.2** Algoritmo de *bagging*

**Entrada:** Um algoritmo de aprendizado $\phi$
Um conjunto de treinamento $\mathbf{D} = \{(\mathbf{x}_i, y_i), i = 1, \ldots, n\}$
Número de Iterações $Nr$
Um conjunto de teste com $nt$ exemplos $\mathbf{T} = \{(\mathbf{x}_j, ?), j = 1, \ldots, nt\}$
**Saída:** Previsões para o conjunto de teste
**/* Fase de Aprendizado */**
**para cada** $l = 1$ **até** $Nr$ **faça**
    $\mathbf{D}' \leftarrow$ amostra com reposição de $\mathbf{D}$
    $\hat{f}_l \leftarrow \phi(\mathbf{D}')$
**fim**
**/* Fase de Classificação */**
**para cada** $j = 1$ **até** $nt$ **faça**
    $\hat{y}_j = \arg\max_{y \in Y} \sum_{l=1}^{Nr} \hat{f}_l(\mathbf{x}_j \in \mathbf{T})$
**fim**
**Retorna:** Vetor de previsões $\hat{\mathbf{y}}$

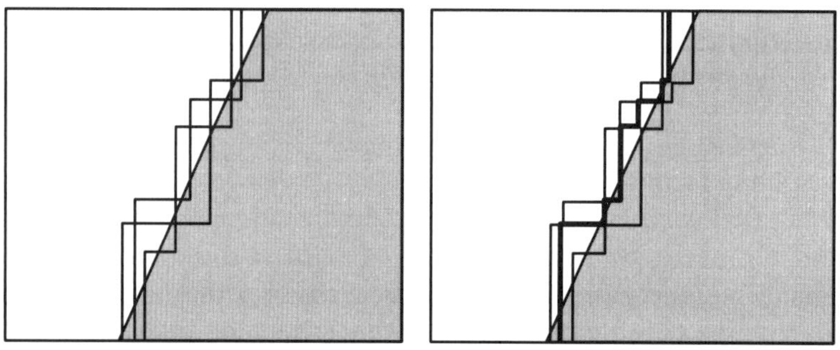

**Figura 9.3** A figura da esquerda representa as superfícies de decisão de três classificadores em um problema de duas classes. A figura da direita apresenta, em negrito, a superfície de decisão obtida por votação uniforme dos três classificadores.

Outra questão a ser considerada é: todos os modelos gerados por um *bagging* serão úteis para predição? Poderemos eliminar alguns desses modelos? Uma proposta comum para esses problemas consiste em avaliar cada modelo em exemplos *out-of-bag*. Em amostragem com reposição, cerca de 1/3 dos exemplos não será usado para treinamento. Esses exemplos são chamados de exemplos *out-of-bag*. Eles podem ser usados para estimar o desempenho de um modelo gerado. Se o desempenho está abaixo de algum limiar, o modelo é deixado fora do conjunto e não é usado para fazer predições no conjunto de teste. Um trabalho interessante nessa linha foi apresentado por Martínez-Muñoz e Suárez (2006). Os autores apresentam um método para ordenar os classificadores gerados no *bagging* e mostram que um subconjunto deles leva a um aumento de desempenho.

Concluindo, o *bagging* é um modo simples e fácil para melhorar qualquer método existente. Tudo que é necessário é, primeiramente, adicionar um ciclo para selecionar a amostra de treinamento e enviá-la para o algoritmo de aprendizado, e um procedimento posterior faz a soma dos votos. Em comparação com as árvores, o que se perde é a estrutura simples e interpretável; o que se ganha é um aumento de precisão.

Outro método amostral que pode ser usado para construir conjuntos de treinamento consiste em desconsiderar conjuntos disjuntos dos dados de treinamento (Dietterich, 1997; Heath *et al.*, 1996). Por exemplo, o conjunto de treinamento pode ser dividido aleatoriamente em 10 subconjuntos disjuntos. Então, conjuntos de treinamento sobrepostos podem ser construídos descartando um conjunto diferente desses 10 subconjuntos. Esse procedimento é empregado para construir conjuntos de treinamento para validação cruzada com 10 partições. Os conjuntos construídos desse modo são usualmente chamados de *comitês de validação cruzada*.

## Classificadores Fracos e Fortes: *Boosting*

Nos anos 1980, Michael Kearns (Kearns e Mansour, 1996) colocou uma pergunta para a comunidade científica:

*Poderá um conjunto de modelos de aprendizado fracos gerar um modelo forte?*

Um classificador *fraco* é definido como um classificador cuja capacidade de generalização é pouco melhor que a escolha aleatória. Por outro lado, um classificador *forte* pode aproximar qualquer distribuição com um erro arbitrariamente pequeno. Formalmente, a pergunta é assim enunciada:

*Sendo dados uma margem de erro $\epsilon$ e um nível de confiança $1-\delta$, é possível construir um classificador que, com probabilidade $1-\delta$, gera uma hipótese com erro $\epsilon$ para qualquer distribuição de exemplos gerados para um problema?*

Schapire (1990) responde à pergunta com um método geral (*boosting*) para converter um *classificador fraco* em um que alcance uma precisão arbitrariamente alta. Um algoritmo de aprendizado *fraco* tem desempenho ligeiramente superior à escolha aleatória. O trabalho de Schapire mostra como amplificar esses classificadores fracos de forma a obter uma precisão arbitrariamente alta. O algoritmo originalmente desenvolvido foi baseado no modelo teórico de aprendizado PAC (*Probably Approximately Correct*) (Mitchell, 1997).

A ideia principal por trás do algoritmo de *boosting* consiste em associar um peso para cada exemplo no conjunto de treinamento que reflita sua importância. O ajuste de pesos distintos faz com que o classificador foque em exemplos diferentes, levando a diferentes classificadores. *Boosting* é um algoritmo iterativo. Em cada iteração é gerado um novo classificador. Esse classificador é treinado com a distribuição dos exemplos dada pelos pesos associados. Os pesos são ajustados de acordo com o desempenho do conjunto de classificadores aprendidos até essa iteração. O peso dos exemplos classificados incorretamente aumenta, enquanto o peso dos exemplos corretamente classificados diminui. O classificador final agrega os classificadores aprendidos em cada iteração pela votação ponderada. O peso de cada classificador é uma função da sua precisão.

A pesquisa em técnicas de *boosting* é bastante ativa. Freund e Schapire (1996) apresentaram o algoritmo *AdaBoost* (de *Adaptive Boosting*), mostrado no Algoritmo 9.3. Como o *bagging*, esse algoritmo gera um conjunto de classificadores que participam na classificação de exemplos de teste por votação ponderada. *Boosting* gera classificadores sequencialmente. Em cada iteração, o algoritmo muda o peso dos exemplos do treinamento levando em consideração o erro do conjunto de classificadores construídos previamente.

Os exemplos seguintes ilustram o processo de *boosting*. O *classificador fraco* desenha superfícies de decisão que consistem em um único hiperplano perpendicular a um dos eixos no espaço de entrada. A Figura 9.4 ilustra a primeira iteração. A distribuição dos pesos é uniforme, isto é, todos os exemplos têm o mesmo peso. Na figura, o peso dos exemplos é ilustrado pelo tamanho do círculo ao redor dos objetos. O classificador fraco encontra o hiperplano que minimiza o erro nessa distribuição.

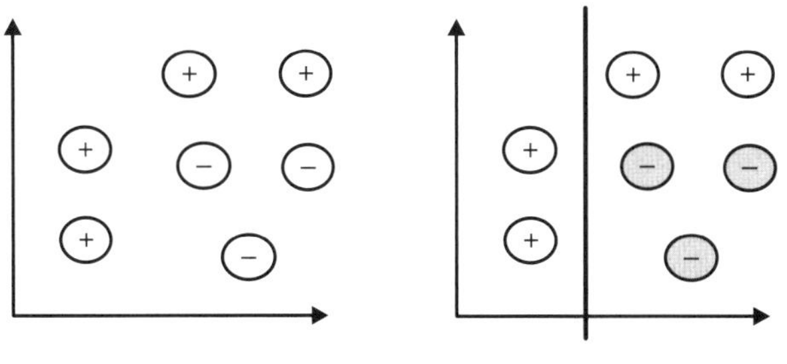

**Figura 9.4** *Boosting*: primeira iteração. A figura da esquerda mostra a distribuição uniforme original dos exemplos. A figura da direita mostra a superfície de decisão para essa distribuição.

**Algoritmo 9.3** Algoritmo *AdaBoost*

**Entrada:** Um algoritmo de aprendizado $\phi$
Um conjunto de treinamento $\mathbf{D} = \{(\mathbf{x}_i, y_i), i = 1, \ldots, n\}$
Número de Iterações $Nr$
Um conjunto de teste com $nt$ exemplos $\mathbf{T} = \{(\mathbf{x}_j, ?), j = 1, \ldots, nt\}$
**Saída:** Previsões para o conjunto de teste

**/* Fase de Treinamento */;**
**para cada** *exemplo* $i \in \mathbf{D}$ **faça**
  $w(i) \leftarrow \frac{1}{n}$;
**fim**
**para cada** $l = 1$ **até** $Nr$ **faça**
  **para cada** *exemplo* $i \in \mathbf{D}$ **faça**
    $p_l(i) \leftarrow \frac{w_l(i)}{\sum_i w_l(i)}$;
  **fim**
  **/* Chamada ao Algoritmo de Aprendizado */;**
  $\hat{f}_l \leftarrow \phi(p_l)$;
  **/* Calcular o Erro */;**
  $e_l = \sum_i p_l(i)[\hat{f}_l(\mathbf{x}_i) \neq y_i]$;
  $\beta_l \leftarrow \frac{e_l}{(1-e_l)}$;
  **para cada** *exemplo* $i \in D$ **faça**
    $w_{l+1}(i) := w_l(i)\beta_l^{1-[\hat{f}_l(\mathbf{x}_i) \neq y_i]}$;
  **fim**
**fim**
**/* Fase de Teste */;**
**para cada** $j = 1$ **até** $nt$ **faça**
  $\hat{y}_j = \arg\max_{y \in Y} \sum_{l=1}^{Nr} \left(log \frac{1}{\beta_l}\right)[\hat{f}_l(\mathbf{x}_j \in \mathbf{T}) = y]$;
**fim**
**Retorna:** Vetor de previsões $\hat{\mathbf{y}}$;

Na segunda iteração (Figura 9.5), a distribuição dos pesos muda de acordo com o erro dos modelos gerados na primeira iteração. O peso dos exemplos classificados incorretamente é aumentado, enquanto o peso dos exemplos classificados corretamente diminui. O novo conjunto de pesos define outra distribuição dos exemplos. O classificador fraco gera um modelo minimizando o erro da distribuição atual.

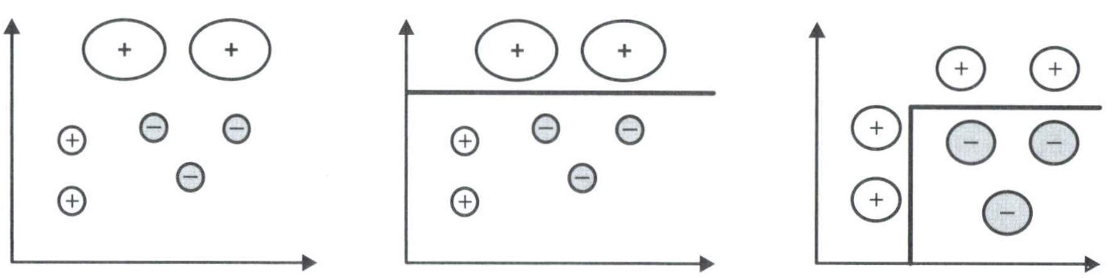

**Figura 9.5** *Boosting*: segunda iteração. O peso dos exemplos classificados incorretamente na primeira iteração aumentou. A figura do centro mostra a superfície para a nova distribuição dos exemplos. O modelo final, obtido conjugando os dois modelos anteriores, é apresentado na figura da direita.

O bom desempenho verificado com o algoritmo de *boosting* pode ser compreendido por duas observações. A primeira observação, que se ajusta a muitos problemas do mundo real, é que os exemplos observados tendem a ter níveis diversos de dificuldade de classificação. Por exemplo, os exemplos perto da superfície de decisão são mais difíceis de classificar do que os exemplos mais afastados. Para tais problemas, o algoritmo *boosting* tende a gerar distribuições que se concentram em exemplos difíceis de classificar. Por outro lado, é requerido que o algoritmo de aprendizado seja sensível à distribuição dos exemplos de treinamento, de forma a gerar hipóteses significativamente diferentes quando a distribuição do conjunto de treinamento se altera. Essa propriedade está relacionada com a segunda razão para a melhora verificada com o *boosting* – redução na variância. Intuitivamente, considerando a maioria ponderada sobre muitas hipóteses, tem-se o efeito de reduzir a variabilidade aleatória das hipóteses individuais.

O *Adaboost* tende a ter problemas com *outliers* e ruídos nos dados. Existem variantes de *Boosting* mais robustas que treinam o classificador base para minimizar sequencialmente uma função de custo que se baseia nos erros do preditor anterior. A ideia é corrigir erros de modelos obtidos em iterações anteriores. É o caso do *Gradient Boosting* (GB) (Hastie *et al.*, 2009), que emprega um processo de otimização baseado em gradiente da função de custo relacionando as saídas preditas e as saídas desejadas. Para tal, é necessário empregar funções de custo que possam ser derivadas.

### 9.3.2 Métodos Baseados na Amostragem do Conjunto de Atributos

A utilização de *bagging* ou *boosting* com algoritmos do tipo *naive* Bayes ou $k$-vizinhos mais próximos não é unânime. A utilização de *bagging* não é efetiva em razão da estabilidade dos modelos de decisão quando se perturba o conjunto de exemplos de treinamento. Zheng (1998) aplicou *boosting* com um classificador *naive* Bayes e declara:

> *"Implementamos um algoritmo de boosting com um classificador naive Bayes usando um método similar àquele para uma árvore de decisão. Apesar de o algoritmo alcançar maior precisão que o classificador naive Bayes em alguns domínios, a melhoria na precisão sobre o classificador naive Bayes em um grande conjunto de domínios naturais é muito marginal. A razão deve ser que implicitamente boosting requer instabilidade do sistema de aprendizado que usou o boosting."*

Melhoria efetiva de um comitê de classificadores *naive* Bayes foi obtida usando diferentes subconjuntos de atributos. Um classificador *naive* Bayes não é estável no sentido de que uma mudança no conjunto de atributos pode levar a muitos classificadores diferentes. Além disso, em face da suposição de independência do atributo, um classificador *naive* Bayes construído com um subconjunto de atributos pode apresentar melhor desempenho que um classificador *naive* Bayes criado usando todos os atributos. Essa técnica foi também usada por Skalak (1997) e Bay (1998) para comitês dos classificadores $k$-vizinhos mais próximos.

### 9.3.3 Métodos Baseados na Injeção de Aleatoriedade

Alguns algoritmos de aprendizado usam parâmetros inicializados aleatoriamente. Essa característica pode ser explorada no sentido de gerar diferentes modelos pela injeção de aleatoriedade nas entradas ou parâmetros do algoritmo de aprendizado.

Em redes neurais, por exemplo, um método comum para gerar diferentes redes usando o mesmo algoritmo e o mesmo conjunto de dados consiste em inicializar os pesos da rede com diferentes valores.

Ho (1995) introduziu o algoritmo das *florestas aleatórias* (*random forests*) (Breiman, 2001). O modelo gera várias árvores de decisão, cujas previsões são combinadas por votação uniforme. O algoritmo usa a amostragem de exemplos com reposição do *bagging* combinada com a seleção aleatória de atributos. Considere um conjunto de treinamento **D** com $n$ exemplos e $d$ atributos. O algoritmo das florestas aleatórias requer dois parâmetros: $L$ é o número de árvores da floresta, e $i$ ($i << d$) é o número de atributos a considerar para testes de decisão em cada nó da árvore de decisão. As florestas aleatórias geram $L$ árvores de decisão. Cada árvore de decisão é induzida a partir de uma amostra com reposição do conjunto de treinamento. A amostra tem exatamente $n$ exemplos, alguns dos quais repetidos. Os exemplos do conjunto de treinamento original **D** que não estão na amostra serão utilizados para estimar o desempenho da árvore. O algoritmo para construir a árvore é semelhante ao algoritmo apresentado na Seção 6.1, com uma única diferença. Em cada nó da árvore, para escolher o atributo de teste, apenas são considerados $i$ atributos escolhidos de forma aleatória. Nenhuma das árvores é podada.

Os processos de amostragem, quer dos exemplos, quer dos atributos, vão provocar um aumento da variabilidade das árvores induzidas. Resultados experimentais revelaram que esse algoritmo é dos mais competitivos.

### 9.3.4 Métodos Baseados na Perturbação dos Exemplos de Teste

Nesta seção, abordamos técnicas que utilizam um único modelo e adiam para o estágio de predição a geração de múltiplas predições pela perturbação do vetor de atributos correspondente ao caso de teste.

Um dos métodos mais ilustrativos dessa técnica foi apresentado por Geurts (2000, 2001). O autor apresenta o DPC (*Dual Perturba e Combina*), que pode ser aplicado no topo de qualquer modelo produzido por qualquer algoritmo de aprendizado. Um único modelo é gerado a partir de um conjunto de treinamento. Na fase de predição, cada exemplo de teste sofre perturbações várias vezes. Para inserir perturbações no exemplo de teste, um ruído branco é adicionado ao valor do atributo. O modelo preditivo faz uma predição para cada versão do exemplo de teste com perturbações. A predição final é obtida pela agregação de predições diferentes. Geurts (2000) apresenta evidências experimentais de que esse método é eficiente na redução da variância. O algoritmo principal é mostrado no Algoritmo 9.4.

**Algoritmo 9.4** Algoritmo Dual Perturba e Combina (DPC)

**Entrada:**
Um conjunto de exemplos de teste $\mathbf{T} = \{(\mathbf{x}_i, ?), i = 1, \ldots, n\}$
Um número de Iterações $Nr$
Um modelo de classificação (regressão) $\hat{f}$
**Saída:** Vetor de previsões para o conjunto de teste;
**para cada** $\mathbf{x}_i \in \mathbf{T}$ **faça**
  **para cada** $l = 1$ **to** $Nr$ **faça**
    seja $\mathbf{x}_{i\epsilon^l}$ uma variante perturbada de $\mathbf{x}_i$, em que $\epsilon^l$ é obtido por uma distribuição gaussiana $N(0, \lambda_l.\sigma_l)$;
    $p_l \leftarrow \hat{f}(\mathbf{x}_{i\epsilon^l})$;
  **fim**
  Calcula a previsão agregada, dada por: $\hat{y}_i = aggr_{l=1}^{Nr} p_l$, em que $aggr$ é um operador de agregação (média, mediana etc.);
**fim**
**Retorna:** Vetor de previsões $\hat{\mathbf{y}}$;

## 9.4 Combinando Classificadores Heterogêneos

Uma maneira de garantir a diversidade dos classificadores de base é com o uso de diferentes algoritmos para a produção dos classificadores/regressores. Nesse caso, temos um conjunto heterogêneo de classificadores/regressores para combinar.

### 9.4.1 Generalização em Pilha

Wolpert (1992) propôs o método Generalização em Pilha (*Stacked Generalization* ou *Stacking*), que possui uma arquitetura de aprendizado em camadas. Os classificadores no *Nível*$_0$ recebem como entrada os dados originais, e cada classificador produz uma predição. Camadas sucessivas recebem como entrada as predições das camadas imediatamente precedentes, e a saída é passada para a próxima camada. Um único classificador no nível mais alto produz a predição final.

Generalização em pilha é um processo para minimizar o erro de generalização usando classificadores nas camadas mais altas para aprender o tipo de erro cometido pelo classificador imediatamente abaixo. Nessa perspectiva, ela pode ser vista como uma extensão para métodos de seleção de modelo, nomeados *validação cruzada*, que usa uma estratégia de "o vencedor leva tudo". Um único classificador com erro de validação cruzada mais baixo é selecionado. A ideia por trás da generalização em pilha é que pode haver um modo mais inteligente para usar o conjunto de classificadores. A regra dos classificadores dos níveis mais altos é aprender como os classificadores anteriores cometem erros, em qual classe eles concordam ou discordam, e usar o seu conhecimento para fazer predições.

A maioria dos trabalhos usando a arquitetura de pilha, por exemplo Wolpert (1992), Ting e Witten (1997), Skalak (1997) e Breiman (1996c), concentra-se na arquitetura duas camadas, que é ilustrada na Tabela 9.2 e na Figura 9.6.

**Tabela 9.2** Exemplo ilustrativo de generalização em pilha: a tabela mostra o conjunto de dados original e o conjunto de dados de $Nível_1$

| V1 | V2 | V3 | V4 | V5 | Classe | $P_{1,1}$ | $P_{1,2}$ | $P_{2,1}$ | $P_{2,2}$ | $P_{3,1}$ | $P_{3,2}$ | Classe |
|---|---|---|---|---|---|---|---|---|---|---|---|---|
| t | a | c | t | a | Membro | 0,51 | 0,49 | 0,13 | 0,87 | 0,12 | 0,88 | Membro |
| t | g | c | t | a | Membro | 0,19 | 0,81 | 0,07 | 0,93 | 0,81 | 0,19 | Membro |
| g | t | a | c | t | Não Membro | 0,68 | 0,32 | 0,55 | 0,45 | 0,69 | 0,31 | Não Membro |
| a | a | t | t | g | Membro | 0,74 | 0,26 | 0,66 | 0,34 | 0,94 | 0,06 | Membro |
| t | c | g | a | t | Não Membro | 0,62 | 0,38 | 0,01 | 0,99 | 0,78 | 0,22 | Não Membro |
| a | g | g | g | g | Membro | 0,65 | 0,35 | 0,90 | 0,10 | 0,55 | 0,45 | Membro |

Conjunto de dados original | Conjunto de dados de $Nível_1$

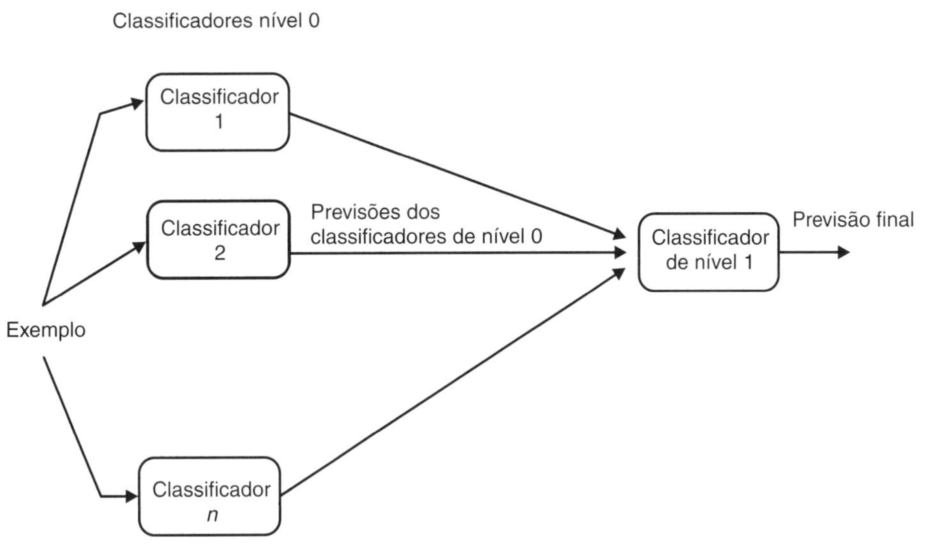


**Figura 9.6** Arquitetura generalização em pilha.

A Tabela 9.2 mostra o conjunto de dados original e o conjunto de dados de $Nível_1$. Neste último caso, cada coluna, designada por $P_{ik}$, representa a probabilidade de o exemplo ser da classe $k$, dada pelo classificador $i$. Nesse caso, há duas fases diferentes: a fase de treinamento ou aprendizado e a fase de aplicação. A fase de aprendizado consiste nos seguintes passos:

1. Treinar cada um dos classificadores $Nível_0$ usando validação cruzada com o método deixar-um-de-fora da seguinte forma: para cada exemplo no conjunto de treinamento deixe um de fora e treine com os demais exemplos. Depois do treinamento, classifique o exemplo excluído. Crie um vetor a partir das predições de todos os classificadores $Nível_0$ e a classe atual daquele exemplo.
2. Treinar o classificador $Nível_1$, usando como conjunto de treinamento a coleção de vetores gerados nos passos anteriores. O número de exemplos nos dados $Nível_1$ é igual ao número de exemplos no conjunto de treinamento original.

3. No passo 1, classificadores são gerados usando um método deixar um de fora. Para explorar completamente o conjunto de treinamento, todos os classificadores $Nível_0$ são retreinados usando o conjunto de treinamento inteiro. Os modelos gerados são usados para classificar os exemplos no conjunto de teste.

Na fase de aplicação, quando um novo exemplo é apresentado, este é classificado por todos os classificadores $Nível_0$. O vetor de predições é então classificado pelo classificador $Nível_1$, que produz como saída a predição final para o exemplo (ver Figura 9.6).

O enquadramento geral não é restrito ao modelo básico descrito. Ting e Witten (1997) observaram empiricamente que, usando distribuições de probabilidade de classe como atributos no $Nível_1$ e um discriminante linear como classificador $Nível_1$, são obtidos melhores resultados. Em todos os casos, a generalização em pilha é uma técnica sofisticada para reduzir o erro decorrente da redução do viés (Breiman, 1996c; Skalak, 1997).

## 9.4.2 Generalização em Cascata

Generalização em cascata (Gama e Brazdil, 2000) é uma composição sequencial de classificadores que em cada nível de generalização aplica um operador construtivo. O operador construtivo constrói novos atributos. Dados um conjunto de treinamento **D**, um conjunto de teste **T** e dois algoritmos $\Im_1$ e $\Im_2$, a generalização em cascata procede como se segue: o algoritmo $\Im_1$ gera um classificador, $\hat{f}_1$, usando o conjunto de treinamento **D**. O modelo gerado, $\hat{f}_1$, classifica todos os exemplos de treinamento e teste. Assume-se que o resultado de aplicar o modelo $\hat{f}_1$ a um exemplo é uma distribuição de probabilidade da classe. Ou seja, um vetor, **c**, com a dimensão igual ao número de classes, em que cada elemento do vetor é a probabilidade de esse exemplo pertencer a uma das classes. O operador construtivo concatena cada exemplo **x** com o vetor **c**. O resultado da aplicação do operador construtivo é um novo conjunto de dados, com o mesmo número de exemplos do conjunto original, mas em que cada exemplo é acrescido de novos atributos, um novo atributo para cada classe. Cada novo atributo é a probabilidade de o exemplo pertencer a uma das classes dado pelo modelo $\hat{f}_1$. A aplicação do operador construtivo gera os conjuntos de dados ditos de $Nível_1$. O classificador $\Im_2$ aprende com os dados de treinamento $Nível_1$ e classifica os dados de teste $Nível_1$.

Estes passos representam a sequência básica da generalização em cascata. A composição dos dois modelos é representada formalmente pela expressão: $\Im_2 \nabla \Im_1$. Essa é a fórmula mais simples da generalização em cascata. Algumas possíveis extensões incluem a composição de $nc$ classificadores e a composição paralela de classificadores. Uma composição de $nc$ classificadores é representada por:

$$\Im_{nc} \nabla \Im_{nc-1} \nabla \Im_{nc-2} \ldots \nabla \Im_1$$

Nesse caso, a generalização em cascata gera $nc - 1$ níveis de dados. O modelo final é aquele dado pelo classificador $\Im_{nc}$. Esse modelo pode conter termos na forma de condições baseados nos atributos construídos pelos classificadores anteriormente construídos.

Em um exemplo ilustrativo, considera-se o conjunto de dados UCI `Monks-2` (Thrun *et al.*, 1991). Os conjuntos de dados `Monks` descrevem o domínio de um robô artificial e são muito conhecidos na comunidade de Aprendizado de Máquina. Os robôs são descritos por seis atributos e classificados em uma das duas classes. O problema `Monks-2` foi escolhido aqui porque se sabe que essa é uma tarefa difícil para sistemas que aprendem usando árvores de decisão. A regra de decisão para esse problema é: *o robô é amigo se exatamente 2 dos seis atributos assumem o 1º valor do domínio*. A regra de decisão combina os diferentes atributos de um modo que se torna complicado descrever na Forma Normal Disjuntiva usando somente os atributos originais.

Alguns exemplos dos dados de treinamento são apresentados na Tabela 9.3.

**Tabela 9.3** Dois exemplos do conjunto de dados de $Nível_0$ no problema `Monks-2`

| Cabeça | Corpo | Sorriso | Objeto | Cor | Gravata | Classe |
|---|---|---|---|---|---|---|
| redonda | redondo | sim | espada | vermelho | sim | inimigo |
| redonda | redondo | não | balão | azul | não | amigo |

O modelo composto C4.5 depois de *naive* Bayes, C4.5 $\nabla$ *naive* Bayes, opera como se segue. O *naive* Bayes aprende um classificador usando o conjunto de treinamento de $Nível_0$. Esse classificador classifica os exemplos de treinamento e de teste de $Nível_0$, ou seja, para cada exemplo retorna a probabilidade de o exemplo pertencer a cada classe. Como existem duas classes, têm-se duas probabilidades. Cada exemplo é estendido com dois novos atributos, dando origem aos conjuntos de dados de $Nível_1$. O exemplo mostrado anteriormente tem a forma ilustrada na Tabela 9.4. Os novos atributos $P(amigo)$ e $P(inimigo)$ representam a probabilidade de que o exemplo pertença às classes *amigo* e *inimigo*, respectivamente.

**Tabela 9.4** Dois exemplos do conjunto de dados de $Nível_1$

| Cabeça | Corpo | Sorriso | Objeto | Cor | Gravata | P(amigo) | P(inimigo) | Classe |
|---|---|---|---|---|---|---|---|---|
| redonda | redondo | sim | espada | vermelho | sim | 0,135 | 0,864 | inimigo |
| redonda | redondo | não | balão | azul | não | 0,303 | 0,696 | amigo |

C4.5 é treinado nos dados de treinamento do $Nível_1$ e classifica os dados de teste do $Nível_1$. É esperado que a composição C4.5 $\nabla$ *naive* Bayes obtenha uma taxa de erro menor que a taxa de erro tanto de C4.5 quanto de *naive* Bayes. Nenhum dos algoritmos de forma isolada pode capturar o conceito subjacente ao problema. Nesse caso, a generalização em cascata alcança um desempenho notável. A Figura 9.7 apresenta uma das árvores geradas pelo C4.5 $\nabla$ *naive* Bayes.

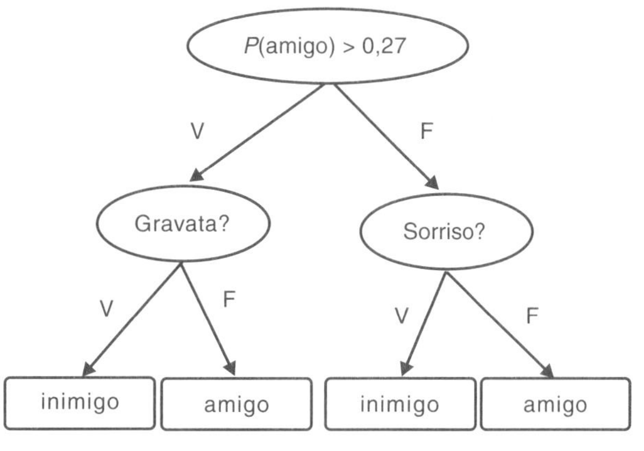


**Figura 9.7** A árvore gerada pelo C4.5 $\nabla$ *naive* Bayes no conjunto de dados `Monks-2`.

A árvore contém uma mistura de alguns dos atributos originais (*Sorriso*, *Gravata*) com alguns dos novos atributos construídos pelo *naive* Bayes ($P(amigo)$, $P(inimigo)$). Na raiz da árvore aparece o atributo $P(amigo)$. Esse atributo representa a probabilidade de um exemplo pertencer à classe *amigo*, calculada pelo *naive* Bayes. A árvore de decisão gerada pelo C4.5 usa os atributos construídos pelo *naive* Bayes, mas redefinindo diferentes limiares. Sendo um problema de duas classes, os modelos bayesianos usam $P(amigo)$ com limiar 0,5, enquanto a árvore de decisão ajusta o valor do limiar para 0,27. Os nós de decisão com testes nos atributos construídos são um tipo de função dada pela estratégia bayesiana. Por exemplo, o atributo $P(amigo)$ pode ser visto como uma função que calcula $p(Classe = amigo|\mathbf{x})$ usando o teorema de Bayes. Em alguns ramos, a árvore de decisão realiza mais de um teste de probabilidade de classes. De certa forma, essa árvore de decisão combina duas linguagens de representação: a representação do *naive* Bayes com a linguagem da árvore de decisão. O passo construtivo executado pela generalização em cascata insere novos atributos que incorporam novo conhecimento fornecido pelo *naive* Bayes. Esse fato permite o aumento significativo de desempenho verificado com a árvore de decisão.

A generalização em cascata pertence à família de algoritmos de generalização em pilha. Wolpert (1992) define generalização em pilha como um contexto geral para combinar classificadores. Ele envolve obter as predições de vários classificadores e usar essas predições como a base para o próximo estágio de classificação.

Generalização em cascata pode ser considerada um caso especial de generalização em pilha, principalmente em função da estrutura de aprendizado em camadas. Alguns aspectos que fazem a generalização em cascata particular são:

- Os novos atributos são contínuos. Eles obtêm a forma da distribuição de probabilidade da classe. Combinar classificadores por meio de classes categóricas perde a força do classificador na sua predição. O uso da distribuição das classes de probabilidades nos permite explorar essa informação.
- Todos os classificadores têm acesso aos atributos originais. Qualquer novo atributo construído por um classificador mais baixo é considerado exatamente do mesmo modo que qualquer um dos atributos originais.
- Generalização em cascata não usa validação cruzada interna. Esse aspecto afeta a eficiência computacional da generalização em cascata.

Muitas dessas ideias foram discutidas na literatura. Ting e Witten (1997) usaram a distribuição de probabilidade da classe como atributos $Nível_1$, mas não usaram os atributos originais. Chan e Stolfo (1995a) usaram os atributos originais e as predições das classes em um esquema denotado como *combinador-atributo-classe*. Explorar todos esses aspectos é o que faz a generalização em cascata bem-sucedida. Entretanto, essa combinação particular implica algumas diferenças *conceituais*:

- Enquanto a generalização em pilha tem uma natureza paralela, a generalização em cascata é sequencial. O efeito é que classificadores intermediários têm acesso aos atributos originais mais as predições dos classificadores de baixo nível.
- O objetivo final da generalização em pilha é combinar predições. O objetivo da generalização em cascata é obter um modelo que possa usar termos na linguagem de representação dos classificadores de mais baixo nível. Na generalização em cascata, os classificadores de mais baixo nível adiam a decisão final para os classificadores de alto nível.
- A utilização da generalização em cascata usa sequências de poucos classificadores. O perfil para os classificadores no início da sequência é baixa variância. Os classificadores no fim da sequência deverão ter baixo enviesamento.

### 9.4.3 Meta-Aprendizado

Chan e Stolfo (1995a) apresentam dois esquemas para combinação de classificadores: *árbitro* e *combinador*. Ambos os esquemas são baseados em meta-aprendizado, em que um metaclassificador é gerado a partir de metadados, com base nas predições dos classificadores de base. Um árbitro é também um classificador, e é usado para arbitrar entre predições geradas por diferentes classificadores de base. O conjunto de treinamento para o árbitro é obtido a partir de todos os dados disponíveis usando regras de seleção. Um exemplo de regra de seleção é: "*Selecione os exemplos cuja classificação não pode ser predita consistentemente usando classificadores de base.*" Esse árbitro, junto com uma regra de arbitragem, determina a classificação final com base nas predições de base. Um exemplo de uma regra de arbitragem é: "*use a predição do árbitro quando o classificador de base não obtém a maioria*." Mais tarde (Chan e Stolfo, 1995b, 1997), esse *framework* foi estendido usando árbitros/combinadores em um modo hierárquico, gerando árvores binárias de árbitros/combinadores. Uma árvore de árbitros/combinadores é uma estrutura hierárquica composta de árbitros/combinadores que são calculados em uma árvore binária de modo de-baixo-para-cima (*bottom-up*). Um árbitro/combinador é inicialmente aprendido a partir da saída de um par de classificadores base, e, recursivamente, um árbitro/combinador é aprendido a partir da saída de dois árbitros. Para $nc$ classificadores, há $\log_2(nc)$ níveis gerados.

### 9.4.4 Sistemas Híbridos

Resultados de comparações empíricas de algoritmos de aprendizado existentes (Michie *et al.*, 1994) ilustram que cada algoritmo tem certa *superioridade seletiva*. Ele é melhor para algumas tarefas, mas não para todas. Essa é a motivação por trás do desenvolvimento de algoritmos que podem se adequar aos dados com representações *heterogêneas*. Isto é, diferentes regiões do espaço de entrada são aproximadas usando diferentes tipos de modelo.

Domingos (1998) propõe CMM (do inglês, *Combined Multiple Models*), um metaclassificador que procura reter os maiores ganhos de precisão de propostas de modelos múltiplos enquanto ainda produz um único modelo compreensível. CMM gera um novo conjunto de treinamento, composto de grande número de exemplos gerados e classificados de acordo com um conjunto, mais os exemplos originais. CMM foi usado com regras C4.5 como um classificador de base, e com *bagging* como a metodologia de modelos múltiplos. Em 26 conjuntos de dados de referência, CMM retém em média 60% dos ganhos de precisão obtidos pelo *bagging* relativo a uma única execução das regras C4.5, enquanto produz um conjunto de regras cuja complexidade é tipicamente um pequeno múltiplo da complexidade das regras C4.5.

Brodley (1995, 1993) apresenta uma *Seleção do Modelo de Classe – sistema MCS*, algoritmo híbrido que combina, em uma única árvore, nós que são testes invariantes, testes multivariantes gerados por *máquinas lineares* e classificadores baseados em exemplo. Cada nó MCS usa um conjunto de regras *Se-Então* para executar uma pesquisa heurística *best-first* para a melhor hipótese para uma partição dada do conjunto de dados. O conjunto de regras incorpora conhecimento do especialista. Uma dessas regras é:

> **se** o número de exemplos é inferior à capacidade do hiperplano
> **então** encontra o melhor teste univariado
> **caso contrário** gera uma combinação linear $LT_n$ usando todos os atributos.

MCS usa uma estratégia de controle da pesquisa dinâmica para executar uma seleção automática do modelo. MCS constrói árvores que podem ser aplicadas a diferentes modelos em diferentes regiões do espaço de objetos.

Kohavi (1996) apresenta um sistema híbrido que gera uma árvore de decisão invariante usando classificadores *naive* Bayes nas folhas da árvore. Essa proposta tenta utilizar as vantagens tanto de árvores de decisão (isto é, segmentação) quanto de *naive* Bayes (acumulação de evidência de múltiplos atributos). O autor alega que o modelo retém a interpretabilidade do *naive* Bayes e árvores de decisão, enquanto resulta em classificadores que frequentemente superam ambos os constituintes, especialmente em grandes bancos de dados.

Domingos (1997b, 1996) apresenta um sistema RISE (*Rule Induction from a Set of Exemplars*) que unifica aprendizado baseado em regras e aprendizado baseado em exemplos. Exemplos são tratados como regras de especificidade máxima. As regras são aprendidas gradualmente pela generalização de exemplos até que não é obtida nenhuma melhoria na precisão. Os exemplos de teste são classificados usando a regra, que pode ser um exemplo, mais próxima da base de conhecimentos.

## 9.5 Decomposição de Problemas Multiclasse

A solução de um problema de classificação multiclasse, que apresenta mais de duas classes, pode ser feita por meio de sua decomposição em subproblemas binários. Em seguida, as saídas de classificadores para estes subproblemas binários podem ser combinadas para obter a previsão multiclasse. Este é o princípio da decomposição de problemas multiclasse, que faz uma combinação de preditores binários.

Segundo Moreira e Mayoraz (1997), existe uma série de motivações para empregar estratégias decomposicionais na solução de problemas multiclasse. Além de haver técnicas cuja formulação é originalmente binária, alguns algoritmos não são adequados a problemas com um número elevado de classes ou apresentam dificuldades em lidar com grandes volumes de dados de treinamento.

O emprego de técnicas decomposicionais envolve dois passos: uma fase de decomposição, que ocorre antes do aprendizado, e uma fase de reconstrução, que ocorre depois da predição. Dado um problema de decisão $\mathbf{D} =$

$\{(\mathbf{x}_j, y_j), j = 1, \ldots, n\}$, em que $y \in \{1, ..., k\}$ e $k > 2$, a fase de decomposição consiste em obter múltiplos subproblemas binários na forma de: $\mathbf{B}_i = \{(\mathbf{x}_j, y'_j), j = 1, \ldots, n\}$, em que $y'_j \in \{-1, +1\}$. Um algoritmo de aprendizado constrói um modelo de decisão para cada problema $B_i$. Depois, os modelos de decisão são usados para classificar os exemplos de teste. A reconstrução refere-se à forma como as saídas dos classificadores binários são combinadas na determinação da classe de um exemplo.

Na Subseção 9.5.1 são apresentadas algumas das principais estratégias para a decomposição de problemas multiclasse descritos na literatura. Na Subseção 9.5.2, é abordada a obtenção das previsões multiclasse em uma etapa de reconstrução.

## 9.5.1 Fase de Decomposição

Várias alternativas podem ser empregadas na decomposição de problemas multiclasse em um conjunto de problemas de classificação binária. Genericamente, essas decomposições podem ser descritas por uma abordagem proposta por Allwein *et al.* (2000), em que elas são representadas por uma matriz de códigos **M**. As linhas dessa matriz contêm códigos que são atribuídos a cada classe. As colunas de **M** definem partições binárias das $k$ classes e correspondem aos rótulos que essas classes assumem na geração dos classificadores binários. Tem-se então uma matriz de dimensão $k \times l$, em que $k$ é o número de classes do problema e $l$ representa o número de classificadores binários utilizados na solução multiclasse. Na Figura 9.8 é apresentado um exemplo de matriz de códigos na qual o número de classes $k$ é igual a quatro e o número de classificadores binários $l$ também é quatro. Abaixo dessa matriz de códigos são indicadas as partições binárias das classes realizadas por cada classificador binário representado em suas colunas.

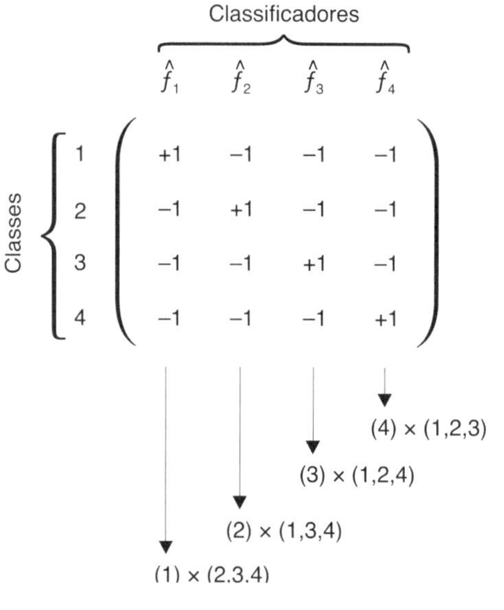


**Figura 9.8** Exemplo de matriz de códigos para um problema com quatro classes.

Cada elemento da matriz **M** assume valores em $\{-1, 0, +1\}$. Um elemento $m_{ij}$ com valor $+1$ indica que a classe correspondente à linha $i$ assume rótulo positivo na indução do classificador $\hat{f}_j$. O valor $-1$ designa um rótulo negativo, e um valor $0$ indica que os dados da classe $i$ não participam do processo de indução do classificador $\hat{f}_j$. Para cada coluna, tem-se um conjunto de treinamento diferente, e classificadores binários são então treinados de forma a aprender os rótulos representados nas colunas de **M**.

Entre as estratégias decomposicionais mais comuns encontradas na literatura, estão a um-contra-todos (Rifkin e Klautau, 2004) e a todos-contra-todos (Hastie e Tibshirani, 1998; Furnkranz, 2002, 2003; Moreira, 2000). Outras estratégias da literatura são a baseada em códigos de correção de erros (ECOC, do inglês, *Error Correcting Output Codes*) (Dietterich e Bariki, 1995) e as decomposições hierárquicas (Platt, 1998).

Na estratégia um-contra-todos (OAA, do inglês, *one-against-all*), dado um problema com $k$ classes, $k$ classificadores binários $\hat{f}_i(\mathbf{x})$ são gerados. Cada um desses preditores é treinado de forma a distinguir uma classe $i$ das demais. A representação dessa técnica é dada por uma matriz de dimensão $k \times k$, na qual os elementos da diagonal possuem o valor $+1$ e os demais, o valor $-1$. Uma matriz do tipo OAA para um problema de quatro classes foi apresentada na Figura 9.8.

A decomposição OAA pode apresentar desvantagens quando a proporção de exemplos de uma classe é muito pequena em relação à do conjunto formado pelos dados das outras classes. Esse tipo de desbalanceamento pode dificultar a indução de um preditor que apresente bom desempenho no reconhecimento da classe considerada.

Na decomposição todos-contra-todos, também denominada um-contra-um (OAO, do inglês, *one-against-one*) e em pares (*pairwise*), dadas $k$ classes, $\frac{k(k-1)}{2}$ classificadores binários são gerados. Cada um deles é responsável por diferenciar um par de classes $(i, j)$, em que $i \neq j$. A matriz de códigos nesse caso possui então dimensão $k \times \frac{k(k-1)}{2}$, e cada coluna corresponde a um classificador binário para um par de classes. Em uma coluna representando o par $(i, j)$, o valor do elemento correspondente à linha $i$ é $+1$, e o valor do membro correspondente a $j$ é igual a $-1$. Todos os outros elementos da coluna possuem o valor 0, indicando que os dados de outras classes não participam do processo de indução do classificador.

Embora o número de classificadores gerados na decomposição OAO seja da ordem de $k^2$, o treinamento de cada um deles envolve dados de apenas duas classes. Com isso, mesmo com um número elevado de classes, o tempo total despendido na geração dos preditores geralmente não é grande. Um problema apontado na decomposição OAO é que a resposta de um preditor para um par de classes $(i, j)$ na realidade não fornece informação nenhuma quando o exemplo não pertence às classes $i$ ou $j$.

### 9.5.2 Fase de Reconstrução

A fase de reconstrução define como as saídas dos classificadores binários serão combinadas na obtenção das previsões multiclasse. Nesse processo, um novo dado $\mathbf{x}$ pode ser classificado avaliando-se as predições dos $l$ classificadores, que geram um vetor $\widehat{\mathbf{f}}(\mathbf{x})$ de tamanho $l$ na forma $\widehat{\mathbf{f}}(\mathbf{x}) = (\mathbf{f}_1(\hat{x}), \ldots, \hat{f}_l(\mathbf{x}))$. Esse vetor é então comparado às linhas de $\mathbf{M}$. O dado é atribuído à classe cuja linha de $\mathbf{M}$ é mais próxima de $\widehat{\mathbf{f}}(\mathbf{x})$ de acordo com alguma medida. Seja $\mathbf{m}_q$ a $q$-ésima linha de $\mathbf{M}$, a qual apresenta o código referente à classe $q$. O processo de decodificação equivale a computar a Equação 9.6, em que $\hat{f}(\mathbf{x})$ representa o classificador multiclasse final e $d$ denota uma função de decodificação.

$$\hat{f}(\mathbf{x}) = \underset{1 \leqslant q \leqslant k}{\arg\min} \left( d \left( \mathbf{m}_q, \widehat{\mathbf{f}}(\mathbf{x}) \right) \right) \tag{9.6}$$

Caso mais de um código minimize a Equação 9.6, temos uma situação de empate. Escolhe-se então uma das classes envolvidas no empate aleatoriamente ou com o uso de alguma informação *a priori*.

Usualmente, a classificação de um novo dado na estratégia OAA corresponde a escolher o classificador com maior saída. Isso equivale a usar alguma função de decodificação que considere a confiança dos classificadores nas predições obtidas.

Para o OAO, a agregação mais usual é por uma votação por maioria. Dado um novo exemplo $\mathbf{x}$, cada classificador fornece um voto em sua classe preferida. O resultado é então dado pela classe que recebeu mais votos. Essa estratégia pode ser implementada pelo uso da distância de Hamming sobre a matriz de códigos da estratégia OAO.

## 9.6 Considerações Finais

Um conjunto de preditores é em si um algoritmo de aprendizado supervisionado. O modelo múltiplo representa uma hipótese; no entanto, essa hipótese não está necessariamente contida no espaço de hipóteses dos modelos base a partir dos quais ela é construída. Assim, os conjuntos podem ter maior flexibilidade nas funções que representam.

Muitos métodos procuram promover a diversidade entre os modelos que combinam, por exemplo, perturbando a distribuição dos exemplos no conjunto de treinamento. *Bagging* e *boosting* (Bauer e Kohavi, 1999) são as formas mais eficientes para melhorar a precisão de classificadores instáveis, tais como árvores de decisão e redes neurais.

Quinlan (1996) e Bauer e Kohavi (1999) concordam que *boosting* apresenta maior benefício, mas produz degradações severas em alguns conjuntos de dados. Ali e Pazzani (1996) mostram que o número de exemplos treinados necessários para o *boosting* aumenta em função da precisão do modelo aprendido. Bauer e Kohavi (1999) referem que o principal problema com *boosting* é a falta de robustez em dados com ruído. Isso é esperado, porque exemplos ruidosos tendem a ser classificados incorretamente e, em consequência, seu peso será aumentado. A maioria dos estudos em *boosting* e *bagging* requer um número considerável de classificadores. Por exemplo, Bauer e Kohavi (1999) usam 25 classificadores, Freund e Schapire (1996) e Breiman (1998) usam 100 classificadores.

Wolpert (1992) refere que uma implementação bem-sucedida da generalização em pilha para tarefas de classificação é uma "*black art*", e as condições sobre as quais o *stacking* trabalha são ainda desconhecidas. Posteriormente, Ting e Witten (1997) mostraram que o sucesso da generalização em pilha requer o uso da distribuição das classes de saída. Nas experiências reportadas, somente o algoritmo MLR (com um discriminante linear) foi apropriado para o generalizador $Nível_1$.

## 9.7 Exercícios

**Exercício 9.1** Como resultado de uma série de fusões, um grande banco tem disponíveis diferentes sistemas de avaliação do risco de crédito de candidatos a empréstimos. Cada um desses sistemas foi desenvolvido de forma independente usando diferentes técnicas de AM. Os conjuntos de treinamento utilizados já não estão disponíveis. Sugira como o banco poderá obter uma combinação desses sistemas de forma a criar um único sistema de avaliação de risco de crédito, cujo desempenho seja potencialmente superior a qualquer um dos sistemas originais.

**Resposta** Usando técnicas de votação.

**Exercício 9.2** Com o objetivo de melhorar o desempenho de um classificador, um especialista decidiu aplicar a técnica de *bagging*. Construindo 5 modelos e aplicando-os a um conjunto de validação (com 5 exemplos), obteve os seguintes resultados:

| | Classificadores | | | | |
|---|---|---|---|---|---|
| Observado | Cl1 | Cl2 | Cl3 | Cl4 | Cl5 |
| 0 | 1 | 1 | 0 | 0 | 0 |
| 1 | 0 | 0 | 1 | 1 | 1 |
| 0 | 0 | 0 | 0 | 1 | 1 |
| 1 | 0 | 0 | 0 | 0 | 0 |
| 1 | 1 | 1 | 1 | 1 | 1 |

a. Explique, sucintamente, a técnica de *bagging*.

b. Perante os resultados apresentados, qual a taxa de erro do conjunto? Justifique.

c. Calcule o erro correlacionado entre o Cl1 e o Cl3.

**Respostas**

a. *Bagging* consiste em obter N amostras com reposição do conjunto de treino. Para cada amostra, é construído um classificador. Para classificar os exemplos de teste, cada classificador faz uma previsão, e as diferentes previsões são agrupadas usando votação uniforme.

b. 1/5.

c. 2/3.

**Exercício 9.3** *Bagging* é uma forma de construção de Modelos Múltiplos usada com muita frequência em árvores de decisão. Responda:

a. Indique as razões que justificam o uso de *bagging* em árvores de decisão.
b. Por que normalmente não se usa *bagging* com modelos *naive* Bayes?
c. Argumente o porquê da estratégia de *bagging* fornecer melhores resultados do que os modelos individuais em tarefas preditivas.
d. Verdadeiro ou falso? *Bagging* é bastante eficiente na redução do erro de classificadores *naive* Bayes.
e. Verdadeiro ou falso? *Boosting* é capaz de reduzir o enviesamento e a variância de qualquer classificador base.
f. Vamos assumir que o conjunto de dados original se parece com o seguinte: (1,2,3,4,5,6,7,8,9,10). Qual das seguintes respostas (A1, A2, A3) é mais provável que seja o resultado de uma amostra de *bootstrap* que podemos tomar ao implementar o *bagging*?
**A1:** (2,3,1,6,5,8,4,7,10,9) **A2:** (1,9,10,9,2,2,6,2,1,2) **A3:** (5,3,6,1,9)

## Respostas

a. As árvores de decisão são modelos com elevada variância. O *bagging* é eficaz na redução da variância.
b. Porque o *naive* Bayes é um modelo com baixa variância.
c. Porque o *bagging* é capaz de reduzir a variância dos modelos individuais.
d. Falso.
e. Em geral, é Verdadeiro.
f. A2.

# 10 AVALIAÇÃO DE MODELOS PREDITIVOS

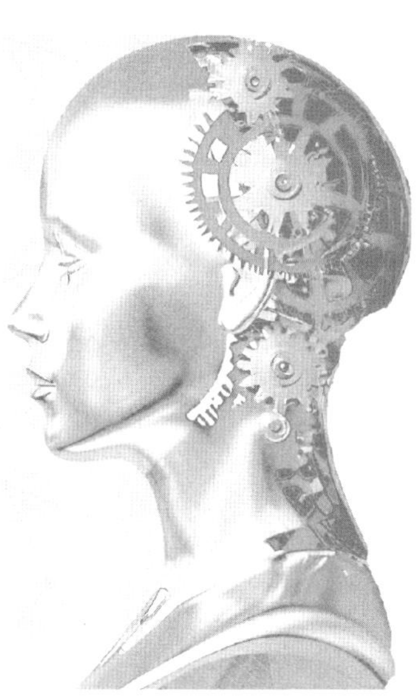

Na aplicação de algoritmos de AM a problemas reais, em geral, o conhecimento que se tem do domínio sob investigação é provido unicamente pelo conjunto de exemplos, a partir do qual a indução de um modelo preditivo/ descritivo é então realizada. Os capítulos anteriores apresentaram várias técnicas de AM que podem ser utilizadas na indução de modelos de classificação e/ou de regressão a partir de um conjunto de exemplos rotulados. De maneira geral, pode-se afirmar que não existe técnica universal, ou seja, não é possível estabelecer *a priori* que uma técnica de AM em particular se sairá melhor na resolução de qualquer tipo de problema.

Em certos casos, as próprias características das técnicas existentes e do problema que está sendo solucionado podem ser consideradas para auxiliar na escolha da técnica a ser utilizada sobre um novo conjunto de dados. Por exemplo, em domínios em que os exemplos possuem alta dimensionalidade, as SVMs são boas candidatas, enquanto o $k$-NN usando a distância euclidiana pode, a princípio, não parecer uma escolha adequada. Caso seja necessário que o modelo obtido seja interpretável, técnicas simbólicas, como as árvores de decisão, podem ser preferíveis a modelos "caixa-preta", como os gerados pelas RNAs e pelas SVMs.

Mesmo com o uso dessas *heurísticas*, diversos algoritmos podem ser considerados candidatos à solução de um problema. Ainda que um único algoritmo seja escolhido, pode ser necessário realizar ajustes em seus parâmetros livres, o que leva à obtenção de múltiplos modelos para os mesmos dados.

Os parágrafos anteriores evidenciam uma característica particular do domínio de AM: a necessidade de experimentação. De fato, a validação de qualquer nova técnica de AM proposta geralmente envolve a realização de experimentos controlados, em que se demonstre a sua efetividade na solução de diferentes problemas, representados por seus conjuntos de dados associados. Dessa forma, é recomendável seguir procedimentos que garantam a correção, a validade e a reprodutibilidade dos experimentos realizados e, mais importante, das conclusões obtidas a partir de seus resultados.

Essa avaliação experimental de um algoritmo de AM pode ser realizada segundo diferentes aspectos, tais como acurácia do modelo gerado, compreensibilidade do conhecimento extraído, tempo de aprendizado, requisitos de armazenamento do modelo, entre outros. Considerando modelos preditivos, iremos concentrar a nossa discussão em medidas relacionadas com o desempenho obtido nas predições realizadas. Muitos dos conceitos e procedimentos discutidos são facilmente generalizáveis a outros tipos de medidas de desempenho. Já a avaliação de resultados no contexto de modelos descritivos é abordada no Capítulo 15.

Inicialmente, na Seção 10.1, realiza-se uma discussão acerca das principais medidas de erro utilizadas na avaliação de preditores em AM. Na Seção 10.2 são apresentadas técnicas para a amostragem de dados em experimentos. Na Seção 10.3 são apresentadas outras medidas de desempenho no contexto de classificação binária e as curvas ROC. Na Seção 10.4 apresentam-se discussões a respeito da comparação estatística do desempenho de diferentes modelos. Este capítulo é concluído com a apresentação da decomposição viés-variância do erro de um preditor (Seção 10.5).

## 10.1 Métricas de Erro

A avaliação de um algoritmo de AM supervisionado é normalmente realizada por meio da análise do desempenho do preditor gerado por ele na rotulação de novos objetos, não apresentados previamente em seu treinamento (Monard e Baranauskas, 2003).

### 10.1.1 Métricas para Classificação

Uma medida de desempenho usualmente empregada na avaliação de um classificador $\hat{f}$ é a sua taxa de erro ou de classificações incorretas, ilustrada na Equação 10.1, em que $I(a) = 1$ se $a$ é verdadeiro e 0 em caso contrário. Dado um conjunto de dados contendo $n$ objetos, sobre o qual a avaliação será realizada, essa taxa equivale à proporção de exemplos desse conjunto classificados incorretamente por $\hat{f}$, e obtida pela comparação entre a classe conhecida de $\mathbf{x}_i$, $y_i$, e a classe predita, $\hat{f}(\mathbf{x}_i)$. Esse tipo de medida equivale ao uso da função de custo $0 - 1$ relacionando os rótulos dos objetos com as predições obtidas (Equação 8.2).

$$err\left(\hat{f}\right) = \frac{1}{n}\sum_{i=1}^{n} I\left(y_i \neq \hat{f}\left(\mathbf{x}_i\right)\right) \tag{10.1}$$

A taxa de erro varia entre 0 e 1, e valores próximos ao extremo 0 são melhores. O complemento dessa taxa corresponde à taxa de acerto ou acurácia do classificador:

$$ac(\hat{f}) = 1 - err(\hat{f}) \tag{10.2}$$

Nesse caso, valores próximos de 1 são considerados melhores. Outra alternativa para visualizar o desempenho de um classificador é com o uso de uma matriz de confusão. Essa matriz ilustra o número de predições corretas e incorretas em cada classe. Para um determinado conjunto de dados, as linhas dessa matriz representam as classes verdadeiras, e as colunas, as classes preditas pelo classificador. Logo, cada elemento $m_{ij}$ de uma matriz de confusão $\mathbf{M}_c$ apresenta o número de exemplos da classe $i$ classificados como pertencentes à classe $j$. Para $k$ classes, $\mathbf{M}_c$ tem então dimensão $k \times k$. A diagonal apresenta os acertos do classificador, enquanto os outros elementos correspondem aos erros cometidos nas suas predições.

Por meio do exame dessa matriz, têm-se medidas quantitativas de quais classes o algoritmo de aprendizado tem maior dificuldade em classificar. Na Figura 10.1, é apresentado um exemplo de matriz de confusão para um problema com três classes. Segundo essa matriz, 11 dos 15 exemplos da classe 1 foram corretamente classificados, um foi incorretamente classificado como pertencente à classe 2 e três foram preditos como pertencentes à classe 3.

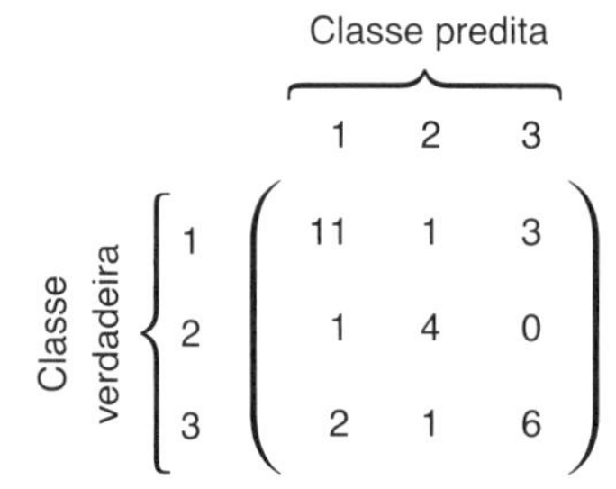


**Figura 10.1** Exemplo de matriz de confusão para um problema com três classes.

### 10.1.2 Métricas para Regressão

As considerações anteriores diziam respeito a problemas de classificação. No caso de problemas de regressão, o erro da hipótese $\hat{f}$ pode ser calculado pela distância entre o valor $y_i$ conhecido e aquele predito pelo modelo, ou seja, $\hat{f}(\mathbf{x}_i)$ (Monard e Baranauskas, 2003). As medidas de erro mais conhecidas e usadas nesse caso são o erro quadrático médio (MSE – *Mean Squared Error*) e a distância absoluta média (MAD – *Mean Absolute Distance*):

$$\text{MSE}\left(\hat{f}\right) = \frac{1}{n}\sum_{i=1}^{n}\left(y_i - \hat{f}\left(\mathbf{x}_i\right)\right)^2 \tag{10.3}$$

$$\text{MAD}\left(\hat{f}\right) = \frac{1}{n}\sum_{i=1}^{n}\left|y_i - \hat{f}\left(\mathbf{x}_i\right)\right| \tag{10.4}$$

O MSE e a MAD são sempre não negativos. Para ambas as medidas, valores mais baixos correspondem a melhores modelos, ou seja, melhores aproximações dos rótulos verdadeiros dos objetos.

As medidas anteriores são dependentes da escala de variação do atributo-meta. Dessa forma, a comparação dos valores de MSE e MAD obtidos para conjuntos de dados que possuem saídas com variações de valores muito diferentes não pode ser feita diretamente. Existem, então, algumas alternativas de medidas de erro normalizadas, tal como o NMSE (*Normalized Mean Squared Error*), apresentado na Equação 10.5.

$$\text{NMSE}(\hat{f}) = \frac{\sum_{i=1}^{n}(y_i - \hat{f}(\mathbf{x}_i))^2}{\sum_{i=1}^{n}(y_i - \bar{y})^2} \tag{10.5}$$

## 10.2 Amostragem

Em diversos casos, tem-se apenas um conjunto com $n$ objetos, o qual deve ser empregado na indução do preditor e também em sua avaliação. Calcular o desempenho preditivo – em termos de taxa de acerto ou de erro, por exemplo – do modelo nos mesmos objetos empregados em seu treinamento produz estimativas otimistas, uma vez que todos os algoritmos de AM tentam melhorar de alguma forma o seu desempenho preditivo nesses objetos durante a fase indutiva. O uso do mesmo conjunto de exemplos no treinamento e na avaliação do preditor é conhecido como ressubstituição (Toussaint, 1974). Em geral, o erro/acerto obtido nesse tipo de avaliação é denominado aparente.

Deve-se então utilizar métodos de amostragem alternativos para obter estimativas de desempenho preditivo mais confiáveis, definindo subconjuntos de treinamento e de teste. Os dados de treinamento são empregados na indução e no ajuste do modelo, enquanto os exemplos de teste simulam a apresentação de objetos novos ao preditor, os quais não foram vistos em sua indução. Esses subconjuntos são disjuntos para assegurar que as medidas de desempenho sejam obtidas a partir de um conjunto de exemplos diferente daquele usado no aprendizado. Alguns dos principais métodos de amostragem existentes são ilustrados na Figura 10.2: *holdout* [Figura 10.2(a)], amostragem aleatória [Figura 10.2(b)], validação cruzada [Figura 10.2(c)] e *bootstrap* [Figura 10.2(d)].

No caso dos procedimentos que envolvem médias de desempenho, devem-se reportar também os valores de desvio-padrão associados. Um desvio-padrão alto indica alta variabilidade nos resultados, ou seja, uma instabilidade do modelo perante mudanças nos objetos que são todos provenientes de uma mesma distribuição. Isso pode ser um indicativo de sensibilidade aos objetos usados no treinamento. Na validação cruzada com 10 partições, por exemplo, têm-se pequenas mudanças nos objetos em cada partição, conforme será discutido na Seção 10.2.2. Dessa forma, um algoritmo com alto desvio-padrão em validação cruzada apresenta sensibilidade a poucas alterações nos objetos usados em seu treinamento.

Para reportar estimativas mais precisas do desempenho esperado do algoritmo nesses casos, deve-se então apresentar algum intervalo de confiança para a média calculada, que irá envolver também o desvio-padrão obtido. De maneira geral, isso é realizado pela comunidade reportando ao menos os valores de média e desvio-padrão dos experimentos realizados. Contudo, pode-se também optar por calcular intervalos com maior nível de confiança, empregando para tal métodos estatísticos. Detalhes a respeito do cálculo de intervalos de confiança podem ser consultados em diversos livros da área de Estatística, entre os quais o de Devore (2006).

De forma geral, o desvio-padrão pode até mesmo auxiliar na escolha entre dois algoritmos com desempenho médio semelhante: o de menor desvio-padrão apresenta um desempenho mais estável e pode ser preferido. Contudo, em cenários como esse, o recomendável é fazer uma análise mais rigorosa, envolvendo testes de hipóteses para comparação dos desempenhos de modelos (Demsár, 2006; Benavoli *et al.*, 2017; Ismail-Fawaz *et al.*, 2023). Esse tópico é abordado na Seção 10.4.

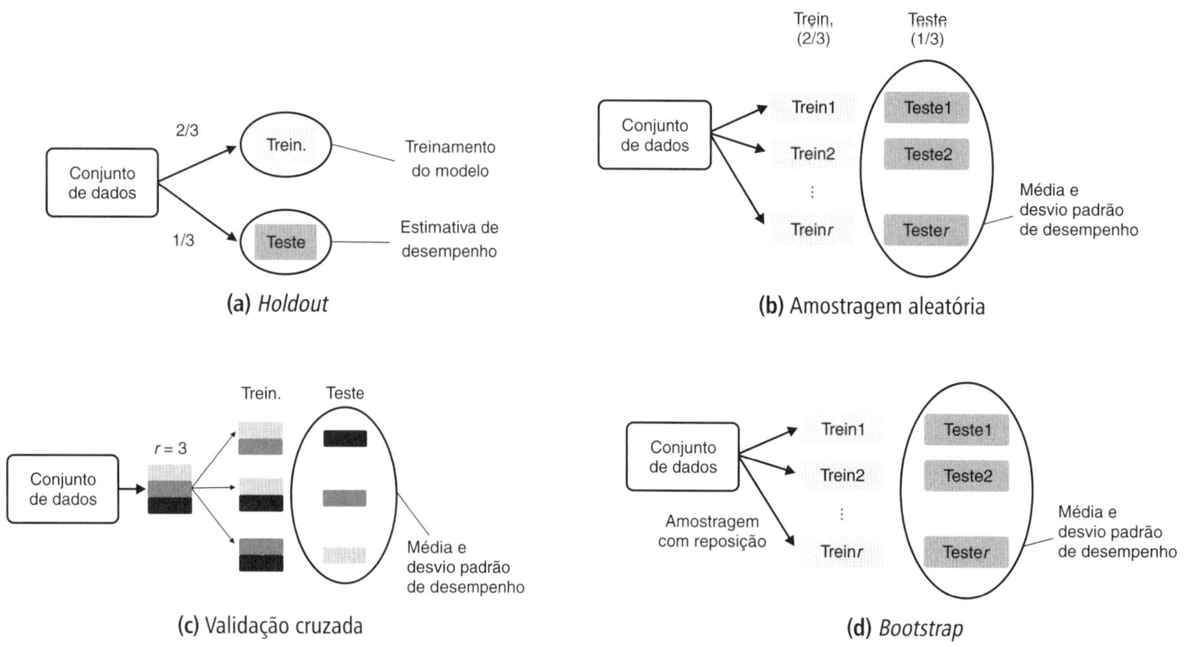


**Figura 10.2** Métodos de amostragem.

## 10.2.1 *Holdout* e Amostragem Aleatória

No caso do *holdout*, divide-se o conjunto de dados em uma proporção de $p$ para treinamento e $(1 - p)$ para teste, como ilustrado na Figura 10.2(a). Normalmente, emprega-se $p = \frac{2}{3}$. Esse tipo de separação pode subestimar a taxa de acerto, uma vez que um preditor produzido sobre todos os objetos em geral apresentará taxa de acerto maior que a gerada a partir de uma parte deles (Baranauskas e Monard, 2000). Porém, segundo Michie *et al.* (1994), para conjuntos de dados grandes isso não representa um problema – embora a definição de quando um conjunto de dados é grande o suficiente não seja clara e dependa de vários fatores, entre eles a própria complexidade da estrutura presente nos dados, que não é conhecida de antemão.

Outra crítica usual ao *holdout* é que ele não permite avaliar quanto o desempenho de uma técnica varia quando diferentes combinações de objetos são apresentadas em seu treinamento. De fato, é possível que, em uma divisão realizada, objetos considerados "mais fáceis" tenham sido colocados no subconjunto de teste.

Para tornar os resultados menos dependentes da partição feita, é possível fazer diversas partições aleatórias e obter uma média de desempenho em *holdout*, um método às vezes referenciado como *random subsampling* (amostragem aleatória). Na Figura 10.2(b), é apresentado um exemplo em que são gerados $r$ diferentes subconjuntos aleatórios.

## 10.2.2 Validação Cruzada

No método de validação cruzada *r-fold cross-validation*, o conjunto de exemplos é dividido em $r$ subconjuntos de tamanho aproximadamente igual. Os objetos de $r - 1$ partições são utilizados no treinamento de um preditor, o qual é então testado na partição restante. Esse processo é repetido $r$ vezes, utilizando em cada ciclo uma partição diferente para teste. O desempenho final do preditor é dado pela média dos desempenhos observados sobre cada subconjunto de teste. Esse processo é ilustrado na Figura 10.2(c), empregando $r = 3$.

Uma variação desse método para problemas de classificação é o *r-fold cross-validation* estratificado, que mantém em cada partição a proporção de exemplos de cada classe semelhante à proporção contida no conjunto de dados total. Se, por exemplo, o conjunto de dados original tem 20% dos objetos na classe $c_1$ e 80% na classe $c_2$, cada partição também procura manter essa proporção, apresentando 20% de seus exemplos na classe $c_1$ e 80% na classe $c_2$.

No caso extremo em que $r = n$, sendo $n$ o número de casos disponíveis, tem-se o método *leave-one-out*. No *leave-one-out*, a cada ciclo, exatamente um exemplo é separado para teste, enquanto os $n - 1$ exemplos restantes são utilizados no treinamento do preditor. O desempenho é dado pela soma dos desempenhos verificados para cada exemplo de teste individual. Esse método produz uma estimativa mais fiel do desempenho preditivo do modelo. Porém, ele é computacionalmente caro, e geralmente aplicado somente em amostras de dados pequenas.

A principal crítica aos procedimentos de validação cruzada é que uma parte dos dados é compartilhada entre os subconjuntos de treinamento. Para $r \geqslant 2$ partições, uma proporção de $\left(1 - \frac{2}{r}\right)$ dos objetos é compartilhada (Monard e Baranauskas, 2003). Por exemplo, utilizando 10 partições (*folds*), 80% dos objetos contidos nos subconjuntos de treinamento são compartilhados. Logo, embora as partições de teste sejam distintas entre si, com $r > 2$ não se tem completa independência entre os subconjuntos de treinamento.

### 10.2.3 *Bootstrap*

No método *booststrap*, $r$ subconjuntos de treinamento são gerados a partir do conjunto de exemplos original [Figura 10.2(d)]. Os exemplos são amostrados aleatoriamente desse conjunto, com reposição. Logo, um exemplo pode estar presente em determinado subconjunto de treinamento mais de uma vez. Os exemplos não selecionados compõem os subconjuntos de teste. O resultado final é dado pela média do desempenho observado em cada subconjunto de teste.

Normalmente, adota-se $r \geqslant 100$. A ideia básica é repetir o experimento um número alto de vezes e estimar o desempenho nesses experimentos replicados. Por esse motivo, o *bootstrap* é um procedimento custoso e aplicado geralmente em amostras de dados pequenas.

Há vários estimadores *bootstrap*, e o mais comum é o $e_0$ (Jain *et al.*, 1987). Neste, cada conjunto de treinamento tem $n$ exemplos, amostrados com reposição do conjunto original, sendo $n$ o número total de exemplos nesse conjunto. Cada exemplo tem probabilidade $1 - \left(1 - \frac{1}{n}\right)^n$ de ser selecionado ao menos uma vez. Para $n$ grande, essa probabilidade tende a $1 - \frac{1}{e} = 0{,}632$, ou seja, a fração média de exemplos não repetidos nos conjuntos de treinamento é de 63,2%. Exemplos remanescentes formam o subconjunto de teste. O desempenho é dado pela média das iterações. A estimativa de desempenho obtida é estatisticamente equivalente à do *leave-one-out*, com menor variância.

## 10.3 Outras Medidas de Desempenho

Por simplicidade, seja um problema com duas classes. Usualmente, uma classe é denotada positiva (+) e a outra é denominada negativa (−). Temos então a matriz de confusão ilustrada na Tabela 10.1, em que:

- VP corresponde ao número de verdadeiros positivos, ou seja, o número de exemplos da classe positiva classificados corretamente.
- VN corresponde ao número de verdadeiros negativos, ou seja, o número de exemplos da classe negativa classificados corretamente.
- FP corresponde ao número de falsos positivos, ou seja, o número de exemplos cuja classe verdadeira é negativa, mas que foram classificados incorretamente como pertencentes à classe positiva.
- FN corresponde ao número de falsos negativos, ou seja, o número de exemplos pertencentes originalmente à classe positiva que foram incorretamente preditos como da classe negativa.

Ademais, $n = \text{VP} + \text{VN} + \text{FP} + \text{FN}$.

**Tabela 10.1** Matriz de confusão para um problema com duas classes

| | | Classe predita | |
|---|---|---|---|
| | | + | − |
| Classe verdadeira | + | VP | FN |
| | − | FP | VN |

### 10.3.1 Medidas de Desempenho

A partir da matriz de confusão, uma série de outras medidas de desempenho pode ser derivada. Entre elas, temos (Monard e Baranauskas, 2003):

- *Taxa de erro na classe positiva*: proporção de exemplos da classe positiva incorretamente classificados pelo preditor $\hat{f}$, também conhecida como *taxa de falsos negativos* (TFN).

$$err_{+}\left(\hat{f}\right) = \text{TFN}\left(\hat{f}\right) = \frac{\text{FN}}{\text{VP} + \text{FN}} \tag{10.6}$$

- *Taxa de erro na classe negativa*: proporção de exemplos da classe negativa incorretamente classificados por $\hat{f}$, também conhecida como *taxa de falsos positivos* (TFP).

$$err_{-}\left(\hat{f}\right) = \text{TFP}\left(\hat{f}\right) = \frac{\text{FP}}{\text{FP} + \text{VN}} \tag{10.7}$$

- *Taxa de erro total*: dada pela soma dos valores da diagonal secundária da matriz, dividida pela soma dos valores de todos os elementos da matriz.

$$err\left(\hat{f}\right) = \frac{\text{FP} + \text{FN}}{n} \tag{10.8}$$

- *Taxa de acerto ou acurácia total*: calculada pela soma dos valores da diagonal principal da matriz, dividida pela soma dos valores de todos os elementos da matriz.

$$ac\left(\hat{f}\right) = \frac{\text{VP} + \text{VN}}{n} \tag{10.9}$$

- *Precisão*: proporção de exemplos positivos classificados corretamente entre todos aqueles preditos como positivos por $\hat{f}$.

$$prec(\hat{f}) = \frac{\text{VP}}{\text{VP} + \text{FP}} \tag{10.10}$$

- *Sensibilidade ou revocação*: corresponde à *taxa de acerto na classe positiva*. Também é chamada de *taxa de verdadeiros positivos* (TVP).

$$sens\left(\hat{f}\right) = rev\left(\hat{f}\right) = \text{TVP}(\hat{f}) = \frac{\text{VP}}{\text{VP} + \text{FN}} \tag{10.11}$$

- *Especificidade*: corresponde à *taxa de acerto na classe negativa*. Seu complemento corresponde à taxa TFP.

$$esp\left(\hat{f}\right) = \frac{\text{VN}}{\text{VN} + \text{FP}} = 1 - \text{TFP}(\hat{f}) \tag{10.12}$$

As medidas anteriores podem ser facilmente generalizadas para problemas com mais de duas classes pela consideração de cada classe como positiva em relação ao conjunto das demais classes (exceto a taxa de erro/acerto total, em que todas as classes são consideradas globalmente). Obtém-se um valor de desempenho para cada classe. Por exemplo, se a taxa que está sendo observada é a precisão, obtém-se um valor de precisão para cada classe, no qual a classe em consideração é vista como positiva, enquanto as demais são consideradas negativas.

A precisão pode ser vista como uma medida de exatidão do modelo, e a revocação, como uma medida de sua completude. Uma precisão de 1,0 para uma classe $C$ significa que cada item rotulado como pertencente à classe $C$ realmente pertence a essa classe, mas não fornece informação a respeito do número de exemplos da classe $C$ que não foram classificados corretamente. Por outro lado, uma revocação de 1,0 significa que cada exemplo da classe $C$ foi rotulado como pertencente à classe $C$, mas não diz nada a respeito de quantos outros exemplos foram classificados incorretamente como pertencentes à classe $C$. Desse modo, geralmente a precisão e a revocação não são discutidas isoladamente, mas são combinadas em uma única medida, como a medida-$F$, que é a média harmônica ponderada da precisão e a revocação:

$$F_w(\hat{f}) = \frac{(w+1) \times rev(\hat{f}) \times prec(\hat{f})}{rev(\hat{f}) + w \times prec(\hat{f})} \tag{10.13}$$

Usando um peso igual a 1, que equivale a dar o mesmo grau de importância à revocação e à precisão, temos a medida $F_1$:

$$F_1(\hat{f}) = \frac{2 \times prec(\hat{f}) \times rev(\hat{f})}{prec(\hat{f}) + rev(\hat{f})} \tag{10.14}$$

### 10.3.2 Análise ROC

Uma forma alternativa de avaliar classificadores em problemas binários, ou seja, que possuem apenas duas classes, é com o uso das curvas ROC (*Receiving Operating Characteristics*) (Fawcett, 2005). Seu uso inicial em AM foi reportado na avaliação e comparação de algoritmos (Spackman, 1989). Desde então sua utilização tem se estendido até mesmo à proposição de novos algoritmos e técnicas de AM com base na análise ROC (Prati e Flach, 2005).

O gráfico ROC é um gráfico bidimensional plotado em um espaço denominado espaço ROC, com eixos X e Y representando as medidas de taxa de falsos positivos (TFP) e taxa de verdadeiros positivos (TVP), respectivamente. O desempenho de um classificador pode ser plotado nessa curva, equivalendo a um ponto no espaço bidimensional.

Os principais aspectos de um espaço ROC são ilustrados na Figura 10.3. A linha diagonal representa classificadores que realizam predições aleatórias. Qualquer classificador abaixo dessa linha pode então ser considerado pior que o aleatório. A figura inclui, como exemplo, TFP e TVP de modelos gerados por três algoritmos. O ponto (0,1) representa classificações perfeitas, em que todos os exemplos positivos e negativos são classificados corretamente, sendo por isso denominado *céu ROC*. O ponto (1,0), por outro lado, representa o *inferno ROC*. O ponto (1,1) representa classificações sempre positivas, e o ponto (0,0), classificações sempre negativas. Assim, classificadores na região próxima do ponto (1,1) quase sempre rotulam os exemplos como positivos, e classificadores na região próxima do ponto (0,0) rotulam a maioria dos exemplos como negativa. Um classificador é considerado superior a outro se seu ponto no espaço ROC encontra-se acima e à esquerda do ponto correspondente ao segundo classificador (Prati, 2006).

Embora existam mecanismos para comparar diferentes classificadores com base em seus pontos no espaço ROC, o procedimento mais usual é gerar uma curva ROC. Nesse caso, é necessário empregar algum ranqueamento na classificação. Muitos classificadores produzem como saída um valor contínuo em sua classificação (ou podem ser adaptados para tal), que pode então ser usado nesse ranqueamento. Como exemplos temos, entre outros: o NB, que produz a probabilidade de o exemplo pertencer a uma dada classe; as RNAs MLP, em que o neurônio da camada de saída produz um número contínuo; as SVMs, que empregam uma função sinal sobre um resultado que representa a margem de confiança na predição feita. Normalmente, para se realizar a classificação final, os valores contínuos

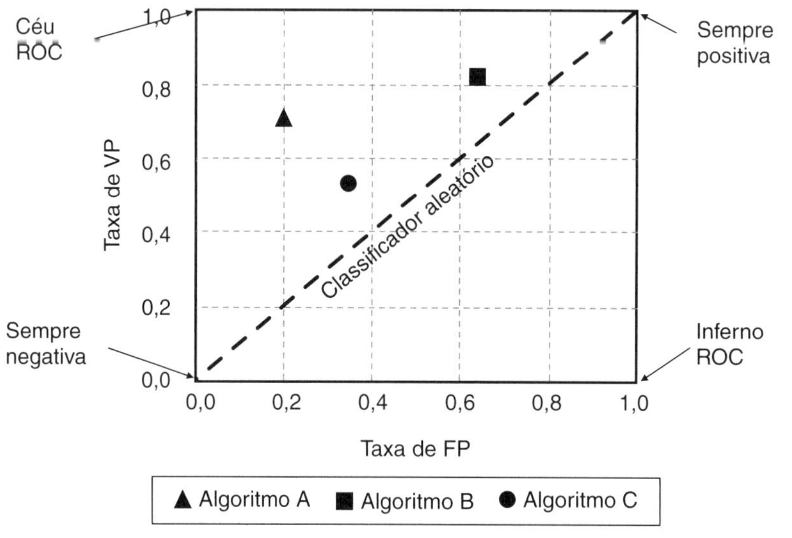


**Figura 10.3** Espaço ROC com três classificadores.

obtidos são discretizados de alguma maneira. Geralmente emprega-se algum limiar que permite dizer se a predição corresponde à classe positiva ou negativa. No caso do NB, por exemplo, o limiar adotado por *default* é normalmente um valor de probabilidade de 0,5.

Usando limiares diferentes, novos valores de TFP e TVP podem ser obtidos. Plotando os valores de TFP e TVP para diferentes limiares e unindo esses pontos, tem-se como resultado uma curva ROC para cada técnica de classificação. Pode-se, dessa maneira, deixar a análise independente do limiar empregado. Inclusive, é possível escolher valores de limiar mais adequados para cada problema em particular (Matsubara, 2008).

Na Figura 10.4, são ilustradas duas curvas ROC que podem, hipoteticamente, corresponder a curvas geradas por dois algoritmos de classificação distintos utilizando cinco valores de limiares para cada um. Nesse caso, não há interseção entre as curvas, entretanto, isso nem sempre ocorre. Ao se compararem duas ou mais curvas, não havendo interseção entre elas, aquela que mais se aproxima do ponto (0,1) é a de melhor desempenho. No caso de haver interseções, cada algoritmo tem uma região em que é melhor que a do outro. É comum, porém, comparar o desempenho dos algoritmos em termos de uma medida única extraída de sua curva ROC: a área abaixo da curva ROC (AUC, do inglês, *Area Under ROC Curve*).

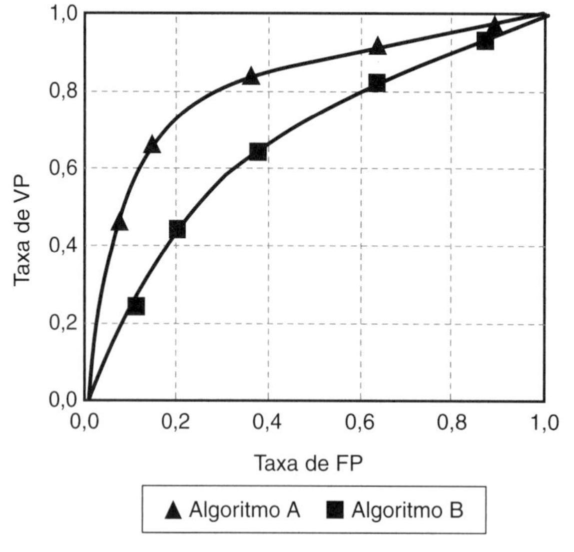


**Figura 10.4** Exemplos de curva ROC.

A medida AUC produz valores entre 0 e 1. Valores mais próximos de 1 são considerados melhores. Portanto, ao se compararem dois ou mais algoritmos segundo essa medida, aquele que possuir AUC mais próximo de 1 será considerado superior. Contudo, é recomendável comparar as medidas obtidas estatisticamente. Além disso, aconselha-se calcular o AUC em um procedimento de validação cruzada, assim como é sugerido para as outras medidas de desempenho, obtendo a média e o desvio-padrão de seus valores para diferentes partições dos dados.

Entre as principais vantagens da análise ROC, estão a possibilidade de realizar medidas de desempenho independentes de condições como o limiar de classificação e também de custos associados às classificações incorretas e à distribuição das classes (Prati, 2006). De fato, o uso de diferentes limiares de classificação representa maior ou menor ênfase à classe positiva, permitindo lidar com questões de desbalanceamento das classes e de diferentes custos de classificação. A taxa de acerto/erro, por outro lado, é bastante influenciada por desbalanceamentos. Seja, por exemplo, um conjunto de dados com 90 exemplos positivos e 10 negativos. A obtenção de uma estimativa de taxa de acerto de 0,90 com esses objetos não é necessariamente indicativa de bom desempenho preditivo, uma vez que o modelo pode estar simplesmente classificando todos os exemplos na classe positiva.

Uma desvantagem da análise por curvas ROC é que ela é originalmente limitada a problemas de classificação binária. Existem trabalhos relacionados com a generalização dessas curvas a problemas multiclasse, tais como a geração de múltiplas curvas, uma para cada classe, quando essa classe é então considerada positiva e as demais são tomadas como negativas (Provost e Domingos, 2001). Contudo, o uso mais difundido da análise ROC tem sido em problemas de classificação binária.

## 10.4 Testes de Hipóteses

Diversos estudos na área de AM requerem a comparação de dois ou mais algoritmos na solução de um ou mais problemas práticos. Nesse processo, é comum dividir o(s) conjunto(s) de dados com uma estratégia de amostragem e usar para todos os algoritmos comparados exatamente as mesmas partições dos dados. Sem perda de generalidade, iremos assumir nesta seção que o método usado é o *r-fold cross-validation* estratificado. Ou seja, a cada iteração da validação cruzada, todos os algoritmos usam a mesma partição de treinamento e de teste para obter seus resultados, e, dessa forma, a média de desempenho obtida por todos é calculada sobre os mesmos objetos. Isso significa impor que os algoritmos sejam comparados em igualdade de condições.

Após o processo descrito anteriormente, considerando um conjunto de dados em particular, para cada algoritmo tem-se a média de alguma medida de seu desempenho, como o erro ou o AUC médio e o seu desvio-padrão nas partições. Determinar se um algoritmo é melhor do que o outro pelo simples exame de superioridade/inferioridade de médias não é aconselhável. Muitas vezes, as diferenças verificadas não são significativas, e pode-se considerar os desempenhos obtidos equivalentes. É necessário conduzir um teste de hipóteses para a comparação dos desempenhos dos modelos em investigação.

Uma hipótese estatística é uma alegação sobre o valor de um ou mais parâmetros ou sobre a forma de uma distribuição de probabilidade (Devore, 2006). Se $\mu_1$ e $\mu_2$ são os erros médios de dois modelos em validação cruzada, por exemplo, uma hipótese possível é a expressão $\mu_1 - \mu_2 = 0$, ou seja, essas médias podem ser consideradas equivalentes. Outra é que $\mu_1 - \mu_2 > 0$, ou seja, que a média 1 é superior à média 2.

Nos testes de hipóteses, normalmente há duas suposições contraditórias em consideração, tal como $H_0 : \mu_1 - \mu_2 = 0$ *versus* $H_1 : \mu_1 - \mu_2 \neq 0$. Deve-se então decidir qual das duas hipóteses é a correta. A hipótese nula, representada por $H_0$, é inicialmente assumida como verdadeira. $H_1$ é denominada hipótese alternativa. A hipótese nula será rejeitada em favor da hipótese alternativa se alguma evidência na amostra representada pelos desempenhos nos experimentos sugerir que $H_0$ é falsa. O teste de hipóteses é então realizado com o objetivo de rejeitar ou não (nesse caso, aceitar) a hipótese $H_0$. A regra para decidir se $H_0$ é rejeitada é denominada procedimento de teste.

Em um procedimento de teste, tem-se (Devore, 2006):

- Uma estatística de teste, em função dos dados da amostra em que a decisão se baseia;

- Uma região de rejeição, que representa o conjunto de valores da estatística de teste para os quais $H_0$ é rejeitada. Ou seja, a hipótese nula é rejeitada se e somente se o valor da estatística calculada cair na região de rejeição.

Os procedimentos de teste podem cometer erros, em razão da própria variabilidade das amostras sobre as quais são calculados. Um erro do tipo I ocorre quando a hipótese nula é rejeitada apesar de ser verdadeira. Já um erro do tipo II configura-se quando $H_0$ é falsa e não é rejeitada. Devem-se procurar procedimentos que apresentem um compromisso em relação à ocorrência de ambos os tipos de erro. Normalmente, cometer erro do tipo I é considerado mais sério. A maioria dos testes realizados envolve, então, controlar a probabilidade de ocorrência de erro do tipo I, que é denotada usualmente pelo termo $\alpha$. A região de rejeição é calculada de maneira a manter a probabilidade de ocorrência de erro do tipo I sob controle. O valor $\alpha$ também é denominado nível de significância do teste. É comum empregar-se um valor de 0,05 para $\alpha$. Isso equivale a dizer que o resultado do teste possui nível de confiança de 95% de não ter rejeitado a hipótese nula quando ela é verdadeira.

Nas seções seguintes serão discutidos os procedimentos de teste comumente utilizados pela comunidade de AM. É importante destacar que, embora a realização desses testes seja recomendável para a comparação de dois ou mais modelos, não há ainda um consenso quanto à adequabilidade de vários procedimentos de teste existentes ao cenário típico dos experimentos de AM, em que as amostras utilizadas para avaliação de desempenho apresentam dependências. Descreveremos dois dos testes mais utilizados atualmente, porém recomendamos ao leitor atenção à literatura relacionada com o tema, que também discute outros procedimentos de teste, tais como Dietterich (1998), Salzberg (1997), Nadeau e Bengio (2003), Demsár (2006) e García e Herrera (2008) e, mais recentemente, Benavoli *et al.* (2017) e Ismail-Fawaz *et al.* (2023).

Os testes que serão apresentados, *Wilcoxon signed-rank* e Friedman, são pareados e não paramétricos, não possuindo assim a restrição de as amostras sobre os quais são aplicados terem de seguir alguma distribuição (como a normal), cuja ocorrência não é garantida na prática quando modelos de AM são comparados. Ambos os testes são baseados em ranqueamentos, sendo também interessantes por permitirem comparar outras medidas de desempenho além das tradicionais, estabelecidas em algum tipo de erro/acerto preditivo. Pode-se, por exemplo, utilizá-los para comparar os tempos de treinamento de diferentes algoritmos.

Podemos distinguir dois casos na aplicação dos testes. O primeiro caso ocorre quando se deseja comparar o desempenho dos modelos em um único conjunto de dados. Esse cenário ocorre, por exemplo, quando se quer determinar que modelo possui destaque em um domínio específico, representado por um único conjunto de dados. Dietterich (1998) e Salzberg (1997) discutem diferentes testes para esse caso.

No segundo caso, os modelos são comparados considerando vários conjuntos de dados. A avaliação em múltiplos conjuntos de dados é recomendada, uma vez que os resultados obtidos em um único conjunto de dados podem ser muito específicos para essa amostra em particular. Na proposta de um novo algoritmo de AM, por exemplo, usualmente deseja-se que ele seja aplicável a uma gama de problemas relacionados. O mais indicado, então, é testar o seu desempenho em vários conjuntos de dados. O trabalho de Demsár (2006) sugere, nesse tipo de estudo, comparar as médias de desempenho (em validação cruzada, por exemplo) dos modelos nos vários conjuntos de dados. Esses testes serão discutidos a seguir.

### 10.4.1 Comparando Dois Modelos

Consideremos, inicialmente, a comparação de dois modelos. Normalmente, tem-se nesse caso um modelo gerado por um algoritmo-padrão, enquanto o outro modelo é obtido pelo uso de um novo algoritmo. Desejamos determinar se este algoritmo se destaca em relação ao já conhecido da literatura. A hipótese nula $H_0$ afirma que os desempenhos dos modelos comparados são equivalentes.

Um teste recomendado para a comparação de dois modelos é o *Wilcoxon signed-ranks* (Wilcoxon, 1943). Nesse teste, calculam-se inicialmente as diferenças nas medidas de desempenho dos algoritmos. Em seguida, os valores absolutos dessas diferenças são ranqueados (menores diferenças assumem primeiras posições e assim sucessivamente). Pelo teste, comparam-se as posições das diferenças positivas e negativas entre os algoritmos. Dados dois algoritmos A e B, caso as diferenças sejam calculadas sempre considerando o desempenho de B menos o de A e usando uma medida de desempenho em que maiores valores são melhores (como taxa de acerto, AUC, precisão, entre outras), diferenças positivas indicam melhor desempenho de B, enquanto as negativas refletem melhor desempenho de A. No caso de medidas de desempenho como o erro, em que valores menores são melhores, basta aplicar o raciocínio inverso.

Seja $d_i$ a diferença entre os desempenhos de A e B em um conjunto de dados $i$. Calculadas todas as diferenças, elas são ranqueadas de acordo com seus valores absolutos. No caso de empates, atribuem-se valores médios das posições na ordenação. Como exemplo, consideremos a Tabela 10.2, em que se comparam duas versões do algoritmo C4.5, a qual foi adaptada de uma tabela apresentada como exemplo em Demsár (2006).

**Tabela 10.2** Exemplo de tabela de diferenças de resultados em teste de Wilcoxon (Demsár, 2006)

| Conj. dados | C4.5 | C4.5+m | Diferença | Dif_absoluta | Posição |
|---|---|---|---|---|---|
| Pulmão | 0,583 | 0,583 | 0,000 | 0,000 | 1,5 |
| Fungo | 0,583 | 0,583 | 0,000 | 0,000 | 1,5 |
| Atmosfera | 0,882 | 0,888 | +0,006 | 0,006 | 3,0 |
| Mama | 0,599 | 0,591 | -0,008 | 0,008 | 4,0 |

Seja $R+$ a soma das posições (*ranks*) de conjuntos de dados em que o algoritmo B é melhor que o algoritmo A e $R-$ a soma de posições oposta. As posições das diferenças nulas são repartidas igualmente entre as duas somas. Se há um número ímpar de diferenças nulas, uma é ignorada. Temos então:

$$R+ = \sum_{d_i>0} rank\,(d_i) + \frac{1}{2}\sum_{d_i=0} rank(d_i) \tag{10.15}$$

$$R- = \sum_{d_i<0} rank\,(d_i) + \frac{1}{2}\sum_{d_i=0} rank(d_i) \tag{10.16}$$

Seja $S$ a menor dessas somas. Alguns livros de Estatística apresentam tabelas com os valores críticos exatos para $S$, com $N$ variando até 25. Para mais conjuntos de dados, a estatística do teste é:

$$z = \frac{S - \frac{1}{4}N\,(N-1)}{\sqrt{\frac{1}{24}N\,(N+1)\,(2N+1)}} \tag{10.17}$$

Com $\alpha = 0{,}05$, a hipótese nula de que os algoritmos se comportam de maneira similar pode ser rejeitada se $z$ é menor que $-1,96$ (Demsár, 2006).

## 10.4.2 Comparando Mais Modelos

Quando vários modelos são comparados, o número de comparações é maior e o teste deve ser alterado para levar isso em consideração. Se múltiplos testes são realizados, aumenta a probabilidade de ao menos um deles detectar uma diferença estatística quando esta não existe. Para $J$ testes, a probabilidade de cometer ao menos um erro é de $1-(1-\alpha)^J$ (Feelders e Verkooijen, 1996). Para $J = 20$ e $\alpha = 0{,}05$, por exemplo, a probabilidade de detectarem-se uma ou mais diferenças estatísticas quando elas não existem é de 64%. Esse problema é conhecido como efeito da multiplicidade (Salzberg, 1997).

Nessa situação, Demsár (2006) recomenda a utilização do teste de Friedman (Friedman, 1937). Esse teste também é baseado na comparação de ranqueamentos de desempenhos. Contudo, nesse caso, o valor absoluto da medida de desempenho de cada algoritmo individualmente em cada conjunto de dados é considerado para realizar o ranqueamento. Logo, para cada conjunto de dados, realiza-se o ranqueamento dos algoritmos de acordo com seu desempenho (dos melhores para os piores). Em caso de empates, valores médios de posição (*rank*) são atribuídos.

Considere, por exemplo, a Tabela 10.3. Ela apresenta o desempenho preditivo de três modelos (produzidos pelos algoritmos Alg. X, Alg. Y e Alg. Z) em quatro conjuntos de dados. Tomando que maiores valores das medidas de desempenho apresentadas são melhores (acurácia, por exemplo), as três colunas finais apresentam o ranqueamento do desempenho dos algoritmos X, Y e Z em cada conjunto de dados. No conjunto *Lung* o Alg. Z foi melhor, seguido pelo Alg. X e o pior foi o Alg. Y. No conjunto *Brain*, há um empate no desempenho dos algoritmos Alg. Y e Alg. Z na primeira e segunda colocação. Por esse motivo, atribui-se a eles o ranqueamento 1,5. É possível verificar que, embora o Alg. Z tenha desempenho médio superior em termos da acurácia reportada, seu ranqueamento médio é inferior ao do Alg. X, pois este foi a melhor solução em dois dos quatro conjuntos de dados.

**Tabela 10.3** Exemplo de ranqueamento do desempenho de três algoritmos em quatro conjuntos de dados

| Conjunto de Dados | Alg. X | Alg. Y | Alg. Z | *Rank* X | *Rank* Y | *Rank* Z |
|---|---|---|---|---|---|---|
| *Lung* | 0,90 | 0,80 | 0,95 | 2 | 3 | 1 |
| *Brain* | 0,75 | 0,90 | 0,90 | 3 | 1,5 | 1,5 |
| *Skin* | 0,85 | 0,80 | 0,78 | 1 | 2 | 3 |
| *Breast* | 0,70 | 0,55 | 0,63 | 1 | 3 | 2 |
| **Média** | 0,80 | 0,76 | 0,82 | 1,75 | 2,38 | 1,88 |

Seja $r_j^i$ a posição do desempenho do algoritmo $j$ (dentre $A$ algoritmos) no conjunto de dados $i$ (dentre $N$ conjuntos de dados). O teste de Friedman irá comparar os ranqueamentos médios $R_j$ dos diferentes algoritmos (os valores de média na parte inferior direita da Tabela 10.3). A hipótese nula $H_0$ afirma que todos os algoritmos são equivalentes e que suas posições no ranqueamento são então iguais. A estatística calculada é:

$$F_F = \frac{(N-1)\,\chi_F^2}{N\,(A-1) - \chi_F^2} \tag{10.18}$$

em que:

$$\chi_F^2 = \frac{12N}{A\,(A+1)}\left[\sum_j R_j^2 - \frac{A\,(A+1)^2}{4}\right] \tag{10.19}$$

A hipótese nula é rejeitada caso a estatística calculada seja maior que $F_{A-1,(A-1)(N-1)}$, em que $F_{A-1,(A-1)(N-1)}$ denota a distribuição de probabilidade $F$ com $A-1$ e $(A-1)(N-1)$ graus de liberdade, que pode ser consultada em livros de Estatística. Caso a hipótese nula seja rejeitada, existe diferença de desempenhos, porém ela não aponta diretamente quais algoritmos possuem diferença. Para conseguir essa informação, deve-se prosseguir com um pós-teste.

No pós-teste, o desempenho de dois algoritmos em particular é estatisticamente diferente caso a diferença entre os seus valores médios de posição no ranqueamento seja maior ou igual ao valor de diferença crítica CD (do inglês, *Critical Difference*):

$$CD = q_\alpha \sqrt{\frac{A\,(A+1)}{6N}} \tag{10.20}$$

Se todos os algoritmos estão sendo comparados entre si em pares, os valores de $q_\alpha$ podem ser fornecidos pela estatística de Nemenyi (Nemenyi, 1963). O trabalho de García e Herrera (2008) menciona pós-testes alternativos para comparações entre todos os pares de algoritmos.

Quando a comparação é de vários algoritmos em relação a um único algoritmo (por exemplo, o desempenho de várias modificações de um algoritmo é comparado ao do algoritmo base), $q_\alpha$ pode ser menos restritivo, pois menos comparações são realizadas. Nesse caso, a estatística de Bonferroni-Dunn (Dunn, 1961) pode ser empregada. Na Tabela 10.4, adaptada de Demsár (2006), são apresentados os valores de $q_{0,05}$ para diferentes números de algoritmos $A$ sendo comparados, segundo os pós-testes de Nemenyi e Bonferroni-Dunn.

**Tabela 10.4** Valores de $q_{0,05}$ para diferentes pós-testes

| $A$ | 2 | 3 | 4 | 5 | 6 | 7 | 8 | 9 | 10 |
|---|---|---|---|---|---|---|---|---|---|
| Nemenyi | 1,960 | 2,343 | 2,569 | 2,728 | 2,850 | 2,949 | 3,031 | 3,102 | 3,164 |
| Bonferroni-Dunn | 1,960 | 2,241 | 2,394 | 2,498 | 2,576 | 2,648 | 2,690 | 2,724 | 2,773 |

Em Demsár (2006) é apresentada ainda uma interessante maneira gráfica de dispor os resultados dos pós-testes. A Figura 10.5(a) apresenta o caso em que quatro diferentes algoritmos, denotados por A, B, C e D, são comparados entre si usando o pós-teste de Nemenyi. Inicialmente, uma escala contendo os ranqueamentos de 1 a 4 (quatro algoritmos sendo comparados) é desenhada de maneira que a posição 1 é colocada mais à direita. Em seguida, os modelos são posicionados nessa escala de acordo com os valores médios de suas posições no ranqueamento calculado no teste de Friedman. Por exemplo, o modelo B apresentou-se em média na segunda posição com relação ao seu desempenho nos conjuntos de dados. Linhas horizontais conectam modelos cujos resultados não tiveram diferença estatística de acordo com o pós-teste. Além disso, o valor crítico usado para verificar se dois algoritmos são diferentes é posto acima da linha de ranqueamentos desenhada, a partir da esquerda. Pelo exame da Figura 10.5(a), é possível identificar que D possui resultado significativamente inferior aos de A e B. Nada pode ser dito a respeito de C, somente que nenhuma conclusão pode ser tirada com base nos experimentos realizados, pois um indivíduo não pode pertencer a duas populações diferentes em termos estatísticos.

Na Figura 10.5(b) é apresentado o caso em que os algoritmos A, B e C são todos comparados com o algoritmo base D, segundo o pós-teste de Bonferroni-Dunn. Nessa situação, o CD pode ser desenhado à esquerda e à direita da posição média do algoritmo de controle D. Qualquer algoritmo que possua posição fora dessa área tem desempenho significativamente diferente do controle.

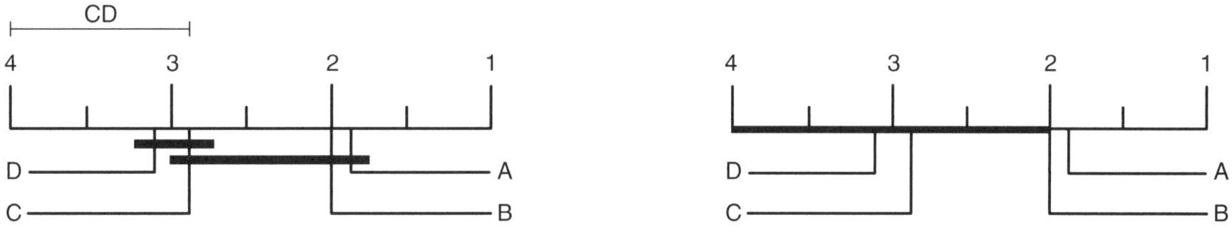


**(a)** Nemenyi **(b)** Bonferroni-Dunn

**Figura 10.5** Representação gráfica de pós-testes.

### 10.4.3 Outros Testes

Ainda não há um consenso na literatura a respeito de quais testes são mais adequados às peculiaridades inerentes à comparação de modelos de AM (Ismail-Fawaz *et al.*, 2023). O trabalho de Benavoli *et al.* (2017) argumenta que testes de hipóteses podem não ser a abordagem mais adequada e propõem uma alternativa Bayesiana. Nela, são definidas probabilidades de cada algoritmo superar, ter desempenho equivalente ou ser inferior aos demais. Contudo, esses testes ainda não apresentam adesão na comunidade comparado com o uso dos diagramas críticos apresentados anteriormente (Ismail-Fawaz *et al.*, 2023).

Em Ismail-Fawaz *et al.* (2023) é apresentada uma abordagem denominada matriz de comparações múltiplas (*Multiple Comparison Matrix* – MCM) para comparações de múltiplos algoritmos. Um dos principais argumentos para seu uso reside no fato de que os resultados dos testes apresentados anteriormente podem variar dependendo da inclusão ou exclusão de algoritmos. Sejam $A$ algoritmos a serem comparados em $\mathcal{T}$ tarefas (por exemplo, diferentes conjuntos de dados) usando uma medida de desempenho $\gamma$. A matriz MCM tem dimensão $A$ por $A$. Cada elemento $c_{ij}$ da matriz contém três estatísticas comparando os resultados do algoritmo da $i$-ésima linha ($c_i$) com o algoritmo da $j$-ésima coluna ($c_j$). Os algoritmos são apresentados na tabela pela ordem de seu desempenho geral medido por $\gamma$, do melhor para o pior valor. E as estatísticas contidas nas células são:

- A média das diferenças $\gamma(c_i) - \gamma(c_j)$ para todas as tarefas em $\mathcal{T}$. As células são coloridas como um mapa de calor com base nesses valores;
- Uma contagem de ganhos, empates e perdas de $c_i$ em relação a $c_j$ nas tarefas em $\mathcal{T}$;
- O $p$-valor de um teste estatístico *Wilcoxon Signed Rank*. As diferenças menores que 0,05 são destacadas em negrito.

Na Figura 10.6 é apresentado um exemplo de MCM comparando quatro classificadores em 128 conjuntos de dados, extraído de `https://github.com/MSD-IRIMAS/Multi_Comparison_Matrix/` (acesso em: 5 maio 2025). O classificador cl1 está na primeira linha por apresentar média de acurácia maior (0,5376, registrada junto a seu nome). Em seguida, tem-se cl3 (0,5220), cl2 (0,5162) e cl4 (0,4825). Nesse exemplo, nenhum $p$-valor foi inferior a 0,05. É possível também selecionar subconjuntos das linhas para focar na comparação de apenas parte dos algoritmos com os outros.

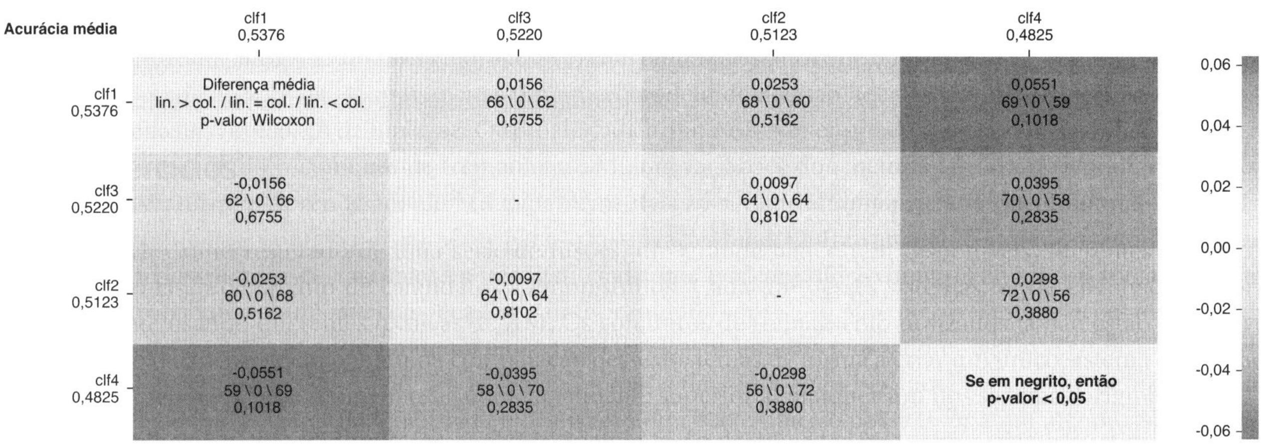


**Figura 10.6** Exemplo de matriz de múltiplas comparações MCM de Ismail-Fawaz *et al.* (2023).

## 10.5 Decomposição Viés-Variância da Taxa de Erro

Uma análise muito valiosa das taxas de erro dos algoritmos de aprendizado é fornecida pela chamada decomposição *viés-variância* do erro. A ideia básica por trás desse enquadramento teórico é que um algoritmo de aprendizado comete dois tipos de erro: *erros sistemáticos*, em função da linguagem de representação usada pelo algoritmo de aprendizado, e erros resultantes da dependência do modelo gerado e do conjunto de treinamento. Nesta seção, apresentaremos esse *framework* geral.

As origens da análise viés-variância podem estar relacionadas com a *regressão quadrática* (Geman *et al.*, 1992). Essa é uma ferramenta poderosa da teoria da amostragem da estatística para analisar cenários de aprendizado supervisionado que têm uma *função de custo quadrática*. Dados uma variável objetivo e o tamanho do conjunto de treinamento, a formulação convencional da decomposição separa o erro esperado na soma de três quantidades não negativas:

- *Ruído do objetivo intrínseco:* essa quantidade é o limite inferior do erro esperado de qualquer algoritmo de aprendizado. É o erro esperado do classificador de Bayes ótimo.
- *Quadrado do enviesamento:* essa quantidade mede quão bem a predição média do algoritmo de aprendizado (sobre todos os possíveis conjuntos de treinamento cujo tamanho seja igual ao tamanho do conjunto de treinamento dado) corresponde à variável objetivo.
- *Variância:* essa qualidade mede até que ponto a predição do algoritmo de aprendizado se "aproxima" para diferentes conjuntos de objetos de dado tamanho.

A decomposição viés-variância fornece diversas informações úteis. A mais relevante é conhecida como *equilíbrio viés-variância*. Quando algum aspecto de um algoritmo de aprendizado particular é modificado, pode haver efeito oposto no viés e na variância. Usualmente, quando se aumenta o número de graus de liberdade de um algoritmo, o viés decrementa, mas a variância incrementa. O número ótimo de graus de liberdade otimiza esse equilíbrio entre viés e variância.

Para problemas de classificação, a função de custo quadrática é inapropriada porque os rótulos da classe não são numéricos. Diversas outras propostas para decompor o erro de classificação em viés e variância foram sugeridas, incluindo Breiman (1996b, 1998), Kong e Dietterich (1995) e Kohavi e Wolpert (1996). Não há consenso com relação à decomposição. Aqui, seguiremos a decomposição sugerida em Kohavi e Wolpert (1996).

## 10.5.1 Definição de Viés e Variância

No aprendizado preditivo, é assumida a existência de uma função desconhecida $f$ que mapeia o espaço de entrada $X$ no espaço de saída $Y$. $f$ representa distribuição de probabilidade condicional $P(y_f|\mathbf{x})$. Uma *hipótese* $h$ gerada por um algoritmo de aprendizado representa uma distribuição similar $P(y_h|\mathbf{x})$. Vamos assumir que $P(y_f|\mathbf{x}) = 1$ para um valor de $y_f$ e 0 para todos os outros. De igual forma, $P(y_h|\mathbf{x}) = 1$ para um valor de $y_h$ e 0 para todos os demais.

Na *função de custo 0-1*, $\ell(y_f, y_h) = 0$ se e somente se $y_f = y_h$.

O custo esperado para um único exemplo é:

$$E(\mathbf{x}) = 1 - \sum_{y \in Y} P(Y_h = Y_f = y) \tag{10.21}$$

O custo esperado para um conjunto de exemplos $\mathbf{X}$ de tamanho $n$ é estimado como a média do custo calculado sobre os $n$ exemplos. Kohavi e Wolpert (1996) mostram que:

$$E(c) = \sum_{\mathbf{x} \in \mathbf{X}} P(\mathbf{x})(\sigma_{\mathbf{x}}^2 + \text{viés}_{\mathbf{x}}^2 + \text{variância}_{\mathbf{x}}) \tag{10.22}$$

em que

$$\text{viés}_{\mathbf{x}}^2 = \frac{1}{2} \sum_{y \in Y} (P(y_f = y) - P(y_h = y))^2 \tag{10.23}$$

$$\text{variância}_{\mathbf{x}} = \frac{1}{2}(1 - \sum_{y \in Y} P(y_h = y)^2) \tag{10.24}$$

$$\sigma_{\mathbf{x}}^2 = \frac{1}{2}(1 - \sum_{y \in Y} P(y_f = y)^2) \tag{10.25}$$

Essas definições de viés$^2$, variância e ruído ($\sigma$) têm as seguintes propriedades:

1. O componente viés$^2$ mede o quadrado da diferença entre a saída média do objetivo e a saída média do algoritmo. É uma quantidade real não negativa e igual a zero somente se $P(y_f|\mathbf{x}) = P(y_h|\mathbf{x})$ para todo $\mathbf{x}$ e $y$. Essa propriedade é compartilhada pelo viés$^2$ para o erro quadrático.
2. O termo variância mede a *variabilidade* de $P(y_h|\mathbf{x})$. É uma quantidade real não negativa e igual a zero para um algoritmo que sempre faz a mesma previsão independentemente do conjunto de treinamento (por exemplo, o classificador bayesiano ótimo). Assim que o algoritmo se torna mais sensível a mudanças no conjunto de treinamento, a variância aumenta. Dada uma distribuição sobre o conjunto de treinamento, a variância mede a sensibilidade do algoritmo de aprendizado a mudanças no conjunto de treinamento e é independente de $y_f$.
3. O ruído é independente do algoritmo de aprendizado.

### 10.5.2 Medindo os Componentes Viés-Variância

Para dado algoritmo e dado conjunto de dados, podemos estimar o viés$^2$ e a *variância* como se segue.

1. Dividimos aleatoriamente o conjunto de dados em duas partes, $T$ e $E$. $T$ é usado como se ele fosse o "universo" a partir da qual amostramos o conjunto de treinamento, enquanto $E$ é usado para avaliar os termos na decomposição.
2. Geramos $N$ conjuntos de treinamento a partir de $T$, cada geração usando amostragem aleatória uniforme sem substituição.
3. Executamos o algoritmo de aprendizado para cada conjunto de treinamento e estimamos os termos *variância* da Equação 10.24 e *viés* da Equação 10.23 usando o classificador gerado para cada exemplo $\mathbf{x}$ no conjunto de avaliação $E$. Todos os termos são estimados usando contadores de frequência.
4. O componente ruído $\sigma^2$, que é o erro do classificador de Bayes ótimo, é muito difícil de estimar na prática. Usando um estimador de contagem de frequência, a estimativa de $\sigma^2$ poderá ser zero se todas as instâncias forem únicas (independentemente do valor real de $\sigma^2$). É usualmente agregado ao termo viés.

Informalmente, essa análise tenta capturar as seguintes quantidades: o termo viés mede o *erro persistente* do algoritmo de aprendizado. Esse erro não pode ser eliminado pelo aumento do número de classificadores treinados independentemente. O termo variância mede a *flutuação* do erro resultante da utilização de uma amostra particular de exemplos de treinamento. Para um número crescente de exemplos, essa componente se reduz, e tende para zero quando o número de exemplos tende para infinito.

Deve-se notar que a soma do componente viés mais o componente variância pode diferir ligeiramente da taxa de erro medida usando validação cruzada. Isso ocorre porque são usados conjuntos de treinamento de diferentes tamanhos para estimar essas quantidades.

## 10.6 Considerações Finais

Neste capítulo foram discutidas questões relativas ao desenho de experiências e à avaliação de modelos preditivos. Esses aspectos são de grande relevância, uma vez que, em geral, os trabalhos envolvendo o uso de técnicas de AM devem incluir a realização de experimentos controlados.

A medida de desempenho mais empregada para avaliar classificadores é a taxa de erro (ou de acerto), enquanto em regressão é comum o exame do MSE do modelo. Em trabalhos na área médica, também é usual observar a sensibilidade do modelo, uma vez que a taxa de acerto para a doença de interesse, em geral, é considerada mais importante. No domínio de mineração de textos e recuperação de informação, por outro lado, é frequente a análise da precisão do modelo, ou seja, o quão confiáveis são suas predições positivas. Todas as medidas de desempenho apresentadas neste capítulo consideram o poder preditivo dos modelos obtidos, embora outros aspectos possam ser levados em consideração, tais como sua interpretabilidade, seu tamanho, entre outros. No caso de problemas de classificação binários, outra medida empregada na avaliação preditiva dos modelos é o AUC, proveniente da análise de curvas ROC.

Foram discutidos ainda métodos de amostragem de dados, com o objetivo de obter subconjuntos para uma estimativa apropriada do desempenho do preditor. Na prática, o *r-fold cross-validation* (estratificado para problemas de classificação) é o método de amostragem mais comumente utilizado, com um número de partições (*folds*) normalmente igual a 10. Em conjuntos de exemplos pequenos, o uso do 10-*fold cross-validation* pode levar à obtenção de subconjuntos de treinamento com poucos dados. Nesses casos, é recomendável usar o *leave-one-out*, que produz estimativas mais fiéis do erro esperado, ou o *booststrap*.

O *holdout* é muitas vezes usado para definir subconjuntos para o ajuste de parâmetros das técnicas a partir das partições de treinamento, também denominados subconjuntos de validação, tais como os usados pelas RNAs na estratégia de treinamento *early-stop* (Seção 7.3) e pelas ADs na poda (Seção 6.3). Separa-se assim uma parte dos objetos de treinamento para avaliar o desempenho de diferentes combinações de parâmetros na predição do rótulo de novos objetos, diferentes daqueles empregados em sua indução. Encontrada a combinação de melhor desempenho, esta é utilizada na indução de um novo preditor sobre o subconjunto de treinamento completo (ou seja, incluindo o subconjunto de validação), o qual pode então ser finalmente avaliado sobre os objetos de teste. Também é comum realizar-se um procedimento de validação cruzada sobre cada partição de treinamento na definição dos parâmetros do modelo. Contudo, há claramente um maior custo computacional associado.

É importante observar que os dados de teste **nunca** devem ser considerados em nenhuma etapa indutiva ou de ajuste do modelo, somente em sua avaliação final. Dessa forma, garante-se uma fiel simulação da chegada de novos dados nunca apresentados ao modelo quando este estiver sendo utilizado na prática na predição dos rótulos de novos dados.

Normalmente, nos estudos experimentais realizados em AM, é feita a avaliação de dois ou mais algoritmos, cujos resultados devem ser comparados. Nesse caso, é recomendável proceder a um teste de hipóteses, que poderá indicar a um nível de confiança, normalmente de 95%, se o desempenho dos algoritmos difere de fato ou não. A literatura a respeito da forma apropriada de comparar preditores com os testes estatísticos ainda é muito incipiente, e não há consenso sobre os testes mais corretos a serem usados na prática (Demsár, 2006; Benavoli *et al.*, 2017). Optou-se por apresentar neste capítulo alguns dos testes mais empregados recentemente, embora outros trabalhos possam fornecer outras metodologias.

Por fim, apresentou-se a teoria de decomposição viés-variância do erro de preditores, em que os erros cometidos pelos algoritmos de AM são decompostos em: (a) sistemáticos (viés), em virtude da linguagem de representação que adotam; (b) de flutuação (variância), em face da dependência em relação ao conjunto de treinamento utilizado. Esse tipo de análise fornece subsídios para modificações dos algoritmos e proposição de novas técnicas.

Em geral, os estudos de AM se baseiam na comparação da média de desempenho em um ou mais conjuntos de dados. Contudo, os modelos podem estar cometendo erros em observações importantes. No domínio médico, por exemplo, determinar para quais pacientes o modelo preditivo tende a apresentar maiores erros pode ser uma informação relevante. Nesses casos, é indicado realizar análises mais refinadas dos erros atingidos para cada objeto individual do conjunto de dados, como discutido por Paiva *et al.* (2022) e Lorena *et al.* (2024).

## 10.7 Exercícios

**Exercício 10.1** Na execução de um algoritmo em validação cruzada com 10 partições, foram obtidas as seguintes taxas de erro para cada partição: 5,5; 11,4; 12,7; 5,2; 5,9; 11,3; 10,9; 11,2; 4,9 e 11,0. Com base nesses valores, calcule:

a. A taxa de erro média desse algoritmo.
b. O desvio-padrão do desempenho desse algoritmo.
c. Um intervalo de confiança, a 95%, de desempenho do algoritmo.

### Respostas

a. 9,0.
b. 3,2.
c. (6,2;11,7).

**Exercício 10.2** Considerando a matriz de confusão a seguir (Tabela 10.5, com a convenção de que as linhas representam a classe real e as colunas a classe predita), calcule:

a. Acurácia.
b. Precisão.
c. Revocação.

d. Medida $F_1$.

e. Especificidade.

**Tabela 10.5** Matriz de confusão para um problema com duas classes

| | + | − |
|---|---|---|
| **+** | 100 | 50 |
| **−** | 30 | 120 |

**Respostas**

a. 0,73.

b. 0,77.

c. 0,67.

d. 0,72.

e. 0,80.

**Exercício 10.3** Considere um problema com três classes, em que a matriz de confusão obtida por um classificador é apresentada na Tabela 10.6. Calcule as taxas de precisão, revocação e medida $F_1$ por classe. Para tal, considere cada classe como positiva e as demais como pertencentes à classe negativa.

**Tabela 10.6** Matriz de confusão para um problema com três classes

| | $c_1$ | $c_2$ | $c_3$ |
|---|---|---|---|
| $c_1$ | 10 | 5 | 2 |
| $c_2$ | 4 | 12 | 3 |
| $c_3$ | 1 | 2 | 15 |

**Resposta** Para cada classe, montar uma nova matriz de confusão em que essa classe seja considerada positiva e as demais sejam consideradas negativas. A partir dessas matrizes, é possível obter os valores de precisão, revocação e $F_1$ por classe.

**Exercício 10.4** Pesquise alternativas que possam ser usadas para aplicar as curvas ROC a problemas multiclasse.

**Resposta** Sugere-se consultar a bibliografia Wandishin e Mullen (2009).

PARTE III

# MODELOS DESCRITIVOS

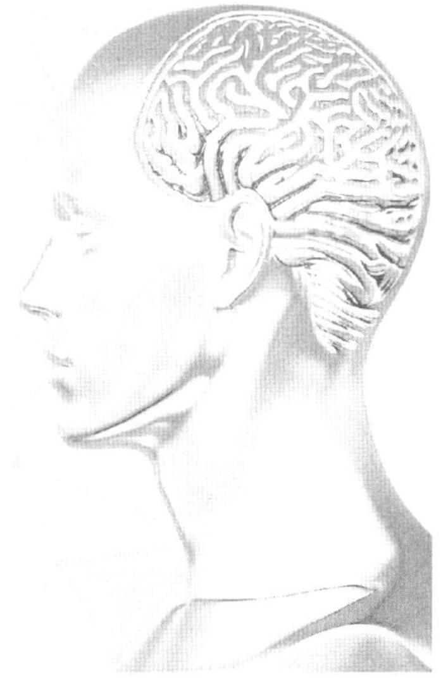

# INTRODUÇÃO

As tarefas do aprendizado descritivo, ou não supervisionado, se referem à identificação de informações relevantes nos dados sem a presença de um elemento externo para guiar o aprendizado. Essencialmente, o aprendizado reside na identificação de propriedades intrínsecas aos dados de entrada, de maneira a construir representações desses dados que possam servir a diversos propósitos, como auxílio a tomada de decisões ou descoberta de conhecimento. Essas técnicas são utilizadas principalmente quando o objetivo do aprendizado é encontrar padrões ou tendências que auxiliem no entendimento dos dados (Souto *et al.*, 2003). Mais precisamente, no aprendizado não supervisionado não existem atributos meta. A partir do conjunto de dados **X**, um algoritmo de AM não supervisionado aprende a representar as entradas submetidas segundo algum critério de qualidade.

Como já definido, as tarefas descritivas podem ser divididas em: sumarização, associação e agrupamento. A sumarização tem como objetivo encontrar uma descrição simples e compacta dos dados. Para isso, podem ser utilizadas desde medidas estatísticas simples, como mínimo, média, desvio-padrão, até técnicas sofisticadas de visualização e de determinação de relações funcionais entre atributos (Han e Kamber, 2000; Mirkin, 2011). Algumas medidas estatísticas e técnicas de visualização mais simples foram descritas no Capítulo 2. Já a associação se refere à busca de padrões frequentes de associações entre os atributos de um conjunto de dados. O agrupamento, por sua vez, lida com a identificação de grupos nos dados de acordo com a similaridade entre os objetos. Nesta parte do livro será brevemente apresentada a associação (Capítulo 11), sendo dada mais ênfase às tarefas de análise de agrupamento (Capítulos 12 a 15). Nos capítulos a seguir, serão apresentados os principais aspectos do aprendizado não supervisionado, com atenção maior ao tema de agrupamento de dados.

A mineração de um *conjunto de itens* frequentes é um dos temas de grande importância na descoberta de conhecimento em bases de dados. Os primeiros trabalhos nessa área visavam identificar grupos de produtos que frequentemente eram comprados em conjunto para auxiliar em campanhas de marketing, por exemplo. No Capítulo 11 será detalhado o tema de mineração de padrões frequentes, sendo apresentados alguns dos principais algoritmos voltados para o tema.

Já as técnicas de agrupamento são instrumentos valiosos na análise exploratória de dados e encontram aplicações em várias áreas, tais como: Biologia, Medicina, Engenharia, Marketing, Visão Computacional, Sensoriamento Remoto e Bioinformática. Análise de agrupamento é apropriada para explorar e verificar estruturas presentes em um conjunto de dados.

Como já mencionado, a análise de agrupamento pertence ao paradigma de aprendizado não supervisionado, em que o aprendizado é dirigido aos dados, não requerendo conhecimento prévio sobre as suas classes ou categorias (Mitchell, 1997). Considerando a descrição dos dados feita na Seção 2.2, o agrupamento é voltado para dados que não possuem um atributo de saída ou atributo-alvo. Essa característica, aliada à falta de uma definição precisa e única do conceito de *cluster* (ou grupo), gera uma série de dificuldades tanto na escolha dos algoritmos mais apropriados como na avaliação dos resultados obtidos.

Assim, em muitos aspectos, a análise de agrupamento tem caráter subjetivo, sendo seus resultados altamente influenciados pelo perfil do profissional que realiza a análise. Por exemplo, é bastante comum pesquisadores das áreas biológicas se aterem à utilização de algoritmos hierárquicos, em razão de sua familiaridade com as estruturas em hierarquia obtidas pelos algoritmos, similares às taxonomias bastante comuns na área. E essa escolha nem sempre leva à utilização do algoritmo mais apropriado.

Em resumo, os pontos mais críticos ao se aplicar a análise de agrupamento estão relacionados com a grande diversidade de critérios de agrupamento, heterogeneidade de critérios que podem definir uma estrutura dos dados, possibilidade de haver várias estruturas que descrevam um mesmo conjunto de dados e falta de conhecimento das estruturas verdadeiras presentes nos dados para guiar os resultados obtidos e também as comparações entre algoritmos. Todos esses problemas, bem como as principais abordagens para solucioná-los, serão detalhados ao longo dos Capítulos 12 a 15. Mais especificamente, os conceitos básicos de agrupamento, bem como as etapas essenciais à análise de agrupamento, serão apresentados no Capítulo 12. Alguns dos principais algoritmos de agrupamento serão mostrados no Capítulo 13. No Capítulo 14, serão retratadas formas de combinar múltiplos modelos preditivos. Finalmente, no Capítulo 15 serão discutidas formas de planejar experimentos e de analisar os resultados obtidos na análise de agrupamento.

# 11 MINERAÇÃO DE PADRÕES FREQUENTES

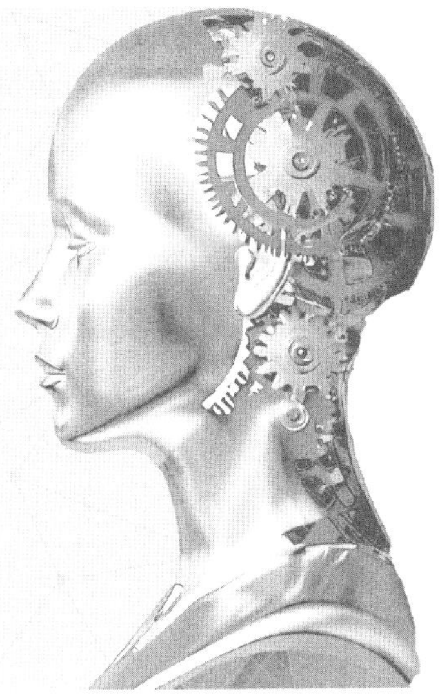

A mineração de um *conjunto de itens* frequentes[1] é um dos tópicos de pesquisa mais ativos em descoberta de conhecimento em bases de dados. O trabalho pioneiro nessa área foi a análise de cestas de compras, especificamente a mineração de dados transacionais descrevendo o comportamento de compra de clientes. O objetivo é descobrir grupos de produtos que frequentemente são comprados em conjunto e, com base nesses grupos, inferir os produtos que serão comprados dado que foram comprados outros produtos. Desde então, um grande número de algoritmos eficientes tem sido desenvolvido. Neste capítulo, serão revisados alguns dos principais algoritmos para mineração de conjunto de itens frequentes, regras de associação, assim como suas extensões para sequências de itens, quando é importante considerar a ordem dos itens no conjunto.

## 11.1 Mineração de Conjuntos de Itens Frequentes

Seja $A = \{a_1, \ldots, a_m\}$ o universo de $m$ itens. Os itens podem ser produtos, componentes de equipamentos, opções de serviço etc. Qualquer subconjunto $I \subseteq A$ é chamado um conjunto de itens (*itemset*). Um conjunto de itens diz respeito a qualquer conjunto de produtos que podem ser comprados juntos.

Seja $T = (t_1, \ldots, t_n)$ um conjunto de $n$ transações denotado por banco de dados de transações. Cada transação é um par $\langle tid_i, k - item_i \rangle$, em que $tid_i$ é a identificação da transação e $k - item_i \subseteq A$ é um conjunto de $k$ itens. Um banco de dados de transações pode listar, por exemplo, o conjunto de produtos adquiridos por um cliente de um supermercado em uma compra, o conjunto de páginas visitadas por um usuário de um site em uma sessão etc. Cada transação é um conjunto de itens, mas alguns conjuntos de itens podem não aparecer no conjunto $T$. Uma transação $t \in T$ suporta o conjunto de itens $I$ ou o conjunto de itens $I$ está contido no $k - item_i$ da transação $t$, se e somente se $I \subseteq t$. Ou seja, a transação $t$ contém todos os elementos do conjunto de itens $I$. Por exemplo, uma transação em que foram comprados os itens queijo, pão e manteiga suporta ou dá suporte ao conjunto de itens formado pelos itens pão e queijo. Intuitivamente, dar suporte significa fortalecer ou testemunhar a favor. O conjunto $K(I)$ de transações que suporta o *itemset* $I$ é designado por suporte do *itemset*. A partir de conjuntos frequentes, é possível derivar regras de associação. As regras de associação têm a forma de regras **se** antecedente **então** consequente, em que antecedente e consequente são *itemsets*. Por exemplo, se o cliente compra pão então também compra manteiga. Essas regras são calculadas a partir dos dados e são de natureza probabilística. O grau de incerteza de uma regra é dado pela *confiança* da regra. É a relação entre o número de transações que incluem todos os itens no conjunto $\{consequente \cup antecedente\}$ e o número de transações que incluem todos os itens da antecedente.

O suporte pode ser ainda **absoluto** ou **relativo**. O suporte absoluto de um *itemset* é o número total de elementos do conjunto $K_T(I)$. O suporte relativo de um *itemset* é a fração de transações que o contém, que é calculada pela divisão do suporte absoluto pelo número de transações. A Figura 11.1 apresenta um banco de dados de transações,

[1] Também denominado *itemset*.

com 10 transações, e a enumeração de todos os conjuntos de itens frequentes usando o suporte mínimo de $s_{\text{min}} = 3$ ou $\sigma_{\text{min}} = 0,3 = 30\%$.

| TID | Itens |
|---|---|
| 1 | {a,d,e} |
| 2 | {b,c,d} |
| 3 | {a,c,e} |
| 4 | {a,c,d,e} |
| 5 | {a,e} |
| 6 | {a,c,d} |
| 7 | {b,c} |
| 8 | {a,c,d,e} |
| 9 | {b,c,e} |
| 10 | {a,d,e} |

| 0 item | 1 item | 2 itens | 3 itens |
|---|---|---|---|
| Ø: 10 | {a}: 7 | {a,c}: 4 | {a,c,d}: 3 |
| | {b}: 3 | {a,d}: 5 | {a,c,e}: 3 |
| | {c}: 7 | {a,e}: 6 | {a,d,e}: 4 |
| | {d}: 6 | {b,c}: 3 | |
| | {e}: 7 | {c,d}: 4 | |
| | | {c,e}: 4 | |
| | | {d,e}: 4 | |

**Figura 11.1** Um banco de dados de transações, com 10 transações, e a enumeração de todos os conjuntos de itens frequentes usando o suporte mínimo de $s_{\text{min}} = 3$.

Formalmente, o suporte absoluto de $I$ com relação a $T$, $s_T(I)$ é definido pela expressão $s_T(I) = |K_T(I)|$. A expressão $\sigma_T(I) = \frac{1}{n}|K_T(I)|$ calcula o suporte relativo de $I$ com respeito a $T$. Algumas vezes, $\sigma_T(I)$ é também chamado de frequência (*relativa*) de $I$ em $T$.

O problema de mineração de conjuntos de itens frequentes pode ser formalmente definido como:

- **Dados:**
  - um conjunto $A = \{a_1, \ldots, a_m\}$ de itens;
  - uma tabela $T = (t_1, \ldots, t_n)$ de transações de sobre $A$;
  - um número $\sigma_{\text{min}}$ tal que $0 < \sigma_{\text{min}} \leq 1$, o **suporte mínimo**.
- **Objetivos:**
  - encontrar o conjunto de **itens frequentes**, tal que o suporte relativo de cada conjunto de itens seja maior ou igual ao $\sigma_{\text{min}}$ definido pelo usuário;
  - encontrar o conjunto de regras de associação com confiança maior que um mínimo definido pelo utilizador.

Desde sua introdução em Agrawal *et al.* (1993), os problemas de aprendizado de *itemsets* frequentes e regras de associação receberam grande atenção. Na década de 1990, centenas de artigos de pesquisa foram publicados apresentando novos algoritmos ou melhorias nos algoritmos existentes para resolver esses problemas de aprendizado de uma forma mais eficiente. Um dos objetivos dessa área de AM é o de conhecer quais são os artigos comprados em conjunto. Algumas das conclusões que se podem tirar são do tipo: *20% das pessoas que compram café também compram bolachas.* Essa informação, quando conhecida, poderá resultar em um conjunto de ações que vão desde a promoção conjunta de artigos até alterações da sua localização no supermercado.

### 11.1.1 Espaço de Busca

O espaço de busca de todos os possíveis conjuntos de itens para um conjunto de itens $A$ contém exatamente $2^{|A|}$ *itemsets* diferentes. Isso pode ser representado por um subconjunto-reticulado, com o *itemset* vazio no topo e o conjunto de todos os itens na base. A Figura 11.2 ilustra o reticulado para 5 itens. Se $|A|$ é grande o suficiente, então uma proposta simples de gerar e contar os suportes de todos os *itemsets* sobre o banco de dados não pode ser alcançada dentro de um período de tempo razoável. A principal propriedade explorada pela maioria dos algoritmos de mineração de conjuntos de itens frequentes é que o suporte é monotonicamente decrescente com relação ao número de itens de um *itemset*. Ou seja, o conjunto de suporte de um conjunto de itens diminui sempre que se acrescenta um novo item. Formalmente, considere $X$ e $Y$ dois conjuntos de itens em um banco de dados de transações $T$ sobre $I$, assim $X, Y \subseteq I$. É fácil mostrar que $X \subseteq Y \Rightarrow suporte(Y) \leq suporte(X)$. Essa regra é uma consequência imediata de que o conjunto de suporte de $X$ está incluído no conjunto de suporte de $Y$. Por isso, se um *itemset* é pouco frequente, todos os seus superconjuntos devem ser pouco frequentes. Adicionalmente, a propriedade *todos os subconjuntos de um conjunto de itens frequente são frequentes* é válida. Essa é a *propriedade da monotonicidade* do suporte.[2]

| TID | Itemset |
|---|---|
| 1 | {a,d,e} |
| 2 | {b,c,d} |
| 3 | {a,c,e} |
| 4 | {a,c,d,e} |
| 5 | {a,e} |
| 6 | {a,c,d} |
| 7 | {b,c} |
| 8 | {a,c,d,e} |
| 9 | {b,c,e} |
| 10 | {a,d,e} |

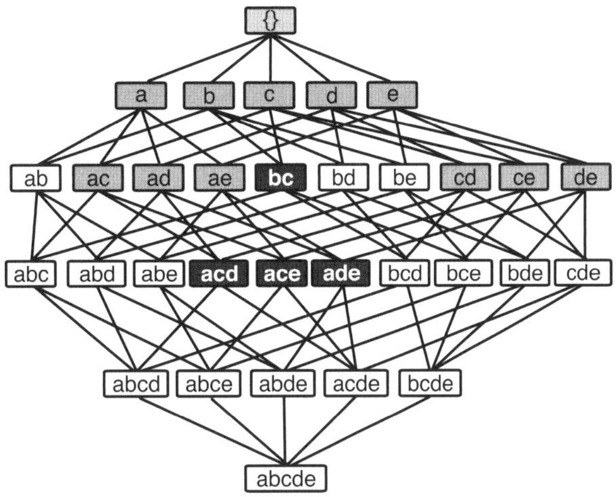


**Figura 11.2** Um banco de dados de transações, com 10 transações, e o espaço de busca para encontrar todos os possíveis *itemsets* frequentes usando o suporte mínimo de $s_{\min} = 3$.

## 11.2 Algoritmo Apriori

*Apriori*, introduzido em Agrawal *et al.* (1993) e Agrawal e Srikant (1994), foi o primeiro algoritmo para mineração de *itemsets* e regras de associação. Ele se baseia no princípio de que qualquer subconjunto de *itemsets* frequentes deve ser um *itemset* frequente. O algoritmo Apriori (Algoritmo 11.1) utiliza uma estratégia de busca em largura, *breath-first*, com um algoritmo de geração e teste. Em cada nível são gerados os *itemsets* possíveis, tendo em conta os *itemsets* frequentes gerados no nível anterior. Após serem gerados, a frequência desses *itemsets* é testada, percorrendo novamente a base de dados de transações.

O algoritmo Apriori começa com a geração do conjunto $F_1$ de *itemsets* de tamanho 1, de modo que cada item é um membro do conjunto de *itemsets* candidatos. Os *itemsets* de tamanho $k+1$ são obtidos a partir dos *itemsets* de tamanho $k$ em dois passos. No primeiro passo, é realizada uma autocombinação sobre o conjunto $F_k$, quando um conjunto de candidatos com $k+1$ *itemsets* é gerado pela combinação de $F_k$ com ele mesmo. A união $X \cup Y$ dos *itemsets* $X, Y \in F_k$ é gerada se eles têm o mesmo $k-1$-prefixo. Esse passo pode ser realizado eficientemente se os *itemsets* estiverem em ordem lexicográfica. No segundo passo, passo de poda, $X \cup Y$ é inserido em $F_{k+1}$ somente se todos os seus $k$-subconjuntos ocorrem em $F_k$. Depois disso, é necessário contar os suportes de todos os $k+1$ *itemsets* candidatos. Para isso, o banco de dados é varrido, uma transação por vez, e os suportes de todos os *itemsets* candidatos que estão incluídos naquela transação são incrementados. Todos os *itemsets* que se tornam frequentes são inseridos em $F_{k+1}$. Com isso, o algoritmo executa uma busca em largura no espaço de pesquisa.

A Figura 11.1 apresenta um banco de dados de transações e a enumeração de todos os possíveis *itemsets* frequentes usando o suporte mínimo de $s_{\min} = 3$ ou $\sigma_{\min} = 0{,}3 = 30\%$. Há $2^5 = 32$ conjuntos de itens possíveis sobre $A = \{a, b, c, d, e\}$. Nesse banco de dados de transações, há 15 conjuntos de itens frequentes (para suporte mínimo de $0,3$). Há 5 conjuntos frequentes com 1 elemento, 7 conjuntos frequentes com 2 elementos e 3 conjuntos frequentes com 3 elementos (Figura 11.1). Para esse nível de suporte, não há nenhum conjunto frequente com 4 elementos.

---

[2] Uma função diz-se monotônica em $x$, se $x_1 < x_2$ implica que $f(x_1) < f(x_2)$.

**Algoritmo 11.1** Algoritmo Apriori para gerar *itemsets* frequentes

**Entrada:** Um banco de dados de transações $DB$;
Um limiar do suporte mínimo $\sigma$;
**Saída:** Todos os *itemsets* com suporte maior que $\sigma$
Varrer o banco de dados $DB$ uma vez;
Coletar $C_1$, o conjunto de itens frequentes e o suporte de cada item;
$k \leftarrow 1$;
**enquanto** $C_k \neq \{\}$ **faça**
    **para cada** *transação* $I \in DB$ **faça**
        **para cada** *itemset candidato* $X \in C_k$ **faça**
            **se** $X \subset I$ **então**
                Incrementa o suporte de $X$ ;
            **fim**
        **fim**
    **fim**
    **/* Extrai todos os *itemsets* frequentes */** ;
    $C_k \leftarrow \{X|X : Suporte \geq \sigma\}$ ;
    **/* Gera os novos *itemsets* candidatos */**;
    **para cada** $X, Y \in C_k$ **faça**
        **se** $X[i] = Y[i]$ *para* $1 \geq i \geq k-1$ *e* $X[k] < Y[k]$ **então**
            $I = X \cup \{Y[k]\}$ ;
            **se** $\forall J \in I, |J| = k : J \in C_k$ **então**
                $C_{k+1} \leftarrow C_{k+1} \cup I$
            **fim**
        **fim**
    **fim**
    $k \leftarrow k+1$;
**fim**

## 11.2.1 Regras de Associação

Além de encontrar quais são os termos adquiridos conjuntamente, também é útil saber quais são as combinações de termos que poderão ser descobertas e qual o seu nível de interesse nessas combinações. As combinações de termos são dadas pela construção de regras sob a forma $A \rightarrow B$, em que $A \cup B$ é um *itemset* frequente. O seu grau de interesse é representado pela confiança das regras, dada pela Equação 11.1, e que consiste na probabilidade de ocorrer um conjunto de termos dado que ocorreu um outro conjunto.

$$\text{confiança}(A \rightarrow B) = \frac{P(A \cup B)}{P(A)} = \frac{suporte(A \cup B)}{suporte(A)} \tag{11.1}$$

A segunda fase do algoritmo Apriori gera regras a partir dos conjuntos de termos frequentes encontrados e que obedeçam ao critério de confiança mínima. O algoritmo básico, descrito no Algoritmo 11.2, gera para cada *itemset* frequente todos os subconjuntos não vazios. Sendo $s$ um subconjunto do *itemset* $i$, é calculada a confiança da regra $s \rightarrow \{I \backslash s\}$. O algoritmo seleciona as regras cuja confiança é superior à confiança mínima definida pelo usuário.

Retomando o exemplo da Figura 11.1 e para o conjunto de conjuntos frequentes obtidos com suporte mínimo de 0,3, serão extraídas todas as regras, considerando o valor de 80% para o parâmetro de confiança, conforme ilustrado na Tabela 11.1. O processo consiste em testar todas as combinações de termos que possam formar regras. Deverão existir, pelo menos, um item como antecedente da regra e outro como consequente. A Figura 11.3 ilustra o processo de procura de regras de associação a partir do *itemset* frequente $\{a, d, e\}$. A geração de regras de associação não requer mais nenhuma passagem pela base de transações. O Algoritmo 11.2 pode ser otimizado tendo em conta que, quando um item é movido do antecedente para o consequente, a confiança não pode aumentar.

**Algoritmo 11.2** Algoritmo Apriori para gerar regras de associação

**Entrada:** *Itemset* frequente $I$;
Limiar de confiança $conf_{min}$;
**Saída:** $R$: Todas as regras de associação em $I$ com confiança maior que $conf_{min}$
Gera todos os subconjuntos não vazios de $I$ ;
$R = \emptyset$ ;
**para cada** *subconjunto não vazio* $s$ *de* $I$ **faça**
    Avalia a confiança da regra $s \rightarrow \{I \backslash s\}$ ;
    **se** $\frac{\text{suporte}(I)}{\text{suporte}(s)} \geq conf_{min}$ **então**
        $R \leftarrow R \cup \{s \rightarrow \{I \backslash s\}\}$ ;
    **fim**
**fim**

Tabela 11.1 Regras extraídas

| Regra | Confiança | Suporte do *itemset* |
|---|---|---|
| $\{b\} \rightarrow \{c\}$ | 100,0% | 30% |
| $\{d, e\} \rightarrow \{a\}$ | 100,0% | 40% |
| $\{e\} \rightarrow \{a\}$ | 85,7% | 60% |
| $\{a\} \rightarrow \{e\}$ | 85,7% | 60% |
| $\{d\} \rightarrow \{a\}$ | 83,3% | 50% |
| $\{a, d\} \rightarrow \{e\}$ | 80,0% | 40% |

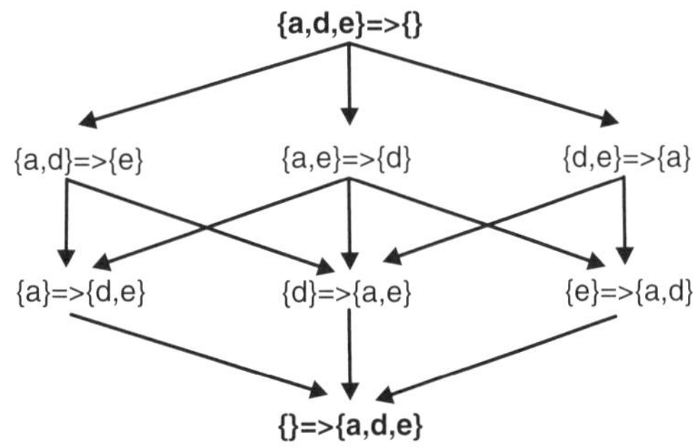


Figura 11.3 Espaço de busca de regras de associação para um *itemset* frequente.

## 11.2.2 Discussão

A proposta de nível de confiança do algoritmo Apriori implica diversas varreduras sobre o banco de dados para calcular o suporte dos *itemsets* frequentes candidatos. Como alternativa, diversos algoritmos significantemente reduziram essas varreduras por meio da geração de coleções de *itemsets* candidatos em uma estratégia de busca em profundidade. O primeiro algoritmo proposto foi o algoritmo Eclat (do inglês, *Equivalence CLAss Transformation*), desenvolvido por Zaki (2000), e o algoritmo FP-growth (do inglês, *Frequent Pattern Growth*) criado por Han *et al.* (2004). Este último algoritmo, descrito na Seção 11.3, utiliza uma árvore de prefixos (*trie*) para armazenar *itemsets* (Figura 11.4). Isso evita as autocombinações requeridas no Apriori para geração dos candidatos. Para gerar todas as possíveis extensões de um *itemset* por meio de um único item, simplesmente adiciona-se o item à árvore de sufixo. Esse esquema de busca gera cada conjunto de itens candidatos no máximo uma vez. O algoritmo FP-growth foi utilizado como um bloco de construção em *itemsets* frequentes (Chi *et al.*, 2004) e mineração de sequências em fluxo contínuo de dados (Pei *et al.*, 2001).

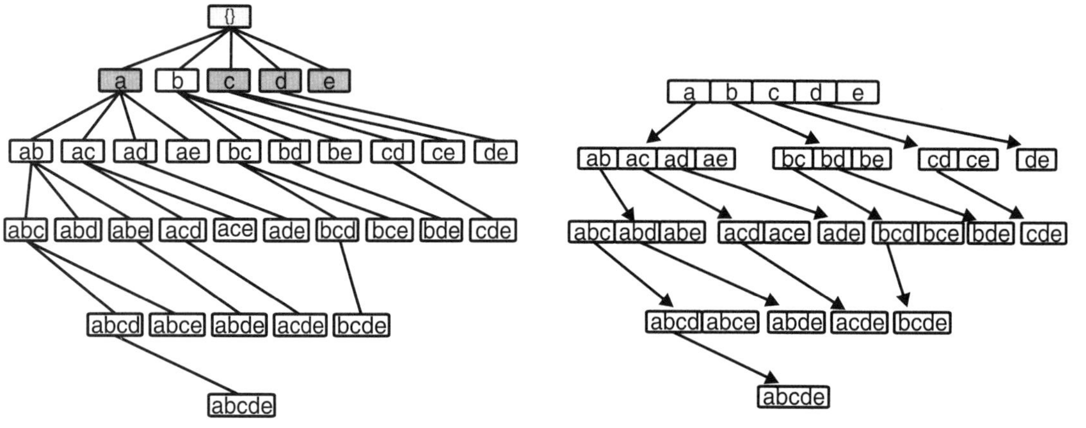


**Figura 11.4** O espaço de pesquisa utilizando a profundidade e a árvore de prefixos correspondente para 5 itens.

## 11.3 Algoritmo FP-growth

A estratégia de busca por profundidade e árvores de sufixo utilizadas pelo algoritmo FP-growth são empregadas na maioria dos algoritmos de mineração de padrões frequentes aplicados a dados de fluxo contínuo (Chi *et al.*, 2004). Para a construção de regras de associação, o algoritmo FP-growth procede em duas fases. Na primeira fase constrói uma estrutura de dados com a FP-tree percorrendo a base de dados duas vezes. A FP-tree é então usada para encontrar as regras de associação. O pseudocódigo[3] do algoritmo para construir a FP-tree é apresentado no Algoritmo 11.3. A ideia base consiste em percorrer o espaço de procura em profundidade como é mostrado na Figura 11.4.

O processo de construção de uma FP-tree está apresentado na Figura 11.5. O algoritmo executa duas varreduras sobre o banco de dados. Na primeira varredura, ele define o conjunto de itens frequentes (1-*itemsets*) e suas contagens de suporte. O conjunto de itens frequentes é ordenado na ordem decrescente do seu suporte e armazenado em uma matriz **L**. No caso da base de transações da Figura 11.5, o item mais frequente é o $a$, seguido de $b$, $c$, $d$ e $e$. O algoritmo faz uma segunda varredura sobre a base de transações, construindo a árvore de padrões frequentes, FP-tree, como se segue. Primeiro, cria-se o nó raiz da árvore, rotulado com $null$. Para cada transação presente no banco de dados, os itens são processados em ordem decrescente de suporte. Por exemplo, a primeira transação $\{a, b\}$ gera o percurso: $null \to a \to b$. Cada nó tem associado um contador de frequência com o valor 1. A segunda transação gera um novo conjunto de nós, correspondente ao percurso: $null \to b \to c \to d$. Esse percurso é disjunto do primeiro porque as transações não compartilham um prefixo comum. Como $b$ aparece nos dois percursos, é estabelecida uma ligação que possibilita calcular a frequência de $b$. A terceira transação partilha um prefixo comum (o item $a$, com a primeira transação). Por esse motivo, o percurso $null \to a \to c \to d \to e$ se sobrepõe ao primeiro percurso, e a frequência de $a$ é incrementada. Esse processo continua até todas as transações terem sido processadas.

A razão para a primeira varredura no banco de dados e processamento de transações em ordem decrescente de suporte é que, quanto mais frequentemente os itens são dispostos mais próximo da raiz da FP-tree, mais provavelmente serão compartilhados. Dessa forma, a representação da FP-tree do banco de dados é mantida tão pequena quanto possível.

[3] Seguimos o pseudocódigo apresentado em Han *et al.* (2004).

**Algoritmo 11.3** Algoritmo FP-tree

```
Entrada: Um Banco de Dados de Transações DB;
Um limiar do suporte mínimo σ;
Saída: Todos os itemsets com suporte maior que σ
Varrer o banco de dados DB uma vez ;
Coletar F, o conjunto de itens frequentes e o suporte de cada item ;
Ordenar F em ordem decrescente de suporte como Flist ;
Criar a raiz de FP-tree, T, e rotulá-la como null ;
para cada transação t ∈ DB faça
    Selecionar os itens frequentes em t ;
    Ordená-los de acordo com Flist ;
    Seja [i|Its] os itens frequentes ordenados em t ;
    Chamar insere_arvore([i|Its], T);
fim
Função insere_arvore([i|Its], T) ;
se T tem um filho N rotulado i então
    Incremente os contadores de N com 1 ;
fim
senão
    Crie um novo nó, N, com seu contador inicializado com 1, seu pai ligado a T, e seu nó ligado
    aos nós com o mesmo rótulo i ;
    se Its é não vazio então
        Chamar insere_arvore(Its, N);
    fim
fim
```

Transações

| TID | Itens |
|---|---|
| 1 | {a,b} |
| 2 | {b,c,d} |
| 3 | {a,c,d,e} |
| 4 | {a,d,e} |
| 5 | {a,b,c} |
| 6 | {a,b,c,d} |
| 7 | {a} |
| 8 | {a,b,c} |
| 9 | {a,b,d} |
| 10 | {b,c,e} |

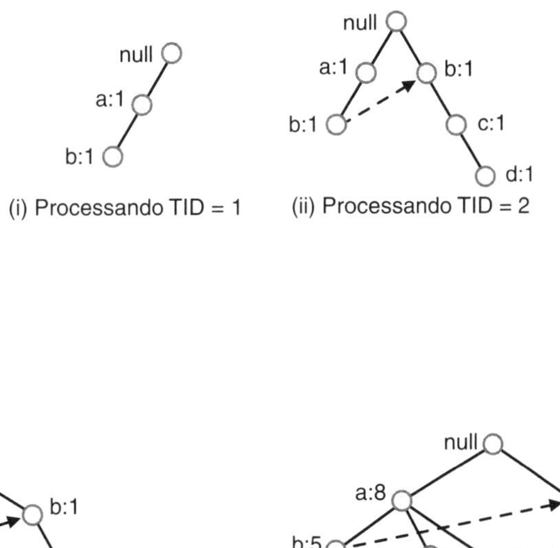


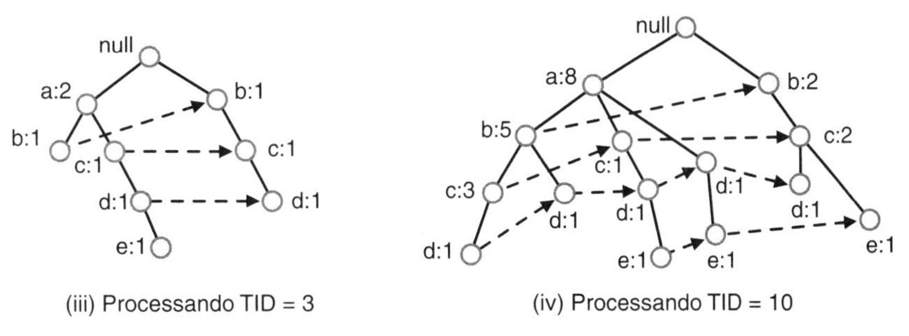


**Figura 11.5** Construção de uma FP-tree.

## 11.4 Sumarização de *Itemsets*

A abordagem utilizada por um algoritmo de descoberta de regras de associação pode fazer com que o número de regras geradas pelo algoritmo seja muito grande, e que nem todas as regras encontradas sejam interessantes. Por exemplo, o conjunto de todos os *itemsets* frequentes pode ser completamente representado por um conjunto com menos elementos eliminando todos os *itemsets* que são subconjuntos de outros *itemsets* frequentes. A *propriedade da monotonicidade* do suporte sugere uma representação sumarizada do conjunto de *itemsets* frequentes:

- *Itemsets frequentes maximais:* um conjunto de itens é maximal se é frequente, mas nenhum dos seus superconjuntos próprios é frequente;[4]
- *Itemsets frequentes fechados:* um conjunto frequente é chamado *fechado* se e somente se ele não tem superconjuntos frequentes com a *mesma frequência*.

No exemplo da Figura 11.1, há 13 conjuntos frequentes fechados (suporte mínimo 0,3): $\{b, c\}$, $\{d, c, a\}$, $\{e, c, a\}$, $\{c, a\}$, $\{d, c\}$, $\{e, c\}$, $\{d, e, a\}$, $\{d, a\}$, $\{d\}$, $\{e, a\}$, $\{a\}$, $\{c\}$, $\{e\}$, e 4 conjuntos de itens maximais, que são: $\{b, c\}$, $\{a, c, d\}$, $\{a, c, e\}$, $\{a, d, e\}$. Todos os *itemsets* frequentes podem ser vistos como um subconjunto de pelo menos um dos conjuntos maximais.

O seguinte relacionamento é válido entre esses conjuntos: $Maximal \subseteq Fechado \subseteq Frequente$. Os *itemsets* maximais são um subconjunto dos *itemsets* fechados. A partir dos *itemsets* maximais, é possível derivar todos os *itemsets* frequentes (mas não o seu suporte) calculando todas as interseções não vazias, sob a justificativa de que, se um *itemset* é frequente, todos os seus subconjuntos são também frequentes.

O conjunto de todos os conjuntos de itens fechados preserva o conhecimento sobre o valor do suporte de todos os *itemsets* frequentes, devido ao fato de que todos os subconjuntos de um *itemset* fechado têm o mesmo suporte.

### 11.4.1 Heurísticas para Seleção de Regras de Associação

Os algoritmos de regras de associação tendem a gerar um número excessivo de regras. Nos últimos anos, têm sido propostas várias medidas para extrair padrões *interessantes* a partir de grandes bases de dados. A ideia consiste em selecionar um subconjunto de padrões ou regras que de alguma forma sejam mais relevantes. Nesta seção, serão apresentadas as características gerais de uma medida de interesse e definidas algumas medidas concretas para extração de padrões interessantes. Uma medida objetiva deverá ser baseada nos dados e ser independente do domínio de dados considerado. Foram definidos por Bramer (2007) três princípios a que qualquer medida ($M$) deve obedecer:

- Se $A$ e $B$ são duas variáveis estatisticamente independentes, $P(A, B) = P(A) \cdot P(B)$ e $M = 0$. Isso significa que, quando duas variáveis são estatisticamente independentes, a medida de interesse terá valor zero;
- A medida $M$ cresce se $P(A, B)$ crescer e todos os parâmetros restantes permanecerem constantes;
- A medida $M$ decresce se $P(A)$ ou $P(B)$ decrescerem, mantendo-se constantes todos os demais parâmetros.

O primeiro princípio estabelece que os padrões que ocorrerem aleatoriamente não são de interesse. O segundo princípio estabelece que o interesse de uma medida deverá ser tanto maior quanto maior for a sua significância estatística. E, finalmente, o terceiro é utilizado para comparar os valores de interesse de padrões com mesma significância estatística.

Assuma que estamos interessados em estudar a relação entre as pessoas que bebem chá e café. Após obter informação sobre as preferências de 1000 pessoas, sumarizamos essa informação na Tabela 11.2. Essa informação pode ser usada para avaliar a associação da regra $\{\text{Chá}\} \rightarrow \{\text{Café}\}$. Assim o suporte da regra é $150/1000 = 0{,}15$, e a confiança $0{,}15/0{,}2 = 0{,}75$. A confiança da regra é elevada, no entanto a probabilidade de uma pessoa beber café, independentemente de beber chá, é de 80%. Sabendo que uma pessoa bebe chá, diminui a probabilidade de beber também café! A regra $\{\text{Chá}\} \rightarrow \{\text{Café}\}$, de fato, é enganadora.

---

[4] $A$ é um superconjunto próprio de $B$ se e somente se a cardinalidade de $A$ é maior que a de $B$ e todos os elementos de $B$ pertencem a $A$.

**Tabela 11.2** Preferências sobre o consumo de Chá e Café de 1000 consumidores

| | Café | Não Café | Total |
|---|---|---|---|
| Chá | 150 | 50 | 200 |
| Não Chá | 650 | 150 | 800 |
| Total | 800 | 200 | 1000 |

### Coeficiente de Interesse ou *Lift*

O coeficiente de interesse, ou *Lift*, reflete a noção estatística de independência entre duas variáveis aleatórias. Foi abordado por muitos autores como uma medida para avaliar os níveis de associação. Essa métrica é definida pelo quociente entre a probabilidade conjunta de duas variáveis em relação à sua probabilidade, pressupondo a hipótese de independência. Ela é calculada pela Equação 11.2. Nessa equação, o valor 1 corresponde à independência estatística entre as variáveis $A$ e $B$.

$$I(A, B) = \frac{P(A, B)}{P(A)P(B)} \tag{11.2}$$

O coeficiente de interesse aplicado a regras de associação costuma ser designado por $lift$. O $lift$ nada mais é do que o quociente entre a confiança e o valor esperado para a confiança. A confiança esperada é o número de transações que incluem o consequente, dividido pelo número total de transações, conforme ilustrado pela Equação 11.3.

$$lift(A \to B) = \text{confiança}(A \to B)/\text{suporte}(B) = \frac{\text{suporte}(A \cup B)}{\text{suporte}(A) \times \text{suporte}(B)} \tag{11.3}$$

Um valor de $lift$ igual a 1 indica que $A$ e $B$ são independentes. Valores de $lift$ inferiores a 1 indicam que $A$ e $B$ são negativamente correlacionados, enquanto valores superiores a 1 indicam uma correlação positiva.

O $lift$ da regra $\{\text{Chá}\} \to \{\text{Café}\}$, apresentada na Tabela 11.2, é $0{,}15/(0{,}2 \times 0{,}8) = 0{,}9375$. Esse resultado evidencia a correlação negativa entre Chá e Café.

O $lift$ é uma medida para o desvio da regra em relação à independência estatística entre o antecedente e o consequente de uma regra de associação. Toma valores entre 0 e infinito:

- Um valor de $lift$ superior a 1 indica que $A$ e $B$ aparecem mais frequentemente juntos do que o esperado, isso significa que a ocorrência de $A$ tem um efeito positivo sobre a ocorrência de $B$;
- Um $lift$ menor do que 1 indica que $A$ e $B$ aparecem com menos frequência do que o esperado em conjunto, indicando que a ocorrência de $A$ tem um efeito negativo sobre a ocorrência de $B$;
- Um valor próximo de 1 indica que $A$ e $B$ aparecem quase sempre juntos. Isso significa que a ocorrência de $B$ não tem efeito sobre a ocorrência de $A$.

### Convicção

A última medida apresentada, a convicção em uma regra, mede o quão convincente é a regra. A convicção pode ser interpretada como o quociente da frequência esperada de $A$ ocorrer sem $B$ (ou seja, a frequência de erro da regra) como se $A$ e $B$ fossem independentes dividido pela frequência de previsões incorretas. Ela é definida pela Equação 11.4.

$$\text{convicção}(A \to B) = \frac{1 - \text{suporte}(B)}{1 - \text{confiança}(A \to B)} \tag{11.4}$$

A convicção da regra $\{\text{Chá}\} \to \{\text{Café}\}$, apresentada no exemplo anterior, é: $(1 - 0{,}8)/(1 - 0{,}75) = 0{,}8$. Tal como a medida $lift$, na medida de convicção valores inferiores a 1 indicam que a associação entre $A$ e $B$ é aleatória.

## 11.5 Considerações Finais

Em mineração de dados, o aprendizado de regras de associação é um tema muito pesquisado e um método popular para a descoberta de relações interessantes entre as variáveis em grandes bases de dados. As regras de associação podem ser usadas como base para decisões sobre atividades de marketing, como promoção de preços ou posicionamento de produto. Recentemente, a análise de regras de associação tem sido usada em muitas áreas de aplicação, incluindo sistemas de recomendação, mineração na Web, detecção de intrusos e bioinformática.

## 11.6 Exercícios

**Exercício 11.1** De um conjunto de itens frequentes de tamanho 3, qual o número máximo de regras de associação que podem ser extraídas?

**Resposta** 12 regras.

**Exercício 11.2** De uma lista de 10 produtos, qual o número máximo de conjuntos de itens que podem ser extraídos?

**Resposta** $2^{10} - 1$.

**Exercício 11.3** Prove que todos os subconjuntos não vazios de um conjunto de itens frequentes também têm de ser frequentes.

**Resposta** Em razão da monotonia do suporte: seja $A$ o conjunto de transações de suporte de um conjunto $B$ de itens. Todas as transações de $A$ contêm qualquer subconjunto de $B$.

**Exercício 11.4** Mostre que, se em uma regra de associação um item for movido de antecedente para consequente, a confiança da regra não pode aumentar.

**Resposta**

confiança($\{a, b\} \rightarrow \{c\}$) = suporte($\{a, b, c\}$)/suporte($\{a, b\}$)

confiança($\{a\} \rightarrow \{b, c\}$) = suporte($\{a, b, c\}$)/suporte($\{a\}$)

Como suporte($\{a\}$) $\geq$ suporte($\{a, b\}$), a confiança($\{a\} \rightarrow \{b, c\}$) não pode ser maior do que a confiança($\{a, b\} \rightarrow \{c\}$).

# 12 ANÁLISE DE AGRUPAMENTOS

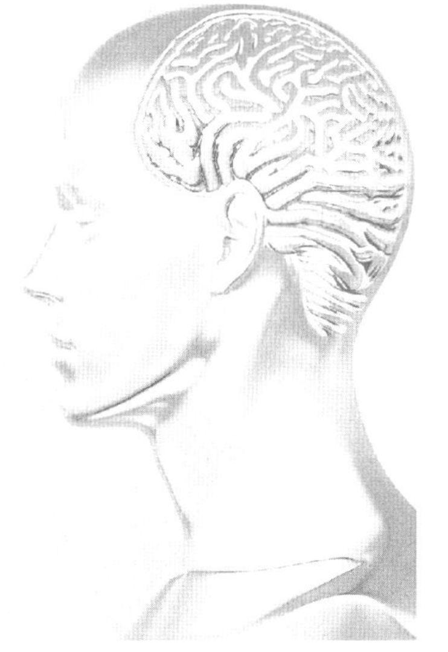

O objetivo de uma técnica de agrupamento é encontrar uma estrutura de *clusters* (grupos) nos dados em que os objetos pertencentes a cada *cluster* compartilham alguma característica ou propriedade relevante para o domínio do problema em estudo, ou seja, são de alguma maneira similares (Jain e Dubes, 1988). Por exemplo, a Figura 12.1 ilustra um conjunto de objetos [12.1(a)] agrupados de três maneiras diferentes. Visualmente identificamos que uma das divisões dos objetos em dois grupos agrupa os objetos pela forma 12.1(b) e a outra divide os objetos pelo preenchimento 12.1(c). A divisão em quatro grupos considera uma combinação dessas características 12.1(d). Cada uma dessas maneiras de agrupar os objetos é uma estrutura ou um modelo que descreve os dados e poderia ter sido obtida por meio de um algoritmo de agrupamento.

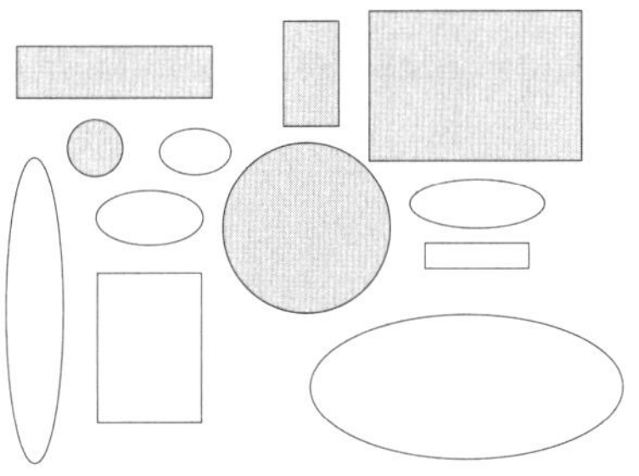

**(a)** Objetos

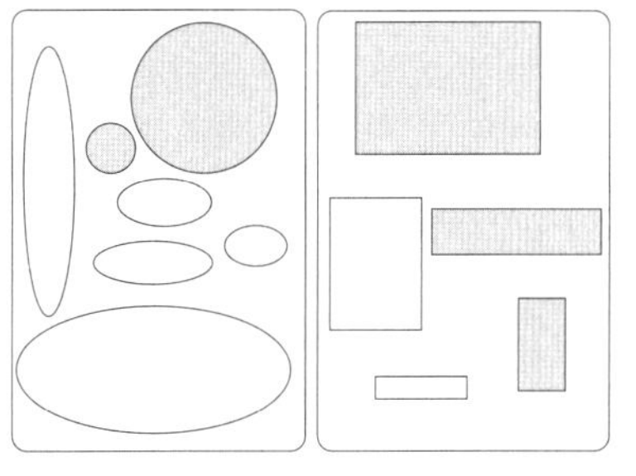

**(b)** Agrupamento pela forma (2 *clusters*)

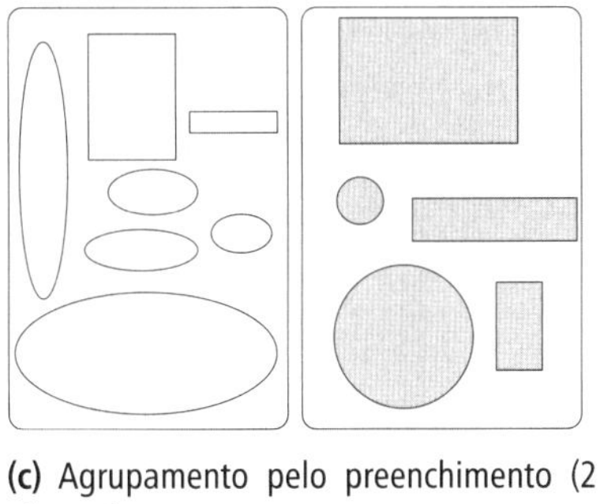

**(c)** Agrupamento pelo preenchimento (2 *clusters*)

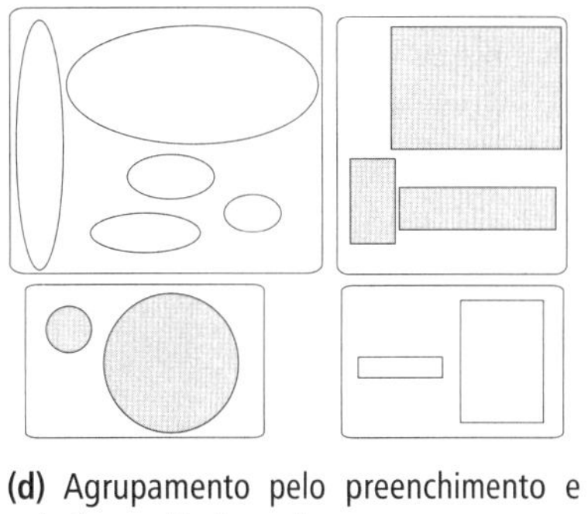

**(d)** Agrupamento pelo preenchimento e pela forma (4 *clusters*)

**Figura 12.1** Objetos agrupados de diferentes maneiras.

Neste capítulo serão descritos os principais aspectos relacionados com a análise de agrupamento. Na Seção 12.1 serão apresentados as definições básicas sobre *clusters* e os critérios de agrupamento e relação desses elementos com propriedades dos dados que devem ser consideradas ao se fazer análise de agrupamento. Em seguida, na Seção 12.2, são descritas as etapas envolvidas no processo de análise de agrupamento: preparação dos dados, escolha da medida de proximidade, aplicação de algoritmos de agrupamento, validação e interpretação dos resultados.

## 12.1 Definições Básicas

Considerando os objetos como pontos em um espaço de dimensão $d$, um *cluster* pode ser visto como uma coleção de objetos próximos ou que satisfazem alguma relação espacial. Embora a ideia do que constitui um *cluster* seja intuitiva (grupos de objetos similares), não existe uma definição formal única e precisa para esse conceito. Ao contrário, existe uma grande variedade de definições na literatura. Isso é resultado da grande diversidade de visões/objetivos dos pesquisadores de diferentes áreas que utilizam/desenvolvem algoritmos de agrupamento. Algumas definições comuns para *cluster* são (Barbara, 2000):

- *Cluster bem separado*: um *cluster* é um conjunto de pontos tal que qualquer ponto em determinado *cluster* está mais próximo (ou é mais similar) a cada outro ponto nesse *cluster* do que a qualquer ponto não pertencente a ele;
- *Cluster baseado em centro*: um *cluster* é um conjunto de pontos tal que qualquer ponto em dado *cluster* está mais próximo (ou é mais similar) ao centro desse *cluster* do que ao centro de qualquer outro *cluster*. O centro de um *cluster* pode ser um centroide, como a média aritmética dos pontos do *cluster*, ou um medoide (isto é, o ponto mais representativo do *cluster*);
- *Cluster contínuo ou encadeado* (vizinho mais próximo ou agrupamento transitivo): um *cluster* é um conjunto de pontos tal que qualquer ponto em dado *cluster* está mais próximo (ou é mais similar) a um ou mais pontos nesse *cluster* do que a qualquer ponto que não pertence a ele;
- *Cluster baseado em densidade*: um *cluster* é uma região densa de pontos, separada de outras regiões de alta densidade por regiões de baixa densidade;
- *Cluster baseado em similaridade*: um *cluster* é um conjunto de pontos que são similares, enquanto pontos em *clusters* diferentes não são similares.

Cada possível definição de *cluster* resulta em um critério de agrupamento que, essencialmente, é uma forma de selecionar uma estrutura (ou modelo) para representar os *clusters* que melhor se ajustem a um determinado conjunto de dados (Estivill-Castro, 2002). Cada algoritmo de agrupamento é baseado em um critério de agrupamento e usa uma medida de proximidade e um método de busca para encontrar uma estrutura ótima ou subótima que descreva os dados, de acordo com o critério de agrupamento adotado (Jiang *et al.*, 2004). Os critérios de agrupamento podem ser agrupados em três grandes categorias, de acordo com o tipo de característica que eles apresentam (Handl *et al.*, 2005):

- *Compactação*: a compactação ou homogeneidade de um *cluster* é geralmente associada a uma variação intra-cluster pequena. Algoritmos que otimizam esse tipo de critério tendem a ser muito efetivos na descoberta de *clusters* esféricos e/ou bem separados, mas podem falhar para estruturas mais complexas.
- *Encadeamento ou ligação*: encadeamento é um conceito mais local, baseado na ideia de que objetos vizinhos devem compartilhar o mesmo *cluster*. Esse tipo de critério é bastante apropriado para a detecção de *clusters* de formas arbitrárias, mas não é robusto para os casos em que há pouca separação espacial entre os *clusters*.
- *Separação espacial*: a separação considera as distâncias entre os *clusters* e, por si só, fornece pouca orientação durante o processo de agrupamento, podendo facilmente levar a soluções triviais. Esse conceito é comumente empregado em associação a outros.

O critério de agrupamento, além de representar o principal aspecto de um algoritmo de agrupamento, também está ligado à maioria das alternativas de avaliação dos resultados de um algoritmo de agrupamento. Existe um grande número de algoritmos de agrupamento, cada um buscando *clusters* de acordo com um critério diferente (Law *et al.*, 2004). Algoritmos como o $k$-médias procuram *clusters* compactos, identificando assim mais facilmente *clusters* de forma esférica. Por outro lado, os algoritmos que otimizam um critério baseado no conceito de encadeamento, como o hierárquico de ligação simples, captam a densidade local e podem detectar *clusters* de forma arbitrária, mas não são robustos para encontrar *clusters* com certa sobreposição. Esses dois algoritmos serão descritos em detalhe no

Capítulo 13 e são usados neste capítulo para ilustrar alguns dos aspectos importantes que influenciam na escolha dos algoritmos a serem utilizados.

Mas, independentemente do critério de agrupamento, a análise de agrupamento compreende diversas etapas que vão além da aplicação de um algoritmo de agrupamento em um conjunto de dados. Essas etapas são discutidas na Seção 12.2.

A Figura 12.2 apresenta dois conjuntos de dados. O conjunto de dados `globular` possui dois *clusters* esféricos que não estão bem separados. Já o conjunto `anel` apresenta dois *clusters* na forma de anel, claramente distintos. Algoritmos cujos critérios se baseiam na compactação, como o $k$-médias (Seção 13.2), conseguem identificar claramente a estrutura do conjunto de dados `globular`, mas falham para o conjunto `anel`. Por outro lado, algoritmos baseados no encadeamento, como o algoritmo hierárquico com ligação simples (Seção 13.1), identificam facilmente a estrutura do conjunto `anel`, mas têm problemas com a estrutura `globular`.

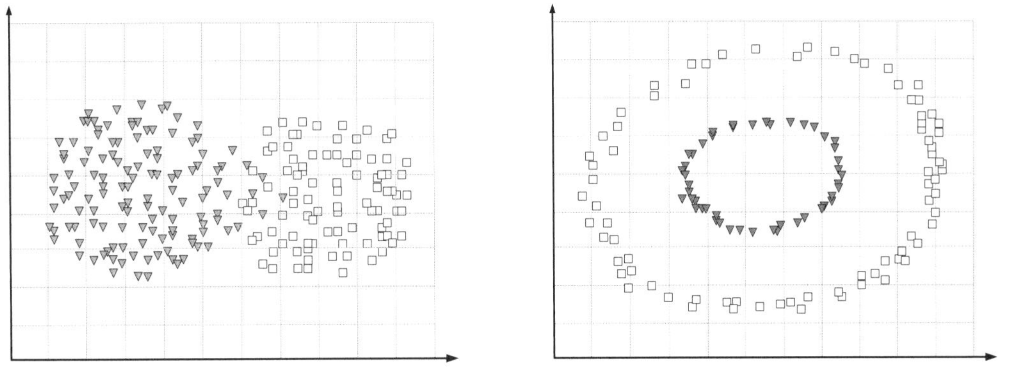

**(a)** `Globular` **(b)** `Anel`

**Figura 12.2** Dados com *clusters* em conformidade com diferentes critérios.

Outro aspecto importante sobre algoritmos de agrupamento é que eles podem encontrar estruturas em diferentes níveis de refinamento (números de *clusters* diferentes ou *clusters* de densidades diferentes), dependendo de suas configurações de parâmetros (Jain e Dubes, 1988). A Figura 12.3 ilustra um conjunto de dados que apresenta duas estruturas claramente distintas em dois níveis de refinamento, ambas em conformidade com o conceito de compactação. Na Figura 12.3(a) observa-se uma estrutura com dois *clusters*, enquanto na Figura 12.3(b) observa-se uma estrutura com seis *clusters*.

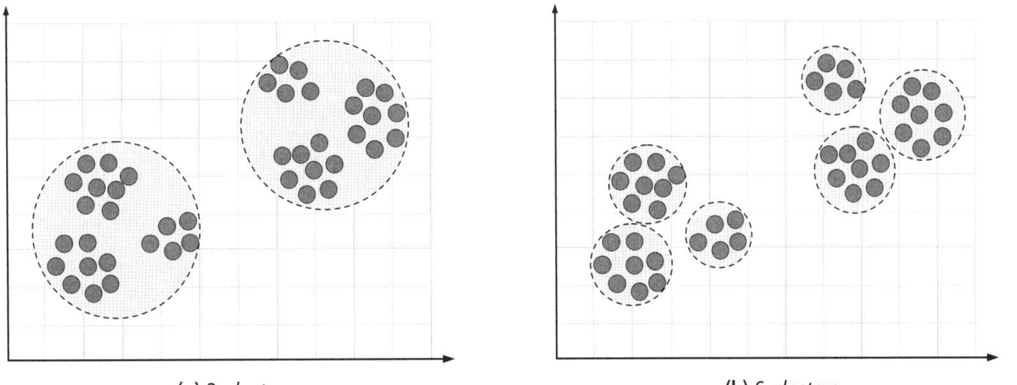

**(a)** 2 *clusters* **(b)** 6 *clusters*

**Figura 12.3** Dados com *clusters* em diferentes níveis de refinamento.

Essa questão ressalta a importância do ajuste de parâmetros. Nesse exemplo em particular, o ajuste seria em relação ao número de *clusters*. Mas como decidir qual deles é o mais adequado? A etapa de validação auxilia tanto na escolha do algoritmo mais apropriado como no ajuste de parâmetros (Handl *et al.*, 2005). No entanto, é importante ter em mente que a maioria das técnicas usadas para validação também é tendenciosa para um critério de agrupamento, assim como os algoritmos. Assim, várias medidas de validação diferentes devem ser aplicadas para selecionar os resultados mais consistentes entre os obtidos com uma variedade de algoritmos de agrupamento usando configurações diferentes de parâmetros (Handl *et al.*, 2005). É importante observar que esse processo exige um conhecimento relativamente profundo de análise de agrupamento, o que os especialistas no domínio de dados, aplicando análise de agrupamento, normalmente não têm.

Outro aspecto importante a ser considerado é que cada algoritmo procura por uma estrutura homogênea, ou seja, em que todos os *clusters* estejam em conformidade com o mesmo critério de agrupamento. Entretanto, os dados podem apresentar uma estrutura heterogênea, em que cada *cluster* esteja em conformidade com um critério de agrupamento diferente (Law *et al.*, 2004). Por exemplo, o conjunto de dados ilustrado na Figura 12.4 contém três *clusters*, um dos quais em forma de anel, que é facilmente identificado com um critério baseado no encadeamento, como previamente discutido, e dois com formato globular, facilmente identificados com critérios relacionados com a compactação. Nesse caso, um algoritmo como o $k$-médias identificaria os *clusters* globulares, mas não o que possui forma de anel. Por outro lado, o algoritmo hierárquico com ligação simples provavelmente encontraria apenas o *cluster* em anel, misturando os objetos dos dois *clusters* globulares em um único *cluster*. Isso é evidenciado na Figura 12.5, que ilustra o resultado da aplicação dos algoritmos $k$-médias e hierárquico com ligação simples ao conjunto de dados da Figura 12.4. Na verdade, não existe um único algoritmo de agrupamento capaz de encontrar todos os tipos de agrupamentos que possam estar presentes em um conjunto de dados (Estivill-Castro, 2002; Kleinberg, 2002).

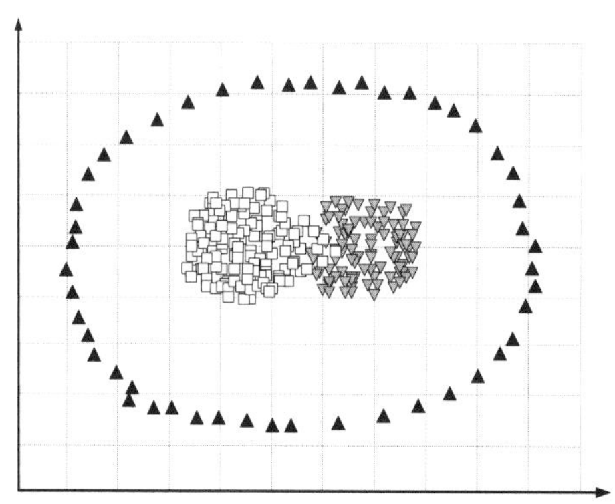

**Figura 12.4** Conjunto de dados com uma estrutura de *clusters* heterogênea.

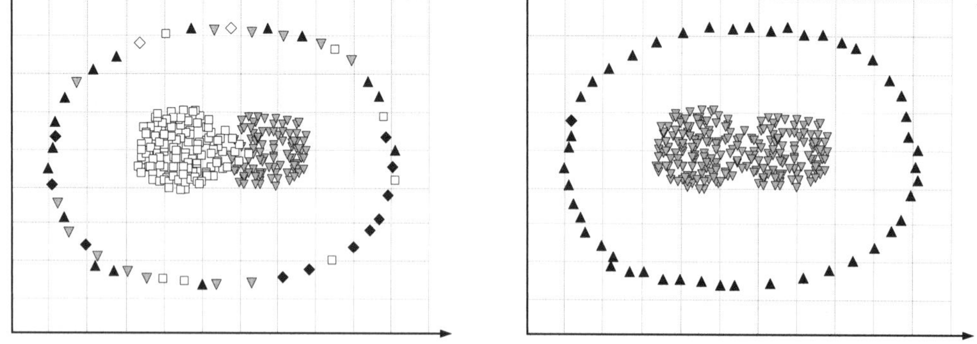

**(a)** $k$-médias

**(b)** Hierárquico com ligação simples

**Figura 12.5** Resultados dos algoritmos em dados com estrutura heterogênea.

Além de todos esses aspectos poderem estar simultaneamente presentes em um conjunto de dados, existe ainda a possibilidade de que mais de uma estrutura relevante esteja presente. Em outras palavras, um mesmo conjunto de dados pode ter mais de uma estrutura, cada uma representando uma diferente interpretação dos dados (Handl e Knowles, 2007). Cada uma dessas estruturas pode ser compatível com um critério de agrupamento diferente, estar em um nível de refinamento diferente, ou ainda ser heterogênea. Por exemplo, considere o conjunto de dados mostrado na Figura 12.6. Esse conjunto de dados contém três estruturas distintas: E1 [Figura 12.6(a)], E2 [Figura 12.6(b)] e E3 [Figura 12.6(c)]. A estrutura mais simples e evidente é E1. Essa estrutura tem dois *clusters* bem separados e de formato esférico. Em princípio, qualquer algoritmo de agrupamento seria capaz de identificá-la. A estrutura E2 é um refinamento de E1, contendo cinco *clusters*. E3, por sua vez, é um refinamento de E2, com 13 *clusters*. E2 e E3 são altamente heterogêneas, em relação à forma de *clusters*. A aplicação de algoritmos tradicionais para explorar um conjunto de dados como esse concentra-se na descoberta de apenas uma única estrutura que melhor se ajuste aos dados. Nesse caso, a estrutura que seria facilmente encontrada por qualquer algoritmo seria a estrutura E1, que pode ser considerada a mais evidente. As demais estruturas dificilmente seriam encontradas com a aplicação de um único algoritmo. Como a quantidade de conhecimento que pode ser obtido com a aplicação usual da análise de agrupamento é limitada, esse aspecto deve ser considerado. Abordagens mais recentes, como as descritas no Capítulo 14, lidam melhor com várias das questões aqui apresentadas.

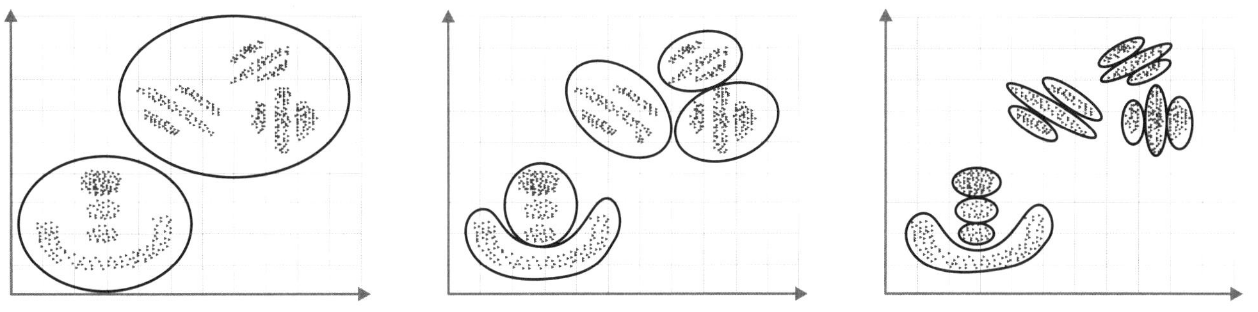

**(a)** Estrutura E1 **(b)** Estrutura E2 **(c)** Estrutura E3

**Figura 12.6** Conjunto de dados com várias estruturas heterogêneas.

## 12.2 Etapas da Análise de Agrupamento

Podemos dividir o processo de agrupamento nas etapas ilustradas na Figura 12.7, que vão desde a preparação dos dados até a interpretação dos *clusters* obtidos (Jain *et al.*, 1999; Barbara, 2000). Nessa figura, também são ressaltadas as informações utilizadas e geradas em cada etapa. Cada uma dessas etapas será descrita mais detalhadamente nas próximas seções.

Essas etapas são importantes para que se possa garantir que os resultados sejam realmente significativos e úteis, uma vez que qualquer algoritmo de agrupamento obtém um resultado, quer realmente haja uma estrutura subjacente nos dados, em conformidade com o critério do algoritmo, quer não. Assim, para que se possa aplicar com sucesso cada uma das etapas e obter um resultado significativo da análise de agrupamento, é importante ter em mente as possíveis características dos dados, algumas das quais previamente descritas na Seção 12.1, pois tais características impõem certos desafios na aplicação da análise de agrupamento, que, se não considerados, podem levar a conclusões errôneas sobre a estrutura encontrada nos dados.

Considerando, por exemplo, a preparação dos dados, se eles possuem valores dos atributos em escalas diferentes, dependendo da medida usada, um pode dominar o outro no cálculo da proximidade. Quando isso acontece, pode-se tratar a questão com duas alternativas: normalizar os dados (Seção 3.6) ou escolher uma proximidade que não dependa da magnitude dos atributos. Isso ressalta a interdependência entre as etapas de preparação dos dados e escolha da medida de proximidade a ser aplicada, também evidenciada no fluxo dos dados entre essas duas etapas mostrado na Figura 12.7.

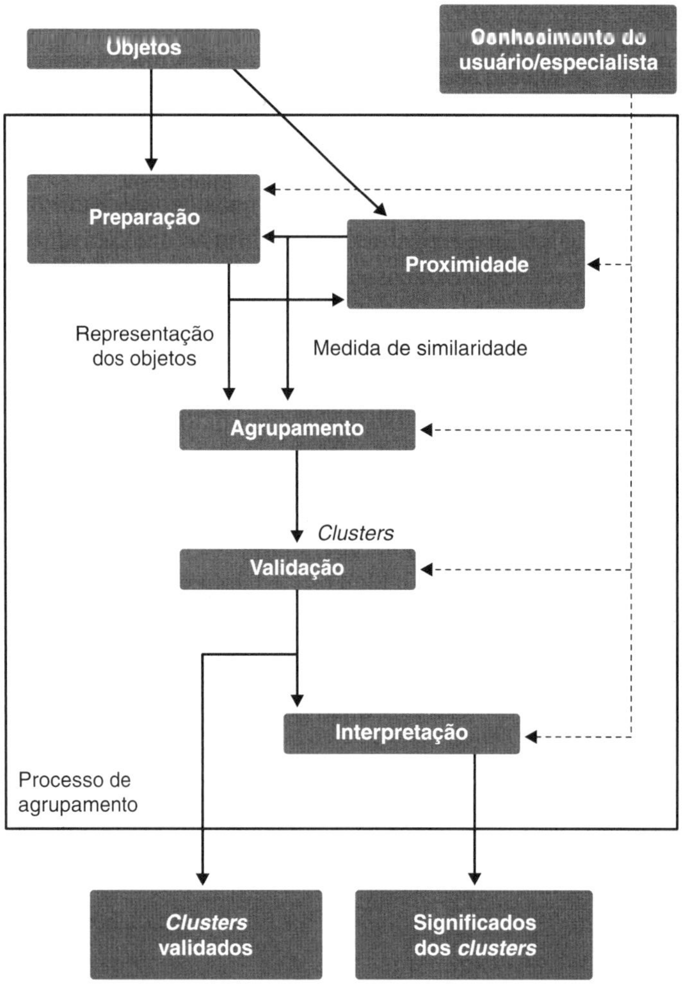


**Figura 12.7** Etapas do processo de agrupamento.

Ainda como pode ser observado na Figura 12.7, apesar de ser uma tarefa não supervisionada, o conhecimento do especialista no domínio dos dados pode ser considerado nas várias etapas. Entretanto, é importante ressaltar que ele é usado de maneira diferente do aprendizado supervisionado. Em agrupamento, o conhecimento do especialista ajuda a guiar as escolhas das técnicas aplicadas em cada etapa, principalmente na interpretação dos *clusters* obtidos na última etapa do processo.

## 12.2.1 Preparação dos Dados

A preparação dos dados para o agrupamento engloba vários aspectos relacionados com o seu pré-processamento e a forma de representação apropriada para sua utilização por um algoritmo de agrupamento.

O pré-processamento em análise de agrupamento pode incluir normalizações, conversão de tipos e redução do número de atributos por meio de seleção ou extração de características (Jain *et al.*, 1999). Entretanto, é importante ressaltar que na análise de agrupamento não se têm informações a respeito de possíveis classificações dos dados. Assim, várias das técnicas de seleção ou extração de características descritas no Capítulo 3 não se aplicam, ou precisam ser adaptadas para serem utilizadas em agrupamento.

Quanto à representação, na maioria dos casos os objetos a serem agrupados são representados pela matriz de objetos **X**, descrita no Capítulo 1. Entretanto, alguns algoritmos de agrupamento exigem uma forma de representação específica, ou algumas vezes apenas a relação de proximidade entre os objetos é conhecida. Assim, além da matriz de objetos, outras duas formas de representação bastante comuns são as matrizes e os grafos de similaridade/dissimilaridade.

A matriz de similaridade/dissimilaridade representa a similaridade ou a dissimilaridade entre cada par de objetos, isto é, cada elemento da matriz $\mathbf{S}_{n\times n}$, $s_{ij}$, é dado pela distância, $d(\mathbf{x}_i, \mathbf{x}_j)$, ou pela similaridade, $s(\mathbf{x}_i, \mathbf{x}_j)$, entre os objetos $\mathbf{x}_i$ e $\mathbf{x}_j$ (Jain e Dubes, 1988). Já para os grafos, existem diversas alternativas, como o diagrama de Delaunay e árvores geradoras mínimas, todas elas representando os objetos de acordo com algum aspecto de proximidade e/ou a topologia dos dados. Considerando a representação em grafos, realizar um agrupamento é equivalente a quebrar o grafo em componentes conectados, cada um representando um *cluster*. Muitos dos algoritmos de agrupamento são naturalmente descritos usando uma representação de grafo, conforme será visto no Capítulo 13.

### 12.2.2 Proximidade

Esta etapa consiste na definição de medidas de proximidade apropriadas ao domínio da aplicação e ao tipo de informação que se deseja extrair dos dados. Existem diferentes níveis de proximidade que podem ser considerados em agrupamento: a proximidade entre objetos, a proximidade entre um objeto e um grupo de objetos e a proximidade entre dois grupos de objetos (He, 1999). Todos os algoritmos de agrupamento consideram a similaridade/dissimilaridade entre objetos, e um mesmo algoritmo pode ser implementado considerando medidas diferentes. Por outro lado, as similaridades entre objetos e grupos e entre dois grupos fazem parte da caracterização de cada algoritmo específico, sendo usadas, geralmente, para decidir a atribuição de um objeto a um *cluster* ou para unir/dividir *clusters*, e dependem do tipo de *cluster* que o algoritmo visa identificar. Esse é o caso das métricas de integração usadas nos algoritmos de agrupamento hierárquicos, que serão descritos na Seção 13.1.

A medida de proximidade entre pares de objetos pode ser uma medida de similaridade ou de dissimilaridade entre dois objetos. A escolha da medida de proximidade deve considerar os tipos e escalas dos atributos que definem os objetos, além das propriedades dos dados que se deseja focar. Por exemplo, deve-se ter em mente se a magnitude relativa dos atributos descrevendo dois objetos é suficiente ou se seu valor absoluto deve ser considerado (Gordon, 1999). As medidas de similaridade/dissimilaridade, em geral, consideram que todos os atributos são igualmente importantes, ou seja, todos contribuem da mesma maneira para o cálculo da medida. Considerando a questão da escala dos valores dos atributos, qual seria o efeito na função distância da representação de um atributo em cm e outro em km, por exemplo? As medidas de distância são diretamente afetadas pela escala dos atributos. Para minimizar esse efeito, os atributos são usualmente normalizados, conforme mencionado anteriormente. Esse problema não ocorre, por exemplo, quando todos os atributos dos objetos assumem apenas valores binários.

Uma das medidas de dissimilaridade mais comum para objetos cujos atributos são todos contínuos é a distância euclidiana, enquanto uma das medidas de similaridade mais usadas é a correlação.

Normalmente, as medidas de similaridade/dissimilaridade satisfazem algumas propriedades. Todas as medidas de distância (que quantificam dissimilaridade entre objetos) satisfazem as propriedades 1, 2 e 3 listadas a seguir. Algumas dessas medidas, chamadas métricas, satisfazem também as propriedades 4 e 5. Para as medidas de distância, quanto menor o valor da medida, mais similares são os objetos.

1. $d(\mathbf{x}_i, \mathbf{x}_i) = 0$ para todo $\mathbf{x}_i$ (Os objetos não são diferentes de si próprios)
2. $d(\mathbf{x}_i, \mathbf{x}_j) = d(\mathbf{x}_j, \mathbf{x}_i)$ (Simetria)
3. $d(\mathbf{x}_i, \mathbf{x}_j) \geq 0$ para todo $\mathbf{x}_i$ e $\mathbf{x}_j$ (Positividade)
4. $d(\mathbf{x}_i, \mathbf{x}_j) = 0$ somente se $\mathbf{x}_i = \mathbf{x}_j$
5. $d(\mathbf{x}_i, \mathbf{x}_l) \leq d(\mathbf{x}_i, \mathbf{x}_j) + d(\mathbf{x}_j, \mathbf{x}_l)$ para todo $\mathbf{x}_i$, $\mathbf{x}_j$ e $\mathbf{x}_l$ (Desigualdade triangular)

Por outro lado, as medidas de similaridade têm uma definição menos rigorosa em relação às propriedades que devem satisfazer.

Gordon (1999) apresenta diversas medidas que são mais apropriadas para objetos cujos atributos são todos de um mesmo tipo. Ele classifica as medidas de acordo com o tipo dos atributos para o qual a medida é apropriada.

### Medidas para Atributos Quantitativos

Mesmo quando todos os atributos dos objetos são quantitativos, algumas medidas são mais utilizadas quando os valores são contínuos e racionais, e outras, quando os valores são binários.

As medidas mais utilizadas para atributos contínuos e racionais são as medidas de distância baseadas na métrica de Minkowski, como a distância euclidiana, a distância de Manhattan e a distância *supremum*. Quando todos os atributos são binários, é comum a utilização da distância de Manhattan, que neste contexto é chamada de distância de Hamming.

Para dados binários e nominais, existem também diversos coeficientes de casamento (*matching*), como o coeficiente de casamento simples e o coeficiente de Jaccard. A seguir, são apresentadas as principais medidas de distância e similaridade para valores quantitativos.

A métrica de Minkowski é definida pela Equação 12.1.

$$d(\mathbf{x}_i, \mathbf{x}_j) = \sqrt[p]{\sum_{l=1}^{d} |x_i^l - x_j^l|^p} \tag{12.1}$$

A escolha de diferentes valores para $p$, com $1 \leq p < \infty$, define variações da métrica. Por isso, essa métrica também é chamada de distância $L_p$. Os menores valores de $p$ correspondem a estimativas mais robustas (menos sensíveis a *outliers*). As métricas de Minkowski são sensíveis a variações de escala dos atributos, isto é, atributos representados em uma escala maior tendem a dominar os outros. Isso pode ser solucionado pela normalização dos atributos para um intervalo ou variância comum, ou pela aplicação de outros esquemas de ponderação, como os descritos no Capítulo 3 (Jain *et al.*, 1999).

As principais variações da métrica de Minkowski para diferentes valores de $p$ são dadas pelas equações 12.2, 12.3 e 12.4. A Figura 12.8 ilustra graficamente o significado dessas métricas quando os objetos possuem duas dimensões.

- $p = 1$: **Distância de Manhattan** (ou distância bloco-cidade), dada pela Equação 12.2.

$$d(\mathbf{x}_i, \mathbf{x}_j) = \sum_{l=1}^{d} |x_i^l - x_j^l| \tag{12.2}$$

- $p = 2$: **Distância Euclidiana**, dada pela Equação 12.3. Essa métrica é a medida de distância mais popular, e uma das mais utilizadas em análise de agrupamentos.

$$d(\mathbf{x}_i, \mathbf{x}_j) = \sqrt{\sum_{l=1}^{d} (x_i^l - x_j^l)^2} \tag{12.3}$$

- $p = \infty$: **Distância de Chebyschev ou *supremum***, dada pela Equação 12.4, calcula o máximo da diferença absoluta em coordenadas. Em outras palavras, é a diferença máxima entre quaisquer atributos dos objetos.

$$d(\mathbf{x}_i, \mathbf{x}_j) = \max_{1 \leq l \leq d} |x_i^l - x_j^l| \tag{12.4}$$

Duas formas comumente usadas em agrupamento para avaliar a similaridade entre pares de objetos são dadas pelo valor absoluto das medidas de cosseno e correlação de Pearson, que quantificam a correlação entre os objetos $\mathbf{x}_i$ e $\mathbf{x}_j$.

O cosseno é dado pela Equação 12.5. Já a correlação de Pearson é dada pela Equação 12.6, em que $\bar{x}_i = \sum_{l=1}^{d} x_i^l / d$. Essa medida é frequentemente descrita como uma medida da forma, no sentido de que é insensível a diferenças na magnitude dos atributos, sendo muito usada para determinar a similaridade entre objetos em áreas como Bioinformática, em que apenas o padrão de variação dos atributos dos objetos é importante.

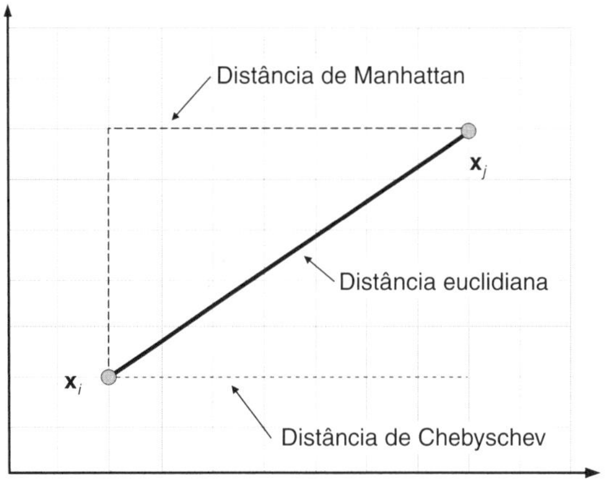


**Figura 12.8** Interpretação das métricas de Minkowski para $d = 2$.

$$\text{cosseno}(\mathbf{x}_i, \mathbf{x}_j) = \frac{\sum_{l=1}^{d} x_i^l x_j^l}{\sqrt{(\sum_{l=1}^{d} {x_i^l}^2 \sum_{l=1}^{d} {x_j^l}^2)}} \tag{12.5}$$

$$\text{pearson}(\mathbf{x}_i, \mathbf{x}_j) = \frac{\text{covariância}(\mathbf{x}_i, \mathbf{x}_j)}{\text{variância}(\mathbf{x}_i)\text{variância}(\mathbf{x}_j)} = \frac{\sum_{l=1}^{d} (x_i^l - \bar{x}_i)(x_j^l - \bar{x}_j)}{\sqrt{(\sum_{k=1}^{d} (x_i^l - \bar{x}_i)^2 \sum_{l=1}^{d} (x_j^l - \bar{x}_j)^2)}} \tag{12.6}$$

Considerando $\mathbf{x}_i$ e $\mathbf{x}_j$ como dois vetores no espaço $d$-dimensional, o cosseno e a correlação de Pearson podem ser interpretados geometricamente como o cosseno dos ângulos entre os vetores originais e transformados, respectivamente. A Figura 12.9 ilustra a interpretação quando os objetos são bidimensionais. O cosseno se refere diretamente ao cosseno do ângulo $\alpha$ entre os vetores originais, $\mathbf{x}_i$ e $\mathbf{x}_j$. Já a correlação de Pearson corresponde ao cosseno do ângulo $\beta$ entre os vetores que correspondem aos objetos transformados de maneira a ter média zero e variância 1, ou seja, $\mathbf{x}_i{}' = (\mathbf{x}_i - \bar{x}_i)/\text{variância}(\mathbf{x}_i)$ e $\mathbf{x}_j{}' = (\mathbf{x}_j - \bar{x}_j)/\text{variância}(\mathbf{x}_j)$.

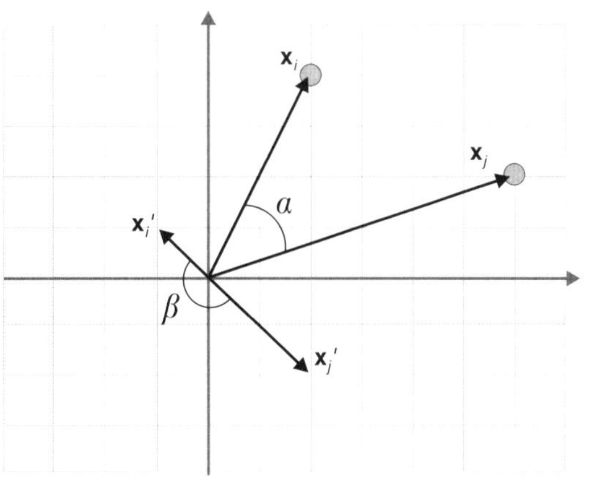


**Figura 12.9** Interpretação geométrica da separação angular e da correlação de Pearson para $d = 2$.

A correlação de Pearson é sensível a *outliers* e é menos intuitiva do que métricas como a distância euclidiana. Os valores dessas duas medidas variam no intervalo $[-1, 1]$, e sua magnitude indica a força da correlação, enquanto o sinal indica a direção. Assim, valores tanto próximos de 1 quanto próximos de $-1$ indicam similaridade entre os objetos (ou seja, os objetos são correlacionados). Enquanto o valor 1 indica que os objetos são diretamente correlacionados, $-1$ indica que eles são inversamente correlacionados.

Considerando a perspectiva vetorial, uma correlação igual a 1 indica que os vetores representando os objetos são paralelos e apontam no mesmo sentido (ângulo de separação de 0°), uma correlação igual $-1$ indica vetores paralelos, mas de sentido oposto (ângulo de 180°) e uma correlação igual a 0 indica vetores ortogonais (ângulo de 90°).

Como mencionado, costuma-se usar o valor absoluto dessas medidas como similaridade. Assim, a similaridade entre dois objetos $\mathbf{x}_i$ e $\mathbf{x}_j$, considerando o cosseno, é dada por $s(\mathbf{x}_i, \mathbf{x}_j) = |\text{cosseno}(\mathbf{x}_i, \mathbf{x}_j)|$ e, considerando a correlação de Pearson, é dada por $s(\mathbf{x}_i, \mathbf{x}_j) = |\text{pearson}(\mathbf{x}_i, \mathbf{x}_j)|$. O valor 1 indica a maior similaridade entre os objetos. O valor absoluto deve ser usado para considerar tanto os objetos diretamente quanto os inversamente correlacionados como similares (Jain e Dubes, 1988). Nesse caso, o intervalo de variação de ambos é $[0, 1]$. Dependendo dos dados e da aplicação, pode ser mais apropriado considerar objetos inversamente relacionados como diferentes, caso em que não é necessário considerar o valor absoluto (dois objetos são similares se possuem valor próximo de 1).

Também é bastante frequente a conversão do cosseno ou da correlação de Pearson em medidas de distância, uma vez que muitas implementações dos algoritmos de agrupamento empregam distâncias. Para isso, subtrai-se a similaridade do valor 1, obtendo-se assim as distâncias correspondentes. Formalmente, $d(\mathbf{x}_i, \mathbf{x}_j) = 1 - s(\mathbf{x}_i, \mathbf{x}_j)$. No caso do cosseno, teria-se $d(\mathbf{x}_i, \mathbf{x}_j) = 1 - |\text{cosseno}(\mathbf{x}_i, \mathbf{x}_j)|$ e, considerando a correlação de Pearson, teria-se $d(\mathbf{x}_i, \mathbf{x}_j) = 1 - |\text{pearson}(\mathbf{x}_i, \mathbf{x}_j)|$, com intervalos e significados redefinidos apropriadamente.

### Medidas para Atributos Qualitativos

As medidas para esses tipos de atributo são obtidas pela soma das contribuições individuais de todos os atributos.

Para atributos nominais, uma medida de distância muito utilizada é a distância de Hamming, ilustrada pela Equação 12.7, em que $a(\mathbf{x}_i, \mathbf{x}_j)$ é dada pela Equação 12.8. A distância de Hamming conta o número de atributos categóricos com valores diferentes nos dois objetos (Nadler e Smith, 1993). Seu intervalo de variação é $[0, d]$, em que 0 indica a maior similaridade entre os objetos.

$$d(\mathbf{x}_i, \mathbf{x}_j) = \sum_{q=1}^{d} a(\mathbf{x}_i, \mathbf{x}_j) \tag{12.7}$$

$$a(\mathbf{x}_i, \mathbf{x}_j) = \begin{cases} 1 & \text{se } x_i^q \neq x_j^q \\ 0 & \text{caso contrário} \end{cases} \tag{12.8}$$

### Medidas para Atributos Heterogêneos

Muitos dos conjuntos de dados utilizados em AM apresentam atributos de tipos diferentes, tanto quantitativos quanto qualitativos. Algumas medidas foram propostas para medir a similaridade entre objetos descritos por atributos de diferentes tipos, por se adequarem a qualquer um dos tipos individualmente. Um exemplo de medida que pode ser aplicada a atributos heterogêneos é o coeficiente geral de similaridade, ilustrado pela Equação 12.9, em que $s_{ijk}$ é a contribuição do $k$-ésimo atributo para a similaridade e $w_{ijk}$ é 0 ou 1, dependendo de ser válida ou não a comparação para o atributo $k$. A equação utilizada para $s_{ijk}$ pode variar para cada tipo de atributo.

$$s(\mathbf{x}_i, \mathbf{x}_j) = \sum_{k=1}^{d} w_{ijk} s_{ijk} / \sum_{k=1}^{d} w_{ijk} \tag{12.9}$$

Essa medida é adequada para obter a similaridade entre objetos descritos por atributos de diferentes tipos, por se adequar a qualquer um dos tipos individualmente.

Para o caso em que os dados possuem atributos categóricos e contínuos, pode-se utilizar, por exemplo, uma composição das medidas de distância euclidiana e de Hamming. Uma discussão mais abrangente a respeito de medidas de distância heterogêneas pode ser encontrada em Wilson e Martinez (1997).

### 12.2.3 Agrupamento

A etapa central de todo o processo envolvido na análise de agrupamento é a etapa de agrupamento, em que um ou mais algoritmos de agrupamento são aplicados aos dados para a identificação das possíveis estruturas de *clusters* existentes nos dados. Os diferentes tipos de estruturas que podem ser encontrados por um algoritmo de agrupamento são, por exemplo, partições, hierarquias de partições e partições *fuzzy*. Tradicionalmente, cada algoritmo de agrupamento busca por uma única estrutura de um desses tipos que melhor se ajuste aos dados. Entretanto, várias abordagens recentes, algumas das quais descritas no Capítulo 14, identificam um conjunto de estruturas presentes nos dados. Nesses casos, cada estrutura representa uma visão diferente desses dados. Por exemplo, cada uma dessas estruturas pode estar de acordo com uma definição diferente de *cluster*.

Duas das principais categorizações dos algoritmos de agrupamento estão relacionadas com o tipo de estrutura que pode ser encontrada: agrupamento exclusivo $\times$ não exclusivo e agrupamento hierárquico $\times$ particional (Jain e Dubes, 1988).

Um agrupamento exclusivo resulta em uma partição do conjunto de objetos. O conceito de partição (da teoria dos conjuntos) é uma divisão do conjunto de objetos em subconjuntos menores (em análise de agrupamento, são denominados *clusters*), com algumas propriedades. Formalmente, dado o conjunto de dados $\mathbf{X} = \{\mathbf{x}_1, \mathbf{x}_2, ..., \mathbf{x}_n\}$, uma partição de $\mathbf{X}$ em $k$ *clusters* pode ser definida como: $\pi = \{\mathbf{C}_1, \mathbf{C}_2, ..., \mathbf{C}_k\}$ com $k < n$, tal que (Xu e Wunsch, 2005):

1. $\mathbf{C}_j \neq \emptyset, j = 1, ..., k$ (todos os *clusters* contêm pelo menos um objeto)
2. $\bigcup_{j=1}^{k} \mathbf{C}_j = \mathbf{X}$ (todos os objetos pertencem a algum *cluster*)
3. $\mathbf{C}_j \cap \mathbf{C}_l = \emptyset, j, l = 1, ..., k$ e $j \neq l$ (cada objeto pertence exclusivamente a um único *cluster*)

O agrupamento que resulta nesse tipo de estrutura também costuma ser chamado de *hard* (um objeto pertence ou não pertence a um dado *cluster*). Um agrupamento não exclusivo, por sua vez, pode associar um mesmo objeto a vários *clusters* ou pode associar a cada objeto uma medida que quantifica a sua proximidade com cada um dos *clusters*. Neste último caso se enquadram os algoritmos *fuzzy* e probabilísticos. Assim, os algoritmos de agrupamento *fuzzy*, por exemplo, são uma forma de agrupamento não exclusivo em que cada objeto tem um grau de pertinência a cada um dos *clusters*. A estrutura encontrada por esse tipo de algoritmo é uma partição *fuzzy*. O primeiro caso, em que um objeto pertence a mais de um *cluster*, é apropriado para lidar com dados que possuam mais de uma estrutura. Um exemplo em que objetos podem ser associados a mais de um grupo é o caso de agrupamento de textos por assunto: um mesmo texto pode pertencer a um *cluster* de textos políticos e a um *cluster* de textos esportivos.

Os algoritmos exclusivos podem ainda ser subdivididos em hierárquicos e particionais. O resultado de um algoritmo particional é uma única partição dos dados, enquanto um agrupamento hierárquico resulta em uma sequência aninhada de partições.

Os algoritmos podem ser categorizados ainda de outras maneiras, considerando outros aspectos. Algumas divisões comuns são aglomerativos $\times$ divisivos, seriais $\times$ simultâneos e baseados em teoria dos grafos $\times$ álgebra matricial.

Alguns dos principais algoritmos de agrupamento tradicionais serão apresentados no Capítulo 13, enquanto modelos múltiplos no contexto de análise de agrupamento serão vistos no Capítulo 14.

### 12.2.4 Validação

Essa etapa avalia o resultado de um agrupamento e deve, de forma objetiva, determinar se os *clusters* são significativos, ou seja, se a solução é representativa para o conjunto de dados analisado. Além de verificar a validade da solução, pode ajudar, por exemplo, na determinação do número apropriado de *clusters* para um conjunto de dados, que em geral não é conhecido previamente.

Como já mencionado, o problema da maioria das abordagens de agrupamento é que elas podem produzir diferentes agrupamentos a partir de um único conjunto de dados (Zeng *et al.*, 2002). Disso surgem algumas questões. Qual resultado é melhor? Quanto se pode confiar nesse resultado? Existe um resultado que seja melhor do que os outros? Se existe, como obtê-lo? Se não, é possível combinar todos os resultados disponíveis para ter um entendimento melhor dos dados?

A maioria dos problemas de agrupamento é NP (não determinístico polinomial), o que significa que eles são intratáveis ou não computáveis em um tempo razoável (Zeng *et al.*, 2002). Como já foi dito, todas as abordagens disponíveis são heurísticas e podem fornecer apenas uma aproximação do resultado ótimo (Zeng *et al.*, 2002). Além disso, apesar do grande número de algoritmos de agrupamento existentes, não existe um algoritmo de agrupamento universal, capaz de revelar toda a variedade de estruturas que podem estar presentes em um conjunto de dados. Como lembra Hartigan (1985), "*diferentes agrupamentos são corretos para diferentes propósitos, assim, não podemos dizer que um agrupamento é melhor*".

A definição da medida de proximidade e do critério de agrupamento utilizado pelos algoritmos geralmente depende implicitamente da imposição de certas hipóteses a respeito da forma dos *clusters* ou da configuração dos múltiplos *clusters*. Outro aspecto importante é que os dados dificilmente estão estruturados "idealmente", ou seja, geralmente não formam configurações hiperesféricas, hiperelipsoidais, lineares etc., de modo que cada algoritmo de agrupamento pode apresentar um comportamento superior ao dos demais para dada conformação específica dos dados no espaço de atributos.

A análise e a comparação de algoritmos de agrupamento são tarefas complexas e que dependem muito do conhecimento, tanto do domínio da aplicação como das técnicas de agrupamento empregadas.

Uma característica importante, inerente à análise de agrupamento e que torna difíceis a análise do desempenho e a comparação dos algoritmos, é a ausência de uma estrutura ideal, que seja a resposta esperada para o agrupamento. Ou seja, como o agrupamento é uma tarefa não supervisionada, não há uma classificação conhecida dos objetos. É importante ter em mente que, quando se faz análise de agrupamento para de fato explorar determinado conjunto de dados e extrair conhecimento desse conjunto, nada se sabe sobre sua(s) estrutura(s) subjacente(s). Outras questões que tornam difíceis a análise, a escolha e a comparação de algoritmos são o grande número de algoritmos disponíveis e, segundo Estivill-Castro (2002), a falta de descrição explícita dos princípios indutivos e modelos descritos na literatura.

A análise do desempenho de algoritmos de agrupamento ainda é uma área em aberto. Atualmente, tal análise tem sido feita com base em conjuntos de dados que já têm estrutura conhecida, com o objetivo de avaliar e comparar os algoritmos existentes e/ou que estão sendo propostos. Apesar de esse tipo de análise ser útil nesses casos, ela não faz sentido na análise exploratória dos dados.

De acordo com a literatura na área, alguns fatores têm grande influência no desempenho das técnicas de agrupamento: a estrutura dos *clusters* (forma, tamanho, número de *clusters*), a presença de *outliers*, o grau de sobreposição dos *clusters* e a escolha da medida de similaridade (He, 1999).

Segundo Jain e Dubes (1988), "*Uma comparação teórica dos algoritmos de agrupamento não é factível porque os algoritmos de agrupamento são quase impossíveis de modelar de tal forma que os modelos possam ser comparáveis*". Mas alguns critérios são úteis quando se deseja comparar diversos algoritmos de agrupamento. Em primeiro lugar, deve-se ter uma ideia clara do critério de agrupamento no qual se baseia o algoritmo. Também é importante entender como o algoritmo representa os *clusters*, ou seja, como é o modelo gerado. Dado um mesmo contexto (critério de agrupamento e modelo), é possível observar características específicas dos algoritmos relacionadas com as suas habilidades, com os resultados que eles podem produzir, com os dados que eles suportam e com a necessidade de interação com o usuário. Entretanto, caso o objetivo seja comparar algoritmos baseados em critérios de tipos diferentes, é preciso saber exatamente o que se deseja comparar e pensar se de fato tal comparação faz sentido, já que o objetivo dos algoritmos pode ser diferente.

As características para se comparar algoritmos em um mesmo contexto são (Halkidi *et al.*, 2001; Jiang *et al.*, 2004):

**Relacionadas com o algoritmo:**

- Complexidade do algoritmo;
- Escalabilidade e eficiência para conjuntos de dados grandes;
- Medidas de similaridade que podem ser empregadas pelo algoritmo;
- Robustez relativa a ruídos e *outliers*;
- Se o algoritmo é capaz de lidar com dados de alta dimensionalidade ou encontra *clusters* em subespaços do espaço original;
- Se para cada execução diferente do algoritmo os dados são alocados aos mesmos *clusters* (estabilidade);
- Se o algoritmo é capaz de manipular incrementalmente a adição de novos objetos ou a remoção de objetos antigos.

**Relacionadas com o resultado:**

- Forma dos *clusters* que o algoritmo é capaz de encontrar;
- Interpretabilidade dos resultados.

**Relacionadas com os dados:**

- Tipos de dados que o algoritmo suporta (contínuos, categóricos, binários);
- Dependência da ordem dos dados.

**Relacionadas com a interação do usuário:**

- Se o algoritmo encontra o número de *clusters* ou se o usuário deve fornecê-lo;
- Parâmetros requeridos pelo algoritmo e o conhecimento do domínio requerido do usuário.

Estivill-Castro (2002) discute algumas questões referentes à falta de descrição explícita dos critérios de agrupamento e modelos em muitos dos algoritmos encontrados na literatura, o que pode gerar confusão sobre as propriedades dos algoritmos e tornar difícil a comparação entre eles. Algumas das observações e recomendações de Estivill-Castro são:

- Os algoritmos de agrupamento são categorizados mais de acordo com os modelos do que com os critérios de agrupamento. Então, é preciso atenção na escolha dos algoritmos e no momento da comparação.
- Os pesquisadores devem tentar explicitar matematicamente os modelos e critérios dos algoritmos de agrupamento que estão propondo, facilitando com isso futuras investigações e comparações.
- Os índices de validação de agrupamento são formulações matemáticas diretas de princípios de indução por trás dos critérios de agrupamento. Comparar algoritmos com base nesses índices pode fornecer algumas dicas sobre os contextos nos quais um algoritmo funciona melhor do que outro, mas isso não implica que um algoritmo produza resultados mais válidos que outro. Dois algoritmos aplicados a um conjunto de dados que não possui estrutura irão ambos produzir resultados inválidos.
- Um algoritmo projetado para um universo de modelos não é adequado para conjuntos de dados que tenham uma estrutura representável por uma família de modelos radicalmente diferente. Por exemplo, o algoritmo $k$-médias não pode encontrar *clusters* não convexos.

Em Dubes e Jain (1976), um conjunto de critérios de admissibilidade é utilizado para comparar algoritmos de agrupamento. Esses critérios são baseados na maneira como os *clusters* são formados, na estrutura dos dados e na sensibilidade da técnica de agrupamento a mudanças que não afetem a estrutura dos dados. Além desses critérios de admissibilidade, existem algumas questões importantes a serem consideradas: como os dados deveriam ser normalizados? Qual medida de similaridade é apropriada para dada situação? Como o conhecimento do domínio deve ser utilizado? Como um grande conjunto de dados pode ser agrupado eficientemente?

Assim, é essencial aos usuários dos algoritmos de agrupamento ter um bom entendimento da técnica que estão utilizando, conhecer detalhes do processo de obtenção dos dados, ter algum conhecimento do domínio e ter claramente definido o propósito do agrupamento que deseja obter, para que o agrupamento mais adequado para o problema em questão possa ser obtido.

O conhecimento a respeito dos dados é importante, por exemplo, para determinar as transformações necessárias aos dados antes do agrupamento e para escolher as medidas de similaridade que fazem sentido para esses dados. O conhecimento do domínio e o do propósito do agrupamento permite determinar as características mais relevantes, os algoritmos de agrupamento mais apropriados e a forma de validação mais adequada.

Toda avaliação dos resultados dos algoritmos de agrupamento, bem como a comparação entre vários algoritmos, deve considerar as questões mencionadas. De maneira prática, a validação de um agrupamento, em geral, é feita com base em índices estatísticos, que julgam, de maneira quantitativa e objetiva, o mérito das estruturas encontradas (Jain e Dubes, 1988). Um índice quantifica alguma informação a respeito da qualidade de uma estrutura encontrada por um algoritmo de agrupamento.

Existem três tipos de critérios que empregam os índices estatísticos para investigar a validade de um agrupamento (Jain e Dubes, 1988): critérios relativos, internos e externos. Os índices baseados em critérios relativos comparam diversos agrupamentos para decidir qual deles é o melhor em algum aspecto. Eles podem ser utilizados para comparar algoritmos de agrupamento ou para determinar o valor mais apropriado para um parâmetro de um algoritmo. Índices empregados em tal critério se baseiam apenas nos dados originais. Apesar de sua grande utilidade, é importante mencionar que esses índices são tendenciosos em relação a algum critério de agrupamento.

Os critérios externos e internos são baseados em testes estatísticos e têm alto custo computacional (Halkidi *et al.*, 2001). Seu objetivo é aferir em que medida o resultado obtido confirma uma hipótese pré-especificada. Nesse caso, são utilizados testes de hipóteses para determinar se uma estrutura obtida é apropriada para os dados. Isso é feito testando se o valor do índice utilizado é extraordinariamente grande ou pequeno, o que requer o estabelecimento de uma população base ou de referência. Um mesmo índice pode ser utilizado em um critério externo e interno, embora as distribuições de referência do índice sejam diferentes (Jain e Dubes, 1988).

O Capítulo 15 contém uma descrição mais aprofundada do processo de validação de agrupamento, bem como de alguns dos índices mais utilizados.

### 12.2.5 Interpretação

Refere-se ao processo de examinar cada *cluster* com relação a seus objetos para rotulá-los, descrevendo a natureza do *cluster*. A interpretação de *clusters* é mais que apenas uma descrição. Além de ser uma forma de validação dos *clusters* encontrados e da hipótese inicial, de um modo confirmatório, os *clusters* podem permitir avaliações subjetivas que tenham significado prático. Ou seja, o especialista pode ter interesse em encontrar diferenças semânticas de acordo com os objetos e valores de seus atributos em cada *cluster*.

Nessa etapa, é fundamental o apoio do especialista do domínio, pois é com o conhecimento a respeito dos dados que é possível identificar significados para os *clusters* e possíveis relações entre eles. Além disso, formas de visualizar os *clusters* obtidos são de grande ajuda por fornecer ao especialista do domínio uma maneira fácil e intuitiva de observar os resultados do agrupamento.

## 12.3 Considerações Finais

Os algoritmos de agrupamento existentes apresentam diferentes formas de explorar e verificar estruturas presentes em um conjunto de dados. Neste capítulo, foram apresentados as principais definições e os principais aspectos relacionados com a análise de agrupamento. Foram destacadas as etapas necessárias para a realização do agrupamento em um conjunto de dados e detalhados alguns aspectos importantes dessas etapas.

Nesse detalhamento, incluíram-se a preparação dos dados, a descrição de várias medidas de similaridade que podem ser empregadas em agrupamento, a discussão de aspectos importantes sobre os algoritmos de agrupamento, a validação de agrupamentos e a análise e comparação de algoritmos de agrupamento. No final, mostrou-se como pode ser feita a interpretação dos resultados.

## 12.4 Exercícios

**Exercício 12.1** No contexto de análise de agrupamento, o que é um *cluster*? O que é uma partição? Qual é a relação entre esses dois conceitos?

**Resposta** *Cluster* é um conjunto de objetos de alguma maneira similares. Existem várias definições formais de *cluster*, relacionadas com diferentes medidas de similaridade e critérios de agrupamento. Já partição é um conjunto de *clusters* que reflete uma estrutura encontrada por determinados tipos de algoritmos de agrupamento. Essa estrutura tem um conjunto de propriedades características. Formalmente, dado um conjunto de dados $\mathbf{X} = \{\mathbf{x}_1, \mathbf{x}_2, ..., \mathbf{x}_n\}$, uma partição de $\mathbf{X}$ em $k$ *clusters* pode ser definida como: $\pi = \{\mathbf{C}_1, \mathbf{C}_2, ..., \mathbf{C}_k\}$ com $k < n$, tal que:

1. $\mathbf{C}_j \neq \emptyset, j = 1, ..., k$ (todos os *clusters* contêm pelo menos um objeto)
2. $\bigcup_{j=1}^{k} \mathbf{C}_j = \mathbf{X}$ (todos os objetos pertencem a algum *cluster*)
3. $\mathbf{C}_j \cap \mathbf{C}_l = \emptyset, j, l = 1, ..., k$ e $j \neq l$ (cada objeto pertence exclusivamente a um único *cluster*)

**Exercício 12.2** O que é critério de agrupamento? Quais são as principais categorias de critérios? Quais as principais diferenças entre elas?

**Resposta** Critério de agrupamento é a maneira pela qual um algoritmo de agrupamento seleciona a estrutura de *clusters* presente em um conjunto de dados a partir da integração da medida de similaridade e do método de busca, levando à identificação de *clusters* de um determinado tipo. As categorias principais são compactação (ou homogeneidade), encadeamento e separação. As principais diferenças podem ser observadas diretamente nas descrições da Seção 12.1.

**Exercício 12.3** Descreva as etapas da análise de agrupamento, apresentando a importância do conhecimento do especialista do domínio para cada uma delas.

**Resposta** As etapas são preparação dos dados, escolha e cálculo de uma medida de proximidade, aplicação de um algoritmo de agrupamento, validação e interpretação dos resultados. O especialista é quem tem o conhecimento de domínio relevante para guiar as escolhas importantes em cada etapa. A descrição pode ser extraída a partir das informações da Seção 12.2 e das seções específicas para cada etapa.

**Exercício 12.4** Considere os conjuntos de dados `Pessoas` [Tabela 12.1(a)] e `Plantas` [Tabela 12.1(b)].

a. Gere matrizes de similaridade/distância para cada conjunto, utilizando a distância euclidiana e a correlação de Pearson.
b. Considerando cada medida anterior, quais são os dois objetos mais semelhantes em cada conjunto? E os mais distantes? Justifique suas respostas.
c. Quais são os dois objetos mais próximos do objeto Amanda no conjunto `Pessoas` [12.1(a)], considerando a distância euclidiana?

d. Considerando o conjunto Pessoas [12.1(a)], calcule as distâncias de Manhattan entre Ronaldo e Amanda, Ronaldo e Marta e Amanda e Marta. Quem é mais parecido com quem?

**Tabela 12.1** Conjuntos de dados

(a) Pessoas

| Pessoa | Cabelo | Peso | Idade |
|---|---|---|---|
| Marcos | 0 | 113 | 36 |
| Ana | 10 | 68 | 34 |
| Ronaldo | 2 | 41 | 10 |
| Amanda | 6 | 35 | 8 |
| Marta | 4 | 9 | 1 |
| Josias | 1 | 77 | 70 |
| Rose | 8 | 73 | 41 |
| Claudio | 10 | 82 | 38 |
| Silvio | 6 | 91 | 45 |

(b) Plantas

| Planta | Largura | Altura |
|---|---|---|
| 1 | 2,5 | 3 |
| 2 | 1 | 5 |
| 3 | 4 | 1 |
| 4 | 1 | 3,5 |
| 5 | 1 | 1,5 |
| 6 | 2,5 | 3,5 |

## Respostas

a. As Tabelas 12.2 e 12.3 apresentam as distâncias euclidianas entre cada par de objetos dos conjuntos de dados Pessoas e Plantas, respectivamente, enquanto as Tabelas 12.4 e 12.5 apresentam as correlações de Pearson nos mesmos dados.

**Tabela 12.2** Distância euclidiana do conjunto Pessoas

| | Marcos | Ana | Ronaldo | Amanda | Marta | Josias | Rose | Claudio | Silvio |
|---|---|---|---|---|---|---|---|---|---|
| Marcos | 0 | | - | - | - | - | - | - | - |
| Ana | 46,140 | 0 | - | - | - | - | - | - | - |
| Ronaldo | 76,580 | 37,000 | 0 | - | - | - | - | - | - |
| Amanda | 83,090 | 42,200 | 7,480 | 0 | - | - | - | - | - |
| Marta | 109,800 | 67,870 | 33,300 | 27,000 | 0 | - | - | - | - |
| Josias | 49,530 | 38,180 | 69,980 | 75,050 | 96,920 | 0 | - | - | - |
| Rose | 41,100 | 8,830 | 44,960 | 50,370 | 75,580 | 30,100 | 0 | - | - |
| Claudio | 32,630 | 14,560 | 50,290 | 55,900 | 82,060 | 33,620 | 9,700 | 0 | - |
| Silvio | 24,520 | 25,810 | 61,160 | 67,120 | 93,080 | 29,090 | 18,550 | 12,080 | 0 |

**Tabela 12.3** Distância euclidiana do conjunto Plantas

| | 1 | 2 | 3 | 4 | 5 | 6 |
|---|---|---|---|---|---|---|
| 1 | 0 | - | - | - | - | - |
| 2 | 2,500 | 0 | - | - | - | - |
| 3 | 2,500 | 5,000 | 0 | - | - | - |
| 4 | 1,581 | 1,500 | 3,905 | 0 | - | - |
| 5 | 2,121 | 3,500 | 3,041 | 2,000 | 0 | - |
| 6 | 0,500 | 2,121 | 2,915 | 1,500 | 2,500 | 0 |

b. • Mais semelhantes:

- Conjunto Pessoas: Amanda e Ronaldo, de acordo com a distância euclidiana, pois têm a menor distância (7,48); e Ana e Claudio, de acordo com a correlação de Pearson, pois têm a maior correlação (1,0).

**Tabela 12.4** Correlação de Pearson do conjunto `Pessoas`

| | Marcos | Ana | Ronaldo | Amanda | Marta | Josias | Rose | Claudio | Silvio |
|---|---|---|---|---|---|---|---|---|---|
| **Marcos** | 1 | - | - | - | - | - | - | - | - |
| **Ana** | 0,994 | 1 | - | - | - | - | - | - | - |
| **Ronaldo** | 0,993 | 0,974 | 1 | - | - | - | - | - | - |
| **Amanda** | 0,968 | 0,935 | 0,991 | 1 | - | - | - | - | - |
| **Marta** | 0,767 | 0,693 | 0,839 | 0,904 | 1 | - | - | - | - |
| **Josias** | 0,798 | 0,858 | 0,719 | 0,620 | 0,225 | 1 | - | - | - |
| **Rose** | 0,977 | 0,994 | 0,944 | 0,891 | 0,612 | 0,908 | 1 | - | - |
| **Claudio** | 0,997 | 1,000 | 0,980 | 0,945 | 0,714 | 0,843 | 0,991 | 1 | - |
| **Silvio** | 0,987 | 0,999 | 0,961 | 0,915 | 0,655 | 0,883 | 0,998 | 0,997 | 1 |

**Tabela 12.5** Correlação de Pearson do conjunto `Plantas`

| | 1 | 2 | 3 | 4 | 5 | 6 |
|---|---|---|---|---|---|---|
| **1** | 0 | - | - | - | - | - |
| **2** | 1 | 0 | - | - | - | - |
| **3** | -1 | -1 | 0 | - | - | - |
| **4** | 1 | 1 | -1 | 0 | - | - |
| **5** | 1 | 1 | -1 | 1 | 0 | - |
| **6** | 1 | 1 | -1 | 1 | 1 | 0 |

- Conjunto `Plantas`: 1 e 6, de acordo com a distância euclidiana, pois têm a menor distância (0,5); e todos os pares com correlação = 1 na Tabela 12.5, de acordo com a correlação de Pearson, pois têm a maior correlação.

• Mais distantes:

- Conjunto `Pessoas`: Marta e Marcos, de acordo com a distância euclidiana, pois têm a maior distância (109,8); e Josias e Marta, de acordo com a correlação de Pearson, pois têm a menor correlação (0,225).
- Conjunto `Plantas`: 2 e 3, de acordo com a distância euclidiana, pois têm a maior distância (5,0); e todos os pares com correlação = -1 na Tabela 12.5, de acordo com a correlação de Pearson, pois têm a menor correlação.

c. Ronaldo e Marta.

d. Ronaldo e Amanda: 12, Ronaldo e Marta: 43 e Amanda e Marta: 35. Amanda e Ronaldo são os mais parecidos.

**Exercício 12.5** Considerando o conjunto de dados da Figura 12.10, é apropriado utilizar um algoritmo de agrupamento que empregue um critério que identifique *clusters* compactos? Justifique.

**Resposta** Não, pois o conjunto de dados contém *clusters* que não seriam encontrados somente com esse critério, como é o caso do círculo que representa a face do macaquinho.

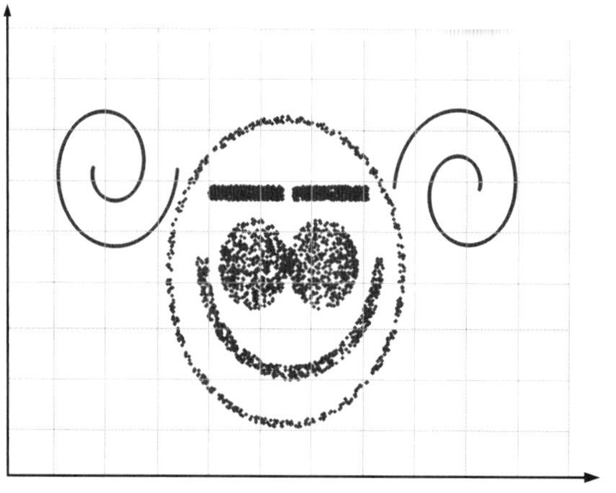

**Figura 12.10** Conjunto de dados `Monkey`.

# 13 ALGORITMOS DE AGRUPAMENTO

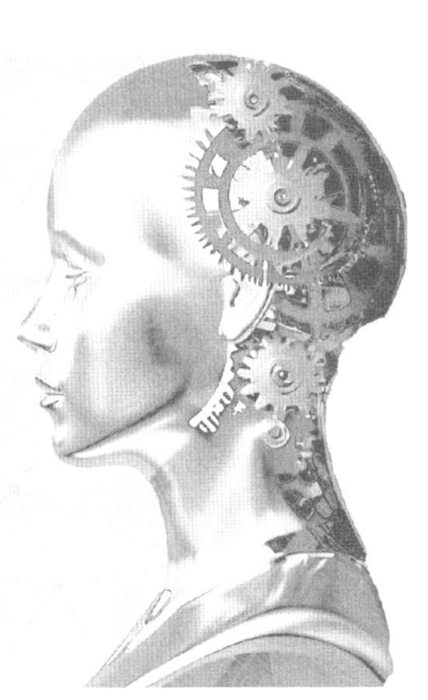

Existem vários algoritmos de agrupamento, cada um utilizando um critério de agrupamento que impõe uma estrutura aos dados. Se os dados estão em conformidade com as exigências do critério utilizado, a estrutura verdadeira de *clusters* pode ser encontrada. Porém, apenas um número pequeno de critérios de agrupamento independentes pode ser entendido sob os pontos de vista matemático e intuitivo. Por isso, muitos dos critérios propostos na literatura são relacionados, recebendo apenas diferentes nomes (Jain e Dubes, 1988). Jain e Dubes (1988) citam alguns desses critérios: erro quadrático, ajuste de um modelo de densidade misto (do inglês, *mixture density model*) aos objetos, estimativa de densidade, conectividade de grafos e vizinhos mais próximos.

Os algoritmos de agrupamento podem ser classificados por diferentes critérios. Um dos mais usados, proposto por Jain *et al.* (1999), classifica os algoritmos de acordo com o método adotado para definir *clusters*. Nesse caso, os algoritmos são divididos em hierárquicos, particionais, baseados em *grid* e baseados em densidade. Muitos algoritmos pertencem a mais de uma classe. Neste capítulo, outros critérios também serão considerados, não necessariamente relacionados com o método adotado para definir os *clusters*.

Vários dos algoritmos apresentados neste capítulo são baseados na existência de um elemento representativo que resume as informações contidas no *cluster*. Um elemento representativo bastante usado é o centroide do *cluster*. Seja um *cluster* $\mathbf{C}_k = \{\mathbf{x}_1, \mathbf{x}_2, \ldots, \mathbf{x}_{n_k}\}$, com $n_k$ objetos, $\bar{\mathbf{x}}^{(k)}$, o centroide do *cluster* $\mathbf{C}_k$ é dado pela Equação 13.1.

$$\bar{\mathbf{x}}^{(k)} = \frac{1}{n_k} \sum_{\mathbf{x}_i \in \mathbf{C}_k} \mathbf{x}_i \tag{13.1}$$

Este capítulo descreve algoritmos representantes das categorias consideradas, que são as de algoritmos hierárquicos (Seção 13.1), particionais baseados em erro quadrático (Seção 13.2), baseados em densidade (Seção 13.3), baseados em grafo (Seção 13.4), baseados em redes neurais (Seção 13.5) e baseados em *grid* (Seção 13.6). A maioria dos algoritmos nas categorias *grid*, densidade, grafo e redes neurais (auto-organizáveis) é particional, embora alguns sejam hierárquicos. Como já mencionado, os algoritmos podem se enquadrar em mais de uma categoria.

Alguns algoritmos que não se enquadram nessas categorias incluem: SVC (do inglês, *Support Vector Clustering*) (Ben-Hur *et al.*, 2001), MSVC (do inglês, *Multiple sphere Support Vector Clustering*) (Chiang e Hao, 2003), SNNC (do inglês, *Shared Nearest Neighbor Clustering*) (Ertöz *et al.*, 2002), *Biclustering* (Cheng e Church, 2000), *Plaid Model* (Lazzeroni e Owen, 2002) e CTWC (do inglês, *Coupled Two-Way Clustering*) (Getz *et al.*, 2003). Estes três últimos algoritmos realizam agrupamento simultâneo dos objetos e dos atributos. Jain (2010) apresenta uma visão geral de análise de agrupamento, seus principais aspectos e a evolução da área desde o surgimento do algoritmo $k$-médias. Xu e Tian (2015) fazem uma revisão abrangente sobre algoritmos de agrupamento, discutindo suas principais características e usos.

Existe uma grande variedade de algoritmos, e esse número não para de crescer. Por questões de espaço, apenas dois dos algoritmos mais conhecidos serão apresentados em detalhes, representantes das categorias dos algoritmos hierárquicos e dos algoritmos particionais baseados em erro quadrático.

## 13.1 Algoritmos Hierárquicos

Algoritmos clássicos de agrupamento hierárquico utilizam métricas de integração (*linkage metrics*). Essas métricas são medidas de distância entre *clusters* e geram *clusters* de formas convexas próprias. Em geral, possuem complexidade entre $O(n^2)$ e $O(n^3)$, dependendo do algoritmo e de estratégias de implementação. Existem ainda implementações de algoritmos hierárquicos que privilegiam funcionalidades mais específicas, como melhor manipulação de *outliers*, obtenção de *clusters* de diferentes formas e tamanhos e escalabilidade para números elevados de objetos ou atributos.

Os aspectos positivos do agrupamento hierárquico são a sua flexibilidade com respeito ao nível de granularidade, a fácil utilização de qualquer forma de similaridade ou distância e a possibilidade de utilizar qualquer tipo de atributo. Como aspectos negativos, têm-se o critério de terminação vago e o fato de que a maioria dos algoritmos não melhora os *clusters*, uma vez construídos, ou seja, uma vez que um *cluster* foi criado no processo do agrupamento, ele permanece até o final, sem que haja mudanças de seus objetos.

Os algoritmos de agrupamento hierárquicos têm como entrada uma matriz de proximidade e produzem, como resultado, uma sequência de partições aninhadas. Para isso, existem duas estratégias principais, a aglomerativa, que começa com $n$ *clusters* com um único objeto e forma a sequência de partições agrupando os *clusters* sucessivamente, e a divisiva, que começa com um *cluster* com todos os objetos e forma a sequência dividindo os *clusters* sucessivamente. Esses algoritmos, iterativamente, unem ou dividem os *clusters* mais apropriados de acordo com uma métrica de integração, até que seja atingido um critério de parada. Nesses algoritmos, os dados são manipulados de forma que, se dois objetos são agrupados/divididos em algum nível, nos níveis mais altos eles continuam fazendo parte do mesmo grupo, construindo uma hierarquia de *clusters* (Duda *et al.*, 2001).

A Figura 13.1 ilustra o processo de união e divisão dos *clusters* nos algoritmos aglomerativos e divisivos, respectivamente. Para agrupar/dividir os *clusters*, cada algoritmo considera uma das alternativas de distância/similaridade entre *clusters* dadas pelas métricas de integração. Cada métrica influencia diretamente o funcionamento do algoritmo. Esses algoritmos não têm uma função objetivo global, são baseados em decisões locais. Nas técnicas aglomerativas, o critério de agrupamento é tipicamente agrupar os pares de *clusters* mais próximos, de acordo com a métrica de integração utilizada (Barbara, 2000). Nas técnicas divisivas, o critério é, geralmente, dividir os grupos que possam gerar partições mais diferentes.

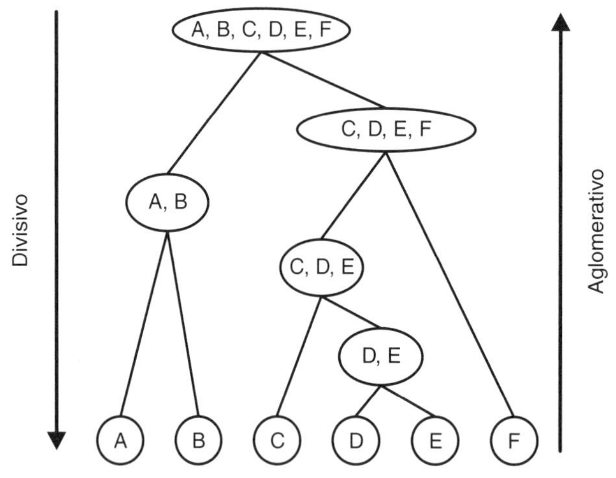


**Figura 13.1** Funcionamento dos algoritmos hierárquicos aglomerativos e divisivos.

Dados dois *clusters* $\mathbf{C}_1 = \{\mathbf{x}_1, \mathbf{x}_2, \ldots, \mathbf{x}_{n_1}\}$ e $\mathbf{C}_2 = \{\mathbf{x}_1, \mathbf{x}_2, \ldots, \mathbf{x}_{n_2}\}$, com os respectivos centroides $\bar{\mathbf{x}}^{(1)}$ e $\bar{\mathbf{x}}^{(2)}$, para quantificar distâncias entre os *clusters* podem ser utilizadas distâncias, como a euclidiana ou a de Manhattan, entre os centroides dos *clusters*, $d(\bar{\mathbf{x}}^{(1)}, \bar{\mathbf{x}}^{(2)})$, ou ainda quantificar essas distâncias de acordo com as distâncias entre pares de objetos dos dois *clusters*. A ideia, nesse caso, é calcular a distância entre todos os possíveis pares de objetos $(\mathbf{x}_i, \mathbf{x}_j)$, sendo um deles do primeiro *cluster*, $\mathbf{C}_1$, e outro do segundo, $\mathbf{C}_2$, e, em seguida, aplicar uma operação específica para traduzir essas distâncias na distância entre os *clusters*. Essa operação pode ser, por exemplo, o mínimo, a média ou o máximo dos valores das distâncias entre os objetos. Cada uma das distâncias entre *clusters* estabelecidas dessa maneira é uma métrica de integração.

A distância entre *clusters*, ilustrada pela Equação 13.2, é dada pela distância entre os objetos dos dois *clusters* que estão mais próximos, ou seja, é a distância mínima entre quaisquer dois objetos, um de cada *cluster*. Essa distância é empregada pelo algoritmo hierárquico com ligação mínima (*single-link*). A Equação 13.3 apresenta a distância média entre os objetos dos dois *clusters*. Essa distância é empregada pelo algoritmo hierárquico com ligação média (*average-link*). Por sua vez, a Equação 13.4 descreve a distância entre os objetos mais distantes dos dois *clusters*. Essa distância é empregada pelo algoritmo hierárquico com ligação máxima (*complete-link*).

$$d(\mathbf{C}_1, \mathbf{C}_2) = \min_{\substack{\mathbf{x}_i \in \mathbf{C}_1, \\ \mathbf{x}_j \in \mathbf{C}_2}} d(\mathbf{x}_i, \mathbf{x}_j) \tag{13.2}$$

$$d(\mathbf{C}_1, \mathbf{C}_2) = \frac{1}{n_1 n_2} \sum_{\substack{\mathbf{x}_i \in \mathbf{C}_1, \\ \mathbf{x}_j \in \mathbf{C}_2}} d(\mathbf{x}_i, \mathbf{x}_j) \tag{13.3}$$

$$d(\mathbf{C}_1, \mathbf{C}_2) = \max_{\substack{\mathbf{x}_i \in \mathbf{C}_1, \\ \mathbf{x}_j \in \mathbf{C}_2}} d(\mathbf{x}_i, \mathbf{x}_j) \tag{13.4}$$

A Figura 13.2 ilustra graficamente o significado das métricas de ligação mínima, máxima e média, bem como a distância euclidiana entre os centroides, entre dois *clusters*.

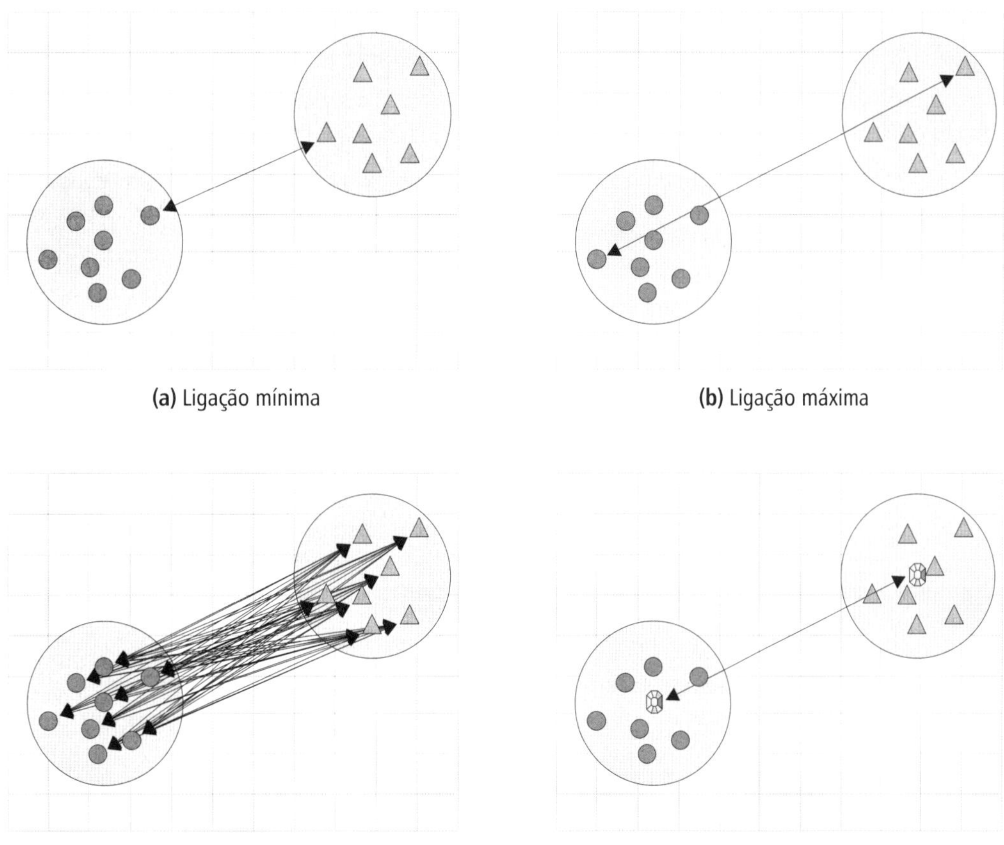

**(a)** Ligação mínima

**(b)** Ligação máxima

**(c)** Ligação média

**(d)** Centroide

**Figura 13.2** Distâncias entre *clusters*.

A métrica utilizada pelo algoritmo com ligação simples é indicada para manipular *clusters* com formato não elíptico, mas é muito sensível a ruídos e *outliers*. Em geral, essa métrica favorece *clusters* finos e alongados. Já a métrica do algoritmo com ligação máxima favorece *clusters* esféricos, é menos suscetível a ruídos e *outliers*, mas tende a quebrar *clusters* grandes e tem problemas com formas convexas (Barbara, 2000).

Em geral, os algoritmos hierárquicos não lidam bem com ruídos e *outliers* e dependem da ordem de apresentação dos dados. Por outro lado, não requerem a especificação prévia do número de *clusters*, e seus resultados correspondem a taxonomias, muito comuns em áreas como as ciências biológicas. Isso porque suas soluções são tipicamente representadas por dendrogramas, árvores binárias que representam uma hierarquia de partições (Barbara, 2000). Essencialmente, um dendrograma é formado por camadas de nós, cada uma representando um *cluster*. Linhas conectam nós representando *clusters* aninhados. O corte de um dendrograma na horizontal representa uma partição.

A Figura 13.3(a) ilustra um dendrograma com a hierarquia de agrupamento para o conjunto de objetos $\{A, B, C, D, E, F\}$. A altura das ramificações, em geral, é proporcional à distância dos *clusters* que foram agrupados/divididos. Cortes em cada nível do dendrograma representam diferentes partições dos dados, com diferentes números de *clusters*. A Figura 13.3(b) ilustra cortes no dendrograma representando as partições:

- $\pi^{k=2} = \{\{A, B\}, \{C, D, E, F\}\}$, com $k = 2$;
- $\pi^{k=3} = \{\{A, B\}, \{C, D, E\}, \{F\}\}$, com $k = 3$;
- $\pi^{k=4} = \{\{A\}, \{B\}, \{C, D, E\}, \{F\}\}$, com $k = 4$.

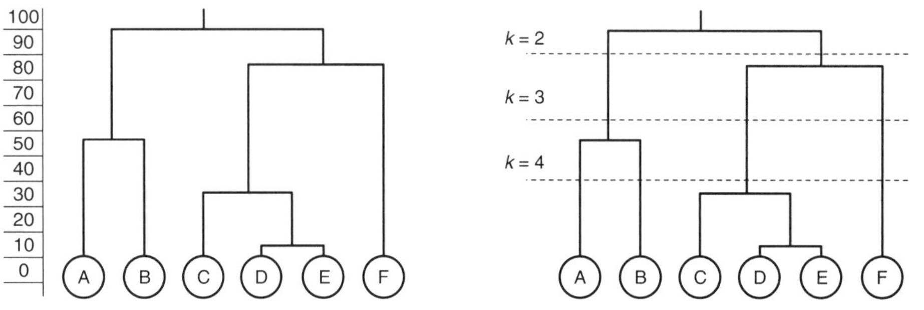


**(a)** Hierarquia de agrupamento

**(b)** Cortes

**Figura 13.3** Exemplo de dendrograma.

O Algoritmo 13.1 ilustra o funcionamento geral dos algoritmos de agrupamento hierárquico aglomerativos baseados em métricas de integração que são mais comumente utilizados. Com algumas modificações, obtém-se o algoritmo divisivo.

**Algoritmo 13.1** Algoritmo hierárquico aglomerativo

**Entrada:** Uma matriz de dissimilaridade entre pares de objetos $\mathbf{S}_{n \times n}$
**Saída:** Uma hierarquia de partições
Alocar cada objeto em um *cluster*
**enquanto** *há clusters para agrupar* **faça**
    Calcular a matriz de distância entre os pares de *clusters* disponíveis, utilizando uma métrica de integração
    Combinar o par de *clusters* $\mathbf{C}_i$ e $\mathbf{C}_j$ mais próximo, gerando um único *cluster* $\mathbf{C}_{ij}$
**fim**

Alguns outros algoritmos hierárquicos são: BIRCH (do inglês, *Balanced Iterative Reducing and Clustering using Hierarchies*) (Zhang *et al.*, 1996), CURE (do inglês, *Clustering Using REpresentatives*) (Guha *et al.*, 1998),

CHAMELEON (Karypis *et al.*, 1999), OPTICS (do inglês, *Ordering Points To Identify the Clustering Structure*) (Ankerst *et al.*, 1999) e ROCK (do inglês, *RObust Clustering using linKs*) (Guha *et al.*, 2000).

## 13.2 Algoritmos Particionais Baseados em Erro Quadrático

Esses algoritmos otimizam o critério de agrupamento de forma iterativa. Após a criação de uma partição inicial, os objetos são movidos de um *cluster* para outro com o objetivo de melhorar o valor do critério de agrupamento. Esses algoritmos são computacionalmente eficientes, porém podem convergir para um ótimo local.

O critério de agrupamento adotado por esses algoritmos é o erro quadrático, que garante a propriedade de compactação dos *clusters*. Esses algoritmos buscam uma partição que minimize o erro quadrático para um número fixo de *clusters*. Minimizar o erro quadrático, ou a variação dentro de um *cluster*, é equivalente a maximizar a variação entre *clusters* (Jain e Dubes, 1988). O erro quadrático para um agrupamento contendo $k$ *clusters* é a soma da variação dentro dos *clusters*, ilustrada pela Equação 13.5, em que $\bar{\mathbf{x}}^{(j)}$ é o centroide do *cluster* $\mathbf{C}_j$, como definido na Equação 13.1, e $d(\mathbf{x}_i, \bar{\mathbf{x}}^{(j)})$ é a distância euclidiana entre um objeto $\mathbf{x}_i$ e o centroide $\bar{\mathbf{x}}^{(j)}$. Outras distâncias, como a distância de Mahalanobis, podem ser usadas para definir o erro quadrático. O centroide pode ser a média, como definido na Equação 13.1, ou também a mediana de um grupo de objetos.

$$E = \sum_{j=1}^{k} \sum_{\mathbf{x}_i \in \mathbf{C}_j} d(\mathbf{x}_i, \bar{\mathbf{x}}^{(j)})^2 \tag{13.5}$$

Algoritmos dessa categoria buscam uma partição contendo $k$ *clusters* que minimiza $E$, para um valor fixo de $k$. A partição resultante também é chamada de partição de variância mínima. Minimizar essa função é um problema NP-hard (Jain, 2010). Assim, na prática, os algoritmos dessa categoria são gulosos e podem convergir para ótimos locais.

O principal representante dessa categoria é o algoritmo $k$-médias, um dos algoritmos de agrupamento mais simples e conhecidos. Outros algoritmos dessa categoria são: PAM (do inglês, *Partitioning Around Medoids*) (Kaufman e Rousseeuw, 1990), CLARA (do inglês, *Clustering Large Applications*) (Kaufman e Rousseeuw, 1990) e CLARANS (do inglês, *Clustering Large Applications based on the Randomized Search*) (Ng e Han, 1994).

O algoritmo $k$-médias particiona o conjunto de dados em $k$ *clusters*, em que o valor de $k$ é fornecido pelo usuário (Duda *et al.*, 2001). Esses *clusters* são formados de acordo com alguma medida de similaridade. O algoritmo $k$-médias usa uma técnica de realocação iterativa, que pode convergir para um ótimo local. Existem várias versões do $k$-médias, cada uma solucionando uma deficiência do algoritmo original. A versão original gera *clusters* compactos e de formato esférico. Mas existem versões em que, por exemplo, a distância de Mahalanobis é usada para encontrar *clusters* hiperelipsoidais. Berkhin (2002) e Jain *et al.* (1999) discutem brevemente algumas dessas versões.

O Algoritmo 13.2 ilustra o funcionamento do algoritmo $k$-médias básico. Esse algoritmo começa inicializando um conjunto de $k$ centroides para os *clusters*. Essa inicialização pode ser feita de diferentes maneiras. Uma bastante comum é a escolha aleatória de $k$ objetos do conjunto de dados para representar os centroides iniciais. Em seguida, cada ponto do conjunto de dados é associado ao *cluster* com o centroide mais próximo. Depois disso, os centroides são recalculados. O processo é repetido até que os centroides não sejam mais alterados. Outra possibilidade de critério de parada para o algoritmo é sua execução por um número predeterminado de iterações.

$k$-médias utiliza o erro quadrático, definido pela Equação 13.5, para minimizar a distância entre cada objeto e o centroide do *cluster* ao qual ele pertence (Halkidi *et al.*, 2001). Ele gera *clusters* de formato globular (hiperesférico) do mesmo tamanho (raio) ou *clusters* bem separados.

O algoritmo $k$-médias é sensível à escolha inicial dos centroides e da sua forma de atualização. Além disso, dependendo da distância empregada, é restrito a objetos em espaços euclidianos. Os *clusters* encontrados por esse algoritmo são em geral desbalanceados. Sua complexidade é $O(n)$, dado que o número de iterações é tipicamente pequeno e $k << n$ (Barbara, 2000). Além disso, também é considerado que $d << n$.

**Algoritmo 13.2** Algoritmo *k*-médias

**Entrada:** Um conjunto de dados $\mathbf{X}_{n \times d}$
Número de *clusters* $k$
**Saída:** Uma partição de $\mathbf{X}$ em $k$ *clusters*
Escolher aleatoriamente $k$ elementos para centroides dos *clusters*
**repita**
  **para cada** *objeto* $\mathbf{x}_i \in \mathbf{X}$ *e cluster* $\mathbf{C}_j, j = 1, \ldots k$ **faça**
    Calcular a distância entre $\mathbf{x}_i$ e o centroide do *cluster* $\bar{\mathbf{x}}^{(j)}$: $d(\mathbf{x}_i, \bar{\mathbf{x}}^{(j)})$, utilizando uma medida de distância
  **fim**
  **para cada** *objeto* $\mathbf{x}_i$ **faça**
    Associar $\mathbf{x}_i$ ao *cluster* com centroide mais próximo
  **fim**
  **para cada** *cluster* $\mathbf{C}_j, j = 1, \ldots k$ **faça**
    Recalcular o centroide
  **fim**
**até** *não haver mais alteração na associação dos objetos aos clusters;*

## 13.3 Algoritmos Baseados em Densidade

Esses algoritmos assumem que os *clusters* são regiões de alta densidade de objetos, separadas por regiões com baixa densidade, no espaço de dados. Um *cluster* definido como um componente denso conectado cresce em qualquer direção dada pela densidade (Berkhin, 2002). Assim, esses algoritmos podem gerar *clusters* de formatos arbitrários.

Além do algoritmo DENCLUE (do inglês, *DENsity-based CLUstEring*), descrito a seguir, também podem ser mencionados os algoritmos DBSCAN (do inglês, *Density-Based Spatial Clustering of Applications with Noise*) (Ester *et al.*, 1996) e *Wave-cluster* (também baseado em *grid*) (Sheikholeslami *et al.*, 1998) como baseados em densidade. DENCLUE modela a densidade global de um conjunto de pontos como a soma de funções "influência" associadas a cada *cluster* (Hinneburg e Keim, 1998). A função de densidade global resultante tem picos locais que podem ser usados para definir *clusters*. Para cada ponto, encontra-se o pico mais próximo associado a ele. O conjunto de todos os pontos associados a um dado pico (atrator de densidade local) se torna um *cluster*. Se a densidade em um pico local for muito baixa, os pontos associados a esse *cluster* são considerados ruídos e descartados. Se dois picos locais forem conectados por um caminho de pontos e a densidade de cada um desses pontos no caminho for superior a um *threshold* de densidade mínimo $\xi$, os *clusters* associados a esses picos são unidos.

O cálculo da função de densidade global requer a soma das funções influência de todos os pontos. Porém, a maioria dos pontos não contribui para a função de densidade global. Por isso, DENCLUE utiliza uma função de densidade local, que considera apenas os pontos que de fato contribuem para a função de densidade global. DENCLUE é baseado em estimação de densidade por *kernel* (*kernel density estimation*), que descreve a distribuição dos dados por uma função de densidade global. A contribuição de cada ponto para essa função é expressa por uma função influência ou *kernel*. A função global é a soma das funções associadas a cada ponto. Para a definição da função influência, é utilizada uma função de distância qualquer, que seja reflexiva e simétrica. Hinneburg e Keim (1998) utilizam a distância euclidiana. Tipicamente, a função influência decresce com o aumento da distância ao ponto. Uma função *kernel* utilizada frequentemente é a função gaussiana.

DENCLUE é dividido em duas etapas: preagrupamento e agrupamento. Na etapa de preagrupamento, é construído um mapa da porção relevante do espaço de dados para acelerar o cálculo da função de densidade. Na etapa de agrupamento, o algoritmo identifica os atratores de densidade e os pontos atraídos correspondentes. O mapa é criado dividindo o (hiper-)retângulo de limite mínimo (*minimum bounding hyper-rectangle*) dos dados em hipercubos de dimensão $d$ com aresta de tamanho $2\sigma$. Primeiro, são determinados os hipercubos que contêm pontos de dados. Em seguida, eles são numerados de acordo com sua posição em relação a dada origem. Dessa forma, os hipercubos são mapeados em chaves unidimensionais. As chaves dos cubos povoados são armazenadas em uma árvore de busca para permitir um acesso eficiente.

Para o agrupamento, são considerados apenas os cubos mais povoados e os cubos conectados a eles. Para cada ponto $\mathbf{x}_i$ é calculada a função de densidade local considerando apenas os pontos de *clusters* conectados ao *cluster* que contém $\mathbf{x}_i$ e que têm centroides a uma distância de $k\sigma$ de $\mathbf{x}_i$. Cada ponto $\mathbf{x}_j$ no caminho de $\mathbf{x}_i$ ao seu atrator de densidade é associado ao mesmo *cluster* de $\mathbf{x}_i$ se a distância entre $\mathbf{x}_i$ e $\mathbf{x}_j$ for menor ou igual a $\sigma/2$. Os *clusters* associados a um atrator de densidade cuja densidade seja menor que $\xi$ são descartados. Os atratores de densidade ligados por um caminho de pontos de densidade maior que $\xi$ são unidos. DENCLUE tem uma fundamentação sólida e apresenta uma descrição matemática compacta dos *clusters*. Ele também pode ser classificado como baseado em *grid*. Uma deficiência dele é ser muito sensível à escolha dos valores dos parâmetros, que são difíceis de determinar. Dependendo da escolha desses valores, ele pode se comportar como os algoritmos DBSCAN, $k$-médias ou hierárquico.

## 13.4 Algoritmos Baseados em Grafo

Esses algoritmos usam a teoria dos grafos para representar um conjunto de dados por um grafo de proximidade. No caso mais simples, cada nó representa um objeto e é conectado com os $n - 1$ nós restantes, resultando em um grafo completo. Os pesos das arestas representam a similaridade ou a distância entre os objetos. Os métodos de agrupamento decompõem os grafos em componentes conectados pela remoção de arestas inconsistentes, ou, ainda, inserem/removem arestas de acordo com algum critério. Cada um desses componentes resultantes do processo de agrupamento vai representar um *cluster*.

Os algoritmos HSC (do inglês, *Highly Connected Subgraph*) (Hartuv e Shamir, 2000) e CLICK (do inglês, *CLuster Identification via Connectivity Kernels*) (Sharan e Shamir, 2000) representam dados por um grafo de similaridade e particionam recursivamente o conjunto atual de elementos em dois subconjuntos. Antes de cada divisão, consideram o subgrafo induzido pelo subconjunto atual de elementos. Se o subgrafo satisfaz um critério de parada, ele é declarado um *kernel*. Caso contrário, um corte de peso mínimo é computado no subgrafo, e o conjunto é dividido nos dois subconjuntos separados pelo corte. A saída gerada é uma lista de *kernels*, usada para definir os eventuais *clusters*. A diferença entre HSC e CLICK está no grafo de similaridade que eles constroem, no critério de parada e no pós-processamento dos *kernels* (Shamir e Sharan, 2002). O algoritmo CLICK é mais recente e, atualmente, mais utilizado.

## 13.5 Algoritmos Baseados em Redes Neurais

Como apresentado no Capítulo 7, as RNs são sistemas paralelos distribuídos compostos de unidades de processamento que computam funções matemáticas simples, dispostos em uma ou mais camadas e interligadas por um grande número de conexões. Várias RNs utilizam aprendizado não supervisionado. Os algoritmos de agrupamento baseados em redes neurais incluem os usados para treinar RNs SOM (do inglês, *Self Organizing Map*) (Kohonen, 2001), GCS (do inglês, *Growing Cell Structures*) (Fritzke, 1994), SOTA (do inglês, *Self-Organizing Tree Algorithm*) (Herrero *et al.*, 2001), HGSOT (do inglês, *Hierarchically Growing Self-Organizing Tree*) (Luo *et al.*, 2003) e DGSOT (do inglês, *Dynamically Growing Self-Organizing Tree*)(Luo *et al.*, 2004).

A rede SOM (*Self-Organizing Map*) (Kohonen, 2001) foi a primeira RN utilizada no agrupamento de dados. Ela é treinada de forma não supervisionada para encontrar *clusters* em dados. SOM geralmente utiliza uma única camada de neurônios, que são organizados em um reticulado uni ou bidimensional. Cada neurônio está conectado a todas as entradas da rede. Para cada objeto apresentado à rede, os neurônios computam seus valores de ativação, ativando uma ou mais regiões de um reticulado. Para cada objeto de entrada, os neurônios da rede competem entre si para terem seus pesos ajustados. O neurônio com maior valor de ativação é o vencedor da competição, e tem seus pesos ajustados. Também têm seus pesos ajustados os neurônios localizados na vizinhança do neurônio vencedor. O ajuste dos pesos aumenta as chances desses neurônios vencerem a competição para objetos semelhantes ao atual. Assim, durante a execução do algoritmo, os vetores de entrada direcionam o movimento dos vetores de peso, promovendo uma organização topológica dos neurônios da rede. Ainda durante o treinamento, a região de vizinhança dos neurônios vencedores é gradativamente reduzida.

O treinamento da rede SOM busca um conjunto de vetores de referência que associa cada objeto do conjunto de dados ao vetor de referência mais próximo. O desempenho de seu algoritmo de treinamento depende da inicialização dos vetores de referência. Sua execução gera um conjunto de vetores de referência que definem implicitamente os *clusters*.

## 13.6 Algoritmos Baseados em *Grid*

Esse grupo de algoritmos define um *grid* (reticulado) para o espaço de dados e realiza todas as operações nesse espaço reticulado. Em termos gerais, essa abordagem é muito eficiente para grandes conjuntos de dados, é capaz de encontrar *clusters* de formas arbitrárias e lida bem com *outliers*.

Alguns dos algoritmos que se enquadram nessa categoria são: CLIQUE (do inglês, *CLustering In QUEst*) (Agrawal *et al.*, 1998), descrito a seguir, MAFIA (do inglês, *Merging of Adaptative Finite Intervals*) (Nagesh *et al.*, 2001a,b), OptiGrid (do inglês, *Optimal Grid clustering*) (Hinneburg e Keim, 1999) e STING (do inglês, *STatistical INformation Grid-based method*) (Wang *et al.*, 1997). Alguns desses algoritmos foram projetados com uma funcionalidade em mente. Os algoritmos CLIQUE e MAFIA, por exemplo, foram especificamente projetados para trabalhar com dados de alta dimensão.

CLIQUE (Agrawal *et al.*, 1998) busca *clusters* em subespaços dos dados. Baseado em *grid* e densidade, ele identifica *clusters* densos em subespaços de dimensionalidade máxima. Os *clusters* gerados são descritos na forma de expressões FND, que são minimizadas para facilitar a compreensão. O resultado não depende da ordem de apresentação dos objetos. O algoritmo CLIQUE também não supõe nenhuma forma matemática específica de distribuição dos dados. Além disso, CLIQUE é tolerante a valores ausentes nos dados de entrada. Por ser baseado em densidade, CLIQUE assume um *cluster* como uma região cuja densidade de pontos é maior do que na região a sua volta. O problema tratado pelo algoritmo é identificar automaticamente projeções dos dados de entrada em um subconjunto dos atributos, com essas projeções incluindo regiões de alta densidade.

CLIQUE encontra regiões de alta densidade particionando o espaço de dados em células (hiper-retângulos). Um *cluster* corresponde à união de todas as células de alta densidade adjacentes. Uma vez que um *cluster* representa uma região densa em algum subespaço do espaço de atributos, haverá áreas densas correspondentes ao *cluster* em todos os subespaços de menor dimensão. CLIQUE usa essa premissa para, no início, procurar todas as áreas densas em espaços unidimensionais correspondentes a cada atributo. Em seguida, gera um conjunto de células bidimensionais que podem ser densas. Isso é realizado a partir das células unidimensionais densas. Cada célula bidimensional deve ser associada a um par de células unidimensionais densas. Da mesma forma, são construídas células densas para as demais dimensões. Os *clusters* são obtidos encontrando um conjunto maximal de unidades densas em determinado número de dimensões. Efetivamente, o CLIQUE faz seleção de atributos (seleciona vários subespaços) e agrupa os dados sob diferentes perspectivas.

## 13.7 Considerações Finais

Este capítulo apresentou representantes das principais categorias de algoritmos de agrupamento de dados. As categorias consideradas foram a dos algoritmos hierárquicos (Seção 13.1), particionais baseados em erro quadrático (Seção 13.2), baseados em densidade (Seção 13.3), baseados em grafo (Seção 13.4), baseados em redes neurais (Seção 13.5) e baseados em *grid* (Seção 13.6). Mais especificamente, foram brevemente introduzidos os algoritmos DENCLUE, baseado em densidade, HSC e CLICK, baseados em grafo, SOM, baseado em redes neurais e CLIQUE, baseado em *grid*. Além disso, foram apresentados detalhes de dois dos algoritmos mais tradicionais e amplamente empregados em análise de agrupamento: os algoritmos hierárquicos aglomerativos baseados em métricas de integração e o $k$-médias. Nessas descrições, foram apresentados os procedimentos utilizados por esses algoritmos para encontrar *clusters* em conjuntos de dados.

Foram apresentados alguns dos algoritmos de agrupamento mais tradicionais. Vários outros algoritmos foram mencionados. A quantidade de algoritmos existentes é bastante extensa, e vários novos algoritmos são propostos a cada ano, tanto variações e melhorias dos algoritmos tradicionais como baseados em novas abordagens, como as abordagens multiobjetivo e estratégias de combinação, detalhadas no Capítulo 14, e também estratégias de agrupamento não exclusivo, de agrupamento simultâneo de objetos e atributos e de agrupamento em subespaços dos atributos (Jain, 2010).

## 13.8 Exercícios

**Exercício 13.1** Descreva o funcionamento do algoritmo $k$-médias.

**Resposta** Informações detalhadas na Seção 13.2.

**Exercício 13.2** Discuta as diferenças dos algoritmos $k$-médias e *single-link* em termos dos critérios de agrupamento em que cada um é baseado.

**Resposta** Integrar informações sobre os critérios de agrupamento e sobre os algoritmos, presentes nas Seções 12.1, 13.1 e 13.2.

**Exercício 13.3** Seja um conjunto de dados com os objetos $\mathbf{x}_1 = (1, 9)$, $\mathbf{x}_2 = (10, 5)$ e $\mathbf{x}_3 = (2, 5)$. Você está aplicando o algoritmo $k$-médias para achar dois *clusters*. Em uma iteração, você achou os centroides $\bar{\mathbf{x}}^{(1)} = (1, 5)$ e $\bar{\mathbf{x}}^{(2)} = (10, 9)$. Que centroides você encontrará na próxima iteração? Mostre os cálculos e detalhe todos os passos até a obtenção dos centroides.

**Resposta** Os centroides na próxima iteração serão $\bar{\mathbf{x}}^{(1)} = (1, 5, 7)$ e $\bar{\mathbf{x}}^{(2)} = (10, 5)$

**Exercício 13.4** Seja o conjunto de dados e o dendrograma a seguir (Figura 13.4), bem como a partição conhecida $\pi^{real} = \{\{A, B, C\}, \{D, E, F\}\}$.

| ID | A1 | A2 |
|---|---|---|
| A | 1,5 | 6 |
| B | 2 | 5 |
| C | 2,5 | 4 |
| D | 3 | 3,5 |
| E | 3 | 2 |
| F | 2,5 | 2 |

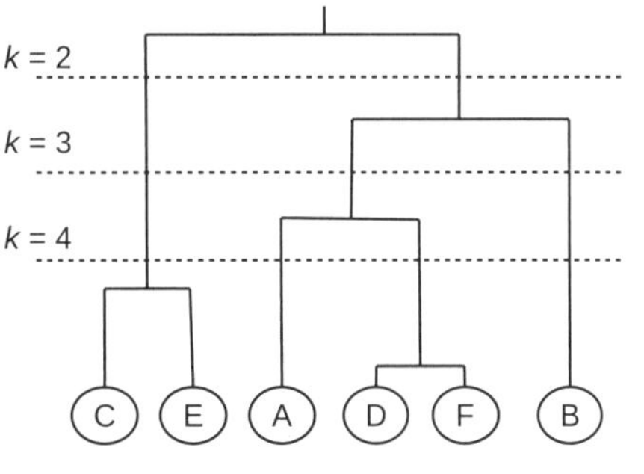


**Figura 13.4** Dendrograma.

a. Obtenha uma partição $\pi^{km}$ desses dados, com dois *clusters*, utilizando o algoritmo $k$-médias. Comece com os objetos A e D como centroides. Considere como critério de parada os centroides não se alterarem mais.

b. Execute o algoritmo *single-link* para esses dados e desenhe o dendrograma representando a hierarquia de partições produzida. Qual será a partição $\pi^{sl}$ obtida se o dendrograma for cortado para produzir dois *clusters*?

c. Compare as partições $\pi^{km}$ e $\pi^{sl}$ em termos do erro quadrático e discuta o seu significado, considerando os critérios de agrupamento com os quais elas foram obtidas.

d. Sejam as partições $\pi^1 = \{\{A, B\}, \{C, D\}, \{E, F\}\}$, $\pi^2 = \{\{E, B\}, \{C, F, A\}, \{D\}\}$ e $\pi^3 = \{\{A, F\}, \{D, E\}, \{B, C\}\}$. Dado que $k$-médias busca por partições que tenham o menor erro quadrático, qual delas você acha que ele geraria? Por quê?

e. Indique as partições obtidas pelos cortes no dendrograma fornecido ($\pi^{k=2}$, $\pi^{k=3}$ e $\pi^{k=4}$).

## Respostas

a. Partição resultante: $\pi^{km} = \{\{A, B\}, \{C, D, E, F\}\}$. Os centroides estabilizam com apenas 1 iteração.

b. Dendrograma na Figura 13.5 e $\pi^{sl} = \{\{A, B, C, D\}, \{E, F\}\}$.

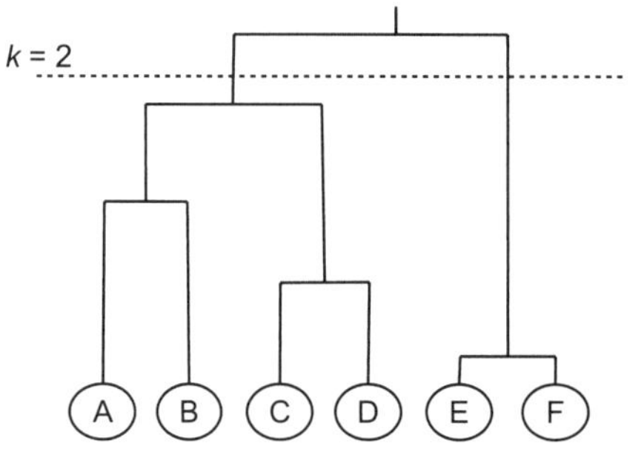


**Figura 13.5** Dendrograma.

c. $E(\pi^{km}) = 4{,}0625$ e $E(\pi^{sl}) = 5{,}0625$. A partição $\pi^{km}$ tem naturalmente o menor erro quadrático, já que esse é o critério otimizado pelo algoritmo $k$-médias.

d. $E(\pi^1) = 1$, $E(\pi^2) = 13,7$ e $E(\pi^3) = 11,5$. Assim, $\pi^1$ é provavelmente a gerada pelo $k$-médias, pois ele tem o objetivo de otimizar esse critério.

e. $\pi^{k=2} = \{\{C, E\}, \{A, B, D, F\}\}$,
$\pi^{k=3} = \{\{C, E\}, \{A, D, F\}, \{B\}\}$ e
$\pi^{k=4} = \{\{C, E\}, \{A\}, \{D, F\}, \{B\}\}$).

**Exercício 13.5** Considerando o conjunto de dados Pessoas da Tabela 12.1(a) (Exercício 12.4 do Capítulo 12),

a. Calcule os centroides dos *clusters* $\mathbf{C}_1 = \{Marcos, Ana, Silvio\}$, $\mathbf{C}_2 = \{Amanda, Marta\}$ e $\mathbf{C}_3 = \{Ronaldo, Josias, Rose, Claudio\}$.

b. Considerando $k = 3$ e os centroides $\bar{\mathbf{x}}^{(1)} = (3,33,\ 52,33,\ 15)$, $\bar{\mathbf{x}}^{(2)} = (7,33,\ 63,67,\ 27,33)$ e $\bar{\mathbf{x}}^{(3)} = (5,\ 80,33,\ 52)$, execute o algoritmo $k$-médias, assumindo que o critério de parada é ter executado 3 iterações. Responda:

   i. Qual foi a partição encontrada?
   ii. Qual é o erro quadrático dessa partição?
   iii. Quais são os centroides que representam a partição encontrada?
   iv. Quais são os centroides após a primeira iteração?
   v. Você identifica algum potencial significado dos *clusters* encontrados?

c. Execute o algoritmo hierárquico com ligação simples e responda:

i. Desenhe o dendrograma produzido.
ii. Qual é a partição obtida se o dendrograma for cortado para produzir 3 *clusters*? E 2 *clusters*?
iii. Você identifica algum potencial significado dos *clusters* encontrados?

## Respostas

a. $\bar{\mathbf{x}}^{(1)} = (5,33,\ 90,67,\ 38,33)$,
$\bar{\mathbf{x}}^{(2)} = (5,\ 22,\ 4,5)$ e
$\bar{\mathbf{x}}^{(3)} = (5,25,\ 68,25,\ 39,75)$

b. i. $\pi^{km} = \{\{Marta, Ronaldo, Amanda\}, \{Ana, Rose, Claudio\}, \{Silvio, Marcos, Josias\}\}$
ii. $E(\pi^{km}) = 116,424$
iii. $\bar{\mathbf{x}}^{(1)} = (4,\ 28,33,\ 6,33)$,
$\bar{\mathbf{x}}^{(2)} = (9,33,\ 74,33,\ 37,67)$ e
$\bar{\mathbf{x}}^{(3)} = (2,33,\ 93,67,\ 50,33)$
iv. $\bar{\mathbf{x}}^{(1)} = (4,\ 28,33,\ 6,33)$,
$\bar{\mathbf{x}}^{(2)} = (10,\ 68,\ 34)$ e
$\bar{\mathbf{x}}^{(3)} = (5,\ 87,2,\ 46)$
v. Discutir com base nos valores dos atributos e possíveis significados considerando os objetos de cada *cluster*.

c. i. Dendrograma na Figura 13.6.

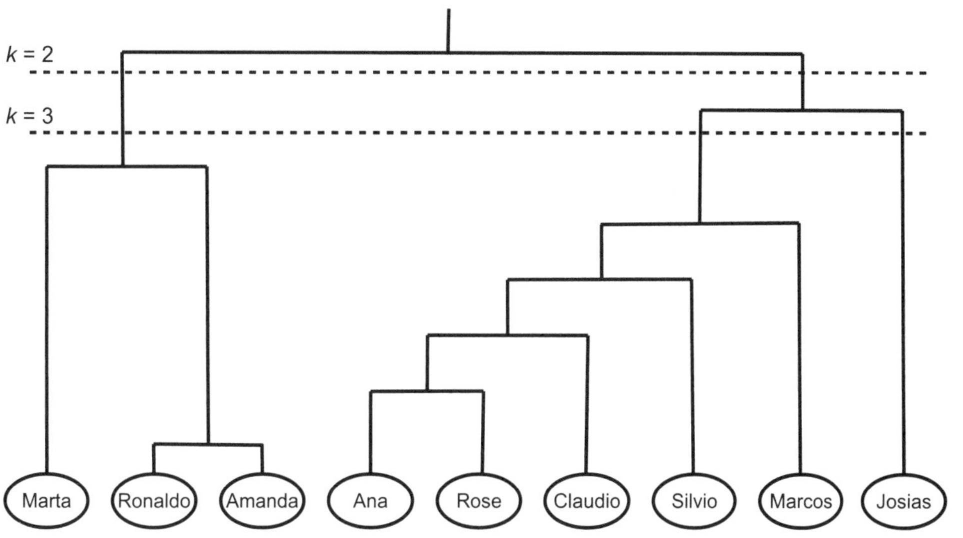


**Figura 13.6** Resultado do algoritmo hierárquico com ligação simples.

ii. 3 *clusters*:
$\pi^{sl-k=3} = \{\{Marta, Ronaldo, Amanda\}, \{Ana, Rose, Claudio, Silvio, Marcos\}, \{Josias\}\}$
2 *clusters*:
$\pi^{sl-k=2} = \{\{Marta, Ronaldo, Amanda\}, \{Ana, Rose, Claudio, Silvio, Marcos, Josias\}\}$
iii. Discutir com base nos valores dos atributos e possíveis significados considerando os objetos de cada *cluster*.

# 14 MODELOS MÚLTIPLOS DESCRITIVOS

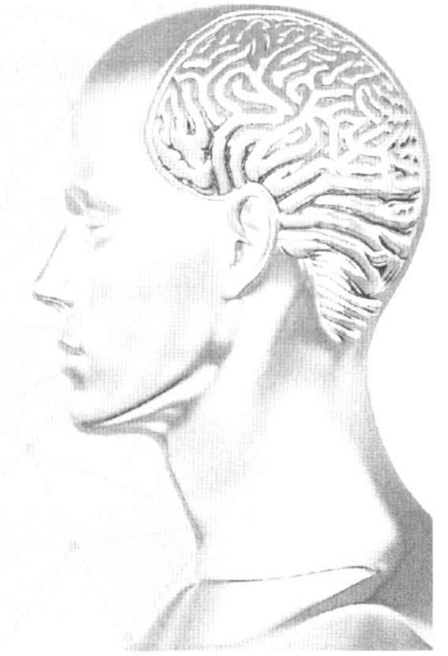

Como apresentado no Capítulo 12, a análise de agrupamento visa identificar padrões nos dados a partir da similaridade entre os objetos. No entanto, a aplicação de uma única técnica pode ser limitada, pelos aspectos já mencionados, e também quando inseridas em contextos mais complexos. Por essas razões, vários tipos de modelos múltiplos surgem oferecendo alternativas robustas, que, além de superar as limitações discutidas, ampliam a diversidade de aplicações e problemas que podem ser resolvidos por análise de agrupamento.

Modelos múltiplos podem envolver a combinação de diversos tipos de técnicas, sendo chamadas de sistemas híbridos, ou combinar múltiplas soluções de agrupamento obtidas com uma mesma técnica. Em geral, as abordagens híbridas e os modelos múltiplos buscam a melhora de desempenho ante as técnicas tradicionais, redução de falhas, aproveitamento das formas com que cada técnica lida com as limitações e ampliação da gama de critérios atendidos ou a resolução de diferentes problemas/subproblemas.

Tradicionalmente, obtém-se um único agrupamento a partir de um único conjunto de dados [Figura 14.1(a)]. Com a grande quantidade e variedade de modelos múltiplos frequentemente sendo propostos, surgiram diversas outras configurações relacionando dados e soluções, como ilustradas na Figura 14.1. Neste caso, os vários conjuntos de dados podem se referir tanto a diferentes conjuntos de objetos quanto a diferentes subconjuntos de atributos referentes ao mesmo conjunto de objetos.

Os primeiros modelos múltiplos descritivos foram os comitês (*ensembles*) de agrupamentos (Vega-Pons e Ruiz-Shulcloper, 2011; Boongoen e Iam-On, 2018). Quase todos se enquadram nas situações 14.1(a) ou 14.1(b). Novas abordagens de comitês de agrupamentos continuam sendo propostas, melhorando desempenho e generalidade desses modelos.

Comitês de agrupamentos combinam agrupamentos previamente obtidos por um único algoritmo de agrupamento (comitês homogêneos) ou por vários algoritmos (comitês heterogêneos) (Handl e Knowles, 2004). A Seção 14.1 descreve os principais conceitos sobre comitês de agrupamentos, compara várias técnicas existentes e faz uma descrição detalhada de algumas delas. Os comitês são mais robustos e geralmente fornecem soluções de melhor qualidade que os algoritmos tradicionais de agrupamento, mas não exploram todo o potencial do uso de múltiplos critérios, pois *clusters* que não podem ser detectados por algum dos membros do comitê provavelmente não aparecerão na solução final (Handl e Knowles, 2004). Existem outras abordagens que superam ou aliviam essa limitação, tais como técnicas de agrupamento multiobjetivo, que realizam a otimização direta de vários objetivos (critérios de agrupamento) simultaneamente. Além dos comitês, vários outros sistemas híbridos e modelos múltiplos buscam uma única solução, tais como algoritmos evolutivos (AEs) para agrupamento (Hruschka *et al.*, 2009) e algoritmos de agrupamento multiobjetivo de Law *et al.* (2004) e de Jiamthapthaksin *et al.* (2009).

Nas últimas décadas, várias pesquisas investigaram a obtenção de múltiplas soluções, partindo tanto de um único conjunto de dados [14.1(c)] quanto de múltiplos conjuntos [14.1(d)], como várias abordagens que utilizam AEs multiobjetivo, abordagens de *multiview clustering*, *alternative clustering*, *subspace clustering* e *multi-run clustering* (Hruschka *et al.*, 2009; Mukhopadhyay *et al.*, 2015; Müller *et al.*, 2012, 2013). Há uma edição inteira do periódico *Machine Learning* só sobre o tema múltiplos agrupamentos (Müller *et al.*, 2015). Entre essas técnicas que identificam múltiplas soluções, várias combinam comitês e otimização multiobjetivo, como os comitês multiobjetivo (Coelho *et al.*, 2010; Faceli *et al.*, 2009; Coelho *et al.*, 2011; Liu *et al.*, 2012).

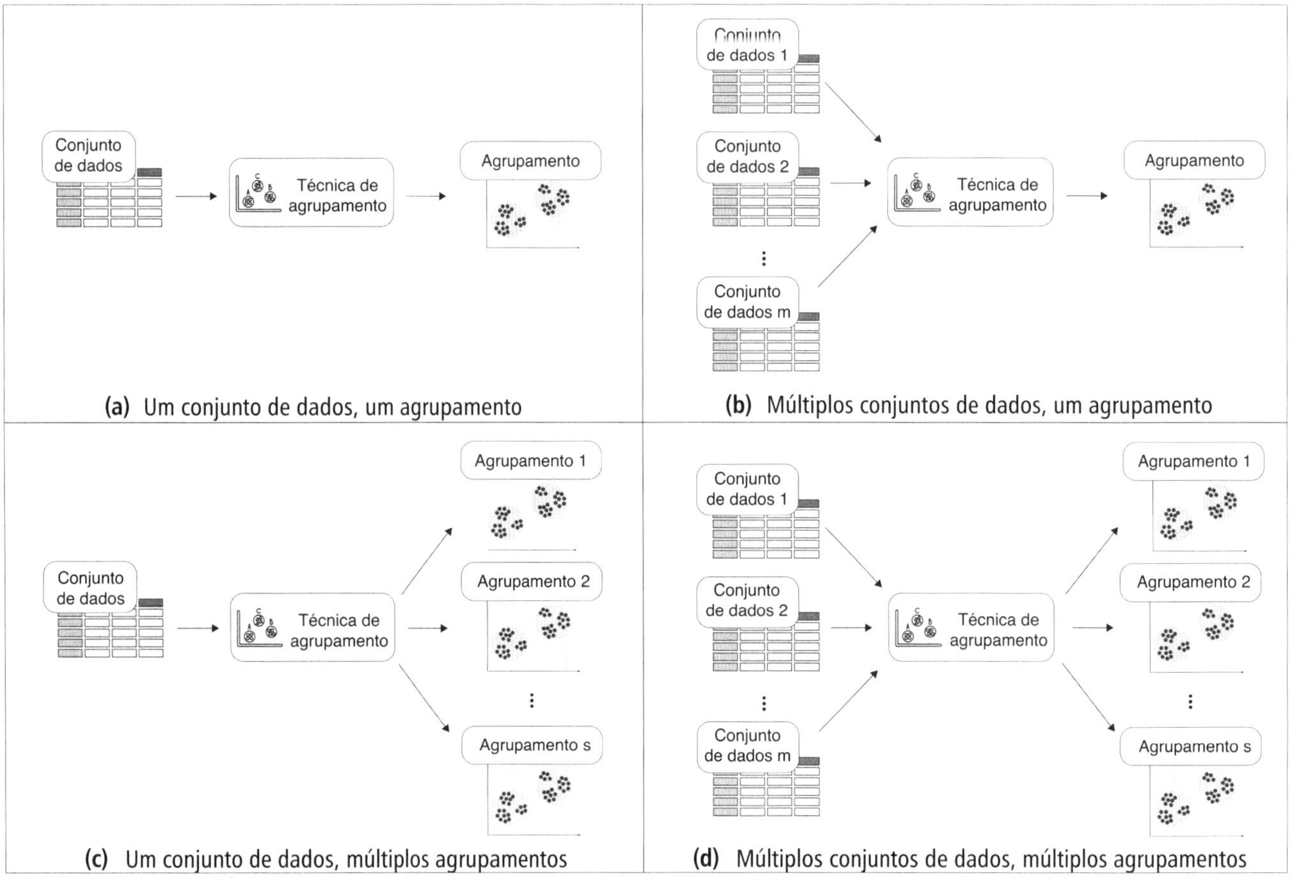


**Figura 14.1** Multiplicidade de dados e soluções para tarefas de agrupamento.

Em geral, técnicas que buscam por múltiplas soluções procuram ampliar a generalidade das técnicas em relação à diversidade de critérios de agrupamento atendidos e aumentar o número de estruturas relevantes encontradas. Essas estruturas podem ser definidas por diferentes critérios, e estar escondidas em diferentes níveis de refinamento, ou em diferentes subconjuntos dos atributos originais. De maneira geral, buscam sempre melhorar a capacidade de extração de conhecimento. Aplicações que se beneficiam de encontrar múltiplos agrupamentos incluem (Müller *et al.*, 2013):

- Melhoramento genético na agropecuária e desenvolvimento de tratamentos médicos, em que o uso de agrupamento serve, por exemplo, para identificar genes com funções semelhantes. A identificação de múltiplas soluções é apropriada, pois um gene pode ter múltiplas funções e a identificação dessas funções pode ser relevante, por exemplo, para evitar que alterações feitas em um gene, com técnicas de melhoramento genético ou com terapias gênicas, interfiram em outros componentes do funcionamento do organismo.
- Segmentação de clientes, em que se podem agrupar clientes por seus perfis para identificar possíveis interesses. Múltiplas soluções são apropriadas, pois diferentes grupos de clientes podem ter interesses diferentes e cada cliente pode ter vários interesses. Nesse caso, múltiplas visões dos dados são adequadas para identificar múltiplas soluções.
- Análise de textos, em que se pode agrupar um conjunto de textos para identificar novos tópicos. Um agrupamento poderia dividir os textos em diversos tópicos bem conhecidos, mas soluções alternativas podem ajudar na identificação de novos tópicos nos mesmos textos.

Modelos múltiplos, apesar de agregarem esforços para melhoria da qualidade das soluções, também aumentam a complexidade do processo para a obtenção das soluções. Assumindo que os algoritmos tradicionais são muito eficientes e eficazes em encontrar soluções de acordo com seus critérios específicos, abordagens híbridas têm sido propostas para a seleção dos modelos utilizados. Essas abordagens começam com a geração de uma grande quantidade de agrupamentos, utilizando critérios diversos, a partir de algoritmos tradicionais. Em seguida, selecionam um conjunto reduzido e diverso desses agrupamentos, buscando múltiplas soluções. Alguns exemplos dessa abordagem são as técnicas ASA (*Automatic Selection Algorithm*) e HSS (*Hybrid Selection Strategy*) (Sakata *et al.*, 2010; Yu *et al.*, 2014; Antunes *et al.*, 2017).

A seguir, são detalhados os comitês de agrupamento (Seção 14.1) e abordagens para AEs multiobjetivo (Seção 14.2). Na Seção 14.3, são apresentados os principais aspectos de algumas outras técnicas híbridas que combinam múltiplos agrupamentos.

## 14.1 Comitês de Agrupamentos

Em tarefas de classificação e regressão, a combinação de estimadores independentes em comitês frequentemente supera o desempenho preditivo obtido por estimadores individuais (ver Capítulo 9). Porém, essas técnicas não são aplicáveis às abordagens descritivas, pelas próprias características que diferem os dois tipos de tarefas, com destaque para a ausência de resposta desejada (Topchy *et al.*, 2003).

O problema de combinação de algoritmos de agrupamento é formalizado por Topchy *et al.* (2003): dado um conjunto de $n^I$ partições, $\Pi = \{\pi^1, \pi^2, ..., \pi^{n^I}\}$, de um conjunto de dados **X**, resultantes de várias aplicações de um ou mais algoritmos de agrupamento, encontrar uma partição final $\pi^F$ (**partição consenso**) de melhor qualidade do que as partições iniciais, chamadas também de **partições base**. A "melhor qualidade" depende do objetivo da combinação, que pode estar relacionado com robustez (Strehl e Ghosh, 2002; Topchy *et al.*, 2004; Fern e Brodley, 2004), novidade (Topchy *et al.*, 2003; Law *et al.*, 2004), estabilidade e estimação da confiança (Monti *et al.*, 2003; Topchy *et al.*, 2004), computação distribuída, paralelização e escalabilidade (Strehl e Ghosh, 2002; Topchy *et al.*, 2004), reúso de conhecimento (Strehl e Ghosh, 2002; Ghosh *et al.*, 2002; Topchy *et al.*, 2004), consistência (Fred, 2001; Fred e Jain, 2002, 2005) e desempenho e custo (Topchy *et al.*, 2003). Os objetivos mais comuns são:

- **Robustez**: desenvolver uma forma de agrupamento mais robusta, que tenha desempenho médio melhor para diversos domínios e conjuntos de dados, de preferência sem a necessidade de muitos ajustes manuais.
- **Novidade**: encontrar uma partição final que não possa ser obtida com nenhum algoritmo individualmente.
- **Estabilidade**: obter soluções de agrupamento com menor sensibilidade a ruídos, *outliers*, variações de amostragem ou variabilidade dos algoritmos.

A partição consenso, obtida pela combinação das várias partições iniciais, deve ser consistente ou concordar de alguma forma com essas partições, não ser sensível a pequenas variações nas partições individuais e estar de acordo com informações externas sobre a estrutura dos dados, se essas informações estiverem disponíveis (Fred e Jain, 2005).

Mesmo com esses objetivos, a seleção da técnica e sua aplicação correta em dada tarefa dependem de suas características e propriedades. Assim, ressalta-se que, como muitos algoritmos tradicionais de agrupamento, a maioria dos comitês depende da escolha prévia do número de *clusters* e, em muitos casos, de ajustes de outros parâmetros. Além disso, apesar do surgimento de abordagens cada vez mais robustas, um problema frequente dos comitês é a forte influência negativa da presença de grande número de soluções iniciais de baixa qualidade no resultado da combinação, uma vez que todas elas são consideradas simultaneamente para gerar a solução consenso. Isso acontece principalmente quando as partições base são geradas a partir de diferentes critérios (cada uma satisfazendo um deles) e são buscadas partições consenso que satisfaçam os múltiplos critérios em diferentes regiões do espaço. Como, em geral, as funções consenso consideram os critérios simultaneamente na construção da partição consenso, *clusters* de alta qualidade em relação a um critério acabam diluídos pela presença de *clusters* de baixa qualidade.

As principais tarefas da combinação de múltiplos agrupamentos em comitês são: geração das partições base e determinação de uma função consenso para combiná-las (Topchy *et al.*, 2004; Kuncheva *et al.*, 2006; Hadjitodorov *et al.*, 2006). Assim como existem diferentes objetivos para combinar partições, existem várias formas de lidar com essas tarefas. As Seções 14.1.1 e 14.1.2 descrevem as abordagens mais usadas e tradicionais para obter a diversidade necessária nas partições base e para encontrar a partição consenso, com exemplos de técnicas para cada caso. A Seção 14.1.3 descreve duas técnicas de comitês, para ilustrar como funciona essa abordagem. Vega-Pons e Ruiz-Shulcloper (2011) e Boongoen e Iam-On (2018) detalham, comparam e categorizam várias técnicas de comitês de agrupamentos.

### 14.1.1 Geração dos Agrupamentos Iniciais

As partições a serem combinadas devem ser diferentes, de forma a acrescentar informações úteis para a partição final, ou seja, deve haver diversidade no conjunto das partições a serem combinadas. Assim, de acordo com o objetivo da combinação, devem-se escolher algoritmos de agrupamento, ou formas de aplicação de um algoritmo, que forneçam a diversidade necessária. Alternativas para obter essa diversidade incluem (Kuncheva, 2004; Kuncheva *et al.*, 2006; Hadjitodorov *et al.*, 2006):

- Gerar as partições usando diferentes algoritmos de agrupamento convencionais (Qian e Suen, 2000; Kellam *et al.*, 2001; Strehl e Ghosh, 2002; Zeng *et al.*, 2002; Weingessel *et al.*, 2003).
- Executar várias vezes um mesmo algoritmo de agrupamento convencional, com diferentes inicializações (Fred, 2001; Fred e Jain, 2002, 2003, 2005; Frossyniotis *et al.*, 2002; Weingessel *et al.*, 2003; Topchy *et al.*, 2004).
- Empregar algoritmos mais simples do que os convencionais, chamados de algoritmos de agrupamento fracos (Topchy *et al.*, 2003).
- Utilizar conjuntos de dados diferentes, que podem ser: mesmos objetos, cada um com um subconjunto dos atributos originais (Strehl e Ghosh, 2002), projeções do conjunto original em um espaço de dimensão menor (Fern e Brodley, 2004), ou ainda subconjuntos de objetos (reamostragem), com todos os atributos originais (Strehl e Ghosh, 2002; Monti *et al.*, 2003; Fern e Brodley, 2004).

Nos casos em que as partições base são geradas por um mesmo algoritmo, um comitê é dito homogêneo. Nesses casos, dependendo das características de cada algoritmo, deve ser estabelecido um conjunto de condições iniciais para a execução do algoritmo e geração das partições. Por exemplo, o algoritmo $k$-médias depende da inicialização dos centroides e tem como parâmetro o valor de $k$. Assim, ele pode ser executado com vários valores de $k$, ou com centroides iniciais diferentes. Já um comitê heterogêneo combina partições geradas com algoritmos diferentes. Neste caso, devem ser considerados algoritmos com vieses distintos, para gerar partições com uma grande diversidade.

### 14.1.2 Determinação da Função Consenso

O uso de uma função consenso permite encontrar uma partição consenso (partição final gerada pela combinação) a partir de partições iniciais (base). Por definir como as partições são combinadas, ela tem um papel-chave.

Vários aspectos dificultam a definição de uma função consenso (Topchy *et al.*, 2003). A ausência de rótulos nos objetos a serem agrupados faz com que não haja uma correspondência explícita entre os *clusters* das diversas partições. Isso é agravado quando as partições possuem diferentes números de *clusters*, gerando um problema computacional intratável (problema de correspondência de rótulos).[1] De fato, o problema de combinação de agrupamentos é equivalente ao problema de encontrar uma partição mediana em relação às partições dadas, que é um problema NP-completo (Topchy *et al.*, 2003). Assim como o critério de agrupamento dos algoritmos convencionais, as funções consenso são heurísticas propostas para a resolução do problema formal de obtenção de uma partição consenso. Uma divisão possível das funções consenso é a de Topchy *et al.* (2004):

[1] Rótulo dado pelo algoritmo de agrupamento para identificar um *cluster*.

### Funções Baseadas em Coassociação

A similaridade entre dois objetos pode ser estimada pelo número de *clusters* compartilhados por eles em todas as partições base. As partições são representadas por uma matriz em que essa similaridade representa a força de coassociação entre os objetos. A partição consenso é obtida pela aplicação de um algoritmo de agrupamento baseado em similaridade a essa matriz de coassociação (Kellam *et al.*, 2001; Strehl e Ghosh, 2002; Fred e Jain, 2002, 2005; Monti *et al.*, 2003). Essa abordagem tem como deficiências a falta de uma metodologia para a definição do algoritmo de agrupamento a ser utilizado para a combinação e a baixa confiabilidade da estimativa dos valores de coassociação quando aplicada a um número pequeno de partições.

### Funções Baseadas em Grafo/Hipergrafo

Nesse caso, as partições base são representadas por um grafo ou por um hipergrafo. A partição consenso é encontrada empregando uma técnica de particionamento de grafos ou hipergrafos (Strehl e Ghosh, 2002; Fern e Brodley, 2004).

### Funções Baseadas em Informação Mútua

A função consenso é baseada na informação mútua entre os rótulos na partição consenso e os rótulos nas partições iniciais. Strehl e Ghosh (2002) propõem a informação mútua normalizada média entre uma partição qualquer e um conjunto de partições iniciais. A partição consenso é dada pelo máximo dessa função, considerando o número de *clusters* desejado. Porém, a dificuldade de otimização dessa função fez com que os autores utilizassem heurísticas baseadas em coassociação e hipergrafo.

Fred e Jain (2003) também propõem uma formulação do problema de encontrar uma partição ótima em um comitê com base na informação mútua, mas resolvem o problema com uma heurística baseada em coassociação.

Topchy *et al.* (2003) definem uma função consenso baseada na informação mútua generalizada, que é equivalente à variância *intracluster* em um espaço de rótulos dos *clusters* especialmente transformado. A função é então otimizada com o algoritmo $k$-médias.

### Funções Baseadas em Votação

Essas funções usam um mecanismo de votação para associar objetos aos *clusters* da partição consenso, caso o problema de correspondência dos rótulos seja solucionado para todas as partições base. Entretanto, o problema de correspondência dos rótulos é de difícil solução, sendo às vezes intratável. É possível, porém, obter uma aproximação heurística de uma rotulação consistente. Todas as partições podem ser rerrotuladas com base em sua melhor concordância com uma partição referência, que pode ser uma das partições base ou um novo agrupamento do conjunto de dados. Esse procedimento é adotado em Fred (2001) e Weingessel *et al.* (2003). Frossyniotis *et al.* (2002) propõem a construção das partições juntamente com um processo de renumeração dos *clusters* seguido de votação. Depois, são estabelecidas relações de vizinhança entre os *clusters*. Essas informações são utilizadas para fundir os *clusters* mais próximos, gerando partição final.

Além desses tipos, Topchy *et al.* (2004) definem uma função consenso usando o problema de probabilidade máxima para um modelo misto finito do conjunto de partições iniciais. Esse conjunto de partições é modelado como uma mistura de distribuições multinomiais no espaço dos rótulos dos *clusters*. O problema de probabilidade máxima pode ser resolvido com o algoritmo EM (do inglês, *Expectation–Maximization*).

A Tabela 14.1 resume as principais características das abordagens para comitês de agrupamentos citadas, incluindo a forma de representação das partições base, a função consenso, o objetivo da combinação, os algoritmos empregados e a maneira como foram utilizados a fim de gerar diversidade para as partições base. Outros comparativos são feitos, por exemplo, em Vega-Pons e Ruiz-Shulcloper (2011); Boongoen e Iam-On (2018).

**Tabela 14.1** Comparação das formas de combinação de agrupamentos

| Artigo | Representação das partições | Função consenso | Objetivo da combinação | Algoritmos combinados | Diversidade |
|---|---|---|---|---|---|
| Kellam *et al.* (2001) | Matriz de concordância | Os *clusters* finais são aqueles que possuem os mesmos objetos em todas as partições | *Clusters* robustos (*clusters* em que os objetos aparecem junto em todas as partições) | Hierárquico, $k$-médias, SOM e algoritmos genéticos, com o coeficiente de correlação de Pearson | Vários algoritmos |
| Fred (2001) | Matriz de coassociação | Votação | Consistência | $k$-médias | Mesmo algoritmo com diferentes inicializações |
| Fred e Jain (2002) | Matriz de coassociação | Ligação simples com um novo critério para determinar a partição final | Consistência | $k$-médias | Mesmo algoritmo com diferentes inicializações |
| Strehl e Ghosh (2002) | Hipergrafo | Particionamento de grafo de similaridade, particionamento de corte mínimo e *metaclusters* | Reúso de Conhecimento, Computação distribuída e Robustez | Particionamento de grafo e $k$-médias, com várias similaridades, SOM e particionamento de hipergrafo | Vários algoritmos e mesmo algoritmo com dados diferentes |
| Frossyniotis *et al.* (2002) | Tabela de votação e tabela de relação de vizinhança | Votação | Robustez e estabilidade | $k$-médias e *greedy*-EM | Mesmo algoritmo com diferentes inicializações |
| Monti *et al.* (2003) | Matriz consenso | LM determinando $k$ com base na estabilidade dos agrupamentos | Estabilidade | LM e SOM | Mesmo algoritmo com dados diferentes |
| Fred e Jain (2003) | Matriz de coassociação, usando votação | Ligação simples (pode ser qualquer função baseada em similaridade) | Consistência, estabilidade e robustez | $k$-médias | Mesmo algoritmo com diferentes inicializações |
| Weingessel *et al.* (2003) | Conjunto de matrizes de pertinência das partições iniciais | Votação/fusão | Robustez | $k$-médias, *hard competitive learning* e aprendizado competitivo *fuzzy* não supervisionado | Vários algoritmos e mesmo algoritmo com diferentes inicializações |
| Topchy *et al.* (2003) | Novo conjunto de características dos padrões | Baseado no $k$-médias aplicado no novo espaço de características | Desempenho e custo | Algoritmos fracos que usam projeções ou divisões aleatórias dos dados | Mesmo algoritmo com diferentes inicializações |
| Topchy *et al.* (2004) | Novo conjunto de características dos objetos | Probabilidade máxima encontrada com o método EM | Robustez, estabilidade, escalabilidade e reúso de conhecimento | $k$-médias | Mesmo algoritmo com diferentes inicializações |
| Fern e Brodley (2004) | Grafo | Particionamento de grafo | Robustez | $k$-médias | Mesmo algoritmo com dados diferentes |
| Law *et al.* (2004) | Conjunto com todos os *clusters* | *Clusters* mais estáveis | Novidade e robustez | $k$-médias, EM, hierárquico com ligação simples e *spectral clustering* | Vários algoritmos |

### 14.1.3 Exemplos detalhados de Comitês

As técnicas para construção de comitês de agrupamentos baseadas em grafos são geralmente mais robustas que as baseadas em matriz de coassociação (Topchy *et al.*, 2005). Assim, a seguir serão detalhadas duas abordagens tradicionais, baseadas em grafos, para ilustrar o funcionamento dos comitês. Uma das mais populares é o algoritmo MCLA (do inglês, *Meta-CLustering Algorithm*), proposto em Strehl e Ghosh (2002). Outra técnica baseada em particionamento de grafos é o algoritmo HBGF (do inglês, *Hybrid Bipartite Graph Formulation*), proposto por Fern e Brodley (2004). Essas duas técnicas, detalhadas a seguir, não precisam dos atributos originais dos objetos, apenas dos rótulos dos *clusters* de cada objeto nas partições a serem combinadas.

#### Comitês de Strehl e Ghosh

Strehl e Ghosh (2002) definem a combinação de algoritmos de agrupamento como um problema de otimização de uma função consenso baseada na informação mútua, compartilhada entre as soluções individuais. Como a otimização dessa função é um problema combinatorial difícil, eles propõem três algoritmos de combinação baseados em heurísticas: CSPA (do inglês, *Cluster-based Similarity Partitioning Algorithm*), HGPA (do inglês, *HiperGraph-Partitioning Algorithm*) e MCLA (do inglês, *Meta-CLustering Algorithm*). Dado o baixo custo desses algoritmos, Strehl e Ghosh (2002) geram uma partição consenso para cada um. Em seguida, usam uma função supraconsenso baseada em informação mútua para escolher uma das três partições geradas como partição consenso final, que será a que tem a melhor informação mútua compartilhada.

Essa técnica é definida formalmente pelos autores da seguinte forma. Seja a informação mútua normalizada ($NMI$, do inglês, *Normalized Mutual Information*) estimada entre duas partições $\pi^a$ e $\pi^b$, dada pela Equação 14.1, em que $|.|$ indica o número de objetos de um conjunto, $k^a$ e $k^b$ são os números de *clusters* das partições $\pi^a$ e $\pi^b$, respectivamente, $\mathbf{C}_h{}^a$ é o $h$-ésimo *cluster* de $\pi^a$, $\mathbf{C}_l{}^b$ é o $l$-ésimo *cluster* de $\pi^b$ e $n$ é o número de objetos do conjunto de dados utilizado (Strehl e Ghosh, 2002).

$$\phi^{(NMI)}(\pi^a, \pi^b) = \frac{\sum_{h=1}^{k^a} \sum_{l=1}^{k^b} |\mathbf{C}_h{}^a \cap \mathbf{C}_l{}^b| \log(\frac{n|\mathbf{C}_h{}^a \cap \mathbf{C}_l{}^b|}{|\mathbf{C}_h{}^a||\mathbf{C}_l{}^b|})}{\sqrt{\left(\sum_{h=1}^{k^a} |\mathbf{C}_h{}^a| \log(\frac{|\mathbf{C}_h{}^a|}{n})\right)\left(\sum_{l=1}^{k^b} |\mathbf{C}_l{}^b| \log(\frac{|\mathbf{C}_l{}^b|}{n})\right)}} \tag{14.1}$$

Com essa medida de informação mútua entre duas partições, Strehl e Ghosh (2002) definem uma medida de informação mútua entre uma partição $\pi^i$ e um conjunto $\Pi$ de $r$ partições, como a informação mútua normalizada média ($ANMI$), dada pela Equação 14.2.

$$\phi^{(ANMI)}(\pi^i, \Pi) = \frac{1}{r} \sum_{q=1}^{r} \phi^{(NMI)}(\pi^i, \pi^q) \tag{14.2}$$

em que $\phi^{(ANMI)}$ é a função objetivo, e a partição consenso $\pi^{F(k-opt)}$ é aquela com informação mútua normalizada média ($\phi^{(ANMI)}$) máxima em relação às partições individuais em $\Pi$, dado que o número de *clusters* desejado para a partição consenso é $k$. $\pi^{F(k-opt)}$ é dada pela Equação 14.3, em que $\pi^i$ corresponde a todas as possíveis partições com $k$ *clusters*.

$$\pi^F = \arg\max_{\pi^i} \sum_{q=1}^{r} \phi^{(NMI)}(\pi^i, \pi^q) \tag{14.3}$$

Como já observado, a $\phi^{(ANMI)}$ não é otimizada. Os três algoritmos são executados, e a $\phi^{(ANMI)}$ é utilizada para selecionar a melhor partição dentre as três geradas.

Os três algoritmos propostos para encontrar uma partição consenso partem de uma representação inicial das partições na forma de um hipergrafo. No algoritmo CSPA, o problema não depende dessa representação, mas ela permite calcular facilmente uma matriz de similaridade que servirá de entrada para um algoritmo de agrupamento. No algoritmo HGPA, o hipergrafo é empregado diretamente. Já no MCLA, ele é utilizado para a construção de um metagrafo a ser particionado, e para posterior determinação da partição consenso, como descrito mais adiante.

O hipergrafo utilizado é representado por uma matriz de adjacências, em que coluna é uma hiperaresta que representa um *cluster*. Essa matriz é construída pela concatenação das matrizes binárias de pertinência de cada partição. As linhas da matriz de pertinência de uma partição correspondem aos objetos, e as colunas aos seus *clusters*. Cada célula da matriz contém o valor 1 se o objeto pertence ao *cluster* e 0, caso contrário.

O algoritmo CSPA utiliza a heurística mais simples, porém possui complexidade quadrática no número de objetos. A função consenso gerada por esse algoritmo é baseada em coassociação. Como já mencionado, esse algoritmo constrói uma nova matriz de similaridade a partir das partições originais. As entradas dessa matriz denotam a fração das partições nas quais dois objetos pertencem ao mesmo *cluster*. A matriz de similaridade gerada é utilizada para reagrupar os objetos por meio de um algoritmo de agrupamento qualquer, que seja baseado em similaridade. Strehl e Ghosh (2002) utilizam o algoritmo METIS (Karypis e Kumar, 1999) para particionar o grafo de similaridade induzido.

No algoritmo HGPA, a combinação é tratada como um problema de particionamento de um hipergrafo apropriadamente definido, cujas hiperarestas representam *clusters*. Esse particionamento é feito cortando um número mínimo de hiperarestas. Para isso é utilizado o pacote de particionamento de hipergrafos HMETIS.

O algoritmo MCLA trata a combinação de *clusters* como um problema de correspondência dos *clusters* das partições iniciais e resolve esse problema agrupando esses *clusters*. Para isso, um metagrafo em que cada vértice corresponde a um *cluster* é construído. Em seguida, o metagrafo é particionado de forma que os *clusters* que permaneceram em um mesmo grupo (*metacluster*) sejam correspondentes. Os objetos são então atribuídos aos *metaclusters* aos quais eles estão mais fortemente associados.

Em experimentos controlados, Strehl e Ghosh (2002) compararam os três algoritmos, observando que MCLA apresentou melhor resultado na presença de uma quantidade média para alta de ruído, o que ocorre com frequência em problemas reais. Além disso, MCLA apresenta a menor complexidade. Strehl e Ghosh (2002) também observaram que cada algoritmo tem desempenho melhor para uma situação diferente. O algoritmo MCLA é melhor quando há menos diversidade nas partições iniciais, o que está de acordo com a suposição inicial do MCLA, de que existe correspondência entre os *clusters* das partições a serem combinadas. Algoritmo 14.1 apresenta os passos do algoritmo MLCA, que são em seguida detalhados. Como não é garantido que todo *metacluster* tenha pelo menos um objeto, a partição $\pi^F$ tem no máximo (e não exatamente) $k$ *clusters*.

Para o particionamento do metagrafo, na linha 6 do Algoritmo 14.1, pode ser usado o pacote de particionamento de grafos METIS (Karypis e Kumar, 1999). Essa fase de particionamento busca os *clusters* das partições iniciais que são correspondentes.

Quanto à diversidade das partições iniciais, foi definida uma alternativa para gerar as partições iniciais em cada cenário de aplicação considerado. No primeiro cenário, as partições originais foram formadas com a aplicação de um único algoritmo de agrupamento a diferentes subconjuntos de atributos dos dados. No segundo cenário, as partições foram obtidas também com um único algoritmo, porém aplicado a diferentes subconjuntos de objetos, considerando sempre todos os atributos. No terceiro cenário, as partições iniciais foram geradas pela execução de diferentes algoritmos ao mesmo conjunto de dados, empregando diferentes medidas de proximidade.

Para ilustrar o funcionamento do algoritmo MCLA, considere os agrupamentos mostrados na Tabela 14.2 (Strehl e Ghosh, 2002). O hipergrafo que representa esses agrupamentos pode ser observado na matriz de adjacências da Tabela 14.3. Nessa tabela, cada objeto $\mathbf{x}_i$ corresponde a um vértice e cada hiperaresta $h_j$ representa um dos *clusters* de um dos agrupamentos. Com essas informações, é construído o metagrafo em que cada hiperaresta é um vértice e cujos pesos das arestas entre os vértices podem ser observados na Tabela 14.4. O particionamento desse grafo em três partes resulta nos *metaclusters* $\mathbf{C}_1{}^M = \{h_3, h_4, h_9\}$, $\mathbf{C}_2{}^M = \{h_2, h_6, h_8, h_{10}\}$ e $\mathbf{C}_3{}^M = \{h_1, h_5, h_7, h_{11}\}$. Assim, os *clusters* representados por $h_3$, $h_4$ e $h_9$, por exemplo, são correspondentes.

**Algoritmo 14.1** Algoritmo MCLA

**Entrada:** Um conjunto de partições base $\Pi = \{\pi^1, \pi^2, ..., \pi^{n^I}\}$
Um conjunto de dados $\mathbf{X}_{n \times d}$
Número máximo de *clusters* de $\pi^F$, $k$
**Saída:** Uma partição consenso $\pi^F$

Construir um metagrafo $G = (V, W)$:
  $V \leftarrow$ vértices representando os *clusters* de todas as partições do conjunto de partições base $\Pi$
  `// as hiperarestas do hipergrafo descrito`
  **para cada** *aresta ligando os vértices $i$ e $j \in V$* **faça**
    $w(i, j) \leftarrow |\mathbf{C}_i \cap \mathbf{C}_j| / |\mathbf{C}_i \cup \mathbf{C}_j|$ `// razão do número de objetos na interseção e na união dos` *clusters* $\mathbf{C}_i$ e $\mathbf{C}_j$, `pertencentes às partições em` $\Pi$
  **fim**
Agrupar as hiperarestas (*clusters*), particionando o metagrafo em $k$ **metaclusters** balanceados
`// Cada metacluster resultante do particionamento representa um grupo de` *clusters* `correspondentes`
Unir os *clusters* de cada *metacluster*:
  **para cada** *metacluster* $\mathbf{C}_i^M$ **faça**
    Transformar as hiperarestas em uma única meta-hiperaresta
    Calcular um vetor de associação descrevendo o nível de associação de cada objeto com o *metacluster* `// O vetor de associação é obtido pelo cálculo da média dos vetores que representam as hiperarestas de um` *metacluster*. `Assim, o nível de associação de um objeto a um` *metacluster* `é dado pela média do número de` *clusters* `desse` *metacluster* `que contém o objeto.`
  **fim**
Determinar o *metacluster* final de cada objeto:
  **para cada** *objeto* $\mathbf{x}$ **faça**
    Associar $\mathbf{x}$ ao *metacluster* para o qual ele possui o maior valor de associação
    `// Desempates são decididos aleatoriamente`
  **fim**
$\pi^F \leftarrow$ partição dos objetos indicada pelos *metaclusters*

**Tabela 14.2** Exemplo do MCLA – partições

| Partição | *Clusters* |
|---|---|
| $\pi^1$ | $\mathbf{C}_1{}^1 = \{\mathbf{x}_1, \mathbf{x}_2, \mathbf{x}_3\}$, $\mathbf{C}_2{}^1 = \{\mathbf{x}_4, \mathbf{x}_5\}$, $\mathbf{C}_3{}^1 = \{\mathbf{x}_6, \mathbf{x}_7\}$ |
| $\pi^2$ | $\mathbf{C}_1{}^2 = \{\mathbf{x}_6, \mathbf{x}_7\}$, $\mathbf{C}_2{}^2 = \{\mathbf{x}_1, \mathbf{x}_2, \mathbf{x}_3\}$, $\mathbf{C}_3{}^2 = \{\mathbf{x}_4, \mathbf{x}_5\}$ |
| $\pi^3$ | $\mathbf{C}_1{}^3 = \{\mathbf{x}_1, \mathbf{x}_2\}$, $\mathbf{C}_2{}^3 = \{\mathbf{x}_3, \mathbf{x}_4\}$, $\mathbf{C}_3{}^3 = \{\mathbf{x}_5, \mathbf{x}_6, \mathbf{x}_7\}$ |
| $\pi^4$ | $\mathbf{C}_1{}^4 = \{\mathbf{x}_1, \mathbf{x}_4\}$, $\mathbf{C}_2{}^4 = \{\mathbf{x}_2, \mathbf{x}_5\}$, objetos $\mathbf{x}_3$, $\mathbf{x}_6$ e $\mathbf{x}_7$ não agrupados |

**Tabela 14.3** Exemplo do MCLA – hipergrafo

| Vértices | $h_1$ $\mathbf{C}_1{}^1$ | $h_2$ $\mathbf{C}_2{}^1$ | $h_3$ $\mathbf{C}_3{}^1$ | $h_4$ $\mathbf{C}_1{}^2$ | $h_5$ $\mathbf{C}_2{}^2$ | $h_6$ $\mathbf{C}_3{}^2$ | $h_7$ $\mathbf{C}_1{}^3$ | $h_8$ $\mathbf{C}_2{}^3$ | $h_9$ $\mathbf{C}_3{}^3$ | $h_{10}$ $\mathbf{C}_1{}^4$ | $h_{11}$ $\mathbf{C}_2{}^4$ |
|---|---|---|---|---|---|---|---|---|---|---|---|
| $\mathbf{x}_1$ | 1 | 0 | 0 | 0 | 1 | 0 | 1 | 0 | 0 | 1 | 0 |
| $\mathbf{x}_2$ | 1 | 0 | 0 | 0 | 1 | 0 | 1 | 0 | 0 | 0 | 1 |
| $\mathbf{x}_3$ | 1 | 0 | 0 | 0 | 1 | 0 | 0 | 1 | 0 | 0 | 0 |
| $\mathbf{x}_4$ | 0 | 1 | 0 | 0 | 0 | 1 | 0 | 1 | 0 | 1 | 0 |
| $\mathbf{x}_5$ | 0 | 1 | 0 | 0 | 0 | 1 | 0 | 0 | 1 | 0 | 1 |
| $\mathbf{x}_6$ | 0 | 0 | 1 | 1 | 0 | 0 | 0 | 0 | 1 | 0 | 0 |
| $\mathbf{x}_7$ | 0 | 0 | 1 | 1 | 0 | 0 | 0 | 0 | 1 | 0 | 0 |

**Tabela 14.4** Exemplo do MCLA – pesos

| Vértices | $h_1$ | $h_2$ | $h_3$ | $h_4$ | $h_5$ | $h_6$ | $h_7$ | $h_8$ | $h_9$ | $h_{10}$ | $h_{11}$ |
|---|---|---|---|---|---|---|---|---|---|---|---|
| $h_1$ | - | - | - | 0,00 | 0,50 | 0,00 | 0,40 | 0,20 | 0,00 | 0,20 | 0,20 |
| $h_2$ | - | - | - | 0,00 | 0,00 | 0,50 | 0,00 | 0,25 | 0,20 | 0,25 | 0,25 |
| $h_3$ | - | - | - | 0,50 | 0,00 | 0,00 | 0,00 | 0,00 | 0,40 | 0,00 | 0,00 |
| $h_4$ | 0,00 | 0,00 | 0,50 | - | - | - | 0,00 | 0,00 | 0,40 | 0,00 | 0,00 |
| $h_5$ | 0,50 | 0,00 | 0,00 | - | - | - | 0,40 | 0,20 | 0,00 | 0,20 | 0,20 |
| $h_6$ | 0,00 | 0,50 | 0,00 | - | - | - | 0,00 | 0,25 | 0,20 | 0,25 | 0,25 |
| $h_7$ | 0,40 | 0,00 | 0,00 | 0,00 | 0,40 | 0,00 | - | - | - | 0,25 | 0,25 |
| $h_8$ | 0,20 | 0,25 | 0,00 | 0 | 0,20 | 0,25 | - | - | - | 0,25 | 0,00 |
| $h_9$ | 0,00 | 0,20 | 0,40 | 0,40 | 0,00 | 0,20 | - | - | - | 0,00 | 0,20 |
| $h_{10}$ | 0,20 | 0,25 | 0,00 | 0,00 | 0,20 | 0,25 | 0,25 | 0,25 | 0,00 | - | - |
| $h_{11}$ | 0,20 | 0,25 | 0,00 | 0,00 | 0,20 | 0,25 | 0,25 | 0,00 | 0,20 | - | - |

Em seguida, os *clusters* de cada *metacluster* são unidos, formando as meta-hiperarestas $h_i^M$ representadas na Tabela 14.5. Nessa tabela também estão representados os respectivos vetores de associação $a(h_i^M)$. O *metacluster* final de cada objeto é determinado usando essas informações. Assim, $\mathbf{x}_1$, por exemplo, vai pertencer ao *metacluster* $C_3{}^M$, pois é o *metacluster* com o qual $\mathbf{x}_1$ tem o maior valor de associação (0,75). A partição consenso $\pi^F$ é composta pelos *clusters* $C_1{}^F = \{\mathbf{x}_6, \mathbf{x}_7\}$, $C_2{}^F = \{\mathbf{x}_4, \mathbf{x}_5\}$ e $C_3{}^F = \{\mathbf{x}_1, \mathbf{x}_2, \mathbf{x}_3\}$.

**Tabela 14.5** Exemplo do MCLA – meta-hiperarestas e vetores de associação

| Vértices | $C_1{}^M = \{h_3, h_4, h_9\}$ | | $C_2{}^M = \{h_2, h_6, h_8, h_{10}\}$ | | $C_3{}^M = \{h_1, h_5, h_7, h_{11}\}$ | |
|---|---|---|---|---|---|---|
| | $h_1^M$ | $a(h_1^M)$ | $h_2^M$ | $a(h_2^M)$ | $h_3^M$ | $a(h_3^M)$ |
| $\mathbf{x}_1$ | 0,00 | 0,00 | 1,00 | 0,25 | 1,00 | 0,75 |
| $\mathbf{x}_2$ | 0,00 | 0,00 | 0,00 | 0,00 | 1,00 | 1,00 |
| $\mathbf{x}_3$ | 0,00 | 0,00 | 1,00 | 0,25 | 1,00 | 0,50 |
| $\mathbf{x}_4$ | 0,00 | 0,00 | 1,00 | 1,00 | 0,00 | 0,00 |
| $\mathbf{x}_5$ | 1,00 | 0,33 | 1,00 | 0,50 | 1,00 | 0,25 |
| $\mathbf{x}_6$ | 1,00 | 1,00 | 0,00 | 0,00 | 0,00 | 0,00 |
| $\mathbf{x}_7$ | 1,00 | 1,00 | 0,00 | 0,00 | 0,00 | 0,00 |

## Comitê de Fern e Brodley

O algoritmo de Fern e Brodley (2004), chamado HBGF (do inglês, *Hybrid Bipartite Graph Formulation*), utiliza particionamento de grafo bipartido para, dado um conjunto de partições base, encontrar uma partição consenso. HBGF constrói um grafo bipartido a partir do conjunto de partições a serem combinadas. Para isso, tanto objetos quanto *clusters* são simultaneamente modelados como vértices do grafo. Em seguida, o grafo é particionado usando uma técnica tradicional de particionamento de grafos. Os passos do algoritmo HBGF são apresentados no Algoritmo 14.2.

Para o particionamento do grafo mencionado na linha 14 do algoritmo, Fern e Brodley (2004) utilizam duas técnicas distintas: *Spectral Graph Partitioning* (Ng *et al.*, 2002) e METIS (Karypis e Kumar, 1999).

Para gerar as partições base, Fern e Brodley (2004) consideraram duas abordagens. A primeira aplica um algoritmo a diferentes subconjuntos dos dados (reamostragem). A segunda aplica um algoritmo ao conjunto de dados completo (todos os objetos), porém composto de projeções dos objetos em um espaço de dimensão menor do que o espaço de atributos original. Nos experimentos apresentados, os autores comentam que sua abordagem, HBGF, apresentou um desempenho equivalente ou superior àqueles obtidos pelas abordagens de Strehl e Ghosh (2002).

**Algoritmo 14.2** Algoritmo HBGF

**Entrada:** Um conjunto de partições base $\Pi$
Um conjunto de dados $\mathbf{X}_{n \times d}$
Número de *clusters* $k$
**Saída:** Uma partição consenso $\pi^F$
Construir um grafo $G = (V, W)$ a partir do conjunto de partições base, da seguinte maneira:
  $V^C \leftarrow$ vértices representando os *clusters* do conjunto de partições base $\Pi$
  $V^O \leftarrow$ vértices representando os objetos do conjunto de dados $\mathbf{X}$
  $V \leftarrow V^C \cup V^O$
  **para cada** *aresta ligando os vértices* $i$ *e* $j \in V$ **faça**
    **se** $i, j \in V^C$ *ou* $i, j \in V^O$ `// ambas representam clusters ou ambas representam objetos`
    **então**
      $w(i, j) \leftarrow 0$
    **senão se** *o objeto* $\mathbf{x}_i$ *pertence ao cluster* $\mathbf{C}_j$ **então**
      $w(i, j) \leftarrow 1$
    **senão**
      $w(i, j) \leftarrow 0$
  **fim**
Particionar o grafo $G = (V, W)$ em $k$ *clusters* utilizando qualquer técnica de particionamento de grafos tradicional
Compor a partição consenso $\pi^F$ de acordo com a divisão dos objetos, resultante do particionamento do grafo

Para ilustrar o funcionamento do algoritmo HBGF, considere as partições da Tabela 14.6 (Fern e Brodley, 2004). Inicialmente, é construído o grafo bipartido mostrado na Figura 14.2. Os vértices de $V^C$, representados por um losango, correspondem aos *clusters* de $\pi^1$ e $\pi^2$, e os vértices de $V^O$, representados por um círculo, correspondem aos objetos. Todas as arestas representadas têm peso 1 e ligam um objeto a um *cluster*, indicando que o objeto pertence àquele *cluster*. A linha tracejada destaca uma partição desse grafo em duas partes, obtida com algum algoritmo de particionamento de grafos tradicional. A divisão dos objetos resultante desse particionamento é a partição consenso $\pi^F$, composta pelos *clusters* $\mathbf{C}_1^F = \{\mathbf{x}_1, \mathbf{x}_2, \mathbf{x}_3, \mathbf{x}_4, \mathbf{x}_5\}$ e $\mathbf{C}_2^F = \{\mathbf{x}_6, \mathbf{x}_7, \mathbf{x}_8, \mathbf{x}_9\}$.

**Tabela 14.6** Exemplo do HBGF – partições

| Partição | *Clusters* |
|---|---|
| $\pi^1$ | $\mathbf{C}_1{}^1 = \{\mathbf{x}_1, \mathbf{x}_2, \mathbf{x}_3, \mathbf{x}_4\}$, $\mathbf{C}_2{}^1 = \{\mathbf{x}_5, \mathbf{x}_6, \mathbf{x}_7, \mathbf{x}_8, \mathbf{x}_9\}$ |
| $\pi^2$ | $\mathbf{C}_1{}^2 = \{\mathbf{x}_1, \mathbf{x}_2, \mathbf{x}_3, \mathbf{x}_4, \mathbf{x}_5, \mathbf{x}_6\}$, $\mathbf{C}_2{}^2 = \{\mathbf{x}_7, \mathbf{x}_8, \mathbf{x}_9\}$ |

## 14.2 Agrupamento com AEs Multiobjetivo

Atualmente, é grande o número de abordagens de agrupamento que utilizam algoritmos evolutivos multiobjetivo. Esses algoritmos evolutivos são técnicas de otimização multiobjetivo, na maioria dos casos baseadas no conceito de otimalidade de Pareto, em que se busca identificar soluções que representem os melhores compromissos em relação a diversos critérios.

Um problema de otimização multiobjetivo pode ser definido como: dado um vetor de variáveis de decisão $\mathbf{y} = \{y_1, y_2, ..., y_s\}$, de dimensão $s$, no espaço de soluções $Y$, busca-se encontrar um vetor solução $\mathbf{y}^*$ que minimize (ou maximize) um conjunto de $m$ funções objetivo, $\mathbf{z}(\mathbf{y}^*) = \{z_1(\mathbf{y}^*), z_2(\mathbf{y}^*), \ ..., \ z_m(\mathbf{y}^*)\}$ (Zitzler *et al.*, 2004; Konak *et al.*, 2006). Deste ponto em diante, será considerada a minimização dos objetivos, sem perda de generalidade, uma vez que qualquer função objetivo que deva ser maximizada pode ser convertida em uma função a ser minimizada, pela sua multiplicação por $-1$ (Handl e Knowles, 2004).

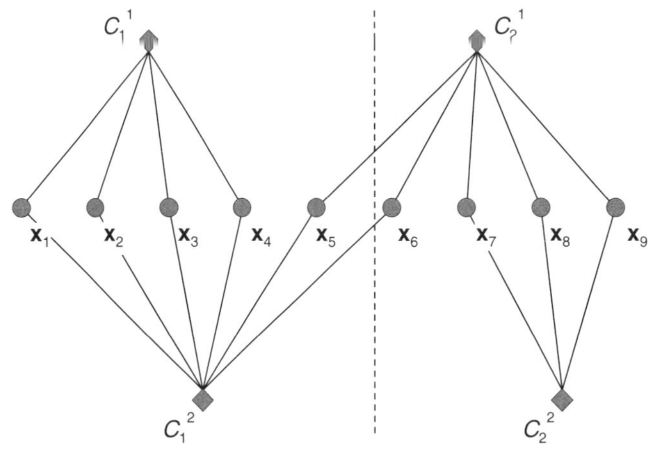


**Figura 14.2** Exemplo do HBGF – grafo bipartido.

O conjunto de funções $\mathbf{z}(\mathbf{y})$ mapeia $Y$ em $\mathbb{R}^m$, com $m \geq 2$. Em geral, nos problemas reais de otimização, objetivos conflitantes devem ser otimizados, isto é, a melhoria em relação a um objetivo pode causar piora em outro(s) (Zitzler, 1999). Por isso, geralmente não há uma única solução que minimize todas as funções objetivo simultaneamente. Dentre as várias alternativas para lidar com esse desafio, destacam-se as baseadas em Pareto. Nelas, em vez de gerar uma única solução ótima, caso da otimização de um único objetivo, é gerado um conjunto de soluções com diferentes compromissos para os objetivos. Essas soluções são ótimas no sentido de que não há outras soluções no espaço de busca que sejam superiores, considerados todos os objetivos, ou seja, não são dominadas por outras soluções (Zitzler, 1999).

Formalmente, uma solução $\mathbf{y}_1$ domina outra solução $\mathbf{y}_2$ ($\mathbf{y}_1 \succ \mathbf{y}_2$), se e somente se $z_i(\mathbf{y}_1) \leq z_i(\mathbf{y}_2)$ para $i = 1, ..., m$ e $z_j(\mathbf{y}_1) < z_j(\mathbf{y}_2)$ para pelo menos uma função objetivo $j$. Uma solução é um ótimo de Pareto se ela não é dominada por nenhuma outra solução no espaço de soluções (Konak *et al.*, 2006). Um ótimo de Pareto não pode ser melhorado em relação a algum objetivo sem piorar pelo menos um outro. O conjunto de todas as soluções não dominadas em $Y$ (todos os ótimos de Pareto) é chamado de conjunto ótimo de Pareto (*Pareto optimal set*). Os valores das funções objetivo para as soluções do conjunto ótimo de Pareto compõem a fronteira de Pareto ótima (*Pareto optimal front*) (Konak *et al.*, 2006).

O ideal para um algoritmo de otimização multiobjetivo seria identificar todas as soluções do conjunto ótimo de Pareto. Entretanto, para muitos problemas reais complexos, incluindo os de análise de agrupamento, isso não é possível (Zitzler, 1999; Konak *et al.*, 2006). Com isso, a abordagem prática para a otimização multiobjetivo busca por uma aproximação do conjunto ótimo de Pareto, que o represente da melhor forma possível.

As principais dificuldades na resolução de um problema de otimização multiobjetivo estão no processo de otimização ou busca, em que um espaço de busca grande e complexo torna a busca difícil e impede o uso de métodos de otimização exata, e no processo de decisão, em que a seleção da solução com o compromisso mais adequado dentre as do conjunto ótimo de Pareto depende do especialista humano (Zitzler, 1999).

Os AEs multiobjetivo são métodos de otimização multiobjetivo baseados no processo de evolução natural. De forma simplificada, evolução é o resultado da interação entre a criação de novas informações genéticas e sua avaliação e seleção (Bäck *et al.*, 1997). Nesse processo, um indivíduo de uma população é afetado por outros indivíduos e pelo ambiente. Quanto melhor um indivíduo se sai nessas condições, maiores suas chances de sobreviver e de gerar descendentes que incorporam suas informações genéticas. No curso da evolução, isso faz com que as informações genéticas de indivíduos com boa aptidão sejam inseridas e mesmo perpetuadas na população. Por outro lado, a natureza não determinística da reprodução leva à introdução de novas características genéticas em populações futuras.

AEs multiobjetivo funcionam bem em problemas de otimização multiobjetivo, pois lidam simultaneamente com um conjunto de possíveis soluções (população), o que permite que encontrem ao menos uma aproximação do conjunto ótimo de Pareto em uma única execução do algoritmo (Coello, 1999). Mais ainda, na busca por múltiplas soluções como em aplicações recentes de agrupamento, conseguem identificar soluções que representem diferentes compromissos entre os diversos critérios de agrupamento otimizados.

Com base nesse modelo de evolução, pode ser definida uma estrutura geral para os AEs, que pode ser observada no Algoritmo 14.3 (Bäck *et al.*, 1997; Zitzler, 1999). A ideia geral é manter um conjunto de soluções candidatas que são manipuladas por operadores genéticos e passam por um processo de seleção ao longo de uma série de iterações (Bäck *et al.*, 1997). O conjunto de soluções candidatas é chamado população e cada uma das soluções corresponde a um indivíduo. Cada iteração é chamada de geração. Assim, $P_t$ é a população de $n^P$ indivíduos na geração $t$. A seleção determina quais indivíduos vão se reproduzir, gerando descendentes para a próxima geração. Para isso, é empregada uma função que mede a qualidade de cada indivíduo, denominada aptidão, que é baseada na função objetivo, específica para cada problema. Os indivíduos com maior valor de aptidão são selecionados para reprodução. As principais diferenças entre uma abordagem e outra estão na representação dos indivíduos, no projeto dos operadores genéticos ou nos mecanismos de seleção e reprodução (Bäck *et al.*, 1997). Para otimização multiobjetivo, o cálculo da função de aptidão e a seleção dos indivíduos devem considerar as várias funções objetivo a serem otimizadas.

**Algoritmo 14.3** Algoritmo evolutivo básico

**Entrada:** Conjunto de dados, parâmetros do algoritmo
**Saída:** Conjunto de partições (aproximação do conjunto ótimo de Pareto)
Inicializa o número da geração: $t = 0$
Inicializa $P_t$ com $n^P$ indivíduos
Calcula a aptidão de cada indivíduo de $P_t$
**enquanto** *critério de parada não foi satisfeito* **faça**
    $t = t + 1$.
    Seleciona $P_t$ a partir de $P_{t-1}$, considerando a aptidão
    Aplica os operadores genéticos a $P_t$ (os mais comuns são os operadores de recombinação e mutação)
    Calcula a aptidão de cada indivíduo de $P_t$
**fim**

Em geral, nos algoritmos de agrupamento que empregam AEs multiobjetivos, o cálculo da função de aptidão e a seleção são feitos explicitamente utilizando o conceito de dominância de Pareto. A população é ordenada de acordo com uma regra de dominância e o valor da aptidão de um indivíduo é calculado com base no seu *rank* dentro da população, em vez de considerar diretamente os valores das funções objetivo. As funções objetivo são, normalmente, derivadas diretamente dos critérios de agrupamento. Os indivíduos são as partições e existem diversas representações que podem ser empregadas. Os operadores genéticos podem ser gerais, ou estar diretamente vinculados aos conceitos de agrupamento, dependendo da forma de representação escolhida para os indivíduos.

Além da estrutura básica de um AE, muitos algoritmos de agrupamento baseados em AEs multiobjetivo incluem um componente de seleção de um indivíduo como resultado final, para os contextos em que apenas uma solução seja desejável.

Hruschka *et al.* (2009), Mukhopadhyay *et al.* (2014) e Mukhopadhyay *et al.* (2015) fornecem uma visão geral dos AEs multiobjetivo e sua aplicação em agrupamento, detalhando as diversas alternativas que vêm sendo empregadas para especificação dos diversos componentes dos AEs nesse contexto. Além disso, esses autores, principalmente Mukhopadhyay *et al.* (2015), fazem uma revisão e comparação bastante interessante dessas abordagens.

### 14.2.1 Técnicas Baseadas em AEs Multiobjetivo

Um dos primeiros algoritmos de agrupamento multiobjetivo propostos foi o MOCK (*Multi-Objective Clustering with automatic $K$-determination*) (Handl e Knowles, 2004, 2005a,b, 2007). Desde então, uma diversidade bastante grande de algoritmos evolutivos multiobjetivo para agrupamento tem surgido (Saha e Bandyopadhyay, 2010; Kraus *et al.*, 2011; Wahid *et al.*, 2014; Garza-Fabre *et al.*, 2017), incluindo técnicas híbridas, aqui chamadas de comitês multiobjetivo, que integram as ideias dos comitês com as ideias dos algoritmos evolutivos multiobjetivo (Faceli *et* *al.*, 2009; Coelho *et al.*, 2010, 2011; Liu *et al.*, 2012). Em geral, essas técnicas criam um conjunto diverso de partições base que são depois combinadas para a determinação do consenso, utilizando para isso estratégias multiobjetivo. Com isso, os comitês multiobjetivo encontram um conjunto de partições consenso, que representam diferentes compromissos entre os critérios considerados na combinação.

Para ilustrar o funcionamento dessas técnicas, será apresentado o primeiro algoritmo de agrupamento multiobjetivo empregando AEs proposto, MOCK, e o primeiro algoritmo que gera comitê de agrupamento usando AEs, MOCLE.

## MOCK – *Multi-Objective Clustering with automatic K-determination*

O algoritmo MOCK é capaz de otimizar dois objetivos complementares simultaneamente, além de identificar automaticamente uma aproximação da fronteira de Pareto, determinando de forma automática o número de *clusters*. Com base na forma da fronteira de Pareto, MOCK retorna não apenas um conjunto de partições com diferentes compromissos em um intervalo de números de *clusters*, mas também uma indicação de quais dessas partições são as melhores. MOCK busca a fronteira de Pareto mais completa possível para, posteriormente, reduzir esse conjunto a uma única solução, por meio de uma pontuação calculada com base em fronteiras de referência (*attainment score*).

O MOCK é baseado no AE multiobjetivo PESA-II (Corne *et al.*, 2001). PESA-II usa duas populações de soluções: uma interna, de tamanho fixo, e uma externa, de tamanho variável e limitado. A população externa é usada para aproveitar as boas soluções. Para isso, PESA-II utiliza o operador de elitismo, mantendo um conjunto grande e diverso de soluções não dominadas. A população interna é usada para investigar novas soluções por meio dos processos-padrão de recombinação e mutação. As soluções presentes na população externa são mantidas em nichos. Um registro guarda o número de soluções que ocupam cada nicho, sendo utilizado para que as soluções cubram todo o espaço de objetivos, em vez de se agruparem todas em uma única região. Para isso, as soluções não dominadas que entrariam em uma população externa cheia apenas o farão se ocuparem um nicho menos cheio do que algumas outras soluções. Além disso, quando a população interna é construída a partir da população externa, os indivíduos são selecionados uniformemente entre os nichos povoados (todos os nichos contribuem igualmente). A política de seleção baseada em nichos do PESA-II utiliza uma faixa adaptável de equalização e normalização dos valores das funções objetivo. Isso torna desnecessário o ajuste de parâmetros, muitas vezes complicado, e faz com que funções objetivo com variações diferentes possam ser prontamente utilizadas. PESA-II lida com qualquer número de objetivos.

A representação dos indivíduos utilizada no MOCK é a representação de adjacência baseada em lócus (*locus-based adjacency representation*) (Park e Song, 1998). Nela, cada indivíduo $g$ é representado por $n$ genes, $g_1, g_2, ..., g_n$. Cada gene $g_i$ pode assumir um valor $j$ no intervalo $[1, n]$, significando que existe uma ligação entre os objetos $\mathbf{x}_i$ e $\mathbf{x}_j$, ou seja, os objetos $\mathbf{x}_i$ e $\mathbf{x}_j$ estão no mesmo *cluster*. A decodificação dessa representação requer a identificação de todos os subgrafos. Todos os objetos pertencentes ao mesmo subgrafo são associados ao mesmo *cluster*.

Como operador de recombinação, MOCK utiliza cruzamento uniforme. Para mutação, os autores originalmente empregaram um operador especializado (mutação dos vizinhos mais próximos) que reduz significativamente o tamanho do espaço de busca (Handl e Knowles, 2004). Nessa mutação, cada objeto pode ter sua ligação alterada apenas para um dos seus $v$ vizinhos mais próximos. Consequentemente, $g_i \in \{nn_{i1}, ..., nn_{iv}\}$, em que $nn_{il}$ é o $l$-ésimo vizinho mais próximo do objeto $\mathbf{x}_i$. Nesse caso, todos os genes têm a mesma probabilidade de mutação ($\frac{1}{n}$). Posteriormente, os autores modificaram o operador de mutação para alterar a probabilidade de mutação de ligações individuais, $i \rightarrow j$, para $p_m = \frac{1}{n} + (\frac{l}{n})^2$, em que $j = nn_{il}$ (Handl e Knowles, 2005b).

A população inicial era gerada utilizando árvore geradora mínima (MST, do inglês, *Minimum Spanning Tree*) (Handl e Knowles, 2004). Para isso, é gerada uma MST completa utilizando o algoritmo de Prim (Wilson e Watkins, 1990). O $i$-ésimo indivíduo da população inicial é inicializado pela MST com as $(i-1)$-ésimas ligações mais longas removidas. Esse procedimento tende a gerar soluções boas na região do fronte de Pareto em que a conectividade é baixa, mas gerar soluções muito parecidas quando os *clusters* não são bem separados (Handl e Knowles, 2005b). Para melhorar o espalhamento das soluções iniciais, Handl e Knowles (2005b) propõem uma inicialização baseada em uma mistura de soluções geradas com o algoritmo $k$-médias e com MST.

As soluções baseadas em MST começam pela construção de uma MST, seguida pela identificação de todas as $b$ ligações interessantes. Uma ligação $i \rightarrow j$ é considerada interessante se e somente se $i = nn_{jl}$ e $j = nn_{ik}$, com $l > v$ e $k > v$, em que $v$, o número de vizinhos mais próximos, é dado pelo usuário. O grau de interessabilidade é dado por $gi = \min(l, k)$. As $b$ ligações interessantes são ordenadas pelo seu grau de interessabilidade. O conjunto de partições baseadas na MST é construído da seguinte maneira: para cada $g \in [0, \min(b, 0, 5n^I)]$, em que $n^I$ é o tamanho da população inicial, é gerado um agrupamento $\pi^g$ removendo as $g$ primeiras ligações interessantes. As ligações perdidas são substituídas por uma ligação com um vizinho $j$ escolhido aleatoriamente, com $j = nn_{il}$ e $l \leq v$. Para as soluções baseadas no $k$-médias, MOCK é executado, gerando partições com números de *clusters* $k \in [2, n^I - (\min(b, 0, 5n^I) + 1)]$. As partições obtidas dessa maneira são convertidas para a representação apropriada.

MOCK usa duas funções objetivo, baseadas em medidas complementares, variância *intracluster* $(var)$ (Equação 15.1) e conectividade $(con)$ (Equação 15.2), definidas na Seção 15.2.1. Essas medidas representam dois aspectos diferentes de qualidade de um agrupamento. Esses objetivos contrabalançam suas tendências de aumentar ou diminuir com o número de *clusters*. Isso é importante para explorar bem o espaço de soluções, evitando a convergência para soluções triviais ($n$ *clusters*, no caso da variância *intracluster*, e apenas um *cluster* com $n$ elementos, no caso da conectividade) (Handl e Knowles, 2004).

A aplicação desse algoritmo gera um conjunto de soluções não dominadas, representando diferentes compromissos dos dois objetivos e com diferentes números de *clusters*. Para encontrar a melhor solução, é gerada a fronteira de Pareto mais completa possível, depois reduzida a uma única solução, usando aspectos específicos do domínio dos dados (Handl e Knowles, 2004, 2005a).

A seleção da melhor solução baseia-se na intuição de que a estrutura dos dados está refletida na forma da fronteira de Pareto (Handl e Knowles, 2004, 2005a). Das tendências observadas nos objetivos empregados, é possível afirmar que, incrementando o número de *clusters*, $k$, obtém-se uma melhora na variância, $\delta V$, ao custo de degradação na conectividade, $\delta C$. Para um número de *clusters* $k$ menor do que o verdadeiro, espera-se que a razão $R = \delta V / \delta C$ seja grande, pois a separação de dois *clusters* causa uma grande diminuição na variância, com pouco ou nenhum aumento na conectividade. Para números de *clusters* maiores do que o verdadeiro, essa razão se torna menor, pois a diminuição na variância é menor, mas ao preço de um aumento maior da conectividade (um *cluster* verdadeiro está sendo dividido). Pela tendência das medidas, as soluções na fronteira de Pareto são aproximadamente ordenadas por $k$. Assim, o valor $R$ para o melhor número de *clusters* pode ser observado pelo ponto de inflexão no gráfico da fronteira de Pareto.

Para determinar corretamente esse ponto, os autores utilizam distribuições aleatórias de dados como referência (Handl e Knowles, 2004, 2005a,b). Esses dados são agrupados por MOCK, gerando um conjunto de fronteiras de referência. A fronteira solução é normalizada e, para cada ponto nessa fronteira, é calculado um *attainment score*, dado pela sua distância até as *attainment surfaces* das fronteiras de referência. Em seguida, é traçado um gráfico dos *attainment scores* em função de $k$. A solução correspondente ao máximo dessa curva é selecionada como a melhor solução.

Além de uma solução melhor, também é possível identificar outros possíveis máximos locais, que podem revelar estruturas em outros níveis. Além disso, o *attainment score* também serve como estimativa da qualidade de cada uma das soluções individuais.

Em Handl e Knowles (2004, 2005a), MOCK é comparado a três algoritmos de agrupamento convencionais ($k$-médias e algoritmos hierárquicos com ligação simples e média) e também ao comitê de agrupamentos proposto por Strehl e Ghosh (2002), utilizando os três algoritmos e a função supraconsenso citados anteriormente. Os autores mostraram que MOCK é mais robusto do que as outras abordagens em relação à variedade de estruturas encontradas em conjuntos de dados diferentes e é capaz de encontrar certas estruturas que outros métodos não conseguem.

### MOCLE – *Multi-Objective Clustering Ensemble*

O algoritmo MOCLE combina saídas de diversos algoritmos de agrupamento, índices de validação e comitês de agrupamentos para encontrar um conjunto de estruturas que podem ter informações relevantes para especialistas no domínio dos dados. MOCLE, como qualquer algoritmo de agrupamento baseado em comitês, possui duas etapas:

- Geração de um conjunto diverso de partições iniciais a serem combinadas;
- Determinação do consenso.

MOCLE difere dos comitês tradicionais em dois aspectos relacionados com a obtenção de consenso. Em primeiro lugar, busca um conjunto de partições consenso, em lugar de uma única partição. O conjunto de soluções que MOCLE retorna pode conter tanto partições que resultam da combinação de outras partições quanto partições de alta qualidade que já apareciam entre as partições iniciais. A segunda diferença é a combinação de pares de partições, iterativamente, em um processo de otimização que garante diferentes compromissos de qualidade das soluções. Com isso, MOCLE consegue reduzir o efeito negativo das partições iniciais de baixa qualidade, presente nas abordagens tradicionais de comitês.

Mais precisamente, o MOCLE inicia com a geração de um conjunto de partições base por meio da aplicação de vários algoritmos de agrupamento com diferentes vieses, executados com diferentes valores para seus parâmetros. Isso garante a diversidade das partições iniciais. Em seguida, essas partições iniciais são utilizadas como população inicial para um algoritmo genético multiobjetivo baseado em Pareto. Esse algoritmo seleciona e combina as partições iniciais por meio de duas características particulares: (1) um operador de recombinação especial, que encontra o consenso entre duas partições pais; e (2) a otimização de funções objetivo que representam diferentes medidas de qualidade de uma partição. O operador de recombinação é o principal componente que caracteriza o MOCLE como uma técnica de comitê e o diferencia de abordagens de agrupamento multiobjetivo puras.

Com essas características, MOCLE faz uma seleção automática das partições mais significativas, dentre as iniciais e as combinações, sem que sejam necessários nem muitos ajustes de parâmetros, nem conhecimento profundo em análise de agrupamento. Com isso, supera algumas das dificuldades da análise de agrupamento tradicional. Além disso, a integração das abordagens de comitês e agrupamento multiobjetivo permite superar algumas das dificuldades específicas de cada abordagem.

Em resumo, MOCLE usa uma abordagem robusta para lidar com diferentes tipos de estrutura que podem estar presentes nos dados, fornecendo como resultado um conjunto conciso e estável de estruturas alternativas de elevada qualidade, sem a necessidade de conhecimento prévio dos dados nem conhecimento profundo em análise de agrupamento.

## 14.3 Outras Técnicas

A técnica proposta por Law *et al.* (2004) foi uma das primeiras a tratar da identificação de uma partição heterogênea, que considera diferentes critérios de agrupamento para diferentes regiões do espaço dos dados. Para isso, baseia-se na eficácia dos algoritmos de agrupamento tradicionais para a obtenção de partições em concordância com seus respectivos critérios. A técnica de Law *et al.* (2004) produz um conjunto de *clusters* candidatos $C$, executando algoritmos tradicionais baseados em diferentes critérios. Cada algoritmo gera uma partição $\pi^a$ de $X$ em $K^a$ *clusters*, e o conjunto de *clusters* é dado por $C = \cup_a \pi^a$. Em seguida, é aplicado o algoritmo *hill climbing* para encontrar o conjunto de *clusters* da partição final. A função objetivo otimizada com o *hill climbing* é composta pela informação mútua normalizada ($NMI$), que avalia a estabilidade do *cluster* e penalidades para evitar *clusters* sobrepostos e objetos que não estejam em nenhum dos *clusters* da partição final. Com isso, o algoritmo produz uma única partição, em que cada *cluster* pode seguir uma definição de *cluster* diferente. Como o algoritmo gera uma única partição, ele não é indicado quando se desejam vários agrupamentos alternativos (múltiplas soluções). Além disso, ele não é confiável quando os melhores *clusters* candidatos se sobrepõem significativamente.

Uma técnica semelhante, proposta por Jiamthapthaksin *et al.* (2009), busca *clusters* que estejam em concordância com dois ou mais objetivos. Como os AEs multiobjetivo mencionados na Seção 14.2, ela é baseada no conceito de ótimo de Pareto, mas difere da maioria das abordagens multiobjetivo, por "procurar bons *clusters* individuais maximizando vários objetivos que são integrados em um único *cluster* por uma etapa de pós-processamento orientada pelo usuário" (Jiamthapthaksin *et al.*, 2009). Ela gera um repositório de *clusters* potencialmente interessantes de acordo com vários objetivos e então seleciona subconjuntos desses *clusters* de acordo com a preferência do usuário, sendo uma abordagem interativa. O repositório de *clusters* é construído executando algoritmos de agrupamento com diferentes funções objetivo e selecionando os melhores *clusters* de acordo com a dominância de Pareto. Assim, este repositório conterá apenas *clusters* considerados bons em relação a pelo menos dois objetivos. Para a seleção de subconjuntos de *clusters* de interesse, o usuário pode consultar o repositório informando diferentes critérios de interesse, bem como limiares para esses critérios a partir dos quais o usuário considera os *clusters interessantes*. O resultado é um agrupamento final que está de acordo com o interesse do usuário, envolvendo, em geral, um número pequeno de objetivos. Para isso, é proposto um algoritmo denominado *MO-Dominance-guided Cluster Reduction*, que seleciona os *clusters* considerando os objetivos e limiares estabelecidos pelo usuário.

Dada uma coleção inicial de partições ($\Pi_I$), o algoritmo ASA (*Automatic Selection Algorithm*) produz um conjunto de partições, $\Pi_S$, menor do que $\Pi_I$, eliminando redundâncias e mantendo a diversidade das soluções. Primeiramente, o algoritmo inicializa $\Pi_S$ com as partições mais evidentes, que são as partições $\pi^i \in \Pi_I$ que se repetem mais do que um número de vezes $p$, valor fornecido como parâmetro do algoritmo. Após essa inicialização, ASA iterativamente descarta partições de $\Pi_I$ muito similares às incluídas em $\Pi_S$ e inclui em $\Pi_S$ as partições mais distintas das que estão lá, até que não restem mais partições em $\Pi_I$. Para identificar a similaridade entre as partições, é utilizado o índice Rand corrigido, que será detalhado na Seção 15.4.5 (Hubert e Arabie, 1985). O nível de similaridade considerado para descartar uma partição é dado por um limiar interno que é automaticamente ajustado pelo algoritmo. Quaisquer estratégias ou algoritmos de agrupamento podem ser utilizados para produzir a coleção de partições iniciais. Para tirar o melhor proveito do conceito de partições evidentes, sugere-se a utilização de diversos algoritmos para produzir $\Pi_I$.

MCHPF (*Multi-objective Clustering with Hierarchical Partitions Fusions*) é um algoritmo de comitês multiobjetivo que utiliza programação genética para evoluir uma população de comitês e identificar as melhores maneiras de combinar subconjuntos de partições a fim de obter partições relevantes (Coelho *et al.*, 2010). Para isso, um conjunto de partições base é inicialmente gerado, similarmente ao que ocorre no algoritmo MOCLE. Com essas partições, são criados comitês iniciais, que são os indivíduos da população inicial. Cada comitê é uma hierarquia de fusão gerada aleatoriamente, em que uma ou mais funções consenso tradicionais (como as descritas na Seção 14.1) são aplicadas a um subconjunto das partições base. A população de comitês passa então pelo processo de evolução considerando uma estratégia multiobjetivo, em que são otimizadas as mesmas funções objetivo utilizadas por MOCK e MOCLE. Os comitês resultantes do processo de evolução podem, posteriormente, ser executados para a geração das partições consenso. As principais vantagens do MCHPF em relação ao MOCLE se devem ao uso das hierarquias de fusão como soluções, em vez das partições propriamente ditas, aliado ao uso de diferentes funções consenso para a construção de um comitê. Isso permite que as combinações sejam feitas de diferentes maneiras e que se tenha conhecimento das combinações feitas em cada comitê, garantindo a identificação das partições que contribuíram no resultado final, bem como da maneira como as partições foram combinadas.

## 14.4 Considerações Finais

Neste capítulo, foram apresentadas diferentes abordagens de modelos múltiplos descritivos, mais especificamente relacionadas com o tema de análise de agrupamento. As abordagens apresentadas permitem a superação de uma série de dificuldades da aplicação tradicional da análise de agrupamento. Foram detalhados os comitês de agrupamentos e as técnicas que empregam AEs para agrupamento multiobjetivo.

Enquanto comitês de agrupamentos combinam partições previamente obtidas, algoritmos multiobjetivo realizam a otimização direta de mais de um critério de agrupamento, resultando em um conjunto de soluções. Comitês são mais robustos e fornecem soluções de melhor qualidade que algoritmos tradicionais de agrupamento, porém não exploram todo o potencial do uso de múltiplos critérios. Já os algoritmos de agrupamento e os comitês multiobjetivo têm maior facilidade para encontrar diferentes tipos de *clusters*, para lidar com estruturas heterogêneas e para fornecer múltiplas soluções.

## 14.5 Exercícios

**Exercício 14.1** Qual a principal vantagem de usar AEs multiobjetivo em relação a algoritmos tradicionais de agrupamento de dados? E a principal desvantagem?

**Resposta** Discussões ao longo do capítulo, principalmente, mas não restritas às páginas 237, 238 e 248.

**Exercício 14.2** Qual a principal vantagem de usar comitês de agrupamento em relação a algoritmos tradicionais de agrupamento de dados? E a principal desvantagem?

**Resposta** Discussões ao longo do capítulo, principalmente, mas não restritas às páginas 237 e 239.

**Exercício 14.3** Escolha 3 técnicas de comitês que possuam vantagens e desvantagens diferentes e escreva uma comparação entre elas. Faça o mesmo com técnicas de agrupamento baseadas em AEs multiobjetivo. Em cada caso, pesquise outras técnicas se necessário.

**Resposta** Técnicas e discussões dependem de estudo e pesquisa das técnicas de interesse e suas características.

**Exercício 14.4** Quais são os principais objetivos dos modelos múltiplos e sistemas híbridos no contexto de análise de agrupamento?

**Resposta** Ver detalhes nas discussões da página 237.

# 15 AVALIAÇÃO DE MODELOS DESCRITIVOS

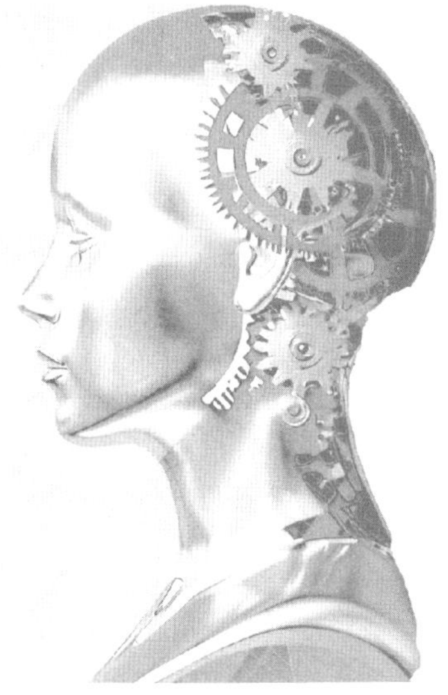

A análise e a comparação de resultados em análise de agrupamento podem ser consideradas sob o ponto de vista de dois objetivos diferentes: avaliação e comparação de algoritmos de agrupamento e validação das estruturas encontradas por algoritmos de agrupamento ao se realizar análise exploratória dos dados. Esses dois objetivos têm em comum o fato de estarem ligados ao tema de validação de agrupamentos.

Na avaliação e comparação de estratégias de agrupamento, que podem envolver tanto apenas algoritmos individuais quanto modelos múltiplos, é preciso garantir a corretude, a validade e a reprodutibilidade dos experimentos realizados e das conclusões obtidas a partir de seus resultados, da mesma maneira que é necessário nas técnicas preditivas.

Na análise exploratória, uma análise prévia dos dados pode ser de grande utilidade para guiar as escolhas feitas em todas as etapas do processo de agrupamento, previamente descritas no Capítulo 12. Tal análise pode ser feita com técnicas da Estatística Descritiva, como as apresentadas no Capítulo 2, ou com técnicas de visualização dos dados. Entretanto, mesmo feitas as escolhas adequadas, é preciso checar a validade das estruturas encontradas.

Para melhor compreensão das discussões apresentadas nas seções seguintes, é importante entender a diferença entre a validação feita para avaliar/comparar algoritmos de agrupamento e aquela feita para validar as estruturas encontradas na análise exploratória dos dados. Levando em conta que a análise de agrupamento é uma tarefa não supervisionada, deve-se ter sempre em mente que não existe um resultado correto, que seja o objetivo final a ser atingido com qualquer algoritmo de agrupamento. Isso é especialmente importante na análise exploratória. Entretanto, na avaliação/comparação de algoritmos, principalmente na avaliação da efetividade de algoritmos novos, é importante ter mecanismos para identificar se o algoritmo está realmente encontrando uma estrutura apropriada, ou se é comparável a outros existentes. Nesses casos, muitas vezes são utilizados dados para os quais se conhecem uma ou mais estruturas, e os algoritmos são avaliados com respeito à sua habilidade em encontrar essas estruturas conhecidas.

Outro aspecto importante que é preciso considerar quando se avaliam agrupamentos é que nem sempre existe uma solução única, considerando as possíveis definições do que seja um *cluster*, as diferentes maneiras como dois objetos podem ser considerados similares e a possibilidade de existência de várias estruturas, quer homogêneas, quer heterogêneas, em um conjunto de dados.

Essas características tornam a avaliação dos resultados em agrupamento uma tarefa complexa, pois não existe uma resposta esperada com a qual comparar os resultados obtidos pelos algoritmos e, muitas vezes, não existe uma resposta única.

De qualquer maneira, é preciso seguir procedimentos rigorosos, considerando todos os aspectos descritos previamente no Capítulo 12, para garantir resultados efetivos e úteis, e também a reprodutibilidade das análises. Como já mencionado, a avaliação do resultado de um agrupamento deve ser objetiva, visando determinar se a estrutura encontrada é válida, ou seja, se não ocorreu por acaso, ou se é "rara" em algum sentido, já que qualquer algoritmo de agrupamento encontrará *clusters*, independentemente de existir ou não estrutura nos dados. Entretanto, mesmo que essa estrutura exista, alguns algoritmos podem encontrar *clusters* mais adequados que outros. Diversas técnicas para a validação em análise de agrupamento têm sido discutidas na literatura. Alguns desses estudos podem ser encontrados em Jain e Dubes (1988); Gordon (1999); Halkidi *et al.* (2001); Handl *et al.* (2005).

A validação do resultado de um agrupamento, em geral, é baseada em índices estatísticos, que julgam, de maneira qualitativa, o mérito das estruturas encontradas. Um índice quantifica alguma informação a respeito da qualidade de um agrupamento. A maneira pela qual um índice é aplicado para validar um agrupamento é dada pelo critério de validação. Assim, um critério de validação expressa a estratégia utilizada para validar uma estrutura de agrupamento, enquanto um índice é uma estatística pela qual a validade é testada. Existem três tipos de critérios para investigar a validade de um agrupamento: critérios internos, externos e relativos. A Seção 15.1 descreve detalhadamente cada um desses critérios. Neste livro, os índices que são mais comumente empregados em critérios externos, internos e relativos serão denominados simplificadamente índices externos, internos e relativos, respectivamente. Posteriormente, nas Seções 15.2, 15.3 e 15.4, serão detalhados alguns dos índices empregados, respectivamente, com critérios relativos, internos e externos, bem como as metodologias mais frequentemente empregadas para a aplicação desses índices.

## 15.1 Critérios de Validação

Conforme já dito, um critério de validação expressa a estratégia utilizada para validar um agrupamento, enquanto um índice é uma estatística pela qual a validade é testada. Ou, de outra forma, o critério de validação indica a maneira pela qual um índice é aplicado para validar um agrupamento. Existem três tipos de critérios para investigar a validade de um agrupamento:

- **Critérios relativos**: comparam diversos agrupamentos com respeito a algum aspecto (qual é mais o estável ou qual é o mais adequado aos dados, por exemplo). Podem ser utilizados para comparar diversos algoritmos de agrupamento ou para determinar o valor mais apropriado para um ou mais parâmetros de um algoritmo, como o número de *clusters*. Com isso, esses critérios permitem medir quantitativamente qual dentre dois algoritmos melhor se ajusta aos dados ou determinar o número de *clusters* mais apropriado para um agrupamento produzido por determinado algoritmo.
- **Critérios internos**: medem a qualidade de um agrupamento com base apenas nos dados originais (matriz de objetos ou matriz de similaridade). Por exemplo, um critério interno pode medir o grau com que uma partição obtida por um algoritmo de agrupamento é justificada pela matriz de similaridade.
- **Critérios externos**: avaliam um agrupamento de acordo com uma estrutura estabelecida previamente, que pode refletir, por exemplo, a intuição do pesquisador sobre a estrutura presente nos dados. Essa estrutura pré-especificada pode ser uma partição previamente conhecida para os dados ou um agrupamento sugerido por um especialista da área baseado em conhecimento prévio. Por exemplo, um critério externo pode medir o grau de correspondência entre o número de *clusters* obtido com o agrupamento e rótulos já conhecidos para os dados.

Esses critérios de validação podem ser utilizados para avaliar vários tipos de estrutura como hierarquias, partições (*hard* ou *fuzzy*) e *clusters* individuais. A seguir, serão discutidas as principais abordagens para utilização dos três tipos de critérios no contexto de avaliação de partições.

Os critérios relativos são utilizados para encontrar o melhor algoritmo de agrupamento (e/ou conjunto de valores de parâmetros para o mesmo algoritmo) em relação a um grupo de outros algoritmos (e/ou conjuntos de valores de parâmetros diferentes para o mesmo algoritmo).

Existem vários índices que podem ser empregados com critérios relativos. Alguns dos índices mais comuns são apresentados na Seção 15.2.1. Esses índices, em geral, podem ainda ser empregados em critérios internos (Jain e Dubes, 1988). O que distingue a utilização de um índice em um ou outro critério é a maneira como o índice é aplicado. A forma mais comum de aplicação de um índice com critério relativo é o cálculo do seu valor para vários agrupamentos que estão sendo comparados, obtendo-se uma sequência de valores. O melhor agrupamento é determinado pelo valor que se destaca nessa sequência, como um valor máximo, mínimo ou uma inflexão na curva do gráfico construído com a sequência.

A Figura 15.1 resume a metodologia mais utilizada para aplicação do critério relativo de validação. Como indica a Figura 15.1, nesse critério, vários algoritmos, ou um mesmo algoritmo com diferentes valores para seus parâmetros, são aplicados ao mesmo conjunto de dados. O índice é calculado para cada uma das partições obtidas. Esses valores do índice são comparados, em geral com o auxílio de um gráfico, para determinar o melhor algoritmo ou o melhor valor para um ou mais parâmetros de um algoritmo.

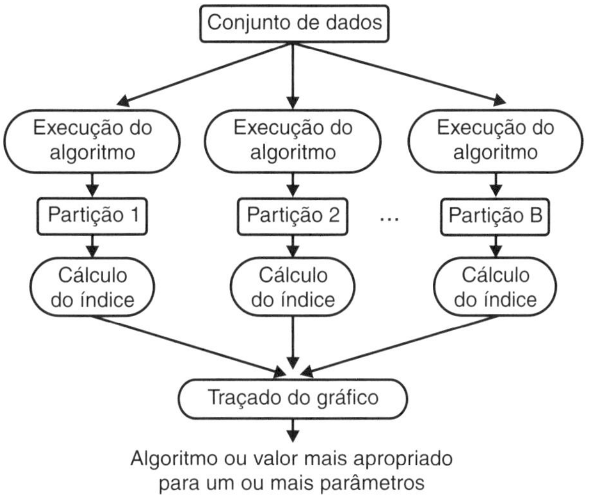


**Figura 15.1** Critério relativo de validação.

Além da forma previamente descrita de validação relativa, outras abordagens têm sido exploradas na literatura. Algumas dessas abordagens serão descritas na Seção 15.2.2. Serão detalhadas a análise de replicação, proposta por McIntyre e Blashfield (1980) e Morey *et al.* (1983), similar à validação cruzada previamente descrita no Capítulo 10, a abordagem de Law e Jain (2003), que calcula a variabilidade do algoritmo utilizando *bootstrapping*, e as abordagens de Yeung *et al.* (2001) e Tibshirani *et al.* (2001a), que se baseiam no poder preditivo do algoritmo.

Os critérios externos e internos de validação são baseados em testes estatísticos e têm um alto custo computacional (Halkidi *et al.*, 2001). Seu objetivo é medir quanto o resultado obtido confirma uma hipótese pré-especificada. Nesse caso, são utilizados testes de hipótese para determinar se uma estrutura obtida é apropriada para os dados, o que é feito verificando se o valor do índice utilizado é extraordinariamente grande ou pequeno. Isso requer o estabelecimento de uma população base ou de referência. O mesmo índice pode ser utilizado em um critério externo e interno, embora as distribuições de referência do índice sejam diferentes (Jain e Dubes, 1988).

A proposição de um índice para validação é fácil, porém é muito difícil estabelecer limiares que permitam afirmar que o valor do índice é grande ou pequeno o suficiente para se considerar o agrupamento "raro" e potencialmente útil ou válido.

Os índices de validação são funções dos dados que contêm informações úteis, como o erro quadrático de um agrupamento ou a compactação de seus *clusters*. É importante observar que um índice é uma variável aleatória. Sua distribuição descreve a frequência relativa com a qual seus valores são gerados sob alguma hipótese. Uma hipótese é uma afirmação sobre a frequência relativa de eventos no espaço amostral que expressa um conceito.

No caso de validação de agrupamentos, a hipótese nula, $H_0$, é uma afirmação de aleatoriedade ou falta de estrutura nos dados. Jain e Dubes (1988) e Gordon (1999) descrevem algumas hipóteses nulas comumente utilizadas para a validação de agrupamentos. Jain e Dubes (1988) discutem ainda aplicações de cada uma dessas hipóteses. A seleção da hipótese nula depende do tipo dos dados e do aspecto que está sendo analisado sobre os dados.

Jain e Dubes (1988) resumem os principais aspectos relacionados com a utilização de um índice de validação:

- **Definição do índice**: o índice deve fazer sentido intuitivamente, deve ter uma base teórica e deve ser prontamente computável.

- **Distribuição de probabilidade-base**: uma distribuição-base é uma distribuição derivada de uma população que não possui estrutura. Uma população referência é definida ou implicada pela distribuição-base.
- **Teste para verificar estrutura não aleatória**: o valor de um índice de validação é comparado a um limiar que estabelece um dado nível de significância. O limiar é definido a partir da distribuição-base, que, em teoria, raramente é conhecida.
- **Teste para verificar um tipo de estrutura**: a habilidade do índice de validação em recuperar uma estrutura conhecida indica seu poder estatístico. A escolha da estrutura depende da aplicação.

As Figuras 15.2 e 15.3 resumem, respectivamente, os critérios externos e internos de validação. Conforme dito anteriormente, nesses critérios é utilizado um teste de hipótese que depende da distribuição do índice sob uma hipótese nula, $H_0$. A diferença entre esses critérios está nas informações utilizadas. Nos critérios externos, pode ser utilizada uma partição dos dados conhecida previamente, chamada de "partição real" ou "estrutura conhecida", no cálculo do índice. Já nos critérios internos, o cálculo do índice depende somente dos próprios dados, seja na forma de matriz de objetos (conjunto de dados original) ou de matriz de similaridade.

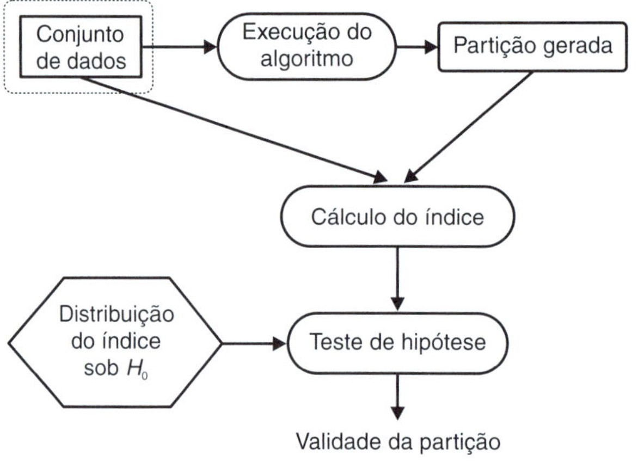


**Figura 15.2** Critério interno de validação.

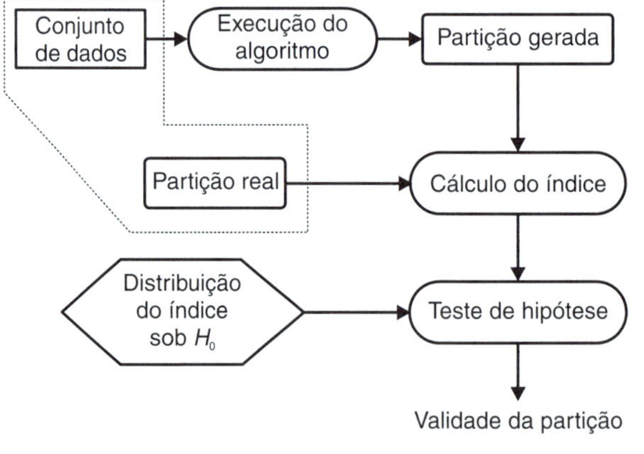


**Figura 15.3** Critério externo de validação.

Um grande problema relacionado com a validação externa e interna de agrupamentos é o estabelecimento da distribuição dos índices (estatísticas) sob a hipótese nula e, consequentemente, a determinação dos limiares que informam se uma partição é adequada de acordo com o índice. Assim, na prática, os testes de validação são geralmente definidos utilizando ferramentas estatísticas, como análise de Monte Carlo e *bootstrapping*.

Análise de Monte Carlo é um método para estimar parâmetros e taxas de probabilidade por meio de amostragem por computador. É utilizada quando tais valores são difíceis ou impossíveis de calcular diretamente.

Umas das formas mais comuns de utilização de análise de Monte Carlo para validação de agrupamentos é o estabelecimento da distribuição de referência de um índice sob a hipótese nula. Inicialmente, é gerada uma grande quantidade de conjuntos de dados sintéticos de acordo com a distribuição considerada na hipótese nula $H_0$. Em seguida, cada um desses conjuntos é agrupado e o valor do índice é calculado em cada caso. Com esses valores do índice, é traçado um gráfico de dispersão, que é uma aproximação da função de densidade de probabilidade do índice. Dado o valor do índice para o agrupamento que está sendo validado e a distribuição estimada, determina-se se a hipótese $H_0$ deve ser aceita ou rejeitada. Com a utilização da análise de Monte Carlo, o limiar para determinar se o valor do índice é grande ou pequeno o suficiente (ou seja, rejeitar $H_0$) pode ser visto como um intervalo de valores, em vez do valor único obtido quando a distribuição sob $H_0$ é conhecida (Jain e Dubes, 1988). A Figura 15.4 resume essa forma de aplicação de análise de Monte Carlo para validação de agrupamentos.

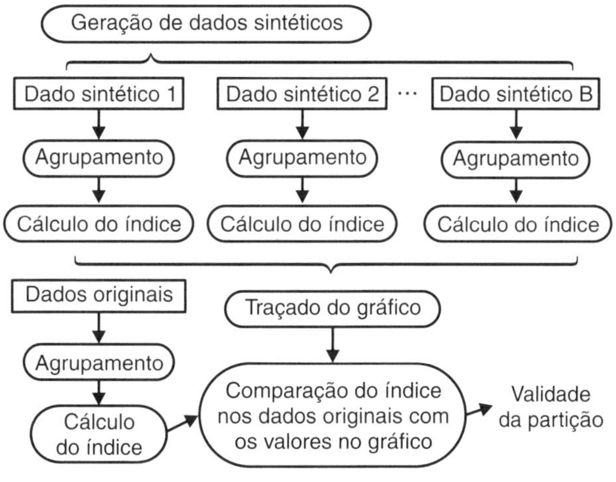


**Figura 15.4** Análise de Monte Carlo para validação de um agrupamento.

Não é fácil definir o modelo nulo. Existe uma grande quantidade de tipos de modelos nulos, cada um com suas vantagens e desvantagens (Gordon, 1996). Segundo Filho (2003), Gordon (1996) sugere a utilização de mais de um modelo nulo, o que torna o processo de validação ainda mais complexo e demorado. Segundo Jain e Dubes (1988), a parte mais difícil na análise de Monte Carlo é a obtenção de uma amostra de distribuição arbitrária. Geralmente, existem geradores de números aleatórios que geram amostras pseudoaleatórias de distribuição $U(1, 0)$ e existem técnicas para transformar essas amostras uniformes em amostras de outras distribuições.

Outro problema da análise de Monte Carlo é a necessidade de grande quantidade de recursos computacionais, uma vez que é necessário grande número de replicações para construir a distribuição de referência. Entretanto, com os avanços tecnológicos recentes, esse problema é cada vez menor.

As técnicas de *bootstrapping* utilizam reamostragem dos dados, com substituição, para criar um conjunto "falso" de dados, que simula a replicação de um experimento de Monte Carlo (Jain e Dubes, 1988). Nesse caso, as amostras *bootstrap* são utilizadas para construir o modelo nulo. As amostras podem ser obtidas pela reamostragem dos objetos ou dos atributos do conjunto de dados. Com *bootstrapping*, evitam-se os problemas da análise de Monte Carlo relacionados com a escolha do modelo nulo. Existem outras formas de aplicação de *bootstrapping* em validação, algumas das quais são empregadas em índices descritos mais adiante.

## 15.2 Critérios Relativos

Conforme já foi dito, o objetivo da validação relativa é encontrar um agrupamento que melhor se ajuste aos dados, a partir de vários agrupamentos obtidos com um algoritmo sob certas suposições e valores para seus parâmetros, ou encontrar o algoritmo mais apropriado para agrupar os dados analisados de forma a encontrar as estruturas desejadas.

Uma das formas mais comuns de utilização dos critérios relativos ocorre na determinação do número mais adequado de *clusters*. Nesse caso, o algoritmo de agrupamento é executado para todos os possíveis números de *clusters*, $k$, entre $k_{min}$ e $k_{max}$, fornecidos. Em seguida, os valores do índice obtidos a partir dessas execuções são apresentados, na forma de um gráfico, como função de $k$. O melhor número de *clusters* é dado pelo mínimo, máximo ou inflexão na curva observada. Halkidi *et al.* (2002b) descrevem resumidamente a utilização de índices em critérios relativos para determinar outros parâmetros de algoritmos de agrupamento.

Um grande número de índices que podem ser empregados com critérios relativos pode ser encontrado na literatura da área. A título de ilustração, a Seção 15.2.1 apresenta alguns desses índices.

Além da aplicação tradicional da validação relativa (cálculo de um índice para várias partições e observação do gráfico do índice em função de $k$), existem outras abordagens descritas na literatura, algumas das quais serão apresentadas na Seção 15.2.2.

## 15.2.1 Índices Empregados em Critérios Relativos

### Variância *Intracluster*, $var(\pi)$

A variância *intracluster* de uma partição $\pi$ é dada pela Equação 15.1, em que $\bar{\mathbf{x}}^{(k)}$ é o centroide do *cluster* (Handl *et al.*, 2005). Ela mede a qualidade de um agrupamento em termos da compactação de seus *clusters*. Essa medida apresenta valores no intervalo $[0, \infty]$, e quanto menor o valor de $var$, melhor a partição.

$$var(\pi) = \sqrt{\frac{1}{n} \sum_{\mathbf{C}_k \in \pi} \sum_{\mathbf{x}_i \in \mathbf{C}_k} d(\mathbf{x}_i, \bar{\mathbf{x}}^{(k)})} \quad (15.1)$$

### Conectividade, $con(\pi)$

A conectividade está ligada ao conceito de encadeamento e reflete o grau com que os objetos vizinhos são colocados no mesmo *cluster*. Os vizinhos mais próximos são aqueles com menor distância (ou maior similaridade) (Handl *et al.*, 2005). A conectividade de uma partição é dada pela Equação 15.2, em que $v$ é o número de vizinhos mais próximos que contribuem para a conectividade e $nn_{ij}$ é o $j$-ésimo vizinho mais próximo ao objeto $\mathbf{x}_i$. Quanto menor o valor do índice $con$, melhor a partição. Os valores desse índice variam no intervalo $[0, \infty]$.

$$con(\pi) = \sum_{\mathbf{x}_i \in \mathbf{X}} \sum_{j=1}^{v} f(\mathbf{x}_i, nn_{ij}) \quad (15.2)$$

$$f(\mathbf{x}_i, nn_{ij}) = \begin{cases} 1/j & \text{se } \mathbf{x}_i \in \mathbf{C}_k, nn_{ij} \notin \mathbf{C}_k \\ 0 & \text{caso contrário} \end{cases} \quad (15.3)$$

### Família de Índices Dunn, $D(\pi)$

A família de índices Dunn é representada pela Equação 15.4, em que $d(\mathbf{C}_a, \mathbf{C}_b)$ é uma função de distância entre os *clusters* $\mathbf{C}_a$ e $\mathbf{C}_b$ e $d(\mathbf{C}_a)$ é a distância *intracluster* do *cluster* $\mathbf{C}_a$, que mede a dispersão do *cluster* (Halkidi *et al.*, 2002b). No índice Dunn original, $d(\mathbf{C}_a, \mathbf{C}_b)$ é dada pela Equação 15.5, que é a mesma medida usada pelo algoritmo hierárquico com ligação simples, e $d(\mathbf{C}_a)$ é dada pela Equação 15.6. Nesse caso, o índice mede a razão da separação dentro dos *clusters* e entre os *clusters* (Pakhira *et al.*, 2004). Outras variações do índice consideram diferentes funções para $d(\mathbf{C}_a, \mathbf{C}_b)$ e $d(\mathbf{C}_a)$.

$$D(\pi) = \min_{a=1,\ldots,k} \left\{ \min_{b=a+1,\ldots,k} \left\{ \frac{d(\mathbf{C}_a, \mathbf{C}_b)}{\max_{l=1,\ldots,k} d(\mathbf{C}_l)} \right\} \right\} \quad (15.4)$$

$$d(\mathbf{C}_a, \mathbf{C}_b) = \min_{\substack{\mathbf{x}_i \in \mathbf{C}_a, \\ \mathbf{x}_j \in \mathbf{C}_b}} d(\mathbf{x}_i, \mathbf{x}_j) \tag{15.5}$$

$$d(\mathbf{C}_a) = \max_{\mathbf{x}_i, \mathbf{x}_j \in \mathbf{C}_a} d(\mathbf{x}_i, \mathbf{x}_j) \tag{15.6}$$

O índice Dunn é apropriado para a identificação de *clusters* compactos e bem separados (Halkidi *et al.*, 2002b). Valores altos do índice indicam a presença desse tipo de *cluster*. O índice $D(\pi)$ não apresenta nenhuma tendência em relação ao número de *clusters*. O ponto de máximo no gráfico de $D(\pi)$ contra $k$, em que diversas partições $\pi$ foram obtidas com esses valores de $k$, pode ser uma indicação do número de *clusters* que mais se ajusta aos dados.

Os problemas do índice Dunn original são a sua complexidade e sensibilidade a ruído. Outros índices da família Dunn são mais robustos à presença de ruídos. Bezdek e Pal (1998) propõem várias generalizações desse índice e as comparam com outros índices. Azuaje (2002) apresenta uma ferramenta que emprega 18 índices baseados no índice Dunn para determinar o melhor número de *clusters*. Esses índices são baseados em diferentes combinações de diferentes distâncias entre *clusters* e *intracluster*. Esse índice não é apropriado para *clusters* de formas arbitrárias.

### Silhueta, $sil(\pi)$

A medida silhueta se baseia na proximidade entre os objetos de um *cluster* e na distância dos objetos de um *cluster* ao *cluster* mais próximo (Rousseeuw, 1987). Ela pode ser utilizada para avaliar uma partição; para isso, avalia também a adequação de cada objeto ao seu *cluster* e a qualidade de cada *cluster* individualmente. O valor de uma medida silhueta é limitado pelo intervalo $[-1, 1]$, em que a melhor partição de acordo com a silhueta é aquela com valor 1.

As silhuetas de um *cluster* e de uma partição para medidas de distância entre objetos são dadas pelas Equações 15.10 e 15.11, respectivamente, em que $n$ é o número de objetos agrupados e $sil(\mathbf{x}_i)$ é a silhueta do objeto $\mathbf{x}_i$, dada pela Equação 15.7. Nessa equação, $a(\mathbf{x}_i, \mathbf{C}_i)$, definida pela Equação 15.8, representa a distância média do objeto $\mathbf{x}_i$ em relação a todos os outros objetos do *cluster* $\mathbf{C}_i$ (*cluster* ao qual o objeto $\mathbf{x}_i$ pertence) e $b(\mathbf{x}_i)$, dada pela Equação 15.9, a menor distância média de $\mathbf{x}_i$ em relação a todos os demais *clusters*. Rousseeuw (1987) apresenta uma versão do índice para quando uma medida de similaridade é utilizada, em vez de uma medida de distância.

$$sil(\mathbf{x}_i) = \begin{cases} 1 - a(\mathbf{x}_i, \mathbf{C}_i)/b(\mathbf{x}_i), & a(\mathbf{x}_i, \mathbf{C}_i) < \mathbf{b}(\mathbf{x}_i) \\ 0, & a(\mathbf{x}_i, \mathbf{C}_i) = \mathbf{b}(\mathbf{x}_i) \\ b(\mathbf{x}_i)/a(\mathbf{x}_i, \mathbf{C}_i) - 1, & a(\mathbf{x}_i, \mathbf{C}_i) > \mathbf{b}(\mathbf{x}_i) \end{cases} \tag{15.7}$$

$$a(\mathbf{x}_i, \mathbf{C}_k) = \frac{1}{|\mathbf{C}_k|} \sum_{\substack{\mathbf{x}_i, \mathbf{x}_j \in \mathbf{C}_k \\ \mathbf{x}_i \neq \mathbf{x}_j}} d(\mathbf{x}_i, \mathbf{x}_j) \tag{15.8}$$

$$b(\mathbf{x}_i) = \min_{\substack{\mathbf{x}_i \in \mathbf{C}_i, \\ \mathbf{C}_i \neq \mathbf{C}_j}} a(\mathbf{x}_i, \mathbf{C}_j) \tag{15.9}$$

Quando a silhueta é calculada para cada objeto, seu valor será próximo de 1 se o objeto estiver bem situado dentro do seu *cluster*. Um valor próximo de $-1$ indica que o objeto deveria ser associado a outro *cluster* (Yeung, 2001).

A medida silhueta depende apenas da partição dos dados, portanto, independe do algoritmo de agrupamento empregado. Ela pode ser utilizada para melhorar os resultados de uma análise de *cluster* ou para comparar os resultados de diferentes algoritmos aplicados ao mesmo conjunto de dados.

Além da silhueta de cada objeto, pode ser calculada a silhueta de cada *cluster*, conforme a Equação 15.10 e a largura média da silhueta, $sil(\pi)$, utilizando a Equação 15.11. Um modo de escolher o melhor valor de $k$ é selecionar aquele que resulta no maior valor de $sil(\pi)$.

$$sil(\mathbf{C}_k) = \frac{1}{|\mathbf{C}_k|} \sum_{\mathbf{x}_i \in \mathbf{C}_k} sil(\mathbf{x}_i) \tag{15.10}$$

$$sil(\pi) = \frac{1}{n} \sum_{i=1}^{n} sil(\mathbf{x}_i) \tag{15.11}$$

O coeficiente silhueta, $SC$, é o máximo $sil(\pi)$ para $\pi$ gerada com $k = 2, 3, ...(n-1)$. $SC$ é uma medida que quantifica a estrutura descoberta por um algoritmo de agrupamento. Uma interpretação para $SC$ é: $SC \leq 0,25$ significa que não foi encontrada uma estrutura substancial, $0,26 \leq SC \leq 0,5$ indica que a estrutura encontrada é fraca e pode ser artificial, $0,5 \leq SC \leq 0,7$ significa que uma estrutura razoável foi encontrada, e $0,71 \leq SC \leq 1$ indica que foi encontrada uma estrutura forte.

As medidas de silhueta são apropriadas para a identificação de *clusters* compactos e bem separados. Assim, funcionam melhor com *clusters* aproximadamente esféricos (Rousseeuw, 1987). Uma vez que a definição da silhueta favorece objetos que estão associados a *clusters* com a similaridade média mais alta, as larguras das silhuetas são tendenciosas contra *clusters* verdadeiros potencialmente sobrepostos, favorecendo agrupamentos disjuntos.

Existem outros índices para avaliação de partições que, para tornar o texto mais coeso, não serão discutidos em detalhes, como o desvio total ($dev$) (Handl e Knowles, 2007), o índice Davies-Bouldin ($DB$) (Jain e Dubes, 1988), o índice de Calinski-Harabasz ($CH$) (Calinski e Harabasz, 1974), o índice de Krzanowski e Lai ($KL$) (Krzanowski e Lai, 1985), o índice de Hartigan ($H$) (Hartigan, 1975), o índice $S\_Dbw$ (do inglês, *compose density between and within clusters*) (Halkidi e Vazirgiannis, 2001) e o índice de Pakhira *et al.* (2004), $PBM$. Descrições e comparações entre uma variedade grande de índices de validação podem ser encontradas em Milligan e Cooper (1985) e Vendramin *et al.* (2010).

Além desses índices, existem vários outros particularmente indicados para a avaliação de partições *fuzzy*. Nesse tipo de agrupamento, cada objeto apresenta um grau de pertinência em relação a cada *cluster*, em vez de ser associado unicamente a um *cluster*. Alguns dos índices mais comuns empregados para validação de agrupamentos *fuzzy* são: coeficiente de partição ($PC$) (Pal e Bezdek, 1995), entropia da partição ($PE$) (Pal e Bezdek, 1995), índice de Xie-Beni ($XB$) (Xie e Beni, 1991; Pal e Bezdek, 1995), índice de Xie-Beni estendido (Pal e Bezdek, 1995), índice de Fukuyama-Sugeno ($FS$) (Pal e Bezdek, 1995), separação da partição ($S$) (Yang e Wu, 2001) e índice de Pakhira *et al.* (2004) fuzzificado, $PBMF$.

Dentre os índices citados para validação de partições *fuzzy*, os índices $PC$ e $PE$ utilizam apenas o valor de pertinência dos objetos aos *clusters* para calcular seu valor. Já os demais índices utilizam, além do valor de pertinência, o próprio conjunto de dados.

## 15.2.2 Outras Abordagens de Validação Relativa

Nesta seção são descritas outras abordagens para validação relativa, em particular a análise de replicação, proposta por McIntyre e Blashfield (1980) e Morey *et al.* (1983), a abordagem de Law e Jain (2003), que calcula a variabilidade do algoritmo utilizando *bootstrapping*, e a abordagem de Yeung *et al.* (2001), que se baseia no poder preditivo do algoritmo. Tibshirani *et al.* (2001a) também apresentam uma abordagem baseada no poder preditivo, que não será detalhada.

A análise de replicação (McIntyre e Blashfield, 1980; Morey *et al.*, 1983) se baseia em um argumento semelhante ao procedimento de *cross-validation* comumente usado em aprendizado supervisionado, descrito no Capítulo 10. A ideia é medir a estabilidade (ou replicabilidade) de um algoritmo de agrupamento. Essa estabilidade é medida comparando a partição obtida pelo algoritmo a uma partição obtida em um subconjunto independente dos dados.

A forma de validação de um agrupamento proposta por Law e Jain (2003) é fundamentada na interpretação de um algoritmo de agrupamento como um estimador estatístico e na avaliação da variabilidade desse estimador por meio de *bootstrapping*. Se uma partição é válida, sua variabilidade deve ser baixa.

As abordagens de Yeung *et al.* (2001) e Tibshirani *et al.* (2001a) seguem o princípio de que, se um agrupamento reflete uma estrutura verdadeira, um preditor construído com base nos *clusters* desse agrupamento deve estimar precisamente os rótulos dos *clusters* de novas amostras de teste (Jiang *et al.*, 2004).

## Análise de Replicação

A análise de replicação (McIntyre e Blashfield, 1980; Morey *et al.*, 1983; Milligan, 1996) é ilustrada na Figura 15.5 e pode ser resumidamente descrita pelo Algoritmo 15.1. A medida de concordância mencionada na linha 10 pode ser o índice Rand corrigido (Hubert e Arabie, 1985), que será descrito na Seção 15.4. O nível de concordância entre as duas partições reflete a estabilidade do algoritmo de agrupamento.

**Algoritmo 15.1** Análise de replicação

**Entrada:** Um conjunto de dados $\mathbf{X}$<br>
Um algoritmo de agrupamento $\phi$<br>
**Saída:** Estabilidade do algoritmo $\phi$<br>
1 Obter duas amostras dos dados, $\mathbf{X}_1$ e $\mathbf{X}_2$, dividindo o conjunto de dados original em dois subconjuntos<br>
2 Aplicar o algoritmo de agrupamento $\phi$ na amostra $\mathbf{X}_1$, obtendo uma partição $\pi^1$<br>
3 Aplicar o algoritmo de agrupamento $\phi$ na amostra $\mathbf{X}_2$, obtendo uma partição $\pi^2$<br>
4 Determinar os centroides dos *clusters* da partição $\pi^1$<br>
5 Construir $\pi'_2$, agrupando $\mathbf{X}_2$ com base nas características de $\mathbf{X}_1$:<br>
6     Assumir os mesmos centroides de $\pi^1$ para $\pi'_2$<br>
7     **para cada** $\mathbf{x} \in \mathbf{X}_2$ **faça**<br>
8         Determinar as distâncias entre o objeto $\mathbf{x}$ e os centroides dos *clusters* de $\pi'_2$<br>
9         Associar $\mathbf{x}$ ao *cluster* cujo centroide é mais próximo<br>
        `// Isso resulta em um agrupamento da segunda amostra com base nas características da primeira`<br>
10     **fim**<br>
11 Calcular uma medida de concordância entre os dois agrupamentos da segunda amostra, $\pi^2$ e $\pi'_2$

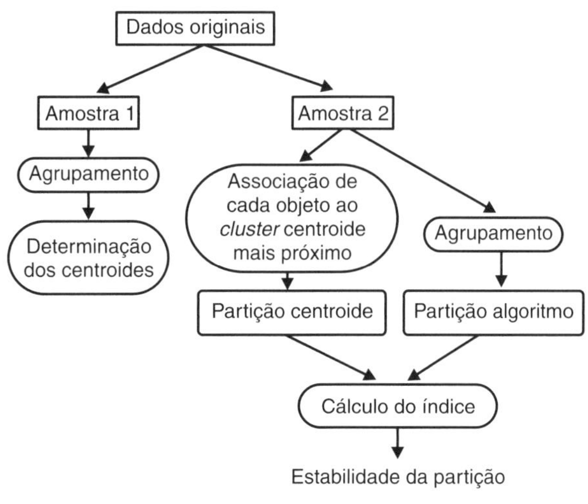


**Figura 15.5** Análise de replicação para validação de um agrupamento.

## Figura de Mérito

Yeung *et al.* (2001) propõem uma metodologia para avaliação da qualidade de um agrupamento com base no poder preditivo do algoritmo que o gerou. O poder preditivo é dado pela medida figura de mérito, $FOM$ (do inglês, *Figure Of Merit*), definida pelos autores. A $FOM$ foi proposta para o agrupamento de genes utilizando seu nível de expressão medido em diversos experimentos. A intuição por trás dessa medida é a tendência de os genes pertencentes a um mesmo *cluster* terem um nível de expressão similar em experimentos adicionais, não empregados na geração dos *clusters*, se o agrupamento for significativo do ponto de vista biológico.

Um algoritmo de agrupamento é aplicado a todos os atributos, exceto um atributo, denominado $a$. Esse atributo $a$ é utilizado para estimar o poder preditivo do algoritmo, por meio da variância dentro dos *clusters* dada pela $FOM$. *Clusters* significativos devem ter menos variação nos outros experimentos do que *clusters* gerados ao acaso. Assim, quanto maior a similaridade *intracluster* calculada a partir da exclusão do atributo $a$, mais forte é o poder preditivo e melhor o esquema de agrupamento. Sejam $x_i^a$ o valor do atributo $a$ para o objeto $\mathbf{x}_i$ na matriz de dados bruta e $\bar{x}^a(\mathbf{x}^a, \mathbf{C}_l)$ a média dos valores do atributo $\mathbf{x}^a$ nos objetos pertencentes ao *cluster* $\mathbf{C}_l$. $FOM(\mathbf{x}^a, \pi)$ é dada pela Equação 15.12, para $k$ *clusters* usando o atributo $\mathbf{x}^a$.

$$FOM(\mathbf{x}^a, \pi) = \sqrt{\frac{1}{n} \sum_{l=1}^{k} \sum_{\mathbf{x}_i \in \mathbf{C}_l} (x_i^a - \bar{x}^a(\mathbf{x}^a, \mathbf{C}_l))^2} \tag{15.12}$$

Com a aplicação dessa equação a cada um dos $d$ atributos, obtém-se a $FOM$ agregada, dada pela Equação 15.13, que é uma estimativa do poder preditivo total de um algoritmo sobre todas as amostras para $k$ *clusters*.

$$FOM(\pi) = \sum_{a=1}^{d} FOM(\mathbf{x}^a, \pi) \tag{15.13}$$

O valor da $FOM$ tem a tendência de diminuir com o aumento do número de *clusters*. Para corrigir esse efeito, Yeung *et al.* (2001) utilizam a $FOM$ ajustada, dada pela Equação 15.14.

$$FOM_{ADJ}(\pi) = \frac{\sum_{a=1}^{d} FOM(\mathbf{x}^a, \pi)}{\sqrt{(n-k)/n}} \tag{15.14}$$

Um valor baixo para as medidas $FOM$ e $FOM_{ADJ}$ indica um algoritmo com poder preditivo elevado.

A metodologia proposta por Yeung *et al.* (2001) segue uma abordagem preditiva, ou seja, assume que o atributo excluído contém informação dos experimentos utilizados para produzir os *clusters*. Essa abordagem não é aplicável a todas as situações. Se todos os atributos contêm informações independentes, ela não se aplica. Além disso, não é uma abordagem segura para a comparação de agrupamentos com diferentes números de *clusters* ou obtidos com medidas de similaridade diferentes.

## Variabilidade

Law e Jain (2003) propõem outra medida de validação para comparar os resultados de diferentes agrupamentos. Essa medida interpreta um algoritmo de agrupamento como estimador estatístico e utiliza *bootstrapping* para estimar sua variabilidade. Segundo os autores, se uma partição é válida, sua variabilidade deve ser baixa.

Para isso, o algoritmo de agrupamento é considerado um estimador de ponto baseado em uma amostra **X** de tamanho $n$, independente e identicamente distribuída. Assim, o algoritmo é interpretado como um procedimento para estimar a melhor partição do conjunto de dados com base em uma amostra dos dados. O procedimento para o cálculo da variabilidade é apresentado no Algoritmo 15.2. A medida de variabilidade empregada nesse procedimento (linhas 7 e 9) é dada pela Equação 15.15, em que $\Pi = \{\pi^1, \pi^2, ..., \pi^B\}$ é um conjunto de $B$ partições e $d(\pi^i, \pi^j)$ é uma medida de distância entre duas partições $\pi^i$ e $\pi^j$. Law e Jain (2003) investigaram cinco medidas de distância diferentes para o cálculo da variabilidade: quatro delas baseadas nos índices Rand, Jaccard, Fowlkes e Malows e Hubert, descritos na Seção 15.4, e a medida de distância proposta em Lange *et al.* (2003). As quatro primeiras medidas são subtraídas de 1 para obter distâncias, uma vez que são medidas de similaridade entre duas partições.

$$V(\Pi) = \frac{1}{B(B-1)} \sum_{i=1}^{B} \sum_{j=i+1}^{B} d(\pi^i, \pi^j) \tag{15.15}$$

**Algoritmo 15.2** Variabilidade

**Entrada:** Um conjunto de dados $\mathbf{X}$
Um algoritmo de agrupamento $\phi$
**Saída:** Variabilidade do algoritmo $\phi$
Gerar $B$ amostras *bootstrap*, $\mathbf{X}_b$, $b = 1, ..., B$, de tamanho $n$, reamostrando $\mathbf{X}$ com reposição
$\Pi_{alg} \leftarrow \emptyset$
**para cada** *amostra* $\mathbf{X}_b$ **faça**
    Aplicar o algoritmo de agrupamento $\phi$ na amostra, gerando a partição $\pi^b$
    $\Pi_{alg} \leftarrow \Pi_{alg} \cup \pi^b$
**fim**
Calcular a variabilidade $V_{alg} \leftarrow V(\Pi_{alg})$ de acordo com a Equação 15.15
Gerar um conjunto de $B$ partições aleatórias de tamanho $n$, $\Pi_{ran}$
Calcular a variabilidade $V_{ran} \leftarrow V(\Pi_{ran})$ de acordo com a Equação 15.15
Calcular a variabilidade ajustada $V \leftarrow V_{alg}/V_{ran}$

Assim como os algoritmos de AM em geral, todo algoritmo de agrupamento apresenta um viés. Em geral, existe uma explicação para esse viés, e uma partição com baixa variabilidade, mesmo se diferente dos *clusters* reais, provavelmente revela informações úteis sobre os dados (Law e Jain, 2003).

Esse método não identifica explicitamente se um conjunto de dados não apresenta estrutura, mas uma alta variabilidade para diferentes valores de $k$ pode sugerir ausência de estrutura.

## 15.3 Critérios Internos

Os índices internos medem o grau em que uma partição obtida por um algoritmo de agrupamento representa uma estrutura presente nos dados, com base apenas na matriz de objetos ou na matriz de similaridade. Eles medem o ajuste entre a partição gerada e os dados empregados. Esse tipo de validação, em geral, está relacionado com a determinação do número "verdadeiro" de *clusters*.

A aplicação de índices internos para a validação de uma partição apresenta diversas dificuldades (Jain e Dubes, 1988; Halkidi *et al.*, 2001). Uma delas decorre do fato de que os índices mais utilizados, como erro quadrático, provavelmente apresentam valores menores para dados que realmente possuem *clusters* do que para dados aleatórios, sem estrutura. Isso pode levar à conclusão errônea de que uma solução encontrada é válida, mesmo que ela não contenha o número correto de *clusters*. Uma possível solução é a aplicação dos índices internos como índices relativos, conforme já discutido. Outra dificuldade é a dependência desses índices dos valores utilizados para as características dos dados, tais como número de objetos, número de dimensões, número de *clusters* e espalhamento (Jain e Dubes, 1988).

Além dos índices relativos descritos anteriormente, que também podem ser empregados como internos, será apresentado, a seguir, o índice $Gap$ (Tibshirani *et al.*, 2001b). Um outro índice utilizado é o procedimento $Clest$ (Dudoit e Fridlyand, 2002), que, para não tornar o texto muito extenso, não será detalhado neste livro.

### 15.3.1 Estatística *Gap*

O índice $Gap$ (Tibshirani *et al.*, 2001b), dado pela Equação 15.16, avalia a dispersão *intracluster* em relação à sua esperança sob uma distribuição de referência nula. Nessa equação, o valor de $W_k$ é obtido pela Equação 15.17 e $E_n^*$

é a esperança sob uma amostra de tamanho $n$ para uma distribuição de referência. A variável $D_r$ da Equação 15.17 é, por sua vez, definida pela Equação 15.18, que representa a dispersão *intracluster*.

Esse índice procura padronizar o gráfico de $log(W_k)$ comparando-o com sua esperança sob uma distribuição de referência dos dados apropriada. A estimativa do número ótimo de *clusters* é o valor de $k$ para o qual $log(W_k)$ se situa o mais abaixo possível dessa curva de referência.

$$Gap_n(k) = E_n^*\{\log(W_k)\} - \log(W_k) \tag{15.16}$$

$$W_k = \sum_{r=1}^{k} \frac{1}{2n_r} D_r \tag{15.17}$$

$$D_r = \sum_{\mathbf{x}_i, \mathbf{x}_j \in \mathbf{C}_r} d(\mathbf{x}_i, \mathbf{x}_j) \tag{15.18}$$

O índice $Gap$ foi proposto para estimar o número de *clusters* presentes em um conjunto de dados. O valor estimado de $k$ é o valor que maximiza $Gap_n(k)$ após levar em consideração a distribuição da amostra. Trata-se de uma estimativa muito geral, aplicável a qualquer algoritmo de agrupamento e medida de distância. Para tornar a estatística $Gap$ um procedimento operacional, é preciso encontrar uma distribuição de referência apropriada e avaliar a distribuição amostral da estatística $Gap$. A população de referência pode ser determinada de duas formas:

a. Gerar cada atributo de referência uniformemente no intervalo dos valores observados para aquele atributo; ou

b. Gerar os atributos de referência a partir de uma distribuição uniforme sobre um retângulo alinhado com os componentes principais dos dados.

Embora o método a seja mais simples, o método b leva em consideração a forma da distribuição dos dados e torna o procedimento invariante à rotação, se o método de agrupamento for invariante.

Para calcular a estatística $Gap$, estima-se $E_n^*\{\log(W_k)\}$ pela média de $B$ cópias $log(W_k^*)$, cada uma computada de uma amostra de Monte Carlo extraída da distribuição de referência. Em seguida, é preciso avaliar a distribuição amostral da estatística $Gap$. Mais detalhadamente, o cálculo da estatística $Gap$ pode ser feito conforme o Algoritmo 15.3.

O cálculo da estatística $Gap$ assume que há *clusters* uniformes bem separados. Quando existem *subclusters* menores dentro de *clusters* maiores bem separados, a estatística $Gap$ pode exibir um comportamento não monotônico. Assim, é importante examinar a curva $Gap$ inteira, em vez de simplesmente buscar o seu máximo.

## 15.4 Critérios Externos

O objetivo da validação externa é medir o grau de confirmação do agrupamento obtido em relação a uma hipótese pré-especificada. Para isso são utilizados testes de hipótese, que verificam se o valor do índice utilizado é incomumente grande ou pequeno, de acordo com uma distribuição de referência, conforme mencionado na Seção 15.1.

Conforme dito anteriormente, para utilizar os índices em critérios externos, aplicando testes estatísticos, é preciso conhecer suas funções de densidade de probabilidade sob a hipótese nula $H_0$, que pressupõe estrutura aleatória do conjunto de dados. O cálculo da função de densidade de probabilidade desses índices é difícil. Uma alternativa comumente empregada é a aplicação da análise de Monte Carlo. O procedimento para a utilização da análise de Monte Carlo é apresentado no Algoritmo 15.4 (Halkidi *et al.*, 2002a; Jain e Dubes, 1988). Ele é utilizado para determinar a distribuição de referência de um índice externo sob a hipótese nula $H_0$ e responder se um agrupamento $\pi^e$ é válido.

**Algoritmo 15.3** Cálculo da estatística *Gap*

**Entrada:** Um conjunto de dados $\mathbf{X}$
Um algoritmo de agrupamento $\phi$
**Saída:** Estatística $Gap$
Melhor número de *clusters*

Geram-se $B$ conjuntos de referência $\mathbf{X}_b$, utilizando o método a ou b, descritos anteriormente
**para cada** *número de clusters* $k = 1, 2, ..., k_{max}$ **faça**
  Aplica-se o algoritmo $\phi$ ao conjunto de dados $\mathbf{X}$, gerando a partição $\pi^k$
  Calcula-se a medida de dispersão dentro dos *clusters* $(W_k)$ para a partição $\pi^k$
  **para cada** *conjunto de referência* $\mathbf{X}_b$ **faça**
    Aplica-se o algoritmo $\phi$ ao conjunto referência $\mathbf{X}_b$, gerando a partição $\pi^{kb}$
    Calcula-se a medida de dispersão $W^*_{kb}$ para a partição $\pi^{kb}$
  **fim**
  Computa-se a estatística $Gap$ estimada, dada pela Equação 15.19

$$Gap_n(k) = \frac{1}{B} \sum_{b=1}^{B} \log(W^*_{kb}) - \log(W_k) \tag{15.19}$$

  Computa o desvio-padrão $sd_k$, dado pela Equação 15.20, em que $\bar{l} = (1/B) \sum_b \log(W^*_{kb})$

$$sd_k = \sqrt{\frac{1}{B} \sum_{b=1}^{B} \{\log(W^*_{kb}) - \bar{l}\}^2} \tag{15.20}$$

  Define-se $s_k = sd_k \sqrt{1 + 1/B}$
**fim**
Escolhe-se o melhor número de *clusters* como o menor $k$ tal que $Gap(k) \geq Gap(k+1) - s_{k+1}$

**Algoritmo 15.4** Procedimento para análise de Monte Carlo

**Entrada:** Um conjunto de dados $\mathbf{X}$
Um algoritmo de agrupamento $\phi$
Uma partição real $\pi^r$
Uma partição obtida com o algoritmo $\phi$, $\pi^e$

Gerar $B$ conjuntos de dados $\mathbf{X}_b$, $b = 1, ..., B$, de tamanho $n$, com a mesma dimensão do conjunto de dados original $\mathbf{X}$, seguindo uma distribuição uniforme (Para um nível de significância $\alpha$ de 0,05, Jain e Dubes (1988) indicam a utilização de $B = 100$)
**para cada** *conjuntos de dados* $\mathbf{X}_b$ **faça**
  Gerar uma partição aleatória $\pi^{rb}$, associando cada objeto do conjunto a um dos *clusters* existentes em $\pi^r$, aleatoriamente e de forma que cada *cluster* tenha o mesmo tamanho dos *clusters* em $\pi^r$
  Aplicar $\phi$ ao conjunto $\mathbf{X}_b$, gerando a partição $\pi^{eb}$
  Calcular o índice escolhido, $ind(\pi^{eb}, \pi^{rb})$, entre as partições $\pi^{eb}$ e $\pi^{rb}$
**fim**
Calcular o valor do índice entre as partições $\pi^e$ e $\pi^r$, $ind(\pi^e, \pi^r)$
Criar um gráfico de dispersão para os $B$ valores do índice, $ind(\pi^{eb},\pi^{rb})$ (esse gráfico é uma aproximação da função de densidade de probabilidade do índice)
Comparar o índice calculado para a partição $\pi^e$, $ind(\pi^e, \pi^r)$, aos valores do gráfico, considerando dado nível de significância. Se $s$ valores de $ind(\pi^{eb}, \pi^{rb})$ são maiores que o valor de $ind(\pi^e, \pi^r)$, com $s = (1 - alpha)B$, a hipótese nula é aceita, indicando que os dados são distribuídos aleatoriamente (Halkidi *et al.*, 2002a)

Os índices externos mais tradicionais, frequentemente utilizados na validação de partições, comparam uma partição resultante da aplicação de um algoritmo, $\pi^e$, a uma partição independente dos dados, construída com base na intuição ou conhecimento *a priori* sobre a estrutura real dos dados, $\pi^r$. São os casos da estatística Rand ($R$), descrita na Seção 15.4.1, do coeficiente de Jaccard ($J$), descrito na Seção 15.4.2, do índice de Fowlkes e Mallows ($FM$), descrito na Seção 15.4.3, e da estatística $\Gamma$ normalizada de Hubert, descrita na Seção 15.4.4.

Além das formas tradicionais dos índices, equações corrigidas são frequentemente empregadas. Uma correção bastante comum é a normalização do índice para que ele apresente o valor 0 quando uma partição é selecionada ao acaso e 1 quando uma partição casa perfeitamente com a partição real (Jain e Dubes, 1988; Gordon, 1999). Um dos índices mais populares empregados em validação externa é o índice Rand corrigido, apresentado na Seção 15.4.5.

Além desses índices bastante tradicionais, outros foram propostos com o mesmo objetivo, como é o caso do índice Variação de Informação (Meila, 2007), que é baseado na Teoria da Informação, e o índice proposto por Dom (2002). Como representante dos índices mais recentes, a variação de informação será descrita na Seção 15.4.6.

Os índices $R$, $J$, $FM$ e $\Gamma$ se baseiam nas seguintes informações a respeito da relação entre os objetos de $\pi^e$ e $\pi^r$. Um par de objetos, $(\mathbf{x}_i, \mathbf{x}_j)$, é dito:

- SS: se pertencem ao mesmo *cluster* de $\pi^e$ e ao mesmo *cluster* de $\pi^r$.
- SD: se pertencem ao mesmo *cluster* de $\pi^e$ e a *clusters* diferentes de $\pi^r$.
- DS: se pertencem a *clusters* diferentes de $\pi^e$ e ao mesmo *cluster* de $\pi^r$.
- DD: se pertencem a *clusters* diferentes de $\pi^e$ e a *clusters* diferentes de $\pi^r$.

Sejam $a1$, $a2$, $a3$ e $a4$ os números de pares SS, SD, DS e DD, respectivamente. Define-se $M = a1 + a2 + a3 + a4$ como o número máximo de todos os pares no conjunto de dados ($M = n(n-1)/2$). Definem-se também $m_1 = a1 + a2$ e $m_2 = a1 + a3$.

A seguir, são descritos alguns dos índices mais tradicionalmente empregados em validação externa. Além das formas tradicionais desses índices, equações corrigidas também são frequentemente empregadas. Os índices mais tradicionais são também comparados na Seção 15.4.7.

## 15.4.1 Índice Rand

O índice Rand, definido pela Equação 15.21, computa a probabilidade de que dois objetos pertençam ao mesmo *cluster* ou pertençam a *clusters* diferentes nas duas partições $\pi^e$ e $\pi^r$ (Boutin e Hascoët, 2004).

$$R(\pi^e, \pi^r) = \frac{(a1 + a4)}{M} \tag{15.21}$$

## 15.4.2 Índice Jaccard

Esse índice computa a probabilidade de que dois objetos pertencentes ao mesmo *cluster* em uma das partições também pertençam ao mesmo *cluster* na outra partição (Boutin e Hascoët, 2004). O coeficiente de Jaccard ($J$) é dado pela Equação 15.22.

$$J(\pi^e, \pi^r) = \frac{a1}{(a1 + a2 + a3)} \tag{15.22}$$

## 15.4.3 Índice de Fowlkes e Mallows

O índice de Fowlkes e Mallows ($FM$) é dado pela Equação 15.23. Os maiores valores desse índice indicam semelhança entre as duas partições, e variam no intervalo $[0, 1]$.

$$FM(\pi^e, \pi^r) = \frac{a1}{\sqrt{(m_1)(m_2)}} \tag{15.23}$$

### 15.4.4 Índice Hubert normalizado

A estatística $\Gamma$ normalizada de Hubert, dada pela Equação 15.24, mede o grau de correspondência linear entre duas partições. Os valores desse índice variam no intervalo $[-1, 1]$, e valores absolutos excepcionalmente grandes de $\Gamma$ indicam que as duas partições concordam, o que deve ser estabelecido com algum teste de hipótese, conforme mencionado anteriormente (Seção 15.1).

$$\Gamma(\pi^e, \pi^r) = \frac{Ma1 - m_1 m_2}{\sqrt{m_1 m_2 (M - m_1)(M - m_2)}} \tag{15.24}$$

### 15.4.5 Índice Rand Corrigido

A correção da estatística Rand, proposta por Hubert e Arabie (1985), resulta na estatística Rand corrigida ($CR$), dada pela Equação 15.25, em que $n_{ij}$ é o número de objetos comuns aos *clusters* $\mathbf{C}_i$ de $\pi^e$ e $\mathbf{C}_j$ de $\pi^r$, $n_{i.}$ é o número de objetos no *cluster* $\mathbf{C}_i$ de $\pi^e$, $n_{.j}$ é o número de objetos no *cluster* $\mathbf{C}_j$ de $\pi^r$ e $k^e$ e $k^r$ são os números de *clusters* nas partições $\pi^e$ e $\pi^r$, respectivamente. Esse índice é um dos mais utilizados para validação externa em agrupamentos.

$$CR(\pi^e, \pi^r) = \frac{\sum_{i=1}^{k^e} \sum_{j=1}^{k^r} \binom{n_{ij}}{2} - \left[ \sum_{i=1}^{k^e} \binom{n_{i.}}{2} \sum_{j=1}^{k^r} \binom{n_{.j}}{2} \right] / \binom{n}{2}}{\left[ \sum_{i=1}^{k^e} \binom{n_{i.}}{2} + \sum_{j=1}^{k^r} \binom{n_{.j}}{2} \right] / 2 - \left[ \sum_{i=1}^{k^e} \binom{n_{i.}}{2} \sum_{j=1}^{k^r} \binom{n_{.j}}{2} \right] / \binom{n}{2}} \tag{15.25}$$

O índice Rand corrigido varia no intervalo $[-1, 1]$, e valores menores ou próximos a 0 indicam que a semelhança entre as partições se deve ao acaso; o valor 1 indica que as partições são idênticas (Hubert e Arabie, 1985). Apesar de o menor valor possível do índice ser $-1$, esse valor não é atingido. Em geral, partições bastante diferentes resultam em um valor próximo de 0. Poderia ser apropriado ter o limite inferior 0 bem definido, mas a normalização necessária não oferece vantagens práticas, uma vez que valores negativos do índice não têm aplicação prática (Hubert e Arabie, 1985).

Outra correção muito utilizada é a sugerida por Morey e Agresti (1984) e utilizada por Milligan e Cooper (1986). Entretanto, segundo Hubert e Arabie (1985), essa correção contém um erro, pois assume inadequadamente que a esperança de uma variável aleatória ao quadrado é o quadrado da esperança.

Uma extensão *fuzzy* para o índice Rand corrigido e outros pode ser encontrada em Campello (2007).

### 15.4.6 Índice Variação de Informação

O índice variação de informação ($VI$), dado pela Equação 15.26, mede a quantidade de informação perdida ou ganha na mudança da partição $\pi^e$ para $\pi^r$. Nessa equação, $H(\pi^a)$ é a entropia de uma partição $\pi^a$, dada pela Equação 15.27, e $I(\pi^a, \pi^b)$ é a informação mútua compartilhada entre as partições $\pi^a$ e $\pi^b$, dada pela Equação 15.28, com $p(i) = \frac{|\mathbf{C}_i{}^a|}{n}$ e $p(i,j) = \frac{|\mathbf{C}_i{}^a \cap \mathbf{C}_j{}^b|}{n}$. Esse índice tem o valor 0 como menor valor, não sendo limitado superiormente. O valor 0 indica que as partições são idênticas.

$$VI(\pi^e, \pi^r) = H(\pi^e) + H(\pi^r) - 2I(\pi^e, \pi^r) \tag{15.26}$$

$$H(\pi^a) = -\sum_{i=1}^{k^a} p(i) \log(p(i)) \tag{15.27}$$

$$I(\pi^a, \pi^b) = \sum_{i=1}^{k^a} \sum_{j=1}^{k^b} p(i,j) \log\left(\frac{p(i,j)}{p(i)p(j)}\right) \tag{15.28}$$

### 15.4.7 Comparação dos Índices para Validação Externa

Os índices $R$, $J$, $FM$, $\Gamma$ e $CR$ são os mais utilizados para validação externa. A maioria deles pode ser sensível ao número de *clusters* de uma partição ou à distribuição dos objetos nos *clusters* (Filho, 2003). Os índices $\Gamma$ e $R$ têm a tendência de apresentar valores mais elevados para partições com maior número de *clusters* (Milligan *et al.*, 1983). O índice $J$ apresenta valores mais elevados para partições com menor número de *clusters*. Já o índice $CR$ não tem essa influência do número de *clusters*.

Valores altos de $R$, $FM$ e $\Gamma$ indicam forte concordância entre as duas partições $\pi^e$ e $\pi^r$. A estatística $\Gamma$ é uma correlação, e seu valor está compreendido no intervalo $[-1, 1]$. $CR$ também apresenta valores no intervalo $[-1, 1]$; entretanto, raramente valores próximos de $-1$ são produzidos. $R$ e $J$ possuem valores no intervalo $[0, 1]$, e o valor máximo 1 não é atingível quando as duas partições têm números de *clusters* diferentes.

Os índices Rand, Jaccard e Fowlkes e Mallows têm como limite inferior o valor 0, mas na prática nunca vão produzir esse valor em um agrupamento de dados real. Milligan e Cooper (1986) confirmaram que o índice $CR$ apresenta valores próximos de 0 quando os *clusters* são gerados a partir de dados aleatórios.

Nas investigações de Milligan *et al.* (1983) sobre alguns desses índices, foi encontrado um alto grau de consistência. Esses autores perceberam alta similaridade entre os índices $J$ e $FM$, talvez pelo fato de ambos utilizarem o mesmo numerador (número de pares de objetos que foram apropriadamente agrupados pelo algoritmo). Da mesma forma, os índices $R$ e $CR$ se comportaram de forma semelhante, o que é razoável, uma vez que a estatística Rand corrigida ($CR$) é apenas um ajuste da estatística $R$ original. Milligan *et al.* (1983) recomendam a utilização de apenas um índice de cada par de índices similares, apontando para o $CR$ e o $J$ como as melhores escolhas de cada grupo.

## 15.5 Considerações Finais

Neste capítulo, foram discutidas questões relativas ao planejamento de experiências e à avaliação de modelos descritivos, mais especificamente de abordagens para análise de agrupamento. Assim, tal como para os modelos preditivos, esses aspectos são de grande relevância para a realização de experimentos com algoritmos de agrupamento de dados, de forma a garantir a validade dos resultados alcançados, ou para se escolher o melhor modelo para uso em determinado problema.

Resumidamente, foram detalhados os três tipos de critérios existentes para avaliação de agrupamentos, que são os critérios relativos, apropriados para comparar diversos agrupamentos com respeito a algum aspecto, os critérios internos, que avaliam a qualidade de um agrupamento de acordo com alguma propriedade existente nos dados originais, e os critérios externos, que permitem o confronto do agrupamento obtido por um algoritmo com estrutura dos dados previamente conhecida.

Além disso, foram discutidos diversos índices que podem ser aplicados com cada critério, diferentes maneiras como esses índices podem ser utilizados, bem como várias abordagens recentes que consideram aspectos como estabilidade das partições geradas.

## 15.6 Exercícios

**Exercício 15.1** Discuta todos os usos possíveis da validação em agrupamento.

**Resposta** Ver descrições na página 255.

**Exercício 15.2** Discuta a diferença de uso do índice Rand corrigido em validação externa e em validação relativa.

**Resposta** Ver diferenças dos critérios de validação na página 256 e nas seções específicas que detalham os critérios e o índice Rand.

**Exercício 15.3** O que é e para que serve a análise de replicação no contexto de validação de agrupamento?

**Resposta** Ver descrição na Seção 15.2.2 e sobre validação relativa em geral.

**Exercício 15.4** Compare os índices variância *intracluster*, conectividade e silhueta. Que critérios de agrupamento eles beneficiam?

**Resposta** Ver descrição dos critérios de agrupamento descritos na página 208 e descrição dos índices na Seção 15.2.1.

**Exercício 15.5** Um estudante de AM está estudando o comportamento de técnicas para análise de agrupamento. Para isso, ele está utilizando um conjunto de dados $A$. Ele sabe também que esse conjunto de dados tem uma estrutura de grupos conhecida, $\pi^r$.

a. Em uma primeira etapa, o estudante executou o algoritmo $k$-médias 5 vezes, cada uma empregando uma inicialização diferente dos centroides. Após isso, ele calculou o erro quadrático para cada partição, obtendo os valores $E(\pi^{km1}) = 50,3$, $E(\pi^{km2}) = 100$, $E(\pi^{km3}) = 37,2$, $E(\pi^{km4}) = 130$, $E(\pi^{km5}) = 29$. Que partição ele deve escolher como melhor resultado do $k$-médias? Justifique.
b. Ele também executou o algoritmo *single-link* nos dados e produziu uma partição $\pi^{sl}$ a partir de um corte no dendrograma. Seja $\pi^{km}$ a melhor partição do $k$-médias. Calculando o índice Rand corrigido para comparar essas partições com a conhecida $\pi^r$, ele obteve os valores: $CR(\pi^{km}, \pi^r) = 0,5$ e $CR(\pi^{sl}, \pi^r) = 0,9$. Com essas informações e o seu conhecimento sobre o funcionamento desses algoritmos, o que é possível afirmar sobre os *clusters* da partição real $\pi^r$?

**Respostas**

a. $\pi^{km5}$, pois tem o menor erro quadrático, critério que o $k$-médias visa minimizar.
b. A partição mais próxima à estrutura real é a $\pi^{sl}$, pois apresentou o maior $CR$. Essa partição foi obtida com o algoritmo *single-link*, que busca por partições com *clusters* encadeados, portanto a partição real possivelmente tem seus *clusters* encadeados, mas não muito compactos.

**Exercício 15.6** Considerando o Exercício 13.4 do Capítulo 13, responda:

a. Compare as partições $\pi^{km}$ e $\pi^{sl}$ em termos de semelhança em relação a $\pi^{real}$. Escolha dois índices que sejam apropriados à essa avaliação.
b. Considerando as partições obtidas pelos cortes indicados no dendrograma fornecido ($\pi^{k=2}$, $\pi^{k=3}$ e $\pi^{k=4}$), qual é a mais semelhante à partição conhecida, $\pi^{real}$, com base no índice Rand, no índice Rand corrigido e no coeficiente de Jaccard?
c. Calcule a variância *intracluster*, a conectividade e a silhueta de cada uma das partições $\pi^{k=2}$, $\pi^{k=3}$ e $\pi^{k=4}$, $\pi^{km}$, $\pi^{sl}$ e $\pi^{real}$. Discuta conceitualmente as diferenças/semelhanças dos valores dos três índices. O que cada um informa sobre as partições?

**Respostas**

a. Quaisquer dos índices que permitam a comparação entre duas partições podem ser empregados, tais como os descritos na Seção 15.4. Calcular o índice comparando $\pi^{km}$ com $\pi^{real}$ e $\pi^{sl}$ com $\pi^{real}$ e discutir com base nos valores obtidos, significado do índice escolhido e significado dos valores escolhidos.
b. Observar a diferença de significado e comportamento de cada índice nas mesmas avaliações.

- Rand: $R(\pi^{k=2}, \pi^{real}) = 0,40$, $R(\pi^{k=3}, \pi^{real}) = 0,47$ e $R(\pi^{k=4}, \pi^{real}) = 0,60$. A mais próxima à partição conhecida é a $\pi^{k=4}$.
- Rand corrigido: $CR(\pi^{k=2}, \pi^{real}) = -0,22$, $CR(\pi^{k=3}, \pi^{real}) = -0,18$ e $CR(\pi^{k=4}, \pi^{real}) = 0,06$. A mais próxima à partição conhecida é a $\pi^{k=4}$, entretanto, como valores menores ou próximos a 0 indicam que a semelhança entre as partições se deve ao acaso, pode-se concluir que nenhuma das partições poderia ser considerada realmente semelhante à estrutura conhecida.
- Coeficiente de Jaccard: $J(\pi^{k=2}, \pi^{real}) = 0,18$, $J(\pi^{k=3}, \pi^{real}) = 0,11$ e $J(\pi^{k=4}, \pi^{real}) = 0,14$. A mais próxima à partição conhecida é a $\pi^{k=2}$, entretanto, observa-se que os valores do índice para todas as partições são extremamente baixos.

c. Os valores estão na Tabela 15.1. Para as discussões, considerar o significado dos índices e seus intervalos, bem como os critérios de agrupamento descritos na página 208, lembrando que a variância *intracluster* informa sobre a compactação dos *clusters* em uma partição, a conectividade sobre o encadeamento e a silhueta sobre a compactação e separação dos *clusters*.

**Tabela 15.1** Valores dos índices do Exercício c

| Índice | $\pi^{k=2}$ | $\pi^{k=3}$ | $\pi^{k=4}$ | $\pi^{km}$ | $\pi^{sl}$ | $\pi^{real}$ |
|---|---|---|---|---|---|---|
| $var(\pi)$ | 1,16 | 1,08 | 0,78 | 0,89 | 0,87 | 0,85 |
| $sil(\pi)$ | -0,16 | -0,37 | -0,25 | 0,49 | 0,48 | 0,43 |
| $con(\pi)$ | 6,5 | 8,5 | 8,5 | 1,5 | 1,5 | 2 |

**Exercício 15.7** Considere o conjunto de dados Pessoas da Tabela 12.1(a), suas respostas ao Exercício 13.5 do Capítulo 13 e a partição real $\pi^r = \{\{Marcos, Josias, Claudio, Silvio\}, \{Ana, Rose\}, \{Ronaldo, Amanda, Marta\}\}$. Utilizando o índice Rand, compare as partições de 3 *clusters* que você obteve com a partição real $\pi^r$ e responda:

a. Qual o valor do índice Rand obtido em cada caso?

b. Qual algoritmo obteve uma partição mais parecida com essa estrutura real?

c. Quais são os objetos que foram agrupados de maneira diferente pelos dois algoritmos?

### Respostas

Relembrando, as partições são:

$\pi^r = \{\{Marcos, Josias, Claudio, Silvio\}, \{Ana, Rose\}, \{Ronaldo, Amanda, Marta\}\}$
$\pi^{km} = \{\{Marta, Ronaldo, Amanda\}, \{Ana, Rose, Claudio\}, \{Silvio, Marcos, Josias\}\}$
$\pi^{sl-k=3} = \{\{Marta, Ronaldo, Amanda\}, \{Ana, Rose, Claudio, Silvio, Marcos\}, \{Josias\}\}$

a. $R(\pi^{km}, \pi^r) = 0,86$ e $R(\pi^{sl-k=3}, \pi^r) = 0{,}75$.

b. $k$-médias.

c. Observar as diferenças nos dois últimos *clusters*:

$\pi^{km} = \{\{Marta, Ronaldo, Amanda\}, \{Ana, Rose, Claudio\}, \{Silvio, Marcos, Josias\}\}$

$\pi^{sl-k=3} = \{\{Marta, Ronaldo, Amanda\}, \{Ana, Rose, Claudio, Silvio, Marcos\}, \{Josias\}\}$

# PARTE IV

# APLICAÇÕES

# INTRODUÇÃO

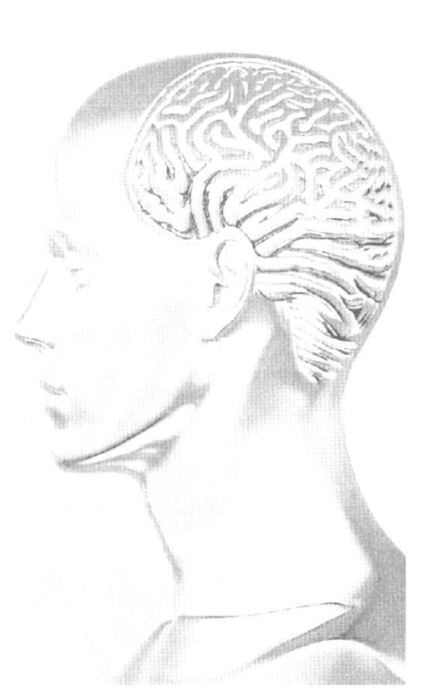

Conforme comentado no Capítulo 1, técnicas de AM têm sido utilizadas com reconhecido sucesso para a solução de vários problemas reais. Alguns desses problemas foram brevemente comentados ao longo do livro.

A primeira etapa no uso de AM em problemas reais é compreender o problema, quais são suas principais características e o que se espera de uma boa solução. Por exemplo, o problema é descritivo ou preditivo? Quantos e quais são os atributos de entrada? Existem valores ausentes? Os dados disponíveis apresentam ruído? Qual o tamanho do conjunto de dados? Novos dados são continuamente gerados? Esse entendimento é importante para guiar a escolha das possíveis técnicas a serem utilizadas e os procedimentos a serem adotados.

Os dados em aplicações reais podem apresentar diferentes formatos, como tabelas atributo-valor, séries temporais, *itemsets*, transações, grafos, como nas redes sociais, textos, páginas web, imagens, vídeos e áudios. Em geral, como visto no Capítulo 2, dados nesses formatos precisam ser transformados para o formato atributo-valor, embora existam algoritmos que lidem com formatos de dados não estruturados diretamente.

É de fundamental importância observar vários aspectos ao utilizar técnicas de AM em aplicações reais. Vários desses aspectos já foram comentados em capítulos anteriores que discutem procedimentos para planejamento de experimentos e análise de resultados. No desenvolvimento de uma ferramenta computacional que utiliza técnicas de AM, o desempenho da técnica no problema abordado deve ser experimentalmente validado.

O planejamento dos experimentos a serem realizados é essencial para a obtenção de resultados, e consequentemente conhecimentos válidos. Todo o esforço despendido na realização de experimentos pode ser perdido se um planejamento adequado não for realizado. Adicionalmente, os resultados obtidos nos experimentos precisam ser avaliados com as métricas apropriadas e devem ser analisados por meio de medidas estatísticas, frequentemente em associação com testes de hipóteses. Existem várias métricas para análise de desempenho, como erro quadrático médio, área sob a curva ROC e índice silhueta. A escolha da métrica a ser utilizada depende da natureza do problema e dos dados disponíveis. Testes de hipóteses permitem afirmar que uma certa técnica, ou variação de uma técnica, apresenta um desempenho melhor que outra com uma certa margem de confiança. Um grande número de testes pode ser utilizado, cada um mais adequado para uma dada situação.

Frequentemente, operações de pré-processamento e transformação dos dados são necessárias, com demandas ainda maiores em dados mais complexos, como alguns detalhados nos capítulos a seguir. Decidir que operações devem ser realizadas, qual a sequência com que elas serão realizadas e que técnicas utilizar em cada uma dessas operações pode exercer uma forte influência na qualidade da solução desenvolvida e essas escolhas dependem bastante do tipo dos dados e das suas características, como discutido na Seção 2.1.

A forma como as possíveis soluções ou hipóteses induzidas por algoritmos de AM, assim como ocorre com o processo de indução, também pode variar de acordo com a aplicação. Uma técnica de AM pode ser utilizada em um problema de classificação em que a acurácia preditiva não é a única medida de desempenho relevante. Por exemplo, o desenvolvimento de ferramentas baseadas em AM para serem utilizadas em dispositivos móveis, em geral, precisa limitar a quantidade de memória utilizada. Outro exemplo é o uso de técnicas de AM em aplicações que precisam lidar com fluxos contínuos de dados. Nessas aplicações, o algoritmo de treinamento selecionado pode precisar ser utilizado um grande número de vezes, favorecendo algoritmos de menor custo computacional.

Quando ferramentas baseadas em AM são desenvolvidas em laboratórios de pesquisa, a principal preocupação é com os resultados obtidos na realização de experimentos em um ambiente fechado. Não se espera que erros cometidos no desenvolvimento afetem meio ambiente, sociedade, seres vivos, produtos, serviços ou infraestruturas. A preocupação está geralmente restrita ao desempenho de modelos em um conjunto de dados.

Essa restrição não vale quando as ferramentas de AM são desenvolvidas para serem utilizadas fora dos laboratórios, em atividades do dia a dia. Nesse caso, para evitar ou reduzir efeitos negativos do uso das ferramentas, como interrupções no funcionamento ou desempenho inesperado, é necessário seguir uma metodologia que reduza e limite a ocorrência de erros e inconsistências nas fases de desenvolvimento e de modelagem, aumentando a correção e a confiabilidade dos modelos gerados. É necessário ainda que, quando entre em operação, sendo utilizada no dia a dia, a ferramenta não apresente problemas inesperados, como erros de execução ou quedas de desempenho.

Para reduzir a ocorrência dos problemas mencionados nas etapas de desenvolvimento, modelagem e operação, aumentando a correção e confiabilidade da ferramenta, é importante utilizar metodologias como a de Operações de Aprendizado de Máquina (MLOps, do inglês, *Machine Learning Operations*) (Gift e Deza, 2021), que utiliza práticas de gerenciamento para integrar projeto, modelagem e operação, por meio de uma maior integração entre desenvolvedores e operadores e equipes com formações complementares, além de buscar garantir que sejam adotados requisitos de regulações e de negócios e automatizar os passos de desenvolvimento e uso de uma ferramenta de AM do início ao fim. Resumidamente, MLOps envolve tarefas que vão do planejamento e definição do problema, coleta e preparação dos dados, desenvolvimento, validação e teste do modelo, implantação da ferramenta até o seu monitoramento contínuo e manutenção.

Nos capítulos a seguir, são apresentadas aplicações recentes organizadas pelos tipos/formatos dos dados principais que elas tratam/manipulam. Cada capítulo tem enfoques diferentes considerando as características particulares dos dados e aplicações e também das formas de tratamento desses dados. Mais especificamente, serão detalhadas características e aplicações com dados de texto, imagens, grafos e dados dinâmicos em fluxo contínuo.

# 16 | DADOS DINÂMICOS

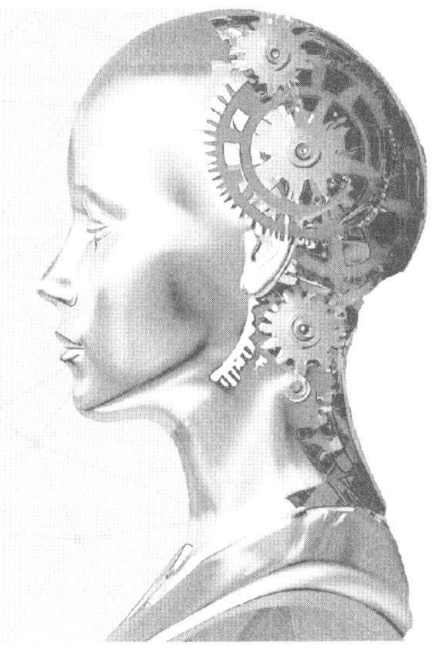

A pesquisa e a prática de AM são constantemente confrontadas com novos problemas e desafios. A forma de coletar dados já não é manual, mas sim automática. Temos sensores e computadores que enviam informações para outros computadores. Em algumas aplicações, como as que surgem em redes de sensores, a melhor forma de processar informação não é com base em tabelas persistentes, mas sim fundamentada em fluxos transitórios de dados. Por vezes, não é nem viável armazenar toda a informação em sistemas de gerenciamento de bases de dados tradicionais, principalmente porque estes não estão projetados para suportar diretamente consultas que precisam ocorrer de forma contínua (Babcock *et al.*, 2002).

Nas últimas décadas, a pesquisa e a prática de AM têm focado no aprendizado por lotes (*batch*), geralmente utilizando pequenos conjuntos de dados. No aprendizado *offline*, todos os dados do conjunto treinamento estão disponíveis em memória, e um algoritmo aprende um modelo de decisão após iterativamente processar todos eles. A lógica por trás dessa prática é que os exemplos são gerados aleatoriamente de acordo com alguma distribuição estacionária, que também gera os dados que vierem depois.

Os desafios no aprendizado em fluxos contínuos de dados relacionam-se com a capacidade de processar grandes volumes de informação que evoluem ao longo do tempo e que são gerados por distribuições não estacionárias. Nesses contextos, o objetivo consiste em manter, de forma permanente, um modelo de decisão preciso e consistente com o estado atual do processo que gera os dados. Esse problema requer algoritmos de aprendizado incrementais, que podem modificar o modelo atual sempre que alguma nova informação é disponibilizada. Nesse contexto, o pressuposto de que os exemplos são gerados aleatoriamente de acordo com uma distribuição estacionária não se verifica. Na presença de uma distribuição não estacionária, o sistema de aprendizado deve incorporar mecanismos de esquecimento, que permitam descartar informações e conceitos que já não refletem o estado atual do problema. Aprender a partir de fluxos de dados requer algoritmos de aprendizado incrementais, que funcionam com recursos computacionais limitados, e capazes de levar em consideração mudanças e evoluções dos conceitos a serem aprendidos.

Neste capítulo serão enumerados os principais desafios no aprendizado em fluxos contínuos de dados. Na Seção 16.2 são apresentados algoritmos para indução de árvores de decisão e análise de agrupamento para fluxos contínuos de dados. A Seção 16.4 trata do problema de dados não estacionários, um dos tópicos que mais diferencia o aprendizado *offline* do aprendizado em tempo real. O capítulo termina com a identificação de problemas em aberto e linhas de pesquisa promissoras.

## 16.1 Desafios no Aprendizado em Fluxos Contínuos de Dados

O aprendizado a partir de fluxos contínuos de dados, produzidos a alta velocidade em ambientes dinâmicos e não estacionários, requer novas técnicas de amostragem, novos algoritmos de aprendizado, capacidade de processar dados na velocidade em que são disponibilizados e capacidade de esquecer dados desatualizados. Domingos e Hulten (2001) identificam as propriedades desejáveis para esses sistemas de aprendizado:

1. Incrementalidade;
2. Aprendizado em tempo real;
3. Capacidade para processar exemplos em tempo constante, e com memória limitada;
4. Acesso restrito a exemplos já processados;
5. Capacidade de detectar e adaptar o modelo de decisão a mudanças do conceito.

Exemplos de algoritmos de aprendizado projetados para processar fluxos de dados incluem:

- Aprendizado preditivo
  - Árvores de decisão: Domingos e Hulten (2000); Gama *et al.* (2003); Jin e Agrawal (2003); Verdecia-Cabrera *et al.* (2018); da Costa *et al.* (2018);
  - Regras de decisão e regressão: Ferrer-Troyano *et al.* (2005); Duarte *et al.* (2016);
  - Aprendizagem semissupervisionada: Sousa e Gama (2017).
- Aprendizado descritivo
  - Variantes do algoritmo $k$-médias: Zhang *et al.* (1996); Sheikholeslami *et al.* (1998);
  - *Microclustering*: Callaghan *et al.* (2002); Aggarwal *et al.* (2003);
  - Agrupamento hierárquico de séries temporais: Rodrigues *et al.* (2006).
- Regras de associação
  - *Itemsets* frequentes: Han *et al.* (2000);
  - Padrões frequentes: Giannella *et al.* (2003).
- Detecção de novidade: Markou e Singh (2003); Spinosa *et al.* (2008); de Faria *et al.* (2016);
- Redução de dimensionalidade: Sousa *et al.* (2007); Duarte e Gama (2017).

Todos esses algoritmos compartilham propriedades, como processamento de exemplos na velocidade em que chegam, com restrições de tempo e de memória. Eles também mantêm modelos de decisão dinâmicos que evoluem com os dados, que podem ser utilizados a qualquer momento do processo de aprendizado, e são capazes de adaptar o modelo de decisão aos dados mais recentes.

## 16.2 Algoritmos Ilustrativos para Aprendizado em Fluxos de Dados

Para esclarecer como funciona o aprendizado em fluxos de dados, apresentamos três exemplos ilustrativos de algoritmos de aprendizado que continuamente mantêm um modelo de decisão que evolui ao longo do tempo. No primeiro caso, apresentamos um algoritmo de indução de árvores de decisão. Como segundo exemplo, é apresentado um algoritmo de agregação hierárquica de séries temporais. É um algoritmo projetado para lidar com milhares de séries temporais que fluem em alta velocidade. O terceiro exemplo é uma adaptação simples de redes neurais, adaptadas para aprender em fluxos de dados a alta velocidade.

### 16.2.1 Algoritmo *Árvore de Decisão Muito Rápida*

Aprender a partir de grandes conjuntos de dados pode ser mais eficaz quando se utilizam algoritmos que dão maior ênfase no gerenciamento de viés. Um desses algoritmos é o sistema árvore de decisão muito rápida (VFDT, do inglês, *Very Fast Decision Tree*) (Domingos, 1997b), apresentado no Algoritmo 16.1.

**Algoritmo 16.1** Algoritmo da árvore de Hoeffding

```
Entrada: Uma sequência de exemplos de treinamento D = {(x_i, y_i), i = 1, ..., ∞}
Uma função de avaliação de divisão H(.)
Número mínimo de exemplos N_min
δ: 1 menos a probabilidade desejada de escolher o atributo correto em qualquer nó.
τ: Constante usada para desempate.
Saída: HT: Árvore de Decisão
Seja HT ← Folha Vazia (Raiz) ;
para cada exemplo (x_i, y_i) ∈ D faça
    Atravessar a árvore HT a partir da raiz até a folha l;
    Atualizar as estatísticas suficientes em l;
    se O número de exemplos em l é maior que N_min então
        Calcular H(at_i) para todos os atributos;
        Seja at_a o atributo com maior H;
        Seja at_b o atributo com o segundo maior H;
        Calcular ε (limite de Hoeffding);
        se (H(at_a) − H(at_b) > ε) então
            Substituir l por um teste de divisão baseado no atributo at_a;
            Adicionar uma nova folha vazia para cada possível valor de at_a;
        fim
        senão
            se ε < τ então
                Substituir l por um teste de divisão baseado no atributo at_a;
                Adicionar uma nova folha para cada possível valor de at_a;
            fim
        fim
    fim
fim
```

VFDT é um algoritmo de aprendizado de árvore de decisão que dinamicamente ajusta o seu viés sempre que novos exemplos se tornam disponíveis. Na indução de árvores de decisão, a questão principal é a decisão de quando expandir a árvore, instalando um teste de divisão e gerando novas folhas. A ideia básica do VFDT consiste na utilização de um pequeno conjunto de exemplos para selecionar o teste de divisão a ser incorporado em um nó da árvore de decisão. Se depois de considerar um conjunto de exemplos a diferença do mérito entre os dois melhores testes de divisão não satisfaz um teste estatístico (o limite de Hoeffding), o VFDT procede examinando mais exemplos. O VFDT apenas toma uma decisão (isto é, adiciona um teste de divisão nesse nó) quando há evidência estatística suficiente em favor de um teste particular. Essa estratégia garante estabilidade ao modelo (baixa variância) e controla superajustes, embora possa levar a um aumento no número de graus de liberdade (baixo viés) com aumentos do número de exemplos.

No VFDT, uma árvore de decisão é construída recursivamente substituindo folhas por nós internos de decisão. Cada folha armazena as estatísticas suficientes sobre os valores dos atributos. As estatísticas suficientes são aquelas necessárias para a função de avaliação heurística que computa o mérito dos testes de divisão de acordo com os valores dos atributos. Quando um exemplo está disponível, ele percorre a árvore da raiz até uma folha, avaliando o atributo apropriado para cada nó e seguindo o ramo correspondente ao valor do atributo no exemplo. Quando o exemplo alcança uma folha, as estatísticas suficientes são atualizadas. Então, cada condição possível baseada no valor do atributo é avaliada. Se há um suporte estatístico suficiente em favor de um teste sobre os outros, o nó é mudado para um nó de divisão. O novo nó de decisão terá tantos nós descendentes quanto o número de valores possíveis para o atributo escolhido (essa árvore não é necessariamente binária). Os nós internos somente mantêm a informação sobre o teste de divisão instalado neles.

A principal inovação do algoritmo VFDT é o uso do limite de Hoeffding para decidir quantos exemplos devem ser observados antes de instalar um teste de divisão em um nó. Suponha que tenham sido feitas $n$ observações independentes de uma variável aleatória $r$ cujo intervalo é $R$. O limite de Hoeffding diz que a média verdadeira de $r$, $\bar{r}$, é pelo menos $\bar{r} - \epsilon$, em que $\epsilon = \sqrt{R^2 \frac{\ln(\frac{1}{\delta})}{2n}}$, com probabilidade $1 - \delta$.

Seja $H(\cdot)$ a função de avaliação de um atributo. Para o ganho de informação, o intervalo $R$, de $H(\cdot)$, é $\log_2(C)$, em que $C$ denota o número de classes. Sejam $at_a$ o atributo com o maior $H(\cdot)$, $at_b$ o atributo com o segundo maior $H(\cdot)$ e $\overline{\Delta H} = \overline{H}(at_a) - \overline{H}(at_b)$ a diferença entre os dois melhores atributos. Então, se $\overline{\Delta H} > \epsilon$ com $n$ exemplos observados na folha, o limite de Hoeffding diz que, com probabilidade $1 - \delta$, $at_a$ é realmente o atributo com o maior valor na função de avaliação. Nesse caso, a folha deve ser transformada em um nó de decisão que divide em $at_a$.

A avaliação da função de mérito para cada exemplo pode ser muito cara. Assim, não é eficiente calcular $H(\cdot)$ toda vez que um exemplo é observado. O VFDT só calcula a função de avaliação do atributo $H(\cdot)$ quando um número mínimo de exemplos já foi observado desde a última avaliação. Esse número mínimo de exemplos é um parâmetro definido pelo usuário. Quando dois ou mais atributos continuamente têm valores muito similares de $H(\cdot)$, mesmo com um número grande de exemplos, o limite de Hoeffding não decidirá entre eles. Para resolver esse problema, o VFDT usa uma constante $\tau$ introduzida pelo usuário. Por exemplo, se $\overline{\Delta H} < \epsilon < \tau$, então a folha é transformada em um nó de decisão. O teste de divisão é baseado no melhor atributo.

Mais tarde, os mesmos autores apresentaram o algoritmo CVFDT (do inglês, *Concept-adapting Very Fast Decision Tree*) (Hulten *et al.*, 2001), uma extensão do VFDT desenvolvida para fluxos de dados que mudam com o tempo. O CVFDT gera árvores de decisão alternativas nos nós em que há evidência de que o teste de divisão previamente instalado não é mais apropriado, considerando os dados mais recentes. Este algoritmo substitui a árvore antiga pela árvore alternativa, que é mais precisa.

### 16.2.2 Análise de Agrupamentos em Séries Temporais Contínuas

A maior parte dos estudos de agrupamento incremental de fluxos contínuos de dados concentra-se em agrupamento de exemplos e não em agrupamento de variáveis (atributos). Dada uma matriz estática de dados, a diferença entre agrupamento de exemplos e agrupamento de variáveis não é relevante. Os mesmos algoritmos de análise de agrupamentos podem ser aplicados à matriz de exemplos ou à sua transposta.

Para o processamento de fluxos de dados em tempo real, a matriz de dados não é estática. Ela evolui com o tempo à medida que chegam novos exemplos. Nesse contexto, a transposta da matriz de exemplos é um operador de bloqueio.[1] Por esse motivo, e no contexto de fluxos de dados, as técnicas de análise de agrupamentos de variáveis (séries temporais) requerem algoritmos diferentes dos algoritmos de análise de agrupamento de exemplos.

Um dos primeiros algoritmos para análise de agrupamento de variáveis em fluxos contínuos de dados é o ODAC (do inglês, *Online Divisive-Agglomerative Clustering*) (Rodrigues *et al.*, 2006). O ODAC é um algoritmo de agrupamento de séries temporais que constrói uma hierarquia de grupos de forma incremental e divisiva. As folhas são os grupos resultantes, com um conjunto de variáveis em cada folha. A união das folhas é o conjunto total de variáveis. A interseção das folhas é o conjunto vazio, ou seja, cada variável pertence a um e apenas um dos grupos. O sistema calcula a distância entre variáveis de forma incremental e executa procedimentos de expansão e agregação da estrutura, baseado em um intervalo de confiança dado pelo limite de Hoeffding. ODAC usa dois operadores para manter a estrutura de grupos consistente com a informação mais recente.

O primeiro, o operador de *divisão*, transforma uma folha $f$ em não folha com duas folhas descendentes. As variáveis em $f$ são distribuídas pelas novas folhas descendentes, formando uma estrutura de grupos mais detalhada. Esse operador é aplicado sempre que a informação acumulada em uma folha é suficiente para formar grupos mais detalhados.

O segundo operador é um operador de *agregação*. Esse operador agrupa duas folhas em uma única folha. Esse operador é aplicado quando o sistema detecta que a estrutura de correlação entre as variáveis em uma das folhas

[1] Um operador de bloqueio só retorna resultados depois de processar toda a informação na entrada.

não é consistente com a estrutura de correlação observada no nó que gerou essa folha. O operador de agregação permite adaptar a estrutura de grupos quando são observadas mudanças na estrutura de correlação entre variáveis do processo que gera dados.

A Figura 16.1(a) ilustra a estrutura de grupos no instante $t$. Inicialmente, todas as variáveis estão no mesmo grupo, o grupo 1. O grupo 1 foi expandido dando origem aos grupos 2 e 3. Posteriormente, o grupo 2 foi expandido, dando origem aos grupos 3 e 4. A atual estrutura de grupos é dada pelas folhas 4, 5 e 3. O exemplo recebido no instante $t$, que contém o valor de todas as variáveis nesse momento, vai atualizar as estatísticas suficientes nas folhas da estrutura. A Figura 16.1(b) ilustra as diferentes janelas temporais definidas sobre o fluxo de dados. O nó 1 recebeu informação da parte inicial do fluxo de dados. Quando o nó 1 é expandido, os exemplos vão atualizar os nós descendentes. A cada instante, as folhas da estrutura recebem a informação mais recente.

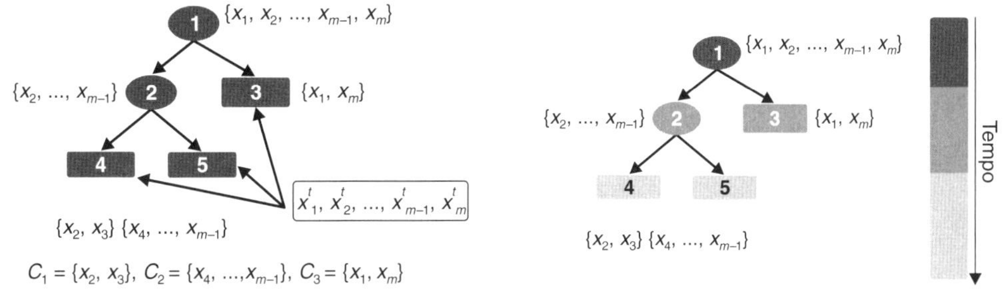


(a) Crescimento da estrutura de grupos.

(b) Múltiplas janelas temporais.

**Figura 16.1** ODAC: Análise de Agrupamentos de Séries Temporais.

A medida de dissimilaridade utilizada é o *Rooted Normalized One-Minus-Correlation*. De acordo com essa medida, a dissimilaridade entre as variáveis $at_a$ e $at_b$ é definida por: $rnomc(at_a, at_b) = \sqrt{(1 - corr(at_a, at_b))/2}$, em que $corr(at_a, at_b)$ é a correlação de Pearson (Equação 12.6). Essa medida é calculada de forma incremental, e cada exemplo é processado apenas uma vez. A atualização em tempo real das estatísticas suficientes necessárias ao cálculo da matriz de dissimilaridade requer calcular: as somas das variáveis, as somas dos quadrados das variáveis e as somas das multiplicações par a par entre as variáveis. A matriz de distâncias para cada folha é calculada quando a folha é testada para divisão ou agregação, após receber um número mínimo de exemplos, dado pelo limite de Hoeffding. Em cada folha, se a diferença entre a distância máxima entre duas variáveis e a segunda maior distância for estatisticamente significativa, verificada pelo limite de Hoeffding, então a maior distância é o diâmetro da folha, podendo ser usada para os testes de divisão e de agregação.

O critério de divisão do ODAC é baseado em dois conceitos: quanto mais afastadas estiverem as distâncias máxima e mínima de um grupo, maior a possibilidade de ocorrer uma divisão; e também quanto mais afastada estiver a distância média da média entre as distâncias máxima e mínima, maior a probabilidade de divisão. De forma a distinguir os casos em que o grupo tem todas as variáveis equidistantes dos casos em que possui duas ou mais variáveis muito distantes, é introduzido um parâmetro ao algoritmo, $\tau$, que determina o tempo dado ao algoritmo para descobrir o verdadeiro diâmetro, até que seja forçado o teste de divisão. Quando um ponto de divisão é reportado, as duas variáveis que definem o diâmetro, designadas *pivô*, vão dar origem a dois novos grupos. Cada uma das variáveis restantes vai para o novo grupo que contém o *pivô* mais próximo. As novas folhas começam novas computações, reiniciando as estatísticas suficientes.

Considerando a presença de alterações de conceito nos dados, o critério de agregação é baseado na comparação entre os diâmetros dos nós descendentes e o diâmetro do nó ascendente. O critério de divisão garante que sempre que a estrutura de grupos é expandida, o diâmetro dos grupos diminui. Observando que o diâmetro de uma folha é significativamente maior que o diâmetro do nó ascendente, significa uma mudança na estrutura de correlação entre as variáveis nessa folha. Por esse motivo, as folhas descendentes desse nó são agregadas, e as estatísticas suficientes nesse nó são reiniciadas.

Apesar de os requisitos de espaço do sistema serem quadráticos em relação ao número de variáveis, eles são constantes no número de exemplos. Da mesma forma, os requisitos de tempo do sistema são também quadráticos no número de variáveis, mas são também constantes no número de exemplos. Uma característica importante desse algoritmo é que, a cada vez que ocorre uma divisão em uma folha com $d$ variáveis, o número de distâncias que é necessário calcular diminui em no mínimo $d - 1$, reduzindo assim o tempo gasto. Os resultados experimentais, utilizando conjuntos de dados artificiais e reais, mostraram eficácia competitiva quando comparados a uma análise estática de agrupamentos, evoluindo e adaptando-se na presença de alterações de conceito.

### 16.2.3 Redes Neurais

RNAs são modelos computacionais que podem aproximar qualquer função contínua (Craven e Shavlik, 1997) com erro arbitrariamente pequeno. Um dos problemas das RNAs é a lentidão do processo de aprendizado. Outros problemas conhecidos incluem a tendência a superajuste, a alta variância do erro esperado e a convergência para mínimos locais. À primeira vista, esses aspectos parecem impedir a aplicação de redes neurais ao cenário de fluxo de dados.

O processo habitual para treinar uma rede neural consiste no processamento dos exemplos de treinamento por épocas ou ciclos. Qual a necessidade de processar o mesmo conjunto de exemplos várias vezes? A única motivação é a falta de exemplos em número suficiente. Uma das principais características de fluxos contínuos de dados é que os dados são abundantes. Nesse contexto, uma rede neural pode ser treinada processando cada exemplo uma única vez (Chen e Pung, 2008). Sempre que um exemplo de treinamento estiver disponível, seu vetor dos atributos é propagado pela rede, e o erro é retropropagado pela rede apenas uma vez.

Essa metodologia de treinamento é uma grande vantagem, permitindo a aplicação de redes neurais em processos que geram um número infinito de exemplos e em alta velocidade. Outra vantagem é a adaptação gradual em fluxos de dados dinâmicos, em que a função alvo evolui ao longo do tempo. Craven e Shavlik (1997) referem que o viés indutivo de redes neurais é o mais adequado para tarefas de previsão sequenciais e temporais.

## 16.3 Avaliação de Algoritmos Preditivos de Fluxos de Dados

A avaliação de erro prequencial é uma abordagem para estimar o desempenho de modelos preditivos, em cenários de aprendizagem contínua ou aprendizagem em fluxo de dados (*data streams*). O termo *prequential* vem da combinação de *predictive* e *sequential*. A avaliação prequencial fornece uma curva de aprendizagem que monitoriza a evolução da aprendizagem como um processo.

Para cada exemplo no fluxo, o modelo real faz uma previsão com base nos valores dos atributos de exemplo. O erro prequencial é calculado com base em uma soma acumulada de uma função de perda entre a previsão e os valores observados:

$$S = \sum_{i=1}^{n} L(y_i, \hat{y}_i).$$

O erro prequencial estimado para todo o fluxo pode ser influenciado pela primeira parte da sequência de erros, na qual a probabilidade de erro é mais elevada, pois foram utilizados poucos exemplos para treinar o classificador (Gama *et al.*, 2013). Essa observação leva à seguinte hipótese: calcular o erro prequencial utilizando um mecanismo de esquecimento, como janelas de tempo baseadas nos erros observados mais recentemente ou fatores de desvanecimento que ponderem os erros anteriores utilizando um fator de decaimento.

O erro prequencial é calculado, no instante $i$, sobre uma janela deslizante de tamanho $w$ ($\{e_j | j \in ]i - w, i]\}$) como:

$$P_w(i) = \frac{1}{w} \sum_{k=i-w+1}^{i} L(y_k, \hat{y}_k) = \frac{1}{w} \sum_{k=i-w+1}^{i} e_k.$$

O erro prequencial calculado no instante $i$, com fator de esquecimento $\alpha$, é calculado como:

$$P_\alpha(i) = \frac{\sum_{k=1}^{i} \alpha^{i-k} L(y_k, \hat{y}_k)}{\sum_{k=1}^{i} \alpha^{i-k}} = \frac{\sum_{k=1}^{i} \alpha^{i-k} e_k}{\sum_{k=1}^{i} \alpha^{i-k}}, \text{ com } 0 \ll \alpha \leq 1.$$

## 16.4 Detecção de Mudança

Os fluxos contínuos de dados evoluem ao longo do tempo. Assumir que os exemplos são gerados aleatoriamente de acordo com uma distribuição estacionária é irrealista (Basseville e Nikiforov, 1987). Em sistemas complexos, são esperadas mudanças (suaves ou abruptas) na distribuição dos exemplos e evoluções dos conceitos a serem aprendidos. Mineração de dados nesses contextos requer algoritmos adaptativos: algoritmos incrementais que detectam e reagem a mudanças dos conceitos a serem aprendidos.

Mudança de conceitos (do inglês, *concept drift*) (Klinkenberg, 2004) significa que o processo que gera dados evolui ao longo do tempo. Por exemplo, os interesses e objetivos de um usuário de um programa de busca na internet evoluem ao longo do tempo. A evidência de mudanças no conceito a ser aprendido reflete-se de alguma forma nos exemplos de treinamento. Observações mais antigas, que refletem o comportamento no passado, tornam-se irrelevantes para o estado atual dos fenômenos em observação. A natureza da mudança é muito variada. As alterações podem ocorrer quer em razão de mudanças em variáveis que não são mais observadas, quer em alteração nas propriedades características das variáveis observadas. Muitos algoritmos de aprendizado utilizam métodos cegos, que adaptam o modelo de decisão em intervalos regulares, sem considerar se houve de fato alguma mudança. Muito mais interessantes são os mecanismos que detectam mudanças explicitamente. Uma das vantagens é que podem proporcionar informações significativas sobre o processo em análise, indicando pontos de mudança, ou janelas temporais onde a mudança ocorre, assim como quantificar o grau de mudança. Podemos agrupar essas abordagens em dois grandes grupos:

- Monitoram a evolução de indicadores de desempenho, por exemplo, usando técnicas utilizadas em Controle Estatístico de Processos (Gama *et al.*, 2004).
- Monitoram a distância entre as distribuições em duas janelas temporais (Kifer *et al.*, 2004). Nesse caso, o método acompanha a evolução de uma função de distância entre duas distribuições: uma janela de referência e em uma janela sobre os pontos mais recentes.

As métricas e os critérios para a seleção de algoritmos de detecção de mudança normalmente levam em consideração a taxa de erro, a rapidez de detecção, assim como a robustez a falsos alarmes e ruídos.

Em aprendizado preditivo, uma das formas mais eficazes para detectar mudanças ou desvios no conceito a ser aprendido é monitorar o processo de aprendizado dos modelos preditivos. Por exemplo, monitorando a evolução de uma medida de desempenho. Vários algoritmos de detecção de mudança, que traçam a evolução da taxa de erro, são encontrados na literatura: o *Page-Hinkley* teste (Hinkley, 1970), o SPC (do inglês, *Statistical Process Control*) (Gama *et al.*, 2004) ou o ADWIN (do inglês, *Adaptive Window*) (Bifet e Gavaldà, 2007). Esses algoritmos monitoram a evolução do erro de um classificador. Assumem que, em processos estacionários, o erro do classificador deve manter-se constante ou diminuir. Se o processo é não estacionário, o erro aumenta. No entanto, um aumento do erro pode ser motivado pela presença de ruído nos dados. É esse o problema principal dos algoritmos de detecção de mudança: distinguir mudanças estruturais no processo que gera dados de perturbações temporárias nesse processo.

Nesta seção apresentamos o algoritmo SPC, proposto em Gama *et al.* (2004). O algoritmo SPC monitora a evolução da taxa de erro de um classificador, sinaliza alertas de degradação do processo de aprendizado e indica mudança quando essa degradação corresponde (para um determinado nível de confiança) a uma alteração estrutural no processo que gera dados. No SPC, um alerta de mudança é sinalizado quando observamos um aumento do erro, mas não há ainda evidência para sinalizar uma mudança. O algoritmo SPC mantém uma memória de curto prazo de exemplos rotulados recebidos entre um sinal de alerta e o sinal de desvio. Portanto, podemos explorar os exemplos armazenados na memória de curto prazo para inicializar o modelo de decisão sempre que um desvio for sinalizado.

O algoritmo SPC, cujo pseudocódigo é apresentado no Algoritmo 16.2, mantém dois registros: $p_{min}$ e $s_{min}$, em que $p$ representa uma probabilidade de erro e $s$, a variância associada à estimativa de $p$. $p$ é calculado como a frequência de erro e $s$, a variância do erro dada por $s = \sqrt{p \times (1-p)/n}$, em que $n$ representa o número de exemplos processados. Sempre que um novo exemplo $i$ é processado, esses valores são atualizados se $p_i + s_i < p_{min} + s_{min}$. É utilizado um nível de aviso para definir o tamanho ideal da janela de contexto. A janela de contexto contém os exemplos de idade que estão no novo contexto e um número mínimo de exemplos no contexto antigo. Nos experimentos, o nível de alerta é atingido se $p_i + s_i \geq p_{min} + 2 \times s_{min}$, e o nível de mudança é alcançado se $p_i + s_i \geq p_{min} + 3 \times s_{min}$. Suponha uma sequência de exemplos em que o erro do modelo aumenta atingindo o nível de alerta no exemplo $k_w$, e o nível de mudança no exemplo $k_d$. Um novo modelo é induzido usando os exemplos a partir de $k_w$ até $k_d$. É possível observar um aumento do erro de atingir o nível de alerta, seguido de um decréscimo. É assumido que tais situações correspondem a um falso alarme, sem alterar o contexto.

**Algoritmo 16.2** Algoritmo SPC para detecção de mudança

**Entrada:** Um modelo de decisão atual $\hat{f}$<br>
Uma sequência de exemplos $\{(\mathbf{x}_j, y_j), j = 1, \ldots, n\}$<br>
Seja $(\mathbf{x}_j, y_j)$ o exemplo atual<br>
Computa a previsão do modelo: $\hat{y_j} \leftarrow \hat{f}(\mathbf{x}_j)$<br>
Computa o erro: $erro_j$<br>
Computa média dos erros: $p_j$ e variância $s_j$<br>
**se** $p_j + s_j < p_{min} + s_{min}$ **então**<br>
    $p_{min} \leftarrow p_j$<br>
    $s_{min} \leftarrow s_j$<br>
**fim**<br>
**se** $p_j + s_j < p_{min} + \beta \times s_{min}$ **então**<br>
    $Aviso? \leftarrow Falso$<br>
    Atualiza o modelo de decisão usando o exemplo atual: $\mathbf{x}_j, y_j$<br>
**fim**<br>
**senão**<br>
    **se** $p_j + s_j < p_{min} + \alpha \times s_{min}$ **então**<br>
        **se** *! Aviso?* **então**<br>
            $buffer \leftarrow \{(\mathbf{x}_j, y_j)\}$<br>
            $Aviso? \leftarrow Verdadeiro$<br>
        **fim**<br>
        **senão**<br>
            $buffer \leftarrow buffer \cup \{(\mathbf{x}_j, y_j)\}$<br>
        **fim**<br>
    **fim**<br>
    **senão**<br>
        Reaprende um novo modelo de decisão com os exemplos no *buffer*<br>
        $Aviso? \leftarrow Falso$<br>
        Reinicializa $p_{min}$ e $s_{min}$<br>
    **fim**<br>
**fim**

## 16.5 Considerações Finais

Detecção de mudança em aprendizado preditivo é um assunto bem estudado (Klinkenberg, 2004). Em outros cenários, como o de agrupamento de dados, poucos são os algoritmos capazes de lidar com distribuições não estacionárias. A questão principal é como incorporar mecanismos de detecção ao algoritmo de aprendizado, nomeadamente em diferentes paradigmas.

Outro aspecto relevante de qualquer algoritmo de aprendizado é a definição de métricas para a avaliação de hipóteses. A maioria dos métodos de avaliação (e das métricas associadas) foi concebida para o caso de modelos estáticos e dados estacionários, ou seja, independentes e identicamente distribuídos. No caso de fluxos contínuos de dados, estamos muito mais interessados em estimar a evolução, ao longo do tempo, da capacidade de generalização do modelo. Resultados das estatísticas sequenciais (Wald, 1947) parecem ser muito mais apropriados.

Aprendizado em fluxos contínuos de dados é uma área de pesquisa crescente, com desafios em termos de aplicações e oportunidades de pesquisa em áreas científicas como bases de dados, teoria de algoritmos, aprendizado de máquina, ciência de dados e mineração de dados. Redes de sensores, dados científicos, monitoração de processos, análise de dados da Web e análise de tráfego em redes de computadores são exemplos de aplicações relevantes nas quais a análise de fluxo de dados tem sido bem-sucedida. Aprendizado em tempo real, capacidade de incorporar nova informação de forma contínua, capacidade de esquecer, capacidade de autoadaptação e autorreação são as principais características de qualquer sistema inteligente. São propriedades características dos algoritmos de aprendizado sobre fluxos contínuos de dados.

# 17 | GRAFOS

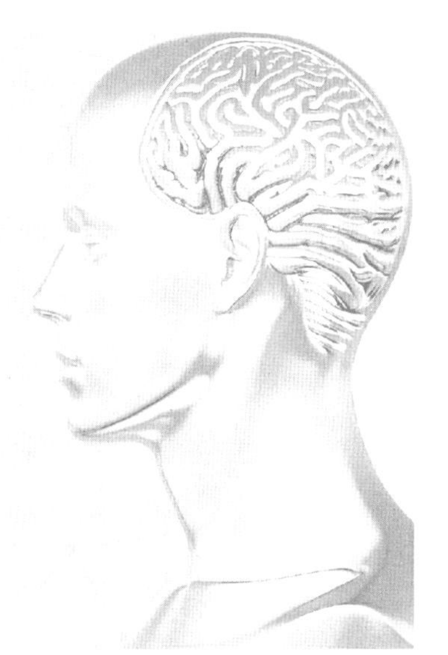

Uma variedade grande de aplicações do mundo real tem dados que são descritos por um conjunto de objetos e relações ou interações entre esses objetos. Dados desse tipo podem ser naturalmente representados pela estrutura matemática denominada grafo. Formalmente, um grafo $G = (V, E)$ é composto por um conjunto de vértices $V$, que representam os objetos ou entidades do problema, e um conjunto de arestas $E$ que conectam pares de vértices, representando relações ou interações entre os objetos. Os vértices e as arestas também podem ter pesos associados, representando características dos objetos e das relações, respectivamente.

Essa forma de representação é muito comum em vários contextos na Inteligência Artificial em geral. Por exemplo, na modelagem de espaços de estados e estratégias de busca para a solução de problemas, na representação e raciocínio em contextos que envolvem incerteza, tais como as redes Bayesianas, vistas no Capítulo 5, e na representação de conhecimento em bases de conhecimento, incluindo os grafos de conhecimento.

Especificamente em AM, em vários contextos, o conhecimento extraído (modelos gerados) é representado na forma de grafos e/ou produzido por algoritmos cujo funcionamento considera as características dessa estrutura. Por exemplo, as redes Bayesianas, as árvores de decisão, algoritmos de agrupamento baseados em grafos e as próprias redes neurais fazem uso dessa estrutura. Em muitos desses casos, os dados representados na forma atributo valor são convertidos em grafo, como nos algoritmos de agrupamento descritos na Seção 13.4. Nesses algoritmos, o primeiro passo é converter o conjunto de dados em um grafo de proximidade, em que cada vértice representa um objeto e os pesos das arestas representam a similaridade ou a distância entre os objetos. Em seguida, os algoritmos usam estratégias para particionar os grafos e identificar grupos de objetos.

Há, porém, um grande número de aplicações em que os dados podem ser descritos e representados mais direta e naturalmente por meio de grafos, muitos dos quais com nós e estruturas de relacionamento bastante complexas. Para essas aplicações e também para o uso dos grafos como estrutura subjacente de funcionamento dos algoritmos, além dos pesos, frequentemente são também agregados diversos outros elementos aos nós e/ou às arestas do grafo, tais como funções matemáticas, vetores, características descritivas, probabilidades, tipos dos relacionamentos, imagens, séries temporais. Nas aplicações mais complexas, pode-se inclusive ter grafos heterogêneos, com diferentes tipos de nós e/ou diferentes tipos de arestas, em que informações sobre o tipo do nó e/ou da aresta também são representadas. Dois exemplos simples de domínios em que os grafos surgem como representação natural são as redes sociais [Figura 17.1(a)] e os grafos de clientes-produtos [Figura 17.1(b)]. Na Figura 17.1(a), cada nó é uma pessoa e as arestas representam conexões de amizade entre elas. Na Figura 17.1(b), tem-se um grafo bipartido. De um lado, há os clientes e do outro os produtos (livros) adquiridos por eles.

Para a aplicação das abordagens de AM usuais, que tipicamente trabalham com dados vetoriais, em dados naturalmente representados como grafos, várias abordagens foram sendo empregadas ao longo do tempo (Barros *et al.*, 2021; Wu *et al.*, 2021; Xia *et al.*, 2021). As abordagens mais tradicionais extraem características ou estatísticas com base em heurísticas e/ou conhecimento de domínio e as utilizam como entrada para os modelos tradicionais. Características associadas aos nós, por exemplo, podem incluir o grau do nó, contando o número de arestas incidentes a ele, a centralidade do nó, quantificando a influência/importância do nó em relação ao grafo, e o coeficiente de agrupamento, medindo o quão próxima pode ser agrupada a vizinhança do nó. Já características associadas às

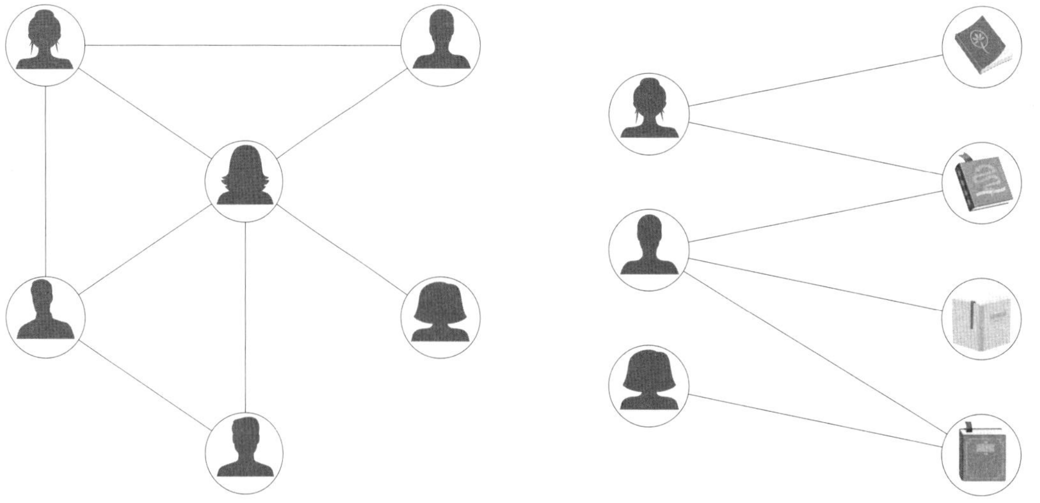

**(a)** Rede social **(b)** Grafo clientes-produtos

**Figura 17.1** Exemplos de representações em grafos.

arestas normalmente envolvem similaridades entre os nós. Podem ser consideradas também características no nível de grafo, que capturam diferenças/similaridades entre subgrafos (Barros *et al.*, 2021).

Outras abordagens envolvem *Graph/Network embedding*, em que busca-se representar os nós de uma rede (grafo) como vetores de baixa dimensionalidade, buscando-se manter tanto a topologia da rede quanto informações de conteúdo dos nós. Com essa representação vetorial, podem-se aplicar os algoritmos convencionais para classificação, agrupamento ou recomendação. Para classificação, são também comuns métodos de *kernel* de grafos, que usam uma função *kernel* para calcular a similaridade entre pares de grafos para que seja possível a aplicação de algoritmos baseados em *kernel* como as SVMs (Wu *et al.*, 2021).

Além dessas alternativas, já existem diversos tipos de Redes Neurais de Grafos (GNN, do inglês, *Graph Neural Network*), que são redes neurais que usam aprendizado profundo e outras abordagens para processar diretamente dados estruturados na forma de grafos. Xia *et al.* (2021) apresentam uma classificação bastante detalhada das várias abordagens de aprendizado com grafos, dividindo-as em métodos baseados em processamento de sinais, baseados em caminhada aleatória, baseados em fatoração de matrizes e baseados em aprendizado profundo. Os principais métodos baseados em aprendizado profundo são (Wu *et al.*, 2021; Xia *et al.*, 2021):

- *Recurrent Graph Neural Networks* (RecGNNs), que aprendem as representações dos nós com arquiteturas de redes recorrentes;
- *Convolutional Graph Neural Networks* (ConvGNNs), que generalizam a operação de convolução de *grids* de dados para dados de grafo;
- *Graph Attention Networks* (GAT), que consideram um mecanismo de atenção ao determinar os pesos dos vizinhos das arestas;
- *Graph Autoencoders* (GAEs), que são abordagens não supervisionadas para codificar os grafos em um espaço vetorial latente e reconstruir o grafo a partir dessas informações codificadas;
- *Graph Generative Networks*, que geram grafos a partir de um conjunto de outros grafos dados;
- *Spatial-Temporal Graph Neural Networks* (STGNNs), que visam identificar padrões em grafos de informações espaçotemporais, considerando dependências espaciais e temporais dos dados ao mesmo tempo.

Com dados estruturados na forma de grafo como entrada (estrutura do grafo + conteúdo dos nós), o foco das tarefas de aprendizado pode ser os nós, as arestas ou os próprios grafos, podendo ser aplicadas, por exemplo, para tarefas como classificação de nós ou de grafos, incorporação de redes, geração de grafos, previsão de grafos espaçotemporais, agrupamento de nós, previsão de *links*, particionamento de grafos (Wu *et al.*, 2021; Xia *et al.*, 2021).

A variedade de aplicações de aprendizado em grafos é extensa. Por exemplo, na área de visão computacional, podem-se gerar grafos de cena que descrevem as relações semânticas entre objetos em uma cena. Isso permite a compreensão do significado por trás de uma cena visual e o uso dessa informação para outras aplicações. Podem-se também produzir imagens realísticas a partir de um grafo de cena existente e ainda utilizar grafos produzidos a partir de textos para gerar imagens a partir de descrições textuais.

Apesar de bastante consolidado o uso de representações vetoriais para Processamento de Linguagem Natural, textos também têm componentes relacionais que ligam palavras em um documento ou conteúdos de diversos documentos, que são naturalmente representadas como grafo, tal como a árvore de dependência sintática. Assim, GNNs são abordagens que também podem ser aplicadas no contexto de PLN, por exemplo, em tradução automática, geração de sentenças com mesmo significado a partir de um grafo de relações semânticas entre palavras (*graph-to-sequence learning*) ou para descoberta de conhecimento com a produção e complementação de grafos de conhecimento a partir de textos (Wu *et al.*, 2021). Os grafos de conhecimento, por sua vez, podem ser empregados, por exemplo, em motores de busca, sistemas de perguntas e respostas, sistemas de recomendação, agentes conversacionais, na produção de conhecimento acadêmico, ou na identificação de notícias falsas (da Silva *et al.*, 2019).

Podem ser observadas também aplicações associadas à previsão de tráfego para apoio à gestão das cidades (previsão do fluxo de veículos, por exemplo), ou para uso individual em aplicativos de apoio à locomoção e transportes (predição de tempo de chegada de uma viagem, por exemplo) (Derrow-Pinion *et al.*, 2021; Jiang e Luo, 2022).

Apenas para evidenciar a grande gama de aplicação das GNNs, essas são algumas revisões da literatura em áreas específicas: Phan *et al.* (2023) fazem uma revisão das GNNs para detecção de *Fake News*, Jiang e Luo (2022) e Rahmani *et al.* (2023) revisam as aplicações na área de transportes/tráfego, da Silva *et al.* (2019) revisam aplicações para grafos de conhecimento e Zhang *et al.* (2021) detalham aplicações em Bioinformática.

Para dar uma ideia um pouco mais detalhada de dois grandes grupos de aplicações, na Seção 17.1 são apresentados detalhes específicos no contexto de sistemas de recomendação (Wu *et al.*, 2022) e na Seção 17.2 são detalhados mais elementos sobre análise de redes sociais (Sikarwar *et al.*, 2021).

## 17.1 Sistemas de Recomendação

Sistemas de recomendação são ferramentas que recebem como entrada um conjunto de informações relacionadas com usuários e itens e têm como objetivo encontrar um subconjunto destes itens que seja do interesse de cada usuário. Com dados naturalmente modelados como um grafo bipartido em que Itens e usuários são nós e as relações entre eles são as arestas, os sistemas de recomendação passaram por um processo de evolução em que inicialmente os dados eram modelados como dados vetoriais, representando características diversas dos usuários, itens e suas relações; passando por abordagens mais simples empregando modelos diretamente na estrutura de grafos e por modelos híbridos.

Com o avanço da tecnologia e amadurecimento dos sistemas de recomendação, as pessoas são constantemente inundadas com um enorme volume de recomendações de todos os tipos em qualquer acesso que fazem à internet por meio de dispositivos e tecnologias diversos (computadores, celulares, assistentes de voz, *wearables*, dispositivos IoT). Os sistemas de recomendação têm sido amplamente usados em plataformas de *streaming*, redes sociais, comércio eletrônico e também em assistentes pessoais de forma bastante sofisticada, muitas vezes integrando múltiplos dados de contexto como geolocalização, histórico de interações e preferências detalhadas.

Com o amadurecimento dos sistemas de recomendação, diferentes abordagens foram surgindo para prover recomendações cada vez melhores, mais apropriadas para capturar o comportamento do usuário em tempo real e mesmo prevendo suas necessidades antes mesmo que o próprio usuário percebesse. As principais abordagens são Filtragem Baseada em Conteúdo, Filtragem Colaborativa, Filtragem Demográfica, Filtragem Híbrida e Filtragem Baseada em Conhecimento. Hoje, as técnicas híbridas que combinam métodos de filtragem colaborativa e baseada em conteúdo têm ganhado maior destaque, especialmente com a adoção de redes neurais profundas, como *Autoencoders* e Redes Neurais de Grafos (GNNs, do inglês, *Graph Neural Networks*), que permitem capturar relações complexas entre usuários e itens.

A Filtragem Colaborativa (FC) consiste em um conjunto de interações entre usuários e itens, como compras realizadas ou notas utilizadas para avaliação. Seu objetivo é prever relações para pares usuário-item que ainda não possuem entrada no sistema, descobrindo assim o que recomendar para os usuários. As relações entre itens e usuários podem se dar de diferentes maneiras, como uma pontuação variando dentro de um intervalo (uma nota atribuída a um item), um valor binário (a ação de gostar ou não gostar de um item) ou, até mesmo, um valor unário (compra ou visualização de um item). Tais dados podem ser obtidos de forma explícita, com o usuário informando seu grau de relação com o item, ou implícita, considerando dados comportamentais detalhados, como tempo de permanência ou padrões de navegação, além de dados contextuais como localização, hora do dia e dispositivo.

A evolução dos algoritmos para FC começou com métodos simples como $k$-NN e técnicas de similaridade, tanto entre usuários quanto entre itens. Entretanto, com o crescimento dos dados, esses métodos enfrentaram desafios de esparsidade e escalabilidade, o que levou ao desenvolvimento de abordagens mais avançadas, como a fatoração de matrizes, popularizada pelo método SVD (do inglês, *Singular Value Decomposition*) e seu sucesso no *Netflix Prize*.[1] A evolução desses métodos para tratar de dados com interações explícitas culminou em técnicas como o SVD++, que se utiliza de *feedback* implícito sobre os dados para melhorar os resultados do SVD tradicional, e as *Factorization Machines* (FM), que unem modelos de fatoração e SVM.

As limitações da fatoração de matrizes motivaram a adoção de métodos baseados em aprendizado profundo, como as GNNs e os modelos *transformers*, que capturam relações mais complexas entre usuários e itens. Esses modelos avançados têm permitido lidar de forma mais eficiente com os desafios de esparsidade e escalabilidade, oferecendo recomendações mais precisas e personalizadas. Atualmente, modelos baseados em aprendizado profundo são as abordagens dominantes nos sistemas de recomendação, sendo capazes de capturar relações usuário-item que não são lineares e não são triviais, incorporando facilmente o grande volume de dados e a grande diversidade de fontes como dados contextuais, de texto e mesmo informações visuais (Wu *et al.*, 2022).

Além da evolução dos modelos e da capacidade de processamento, os próprios dados representados, empregados para as recomendações, evoluíram, com grafos cada vez mais complexos, representando diferentes tipos de informações além das relações usuário-item. Por exemplo, podem ser modeladas as relações sociais entre usuários, sequências que refletem o comportamento do usuário, grafos de conhecimento do domínio a que o sistema de recomendação trata. Essas informações podem ser modeladas em grafos diferentes ou pode-se inclusive trabalhar com grafos heterogêneos com diferentes tipos de nós e de arestas, como usuários, itens, *tags*, categorias, comportamentos etc.). Pode-se mesmo empregar a estrutura de hipergrafo, que consiste em uma generalização de um grafo na qual uma aresta pode representar a relação entre mais de dois vértices.

As GNNs processam dados representados como grafos, agregando informações dos vizinhos e atualizando a representação do nó central em cada camada. A operação de agregação pode tratar todos os vizinhos igualmente ou diferenciar sua importância usando mecanismos de atenção. A atualização pode integrar as informações do nó central e dos vizinhos usando diferentes estratégias, como GRU (*Gated Recurrent Unit*) e concatenação com transformação não linear (Wu *et al.*, 2022). GCN (do inglês, *Graph Convolutional Network*), GraphSAGE (do inglês, *Graph SAmple and AGgregate*), GAT (do inglês, *Graph Attention Network*), GGNN (do inglês, *Gated Graph Neural Network*), HGNN (do inglês, *Heterogeneous Graph Neural Network*) são exemplos de abordagens empregadas com sucesso em sistemas de recomendação.

## 17.2 Análise de Redes Sociais

Uma rede social é uma estrutura baseada em dados relacionais e pode ser definida como um conjunto de entidades sociais, tais como pessoas, grupos e organizações, com algum padrão de relações ou interações entre elas.

[1] Famosa competição na área de sistemas recomendação, organizada pela empresa Netflix durante os anos de 2006 a 2009.

Análise de Redes Sociais (ARS, do inglês, *Social Network Analysis*) é uma área multidisciplinar cujo foco é o estudo das relações entre entidades e suas interações. Em aplicações de ARS, a rede pode ser representada como um grafo cujos nós representam as pessoas, organizações ou contas e as arestas representam as relações ou conexões entre elas. Além do peso (força da relação), atributos como idade, interesses, localização podem ser associados aos nós e o tipo de relacionamento (amigos, família, seguidores, membro de um mesmo grupo, por exemplo) pode ser agregado às arestas. Um grafo desse tipo, por exemplo, pode ser usado para estudar a estrutura e a dinâmica de redes, para identificar comunidades, influenciadores e disseminação de informações; recomendação de conteúdo, para sugestão de amigos, grupos, produtos ou conteúdos relevantes aos usuários, com base em seus relacionamentos e interesses; e detecção de anomalias, visando identificar comportamentos suspeitos ou atividades fraudulentas.

Além das redes sociais em si, existem outros tipos de estruturas do mundo real passíveis de serem representadas por redes, e formalmente como grafos, cujas aplicações usam os mesmos princípios da ARS. Os tipos principais são: *redes sociais*, *redes de informação* (ou redes de conhecimento), *redes tecnológicas* e *redes biológicas* (Newman, 2003).

As *redes de informação* são baseadas na troca de informações entre entidades, geralmente com o objetivo de promover a difusão do conhecimento, de negócios ou de objetivos sociais. Exemplos de redes de informação incluem as redes de citações de artigos científicos, geralmente modeladas com um grafo acíclico direcionado, em que os vértices representam os artigos científicos e existe uma aresta direcionada entre dois vértices A e B, se o artigo A cita o artigo B; e redes de preferência, que geralmente são modeladas por meio de grafos bipartidos, e representam as preferências de consumo dos indivíduos por um determinado produto comercial (por exemplo, livros) (Truyen *et al.*, 2007). Outro exemplo importante de uma rede de informação é a *World Wide Web*, que pode ser representada como um grafo direcionado, no qual os vértices representam as páginas estáticas da *Web* e as arestas correspondem aos *hiperlinks* que se estabelecem entre elas (Broder *et al.*, 2000).

As *redes tecnológicas* são redes construídas por pessoas para efetuar a distribuição de alguns bens ou recursos (por exemplo, eletricidade, informação). As redes de estradas e de ferrovias, as redes de rotas aéreas e as redes de ligação física entre computadores constituem alguns exemplos deste tipo de redes.

Finalmente, as *redes biológicas* (Alon, 2003) são aquelas que emergem de processos biológicos, tais como redes de reações químicas entre metabólitos, redes de interação proteica, redes de regulação genética, redes neurais reais e redes alimentares ou redes predador-presa.

Especificamente nas redes sociais, tarefas comuns incluem a identificação dos atores mais centrais, mais influentes e com maior prestígio, utilizando medidas estatísticas; a identificação de *hubs* e *authorities*, usando algoritmos de análise de ligações; e a descoberta de comunidades, utilizando técnicas de detecção de comunidades. Estas tarefas são muito úteis no processo de extração de conhecimento de redes e, consequentemente, na resolução de problemas. Devido à natureza apelativa de tais tarefas e ao elevado potencial deste tipo de análise, a ARS tornou-se popular em várias áreas, desde a Biologia à Administração. Por exemplo, algumas empresas utilizam ARS para maximizar a propaganda de boca em boca dos seus produtos, visando os clientes com maior *valor de rede*, i.e., aqueles com maior influência e suporte (Domingos e Richardson, 2001; Richardson e Domingos, 2002; Leskovec *et al.*, 2007). Outras empresas, em particular as que operam com telefonia móvel, aplicam técnicas de ARS às redes de telefônicas de modo a identificar perfis de cliente e, com base neles, recomendar tarifas personalizadas. Estas empresas também recorrem à ARS para previsão de *churn*, i.e., para detectar clientes que podem potencialmente mudar para uma operadora de celular concorrente, por meio da detecção de mudanças nos padrões de uso do seu plano (Wei e Chiu, 2002; Dasgupta *et al.*, 2008).

Outra aplicação interessante é a Detecção de Fraudes. Por exemplo, as técnicas de ARS podem ser aplicadas a redes de comunicação organizacional para analisar a frequência e a direção da comunicação formal/informal, realizada via *e-mail* ou redes sociais da empresa, que podem revelar padrões de comunicação entre os funcionários. Estes padrões podem ajudar a identificar pessoas envolvidas em atividades fraudulentas, promovendo assim a adoção de controles mais seguros eficientes (Xu e Che, 2005; Shetty e Adibi, 2004).

A evolução dos métodos em ARS teve início com abordagens matemáticas e teóricas, baseadas na teoria dos grafos e em estatística, mas atualmente conta com várias abordagens baseadas em aprendizado de máquina. A representação em grafos permite a aplicação de métricas clássicas para capturar propriedades fundamentais da rede, como grau (número de conexões), centralidade (identificação de influenciadores), coeficiente de agrupamento (densidade local de conexões) e modularidade (estrutura de comunidades).

Em detecção de comunidades, cujo objetivo é a identificação de grupos coesos na rede, como comunidades de interesse em redes sociais ou grupos de colaboração em organizações, abordagens de análise de agrupamento são comuns (El-Moussaqui *et al.*, 2019). Um método amplamente utilizado devido à sua eficiência em redes reais é o método de Louvain (Blondel *et al.*, 2008), que utiliza uma abordagem hierárquica para maximizar a modularidade de forma eficiente em redes grandes. Ele opera em duas fases: uma atribuição local de nós a comunidades e uma agregação das comunidades detectadas em "supernós".

Outro conjunto de técnicas importantes envolve caminhadas aleatórias, utilizadas para medir a importância dos nós e detectar padrões em redes. Mais recentemente, métodos como Node2vec (Grover e Leskovec, 2016) utilizam caminhadas aleatórias guiadas para aprender representações de nós, preservando propriedades estruturais e semânticas da rede. Esse e outros métodos são ou empregam abordagens de *Graph Embedding*, que são abordagens que transformam os elementos de um grafo (nós, arestas ou o grafo inteiro) em representações vetoriais de baixa dimensionalidade. Essas representações preservam as propriedades estruturais e características dos dados originais, facilitando sua utilização em algoritmos de aprendizado de máquina convencionais.

Como em outras aplicações, as GNNs são as ferramentas mais recentes com grandes contribuições para a ARS. Modelos como GCNs e GATs aprendem a extrair representações dos nós e arestas de maneira supervisionada, sendo úteis para tarefas como classificação de nós (por exemplo, identificar usuários maliciosos), predição de *links* (para sugerir novas conexões em redes sociais, por exemplo) e detecção de comunidades.

Finalmente, as redes heterogêneas, que lidam com múltiplos tipos de nós e conexões, também vêm sendo amplamente empregadas em contextos como detecção de comunidades, para identificar comunidades ou grupos, levando em conta tanto as conexões entre pessoas quanto as relações indiretas, como interesses comuns por meio de conteúdos ou interações; análise de influência, permitindo medir a influência de nós em diferentes camadas, como influenciadores em redes sociais e seus impactos em tópicos específicos ou em comunidades inteiras; e estudo de dinâmicas sociais, para modelar fenômenos como propagação de informações ou *fake news*, considerando diferentes tipos de entidades e como elas contribuem para espalhar (ou bloquear) informações. Exemplos práticos incluem análise de plataformas como LinkedIn e Twitter, permitindo modelar dinâmicas complexas.

## 17.3 Considerações Finais

Muitos problemas reais podem ser representados por meio de grafos, em que têm-se as entidades envolvidas como nós e arestas representam as relações entre elas. Como exemplos, pode-se mencionar a representação do relacionamento entre pessoas em uma rede social ou entre clientes e produtos adquiridos.

É possível realizar o aprendizado a partir de grafos de diferentes maneiras. Uma delas é extrair características dos nós e/ou arestas, montando então um conjunto de dados estruturado em que um algoritmo de AM clássico possa ser usado. O uso de representações numéricas por *graph embeddings* também permite obter uma representação estruturada dos grafos. Mas há também abordagens capazes de processar os grafos diretamente e obter modelos adequados a este tipo de dado.

Existe ainda na literatura uma abordagem de transformar dados estruturados em representações de grafos ou redes, normalmente com base na similaridade dos objetos presentes no conjunto de dados. Com isso, técnicas que usam conceitos da área de redes complexas podem ser empregadas (Silva e Zhao, 2016).

# 18 | IMAGENS

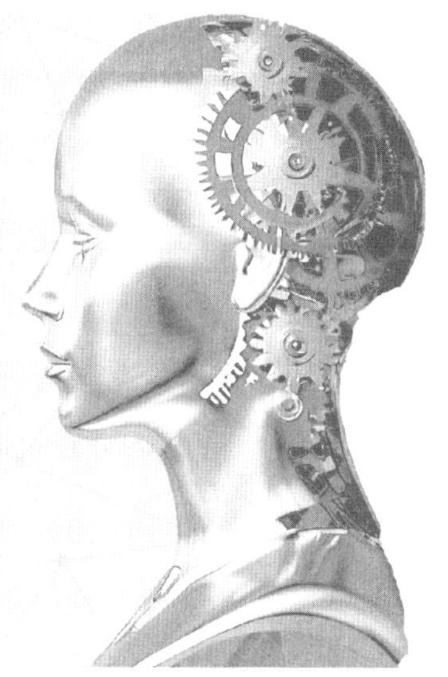

Desde os primórdios da humanidade, as imagens têm desempenhado um papel essencial na comunicação, na arte e na transmissão de conhecimento. Desde as pinturas rupestres nas cavernas até os sofisticados sistemas de processamento digital de hoje, as imagens se mantiveram como uma forma universal de representação de ideias. No mundo contemporâneo, impulsionado por tecnologias avançadas e acesso a dispositivos eletrônicos, as imagens não são apenas um meio de registro e comunicação, mas também um recurso essencial em uma ampla gama de aplicações tecnológicas.

O Aprendizado de Máquina emergiu como uma tecnologia poderosa para compreender e explorar o vasto mundo das imagens digitais. Com algoritmos que extraem padrões, aprendem representações e realizam inferências, o AM revolucionou tarefas como reconhecimento facial, diagnóstico médico, navegação autônoma e geração de conteúdo visual. Este capítulo explora os conceitos fundamentais, as técnicas principais e as aplicações avançadas do AM em imagens digitais. Inicia-se pela representação digital de imagens (Seção 18.1), seguida de uma descrição de principais pré-processamentos e tratamentos aplicados a imagens (Seção 18.2). As principais tarefas no processamento de imagens são descritas na Seção 18.3. Alguns desafios são mencionados na Seção 18.4, seguidos de aplicações na Seção 18.5.

## 18.1 Representação de Imagens Digitais

O tipo de imagem digital usada em AM é uma matriz de *pixels* (*picture elements*), que são os menores componentes da imagem. Cada *pixel* representa uma unidade de informação visual, que pode ser intensidade de cor ou de luz. Dependendo do formato da imagem, os *pixels* podem ser representados de diferentes formas:

- **Imagens monocromáticas**: cada *pixel* é associado a um único valor numérico que varia entre 0 (preto) e 255 (branco) em imagens de 8 bits. Essa representação é comum em imagens de raios X ou fotografias em preto e branco;
- **Imagens coloridas**: cada *pixel* é representado por três valores correspondentes às intensidades das cores primárias vermelho, verde e azul (RGB). Essa é a forma mais utilizada para fotografias digitais e vídeos; ou
- **Imagens binarizadas**: cada *pixel* possui apenas dois valores possíveis, 0 ou 1, utilizados para tarefas como reconhecimento de texto e análise de padrões simples.

A Figura 18.1 ilustra o processo de binarização, que converte uma imagem de tons de cinza em uma representação simplificada, enquanto a Figura 18.2 mostra como essas informações podem ser organizadas em uma matriz numérica (Rosenblatt, 1958).

A resolução de uma imagem é medida pela densidade de *pixels* por unidade de dimensão, comumente em pontos por polegada (*DPI*, do inglês *Dots Per Inch*). Resoluções mais altas oferecem maior nível de detalhamento, mas também aumentam o volume de dados e os requisitos computacionais para processamento.

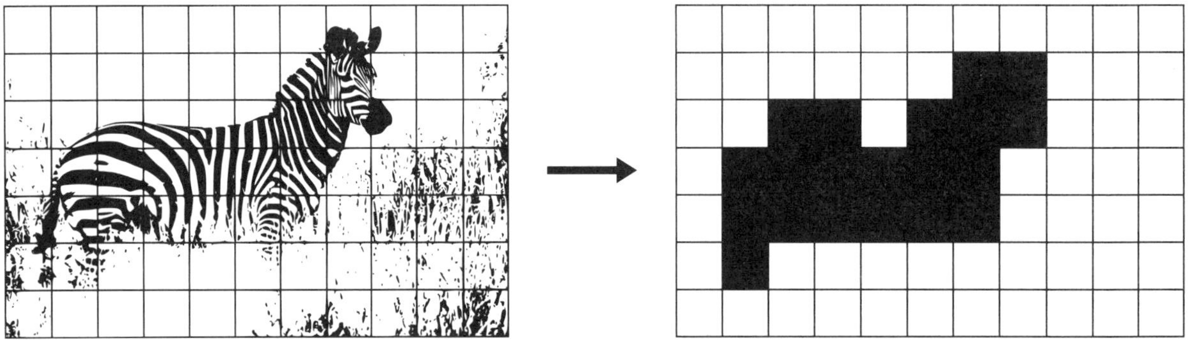

**Figura 18.1** Exemplo de binarização de imagens.

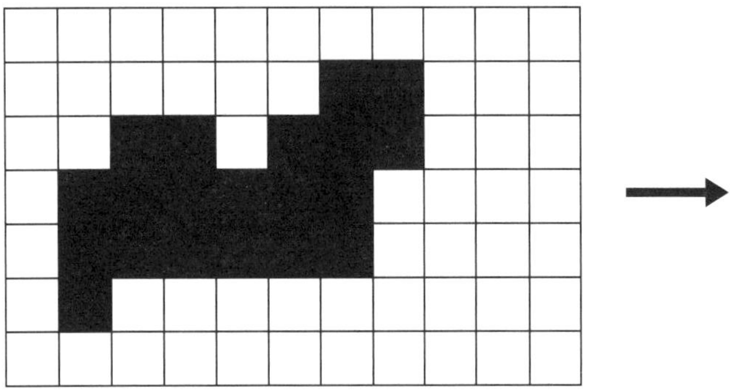

$$\begin{pmatrix} 0&0&0&0&0&0&0&0&0&0&0\\ 0&0&0&0&0&0&1&1&0&0&0\\ 0&0&1&1&0&1&1&1&0&0&0\\ 0&1&1&1&1&1&1&0&0&0&0\\ 0&1&1&1&1&1&1&0&0&0&0\\ 0&1&0&0&0&0&0&0&0&0&0\\ 0&0&0&0&0&0&0&0&0&0&0 \end{pmatrix}$$

**Figura 18.2** Exemplo de conversão de uma grade de *pixels* para uma matriz numérica.

Os formatos de arquivo também desempenham um papel essencial na representação e armazenamento de imagens:

- **JPEG**: oferece compressão com perdas, reduzindo o tamanho do arquivo à custa de uma pequena degradação na qualidade visual.
- **PNG**: utiliza compressão sem perdas, mantendo a fidelidade da imagem original.
- **BMP**: armazena a imagem sem compressão, garantindo alta qualidade, mas com arquivos significativamente maiores.

## 18.2 Pré-Processamento e Tratamento de Imagens

O pré-processamento é uma etapa essencial no *pipeline* de AM para imagens. Ele garante que os dados estejam em condições adequadas para o treinamento e a inferência, reduzindo a complexidade e destacando os padrões visuais relevantes. A seguir, detalhamos algumas das técnicas mais utilizadas.

### 18.2.1 Redimensionamento

O redimensionamento ajusta as dimensões das imagens para um tamanho uniforme, facilitando o processamento pelos algoritmos de AM. Modelos como redes neurais convolucionais (CNNs) (Seção 7.5) requerem que todas as imagens tenham a mesma altura e largura, o que torna essa etapa fundamental. Por exemplo, no treinamento de modelos para o conjunto de dados *ImageNet*,[1] as imagens são frequentemente redimensionadas para $224 \times 224$ *pixels*. Embora o redimensionamento possa causar perda de detalhes em imagens de alta resolução, ele reduz significativamente os custos computacionais (Fukushima, 1983).

### 18.2.2 Normalização

A normalização ajusta os valores dos *pixels* para um intervalo específico, geralmente $[0, 1]$ ou com média zero e variância unitária. Isso ajuda a estabilizar o treinamento de redes neurais, permitindo que os gradientes sejam calculados de forma mais consistente durante o processo de aprendizado. A normalização também reduz o impacto de diferenças de iluminação e contraste nas imagens.

### 18.2.3 Ajuste de Contraste e Brilho

Imagens com contraste ou brilho inadequados podem dificultar a detecção de padrões visuais. Técnicas de ajuste, como equalização de histograma, são usadas para melhorar a visibilidade dos detalhes em imagens com baixo contraste. Por exemplo, na análise de imagens médicas, aumentar o contraste em tomografias pode facilitar a identificação de anomalias, como nódulos pulmonares (de Assis Zampirolli *et al.*, 2010).

### 18.2.4 Remoção de Ruído

Ruídos são variações aleatórias que não correspondem a informações relevantes na imagem. Eles podem ser introduzidos durante a captura ou transmissão da imagem. Filtros como o filtro de mediana e o filtro gaussiano são amplamente utilizados para suavizar a imagem e remover ruídos indesejados, preservando as bordas dos objetos (Brandoli *et al.*, 2021).

### 18.2.5 Aumento de Dados

Aumento de dados (*data augmentation*) é uma técnica poderosa para enriquecer conjuntos de dados limitados, aplicando transformações como rotações, espelhamentos horizontais, cortes, alterações de brilho e adição de ruído. Essa abordagem é especialmente útil em tarefas em que há escassez de imagens rotuladas. Por exemplo, ao treinar um modelo de classificação de imagens médicas, o aumento de dados pode gerar variações artificiais que ajudam o modelo a aprender padrões mais robustos e generalizáveis.

### 18.2.6 Padronização de Formato e Canais de Cor

Muitas vezes, imagens são capturadas em diferentes formatos ou representações de cor (RGB, escala de cinza ou espaços de cores como YUV). Converter todas as imagens para um formato consistente (por exemplo, RGB) é essencial para garantir que o modelo receba entradas homogêneas. Além disso, em tarefas em que a cor não é relevante, como análise de texto manuscrito, imagens coloridas podem ser convertidas para escala de cinza para simplificar o processamento.

Essas etapas de pré-processamento são indispensáveis para garantir a qualidade dos dados de entrada e influenciam diretamente a eficácia dos modelos de AM.

---

[1] ImageNet. Disponível em `https://www.image-net.org/`, acessado em 01/12/2024.

## 18.3 Tarefas no Processamento de Imagens

O processamento de imagens por meio de AM abrange uma ampla variedade de tarefas, cada uma com seus próprios desafios e aplicações. A seguir, são apresentadas brevemente as principais tarefas.

### 18.3.1 Classificação

A classificação de imagens é uma das tarefas mais fundamentais em visão computacional. O objetivo é atribuir uma etiqueta ou rótulo a cada imagem. Por exemplo, classificar imagens como "gato" ou "cachorro". Modelos como AlexNet (Krizhevsky *et al.*, 2012), VGGNet (Simonyan e Zisserman, 2015) e ResNet (He *et al.*, 2015) foram pioneiros nessa tarefa, alcançando marcos significativos em conjuntos de dados como *ImageNet*.

Avanços recentes, como o *Vision Transformer* (ViT) (Dosovitskiy *et al.*, 2021), introduziram uma abordagem baseada em atenção, que substitui as convoluções tradicionais por mecanismos que analisam a relação entre todos os *pixels* da imagem simultaneamente. Essa técnica tem superado redes convolucionais em várias tarefas de classificação, especialmente em conjuntos de dados grandes e variados.

Aplicações incluem diagnóstico médico (por exemplo, classificação de imagens de raios X como "normal" ou "patológico"), sistemas de recomendação (por exemplo, identificação de produtos em *e-commerce*) e análise de imagens aéreas.

### 18.3.2 Detecção de Objetos

Diferentemente da classificação, a detecção de objetos não apenas identifica as categorias dos objetos presentes na imagem, mas também localiza cada objeto por meio de caixas delimitadoras (*bounding boxes*). Modelos como Faster R-CNN (Ren *et al.*, 2015) e YOLO (*You Only Look Once*) (Redmon *et al.*, 2016) revolucionaram essa tarefa, permitindo detecção em tempo real.

A detecção de objetos é crucial em aplicações como:

- **Navegação autônoma**: os veículos autônomos dependem da detecção precisa de pedestres, sinais de trânsito e outros veículos para tomar decisões seguras (Pomerleau, 1988);
- **Segurança pública**: sistemas de vigilância utilizam detecção de objetos para identificar comportamentos suspeitos em áreas de alto risco (Peixoto *et al.*, 2021); e
- **Manufatura**: robôs industriais detectam defeitos em produtos diretamente nas linhas de produção (Bécue *et al.*, 2024).

### 18.3.3 Segmentação de Imagens

A segmentação vai além da detecção, pois identifica os contornos exatos dos objetos ou regiões na imagem. Essa tarefa é dividida em dois tipos principais:

- **Segmentação semântica**: associa cada *pixel* a uma classe, como "céu", "carro" ou "edifício".
- **Segmentação de instâncias**: diferencia instâncias individuais de objetos da mesma classe. Por exemplo, identificar e contar diferentes pedestres em uma imagem urbana.

Modelos como U-Net (Ronneberger *et al.*, 2015) são amplamente utilizados em tarefas médicas, como segmentação de órgãos em tomografias (Roder *et al.*, 2024). Já o Mask R-CNN (He *et al.*, 2017) combina a detecção de objetos com a segmentação de instâncias, sendo usado em aplicações como análise de cenas urbanas.

### 18.3.4 Geração de Imagens

A geração de imagens é uma tarefa que permite a criação de imagens novas e realistas a partir de descrições textuais ou de amostras fornecidas. Modelos como GANs (*Generative Adversarial Networks*) (Seção 7.8) e modelos de difusão tornaram-se ferramentas indispensáveis em áreas como *design*, entretenimento e simulação.

Exemplos de aplicação incluem:

- **Criação de conteúdo artístico**: artistas podem utilizar ferramentas para gerar ideias visuais;
- **Simulação para treinamento**: em sistemas de navegação autônoma, cenários simulados são criados para testar veículos em ambientes controlados; e
- **Reconstrução de imagens**: restauração de fotografias antigas ou danificadas.

### 18.3.5 Super-Resolução

Super-resolução é a tarefa de aumentar a resolução de uma imagem sem comprometer sua qualidade visual. Modelos modernos de aprendizado profundo (Seção 7.4), como ESRGAN (*Enhanced Super-Resolution Generative Adversarial Network*) (Wang *et al.*, 2018), alcançam resultados promissores, sendo aplicados em restauração de vídeos antigos, melhorias em imagens médicas e otimização de câmeras de baixa resolução.

### 18.3.6 Reconhecimento Facial

O reconhecimento facial combina tarefas de detecção, segmentação e classificação para identificar indivíduos em imagens ou vídeos. Essa tecnologia é amplamente utilizada em sistemas de autenticação, segurança e redes sociais. Modelos como *FaceNet* (Schroff *et al.*, 2015) e *ArcFace* (Deng *et al.*, 2019) são referência nesse campo, alcançando altos níveis de precisão mesmo em condições desafiadoras, como iluminação variável e poses não frontais.

Cada uma dessas tarefas representa um pilar essencial do processamento de imagens digitais, destacando o impacto do AM na solução de problemas reais em diversas áreas.

## 18.4 Avanços Recentes e Desafios

Nos últimos anos, o processamento de imagens foi impulsionado pelo avanço dos transformadores visuais, que superam redes convolucionais em tarefas de classificação e detecção. Modelos como o Vision Transformer (ViT) (Dosovitskiy *et al.*, 2021) e os métodos híbridos, que combinam convoluções com mecanismos de atenção, estão redefinindo os padrões. Além disso, a IA generativa expandiu os horizontes criativos e industriais, permitindo a criação de conteúdos personalizados e a automação de processos complexos. Embora o campo tenha avançado, diversos desafios persistem, tais como:

- **Viés nos dados**: conjuntos de dados desbalanceados podem gerar modelos com desempenho inferior em populações sub-representadas;
- **Explicabilidade**: interpretar as decisões de redes neurais profundas ainda é um desafio, especialmente em aplicações críticas como diagnósticos médicos; e
- **Recursos computacionais**: o treinamento de modelos de aprendizado profundo pode exigir infraestrutura computacional robusta, tornando a tecnologia inacessível para alguns grupos.

## 18.5 Aplicações em Diferentes Setores

Os veículos autônomos dependem de sistemas avançados de visão computacional para interpretar seu ambiente. Câmeras embutidas analisam sinais de trânsito, pedestres e outros veículos, permitindo a tomada de decisões em tempo real. Modelos como YOLO são amplamente usados para detecção de objetos em fluxos de vídeo.

Na medicina, algoritmos de AM analisam imagens médicas para detectar tumores, fraturas e outras condições. Modelos treinados em grandes conjuntos de dados médicos superam muitas vezes a precisão de especialistas humanos em determinadas tarefas (Santos *et al.*, 2023).

Câmeras e drones capturam imagens aéreas de plantações, que são analisadas para detectar pragas, avaliar o crescimento e planejar colheitas de forma eficiente. Essas técnicas otimizam recursos e melhoram a produtividade.

Sistemas baseados em visão computacional realizam inspeções automatizadas em linhas de produção, garantindo a qualidade dos produtos e reduzindo custos operacionais.

## 18.6 Considerações Finais

O AM aplicado a imagens digitais é uma das áreas mais investigadas e inovadoras da computação moderna. Desde tarefas básicas de classificação até aplicações avançadas em navegação autônoma e diagnóstico médico, os avanços no campo continuam a impactar a sociedade de maneira transformadora. Apesar dos desafios, como viés nos dados e altos custos computacionais, os progressos contínuos indicam um futuro promissor para o processamento de imagens.

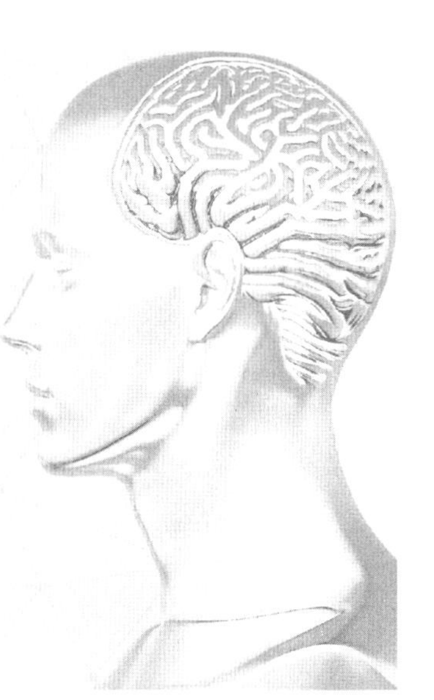

# 19 | TEXTOS

A escrita é uma das formas mais empregadas para registrar informações. Em face das facilidades oferecidas pelo armazenamento e compartilhamento de textos em formato digital, um enorme volume de documentos é gerado e compartilhado a todo momento nos meios eletrônicos. Atualmente, livros, jornais e revistas, que eram disponibilizados somente em papel, também contam com versões publicadas na internet, muitos nem sendo mais impressos. Nas empresas e até mesmo nas habitações, o uso de serviços informatizados para as tarefas do dia a dia, como os gerenciadores de *e-mail* e mensageiros instantâneos, faz com que muitos textos estejam armazenados em arquivos digitais. Além disso, com a popularização do uso dos *smartphones*, muitas pessoas passaram a gerar conteúdo, como comentários e opiniões em *sites* e em redes sociais.

A crescente quantidade de documentos de texto produzidos trouxe novos desafios para a busca e a análise de seus conteúdos. Os seres humanos não são capazes de processar muitos documentos rapidamente por meio da leitura, o que torna cada vez mais necessário o emprego de técnicas automatizadas e eficientes para o processamento e a recuperação de informação. Uma maneira de auxiliar nessa tarefa é a partir da *categorização de textos*, também conhecida como classificação de textos. Trata-se da tarefa de definir categorias ou rótulos aos documentos textuais com a finalidade de definir documentos que compartilham características semelhantes. Dessa forma, é possível selecionar os documentos que possam conter informações relevantes verificando apenas a categoria na qual eles pertencem, sem precisar consultar e ler todos os documentos existentes.

A categorização de textos é amplamente empregada com sucesso em diversas aplicações do cotidiano, como:

- Análise de opinião (Bhowmick *et al.*, 2010; Muhammad *et al.*, 2016; Lochter *et al.*, 2016);
- Categorização de *e-mails* e detecção de *spam* (Almeida *et al.*, 2011b,a; Almeida e Yamakami, 2012b,a,c; Alberto *et al.*, 2015a,b; Almeida *et al.*, 2016; Almeida e Yamakami, 2016; Silva *et al.*, 2017; Lochter *et al.*, 2018);
- Classificação de notícias (Gutlein *et al.*, 2009; Rossi *et al.*, 2016; Aphinyanaphongs *et al.*, 2014; Wu *et al.*, 2016; Jiang *et al.*, 2016);
- Detecção de opiniões e notícias falsas (Cardoso *et al.*, 2018; Monteiro *et al.*, 2018; Silva *et al.*, 2020, 2023); e
- Descoberta de conhecimento (Lochter *et al.*, 2022; Berto *et al.*, 2024).

Neste capítulo, serão abordados os principais conceitos relacionados com a categorização de textos (Seção 19.1), bem como os principais tipos de problemas e aplicações de técnicas de AM para manipulação de dados textuais (Seções 19.2 a 19.6).

## 19.1 Categorização de Textos

A categorização de textos é a tarefa de atribuir categorias (rótulos ou classes) a um documento escrito em linguagem natural (Sebastiani, 2002). A tarefa de classificar textos pode ser executada manualmente por um ser humano, uma vez que por meio de inspeção visual é possível interpretar o conteúdo do texto e escolher a categoria que o descreve melhor. No entanto, a categorização manual torna-se inviável quando existe um grande volume de documentos, o que demanda a aplicação de estratégias automatizadas.

Técnicas supervisionadas de AM são frequentemente empregadas para automatizar a tarefa de categorização de textos. A partir da observação de documentos rotulados, os algoritmos podem aprender diferentes padrões e associações entre segmentos de textos e rótulos. Esses padrões são então utilizados para categorizar documentos não rotulados, de acordo com os segmentos encontrados em seus conteúdos.

## 19.2 Coleta e Preparação do Texto

A primeira etapa no *pipeline* de um problema de categorização de textos é a coleta e rotulação manual dos documentos. Se, por exemplo, um documento de texto precisa ser extraído de uma página web, é necessário encontrar a parte de interesse do texto no código HTML da página. Em um problema de classificação de notícias, a parte de interesse do texto que pode ajudar a identificar a categoria à qual a notícia pertence é o título e o conteúdo. Portanto, deve-se procurar as marcações (*tags*) HTML que identificam onde essas partes de interesse estão inseridas. As marcações HTML que estão inseridas junto ao conteúdo, como as que definem estilos de formatação do texto (negrito, itálico etc.), podem ser descartadas. Esse processo é conhecido como *parsing*. Alguns documentos podem ainda estar armazenados no formato de documento portátil (PDF – *portable document format*), linguagem de marcação extensível (XML – *extensible markup language*), valores separados por vírgulas (CSV – *comma separated values*), entre outros.

As etapas de coleta e rotulação manual dos documentos costumam ser as mais onerosas, pois cada forma de armazenamento requer uma maneira diferente de extração das informações desejadas para que, posteriormente, sejam estruturadas de forma a viabilizar seu uso por parte dos métodos de classificação. Ainda, é difícil fazer a limpeza dos documentos para eliminar as informações indesejadas, resolver problemas de codificação de caracteres e garantir a qualidade do texto extraído. Muitas vezes, a integridade do texto é comprometida no seu próprio armazenamento por falha humana ou por outros fatores (Weiss *et al.*, 2004; Manning *et al.*, 2009).

Depois que os documentos são coletados, uma etapa importante na estruturação da representação deles é a *tokenização*. Nesta etapa, é feita a segmentação do texto em termos (também chamados de *tokens*). Geralmente, um termo é um conjunto de caracteres alfanuméricos delimitado por caracteres delimitadores ("\n", "\t", "\r", entre outros), por espaços em branco ou por caracteres não alfanuméricos (ponto, vírgula, asterisco, entre outros). Nesse processo, pode ser definido um limite mínimo e máximo de caracteres para cada termo (Manning *et al.*, 2009; Uysal e Gunal, 2014). Por exemplo, a *tokenização* do texto "*Esse#filme é muito bom! :D*", usando qualquer caractere não alfanumérico como delimitador e estipulando um limite mínimo de caracteres por termo igual a dois, resultaria no seguinte conjunto de termos: "*Esse*", "*filme*", "*muito*", "*bom*".

Muitas vezes, é necessário tratar os dados para padronizá-los e, assim, auxiliar os processos de treinamento e categorização. Nesta etapa, frequentemente são aplicadas as seguintes técnicas de pré-processamento: (*i*) conversão dos termos para letras minúsculas (Uysal e Gunal, 2014); (*ii*) remoção de *stopwords* (Weiss *et al.*, 2004), que são termos muito frequentes e com pouco valor semântico (como preposições, artigos etc.); (*iii*) remoção de palavras raras (Weiss *et al.*, 2004); (*iv*) estemização (Uysal e Gunal, 2014); e (*v*) lematização (Manning *et al.*, 2009). As duas últimas atividades reduzem as palavras à sua raiz.

## 19.3 Representação Computacional

Os textos são escritos de forma que as ideias e informações possam ser facilmente compreendidas por seres humanos. No entanto, métodos de AM geralmente não são capazes de interpretar o conteúdo dos textos escritos em seu formato original. Tipicamente, técnicas de AM manipulam informações estruturadas, o que obriga que os textos escritos em linguagem natural passem por processos que os transformem em uma representação adequada, antes de poderem ser utilizados pelos métodos de AM.

Existem diversas formas de representar um documento de texto computacionalmente. Turian *et al.* (2010) agruparam as técnicas de representação de texto em três categorias: distributiva, agrupamento e distribuída. A *representação distributiva* é normalmente realizada pela construção de uma matriz de co-ocorrência, como a tradicional representação *bag of words*. Outras técnicas incluem o mapa semântico auto-organizável (Ritter e Kohonen, 1989), LSA (Landauer *et al.*, 1998) e HAL (Lund e Burgess, 1996). A *representação baseada em agrupamento* busca induzir grupos sobre palavras, sendo o principal trabalho relacionado o agrupamento de Brown *et al.* (1992). Essas técnicas geralmente derivam um modelo de linguagem baseado em classes e, embora tenham apresentado bons resultados em tarefas específicas (tal como reconhecimento de fala), ainda apresentam deficiências significativas, como a complexidade computacional durante a inferência estatística e a dependência de especialista para realizar a anotação manual de classes ou grupos. A *representação distribuída* é capaz de capturar similaridades semânticas ao analisar um grande volume de dados, representando unidades de texto em vetores densos, de tamanho fixo (Bengio, 2009).

Na representação distributiva, também conhecida como modelo espaço-vetorial, cada termo pode representar uma ou mais palavras do texto. Quando cada um deles representa um par de palavras do texto, eles são chamados de bigramas. Quando eles representam uma única palavra, são chamados de unigramas. A representação do documento que usa unigramas e é independente da sequência de palavras é chamada de *bag of words* (Sebastiani, 2002; Aggarwal, 2014).

Os valores usados para representar os termos de um documento geralmente são baseados na frequência da ocorrência do termo no documento e podem variar dependendo da estratégia de atribuição de pesos que é aplicada, sendo as mais comuns apresentadas a seguir.

- **Binária**: o termo recebe o valor um, caso apareça no documento, e zero, caso não apareça. Portanto, a frequência com que o termo aparece não é considerada.
- **Frequência do termo (TF – *term frequency*)**: os pesos dos termos correspondem à quantidade de vezes que o termo apareceu no documento.
- **Frequência do termo-frequência inversa dos documentos (TF-IDF – *term frequency-inverse document frequency*)**: o peso do termo é igual ao produto da sua frequência pela frequência inversa dos documentos (IDF – *inverse document frequency*) (Salton *et al.*, 1975). A IDF mede a quantidade de informação que um termo carrega, o que depende do quão frequente ele é no conjunto de dados de treinamento. Um alto valor de TF-IDF é obtido quando o termo tem uma alta frequência no documento que está sendo avaliado e uma baixa frequência no conjunto de dados de treinamento (Wilbur e Kim, 2009; Rennie *et al.*, 2003).

A escolha do esquema de peso mais adequado depende do problema e do método de classificação que será empregado, pois cada um deles pode exigir um esquema de peso diferente. A Figura 19.1 ilustra um exemplo da representação usando as frequências dos termos (TF). Apesar de simples, o modelo espaço-vetorial obtém bons resultados na maioria das aplicações (Silva, 2017; Weiss *et al.*, 2004).

Apesar de ser amplamente utilizado em representação de textos, o modelo *bag of words* possui algumas deficiências bem conhecidas: (*i*) a quantidade de dimensões pode ser muito alta; (*ii*) a informação sobre a posição relativa dos termos no texto é perdida; (*iii*) sinônimos, gírias, abreviações e erros de escrita são representados diferentemente da palavra original; e (*iv*) palavras ambíguas, mesmo que com significados diferentes, possuem a mesma representação.

## 19.3.1 Representação Distribuída

A indexação semântica e a expansão de amostras, embora ajudem em diversas aplicações, também podem piorar o resultado, quando a desambiguação não é feita, ou é feita de maneira imperfeita (Lochter *et al.*, 2016). Outro problema é que esses métodos possuem alto custo computacional, já que é preciso analisar cada palavra da amostra, juntamente com o seu contexto. O maior problema, entretanto, é que todos esses métodos são dependentes de dicionários. As línguas evoluem com o tempo, e cada vez mais frequentemente surgem novas palavras ou novos significados são atribuídos a palavras existentes. Nas redes sociais, novos termos surgem e se espalham rapidamente,

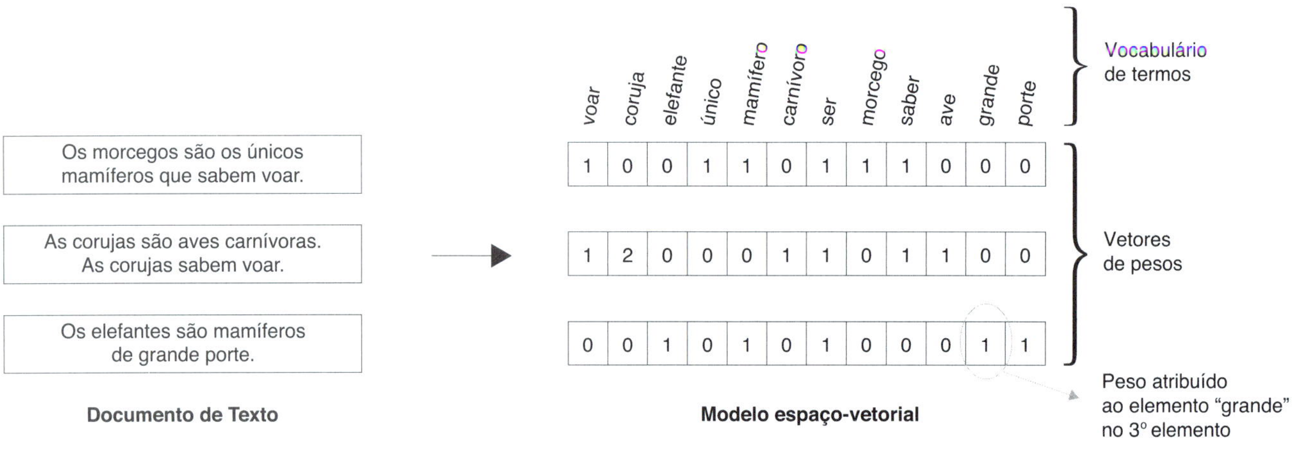


**Figura 19.1** Transformação dos documentos de texto para o modelo espaço-vetorial (Bittencourt, 2020).

passando a fazer parte do "dialeto" utilizado. Além disso, para classificar textos em diferentes línguas são necessários diferentes dicionários, sendo que as atualizações constantes podem ter um custo proibitivo em cenários de aplicações reais.

Para contornar essas limitações, o uso de *representações vetoriais distribuídas de palavras e parágrafos* é uma alternativa que dispensa o emprego de dicionários, e tem o potencial de resolver os principais problemas relacionados com as representações baseadas em *bag of words*. As representações distribuídas são geradas de maneira não supervisionada a partir de um grande volume de texto, sendo que nesses modelos cada palavra corresponde a um vetor de baixa dimensionalidade. Palavras que aparecem em contextos similares no texto corresponderão a vetores próximos nesse espaço. Dessa maneira, a similaridade semântica entre as palavras é preservada.

Como a similaridade semântica é preservada, algoritmos de aprendizado podem aprender com palavras diferentes, mas com significados similares, como no exemplo de "incrível" e "sensacional". Pelo fato de os modelos serem gerados automaticamente a partir de uma grande quantidade de texto, eles podem incorporar gírias e abreviações sem a constante necessidade de atualizar dicionários. Por exemplo, é esperado que o termo "*hj*" seja representado por um vetor não muito distante do vetor que representa a palavra "hoje".

Na representação distribuída, as representações encontradas para cada termo são conhecidas como *word embeddings*, em que cada dimensão pode mapear características semânticas ou sintáticas dependendo do treinamento realizado e do corpo de texto empregado. Na literatura, tais representações são induzidas por várias técnicas, sendo a modelagem baseada em redes neurais artificiais a mais conhecida (Mikolov *et al.*, 2011; Socher, 2015).

A representação distribuída tem conduzido a resultados promissores, principalmente quando aplicada a uma amostra de texto completa, em vez de apenas a palavras (Socher, 2015; Kusner *et al.*, 2015; Wu *et al.*, 2017). As técnicas mais usadas para gerar representações distribuídas de textos são Word2vec (Mikolov *et al.*, 2013), GloVe (Socher, 2015) e FastText (Bojanowski *et al.*, 2017).

## 19.4 Métodos de Classificação e Tipos de Problemas

Uma variedade de métodos têm sido empregados na categorização de textos, sendo as principais estratégias (Silva, 2017; Sebastiani, 2002): (*i*) métodos baseados em distâncias (Cover e Hart, 1967); (*ii*) métodos probabilísticos (McCallum e Nigam, 1998; Silva *et al.*, 2017; Freitas *et al.*, 2019); (*iii*) métodos baseados em árvores de decisão (Breiman *et al.*, 1984; Quinlan, 1993); (*iv*) métodos baseados em otimização (Cortes e Vapnik, 1995; Haykin, 1999a; LeCun *et al.*, 2015; Goodfellow *et al.*, 2016; Vaswani *et al.*, 2017); e (*v*) métodos *ensemble* (Freund e Schapire, 1996).

As tarefas de categorização podem ser distinguidas pela quantidade de categorias que são atribuídas para cada documento. Em algumas aplicações, a tarefa de classificação é denominada *monorrótulo*, pois apenas uma categoria é atribuída aos documentos de texto. Em outras situações, os documentos de textos podem ser vinculados a um subconjunto de rótulos, ou seja, múltiplos rótulos podem ser atribuídos ao mesmo documento. Nestes casos, a tarefa de classificação é denominada *multirrótulo*.

## 19.5 Aprendizado *Online* e *Offline*

A técnica mais apropriada para um problema de categorização pode ser definida também de acordo com a forma com que a etapa de treinamento deve ser realizada. Diversos métodos requerem que todos os documentos rotulados sejam apresentados simultaneamente, em um processo único de treinamento conhecido como treinamento em *lote* (*batch*) ou *offline*. Esses métodos não são capazes de incorporar novas informações no modelo de predição após a etapa de treinamento, o que exige que ela seja refeita desde o ponto inicial quando novos documentos rotulados se tornarem disponíveis para o treinamento (Silva *et al.*, 2017).

A categorização de textos costuma manipular problemas com muitos documentos e com altas dimensões no espaço de atributos, portanto, carregar todos os documentos em memória para o treinamento em lote nem sempre é possível. Em muitos problemas reais, os documentos textuais não estão todos disponíveis para o treinamento do classificador ou os conceitos das classes podem mudar com o tempo. Nesses cenários, os métodos de classificação devem suportar o aprendizado *incremental* ou *online*.

No aprendizado *online*, o classificador é construído por meio de um pequeno conjunto de documentos de treinamento e pode ser atualizado incrementalmente conforme novos documentos se tornam disponíveis. O algoritmo Perceptron (Wiener *et al.*, 1995) é um método muito conhecido que permite o aprendizado incremental. Outros métodos de aprendizado *online* bastante conhecidos são *naive* Bayes, gradiente descendente estocástico (SGD – *stochastic gradient descent*) (Zhang e Zhou, 2014), passivo-agressivo (PA) (Crammer *et al.*, 2006) e o MDLText (Silva *et al.*, 2017; Freitas *et al.*, 2019). Apesar de métodos de aprendizado *online* terem vantagens em problemas dinâmicos ou de larga escala, métodos de aprendizado *offline* costumam obter melhores resultados quando podem ser aplicados (Crammer *et al.*, 2012).

## 19.6 Aprendizado Profundo e Modelos de Linguagem

O aprendizado profundo (Capítulo 7, Seção 7.4) revolucionou o campo do processamento de linguagem natural, permitindo a criação de modelos que superam os métodos tradicionais em muitas tarefas.

Os avanços nas pesquisas sobre redes neurais profundas culminaram no desenvolvimento de várias arquiteturas especializadas para processamento de texto. Os métodos mais conhecidos incluem as redes de transformadores (Vaswani *et al.*, 2017), modelos de *embeddings* contextuais (Peters *et al.*, 2018) e as redes neurais recorrentes (LeCun *et al.*, 2015; Goodfellow *et al.*, 2016). Cada um desses métodos tem se mostrado particularmente eficaz em diferentes aplicações.

### 19.6.1 Redes de Transformadores e Modelos Pré-Treinados

O surgimento das redes de transformadores (Seção 7.7) transformou o campo de PLN, proporcionando avanços significativos em diversas tarefas. Modelos, como o BERT (*Bidirectional Encoder Representations from Transformers*) (Devlin *et al.*, 2019) e o GPT (*Generative Pretrained Transformer*) (Radford e Narasimhan, 2018), são amplamente utilizados em tarefas de compreensão e geração de texto, tais como:

- **Análise de sentimentos:** modelos como o BERT são utilizados para detectar a polaridade emocional de textos, identificando se uma opinião expressa é positiva, negativa ou neutra (Lochter *et al.*, 2016). Esse tipo de aplicação é amplamente utilizado em monitoramento de redes sociais e análise de *feedback* de clientes.
- **Tradução automática:** sistemas de tradução automática costumam utilizar transformadores para traduzir texto de um idioma para outro com precisão, capturando nuances e contextos complexos de frases inteiras.

- **Pergunta e resposta (*Question answering*):** modelos pré-treinados como o BERT podem ser empregados para responder perguntas com base em um *corpus* de texto. Isso tem aplicações em assistentes virtuais e em sistemas de busca semântica, em que respostas diretas podem ser extraídas de documentos extensos.
- **Sumarização (*Text summarization*):** redes de transformadores podem ser usadas para gerar resumos automáticos de textos, extraindo as informações principais. Essa técnica é útil para simplificar textos longos e ajudar os usuários a obter uma visão sumarizada de documentos extensos.
- **Geração de texto:** modelos como o GPT podem ser aplicados na geração de textos coerentes e criativos, sendo utilizados em *chatbots*, criação de conteúdo e geração automática de respostas em interações com usuários.

### 19.6.2 *Embeddings* Contextuais

O uso de *embeddings* contextuais, que representam palavras levando em conta seu contexto em uma sentença, trouxe avanços significativos em processamento de língua natural. Modelos como o ELMo (*Embeddings from Language Models*) (Peters *et al.*, 2018) e o BERT são capazes de gerar *embeddings* que variam de acordo com o significado da palavra dependendo do contexto, melhorando o desempenho em tarefas como *Named Entity Recognition* (NER), em que é necessário identificar e classificar entidades (por exemplo, nomes de pessoas, lugares e organizações) em texto.

### 19.6.3 Redes Recorrentes e Variantes

Embora as redes de transformadores tenham se tornado o padrão em diversas aplicações de PLN, as redes neurais recorrentes (RNNs) (Seção 7.6) e suas variantes, como LSTMs (Hochreiter e Schmidhuber, 1997) e GRUs (Cho *et al.*, 2014), também são muito úteis em tarefas onde a ordem sequencial é importante, especialmente quando há a necessidade de operar com sequências curtas e focar no processamento temporal, tais como:

- **Reconhecimento de entidades (*Named Entity Recognition* – NER):** RNNs são frequentemente utilizadas para identificar entidades mencionadas em texto e classificá-las em categorias, como nomes de pessoas, lugares e organizações.
- **Análise de sentimentos em textos curtos:** LSTMs são comumente empregadas em aplicações de análise de sentimentos em sequências curtas de palavras, em que a dependência temporal entre palavras é relevante.

### 19.6.4 Perspectivas Futuras

O campo do processamento de texto com aprendizado profundo está em constante evolução, com várias tendências emergentes. Entre elas, é possível destacar:

- **Modelos multimodais:** avanços estão sendo feitos na criação de modelos que integram texto, imagem e áudio, permitindo uma compreensão mais rica e contextualizada. Modelos como CLIP, da OpenAI, combinam texto e imagens para melhorar a precisão em tarefas multimodais (Radford *et al.*, 2021).
- **Modelos pequenos (SLM, *Short Language Models*):** uma área de pesquisa ativa é a criação de modelos de linguagem mais compactos e eficientes, que podem ser executados em dispositivos com baixa capacidade computacional, como *smartphones* e IoT. Métodos de compressão, como distilação e quantização, estão sendo explorados para tornar esses modelos mais acessíveis (Sanh *et al.*, 2019).
- **Robustez e redução de viés:** garantir que os modelos de PLN sejam robustos contra ataques adversários e reduzam viés de linguagem são áreas críticas de pesquisa. Muitos esforços estão sendo empenhados para treinar modelos de linguagem que sejam mais justos e inclusivos, melhorando sua aplicabilidade em ambientes reais (Bolukbasi *et al.*, 2016).

- **Interação humano-máquina:** a criação de modelos capazes de compreender o contexto da conversação de forma mais natural está em crescimento, com pesquisas voltadas para melhorar a interação entre humanos e máquinas, visando a uma experiência mais intuitiva e eficiente para o usuário (Adiwardana *et al.*, 2020).

Com a rápida evolução dos modelos de linguagem e os avanços contínuos em arquitetura de redes neurais, o futuro do processamento de texto com aprendizado profundo promete inovações que tornarão as interações de linguagem natural mais poderosas, inclusivas e acessíveis.

## 19.7 Considerações Finais

Este capítulo introduziu os principais conceitos relacionados com processamento, categorização e representação computacional de textos. Inicialmente, foi discutido o processo de coleta e *tokenização* de documentos e foram apresentadas as principais técnicas de pré-processamento empregadas para facilitar o processo de categorização.

Também foi discutido neste capítulo como pode ser construído o modelo espaço-vetorial para a representação estruturada dos documentos e foram apresentadas as principais estratégias de atribuição de pesos para os termos: TF, TF-IDF e binária. Como o desempenho de alguns métodos de categorização de texto pode ser bastante afetado pela estratégia escolhida, é recomendado realizar uma busca em grade (*grid search*) para selecionar a mais adequada ao método e à aplicação. Adicionalmente, foi introduzida a representação distribuída de termos como uma boa alternativa à tradicional *bag of words*.

Adicionalmente, foram apresentados os principais tipos de problemas e aprendizado em categorização de textos. A abordagem padrão de classificação em AM considera que as classes são mutuamente exclusivas, ou seja, diferentes classes não podem ocorrer simultaneamente para um mesmo documento. Entretanto, uma grande gama de problemas ignora esta restrição e depende de abordagens específicas, capazes de prever não apenas um, mas múltiplos rótulos para um mesmo documento.

Finalmente, foram apresentados os mais recentes avanços em aprendizado profundo e modelos de linguagem e como as pesquisas nesta área estão transformando significativamente o panorama de aplicações que envolvem textos e a maneira como lidamos computacionalmente com os dados textuais.

# PARTE V

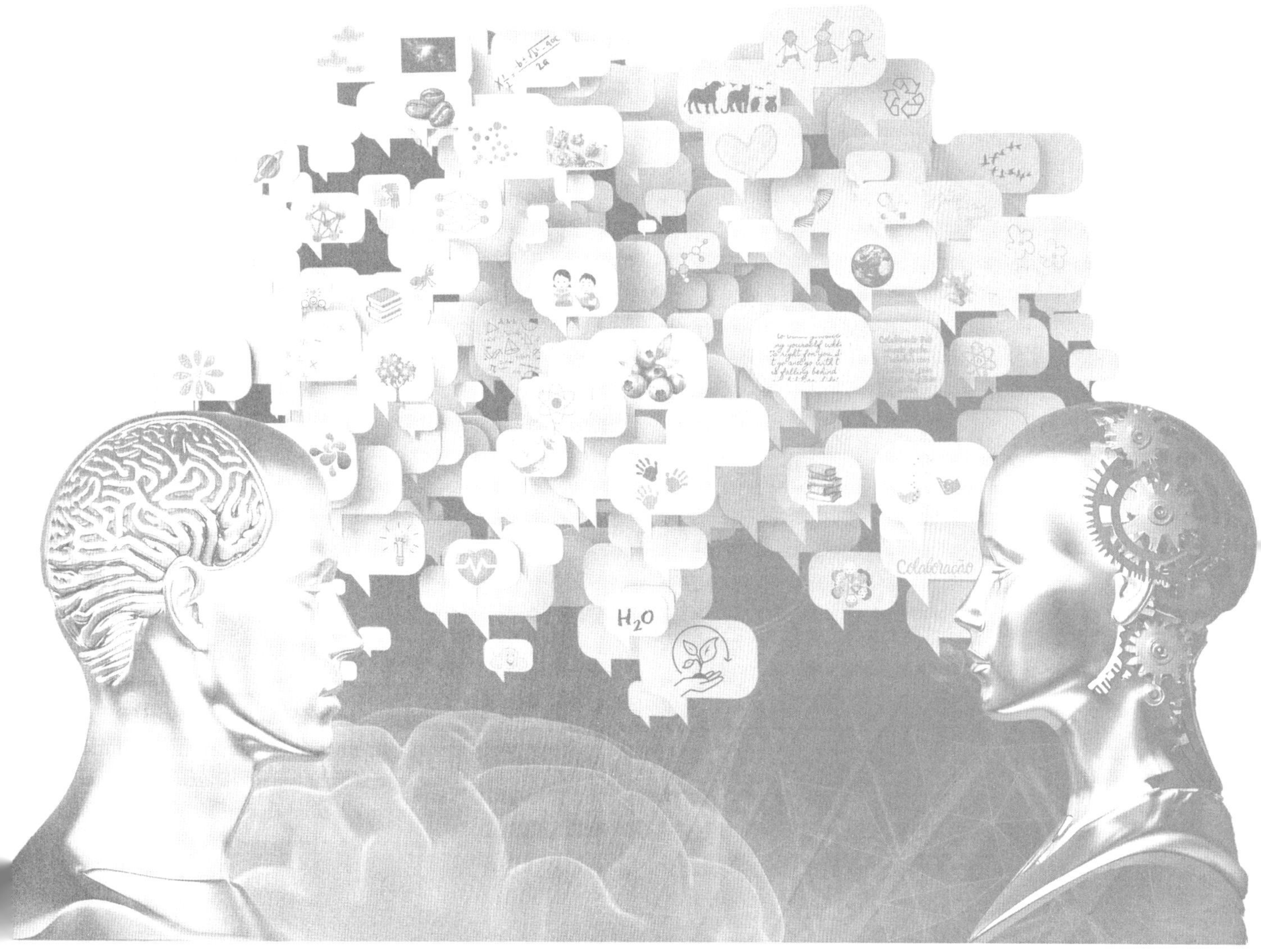

# TENDÊNCIAS & PERSPECTIVAS

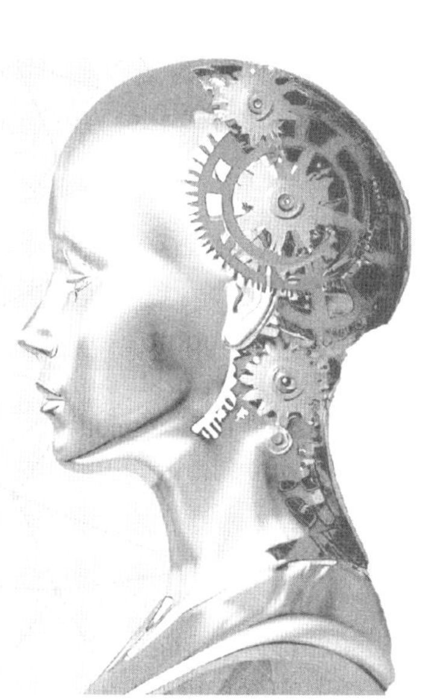

Nesta terceira edição do livro, revisitamos e atualizamos alguns dos capítulos, refletindo o dinamismo da área de IA. Assim, as tendências e perspectivas da área também são atualizadas, embora muitos dos pontos apresentados nas edições anteriores ainda permaneçam em investigação. Para possibilitar a verificação daquilo que se concretizou, inicialmente são descritas integralmente as tendências reportadas na primeira edição e na segunda edição, respectivamente. Na seção seguinte, são descritas as novas tendências e perspectivas.

## Tendências Reportadas na 1ª Edição (2010)

A questão-chave em uma das primeiras definições de AM, "*Self constructing or self-modifying representations of what is being experienced for possible future use*" (Mitchell, 1997), é a palavra *self*: sistemas que se modificam para melhor se acomodarem ao ambiente. O futuro da área de AM aponta para sistemas autônomos que podem incorporar o conhecimento, aprender a partir de dados não estacionários distribuídos em ambientes dinâmicos, com capacidade de transferir o conhecimento entre os problemas de aprendizado.

O objetivo do aprendizado automático é a construção de modelos computacionais que descrevem sistemas complexos a partir da observação do comportamento do sistema. Nas últimas duas décadas, a investigação e a prática do aprendizado automático centram-se no aprendizado a partir de conjuntos de dados relativamente pequenos, que podem ser carregados na totalidade em memória. Regra geral, os algoritmos percorrem o conjunto de treinamento várias vezes, de forma a compensar o reduzido número de observações. A lógica por trás dessa prática é que os exemplos são independentes e gerados aleatoriamente por uma distribuição estacionária. A maioria dos algoritmos utiliza estratégia gulosa, de subida da encosta, na pesquisa pelo espaço de modelos. Os modelos gerados são propensos a problemas de sobreajuste, máximos locais etc.

O desenvolvimento de novas tecnologias da informação e comunicações alterou drasticamente os processos de coleta, transformação e processamento de dados. O surgimento de novas tecnologias para redes de todos os tipos (nomeadamente, redes sem fios) e os avanços em miniaturização e tecnologia de sensores possibilitam a coleta de informação espaçotemporal nos mais diversos domínios, com um nível de detalhe antes impensável.

Ao longo do livro (com raras exceções, como o CBR), foi assumida uma representação atributo-valor para as observações. Cada exemplo é descrito por um conjunto de variáveis (um registro na terminologia de banco de dados) e um conjunto de exemplos é armazenado em uma matriz (a relação ou tabela na terminologia de banco de dados). Em algumas das mais desafiadoras aplicações de AM, os dados são descritos por sequências (por exemplo, dados de DNA), árvores (por exemplo, documentos XML) e grafos (por exemplo, componentes químicos, redes). Os objetos que nos rodeiam, usualmente estáticos e inanimados, estão tornando-se sistemas adaptativos e reativos com o potencial de serem cada vez mais úteis. Esses objetos, associados a redes de todos os tipos, oferecem novas e até o momento desconhecidas possibilidades para o desenvolvimento e a auto-organização de comunidades.

Um dos aspectos característicos desses contextos é a dinâmica da informação que circula entre os diferentes agentes. Esse aspecto implica algoritmos adaptativos que evoluem e se adaptam com o tempo. Hoje em dia, temos uma compreensão clara das linguagens usadas para representar generalizações dos exemplos. A próxima geração de algoritmos de aprendizado deve considerar a gestão de custo-benefício, as limitações dos dispositivos físicos onde os algoritmos são executados e as limitações no conhecimento que aprendem.

Os algoritmos de aprendizado devem ser capazes de se adaptar continuamente a mudanças no ambiente em que atuam, incluindo o seu próprio regime de funcionamento. Por outro lado, devem ter em conta as restrições impostas pelo tempo de resposta esperado, poder computacional, comunicações e bateria limitados. Agentes com capacidade de adaptação, atuando em ambientes dinâmicos sob condições adversas, deverão ser capazes de se *autodiagnosticar* e de tomar ações preventivas para a eventualidade de falhas. O desenvolvimento de sistemas e mecanismos de autoconfiguração, auto-otimização e autorreparação é um dos maiores desafios científicos. Todos esses aspectos requerem o monitoramento sobre a evolução do processo de aprendizado e a capacidade de raciocinar sobre ele.

## Tendências Reportadas na 2ª Edição (2020)

A área de IA não apenas cresce cada vez mais rapidamente, mas esse crescimento não segue uma linha previsível. Isso é ainda mais nítido na área de AM, que tem se destacado em pesquisas e aplicações recentes tanto em IA como em Ciência de Dados. Linhas de pesquisa promissoras desaparecem e novas linhas, antes inimagináveis, são iniciadas, não sendo possível prever com exatidão para onde a IA ou o AM estão indo, mesmo utilizando para isso técnicas preditivas de AM. Lee (2018) – criador de uma das aplicações clássicas de IA, o sistema de reconhecimento de voz Sphinx, em sua tese de doutorado em 1986 na CMU – advoga que as próximas inovações em IA estarão, principalmente, no campo de aplicações. A seguir, apontamos alguns temas que, no momento da escrita da segunda edição, pareciam-nos ser as tendências de pesquisa na área.

### Matemática e a Inteligência Artificial

Em várias tarefas, como jogos, algoritmos de AM têm conseguido superar o desempenho de seres humanos. A Matemática possui vários problemas em aberto. Algoritmos de AM estão sendo utilizados com sucesso para encontrar soluções de problemas matemáticos que estão em aberto há décadas ou séculos (Castelvecchi, 2019). No sentido oposto, a Matemática será cada vez mais usada para provar que um algoritmo ou modelo comporta-se da forma desejada. Isso é particularmente importante para aplicações de IA em sistemas críticos, em que o mau funcionamento, ou funcionamento diferente do esperado, pode ter consequências indesejáveis ou até mesmo catastróficas. A Matemática pode levar ao uso mais confiável e seguro de ferramentas baseadas em IA, mas resultados recentes mostram que o caminho será longo (Reyzin, 2019).

### Interpretabilidade de Modelos

Em várias aplicações de IA, é importante não apenas provar matematicamente que um algoritmo ou modelo funciona como esperado, mas também que o processo de tomada de decisão dos modelos gerados por um algoritmo de AM, por exemplo, seja facilmente entendido por qualquer pessoa. Isso deve obrigatoriamente ocorrer quando o modelo afeta de alguma forma algo importante na vida das pessoas. Isso tem estimulado projetos de pesquisa em IA explicável (XAI, do inglês, *Explainable AI*) (Gunning, 2019). Uma linha de pesquisa bastante ativa é a extração de conhecimento de modelos caixas-pretas, como é o caso das redes profundas.

### AutoML

Uma nova tendência na área de AM é a automatização do processo de AM, do início ao fim, ou de ponta a ponta, que tem recebido o nome de Aprendizado de Máquina Automatizado (AutoML, do inglês, *Automated Machine Learning* ou *Automating Machine Learning*) (Hutter *et al.*, 2019). Nessa área, algoritmos de AM podem aprender com a experiência de aplicar AM a vários problemas. AutoML tem dois objetivos principais: democratizar o uso de

AM, permitindo que usuários leigos no tema possam criar boas soluções; e apoiar o trabalho de especialistas em AM, reduzindo o tempo de projeto de soluções baseadas em AM e a quantidade de tarefas repetitivas e enfadonhas.

### Aprendizado Contínuo

Um modelo gerado por algoritmo de AM que apresenta bom comportamento agora, neste exato momento, pode ter uma grande piora de desempenho para dados gerados logo em seguida. Isso ocorre porque a distribuição que gera os dados utilizados para criar modelos de AM, e para a aplicação desses modelos a novos dados, pode mudar de forma repentina. Algoritmos de AM capazes de gerar modelos que consigam detectar de forma automática sua queda de desempenho, a necessidade de se modificar, conseguindo essa modificação de forma autônoma, são um dos grandes desafios da área (Gama, 2010).

### Processadores para IA

Influenciados pelo sucesso obtido pelas arquiteturas baseadas em Unidade de Processamento Gráfico (GPU, do inglês, *Graphics Processing Unit*) na área de IA, vários fabricantes de processadores estão investindo em *chips* especialmente projetados para acelerar a execução de programas de IA (Monroe, 2018). Alguns desses *chips* estão sendo desenvolvidos para aplicações específicas de IA, como AM, jogos, visão computacional, processamento de voz e processamento de língua natural. *Chips* para aplicações, como veículos autônomos e saúde, também estão sendo projetados.

### IA e Internet das Coisas

A crescente quantidade de dispositivos conectados é um dos principais fatores responsáveis pelo forte aumento na quantidade de dados disponíveis e pela velocidade como são capturados. Esse fenômeno, conhecido pelo termo Internet das Coisas (IoT, do inglês, *Internet of Things*), abre um enorme leque de oportunidades para extração de conhecimentos que possam melhorar a qualidade de vida no planeta (Serrano *et al.*, 2018). Dados obtidos de sensores inteligentes serão cada vez mais utilizados para monitorar a saúde das pessoas e as condições ambientais.

### IA Responsável

Com a crescente expansão do uso de algoritmos de IA, em particular de AM, para o desenvolvimento de ferramentas computacionais que, direta ou indiretamente, afetam a nossa vida, cresce a preocupação com o uso social e eticamente correto da IA (Leslie, 2019). Aspectos como reprodutibilidade de experimentos, proteção à privacidade das pessoas, criação de modelos transparentes e uma IA justa e sem preconceitos são essenciais nessas ferramentas. Ao mesmo tempo, serão buscadas alternativas para regular o uso da IA e do AM, para evitar ou reduzir as chances da criação de ferramentas que possam trazer danos não só aos seres humanos, mas a todo o meio ambiente.

## Tendências e Perspectivas Futuras Atualizadas

A IA se tornou muito popular nos últimos anos. Embora ela tenha estado presente em nosso dia a dia há algumas décadas, com assistentes pessoais e sistemas de recomendação, recentemente houve um crescimento considerável de notícias relacionadas com a IA na mídia. Isso se deve principalmente aos progressos em IA generativa e aos sistemas de conversação baseados nessa tecnologia. Os textos gerados por esses assistentes se tornaram bastante realistas. Isso também ocorre em relação à geração de outras mídias, como imagens, áudio e vídeo. Com essa evolução, também emergem preocupações quanto ao uso ético das soluções de IA e ao combate de seu uso para desinformação. Dessa forma, uma das principais preocupações que permanece e que se tornou ainda mais crucial é a da IA confiável e responsável. Também há preocupações quanto ao custo ambiental do treinamento dos modelos de IA e ao fato de que a tecnologia está atualmente concentrada em grandes empresas de alguns poucos países, o que tende a aumentar a desigualdade, agora em termos tecnológicos.

## IA Confiável e Responsável

O crescente interesse na Ética em IA procura impulsionar mudanças positivas e promover a inovação responsável de IA, de modo a alinhar o desenvolvimento dos sistemas com os valores e princípios éticos da sociedade. Desenvolver uma IA responsável requer que os valores humanos sejam traduzidos em requisitos técnicos, seja possível lidar com dilemas morais e preferências, além de avaliar os sistemas considerando a sua importância para o bem-estar humano (Dignum, 2017). As questões éticas relacionadas com esses sistemas estão entre as principais preocupações por parte dos cidadãos, o que afeta a confiança nas aplicações de IA. Além disso, essas questões também são relevantes para a governança e trazem a necessidade de se elaborar políticas públicas para sistemas baseados em IA.

Organizações que incluem OCDE (Organização para a Cooperação e Desenvolvimento Econômico), UNESCO e GPAI (*The Global Partnership on Artificial Intelligence*) apresentaram recomendações de princípios éticos para IA, por meio de diretrizes que facilitem o caminho da ética até o estabelecimento de requisitos de regulamentação. De acordo com as diretrizes Europeias, uma IA confiável deverá ser (High-Level Expert Group on AI, 2019):

- **Legal**, respeitando todas as leis e regulamentos aplicáveis;
- **Ética**, incorporando princípios e valores éticos; e
- **Robusta**, do ponto de vista técnico, sem descuidar de aspectos sociais.

Em 2019, o *High-Level Expert Group on AI* (AI HLEG) apresentou o *Ethics Guidelines for Trustworthy AI*, que contém as diretrizes éticas para uma IA confiável. O documento propõe sete requisitos para que os sistemas de IA sejam considerados confiáveis: (i) ação e supervisão humana, (ii) robustez técnica e segurança, (iii) gestão da privacidade e dos dados, (iv) transparência, (v) diversidade, não discriminação e equidade, (vi) bem-estar ambiental e social e (vii) responsabilização (High-Level Expert Group on AI, 2019). Alguns destes requisitos estão intrinsecamente relacionados com princípios éticos, como é o caso da transparência (explicabilidade) e da não discriminação (justiça). Esses princípios estão envolvidos nos fundamentos da IA confiável, por serem baseados nos direitos fundamentais.

A seguir são abordados dois princípios éticos, explicabilidade e justiça, e dois requisitos, transparência e responsabilização. Estes são os princípios e requisitos envolvidos quando ocorre referência a FATE (***F****airness,* ***A****ccountability,* ***T****ransparency and* ***E****xplainability*).

### Justiça

Um dos princípios éticos envolvidos nos fundamentos da IA confiável é a justiça. Isso deve-se à sua relação com os direitos humanos e a uma preocupação com possíveis vieses, não intencionais, e dos quais possa advir o tratamento injusto de indivíduos ou de determinados grupos. Um viés pode ocorrer quando há uma inclinação sistemática em direção a certos resultados ou grupos (Teixeira *et al.*, 2022), resultando em uma representação distorcida ou injusta cujas consequências podem passar pela discriminação ou estigmatização. A manifestação do viés expressa-se, muitas vezes, na forma de tratamento injusto de diferentes grupos de pessoas com base em características protegidas (por exemplo: gênero, raça ou etnia) (Li *et al.*, 2023). Desse modo, a característica do grupo, por vezes designada por variável sensível, e a resposta do sistema, previsão, são dois fatores que estipulam o viés (Li *et al.*, 2023).

A mitigação do viés não é uma tarefa trivial, pois pode vir dos modelos, por conta dos dados ou do algoritmo de AM utilizado, ou do processo de desenvolvimento e aplicação dos sistemas de IA (Li *et al.*, 2023). Por sua vez, os métodos para mitigar o viés em algoritmos podem intervir antes de os dados serem inseridos no modelo, na coleta ou pré-processamento, durante o treino do modelo, em processamento, ou nas inferências realizadas pelo modelo, pós-processamento.

### Responsabilização

Os sistemas de IA devem ser desenvolvidos de forma a evitar causar danos aos seres humanos, à sociedade e ao planeta. A responsabilização está ligada ao princípio da justiça e exige a criação de mecanismos que garantam a responsabilização das consequências geradas pelos sistemas de IA e pelos seus resultados, seja antes ou após o desenvolvimento, implementação e utilização. A avaliação dos algoritmos, dados e processos de desenvolvimento desempenha um papel fundamental nesse contexto. Com ênfase para a importância da avaliação em aplicações críticas, o *Ethics Guidelines for Trustworthy AI* (High-Level Expert Group on AI, 2019) lista quatro pontos relevantes para a promoção da responsabilização:

- **Auditabilidade**: refere-se à capacidade de avaliar algoritmos, dados e processos de desenvolvimento. Isso não implica necessariamente a divulgação de informações confidenciais, mas permite tanto a auditabilidade interna e externa quanto a disponibilização de relatórios que contribuem para aumentar a confiança em IA. Os sistemas de IA que afetam direitos fundamentais devem ser auditados de forma independente.

- **Minimização e descrição de impactos negativos**: a capacidade de descrever e responder a impactos negativos dos sistemas e decisões de IA deve ser assegurada. A avaliação de impactos antes e durante o desenvolvimento e utilização de IA é essencial para minimizar, direta ou indiretamente, os efeitos adversos.

- ***Trade-offs***: implementar alguns requisitos pode gerar conflitos entre interesses e valores. Tais conflitos devem ser resolvidos observando os riscos para os princípios éticos e para os direitos fundamentais. Se um compromisso aceitável de ambos não for possível, o desenvolvimento ou uso do sistema de IA não deverá prosseguir. As decisões sobre *trade-offs* devem ser documentadas e atualizadas de modo contínuo.

- **Reparação**: mecanismos acessíveis devem ser previstos de modo a garantir a reparação adequada em caso de impacto negativo ou injusto. A existência de meios de reparação é crucial para gerar confiança, com atenção especial a pessoas ou grupos vulneráveis.

### Transparência

A transparência é um requisito necessário para assegurar que os regimes de responsabilidade funcionam de forma eficaz. O requisito da transparência abrange os elementos relevantes de um sistema de IA, como os dados, o sistema (ligado ao princípio da explicabilidade) e os modelos de negócios. Os atores da IA devem garantir que os algoritmos desenvolvidos sejam explicáveis, especialmente em casos em que o impacto para o utilizador final não seja temporário, irreversível ou de baixo risco. Os três pontos principais identificados no *Ethics Guidelines for Trustworthy AI* (High-Level Expert Group on AI, 2019) para a promoção da transparência, são:

- **Rastreabilidade**: a rastreabilidade envolve a documentação detalhada dos dados, processos e algoritmos que resultam das decisões de um sistema de IA. Este procedimento facilita a identificação de erros e auxilia a evitar futuros problemas.

- **Comunicação**: os sistemas de IA devem ser identificados como tal, de modo a garantir que os utilizadores tenham conhecimento de que estão a interagir com IA. Porém, este procedimento não é suficiente, e como tal deve existir a opção de recusar essa interação a favor da interação com humanos, quando necessário, para proteger direitos fundamentais. As capacidades e limitações da IA, como seu nível de precisão, devem ser comunicadas de forma adequada aos profissionais ou utilizadores.

- **Explicabilidade**: os requisitos de transparência incluem a necessidade de explicabilidade dos modelos de IA, sendo este o terceiro ponto essencial à transparência e que é abordado em seguida.

Embora a avaliação qualitativa da transparência em IA tenha avançado, ainda não existe uma avaliação objetiva e quantitativa unificada.

## Explicabilidade

Na literatura, são encontrados os termos explicabilidade e interpretabilidade, às vezes com definições contraditórias. Segundo Barredo Arrieta *et al.* (2020), a explicabilidade está relacionada com a capacidade de compreender e explicar como os modelos de IA tomam decisões, e a interpretabilidade com a facilidade dos seres humanos entenderem as decisões tomadas por um modelo.

Quando um sistema de IA impacta significativamente a vida dos cidadãos, é necessário prover interpretações adequadas e acessíveis das decisões inferidas. Os modelos *white box* são baseados no desenvolvimento de algoritmos que, por *design*, são inerentemente interpretáveis. Enquanto os modelos *black box* são de elevada complexidade. Nestes últimos, principalmente, recai a necessidade de utilizar abordagens que auxiliem a tornar claro o processo de tomada de decisão. As abordagens existentes podem ser divididas em Retzlaff *et al.* (2024):

- ***Ante-hoc***: envolvem modelos que são intrinsecamente explicáveis;
- ***Post-hoc***: alcançam a explicabilidade por meio de técnicas aplicadas após o treino do modelo.

Além destas abordagens existem estratégias complementares como, por exemplo, a simplificação do modelo.

As abordagens *post-hoc* possuem dois tipos de explicações: as globais e as locais. No caso das explicações globais, o foco está no modelo como um todo, explicando o comportamento geral e os principais fatores de influência, enquanto as explicações locais se concentram na decisão do modelo para uma instância específica, explicando cada previsão individualmente, estando assim mais relacionada com uma interpretação. O tipo de método para explicações *post-hoc* varia conforme o tipo de dados.

Além da dificuldade em explicar modelos de IA, uma avaliação da explicabilidade é ainda um desafio. Uma das principais razões deve-se à ambiguidade da definição psicológica de explicabilidade (Li *et al.*, 2023). Para contornar esta questão, têm sido utilizadas métricas qualitativas para avaliar a explicabilidade com a participação humana. A medição quantitativa direta da explicabilidade continua a ser um desafio.

## IA Sustentável

A demanda por recursos computacionais e de dados para a criação de modelos de AM tem crescido de forma muito rápida nos últimos anos, principalmente para os modelos fundacionais. Estima-se que a capacidade de processamento utilizada tenha aumentado cerca de 4 vezes por ano e o tamanho dos conjuntos de dados cerca de 2 vezes e meia por ano. Ao mesmo tempo, a eficiência dos algoritmos de AM tem melhorado em cerca de 2 vezes por ano.

Esses aumentos estão associados a uma elevação dos custos financeiros dos equipamentos, supercomputadores, necessários para a geração de modelos fundacionais que são considerados estado da arte, o que faz com que apenas empresas de IA de grande porte, as *Big Techs*, consigam prover os recursos financeiros necessários. Além disso, cresce a quantidade de energia e água necessárias para o funcionamento dos supercomputadores, além da quantidade de $CO_2$ lançado na atmosfera.

Por conta disso, uma das tendências futuras é o investimento científico, e o apoio financeiro, para reduzir a necessidade de grande poder de processamento e de enormes conjuntos de dados necessários para geração dos modelos fundacionais. Essa linha busca o desenvolvimento de algoritmos e modelos sustentáveis.

## Análise Aumentada

A Análise Aumentada (do original em inglês, *Augmented analytics*), também conhecida como *augmented data analytics*, análise aumentada ou analítica aumentada, é uma classe de análise possibilitada por IA e AM que expande a capacidade humana de interagir com os dados em nível contextual. Ela inclui ferramentas e softwares que oferecem recursos analíticos para mais pessoas, seja com recomendações, informações ou orientação em uma consulta.

Segundo a empresa *Gartner*: "a análise aumentada é o uso de tecnologias habilitadoras, como AM e IA, para auxiliar na preparação de dados, geração e explicação de informações com o objetivo de incrementar a forma como as pessoas exploram e analisam dados em plataformas analíticas e de *Business Intelligence* (BI)".

Algumas ferramentas de análise aumentada de dados aproveitam o AM para aprender a semântica do setor e da organização, assim como as preferências do usuário ao longo do tempo, para que as perguntas e os resultados sejam mais personalizados e eficazes no contexto comercial durante a análise.

A automação da tomada de decisões impulsionadas por dados elimina a necessidade de recursos humanos, enquanto a análise aumentada apresenta uma metodologia para a tecnologia subjacente com a finalidade de orientar os usuários a descobrir informações que eles não poderiam ver ou descobrir de outra forma.

Existem lacunas que frequentemente os humanos precisam preencher com o contexto necessário, e usar as informações obtidas com a análise ajuda a tomar decisões melhores para o problema em questão.

Em resumo, a análise aumentada busca democratizar o acesso à análise de dados avançada, tornando-a mais acessível a uma variedade de usuários, independentemente do nível de conhecimento técnico em análise de dados, por meio da automação, IA e interfaces mais amigáveis.

## IA Centrada em Modelos e IA Centrada em Dados

Há dois componentes principais envolvidos no desenvolvimento de sistemas de IA por AM: os dados usados para o treinamento; e os modelos usados para extrair padrões dos dados. Portanto, é necessário dar atenção a esses dois componentes para produzir sistemas confiáveis.

Muitas pesquisas têm se concentrado em realizar modificações nas técnicas para obter melhores resultados, principalmente em tarefas preditivas. É o caso do desenvolvimento de funções de custo diferenciadas, da adição de camadas a modelos profundos e do uso de mecanismos sofisticados para o ajuste de hiperparâmetros dos modelos. Esse tipo de abordagem, referenciada como centrada em modelos (*model-centric*) (Zha *et al.*, 2023), costuma ter menor preocupação com os dados fornecidos no treinamento, que normalmente devem apenas estar presentes em grande quantidade.

Na IA centrada em dados (*data-centric*) o foco está em garantir a qualidade dos dados para possibilitar a produção de modelos mais confiáveis (Zha *et al.*, 2023). A intuição é que dados de má qualidade, mesmo que em grande quantidade, não contribuem para o aprendizado (*garbage-in, garbage-out*). Dessa forma, deve-se dar maior atenção à curadoria e pré-processamento adequado dos dados, principalmente em domínios críticos.

Embora a literatura muitas vezes contraponha as duas abordagens, aconselha-se usá-las em conjunto e de forma complementar (Hamid, 2022). Por exemplo, *insights* de uma análise mais profunda dos dados podem ser usados para introduzir modificações direcionadas nos modelos.

## Outras Tendências

Os riscos decorrentes da imprevisibilidade de modelos fundacionais têm aumentado os esforços para que sejam dadas garantias matemáticas sobre o funcionamento dos modelos quando colocados em operação. Por conta da popularidade dos modelos fundacionais, pesquisas e aplicações em AutoML estão priorizando tarefas como transferência de aprendizado e busca pelas melhores arquiteturas neurais (do original em inglês, *Neural Architecture Search*).

Outra tendência futura é o aumento da multidisciplinaridade da IA, uma vez que ela absorverá cada vez mais conhecimento de outras áreas e será cada vez mais utilizada para o avanço dessas áreas. E, apesar de já ser bastante expressiva a contribuição da IA em inúmeras outras áreas, trazendo, por exemplo, muitos dos avanços científicos atuais, haverá uma expansão ainda maior do uso da IA em áreas como segurança cibernética, biologia molecular e computação quântica. Deverá haver ainda um crescimento do uso da IA nas ciências humanas e sociais.

# REFERÊNCIAS BIBLIOGRÁFICAS

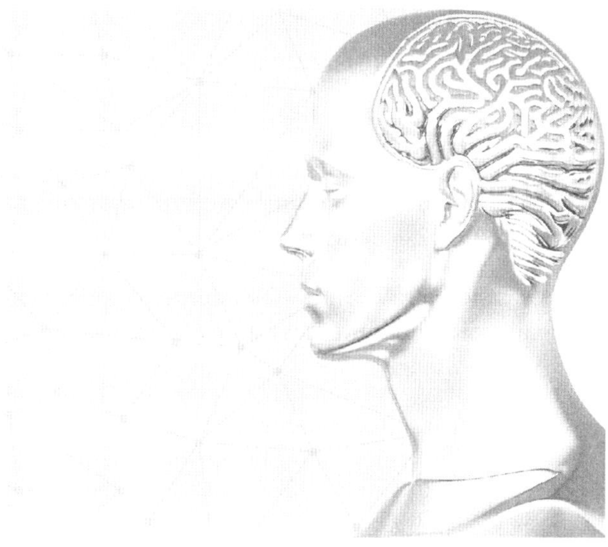


Aamodt, A. e Plaza, E. (1994). Case based reasoning: foundational issues, methodological variations, and systems approaches. *AI Communications*, 7:39–59. Citado em: 68, 69, 70

Adiwardana, D., Luong, M.-T., So, D. R., Hall, J., Fiedel, N., Thoppilan, R., Yang, Z., Kulshreshtha, A., Nemade, G., Lu, Y. *et al.* (2020). Towards a human-like open-domain chatbot. *arXiv preprint arXiv:2001.09977*. Citado em: 305

Aggarwal, C., Han, J., Wang, J. e Yu, P. (2003). A framework for clustering evolving data streams. In: *Proceedings of the 29th International Conference on Very Large Databases*, p. 81–92. Morgan Kaufmann. Citado em: 278

Aggarwal, C. C. (2013). Outlier ensembles: position paper. *ACM SIGKDD Explorations Newsletter*, 14(2):49–58. Citado em: 42, 44

Aggarwal, C. C. (2014). *Data Classification: Algorithms and Applications*. Chapman & Hall/CRC, 1. ed. Citado em: 301

Agrawal, R., Gehrke, J., Gunopulos, D. e Raghavan, P. (1998). Automatic subspace clustering of high dimensional data for data mining applications. In: *Proceedings of 1998 ACM-SIGMOD International Conference on Management of Data*, p. 94–105. Citado em: 232

Agrawal, R., Imielinski, T. e Swami, A. (1993). Mining association rules between sets of items in large databases. In: *Proceedings of the ACM SIGMOD International Conference on Management of Data*, p. 207–216, Washington DC. Citado em: 198, 199

Agrawal, R. e Srikant, R. (1994). Fast algorithms for mining association rules in large databases. In: Bocca, J. B., Jarke, M. e Zaniolo, C. (Ed.) *Proceedings of the 20th International Conference on Very Large Data Bases, VLDB*, p. 487–499, Santiago, Chile. Citado em: 199

Aha, D. W., Kibler, D. e Albert, M. K. (1991). Instance-based learning algorithms. *Machine Learning*, 6:37–66. Citado em: 59, 66

Alberto, T. C., Lochter, J. V. e Almeida, T. A. (2015a). Post or block? advances in automatically filtering undesired comments. *Journal of Intelligent & Robotic Systems*, 80(1):245–259. Citado em: 299

Alberto, T. C., Lochter, J. V. e Almeida, T. A. (2015b). Tubespam: Comment spam filtering on youtube. In: *Proceedings of the 14th International Conference on Machine Learning and Applications (ICMLA'15)*, p. 138–143. Citado em: 299

Ali, K. e Pazzani, M. (1996). Error reduction through learning multiple descriptions. *Machine Learning*, 24(1). Citado em: 155, 156, 172

Allwein, E. L., Shapire, R. E. e Singer, Y. (2000). Reducing multiclass to binary: a unifying approach for margin classifiers. In: *Proceedings of the 17th International Conference on Machine Learning*, p. 9–16. Citado em: 170

Almeida, T. A., Hidalgo, J. M. G. e Yamakami, A. (2011a). Contributions to the study of SMS spam filtering: new collection and results. In: *Proceedings of the 11th ACM Symposium on Document engineering (DocEng'11)*, p. 259–262. Citado em: 299

Almeida, T. A., Silva, T. P., Santos, I. e Hidalgo, J. M. G. (2016). Text normalization and semantic indexing to enhance instant messaging and sms spam filtering. *Knowledge-Based Systems*, 108:25–32. Citado em: 299

Almeida, T. A. e Yamakami, A. (2012a). Advances in spam filtering techniques. In: Elizondo, D. A., Solanas, A. e Martinez-Balleste, A. (Ed.) *Computational Intelligence for Privacy and Security*, Studies in Computational Intelligence, p. 199–214. Springer Berlin Heidelberg, Berlin, Heidelberg. Citado em: 299

Almeida, T. A. e Yamakami, A. (2012b). Facing the spammers: A very effective approach to avoid junk e-mails. *Expert Systems with Applications*, 39(7):6557–6561. Citado em: 299

Almeida, T. A. e Yamakami, A. (2012c). Occam's razor-based spam filter. *Journal of Internet Services and Applications*, 3(3):245–253. Citado em: 299

Almeida, T. A. e Yamakami, A. (2016). Compression-based spam filter. *Security and Communication Networks*, 9(4):327–335. Citado em: 299

Almeida, T. A., Yamakami, A. e Almeida, J. (2011b). Spam filtering: how the dimensionality reduction affects the accuracy of naive Bayes classifiers. *Journal of Internet Services and Applications*, 1(3):183–200. Citado em: 299

Alon, U. (2003). Biological networks: The tinkerer as an engineer. *Science*, 301(5641):1866–1867. Citado em: 291

Andrews, R., Cable, R., Diederich, J., Geva, S., Golea, M., Hayward, R., Ho-Stuart, C. e Tickle, A. B. (1996). An evaluation and comparison of techniques for extracting and refining rules from artificial neural networks. Relatório técnico, Queensland University of Technology. Citado em: 135

Andrews, R., Diederich, J. e Tickle, A. B. (1995). A Survey and Critique of Techniques for Extracting Rules from Trained Artificial Neural Networks. *Knowledge-Based Systems*, 8(6):373–389. Citado em: 135

Ankerst, M., Breunig, M. M., Kriegel, H.-P. e Sander, P. (1999). Optics: Ordering points to identify the clustering structure. In: *Proceedings of ACM SIGMOD International Conference on Management of Data (SIGMOD'1999)*, p. 49–60. Citado em: 229

Antunes, V., Faceli, K. e Sakata, T. C. (2017). HSS: compact set of partitions via hybrid selection. In: *Proceedings of the 6th Brazilian Conference on Intelligent Systems (BRACIS 2017)*, p. 37–42. Citado em: 239

Aphinyanaphongs, Y., Fu, L. D., Li, Z., Peskin, E. R., Efstathiadis, E., Aliferis, C. F. e Statnikov, A. (2014). A comprehensive empirical comparison of modern supervised classification and feature selection methods for text categorization. *Journal of the Association for Information Science and Technology*, 65(10):1964–1987. Citado em: 299

Avelino, J. G., Cavalcanti, G. D. e Cruz, R. M. (2024). Resampling strategies for imbalanced regression: a survey and empirical analysis. *Artificial Intelligence Review*, 57(4):82. Citado em: 36

Azuaje, F. (2002). A cluster validity framework for genome expression data. *Bioinformatics*, 18(2):319–320. Citado em: 261

Babcock, B., Babu, S., Datar, M., Motwani, R. e Widom, J. (2002). Models and issues in data stream systems. In: Kolaitis, P. G. (Ed.) *Proceedings of the 21nd Symposium on Principles of Database Systems*, p. 1–16. ACM Press. Citado em: 277

Bäck, T., Hammel, U. e Schwefel, H.-P. (1997). Evolutionary computation: comments on the history and current state. *IEEE Transactions on Evolutionary Computation*, 1(1):3–17. Citado em: 248, 249

Baranauskas, J. A. e Monard, M. C. (2000). Reviewing some machine learning concepts and methods. Relatório Técnico 102, Instituto de Ciências Matemáticas e de Computação, Universidade de São Paulo, São Carlos. Disponível em: `ftp://ftp.icmc.usp.br/pub/BIBLIOTECA/rel_tec/RT_102.ps.zip`. Citado em: 178

Barbara, D. (2000). An introduction to cluster analysis for data mining. `http://www-users.cs.umn.edu/~han/dmclass/cluster_survey_10_02_00.pdf` [Acesso em: 12 nov. 2003.]. Citado em: 18, 208, 211, 226, 228, 229

Barkan, O. e Koenigstein, N. (2016). Item2vec: Neural item embedding for collaborative filtering. In: *2016 IEEE 26th International Workshop on Machine Learning for Signal Processing (MLSP'16)*, p. 1–6. Citado em: 126

Barnard, G. A. (1963). New methods of quality control. *Journal Royal Statistical Society – Series A*, p. 126–255. Citado em: 153

Barnett, V. e Lewis, T. (1994). *Outliers in statistical data*. John Wiley and Sons. Citado em: 43

Barredo Arrieta, A., Díaz-Rodríguez, N., Del Ser, J., Bennetot, A., Tabik, S., Barbado, A., Garcia, S., Gil-Lopez, S., Molina, D., Benjamins, R., Chatila, R. e Herrera, F. (2020). Explainable artificial intelligence (xai): Concepts, taxonomies, opportunities and challenges toward responsible ai. *Information Fusion*, 58:82–115. Citado em: 314

Barros, C. D., da Silva, D. e Porto, F. (2021). Machine learning on graph-structured data. In: *Anais Estendidos do XXXVI Simpósio Brasileiro de Bancos de Dados*, p. 160–164, Porto Alegre, RS, Brasil. SBC. Citado em: 287, 288

Barua, A., Ahmed, M. U. e Begum, S. (2023). A systematic literature review on multimodal machine learning: Applications, challenges, gaps and future directions. *IEEE Access*, 11:14804–14831. Citado em: 16

Basseville, M. e Nikiforov, I. (1987). *Detection of abrupt changes: theory and applications*. Prentice-Hall Inc. Citado em: 283

Battiti, R. (1991). First and second-order methods for learning: between steepest descent and Newton's method. Relatório técnico, University of Trento. Citado em: 123

Bauer, E. e Kohavi, R. (1999). An empirical comparison of voting classification algorithms: Bagging, boosting, and variants. *Machine Learning*, 36:105–139. Citado em: 172

Bay, S. D. (1998). Combining nearest neighbor classifiers through multiple feature subsets. In: Shavlik, J. (Ed.) *Proceedings of the 15th International Conference – ICML'98*. Morgan Kaufmann. Citado em: 163

Bécue, A., Gama, J. e Brito, P. Q. (2024). Ai's effect on innovation capacity in the context of industry 5.0: a scoping review. *Artif. Intell. Rev.*, 57(8):215. Citado em: 296

Ben-Dor, A., Shamir, R. e Yakhini, Z. (1999). Clustering gene expression patterns. *Journal of Computational Biology*, 6(3/4):281–297. Citado em: 51

Ben-Hur, A., Horn, D., Siegelmann, H. e Vapnik, V. (2001). Support vector clustering. *Journal of Machine Learning Research*, 2:125–137. Citado em: 225

Benavoli, A., Corani, G., Demšar, J. e Zaffalon, M. (2017). Time for a change: a tutorial for comparing multiple classifiers through bayesian analysis. *The Journal of Machine Learning Research*, 18(1):2653–2688. Citado em: 177, 184, 187, 191

Bengio, Y. (2009). Learning deep architectures for ai. *Foundations and trends in Machine Learning*, 2(1):1–127. Citado em: 301

Bentley, J. (1975). Multidimensional binary search tree used for associative searching. *Machine Learning*, 18(9):509–517. Citado em: 67

Berkhin, P. (2002). Survey of clustering data mining techniques. Relatório técnico, Accrue Software, San Jose, CA. `http://www.accrue.com/products/rp_cluster_review.pdf` [Acesso em: 5 fev. 2004. ]. Citado em: 229, 230

Berto, M. V., Freitas, B. L., Scarton, C., ao A. Machado-Neto, J. e Almeida, T. A. (2024). Accelerating discoveries in medicine using distributed vector representations of words. *Expert Systems with Applications*, 250:1–11. Citado em: 299

Beyer, K., Goldstein, J., Ramakrishnan, R. e Shaft, U. (1999). When is "nearest neighbor" meaningful? In: *International Conference on Database Theory*, p. 217–235. ACM. Citado em: 66

Bezdek, J. C. e Pal, N. R. (1998). Some new indexes of cluster validity. *IEEE Trans. Syst., Man, Cybernetics – Part B: Cybernetics*, 28(3):301–315. Citado em: 261

Bhowmick, P., Anupam, B., Mitra, P. e Prasad, A. (2010). Sentence level news emotion analysis in fuzzy multi-label classification framework. *Special issue: Natural Language Processing and its Applications*, 46:143–154. Citado em: 299

Bifet, A. e Gavaldà, R. (2007). Learning from time-changing data with adaptive windowing. In: *Proceedings SIAM International Conference on Data Mining*, p. 443–448, Minneapolis, USA. SIAM. Citado em: 283

Bittencourt, M. d. M. (2020). ML-MDLText: método de classificação de textos multirrótulo com aprendizado incremental. Dissertação de Mestrado, Universidade Federal de São Carlos, Sorocaba, São Paulo, Brasil. Citado em: 302

Blanco, R., Inza, I., Merino, I., Quiroga, M. e Larrañaga, P. (2005). Feature selection in Bayesian classifiers for the prognosis of survival of cirrhotic patients treated with tips. *Internat. Journal of Biomed. Informatics*, 38(5). Citado em: 83

Blondel, V., Guillaume, J.-L., Lambiotte, R. e Lefebvre, E. (2008). Fast unfolding of communities in large networks. *Journal of Statistical Mechanics: Theory and Experiment*, 2008(10):P10008. Citado em: 292

Blum, A. L. e Langley, P. (1997). Selection of relevant features and examples in machine learning. *Artificial Intelligence*, 97:245–271. Citado em: 51

Bojanowski, P., Grave, E., Joulin, A. e Mikolov, T. (2017). Enriching word vectors with subword information. *Transactions of the Association for Computational Linguistics*, 5:135–146. Citado em: 302

Bolukbasi, T., Chang, K.-W., Zou, J. Y., Saligrama, V. e Kalai, A. T. (2016). Man is to computer programmer as woman is to homemaker? debiasing word embeddings. In: Lee, D., Sugiyama, M., Luxburg, U., Guyon, I. e Garnett, R. (Ed.) *Advances in Neural Information Processing Systems*, vol. 29, p. 1–9. Curran Associates, Inc.. Citado em: 304

Boongoen, T. e Iam-On, N. (2018). Cluster ensembles: A survey of approaches with recent extensions and applications. *Computer Science Review*, 28:1–25. Citado em: 237, 240, 241

Boser, B. E., Guyon, I. L. e Vapnik, V. N. (1992). A training algorithm for optimal margin classifiers. In: *Proceedings of the 5th Annual Workshop on Computational Learning Theory*, p. 144–152, Pittsburg, Pennsylvania, US. Citado em: 142

Boutin, F. e Hascoët, M. (2004). Cluster validity indices for graph partitioning. In: *Eighth International Conference on Information Visualisation (IV'2004)*, p. 376–381, London, England. Citado em: 268

Braga, A. P., Carvalho, A. C. P. L. F. e Ludermir, T. B. (2007). *Redes neurais artificiais: teoria e aplicações*. LTC. Citado em: 113, 115, 135

Bramer, M. (2007). Association Rule Mining I. In: *Principles of Data Mining*, p. 187–201. Citado em: 204

Brandoli, B., Spadon, G., Esau, T. J., Hennessy, P., de Carvalho, A. C. P. L. F., Amer-Yahia, S. e Jr., J. F. R. (2021). Dropleaf: A precision farming smartphone tool for real-time quantification of pesticide application coverage. *Comput. Electron. Agric.*, 180:105906. Citado em: 295

Bratko, I. (1984). *Prolog, Programming for Artificial Intelligence.* Addison-Wesley. Citado em: 98

Breiman, L. (1996a). Bagging predictors. *Machine Learning*, 24:123–140. Citado em: 159

Breiman, L. (1996b). Bias, variance, and arcing classifiers. Relatório Técnico 460, Statistics Department, University of California. Citado em: 101, 189

Breiman, L. (1996c). Stacked regressions. *Machine Learning*, 24:49–64. Citado em: 165, 166

Breiman, L. (1998). Arcing classifiers. *The Annals of Statistics*, 26(3):801–849. Citado em: 172, 189

Breiman, L. (2001). Random forests. *Machine Learning*, 45:5–32. Citado em: 163

Breiman, L., Friedman, J., Olshen, R. e Stone, C. (1984). *Classification and Regression Trees.* Wadsworth International Group., USA. Citado em: 89, 91, 96, 97, 98, 101, 103, 107, 111, 302

Breunig, M. M., Kriegel, H.-P., Ng, R. T. e Sander, J. (2000). Lof: identifying density-based local outliers. In: *Proceedings of the 2000 ACM SIGMOD international conference on Management of data*, p. 93–104. Citado em: 44

Brighton, H. e Mellish, C. (2002). Advances in instance selection for instance-based learning algorithms. *Data mining and knowledge discovery*, 6(2):153–172. Citado em: 36

Broder, A., Kumar, R., Maghoul, F., Raghavan, P., Rajagopalan, S., Stata, R., Tomkins, A. e Wiener, J. (2000). Graph structure in the web. *Computer Networks*, 33(1–6):309–320. Citado em: 291

Brodley, C. (1993). Addressing the selective superiority problem: Automatic algorithm/model class selection problem. In: Utgoff, P. (Ed.) *Machine Learning, Proceedings of the 10th International Conference.* Morgan Kaufmann. Citado em: 169

Brodley, C. (1995). Recursive automatic bias selection for classifier construction. Machine Learning, 20. Citado em: 169

Brown, P. F., Desouza, P. V., Mercer, R. L., Pietra, V. J. D. e Lai, J. C. (1992). Class-based n-gram models of natural language. *Computational linguistics*, 18(4):467–479. Citado em: 301

Buntine, W. (1990). *A Theory of Learning Classification Rules.* Tese de Doutorado, University of Sydney. Citado em: 108

Buntine, W. e Niblett, T. (1992). A further comparison of splitting rules for decision-tree induction. *Machine Learning*, 8:75–85. Citado em: 96

Burges, C. J. C. (1998). A tutorial on support vector machines for pattern recognition. *Knowledge Discovery and Data Mining*, 2(2):1–43. Citado em: 139, 140, 144, 145, 150

Calinski, R. e Harabasz, J. (1974). A dendrite method for cluster analysis. *Communications in Statistics*, 3:1–27. Citado em: 262

Callaghan, L., Mishra, N., Meyerson, A., Guha, S. e Motwani, R. (2002). Streaming-data algorithms for high-quality clustering. In: *Proceedings of IEEE International Conference on Data Engineering*, p. 685. Citado em: 278

Campbell, C. (2000). An introduction to kernel methods. In: Howlett, R. J. e Jain, L. C. (Ed.) *Radial Basis Function Networks: Design and Applications*, p. 155–192, Berlin. Springer Verlag. Citado em: 142

Campello, R. J. G. B. (2007). A fuzzy extension of the rand index and other related indexes for clustering and classification assessment. *Pattern Recogn. Lett.*, 28:833–841. Citado em: 269

Cardoso, E. F., Silva, R. M. e Almeida, T. A. (2018). Towards automatic filtering of fake reviews. *Neurocomputing*, 309:106–116. Citado em: 299

Castelvecchi, D. (2019). Machine learning leads mathematicians to unsolvable problem. *Nature*, 565:277. Citado em: 310

Castillo, G. (2006). *Adaptive Learning Algorithms for Bayesian Network Classifiers*. Ph.D. thesis, University of Aveiro. Citado em: 83

Castillo, G. e Gama, J. (2005). Bias management of Bayesian networks classifiers. In: *Proceedings of the 8th International Conference of Discovery Science*, vol. 3735 of *LNAI*, p. 70–83. Springer Verlag. Citado em: 83

Catlett, J. (1991). On changing continuous attributes into ordered discrete attributes. In: Kodratoff, Y. (Ed.) *European Working Session on Learning – EWSL91*. LNAI 482 Springer Verlag. Citado em: 100

Cestnik, B., Kononenko, I. e Bratko, I. (1987). Assistant 86: a knowledge-elicitation tool for sophisticated users. In: Bratko, I. e Lavrac, N. (Ed.) *European Working Session on Learning – EWSL87*. Sigma Press, Wilmslow, England. Citado em: 89

Chan, P. e Stolfo, S. (1995a). A comparative evaluation of voting and meta-learning on partitioned data. In: Prieditis, A. e Russel, S. (Ed.) *Machine Learning Proc. of 12th International Conference*. Morgan Kaufmann. Citado em: 168

Chan, P. e Stolfo, S. (1995b). Learning arbiter and combiner trees from partitioned data for scaling machine learning. In: Fayyad, U. M. e Uthurusamy, R. (Ed.) *Proc. of the First Intern. Conference on Knowledge Discovery and Data Mining*. AAAI Press. Citado em: 168

Chan, P. e Stolfo, S. (1997). On the accuracy of meta-learning for scalable data mining. *Journal of Intelligent Information systems*, 8:5–28. Citado em: 168

Chapelle, O., Vapnik, V., Bousquet, O. e Mukherjee, S. (2002). Choosing multiple parameters for support vector machines. *Machine Learning*, 46(1-3):131–159. Citado em: 151

Chawla, N. V., Bowyer, K. W., Hall, L. O. e Kegelmeyer, W. P. (2002). SMOTE: synthetic minority over-sampling technique. *J. Artif. Intell. Res.*, 16:321–357. Citado em: 37

Chen, L. e Pung, H. K. (2008). Convergence analysis of convex incremental neural networks. *Annals of Mathematics and Artificial Intelligence*, 52:67–80. Citado em: 282

Cheng, J. e Greiner, R. (1999). Comparing Bayesian network classifiers. In: *Proceedings of the 15th Conference on Uncertainty in Artificial Intelligence*, p. 101–108. Morgan Kaufmann. Citado em: 83

Cheng, Y. e Church, G. (2000). Biclustering of expression data. In: *Proceedings of the Eighth International Conference on Intelligent Systems for Molecular Biology (ISMB'2000)*, p. 93–103. Citado em: 225

Chi, Y., Wang, H., Yu, P. S. e Muntz, R. R. (2004). Moment: Maintaining closed frequent itemsets over a stream sliding window. In: *Proceedings of the IEEE International Conference on Data Mining*, p. 59–66, Brighton, UK. Citado em: 202

Chiang, J.-H. e Hao, P.-Y. (2003). A new kernel-based fuzzy clustering approach: support vector clustering with cell growing. *IEEE Transactions on Fuzzy Systems*, 11(4):518– 527. Citado em: 225

Cho, K., van Merrienboer, B., Çaglar Gülçehre, Bahdanau, D., Bougares, F., Schwenk, H. e Bengio, Y. (2014). Learning phrase representations using rnn encoder–decoder for statistical machine translation. In: *Proceedings of the 2014 Conference on Empirical Methods in Natural Language Processing*, EMNLP'14, p. 1724–1734. ACL. Citado em: 130, 304

Clark, P. e Niblett, T. (1989). The CN2 induction algorithm. *Machine Learning*, 3:261–283. Citado em: 102, 103, 105

Coelho, A., Fernandes, E. e Faceli, K. (2011). Multi-objective design of hierarchical consensus functions for clustering ensembles via genetic programming. *Decision Support Systems*, 51(4):794–809. Citado em: 237, 250

Coelho, A. L., Fernandes, E. e Faceli, K. (2010). Inducing multi-objective clustering ensembles with genetic programming. *Neurocomputing*, 74(1-3):494–498. Citado em: 237, 250, 253

Coello, C. A. C. (1999). A comprehensive survey of evolutionary-based multiobjective optimization techniques. *Knowledge and Information Systems*, 1(3):129–156. Citado em: 248

Cohen, W. (1995). Fast effective rule induction. In: Prieditis, A. e Russel, S. (Ed.) *Machine Learning, Proceedings of the 12th International Conference*. Morgan Kaufmann. Citado em: 102

Corne, D. W., Jerram, N. R., Knowles, J. D. e Oates, M. J. (2001). PESA-II: Region-based selection in evolutionary multiobjective optimization. In: *Proceedings of the Genetic and Evolutionary Computation Conference (GECCO-2001)*, p. 283–290, San Francisco, California, USA. Morgan Kaufmann. Citado em: 250

Cortes, C. e Vapnik, V. N. (1995). Support vector networks. *Machine Learning*, 20(3):273–296. Citado em: 142, 302

Cover, T. M. e Hart, P. E. (1967). Nearest neighbor pattern classification. *IEEE Transaction on Information Theory*, 13(1):21–27. Citado em: 302

Crammer, K., Dekel, O., Keshet, J., Shalev-Shwartz, S. e Singer, Y. (2006). Online passive-aggressive algorithms. *Journal of Machine Learning Research*, 7:551–585. Citado em: 303

Crammer, K., Dredze, M. e Pereira, F. (2012). Confidence-weighted linear classification for text categorization. *Journal of Machine Learning Research*, 13(1):1891–1926. Citado em: 303

Craven, M. e Shavlik, J. (1997). Using neural networks for data mining. *Future Generation Computer Systems*, 13:211–229. Citado em: 282

Craven, M. e Shavlik, J. W. (1994). Using sampling and queries to extract rules from trained neural networks. In: *ICML*, p. 37–45. Citado em: 135

Cristianini, N. e Shawe-Taylor, J. (2000). *An Introduction to Support Vector Machines and Other Kernel-based Learning Methods*. Cambridge University Press. Citado em: 139, 145, 150

Cruz, R. M., Sabourin, R. e Cavalcanti, G. D. (2018). Dynamic classifier selection: Recent advances and perspectives. *Information Fusion*, 41:195–216. Citado em: 159

Cybenko, G. (1989). Approximation by superpositions of a sigmoid function. *Mathematics of Control, Signals and Systems*, 2:303–314. Citado em: 120

da Costa, V. G. T., de Leon Ferreira de Carvalho, A. C. P. e Junior, S. B. (2018). Strict very fast decision tree: A memory conservative algorithm for data stream mining. *Pattern Recognit. Lett.*, 116:22–28. Citado em: 278

da Silva, D. N. R., Ziviani, A. e Porto, F. (2019). *Tópicos em Gerenciamento de Dados e Informações*, Capítulo Aprendizado de máquina e inferência em Grafos de Conhecimento, p. 93–122. SBC. Citado em: 289

Das, A. e Rad, P. (2020). Opportunities and challenges in explainable artificial intelligence (XAI): A survey. *CoRR*, abs/2006.11371. Citado em: 135

Dasgupta, K., Singh, R., Viswanathan, B., Chakraborty, D., Mukherjea, S., Nanavati, A. A. e Joshi, A. (2008). Social ties and their relevance to churn in mobile telecom networks. In: *Proceedings of the 11th International Conference on Extending Database Technology: Advances in Database Technology*, p. 668–677, New York, NY, USA. ACM. Citado em: 291

de Assis Zampirolli, F., Stransky, B., Lorena, A. C. e de Melo Paulon, F. L. (2010). Segmentation and classification of histological images - application of graph analysis and machine learning methods. In: *SIBGRAPI 2010, Proceedings of the 23rd SIBGRAPI Conference on Graphics, Patterns and Images, Gramado, Brazil, August 30 2010-September 3, 2010*, p. 331–338. IEEE Computer Society. Citado em: 295

de Carvalho, A. e Freitas, A. (2009). A tutorial on multi-label classification techniques. In: Abraham, A., Hassanien, A.-E. e Snael, V. (Ed.) *Foundations of Computational Intelligence*, vol. 5 of *Studies in Computational Intelligence 205*, p. 177–195. Springer. Citado em: 4

de Faria, E. R., de Leon Ferreira de Carvalho, A. C. P. e Gama, J. (2016). MINAS: multiclass learning algorithm for novelty detection in data streams. *Data Min. Knowl. Discov.*, 30(3):640–680. Citado em: 278

de Mello, R. F. e Ponti, M. A. (2018). *Machine Learning: A Practical Approach on the Statistical Learning Theory*. Springer. Citado em: 151

de Pádua Braga, A., de Leon Ferreira de Carvalho, A. C. P. e Ludermir, T. B. (2003). *Sistemas Inteligentes: Fundamentos e Aplicações*, Capítulo Redes Neurais Artificiais, p. 141–168. Editora Manole, Barueri, SP. Citado em: 136

Demsár, J. (2006). Statistical comparisons of classifiers over multiple datasets. *Journal of Machine Learning Research*, 7:1–30. Citado em: 177, 184, 185, 186, 187, 191

Deng, J., Guo, J., Xue, N. e Zafeiriou, S. (2019). Arcface: Additive angular margin loss for deep face recognition. In: *Proceedings of the IEEE/CVF Conference on Computer Vision and Pattern Recognition (CVPR)*, CVPR'19. IEEE Computer Society. Citado em: 297

Derrow-Pinion, A., She, J., Wong, D., Lange, O., Hester, T., Perez, L., Nunkesser, M., Lee, S., Guo, X., Wiltshire, B., Battaglia, P. W., Gupta, V., Li, A., Xu, Z., Sanchez-Gonzalez, A., Li, Y. e Velickovic, P. (2021). Eta prediction with graph neural networks in google maps. In: *Proceedings of the 30th ACM International Conference on Information & Knowledge Management (CIKM '21)*, p. 3767–3776. Citado em: 289

Devlin, J., Chang, M.-W., Lee, K. e Toutanova, K. (2019). BERT: Pre-training of deep bidirectional transformers for language understanding. In: Burstein, J., Doran, C. e Solorio, T. (Ed.) *Proceedings of the 2019 Conference of the North American Chapter of the Association for Computational Linguistics: Human Language Technologies*, NAACL'19, p. 4171–4186, Minneapolis, Minnesota. Association for Computational Linguistics. Citado em: 132, 303

Devore, J. L. (2006). *Probabilidade e Estatística: para Engenharia e Ciências*. Thompson. Citado em: 177, 183

Dheeru, D. e Karra Taniskidou, E. (2017). UCI machine learning repository. Citado em: 108

Dietterich, T. (1997). Machine learning research: four current directions. *AI Magazine*, 18(4):97–136. Citado em: 153, 154, 160

Dietterich, T. G. (1998). Approximate statistical tests for comparing supervised classification learning algorithms. *Neural Computation*, 10(7):1895–1924. Citado em: 57, 184

Dietterich, T. G. e Bariki, G. (1995). Solving multiclass learning problems via error-correcting output codes. *Journal of Artificial Intelligence Research*, 2:263–286. Citado em: 170

Dignum, V. (2017). Responsible artificial intelligence: Designing AI for human values. *ITU Journal: ICT Discoveries*, p. 1–8. Special Issue No. 1. Citado em: 312

Dom, B. E. (2002). An information-theoretic external cluster-validity measure. In: *Proceedings of the 18th Annual Conference on Uncertainty in Artificial Intelligence (UAI-2002)*, p. 137–145, San Francisco, CA. Morgan Kaufmann. Citado em: 268

Domingos, P. (1996). Unifying instance-based and rule-based induction. *Machine Learning*, 24:141–168. Citado em: 102, 169

Domingos, P. (1997a). Bayesian model averaging in rule induction. In: Smyth, P. e Madigan, D. (Ed.) *Preliminary papers of the Sixth International Workshop on Artificial Intelligence and Statistics*. Citado em: 156

Domingos, P. (1997b). *A Unified Approach to Concept Learning*. Tese de Doutorado, University of California, Irvine. Citado em: 169, 278

Domingos, P. (1998). Knowledge discovery via multiple models. *Intelligent Data Analysis*, 24(2). Citado em: 169

Domingos, P. e Hulten, G. (2000). Mining High-Speed Data Streams. In: Parsa, I., Ramakrishnan, R. e Stolfo, S. (Ed.) *Proceedings of the ACM Sixth International Conference on Knowledge Discovery and Data Mining*, p. 71–80. ACM Press. Citado em: 278

Domingos, P. e Hulten, G. (2001). A general method for scaling up machine learning algorithms and its application to clustering. In: *Proceedings of the Eighteenth International Conference on Machine Learning*, p. 106–113. Citado em: 277

Domingos, P. e Pazzani, M. (1997). On the optimality of the simple Bayesian classifier under zero-one loss. *Machine Learning*, 29:103–129. Citado em: 77, 79, 82

Domingos, P. e Richardson, M. (2001). Mining the network value of customers. In: *Proceedings of the 7th ACM SIGKDD International Conference on Knowledge Discovery and Data Mining*, p. 57–66, New York, NY, USA. ACM. Citado em: 291

Dopazo, J., Zanders, E., Dragoni, I., Amphlett, G. e Falciani, F. (2001). Methods and approaches in the analysis of gene expression data. *Journal of Immunological Methods*, 250(1-2):93–112. Citado em: 51

Dosovitskiy, A., Beyer, L., Kolesnikov, A., Weissenborn, D., Zhai, X., Unterthiner, T., Dehghani, M., Minderer, M., Heigold, G., Gelly, S., Uszkoreit, J. e Houlsby, N. (2021). An image is worth 16x16 words: Transformers for image recognition at scale. In: *Proceedings f the 9th International Conference on Learning Representations*, ICLR'21, Virtual Event, Austria. Citado em: 132, 296, 297

Dougherty, J., Kohavi, R. e Sahami, M. (1995). Supervised and unsupervised discretization of continuous features. In: Prieditis, A. e Russel, S. (Ed.) *Machine Learning Proc. of 12th International Conference*. Morgan Kaufmann. Citado em: 77

Dua, D. e Graff, C. (2017). UCI machine learning repository. Citado em: 77, 78

Duan, K., Keerthi, S. S. e Poo, A. N. (2003). Evaluation of simple performance measures for tuning SVM hyperparameters. *Neurocomputing*, 51:41–59. Citado em: 151

Duarte, J. e Gama, J. (2017). Feature ranking in hoeffding algorithms for regression. In: Seffah, A., Penzenstadler, B., Alves, C. e Peng, X. (Ed.) *Proceedings of the Symposium on Applied Computing, SAC 2017, Marrakech, Morocco, April 3-7, 2017*, p. 836–841. ACM. Citado em: 278

Duarte, J., Gama, J. e Bifet, A. (2016). Adaptive model rules from high-speed data streams. *ACM Trans. Knowl. Discov. Data*, 10(3):30:1–30:22. Citado em: 278

Dubes, R. e Jain, A. (1976). Clustering techniques: The user's dilemma. *Pattern Recognition*, 8:247–260. Citado em: 219

Duda, R. O., Hart, P. E. e Stork, D. G. (2001). *Pattern Classification*. Wiley-Interscience, 2. ed. Citado em: 59, 75, 226, 229

Dudoit, S. e Fridlyand, J. (2002). A prediction-based resampling method for estimating the number of clusters in a dataset. *Genome Biology*, 3(7):research0036.1–0036.21. Citado em: 265

Dunn, O. J. (1961). Multiple comparisons among means. *Journal of the American Statistical Association*, 56(293):52–64. Citado em: 186

El-Moussaqui, M., Agouti, T., Tikniouine, A. e Adnani, M. E. (2019). A comprehensive literature review on community detection: Approaches and applications. *Procedia Computer Science*, 151:295–302. The 10th International Conference on Ambient Systems, Networks and Technologies (ANT 2019) / The 2nd International Conference on Emerging Data and Industry 4.0 (EDI40 2019) / Affiliated Workshops. Citado em: 292

Ertöz, L., Steinbach, M. e Kumar, V. (2002). A new shared nearest neighbor clustering algorithm and its applications. In: *Proceedings of the Workshop on Clustering High Dimensional Data and its Applications, 2nd SIAM International Conference on Data Mining (SDM'2002)*, p. 105–115. Citado em: 225

Esposito, C., Landrum, G. A., Schneider, N., Stiefl, N. e Riniker, S. (2021). Ghost: adjusting the decision threshold to handle imbalanced data in machine learning. *Journal of Chemical Information and Modeling*, 61(6):2623–2640. Citado em: 37

Esposito, F., Malerba, D. e Semeraro, G. (1993). Decision tree prunning as a search in the state space. In: Brazdil, P. (Ed.) *Machine Learning: ECML-93*. LNAI 667, Springer Verlag. Citado em: 98, 99

Esposito, F., Malerba, D. e Semeraro, G. (1997). A comparative analysis of methods for pruning decision trees. *Transactions on Pattern Analysis and Machine Intelligence*, 19(5). Citado em: 96, 97, 99

Ester, M., Kriegel, H.-P., Sander, J. e Xu, X. (1996). A density-based algorithm for discovering clusters in large spatial databases with noise. In: *Proceedings of 2nd Int. Conf. on Knowledge Discovery and Data Mining (KDD'1996)*, p. 226–231. Citado em: 230

Estivill-Castro, V. (2002). Why so many clustering algorithms - a position paper. *SIGKDD Explorations*, 4(1):65–75. Citado em: 208, 210, 218, 219

Faceli, K., Souto, M. C. P., de Araújo, D. S. A. e Carvalho, A. C. F. L. F. (2009). Multi-objective clustering ensemble for gene expression data analysis. *Neurocomputing*, 72(13-15):2763–2774. Citado em: 237, 249

Fahlman, S. E. (1988). An empirical study of learning speed in backpropagation networks. Relatório técnico, Carnegie Mellow University. Citado em: 123

Falkman, G. (2002). Adaptation using interactive estimations. In: Craw, S. e Preece, A. (Ed.) *6th European Conference on Case-Based Reasoning, Aberdeen, Scotland, UK*, p. 88–102. Springer Verlag. Citado em: 70

Fawcett, T. (2005). An introduction to ROC analysis. *Pattern Recognition Letters*, p. 861–874. Citado em: 181

Fayyad, U. e Irani, K. (1993). Multi-interval discretization of continuous-valued attributes for classification learning. In: *13th International Joint Conference of Artificial Intelligence*, p. 1022–1029. Morgan Kaufman. Citado em: 100

Fayyad, U. M. e Irani, K. B. (1992). On the handling of continuous-valued attributes in decision tree generation. *Machine Learning*, 8:87–102. Citado em: 95

Feelders, A. e Verkooijen, W. (1996). On the statistical comparison of inductive learning methods. In: Fisher, D. e Lenz, H.-J. (Ed.) *Learning from Data: Artificial Intelligence and Statistics V*, p. 272–279. Springer Verlag, New York, NY. Citado em: 185

Fern, X. Z. e Brodley, C. E. (2004). Solving cluster ensemble problems by bipartite graph partitioning. In: *Proceedings of the Twenty First International Conference on Machine Learning (ICML'2004)*, p. 36, New York, NY, USA. ACM Press. Citado em: 239, 240, 241, 243, 246, 247

Ferrer-Troyano, F., Aguilar-Ruiz, J. e Riquelme, J. (2005). Incremental rule learning and border examples selection from numerical data streams. *Journal of Universal Computer Science*, 11(8):1426–1439. Citado em: 278

Filho, I. G. C. (2003). Comparative analysis of clustering methods for gene expression data. Dissertação de Mestrado, Centro de Informática, Universidade Federal de Pernambuco, Recife. Citado em: 259, 270

Fisher, R. A. (1936). The use of multiple measurements in taxonomic problems. *Annals Eugen.*, 7:179–188. Citado em: 22

Fix, E. (1951). Discriminatory analysis: Nonparametric discrimination: Consistency properties. Relatório Técnico Project 21-49-004, Report Number 4, USAF School of Aviation Medicine, Randolf Field, Texas. Citado em: 35

Foster, D. (2023). *Generative Deep Learning*. O'Reilly Media. Citado em: 4

Frank, E., Wang, Y., Inglis, S., Holmes, G. e Witten, I. H. (1998). Using model trees for classification. *Machine Learning*, 32(1):63–76. Citado em: 107

Frank, E. e Witten, I. H. (1998). Generating accurate rule sets without global optimization. In: Shavlik, J. (Ed.) *Proceedings of the 15th International Conference - ICML'98*, p. 144–151. Morgan Kaufmann. Citado em: 102

Fred, A. e Jain, A. (2002). Evidence accumulation clustering based on the k-means algorithm. In: *Proceedings of Structural and Syntactic Pattern Recognition (SSPR'2002)*, p. 442–451, Windsor, Canada. Citado em: 239, 240, 241

Fred, A. e Jain, A. (2005). Combining multiple clusterings using evidence accumulation. *IEEE Transactions on Pattern Analysis and Machine Intelligence*, 27(6):835–850. Citado em: 239, 240, 241

Fred, A. e Jain, A. K. (2003). Robust data clustering. In: *Proceedings of IEEE Computer Society Conference on Computer Vision and Pattern Recognition, (CVPR'2003)*, vol. II, Madison - Wisconsin, USA. Citado em: 240, 241

Fred, A. L. N. (2001). Finding consistent clusters in data partitions. In: Kittler, J. e Roli, F. (Ed.) *Second International Workshop on Multiple Classifier Systems (MCS'2001)*, vol. 2096 of *Lecture Notes in Computer Science*, p. 309–318, Cambridge, UK. Citado em: 239, 240, 241

Freitas, B. L., Silva, R. M. e Almeida, T. A. (2019). Gaussian mixture descriptors learner. *Knowledge-Based Systems*, p. 1–9. Citado em: 302, 303

Frénay, B. e Verleysen, M. (2013). Classification in the presence of label noise: a survey. *IEEE transactions on neural networks and learning systems*, 25(5):845–869. Citado em: 44

Freund, Y. e Schapire, R. E. (1996). Experiments with a new boosting algorithm. In: *Proceedings of the 13th International Conference on Machine Learning (ICML'96)*, p. 148–156. Citado em: 161, 172, 302

Friedman, J. (1999). Greedy Function Approximation: a gradient boosting machine. Relatório técnico, Statistics Department, Stanford University. Citado em: 100

Friedman, J. H., Kohavi, R. e Yun, Y. (1996). Lazy decision trees. In: AAAI (Ed.) *Thirteenth National Conference on Artificial Intelligence*. MIT Press. Citado em: 100

Friedman, M. (1937). The use of ranks to avoid the assumption of normality implicit in the analysis of variance. *Journal of the American Statistical Association*, 32:675–701. Citado em: 185

Friedman, N., Geiger, D. e Goldszmidt, M. (1997). Bayesian network classifiers. *Machine Learning*, 29(2-3):131–163. Citado em: 82, 83

Fritzke, B. (1994). Growing cell structures - a self-organizing network for unsupervised and supervised learning. *Neural Networks*, 7(9):1441–1460. Citado em: 231

Frossyniotis, D., Pertselakis, M. e Stafylopatis, A. (2002). A multi-clustering fusion algorithm. In: Vlahavas, I. P. e Spyropoulos, C. D. (Ed.) *Methods and Applications of Artificial Intelligence, Proceedings of the 2nd Hellenic Conference on AI (SETN'2002)*, vol. 2308 of *Lecture Notes in Computer Science*, p. 225–236, Thessaloniki, Greece. Springer Verlag. Citado em: 240, 241

Fu, L. (1994). Rule generation from neural networks. *IEEE Transactions on Systems, Man, and Cybernetics*, 24(8):1114–1124. Citado em: 135

Fu, X., Ong, C., Keerthi, S., Hung, G. G. e Goh, L. (2004). Extracting the knowledge embedded in support vector machines. In: *Proceedings IEEE International Joint Conference on Neural Networks*, vol. 1, p. 296. Citado em: 151

Fukushima, K. (1975). Cognitron: A self-organizing multilayer neural network. *Biological Cybernetics*, 20:121–136. Citado em: 126

Fukushima, K. (1983). Neocognitron: A. neural network model for a mechanism of visual pattern recognition. *IEEE Transactions on Systems, Man, and Cybernetics*, SM-13(5):826–834. Citado em: 295

Fukushima, K. (1988). Neocognitron: A hierarchical neural network capable of visual pattern recognition. *Neural networks*, 1(2):119–130. Citado em: 126

Furnkranz, J. (2002). Round Robin classification. *Journal of Machine Learning Research*, 2:721–747. Citado em: 170

Furnkranz, J. (2003). Round Robin ensembles. *Intelligent Data Analysis*, 7(5):385–404. Citado em: 170

Gama, J. (2000). A linear-Bayes classifier. In: Monard, C. e Sichman, J. (Ed.) *Advances on Artificial Intelligence – SBIA2000*, p. 269–279. LNAI 1952 Springer Verlag. Citado em: 81

Gama, J. (2010). *Knowledge Discovery from Data Streams*. Chapman & Hall/CRC, 1. ed. Citado em: 311

Gama, J. e Brazdil, P. (2000). Cascade generalization. *Machine Learning*, 41:315–343. Citado em: 166

Gama, J., Medas, P., Castillo, G. e Rodrigues, P. (2004). Learning with drift detection. In: Bazzan, A. L. C. e Labidi, S. (Ed.) *Advances in Artificial Intelligence – SBIA 2004*, vol. 3171 of *Lecture Notes in Computer Science*, p. 286–295. Springer Verlag. Citado em: 283

Gama, J., Rocha, R. e Medas, P. (2003). Accurate decision trees for mining high-speed data streams. In: *Proceedings of the ninth ACM SIGKDD International Conference on Knowledge Discovery and Data Mining*, p. 523–528. ACM Press. Citado em: 278

Gama, J., Sebastião, R. e Rodrigues, P. P. (2013). On evaluating stream learning algorithms. *Mach. Learn.*, 90(3):317–346. Citado em: 282

García, S. e Herrera, F. (2008). An extension on "statistical comparisons of classifiers over multiple data sets" for all pairwise comparisons. *Journal of Machine Learning Research*, 9:2677–2694. Citado em: 184, 186

Garza-Fabre, M., Handl, J. e Knowles, J. (2017). An improved and more scalable evolutionary approach to multiobjective clustering. *IEEE Transactions on Evolutionary Computation*, 22(4):515–535. Citado em: 249

Geman, S., Bienenstock, E. e Doursat, R. (1992). Neural networks and the bias/variance dilema. In: *Neural Computation*, vol. 4, p. 1–58. Citado em: 188

Getz, G., Gal, H., Kela, I., Notterman, D. A. e Domany, E. (2003). Coupled two-way clustering analysis of breast cancer and colon cancer gene expression data. *Bioinformatics*, 19:1079–1089. Citado em: 225

Geurts, P. (2000). *Contributions to Decision Tree Induction: bias/variance tradeoff and time series classification*. Tese de Doutorado, University of Liege. Citado em: 164

Geurts, P. (2001). Dual perturb and combine algorithm. In: *Proc. of the Eighth International Workshop on Artificial Intelligence and Statistics*, p. 196–201. Springer Verlag. Citado em: 164

Ghosh, J., Strehl, A. e Merugu, S. (2002). A consensus framework for integrating distributed clusterings under limited knowledge sharing. In: *Proceedings of NSF Workshop on Next Generation Data Mining*, p. 99–108. Citado em: 239

Giannella, C., Han, J., Pei, J., Yan, X. e Yu, P. (2003). Mining frequent patterns in data streams at multiple time granularities. In: Kargupta, H., Joshi, A., Sivakumar, K. e Yesha, Y. (Ed.) *Next Generation Data Mining*. AAAI/MIT. Citado em: 278

Gift, N. e Deza, A. (2021). *Practical MLOps: Operationalizing Machine Learning Models*. Titolo collana. O'Reilly. Citado em: 276

Goodfellow, I., Bengio, Y. e Courville, A. (2016). *Deep Learning*. MIT Press. Citado em: 125, 127, 129, 302, 303

Goodfellow, I., Pouget-Abadie, J., Mirza, M., Xu, B., Warde-Farley, D., Ozair, S., Courville, A. e Bengio, Y. (2014). Generative adversarial nets. In: Ghahramani, Z., Welling, M., Cortes, C., Lawrence, N. e Weinberger, K. (Ed.) *Advances in Neural Information Processing Systems*, vol. 27 of *NIPS'14*, p. 1–9. Curran Associates, Inc.. Citado em: 132

Gordon, A. (1999). *Classification*. Chapman & Hall/CRC. Citado em: 213, 256, 257, 268

Gordon, A. D. (1996). *From Data to Knowledge: Theoretical and Practical Aspects of Classification, Data Analysis and Knowledge Organization*, Capítulo Null models in cluster validation, p. 32–44. Springer-Verlag. Citado em: 259

Granger, C. W. J. e Newbold, P. (1976). The use of r2 to determine the appropriate transformation of regression variables. *J. Econometrics*, 4:205–210. Citado em: 153

Grover, A. e Leskovec, J. (2016). node2vec: Scalable feature learning for networks. In: *Proceedings of the 22nd ACM SIGKDD International Conference on Knowledge Discovery and Data Mining*, KDD'16, p. 855–864, New York, NY, USA. Association for Computing Machinery. Citado em: 292

Guha, S., Rastogi, R. e Shim, K. (1998). CURE: an efficient clustering algorithm for large databases. In: *Proceedings of ACM SIGMOD International Conference on Management of Data*, p. 73–84. Citado em: 228

Guha, S., Rastogi, R. e Shim, K. (2000). ROCK: A robust clustering algorithm for categorical attributes. *Information Systems*, 25(5):345–366. Citado em: 229

Gunning, D. (2019). DARPA's explainable artificial intelligence (XAI) program. In: *Proceedings of the 24th International Conference on Intelligent User Interfaces*, IUI'19, p. ii–ii, New York, NY, USA. ACM. Citado em: 310

Gutlein, M., Frank, E., Hall, M. e Karwath, A. (2009). Large-scale attribute selection using wrappers. In: *Proceedings of the 2009 IEEE Symposium on Computational Intelligence and Data Mining (CIDM'09)*, p. 332–339. Citado em: 299

Guyon, I. e Elisseeff, A. (2003). An introduction to variable and feature selection. *Journal of Machine Learning Research*, 3:1157–1182. Citado em: 50

Hadjitodorov, S. T., Kuncheva, L. I. e Todorova, L. P. (2006). Moderate diversity for better cluster ensembles. *Information Fusion*, 7(3):264–275. Citado em: 239, 240

Hagan, M. e Menhaj, M. (1994). Training feedforward networks with the Marquardt algorithm. *IEEE Transactions on Neural Networks*, 5(6):989–993. Citado em: 123

Halkidi, M., Batistakis, Y. e Vazirgiannis, M. (2001). On clustering validation techniques. *Intelligent Information Systems Journal*, 17(2-3):107–145. Citado em: 218, 220, 229, 256, 257, 265

Halkidi, M., Batistakis, Y. e Vazirgiannis, M. (2002a). Cluster validity methods: Part I. *SIGMOD Record*, 31(2):40–45. Citado em: 266, 267

Halkidi, M., Batistakis, Y. e Vazirgiannis, M. (2002b). Cluster validity methods: Part II. *SIGMOD Record*, 31(3):19–27. Citado em: 260, 261

Halkidi, M. e Vazirgiannis, M. (2001). A data set oriented approach for clustering algorithm selection. In: *Proceedings of the 5th European Conference on Principles of Data Mining and Knowledge Discovery*, p. 165–179. Citado em: 262

Hamid, O. H. (2022). From model-centric to data-centric ai: A paradigm shift or rather a complementary approach? In: *2022 8th International Conference on Information Technology Trends (ITT)*, p. 196–199. IEEE. Citado em: 315

Han, J. e Kamber, M. (2000). *Data Mining: Concepts and Techniques*. Morgan Kaufmann. Citado em: 42, 195

Han, J., Pei, J. e Yin, Y. (2000). Mining frequent patterns without candidate generation. In: *SIGMOD'00: Proceedings of the 2000 ACM SIGMOD International Conference on Management of Data*, p. 1–12, New York, NY, USA. ACM Press. Citado em: 278

Han, J., Pei, J., Yin, Y. e Mao, R. (2004). Mining frequent patterns without candidate generation. *Data Mining and Knowledge Discovery*, 8:53–87. Citado em: 201, 202

Handl, J. e Knowles, J. (2004). Multiobjective clustering with automatic determination of the number of clusters. Technical Report TR-COMPSYSBIO-2004-02, UMIST, Manchester. Citado em: 237, 247, 249, 250, 251

Handl, J. e Knowles, J. (2005a). Exploiting the trade-off - the benefits of multiple objectives in data clustering. In: Coello, C. A. *et al.* (Ed.) *Proceedings of the Third International Conference on Evolutionary Multi-Criterion Optimization (EMO'2005)*, vol. 3410 of *Lecture Notes in Computer Science*, p. 547–560, Guanajuato, Mexico. Springer-Verlag. Citado em: 249, 251

Handl, J. e Knowles, J. (2005b). Improvements to the scalability of multiobjective clustering. In: *IEEE Congress on Evolutionary Computation*, p. 438–445. IEEE Computer Society Press. Citado em: 249, 250, 251

Handl, J. e Knowles, J. (2007). An evolutionary approach to multiobjective clustering. *IEEE Transactions on Evolutionary Computation*, 11(1):56–76. Citado em: 211, 249, 262

Handl, J., Knowles, J. e Kell, D. (2005). Computational cluster validation in post-genomic data analysis. *Bioinformatics*, 21(15):3201–3212. Citado em: 208, 210, 256, 260

Hansen, L. e Salamon, P. (1990). Neural networks ensembles. *Transactions on Pattern Analysis and Machine Intelligence*, 12(10). Citado em: 153

Hartigan, J. (1975). *Clustering Algorithms*. Wiley. Citado em: 262

Hartigan, J. A. (1985). Statistical theory in clustering. *Journal of Classification*, 2(1):63–76. Citado em: 218

Hartuv, E. e Shamir, R. (2000). A clustering algorithm based on graph connectivity. *Information Processing Letters*, 76(200):175–181. Citado em: 231

Hastie, T. e Tibshirani, R. (1998). Classification by pairwise coupling. *The Annals of Statistics*, 26(2):451–471. Citado em: 170

Hastie, T., Tibshirani, R. e Friedman, J. (2001). *The Elements of Statistical Learning*. Springer New York. Citado em: 82

Hastie, T., Tibshirani, R., Friedman, J., Hastie, T., Tibshirani, R. e Friedman, J. (2009). Boosting and additive trees. *The elements of statistical learning: data mining, inference, and prediction*, p. 337–387. Citado em: 163

Hawkins, D. (1980). *Identification of outliers*. Chapman and Hall. Citado em: 42

Haykin, S. (1999a). *Neural Networks: A Comprehensive Foundation*. Prentice-Hall, Upper Saddle River, NJ, USA, 2. ed. Citado em: 113, 115, 135, 147, 302

Haykin, S. (1999b). Support vector machines. In: *Neural Networks: A Comprehensive Foundation*. Prentice Hall. Citado em: 136

Hayward, R., Tickle, A. B. e Diederich, J. (1995). Extracting rules for grammar recognition from cascade-2 networks. In: *Learning for Natural Language Processing*, p. 48–60. Citado em: 135

He, K., Gkioxari, G., Dollár, P. e Girshick, R. B. (2017). Mask r-cnn. In: *Proceedings of the 2017 IEEE International Conference on Computer Vision (ICCV)*, ICCV'17, p. 2980–2988. IEEE Computer Society. Citado em: 296

He, K., Zhang, X., Ren, S. e Sun, J. (2015). Deep residual learning for image recognition. Citado em: 128, 296

He, Q. (1999). A review of clustering algorithms as applied in IR. Relatório Técnico UIUCLIS–1999/6+IRG, Information Retrieval Group, University of Illinois. Citado em: 213, 218

Hearst, M. A., Schölkopf, B., Dumais, S., Osuna, E. e Platt, J. (1998). Trends and controversies – support vector machines. *IEEE Intelligent Systems*, 13(4):18–28. Citado em: 146

Heath, D., Kasif, S. e Salzberg, S. (1996). Committees of decision trees. In: *Cognitive Technology: in Search of a Humane Interface*, p. 305–317. Elsevier Science. Citado em: 160

Hebb, D. O. (1949). *The Organization of Behavior*. Wiley. Citado em: 114

Herbrich, R. (2001). *Learning Kernel Classifiers: Theory and Algorithms*. MIT Press. Citado em: 147, 148

Herrero, J., Valencia, A. e Dopazo, J. (2001). A hierarchical unsupervised growing neural network for clustering gene expression patterns. *Bioinformatics*, 17(2):126–136. Citado em: 231

High-Level Expert Group on AI (2019). Ethics guidelines for trustworthy artificial intelligence. Disponível em: `https://ec.europa.eu/digital-single-market/en/news/ethics-guidelines-trustworthy-ai`. Citado em: 312, 313

Hinkley, D. (1970). Inference about the change point from cumulative sum-tests. *Biometrika*, 58:509–523. Citado em: 283

Hinneburg, A. e Keim, D. A. (1998). An efficient approach to clustering in large multimedia databases with noise. In: *Proceedings of 4rd Int. Conf. on Knowledge Discovery and Data Mining*, p. 58–65. AAAI Press. Citado em: 230

Hinneburg, A. e Keim, D. A. (1999). Optimal grid-clustering: Towards breaking the curse of dimensionality in high-dimensional clustering. In: *Proceedings of the 25th International Conference on Very Large Databases*, p. 506–517. Citado em: 232

Ho, T. K. (1995). Random decision forests. In: *Proceedings of 3rd international conference on document analysis and recognition*, vol. 1, p. 278–282. IEEE. Citado em: 163

Hochreiter, S. e Schmidhuber, J. (1997). Long short-term memory. *Neural Computation*, 9(8):1735–1780. Citado em: 130, 304

Hoeting, J. A., Madigan, D., Raftery, A. E. e Volinsky, C. T. (1999). Bayesian model averaging: A tutorial. *Statistical Science*, 14(1):382–401. Citado em: 153

Holland, J. (1975). *Adaptation in Natural and Artificial Systems.* University of Michigan Press, Ann Arbor. Citado em: 125

Holte, R. C. (1993). Very simple classification rules perform well on most commonly used datasets. *Machine Learning*, 11:63–91. Citado em: 102

Hosmer, D. W. e Lemeshow, S. (2000). *Applied logistic regression (Wiley Series in probability and statistics).* Wiley-Interscience Publication, 2 ed. Citado em: 85

Hruschka, E., Campello, R., Freitas, A. e Carvalho, A. (2009). A survey of evolutionary algorithms for clustering. *IEEE Transactions on Systems, Man and Cybernetics. Part C – Applications and Reviews*, 39:133–155. Citado em: 237, 249

Hsu, C.-W., Chang, C.-C. e Lin, C.-J. (2003). A Practical Guide to Support Vector Classification. Relatório técnico, Department of Computer Science, National Taiwan University. Citado em: 148

Hsu, C.-W. e Lin, C.-J. (2002). A comparison of methods for multi-class support vector machines. *IEEE Transactions on Neural Networks*, 13(2):415–425. Citado em: 150

Hubert, L. J. e Arabie, P. (1985). Comparing partitions. *Journal of Classification*, 2:193–218. Citado em: 253, 263, 269

Hulten, G., Spencer, L. e Domingos, P. (2001). Mining time-changing data streams. In: *Proceedings of the 7th ACM SIGKDD International Conference on Knowledge Discovery and Data Mining*, p. 97–106, San Francisco, California. ACM Press. Citado em: 280

Hutter, F., Kotthoff, L. e Vanschoren, J. (Ed.) (2019). *Automated Machine Learning: Methods, Systems, Challenges.* Springer. Disponível em: `http://automl.org/book`. Citado em: 310

Ihaka, R. e Gentleman, R. (1996). R: A language for data analysis and graphics. *Journal of Computational and Graphical Statistics*, 5(3):299–314. Citado em: 89

Ismail-Fawaz, A., Dempster, A., Tan, C. W., Herrmann, M., Miller, L., Schmidt, D. F., Berretti, S., Weber, J., Devanne, M., Forestier, G. *et al.* (2023). An approach to multiple comparison benchmark evaluations that is stable under manipulation of the comparate set. *arXiv preprint arXiv:2305.11921.* Citado em: 177, 184, 187, 188

Jain, A. e Dubes, R. (1988). *Algorithms for Clustering Data.* Prentice Hall. Citado em: 18, 207, 209, 213, 216, 217, 218, 220, 225, 229, 256, 257, 259, 262, 265, 266, 267, 268

Jain, A., Murty, M. e Flynn, P. (1999). Data clustering: A review. *ACM Computing Surveys*, 31(3):264–323. Citado em: 211, 212, 214, 225, 229

Jain, A. K. (2010). Data clustering: 50 years beyond k-means. *Pattern Recognition Letters*, 31(8):651–666. Citado em: 225, 229, 233

Jain, A. K., Dubes, R. C. e Chen, C.-C. (1987). Bootstrap techniques for error estimation. *IEEE Transactions on Pattern Analysis and Machine Intelligence*, 9(5):628–633. Citado em: 179

Jarmulak, J., Craw, S. e Rowe, R. (2001). Using case-base data to learn adaptation knowledge for design. In: Nebel, B. (Ed.) *17th International Joint Conference on Artificial Intelligence, Seattle, EUA*, p. 1011–1020. Morgan Kaufmann. Citado em: 70

Jiamthapthaksin, R., Eick, C. F. e Vilalta, R. (2009). A framework for multi-objective clustering and its application to co-location mining. In: *Lecture Notes in Computer Science*, vol. 5678, p. 188–199. Citado em: 237, 252

Jiang, D., Tang, C. e Zhang, A. (2004). Cluster analysis for gene expression data: A survey. *IEEE Transactions on Knowledge and Data Engineering*, 16(11):1370–1386. Citado em: 208, 218, 263

Jiang, L., Wang, S., Li, C. e Zhang, L. (2016). Structure extended multinomial naive bayes. *Information Sciences: an International Journal*, 329(C):346–356. Citado em: 299

Jiang, W. e Luo, J. (2022). Graph neural network for traffic forecasting: A survey. *Expert Systems with Applications*, 207:117921. Citado em: 289

Jin, R. e Agrawal, G. (2003). Efficient decision tree construction on streaming data. In: Domingos, P. e Faloutsos, C. (Ed.) *Proceedings of the Ninth International Conference on Knowledge Discovery and Data Mining*. ACM Press. Citado em: 278

John, G. (1997). *Enhancements to the Data Mining Process*. Tese de Doutorado, Stanford University. Citado em: 81

John, G., Kohavi, R. e Pfleger, K. (1994). Irrelevant features and the subset selection problem. In: Cohen, W. e Hirsh, H. (Ed.) *Machine Learning, Proceedings of the 11th International Conference*. Morgan Kaufmann. Citado em: 81

Karnin, E. D. (1990). A simple procedure for pruning back-propagation trained neural networks. *IEEE Transactions on Neural Networks*, 1(2):239–242. Citado em: 125

Karras, T., Laine, S. e Aila, T. (2019). A style-based generator architecture for generative adversarial networks. In: *Proceedings of the 2019 IEEE/CVF Conference on Computer Vision and Pattern Recognition*, CVPR'19, p. 4396–4405. Citado em: 133

Karypis, G., Han, E.-H. S. e Kumar, V. (1999). Chameleon: Hierarchical clustering using dynamic modeling. *Computer*, 32(8):68–75. Citado em: 229

Karypis, G. e Kumar, V. (1999). A fast and high quality multilevel scheme for partitioning irregular graphs. *SIAM Journal on Scientific Computing*, 20(1):359–392. Citado em: 244, 246

Kaufman, L. e Rousseeuw, P. J. (1990). *Finding Groups in Data: An Introduction to Cluster Analysis*. John Wiley & Sons. Citado em: 229

Kearns, M. e Mansour, Y. (1996). On the boosting ability of top-down decision tree learning algorithms. In: *Proceedings of the Twenty-Eighth Annual ACM Symposium on Theory of Computing*, p. 459–468, New York, NY, USA. ACM. Citado em: 161

Keerthi, S. S. e Lin, C.-J. (2003). Asymptotic behaviors of support vector machines with Gaussian kernel. *Neural Computation*, 15(7):1667–1689. Citado em: 148

Kellam, P., Liu, X., Martin, N. J., Orengo, C., Swift, S. e Tucker, A. (2001). Comparing, contrasting and combining clusters in viral gene expression data. In: *Proceedings of 6th Workshop on Intelligent Data Analysis in Medicine and Pharmacology*, p. 56–62. Citado em: 240, 241

Kifer, D., Ben-David, S. e Gehrke, J. (2004). Detecting change in data streams. In: *VLDB 04: Proceedings of the 30th International Conference on Very Large Data Bases*, p. 180–191. Morgan Kaufmann Publishers Inc. Citado em: 283

Kittler, J. (1998). Combining classifiers: A theoretical framework. *Pattern Analysis and Applications*, 1(1). Citado em: 156, 157

Kleinberg, J. (2002). An impossibility theorem for clustering. *Advances in Neural Information Processing Systems*, 15:446–453. Citado em: 210

Klinkenberg, R. (2004). Learning drifting concepts: Example selection vs. example weighting. *Intelligent Data Analysis*, 8(3):281–300. Citado em: 283, 284

Kohavi, R. (1996). Scaling up the accuracy of naive-Bayes classifiers: a decision tree hybrid. In: Simoudis, E., Han, J. W. e Fayyad, U. (Ed.) *Proc. of the 2nd International Conference on Knowledge Discovery and Data Mining*, p. 202–207. AAAI Press, USA. Citado em: 80, 169

Kohavi, R. e Kunz, C. (1997). Option decision trees with majority votes. In: Fisher, D. (Ed.) *Machine Learning Proc. of 14th International Conference*. Morgan Kaufmann. Citado em: 101, 108

Kohavi, R., Sommerfield, D. e Dougherty, J. (1997). Data mining using MLC++, a machine learning library in C++. *International Journal of Artificial Intelligence Tools*, 6(4). Citado em: 97

Kohavi, R. e Wolpert, D. (1996). Bias plus variance decomposition for zero-one loss functions. In: Saitta, L. (Ed.) *Proceedings of the 13th International Conference on Machine Learning*, p. 275–283. Morgan Kaufmann. Citado em: 189

Kohonen, T. (2001). *Self-Organizing Maps*. Springer, Berlin. Citado em: 231

Konak, A., Coit, D. e Smith, A. (2006). Multi-objective optimization using genetic algorithms: A tutorial. *Reliability Engineering & System Safety*, 91(9):992–1007. Citado em: 247, 248

Kong, E. B. e Dietterich, T. (1995). Error-correcting output coding correct bias and variance. In: Prieditis, A. e Russel, S. (Ed.) *Proceedings of the 12th International Conference on Machine Learning*. Morgan Kaufmann. Citado em: 189

Kononenko, I. (1991). Semi-naive Bayesian classifier. In: Kodratoff, Y. (Ed.) *European Working Session on Learning - EWSL91*. LNAI 482 Springer Verlag. Citado em: 80, 81

Kontkanen, P., Myllymäki, P., Silander, T. e Tirri, H. (1999). On supervised selection of Bayesian networks. In: *Proceedings of the 15th International Conference on Uncertainty in Artificial Intelligence*, p. 334–342. Morgan Kaufmann Publishers, Inc. Citado em: 82

Kraus, J. M., Müssel, C., Palm, G. e Kestler, H. A. (2011). Multi-objective selection for collecting cluster alternatives. *Computational Statistics*, 26(2):341–353. Citado em: 249

Krizhevsky, A., Sutskever, I. e Hinton, G. E. (2012). Imagenet classification with deep convolutional neural networks. In: *Proceedings of the 25th International Conference on Neural Information Processing Systems*, NIPS'12, p. 1097–1105, Red Hook, NY, USA. Curran Associates Inc. Citado em: 128, 296

Krones, F., Marikkar, U., Parsons, G., Szmul, A. e Mahdi, A. (2025). Review of multimodal machine learning approaches in healthcare. *Information Fusion*, 114:102690. Citado em: 16

Krzanowski, W. e Lai, Y. (1985). A criterion for determining the number of groups in a dataset using sum of squares clustering. *Biometrics*, 44:23–34. Citado em: 262

Kuncheva, L. I. (2004). *Combining Pattern Classifiers*. John Wiley & Sons. Citado em: 240

Kuncheva, L. I., Hadjitodorov, S. T. e Todorova, L. P. (2006). Experimental comparison of cluster ensemble methods. In: *Proceedings of FUSION 2006*, p. 105–115. Citado em: 239, 240

Kusner, M. J., Sun, Y., Kolkin, N. I. e Weinberger, K. Q. (2015). From word embeddings to document distances. In: *ICML*. Citado em: 302

Landauer, T., Foltz, P. e Laham, D. (1998). An introduction to latent semantic analysis. *Discourse processes*, 25:259–284. Citado em: 301

Lange, T., Braun, M., Roth, V. e Buhmann, J. (2003). Stability-based model selection. In: *Advances in Neural Information Processing Systems*, vol. 15, p. 617–624. Citado em: 264

Langley, P. (1993). Induction of recursive bayesian classifiers. In: Brazdil, P. (Ed.) *Machine Learning: ECML-93*. LNAI 667, Springer Verlag. Citado em: 80

Law, M., Topchy, A. e Jain, A. K. (2004). Multiobjective data clustering. In: *Proceedings of the IEEE Computer Society Conference on Computer Vision and Pattern Recognition*, vol. 2, p. 424–430. Citado em: 208, 210, 237, 239, 252

Law, M. H. e Jain, A. K. (2003). Cluster Validity by Bootstrapping Partitions. Relatório Técnico MSU-CSE-03-5, Department of Computer Science and Engineering, Michigan State University. Citado em: 257, 262, 264, 265

Lazzeroni, L. e Owen, A. (2002). Plaid models for gene expression data. *Statistica Sinica*, 12(1):61–86. Citado em: 225

Lecun, Y., Bengio, Y. e Hinton, G. (2015). Deep learning. *Nature*, 521(7553):436–444. Citado em: 126

LeCun, Y., Bengio, Y. e Hinton, G. (2015). Deep learning. *nature*, 521(7553):436. Citado em: 127, 129, 302, 303

Lee, K.-F. (2018). *AI Superpowers: China, Silicon Valley, and the New World Order*. Houghton Mifflin Co., Boston, MA, USA. Citado em: 310

Leskovec, J., Adamic, L. A. e Huberman, B. A. (2007). The dynamics of viral marketing. *ACM Transactions on the Web*, 1(1):1–5. Citado em: 291

Leslie, D. (2019). Understanding artificial intelligence ethics and safety: A guide for the responsible design and implementation of AI systems in the public sector. Disponível em: `https://www.turing.ac.uk/research/publications/understanding-artificial-intelligence-ethics-and-safety`. Citado em: 311

Li, B., Qi, P., Liu, B., Di, S., Liu, J., Pei, J., Yi, J. e Zhou, B. (2023). Trustworthy ai: From principles to practices. *ACM Comput. Surv.*, 55(9). Citado em: 312, 314

Lin, H.-T. e Lin, C.-J. (2003). A study on sigmoid kernels for SVM and the training of non-psd kernels by smo-type methods. Relatório técnico, Department of Computer Science, National Taiwan University. Citado em: 148

Linsker, R. (1988). Self-organization in a perceptual network. *Computer*, 21(3):105–117. Citado em: 126

Liu, H. e Motoda, H. (2013). *Instance selection and construction for data mining*, vol. 608. Springer Science & Business Media. Citado em: 36

Liu, R., Liu, Y. e Li, Y. (2012). An improved method for multi-objective clustering ensemble algorithm. In: *Proceedings of IEEE Congress on Evolutionary Computation*, p. 1–8. Citado em: 237, 250

Lochter, J., Zanetti, R., Reller, D. e Almeida, T. (2016). Short text opinion detection using ensemble of classifiers and semantic indexing. *Expert Systems with Applications*, 62:243–249. Citado em: 299, 301, 303

Lochter, J. V., Silva, R. M. e Almeida, T. A. (2022). Multi-level out-of-vocabulary words handling approach. *Knowledge-Based Systems*, 251:1–11. Citado em: 299

Lochter, J. V., Silva, R. M., Almeida, T. A. e Yamakami, A. (2018). Semantic indexing-based data augmentation for filtering undesired short text messages. In: *Proceedings of the 17th IEEE International Conference on Machine Learning and Applications (ICMLA'18)*, p. 1034–1039. Citado em: 299

Lorena, A. C., De Carvalho, A. C. e Gama, J. M. (2008). A review on the combination of binary classifiers in multiclass problems. *Artificial Intelligence Review*, 30(1-4):19. Citado em: 150, 151

Lorena, A. C., Paiva, P. Y. e Prudêncio, R. B. (2024). Trusting my predictions: on the value of instance-level analysis. *ACM Computing Surveys*, 56(7):1–28. Citado em: 191

Lund, K. e Burgess, C. (1996). Producing high-dimensional semantic spaces from lexical co-occurrence. *Behavior Research Methods, Instruments, & Computers*, 28(2):203–208. Citado em: 301

Luo, F., Khan, L., Bastani, F., Yen, I.-L. e Zhou, J. (2004). A dynamical growing self-organizing tree (DGSOT) for hierarchical clustering gene expression profiles. *Bioinformatics*, 20(16):2605–2617. Citado em: 231

Luo, F., Tang, K. e Khan, L. (2003). Hierarchical clustering of gene expression data. In: *3rd IEEE Symposium on BioInformatics and BioEngineering (BIBE'2003)*, p. 328–335. Citado em: 231

Main, J., Dillom, T. e Shiu, S. (2001). A tutorial on case based reasoning. In: Pal, S., Dillon, T. e Yeung, D. (Ed.) *Soft Computing in Case Based Reasoning*. Springer Verlag. Citado em: 70

Malek, M. (2001). Hybrid approaches for integrating neural networks and case-based reasoning: From loosely coupled to tightly coupled models. In: Pal, S., Dillon, T. e Yeung, D. (Ed.) *Soft Computing in Case Based Reasoning*. Springer Verlag. Citado em: 70

Malek, M. e Amy, B. (1994). Integration of Case-based Reasoning and Neural Networks Approaches for Classification. Relatório Técnico 131 IMAG - 28 LIFIA, laboratoire Leibntz - IMAG. Citado em: 69

Manevitz, L. M., Yousef, M., Cristianini, N., Shawe-taylor, J. e Williamson, B. (2001). One-class SVMs for document classification. *Journal of Machine Learning Research*, 2:139–154. Citado em: 38

Manning, C. D., Raghavan, P. e Schütze, H. (2009). *Introduction to Information Retrieval*. Cambridge University Press, New York, NY, USA. Citado em: 300

Markou, M. e Singh, S. (2003). Novelty detection: A review - part 1: Statistical approaches. *Signal Processing*, 83(12):2481–2497. Citado em: 278

Martin, J. (1997). An exact probability metric for decision tree spliting and stopping. *Machine Learning*, 28:257–291. Citado em: 92

Martínez-Muñoz, G. e Suárez, A. (2006). Pruning in ordered bagging ensembles. In: Cohen, W. e Moore, A. (Ed.) *Machine Learning, Proceedings of the 23th International Conference*. OmniPress. Citado em: 160

Matsubara, E. T. (2008). *Relações entre Ranking, Análise ROC e Calibração em Aprendizado de Máquina*. Tese de Doutorado, Instituto de Ciências Matemáticas e de Computação, Universidade de São Paulo, São Carlos-SP. Citado em: 182

Mattison, R. (1998). *AnswerTree Algorithm User's Guide*. SPSS Inc. USA. Citado em: 89

McCallum, A. e Nigam, K. (1998). A comparison of event models for naive Bayes text classification. In: *Proceedings of the 15th AAAI Workshop on Learning for Text Categorization (AAAI'98)*, p. 41–48. Citado em: 302

McCulloch, W. S. e Pitts, W. (1943). A logical calculus of the ideas in nervous activity. *Bulletin of Mathematical Biophysics*, 5:115–133. Citado em: 113, 115

McIntyre, R. M. e Blashfield, R. K. (1980). A nearest-centroid technique for evaluating the minimum-variance clustering procedure. *Multivariate Behavioral Research*, 15:225–238. Citado em: 257, 262, 263

Meila, M. (2007). Comparing clusterings - an information based distance. *Journal of Multivariate Analyis*, 98:873–895. Citado em: 268

Mercer, J. (1909). Functions of positive and negative type and their connection with the theory of integral equations. *Philosophical Transactions of the Royal Society*, A 209:415–446. Citado em: 148

Merz, C. J. (1998). *Classification and Regression by Combining Models*. Tese de Doutorado, University of California, Irvine. `http://www.ics.uci.edu/~cmerz/thesis.ps` [Acesso em: 19 jul. 2002.]. Citado em: 158

Michalski, R. S., Mozetic, I., Hong, J. e Lavrac, N. (1986). The multi-purpose incremental learning system AQl5 and its testing application to three medical domains. In: *Proceedings of the Fifth National Conference on Artificial Intelligence*, p. 1041–1045. Morgan Kaufmann. Citado em: 103, 106

Michie, D., Spiegelhalter, D. J. e Taylor, C. C. (1994). *Machine Learning, Neural and Statistical Classification*. Ellis Horwood, Upper Saddle River, NJ, USA. Citado em: 153, 169, 178

Mikolov, T., Kombrink, S., Burget, L., Černocký, J. e Khudanpur, S. (2011). Extensions of recurrent neural network language model. In: *Acoustics, Speech and Signal Processing (ICASSP), 2011 IEEE International Conference on*, p. 5528–5531. IEEE. Citado em: 302

Mikolov, T., Sutskever, I., Chen, K., Corrado, G. e Dean, J. (2013). Distributed representations of words and phrases and their compositionality. In: *Proceedings of the 26th International Conference on Neural Information Processing Systems (NIPS'13)*, p. 3111–3119, Lake Tahoe, Nevada, USA. Curran Associates Inc. Citado em: 126, 302

Milligan, G. e Cooper, M. (1985). An examination of procedures for determining the number of clusters in a data set. *Pshychometrika*, 50:159–179. Citado em: 262

Milligan, G. e Cooper, M. (1986). A study of the comparability of external criteria for hierarchical cluster analysis. *Multivariate Behavioral Research*, 21:441–458. Citado em: 269, 270

Milligan, G., Soon, T. e Sokol, L. (1983). The effect of cluster size, dimensionality, and the number of clusters on recovery of true cluster structure. *IEEE Transactions on Pattern Analysis and Machine Intelligence*, 5(1):40–47. Citado em: 270

Milligan, G. W. (1996). *Clustering and Classification*, Capítulo Clustering validation: results and implications for applied analyses. World Scientific Publ. Citado em: 263

Mingers, J. (1989a). An empirical comparison of pruning methods for decision tree induction. *Machine Learning*, 4:227–243. Citado em: 99

Mingers, J. (1989b). An empirical comparison of selection measures for decision-tree induction. *Machine Learning*, 3:319–342. Citado em: 96

Minsky, M. e Papert, S. (1969). *Perceptrons: An Introduction to Computational Geometry*. MIT Press, Massachusetts. Citado em: 114, 115

Mirkin, B. (2011). *Core Concepts in Data Analysis: Summarization, Correlation and Visualization*. Springer. Citado em: 195

Mitchell, T. (1997). *Machine Learning*. McGraw-Hill. Citado em: 6, 7, 18, 59, 65, 73, 75, 161, 195, 309

Monard, M. C. e Baranauskas, J. A. (2003). Conceitos de aprendizado de máquina. In: Rezende, S. O. (Ed.) *Sistemas inteligentes: Fundamentos e aplicações*, p. 89–114. Editora Manole. Citado em: 6, 175, 176, 179, 180

Monroe, D. (2018). Chips for artificial intelligence. *Communications ACM*, 61(4):15–17. Citado em: 311

Monteiro, R. A., Santos, R. L. S., Pardo, T. A. S., de Almeida, T. A., Ruiz, E. E. S. e Vale, O. A. (2018). Contributions to the study of fake news in portuguese: New corpus and automatic detection results. In: *Computational Processing of the Portuguese Language*, p. 324–334. Springer International Publishing. Citado em: 299

Monti, S., Tamayo, P., Mesirov, J. e Golub, T. (2003). Consensus clustering: A resampling-based method for class discovery and visualization of gene expression microarray data. *Machine Learning*, 52(1-2):91–118. Citado em: 239, 240, 241

Moreira, M. (2000). *The Use of Boolean Concepts in General Classification Contexts*. Tese de Doutorado, Ecole Polytechnique Federale de Lausanne. Citado em: 170

Moreira, M. e Mayoraz, E. (1997). Improved pairwise coupling classification with correcting classifiers. Research report IDIAP-RR 97-09, IDIAP, Dalle Molle Institute of Perceptual Artificial Intelligence, Martigny, Switzerland. Citado em: 169

Morey, L. e Agresti, A. (1984). The measurement of classification agreement: an adjustment to the Rand statistic for chance agreement. *Educational and Psychological Measurement*, 44:33–37. Citado em: 269

Morey, L. C., Blashfield, R. K. e Skinner, H. A. (1983). A comparison of cluster analysis techniques within a sequential validation framework. *Multivariate Behavioral Research*, 18:309–329. Citado em: 257, 262, 263

Muhammad, A., Wiratunga, N. e Lothian, R. (2016). Contextual sentiment analysis for social media genres. *Knowledge-Based Systems*, p. 1–10. Citado em: 299

Mukhopadhyay, A., Maulik, U. e Bandyopadhyay, S. (2015). A survey of multiobjective evolutionary clustering. *ACM Computing Surveys*, 47(4). Article 61. Citado em: 237, 249

Mukhopadhyay, A., Maulik, U., Bandyopadhyay, S. e Coello, C. A. C. (2014). Survey of multiobjective evolutionary algorithms for data mining: Part ii. *IEEE Transactions on Evolutionary Computation*, 18(1):20–35. Citado em: 249

Müller, E., Assent, I., Günnemann, S. e Seidl, T. (2015). Multiclust special issue on discovering, summarizing and using multiple clusterings. *Machine Learning*, 98(1-2):1–5. Citado em: 237

Müller, E., Günnemann, S., Färber, I. e Seidl, T. (2012). Discovering multiple clustering solutions: Grouping objects in different views of the data. *2012 IEEE 28th International Conference on Data Engineering*, 21(15):1207–1210. Citado em: 237

Müller, E., Günnemann, S., Färber, I. e Seidl, T. (2013). Discovering multiple clustering solutions: Grouping objects in different views of data. Tutorial at ICML 2013 - `http://techtalks.tv/icml/2013/` [Acesso em: 18 set. 2019.]. Citado em: 237, 238

Müller, K. R., Mika, S., Rätsch, G., Tsuda, K. e Schölkopf, B. (2001). An introduction to kernel-based learning algorithms. *IEEE Transactions on Neural Networks*, 12(2):181–201. Citado em: 139, 140, 141, 142, 147

Nadeau, C. e Bengio, Y. (2003). Inference for the generalization error. *Machine Learning*, 52(3):239–281. Citado em: 184

Nadler, M. e Smith, E. P. (1993). *Pattern Recognition Engineering*. Wiley. Citado em: 216

Nagesh, H., Goil, S. e Choudhary, A. (2001a). Adaptive grids for clustering massive data sets. In: *SIAM Conference on Data Mining*. Citado em: 232

Nagesh, H., Goil, S. e Choudhary, A. (2001b). *Data Mining for Scientific and Engineering Applications*, Capítulo Parallel algorithms for clustering high-dimensional large-scale datasets, p. 335–356. Kluwer Academic Publishers. Citado em: 232

Nemenyi, P. B. (1963). *Distribution-free Multiple Comparisons*. Tese de Doutorado, Princeton University. Citado em: 186

Newman, M. E. J. (2003). The structure and function of complex networks. *SIAM Review*, 45(23):167–228. Citado em: 291

Ng, A. Y. e Jordan, M. I. (2001). On discriminative vs. generative classifiers: A comparison of logistic regression and naive bayes. In: *Proceedings of the 14th International Conference on Neural Information Processing Systems: Natural and Synthetic*, NIPS'01, p. 841–848, Cambridge, MA, USA. MIT Press. Citado em: 59

Ng, A. Y., Jordan, M. I. e Weiss, Y. (2002). On spectral clustering: Analysis and an algorithm. In: *Advances in Neural Information Processing Systems*, vol. 14, p. 849–856. MIT Press. Citado em: 246

Ng, P. (2017). DNA2Vec: Consistent vector representations of variable-length k-mers. *arXiv preprint arXiv:1701.06279*. Citado em: 126

Ng, R. e Han, J. (1994). Efficient and effective clustering methods for spatial data mining. In: *Proceedings of 20th International Conference on Very Large Databases*, p. 144–155, Santiago, Chile. Citado em: 229

Ortega, J. (1995). Exploiting multiple existing models and learning algorithms. In: *AAAI 96 – Workshop in Induction of Multiple Learning Models*. Citado em: 157

Pagallo, G. e Haussler, D. (1990). Boolean feature discovery in empirical learning. *Machine Learning*, 5:71–99. Citado em: 100

Paiva, P. Y. A., Moreno, C. C., Smith-Miles, K., Valeriano, M. G. e Lorena, A. C. (2022). Relating instance hardness to classification performance in a dataset: a visual approach. *Machine Learning*, 111(8):3085–3123. Citado em: 191

Pakhira, M. K., Bandyopadhyay, S. e Maulik, U. (2004). Validity index for crisp and fuzzy clusters. *Pattern Recognition*, 37(3):487–501. Citado em: 260, 262

Pal, N. R. e Bezdek, J. C. (1995). On cluster validity for fuzzy c-means model. *IEEE Transactions on Fuzzy Systems*, 3(3):370–379. Citado em: 262

Park, Y.-J. e Song, M.-S. (1998). A genetic algorithm for clustering problems. In: *Proceedings of the Third Annual Conference on Genetic Programming*, p. 568–575, San Francisco, CA, USA. Morgan Kaufmann. Citado em: 250

Pau, L. e Gotzche, T. (1992). Explanation facility for neural networks. *Journal of Intelligent and Robotic Systems*, 5:193–206. Citado em: 135

Pazzani, M. (1996). Constructive induction of Cartesian product attributes. In: *Proc. of the Conference ISIS96: Information, Statistics and Induction in Science*, p. 66–77. World Scientific. Citado em: 81

Pearl, J. (1988). *Probabilistic Reasoning in Intelligent Systems: Networks of Plausible Inference*. Morgan Kaufmann. Citado em: 59, 81

Pearlmutter, B. (1992). Gradient descent: second order momentum and saturation error. In: Moody, J. E., Hanson, S. e Lippmann, R. (Ed.) *Advances in Neural Information Processing Systems 2*, p. 887–894. Morgan Kaufmann. Citado em: 123

Pearson, K. (1901). On lines and planes of closest fit to systems of points in space. *Philosophical Magazine*, 2:559–572. Citado em: 49

Pedregosa, F., Varoquaux, G., Gramfort, A., Michel, V., Thirion, B., Grisel, O., Blondel, M., Prettenhofer, P., Weiss, R., Dubourg, V., Vanderplas, J., Passos, A., Cournapeau, D., Brucher, M., Perrot, M. e Duchesnay, E. (2011). Scikit-learn: Machine learning in python. *J. Mach. Learn. Res.*, 12(null):2825–2830. Citado em: 89

Pei, J., Han, J., Mortazavi-Asl, B., Pinto, H., Chen, Q., Dayal, U. e Hsu, M. (2001). Prefixspan: Mining sequential patterns by prefix-projected growth. In: *Proceedings of the 17th International Conference on Data Engineering*, p. 215–224, Heidelberg, Germany. Citado em: 202

Peixoto, B. M., Lavi, B., Dias, Z. e Rocha, A. (2021). Harnessing high-level concepts, visual, and auditory features for violence detection in videos. *J. Vis. Commun. Image Represent.*, 78:103174. Citado em: 296

Pestana, D. e Velosa, S. (2002). *Introdução à probabilidade e à estatística*. Fundação Calouste Gulbenkian. Citado em: 73

Peters, M. E., Neumann, M., Iyyer, M., Gardner, M., Clark, C., Lee, K. e Zettlemoyer, L. (2018). Deep contextualized word representations. In: Walker, M., Ji, H. e Stent, A. (Ed.) *Proceedings of the 2018 Conference of the North American Chapter of the Association for Computational Linguistics: Human Language Technologies, Volume 1 (Long Papers)*, p. 2227–2237, New Orleans, Louisiana. Association for Computational Linguistics. Citado em: 303, 304

Phan, H. T., Nguyen, N. T. e Hwang, D. (2023). Fake news detection: A survey of graph neural network methods. *Applied Soft Computing*, 139:110235. Citado em: 289

Platt, J. C. (1998). Sequential minimal optimization: A fast algorithm for training support vector machines. Relatório técnico, Microsoft Research. Citado em: 170

Plaza, E. e Arcos, J. (2002). Constructive adaptation. In: Craw, S. e Preece, A. (Ed.) *6th European Conference on Case-Based Reasoning, Aberdeen, Scotland, Uk*, p. 306–320. Citado em: 70

Pomerleau, D. A. (1988). ALVINN: An autonomous land vehicle in a neural network. In: *Proceedings of the 2nd International Conference on Neural Information Processing Systems (NIPS'88)*, p. 305–313, Cambridge, MA, USA. MIT Press. Citado em: 296

Prati, R. (2006). *Novas Abordagens em Aprendizado de Máquina para a Geração de Regras, Classes Desbalanceadas e Ordenação de Casos.* Tese de Doutorado, Instituto de Ciências Matemáticas e de Computação, Universidade de São Paulo, São Carlos-SP. Citado em: 181, 183

Prati, R. C. e Flach, P. A. (2005). ROCCER: an algorithm for rule learning based on ROC analysis. In: *Proceedings of the 9th International Joint Conference on Artificial Intelligence*, p. 823–828. Citado em: 181

Prentzas, J. e Hatzilygeroudis, I. (2002). Integrating hybrid rule-based with case-based reasoning. In: Craw, S. e Preece, A. (Ed.) *6th European Conference on Case-Based Reasoning*, p. 336–349. Springer Verlag. Citado em: 70

Provost, F. e Domingos, P. (2001). *Well-trained PETs: Improving Probability Estimation Trees.* Relatório técnico, CeDER Working paper IS-00-04, Stern School of Business, New York University. Citado em: 183

Provost, F. e Fawcett, T. (2013). *Data Science for Business: What You Need to Know About Data Mining and Data-analytic Thinking.* O'Reilly Media, Inc., 1. ed. Citado em: 12

Pyle, D. (1999). *Data Preparation for Data Mining.* Morgan Kaufmann. Citado em: 20

Qian, Y. e Suen, C. (2000). Clustering combination method. In: *Proceedings of the International Conference on Pattern Recognition (ICPR'2000)*, vol. II, p. 736–739. Citado em: 240

Quinlan, J. R. (1993). *C4.5: Programs for Machine Learning.* Morgan Kaufmann, San Mateo, CA, USA. Citado em: 59, 89, 97, 98, 102, 111, 302

Quinlan, R. (1979). Discovering rules by induction from large collections of examples. In: Michie, D. (Ed.) *Expert Systems in the Microelectronic Age*, p. 168–201. Edinburgh University Press. Citado em: 89

Quinlan, R. (1986). Induction of decision trees. *Machine Learning*, 1:81–106. Citado em: 96

Quinlan, R. (1988). Simplifying decision trees. In: Gaines, B. e Boose, J. (Ed.) *Knowledge Acquisition for Knowledge Based Systems.* Academic Press. Citado em: 98

Quinlan, R. (1995). Mdl and categorical theories (continued). In: Prieditis, A. e Russel, S. (Ed.) *Machine Learning Proc. of 12th International Conference.* Morgan Kaufmann. Citado em: 102

Quinlan, R. (1996). Bagging, boosting and C4.5. In: *Proc. 13th American Association for Artificial Intelligence.* AAAI Press. Citado em: 172

Quinlan, R. (1998). Data mining tools See5 and C5.0. Relatório técnico, RuleQuest Research. Citado em: 107

Quinlan, R. J. (1992). Learning with continuous classes. In: *5th Australian Joint Conference on Artificial Intelligence*, p. 343–348. Citado em: 107

Rabiner, L. R. (1990). A tutorial on hidden markov models and selected applications in speech recognition. In: Waibel, A. e Lee, K.-F. (Ed.) *Readings in Speech Recognition*, p. 267–296. Morgan Kaufmann, San Francisco, CA, USA. Citado em: 59

Radford, A., Kim, J. W., Hallacy, C., Ramesh, A., Goh, G., Agarwal, S., Sastry, G., Askell, A., Mishkin, P., Clark, J., Krueger, G. e Sutskever, I. (2021). Learning transferable visual models from natural language supervision. In: Meila, M. e Zhang, T. (Ed.) *Proceedings of the 38th International Conference on Machine Learning*, vol. 139 of *Proceedings of Machine Learning Research*, p. 8748–8763. PMLR. Citado em: 304

Radford, A. e Narasimhan, K. (2018). Improving language understanding by generative pre-training. Citado em: 132, 303

Rahmani, S., Baghbani, A., Bouguila, N. e Patterson, Z. (2023). Graph neural networks for intelligent transportation systems: A survey. *IEEE Transactions on Intelligent Transportation Systems*, 24(8):8846–8885. Citado em: 289

Redmon, J., Divvala, S., Girshick, R. e Farhadi, A. (2016). You only look once: Unified, real-time object detection. Citado em: 128, 296

Ren, S., He, K., Girshick, R. e Sun, J. (2015). Faster r-cnn: Towards real-time object detection with region proposal networks. In: Cortes, C., Lawrence, N., Lee, D., Sugiyama, M. e Garnett, R. (Ed.) *Advances in Neural Information Processing Systems*, vol. 28 of *NIPS'15*, p. 91–99. Curran Associates, Inc.. Citado em: 128, 296

Rennie, J. D., Shih, L., Teevan, J. e Karger, D. R. (2003). Tackling the poor assumptions of naive Bayes text classifiers. In: *Proceedings of the 20th International Conference on Machine Learning (ICML'03)*, vol. 3, p. 616–623. Citado em: 301

Retzlaff, C. O., Angerschmid, A., Saranti, A., Schneeberger, D., Röttger, R., Müller, H. e Holzinger, A. (2024). Post-hoc vs ante-hoc explanations: xai design guidelines for data scientists. *Cognitive Systems Research*, 86. Citado em: 314

Reyzin, L. (2019). Unprovability comes to machine learning. *Nature*, 565:166–167. Citado em: 310

Rezvani, S. e Wang, X. (2023). A broad review on class imbalance learning techniques. *Appl. Soft Comput.*, 143:110415. Citado em: 36

Richardson, M. e Domingos, P. (2002). Mining knowledge-sharing sites for viral marketing. In: *Proceedings of the 8th ACM SIGKDD International Conference on Knowledge Discovery and Data Mining*, p. 61–70, New York, NY, USA. ACM. Citado em: 291

Riedmiller, M. e Braun, H. (1994). *RPROP - Description and Implementation Details.* Relatório técnico, University of Karlsruhe. Citado em: 123

Rifkin, R. e Klautau, A. (2004). In defense of one-vs-all classification. *Journal of Machine Learning Research*, 5:1533–7928. Citado em: 170

Ritter, H. e Kohonen, T. (1989). Self-organizing semantic maps. *Biological Cybernetics*, 61(4):241–254. Citado em: 301

Rivest, R. L. (1987). Learning Decision Lists. *Machine Learning*, 2:229–246. Citado em: 91, 102

Roder, M., Passos, L. A., Pereira, C. R., Papa, J. P., de Mello Junior, A. F., de Rezende, M. F., Silva, Y. M. P. e Vidal, A. C. (2024). Convolutional neural networks and image patches for lithological classification of brazilian pre-salt rocks. In: Radeva, P., Furnari, A., Bouatouch, K. e de Sousa, A. A. (Ed.) *Proceedings of the 19th International Joint Conference on Computer Vision, Imaging and Computer Graphics Theory and Applications, VISIGRAPP 2024, Volume 3: VISAPP, Rome, Italy, February 27-29, 2024*, p. 648–655. SCITEPRESS. Citado em: 296

Rodrigues, P., Gama, J. e Pedroso, J. (2006). Odac: Hierarchical clustering of time series data streams. In: Ghosh, J., Lambert, D., Skillicorn, D. e Srivastava, J. (Ed.) *Proceedings of the Sixth SIAM International Conference on Data Mining*, p. 499–503, Bethesda, Maryland, USA. Society for Industrial and Applied Mathematics. Citado em: 278, 280

Ronneberger, O., Fischer, P. e Brox, T. (2015). U-net: Convolutional networks for biomedical image segmentation. In: Navab, N., Hornegger, J., Wells, W. M. e Frangi, A. F. (Ed.) *Proceedings of the Medical Image Computing and Computer-Assisted Intervention*, MICCAI'15, p. 234–241, Munich, Germany. Springer International Publishing. Citado em: 128, 296

Rosenblatt, F. (1958). The perceptron: a probabilistic model for information storage and organization in the brain. *Psychological Reviews*, 65:386–408. Citado em: 114, 119, 293

Rossi, R. G., de Andrade Lopes, A. e Rezende, S. O. (2016). Optimization and label propagation in bipartite heterogeneous networks to improve transductive classification of texts. *Information Processing & Management*, 52(2):217–257. Citado em: 299

Rousseeuw, P. J. (1987). Silhouettes: a graphical aid to the interpretation and validation of cluster analysis. *Journal of Computational and Applied Mathematics*, 20:53–65. Citado em: 261, 262

Rumelhart, D. E., Hinton, G. E. e Willians, R. J. (1986). Learning internal representations by error propagation. In: Rumelhart, D. E. e McClelland, J. L. (Ed.) *Parallel Distributed Processing: Foundations*, vol. 1, p. 318–362. MIT Press, Cambridge, MA. Citado em: 122

Rumelhart, D. E. e McClelland, J. L. (1986). *Parallel Distributed Processing*, vol. 1: Foundations. The MIT Press. Citado em: 123

Saha, S. e Bandyopadhyay, S. (2010). A new multiobjective clustering technique based on the concepts of stability and symmetry. *Knowledge and Information Systems*, 23(1):1–27. Citado em: 249

Sahami, M. (1996). Learning limited dependence Bayesian classifiers. In: *Proceedings of the Second International Conference on Knowledge Discovery and Data Mining (KDD'96)*, p. 335–338. AAAI Press. Citado em: 82, 83

Sakata, T., Faceli, K., De Souto, M. e De Carvalho, A. (2010). Improvements in the partitions selection strategy for set of clustering solutions. In: *Proceedings of the 11th Brazilian Symposium on Neural Networks, (SBRN'2010)*, p. 49–54. Citado em: 239

Salton, G., Wong, A. e Yang, C. S. (1975). A vector space model for automatic indexing. *Magazine Communications of the ACM*, 18(11):613–620. Citado em: 301

Salzberg, S. L. (1997). A method for identifying splice sites and translational start sites in eukaryotic mRNA. *Computer Applications in Biosciences*, 13(4):365–376. Citado em: 184, 185

Sanh, V., Debut, L., Chaumond, J. e Wolf, T. (2019). DistilBERT, a distilled version of BERT: smaller, faster, cheaper and lighter. In: *5th Workshop on Energy Efficient Machine Learning and Cognitive Computing @ NeurIPS 2019*. Citado em: 304

Santos, B. Z., Soriano, B. M. A., Narciso, M. G., Silva, D. F. e Cerri, R. (2023). A new time series framework for forest fire risk forecasting and classification. In: *International Joint Conference on Neural Networks, IJCNN 2023, Gold Coast, Australia, June 18-23, 2023*, p. 1–8. IEEE. Citado em: 298

Schaffer, C. (1993). Overfitting avoidance as bias. *Machine Learning*, 10:153–178. Citado em: 99

Schapire, R. (1990). The strength of weak learnability. *Machine Learning*, 5:197–227. Citado em: 161

Schapire, R. E., Freund, Y., Bartlett, P., Lee, W. S. *et al.* (1998). Boosting the margin: A new explanation for the effectiveness of voting methods. *The annals of statistics*, 26(5):1651–1686. Citado em: 139

Schroff, F., Kalenichenko, D. e Philbin, J. (2015). Facenet: A unified embedding for face recognition and clustering. In: *Proceedings of the IEEE/CVF Conference on Computer Vision and Pattern Recognition (CVPR)*, CVPR'15, p. 815–823. IEEE Computer Society. Citado em: 297

Sebastiani, F. (2002). Machine learning in automated text categorization. *ACM Computing Surveys*, 34(1):1–47. Citado em: 299, 301, 302

Seewald, A. e Fürnkranz, J. (2001). An evaluation of grading classifiers. In: Hoffmann, F., Hand, D., Adams, N. e Guimaraes, G. (Ed.) *Advances in Intelligent Data Analysis – IDA01*, p. 115–124. LNCS 2189 Springer Verlag, Berlin. Citado em: 158

Seidman, C. (2001). *Data Mining with Microsoft SQL Server 2000 Technical Reference*. Microsoft Press. Citado em: 89

Serrano, M., Dang, H. N. e Nguyen, H. M. Q. (2018). Recent advances on artificial intelligence and internet of things convergence for human-centric applications: Internet of things science. In: *Proceedings of the 8th International Conference on the Internet of Things*, IOT'18, p. 31:1–31:5, New York, NY, USA. ACM. Citado em: 311

Settles, B. (2012). Active learning. *Synthesis Lectures on Artificial Intelligence and Machine Learning*, 6(1):1–114. Citado em: 4

Shamir, R. e Sharan, R. (2002). *Current Topics in Computational Biology*, Capítulo Algorithmic approaches to clustering gene expression data, p. 269–299. MIT Press. Citado em: 231

Sharan, R. e Shamir, R. (2000). CLICK: A clustering algorithm with applications to gene expression analysis. In: *Proceedings of the 8th International Conference on Intelligent Systems for Molecular Biology (ISMB'2000)*, p. 307–316. Citado em: 231

Shawe-Taylor, J., Barlett, P. L., Williamson, R. C. e Anthony, M. (1998). Structural risk minimization over data-dependent hierarquies. *IEEE Transactions on Information Theory*, 44(5):1926–1940. Citado em: 142

Sheikholeslami, G., Chatterjee, S. e Zhang, A. (1998). WaveCluster: A multi-resolution clustering approach for very large spatial databases. In: *Proceedings of the 24th International Conference on Very Large Data Bases*, p. 428–439, New York City. ACM Press. Citado em: 230, 278

Shetty, J. e Adibi, J. (2004). The enron email dataset database schema and brief statistical report. Disponível em: `https://www.cs.cmu.edu/~enron/`. Citado em: 291

Sikarwar, R., Shakya, H. K. e Singh, S. S. (2021). A review on social network analysis methods and algorithms. In: *2021 13th International Conference on Computational Intelligence and Communication Networks (CICN)*, p. 1–5. Citado em: 289

Silva, R. M. (2017). *Da Navalha de Occam a um método de categorização de textos simples, eficiente e robusto*. Tese de Doutorado, Universidade Estadual de Campinas, Campinas, SP, BR. Citado em: 301, 302

Silva, R. M., Almeida, T. A. e Yamakami, A. (2017). MDLText: An efficient and lightweight text classifier. *Knowledge-Based Systems*, 118:152–164. Citado em: 299, 302, 303

Silva, R. M., Pires, P. R. e Almeida, T. A. (2023). Incremental learning for fake news detection. *Journal of Information and Data Management*, 13:566–579. Citado em: 299

Silva, R. M., Santos, R. L., Almeida, T. A. e Pardo, T. A. (2020). Towards automatically filtering fake news in portuguese. *Expert Systems with Applications*, 146:1–14. Citado em: 299

Silva, T. C. e Zhao, L. (2016). *Machine learning in complex networks*. Springer. Citado em: 292

Simonyan, K. e Zisserman, A. (2015). Very deep convolutional networks for large-scale image recognition. In: Bengio, Y. e LeCun, Y. (Ed.) *Proceedings of the 3rd International Conference on Learning Representations*, ICLR'15, p. 1–14. Citado em: 128, 296

Skalak, D. (1997). *Prototype Selection For Composite Nearest Neighbor Classifiers*. Tese de Doutorado, University of Massachusetts Amherst. Citado em: 163, 165, 166

Smola, A. e Schölkopf, B. (1998). A tutorial on support vector regression. Relatório Técnico NC2-TR-1998-030, NeuroCOLT2. Citado em: 144, 149

Smola, A. J., Barlett, P., Schölkopf, B. e Schuurmans, D. (1999). Introduction to large margin classifiers. In: Smola, A. J., Barlett, P., Schölkopf, B. e Schuurmans, D. (Ed.) *Advances in Large Margin Classifiers*, p. 1–28. MIT Press. Citado em: 141

Smola, A. J., Bartlett, P. J., Schuurmans, D. e Schölkopf, B. (2000). *Advances in large margin classifiers*. MIT press. Citado em: 139

Smola, A. J. e Schölkopf, B. (2002). *Learning with Kernels*. The MIT Press, Cambridge, MA. Citado em: 140, 141, 144

Socher, R. (2015). *Recursive Deep Learning for Natural Language Processing and Computer Vision*. Tese de Doutorado, Stanford University. Citado em: 302

Sousa, E., Traina, A., Traina, J. C. e Faloutsos, C. (2007). Evaluating the intrinsic dimension of evolving data streams. *New Generation Computing*, 25(1):33–60. Citado em: 278

Sousa, R. e Gama, J. (2017). Co-training semi-supervised learning for single-target regression in data streams using amrules. In: Kryszkiewicz, M., Appice, A., Slezak, D., Rybinski, H., Skowron, A. e Ras, Z. W. (Ed.) *Foundations of Intelligent Systems – 23rd International Symposium, ISMIS 2017, Warsaw, Poland, June 26-29, 2017, Proceedings*, vol. 10352 of *Lecture Notes in Computer Science*, p. 499–508. Springer. Citado em: 278

Souto, M. C. P., Lorena, A. C., Delbem, A. C. B. e Carvalho, A. C. P. L. F. (2003). *Técnicas de Aprendizado de Máquina para Problemas de Biologia Molecular*, p. 103–152. Minicursos de Inteligência Artificial, Jornada de Atualização Científica em Inteligência Artificial, XXIII Congresso da Sociedade Brasileira de Computação. Citado em: 195

Spackman, K. A. (1989). Signal detection theory: valuable tools for evaluating inductive learning. In: *Proceedings of the 6th International Workshop on Machine Learning*, p. 160–163. Citado em: 181

Spinosa, E., Gama, J. e Carvalho, A. (2008). Cluster-based novel concept detection in data streams applied to intrusion detection in computer networks. In: *Proceedings of the 2008 ACM Symposium on Applied Computing*, p. 976–980. ACM Press. Citado em: 278

Strehl, A. e Ghosh, J. (2002). Cluster ensembles - a knowledge reuse framework for combining multiple partitions. *Journal on Machine Learning Research (JMLR)*, 3:583–617. Citado em: 239, 240, 241, 243, 244, 246, 251

Sutton, R. S. e Barto, A. G. (1998). *Introduction to reinforcement learning*. MIT press Cambridge. Citado em: 4

Teixeira, S., Rodrigues, J., Veloso, B. e Gama, J. A. (2022). An exploratory diagnosis of artificial intelligence risks for a responsible governance. In: *Proceedings of the 15th International Conference on Theory and Practice of Electronic Governance*, ICEGOV '22, p. 25–31. Association for Computing Machinery. Citado em: 312

Thrun, S., Bala, J., Bloedorn, E., Bratko, I., Cestnik, B., Cheng, J., Jong, K. D., Dzeroski, S., Hamann, R., Kaufman, K., Keller, S., Kononenko, I., Kreuziger, J., Michalski, R., Mitchell, T., Pachowicz, P., Roger, B., Vafaie, H., de Velde, W. V., Wenzel, W., Wnek, J. e Zhan, J. (1991). The MONK's problems: A Performance Comparison of Different Learning Algorithms. Relatório Técnico CMU-CS-91-197, Carnegie Mellon University. Citado em: 166

Tibshirani, R., Walther, G., Botstein, D. e Brown, P. (2001a). Cluster Validation by Prediction Strength. Relatório técnico, Department of Statistics, Stanford University. `citeseer.nj.nec.com/tibshirani01cluster.html`. Citado em: 257, 262, 263

Tibshirani, R., Walther, G. e Hastie, T. (2001b). Estimating the number of clusters in a data set via the gap statistic. *Journal of the Royal Statistical Society: Series B (Statistical Methodology)*, 63(2):411–423. Citado em: 265

Tickle, A., Orlowski, M. e Diederich, J. (1995). DEDEC: decision detection by rule extraction from neural networks. Relatório técnico, Queensland University of Technology. Citado em: 135

Ting, K. e Witten, I. (1997). Stacked generalization: when does it work? In: *Proc. International Joint Conference on Artificial Intelligence*. Morgan Kaufmann. Citado em: 165, 166, 168, 172

Topchy, A., Jain, A. e Punch, W. (2003). Combining multiple weak clusterings. In: *Proceedings of the IEEE International Conference on Data Mining (ICDM'2003)*, p. 331–338, Melbourne, Florida, USA. Citado em: 239, 240, 241

Topchy, A., Jain, A. e Punch, W. (2004). A mixture model for clustering ensembles. In: *Proceedings of the SIAM International Conference on Data Mining (SDM'2004)*, p. 331–338, Lake Buena Vista, Florida, USA. Citado em: 239, 240, 241

Topchy, A., Jain, A. K. e Punch, W. (2005). Clustering ensembles: models of consensus and weak partitions. *IEEE Transactions on Pattern Analysis and Machine Intelligence*, 27(12):1866–1881. Citado em: 243

Toussaint, G. T. (1974). Bibliography on estimation of misclassification. *IEEE Transactions on Information Theory*, 20(4):472–479. Citado em: 177

Towell, G. e Shavlik, J. W. (1993). The extraction of refined rules from knowledge-based neural networks. *Machine Learning*, 131:71–101. Citado em: 135

Truyen, T. T., Phung, D. Q. e Venkatesh, S. (2007). Preference networks: Probabilistic models for recommendation systems. In: *Proceedings of the 6th Australasian Conference on Data Mining and Analytics*, p. 195–202, Darlinghurst, Australia. Australian Computer Society, Inc.. Citado em: 291

Tukey, J. W. (1977). Exploratory data analysis. *Reading/Addison-Wesley*. Citado em: 44

Tumer, K. e Ghosh, J. (1995). Classifier combining: analytical results and implications. In: *AAAI 96 – Workshop in Induction of Multiple Learning Models*. Citado em: 154

Tumer, K. e Ghosh, J. (1996a). Error correlation and error reduction in ensemble classifiers. *Connection Science, Special issue on combining artificial neural networks: ensemble approaches*, 8, N.3-4:385–404. Citado em: 154

Tumer, K. e Ghosh, J. (1996b). Theoretical foundations of linear and order statistics combiners for neural pattern classifiers. Relatório Técnico TR-95-02-98, University of Texas at Austin, The Computer and Vision Research Center. Citado em: 154

Turian, J., Ratinov, L. e Bengio, Y. (2010). Word representations: A simple and general method for semi-supervised learning. In: *Proceedings of the 48th Annual Meeting of the Association for Computational Linguistics (ACL'10)*, p. 384–394, Uppsala, Sweden. Association for Computational Linguistics. Citado em: 301

Uysal, A. K. e Gunal, S. (2014). The impact of preprocessing on text classification. *Information Processing & Management*, 50(1):104–112. Citado em: 300

Vapnik, V. (1998). *Statistical Learning Theory*. John Wiley & Sons. Citado em: 139, 141

Vapnik, V. N. (1995). *The Nature of Statistical Learning Theory*. Springer-Verlag, New York. Citado em: 139, 140, 149

Vapnik, V. N. e Chervonenkis, A. Y. (1971). On the uniform convergence of relative frequencies of events to their probabilities. *Theory of Probability and its Applications*, 16(2):283–305. Citado em: 139

Vaswani, A., Shazeer, N., Parmar, N., Uszkoreit, J., Jones, L., Gomez, A. N., Kaiser, L. e Polosukhin, I. (2017). Attention is all you need. In: *NIPS'17: Proceedings of the 31st International Conference on Neural Information Processing Systems*, p. 6000--6010, Red Hook, NY, USA. Curran Associates Inc. Citado em: 130, 302, 303

Vega-Pons, S. e Ruiz-Shulcloper, J. (2011). A survey of clustering ensemble algorithms. *International Journal of Pattern Recognition and Artificial Intelligence*, 25(3):337–372. Citado em: 237, 240, 241

Vendramin, L., Campello, R. J. G. B. e Hruschka, E. R. (2010). Relative clustering validity criteria: A comparative overview. *Statistical Analysis and Data Mining*, 3:209–235. Citado em: 262

Verdecia-Cabrera, A., Blanco, I. I. F. e de Carvalho, A. C. P. L. F. (2018). An online adaptive classifier ensemble for mining non-stationary data streams. *Intell. Data Anal.*, 22(4):787–806. Citado em: 278

Wahid, A., Gao, X. e Andreae, P. (2014). Multi-view clustering of web documents using multi-objective genetic algorithm. In: *Proceedings of IEEE Congress on Evolutionary Computation*, p. 2625–2632. Citado em: 249

Wald, A. (1947). *Sequential Analysis*. John Wiley and Sons, Inc. Citado em: 285

Wandishin, M. S. e Mullen, S. J. (2009). Multiclass roc analysis. *Weather and Forecasting*, 24(2):530–547. Citado em: 192

Wang, W., Yang, J. e Muntz, R. (1997). STING: A statistical information grid approach to spatial data mining. In: *Proceedings of the 23rd International Conference on Very Large Databases*, p. 186–195, Athens, Greece. Citado em: 232

Wang, X., Yu, K., Wu, S., Gu, J., Liu, Y., Dong, C., Qiao, Y. e Loy, C. C. (2018). Esrgan: Enhanced super-resolution generative adversarial networks. In: *Proceedings of the European Conference on Computer Vision Workshops (ECCVW)*, ECCVW'18. Citado em: 297

Wang, Y. e Witten, I. H. (1997). Induction of model trees for predicting continuous classes. In: *9th European Conference on Machine Learning*. Citado em: 107

Webb, G., Boughton, J. e Wang, Z. (2005). Not so naïve Bayes: Aggregating one-dependence estimators. *Machine Learning*, 58(1):5–24. Citado em: 83

Wei, C.-P. e Chiu, I.-T. (2002). Turning telecommunications call details to churn prediction: a data mining approach. *Expert Systems with Applications*, 23(2):103–112. Citado em: 291

Weingessel, A., Dimitriadou, E. e Hornik, K. (2003). An ensemble method for clustering. In: *Distributed Statistical Computing (DSC'2003)*, Wien, Austria. `http://www.ci.tuwien.ac.at/Conferences/DSC-2003/` [Acesso em: 19 jan. 2004.]. Citado em: 240, 241

Weiss, S. e Indurkhya, N. (1998). *Predictive Data Mining, a Practical Guide*. Morgan Kaufmann Publishers. Citado em: 102

Weiss, S., Indurkhya, N., Zhang, T. e Damerau, F. (2004). *Text Mining: Predictive Methods for Analyzing Unstructured Information*. Springer Verlag. Citado em: 300, 301

Widrow, B. e Hoff, M. (1960). Adaptative switching circuits. *Institute of Radio Engineers, Western Electronic Show and Convention*. Citado em: 120

Wiener, E., Pedersen, J. O. e Weigend, A. S. (1995). A neural network approach to topic spotting. Citado em: 303

Wilbur, W. J. e Kim, W. (2009). The ineffectiveness of within-document term frequency in text classification. *Information Retrieval*, 12(5):509–525. Citado em: 301

Wilcoxon, F. (1943). Individual comparisons by ranking methods. *Biometrics*, 1:80–83. Citado em: 184

Wilson, D. R. e Martinez, T. R. (1997). Improved heterogeneous distance functions. *Journal of artificial intelligence research*, 6:1–34. Citado em: 63, 217

Wilson, R. J. e Watkins, J. J. (1990). *Graphs: An Introductory Approach – A First Course in Discrete Mathematics*. John Wiley & Sons. Citado em: 250

Wiratunga, N., Craw, S. e Rowe, R. (2002). Learning to adapt for case-based design. In: Craw, S. e Preece, A. (Ed.) *6th European Conference on Case-Based Reasoning*, p. 421–435. Springer Verlag. Citado em: 70

Witten, I., Frank, E., Hall, M. e Pal, C. (2016). *Data Mining: Practical Machine Learning Tools and Techniques*. Morgan Kaufmann. Citado em: 12

Wnek, J. e Michalski, R. S. (1994). Hypothesis-driven constructive induction in AQ17-HCI: A method and experiments. *Machine Learning*, 14:139–168. Citado em: 103, 105, 106

Wolpert, D. (1992). Stacked generalization. *Neural Networks*, 5:241–260. Citado em: 164, 165, 167, 172

Wolpert, D. e Macready, W. G. (1997). No free lunch theorems for optimization. *IEEE Trans. Evolutionary Computation*, 1(1):67–82. Citado em: 153

Wolpert, D. H. (2002). The supervised learning no-free-lunch theorems. In: *Soft computing and industry*, p. 25–42. Springer. Citado em: 153

Wu, L., Fisch, A., Chopra, S., Adams, K., Bordes, A. e Weston, J. (2017). Starspace: Embed all the things! *CoRR*, abs/1709.03856. Citado em: 302

Wu, Q., Ye, Y., Zhang, H., Ng, M. K. e Ho, S. (2016). Forestexter: An efficient random forest algorithm for imbalanced text categorization. *Knowledge-Based Systems*, 67:105–116. Citado em: 299

Wu, S., Sun, F., Zhang, W., Xie, X. e Cui, B. (2022). Graph neural networks in recommender systems: A survey. *ACM Computing Surveys*, 55(5):1–37. Citado em: 289, 290

Wu, Z., Pan, S., Chen, F., Long, G., Zhang, C. e Yu, P. S. (2021). A comprehensive survey on graph neural networks. *IEEE Transactions on Neural Networks and Learning Systems*, 32(1):4–24. Citado em: 287, 288, 289

Xia, F., Sun, K., Yu, S., Aziz, A., Wan, L., Pan, S. e Liu, H. (2021). Graph learning: A survey. *IEEE Transactions on Artificial Intelligence*, 2(2):109–127. Citado em: 287, 288, 289

Xie, X. L. e Beni, G. (1991). A validity measure for fuzzy clustering. *IEEE Transactions on Pattern Analysis and Machine Intelligence*, 13(8):841–847. Citado em: 262

Xu, D. e Tian, Y. (2015). A comprehensive survey of clustering algorithms. *Annals of Data Science*, 2(2):165–193. Citado em: 225

Xu, J. e Che, H. (2005). Criminal network analysis and visualization. *Communications of the ACM*, 48(6):101–107. Citado em: 291

Xu, R. e Wunsch, D. (2005). Survey of clustering algorithms. *IEEE Transactions on Neural Networks*, 16(3):645–678. Citado em: 217

Yang, M.-S. e Wu, K.-L. (2001). A new validity index for fuzzy clustering. In: *IEEE International Fuzzy Systems Conference*, p. 89–92. Citado em: 262

Yang, Y., Webb, G. I. e Wu, X. (2005). Discretization methods. In: Maimon, O. e Rokach, L. (Ed.) *The Data Mining and Knowledge Discovery Handbook*, p. 113–130. Springer US. Citado em: 18, 47

Yeung, K. (2001). *Cluster Analysis of Gene Expression Data*. Tese de Doutorado, University of Washington. Citado em: 261

Yeung, K. Y., Haynor, D. R. e Ruzzo, W. L. (2001). Validating clustering for gene expression data. *Bioinformatics*, 17(4):309–318. Citado em: 257, 262, 263, 264

Yu, Z., Li, L., Gao, Y., You, J., Liu, J., Wong, H.-S. e Han, G. (2014). Hybrid clustering solution selection strategy. *Pattern Recognition*, 47(10):3362–3375. Citado em: 239

Zaki, M. J. (2000). Scalable algorithms for association mining. *IEEE Transactions on Knowledge and Data Engineering*, 12(3):372–390. Citado em: 201

Zeng, Y., Tang, J., Garcia-Frias, J. e Gao, G. (2002). An adaptive meta-clustering approach: Combining the information from different clustering results. In: *IEEE Computer Society Bioinformatics Conference (CSB'2002)*, p. 276–287, Stanford, California. Citado em: 218, 240

Zha, D., Bhat, Z. P., Lai, K.-H., Yang, F. e Hu, X. (2023). Data-centric ai: Perspectives and challenges. In: *Proceedings of the 2023 SIAM International Conference on Data Mining (SDM)*, p. 945–948. SIAM. Citado em: 315

Zhang, M.-L. e Zhou, Z.-H. (2014). A review on multi-label learning algorithms. *IEEE Transactions on Knowledge and Data Engineering*, 26(8):1819–1837. Citado em: 303

Zhang, T., Ramakrishnan, R. e Livny, M. (1996). BIRCH: an efficient data clustering method for very large databases. In: *Proceedings of the 1996 ACM SIGMOD International Conference on Management of Data*, p. 103–114, Montreal, Canada. Citado em: 228, 278

Zhang, X.-M., Liang, L., Liu, L. e Tang, M.-J. (2021). Graph neural networks and their current applications in bioinformatics. *Frontiers in Genetics*, 12(690049). Citado em: 289

Zheng, Z. (1998). Naive Bayesian classifier committees. In: Nedellec, C. e Rouveirol, C. (Ed.) *Machine Learning ECML'98*. Springer Verlag. Citado em: 163

Zhu, J.-Y., Park, T., Isola, P. e Efros, A. A. (2017). Unpaired image-to-image translation using cycle-consistent adversarial networks. In: *Proceedings of the 2017 IEEE International Conference on Computer Vision*, ICCV'17. Citado em: 133

Zhu, X. e Goldberg, A. B. (2009). Introduction to semi-supervised learning. *Synthesis lectures on artificial intelligence and machine learning*, 3(1):1–130. Citado em: 4

Zitzler, E. (1999). *Evolutionary Algorithms for Multiobjective Optimization: Methods and Applications*. Tese de Doutorado, Swiss Federal Institute of Technology (ETH), Zurich, Switzerland. Citado em: 248, 249

Zitzler, E., Laumanns, M. e Bleuler, S. (2004). A tutorial on evolutionary multiobjective optimization. In: Xavier Gandibleux, Marc Sevaux, K. S. e T'kindt, V. (Ed.) *Metaheuristics for Multiobjective Optimisation*, vol. 535 of *Lecture Notes in Economics and Mathematical Systems*, p. 3–37, Berlin. Springer Verlag. Citado em: 247

# ÍNDICE ALFABÉTICO

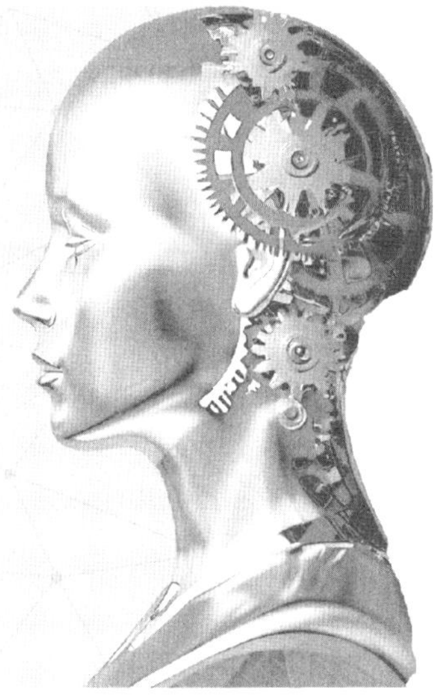

2025/1